WORLD WAR I

一战全史

张卉妍 编著

中国华侨出版社

图书在版编目(CIP)数据

一战全史 / 张卉妍编著. — 北京：中国华侨出版社，2017.6

ISBN 978-7-5113-6881-2

Ⅰ. ①一⋯ Ⅱ. ①张⋯ Ⅲ. ①第一次世界大战—历史 Ⅳ. ①K143

中国版本图书馆CIP数据核字（2017）第136870号

一战全史

编　　著：张卉妍
出 版 人：刘凤珍
责任编辑：千　寻
封面设计：韩立强
文字编辑：王玉兰
美术编辑：潘　松
经　　销：新华书店
开　　本：720mm×1020mm　1/16　印张：28　字数：600千字
印　　刷：北京市松源印刷有限公司
版　　次：2017年9月第1版　2019年2月第2次印刷
书　　号：ISBN 978-7-5113-6881-2
定　　价：39.80元

中国华侨出版社　北京市朝阳区静安里26号通成达大厦3层　邮编：100028
法律顾问：陈鹰律师事务所
发行部：(010) 58815874　　　传　真：（010）58815857
网　　址：www.oveaschin.com　　E-mail：oveaschin@sina.com

如果发现印装质量问题，影响阅读，请与印刷厂联系调换。

前言

  20世纪初，是一个躁动与不安的年代。自从以机器与大都市为代表的工业文明出现以来，各殖民大国及其利益集团，就开始了一场世界范围内的新的角力。老牌殖民帝国英、法、俄同德、日、美等新兴国家在争夺资源和殖民地上产生了不可调和的矛盾；同时，资本主义国家周期性的经济危机和国内阶级矛盾的尖锐也使各国统治不稳，于是纷纷扩军备战、寻找同盟，企图通过对外战争来缓和国内矛盾。

  第一次世界大战发生于1914—1918年，主要战场在欧洲，但波及全世界。它是一场帝国主义国家间的争霸战，也是人类历史上一次空前的劫难，是作为毁灭之神降临人世的。战争主要在同盟国与协约国这两大军事集团之间进行，德国、奥匈帝国、土耳其、保加利亚等属同盟国阵营，英国、法国、俄国和意大利等则属协约国阵营，后来发展到共有33个国家、15亿人卷入这场真正意义上的全球性军事冲突。

  1914年6月28日的萨拉热窝事件引爆了欧洲的火药桶，随着奥匈帝国向塞尔维亚宣战，欧洲列强纷纷全面动员，倾其全国之力，投入到这场前所未见的残酷血战之中。绵延千里的铁丝网和壕沟阵地，成为列强厮杀拼搏的角力场。数以百万计的军人在弹片四溅、血流成河的泥泞战场，试图打出一个世界新秩序。曾经历过两次世界大战的丘吉尔这样评价本次大战："政府和个人都按照这悲剧的韵律，摇摇晃晃地进入到无效的暴力之中，屠杀和破坏的规模日益增大，使人类社会所遭到的伤害，在一个世纪内都难以恢复。"本次战争的战线主要分为东线（俄国对德、奥作战）、西线（英、法对德作战）和南线（又称巴尔干战线，塞尔维亚对奥匈作战），其中以西线的战事最为惨烈，如著名的马恩河战役、索姆河战役、凡尔登战役。

  这场史无前例的世界大战，利用了人类文明从物理到化学全面的科技成果，使人深刻体会到了文明的负能量。两个集团都疯狂扩军，并建立起发达的军事工业，许多新式武器被投入了战场，飞机、坦克、机枪和毒气的首次使用，完全改变了以往的战争形式，大大增加了这场战争的残酷性，客观上也促进了许多军事理论的产生。在海战方面，无畏级战列舰、潜水艇及航空母舰的初次使用，则拉开了大洋海战新形式的序幕。

  德国依靠它先进的军事工业基础，率先发起了进攻，但双方都低估了对方的经济和军事潜力，因此基本上都只准备打一场速决战。没承想大战持续了一年又一年，其残酷性和持久性是各参战列强始料不及的。大炮喷吐着铁雨，地球浸泡在血泊之中，战壕如同一个粉碎人体的巨大磨盘，绞杀着无数的生灵，无数青年的鲜血喷涌而出，汇成了河。血腥、恐怖、凄惨，构成了一幅惨不忍睹的末日画卷。在为时四年零三个月的残酷战争中，有3000多万人死伤，欧洲几乎失去了整整一代的年轻人——仅就英国而言，战后就有200多万妇女无法再组建家庭。以致英国外交大臣爱德华·格雷悲哀地表示："全欧洲的明灯都熄灭了，我们有生之年将不会看到它们能够再次亮起。"

随着1918年11月11日德国投降，第一次世界大战终于以协约国的胜利告终。人类在这次浩劫中蒙受的损失之大，令人瞠目结舌——仅经济损失就达1700亿美元（当时币值）。这次大战，使帝国主义各国的力量对比发生了巨大变化：德国战败，被迫割地赔款；德意志、奥匈、奥斯曼、沙俄四大帝国遭到摧毁和瓦解；英法虽取得了胜利，但在战争中受到削弱，元气大伤；只有美国在战争中牟取暴利，一跃成为战后世界上的头号金融强国。战后列强奴役掠夺战败国和宰割弱小国家的《凡尔赛和约》等分赃条约，虽暂时调整了各当事国之间的关系，但没有消除它们之间的根本矛盾，这场号称将结束一切战争的战争，造成的结果，竟是下一场更大规模的世界大战。但大战的影响绝不止于此，它对人类历史发展的进程、对世界的政治经济格局、对人们的思想观念等，都产生了深远的影响。

本书分"一战战史"和"一战风云"两大部分，不仅分析战争形势和战略战术，介绍战役经过、主要将领、武器装备，更论及历史谜团和一战逸闻等，辅以200余幅珍贵照片，尽量还原第一次世界大战的本来面目，生动述说这段血与泪、罪与罚、生与死交织的悲剧历史。回顾这次空前浩劫，重温那段血与火的岁月，不仅可以丰富知识，更可以吸取历史教训，更深入地反思人类的生存与发展、战争与和平等问题，从而使人更加珍惜生命、珍惜和平。

目录

上篇 一战战史

第一章 大战策源地——从大炮中"孵化"出来的德国
德国崛起的源头——普鲁士异军突起 ………………………………………… 2
统一德国的序幕——普丹战争 ………………………………………………… 5
用"铁与血"统一德意志——普奥战争 ……………………………………… 7
种下仇恨的种子——普法战争 ………………………………………………… 10

第二章 "挑战海上霸主"——走向大洋
霍亨索伦王室的终结者——威廉二世 ………………………………………… 15
高悬的达摩克利斯之剑——欧洲两大军事集团形成 ………………………… 19
走向大洋——崛起中的德国海军 ……………………………………………… 22
"德国海军之父"——永远的提尔皮茨 ……………………………………… 24
挑战"海上霸主"——阿加迪尔危机 ………………………………………… 27

第三章 欧洲火药库——动荡的巴尔干
巴尔干战争的前奏曲——意土战争 …………………………………………… 30
奥斯曼帝国的"遗产"——动荡的巴尔干 …………………………………… 32
风雨飘摇的奥匈帝国——哈布斯堡的黄昏 …………………………………… 36
"一战"导火索——萨拉热窝的枪声 ………………………………………… 38
战争倒计时——奥匈帝国的最后通牒 ………………………………………… 42
"塞壬女妖"的歌声响起——各国的抉择 …………………………………… 46

第四章　西线狼烟——旋转的右翼

一个无法完成的神话——奇正结合的"施利芬计划" …………………………… 49
僵硬的德国战争计划——小毛奇的折中方案 …………………………………… 52
不屈的小国——比利时为荣誉而战 ……………………………………………… 55
打开比利时的大门——毁于巨炮下的列日要塞 ………………………………… 57
以攻对攻战略的失败——法军"第十七号计划"的破产 ……………………… 61
保卫巴黎——老将加利埃尼当机立断 …………………………………………… 64
"法国的镇静剂"——霞飞 ………………………………………………………… 67
扭转乾坤的会战——"马恩河奇迹" ……………………………………………… 69
伊普雷第一次会战——以两败俱伤而收场 ……………………………………… 74

第五章　东线风云——"俄国压路机"乘虚而入

"欧洲宪兵"出动——不可彻底战胜的沙皇俄国 ………………………………… 76
东普鲁士之战——可悲的冯·普里特维茨 ……………………………………… 78
东线奇迹——坦能堡会战 ………………………………………………………… 82
对俄冬季攻势——将俄国踢出战场 ……………………………………………… 85
"护国之神"——兴登堡 …………………………………………………………… 87
将"总体战"进行到底——永不认输的鲁登道夫 ……………………………… 90

第六章　三方角力的战场——加利西亚

"他手中的剑是脆弱的"——奥匈元帅弗朗茨·康拉德 ………………………… 93
挥舞的马刀——"哥萨克来了！" ………………………………………………… 95

康拉德的悲哀——奥匈兵败加利西亚	97
德军自投罗网——伊万哥罗德战役	100
猎人变猎物——罗兹战役	102

第七章　盛衰无常——变幻莫测的东线

奥匈入侵塞尔维亚——艰难的占领	104
狮子博兔——戈尔利采突破	106
俄国1915年的大溃败——德奥联军节节进逼	107
改写历史的战舰——传奇的"戈本"号	110
俄土索契角海战——索罗钦以一敌五	113
"诗人将军"——伊恩·汉密尔顿	115
俄土争夺亚美尼亚——萨勒卡默什之战	116
进攻达达尼尔海峡——协约国军队遭土耳其重炮挫败	118
加利波利登陆行动——一场艰苦卓绝的拉锯战	120
血战加利波利——协约国军队无功而返	121
加利波利战场上的大撤军——英军不得已的"明智之举"	124
"东方的普鲁士"——保加利亚	126
从摇摆到参战——"一战"中的希腊	129
英、土、俄三国的能源争夺——波斯战线	132

第八章　封锁与反封锁——大洋中的较量

拉开"巨舰大炮"的序幕——费希尔打造英国海军	135
雾中出击——赫尔戈兰湾海战	139
"给的船越多，他的胆越大！"——有勇有谋的戴维·贝蒂	143
"一战"中被遗忘的战役——日德两军交战青岛	146
印度洋上的"东方天鹅"——缔造传奇的"埃姆登"号	149
科罗内尔海战——游击舰长冯·施佩	152
冤家路窄——福克兰群岛海战	156
多格尔沙洲伏击战——英军成信息战赢家	158
地中海海战——维持或切断海上航线	161

第九章　由速战到僵持——"施利芬计划"的破产

| "西线至上！"——法金汉接替小毛奇 | 163 |

地狱岁月——堑壕战 165
"奔向大海"——埃纳堑壕战 168
第二次伊普雷会战——德军首次投放毒气弹 171
法国陆军的"医师"——一分为二看贝当 173
让法国人把血流尽——"凡尔登绞肉机" 174
没有赢家的阵地战——索姆河战役 179
萨洛尼卡的军事行动——开辟新的战场 184

第十章 实行双重标准——拉偏架的美国

潜艇渐露锋芒——德军倚重的海上利器 186
美国拉偏架——德国结束第一次无限制潜艇战 189
"饿死一个国家"——英国对德国的海上封锁 192
研制反潜武器——协约国的反制措施 194
"苏塞克斯号承诺"——美国人有在战场漫步的权利 196

第十一章 多事之秋——"浑水摸鱼"的两个国家

协约国阵营最大的胜利——布鲁西洛夫突破 198
严寒中的攻势——埃尔祖鲁姆战役 200
"背信弃义的意大利"——卡波雷托战役 203
意大利战场的僵持——奥匈先赢后输 207
"拿着空头支票参战"——罗马尼亚战役 208

第十二章 东征西讨——英国的两线作战

化学武器登场——毒气弥漫的伊普雷 211
第一次装甲集群突击——康布雷坦克战 214
大漠"公牛"艾伦比——"一战"中最出色的英国陆军将领 216
"献给英国的圣诞节礼物"——攻占耶路撒冷 219
大炮巨舰的巅峰对决——日德兰海战 221

第十三章 决定命运的一年——战争的转折

加拿大远征军的荣誉之战——维米岭大捷 227
壮观的"地下城"——阿拉斯之战 228
"屠夫"引发的兵变——"尼韦尔攻势" 230

战争史上最大的坑道爆破——梅西纳山脊之战 ………………………………… 232
地雷战——堑壕战的有力补充 ……………………………………………………… 234
俄国的最后攻势——六月进攻 ……………………………………………………… 236
辛劳的和被伤害的——战争后方的人们 …………………………………………… 238
俄国退出"一战"——"十月革命"爆发 ………………………………………… 240
城下之盟——苏德签订《布列斯特—立陶夫斯克和约》 ………………………… 243

第十四章 改变战争天平的砝码——美国的介入

"我不能,但摩根先生可以"——被绑架的美国 ………………………………… 245
美国参战的导火索——齐默尔曼电报事件 ………………………………………… 248
战时通信——不可或缺的战斗因素 ………………………………………………… 251
协约国的救星——在欧洲登陆的美军 ……………………………………………… 253
"恐怖的杰克"——潘兴 …………………………………………………………… 257
"渗透战术"的创始人——胡蒂尔 ………………………………………………… 260
给美军的装备——依赖英法支持的临时参战 ……………………………………… 262
一鸣惊人——美军的第一轮作战 …………………………………………………… 263
"中心开花"——破产的"米夏埃尔行动" ……………………………………… 264
美军初试身手——贝莱奥森林争夺战 ……………………………………………… 268
意大利战场的最后会战——奥匈濒临崩溃 ………………………………………… 270
奥匈帝国时代的结束——维托利奥—威尼托之战 ………………………………… 273
彻底击败保加利亚——解放巴尔干 ………………………………………………… 275

第十五章 大局已定——协约国军队的反攻

横空出世——航空兵的诞生 277
从无到有——"一战"中的美国空军 279
最后一次高加索之战——土耳其的统治宣告结束 284
"迈克尔行动"——功亏一篑的困兽之斗 286
德军的最后一次大规模攻击——第二次马恩河战役 287
最后冲刺——兰斯战役 288
压垮骆驼的一根重要稻草——亚眠战役 291
最后的战役——默兹—阿尔贡攻势 294
突破兴登堡防线——德军崩溃的标志 297

第十六章 尾声——战争的后果

一百零一响礼炮——渐渐熄灭的战火 299
代号"彩虹行动"——德国大洋舰队的归宿 301
胜利者的分赃——播种战争的"巴黎和会" 304

下篇 一战风云

第一章 风云人物

德意志之剑——老毛奇 310
"统帅是天生而不是任命的"——小毛奇 313
"闪电战"理论的创始人——施利芬 316
大器晚成——乔治·马歇尔 319
塞尔维亚的杰出统帅——拉多米尔·普特尼克 321
"水手国王"——英王乔治五世 323
法国的"老虎"总理——乔治·克里孟梭 325
狡猾的狐狸——英国首相劳合·乔治 329
美军装甲部队创始人——"一战"中的乔治·巴顿 332
"苏俄红军之父"——托洛茨基 335

第二章 谍光秘影

德国间谍管理之王——瓦尔特·尼古拉少校 339

神秘莫测的天生特工——西德尼·赖利 ··· 341
"谍海女王"——玛塔·哈丽 ··· 345
英国情报机关的"开山祖师"——军情六处 ····································· 348
传奇谍王——卡纳里斯 ··· 350
展翅云雀——马尔塔·里舍 ··· 352
近乎白纸——"一战"前的美国军事情报机构 ··································· 357
"翻云覆雨的灵掌"——恩尼格玛密码机 ··· 360

第三章　战争逸闻

"一个人的战争"——德属东非战场上的沃尔贝克 ····························· 362
德军空战之王——"红男爵"冯·里希特霍芬 ··································· 366
大洋游侠——卢克纳尔伯爵的风帆战舰"海鹰"号 ····························· 369
"突击战车"——"雷诺"出世 ··· 371
空中巡洋舰——齐柏林飞艇 ··· 373

第四章　武器大观

"陆地巡洋舰"——坦克 ··· 376
马克沁——机关枪打出传奇一生 ··· 379
"空中骑士"——从砖头、刀子互搏到歼击机 ··································· 382
诞生于第一次世界大战中的士兵保护神——钢盔 ································· 384
昙花一现的"霸主"——"巴黎大炮" ··· 385
开启"潘多拉魔盒"——随风飘荡的毒气 ··· 387
空中"铁翼"——在战争中催生的飞机 ··· 389
"一战"时最不受欢迎的武器——法制绍沙轻机枪 ······························· 393
不列颠的杰作——李－恩菲尔德步枪 ··· 395
堑壕战的克星——迫击炮 ··· 397
"一战"中的重要角色——热气球 ··· 399
水陆两栖的"新鲜玩意"——水上飞机和飞船 ··································· 400
大型战舰的保镖——驱逐舰 ··· 402
军阶的象征——手枪 ··· 404
海军必备品——巡洋舰 ··· 405
第一艘现代化战舰——"无畏"舰 ··· 406

第五章　揭秘档案

初露锋芒——隆美尔在"一战" ·· 408

"一战"中的传令兵——下士希特勒 ·· 410

协约国对土耳其的瓜分——《色佛尔条约》 ·································· 412

25万童子军开赴战场——掩盖八十多年的真相 ······························ 415

"一战"退伍老兵的遭遇——美国政府的血腥镇压 ························· 416

为石油而进行的战争——法英瓜分中东 ······································· 419

苏俄内战——协约国的武装干涉 ·· 422

魂断法兰西——在"一战"中牺牲的华工 ····································· 426

"一战"时期的国际红十字会——世界人道组织机构 ······················· 428

"十月革命"的标志——"阿芙乐尔"号的炮声 ···························· 430

"一战"结束的催化剂——基尔水兵起义 ····································· 432

上篇 一战战史

第一章
大战策源地
——从大炮中"孵化"出来的德国

德国崛起的源头——普鲁士异军突起

德国,位于欧洲西部,它东邻波兰、捷克,南接奥地利、瑞士,西接荷兰、比利时、卢森堡、法国,北与丹麦相连,并与挪威隔海相望。德国的领土面积虽然只有357000多平方千米,但它却是一个颇具影响力的世界大国,也是欧洲的核心国家之一,自中世纪以来,德意志国家就是欧洲历史发展中的一个强有力的因素。作为德国历史上的第一帝国,神圣罗马帝国曾经称霸西欧,势力盛极一时。但是在17世纪爆发于欧洲大陆的"宗教战争"中,法国一举打败了哈布斯堡王朝统治下的奥地利,从而确定了法国在欧洲大陆的霸主地位,而从属于奥地利治下的神圣罗马帝国,则从此陷入了长期分裂的局面。在其后的一百多年中,德意志陷入了分崩离析的状态。当西欧的英、法等国早已形成统一强大的民族国家之际,在德国的土地上,却散落着300多个大小不等的独立诸侯和1000多个骑士领地。用法国著名学者伏尔泰的话说,这时的神圣罗马帝国既不神圣也非罗马,更谈不上是什么帝国,它已经成了名存实亡的地理概念。

就在德国陷于四分五裂的时候,在德国东部地区,一个以柏林为中心的边陲小邦勃兰登堡却在不断发展壮大,进而形成了普鲁士王国。普鲁士王国的统治者霍亨索伦家族推行了一种实用主义的政策,把领土扩张和保持一支强大的军事力量当作自己的根本任务,到18世纪中期以后,普鲁士王国已经建立起了一支远远超过德意志各邦的常备军。由于继承了条顿骑士团的军事专制传统,普鲁士王国的军队向来以教育素质高、纪律严明、骁勇善战而著称。在老威廉一世担任普鲁士国王以后,他对不是花在军队上的每一分钱都十分吝惜,他在赴柯尼斯堡举行加冕典礼的路程上,总共只花掉了 2547 个银币，而他父亲为此曾经花了银币 500 万个。威廉一世以爱护军队著称，他所制订的全部政策都是为军队服务的，而他本人则是一直身着制服露面的第一位普鲁士国王。他在位期间，大大强化了普鲁士的军事国家色彩，当时普鲁士人口只居欧洲大陆各国的第十三位，领土居第十位，而军队却居第四位。到威廉一世去世时，普鲁士军队已经达到 83000 多人，普鲁士国家收入的 80% 被用于军队，而同期欧洲大陆霸主法国的军费开支仅占国家收入的 60%。

18 世纪末到 19 世纪初，法国大革命就像一声惊雷，撼醒了沉睡于封建社会的德意志民族，法国军队对于奥地利和普鲁士两大德意志邦国的胜利，终于使德国人认识到，德国在欧洲已经严重落伍了，只有改革德国内部陈腐的政治、经济和社会制度，德意志民族才有可能重现中世纪的辉煌，德意志国家才能重返欧洲舞台的中心。1806 年后，普鲁士首相卡尔·施泰因开始推行一系列的改革，1809 年在柏林创办了柏林大学，同时又开始对普鲁士军队进行改革，经过在工业、农业和商业等各个领域里的改革，到 19 世纪上半期，德国经济已经出现了前所未有的发展势头。这个时候，德意志的分裂状态已经严重阻碍了社会的进步，经济的发展迫切要求德意志民族的统一。到 19 世纪中期，普鲁士的爱国主义情绪高涨，要求结束分裂割据状态、建立一个统一的民族国家的呼声不断高涨。虽然德国民族统一问题一直没有得到解决，但民族主义作为一股强大的思潮和一种运动已经极大地震撼了德国社会的各阶层，从而为德国的统一奠定了思想基础。

在德意志众多的邦国之中，根深叶茂的奥地利历来居于主导地位，与奥地利争夺德意志霸权一直是普鲁士统治阶级所追求的梦想，自 18 世纪以来，普鲁士一刻也没有停止过与奥地利争夺德意志霸主地位的斗争。1848 年 3 月，德意志联邦的各邦代表，

▲ 19 世纪中期的德国工厂

▲ 普鲁士主要首脑，国王（中）左边是俾斯麦首相和毛奇伯爵

1861年，威廉一世即位普鲁士国王，开始进行扩军备战。同年任命毛奇为总参谋长，进行军事改革。第二年任命有"铁血宰相"之称的俾斯麦为首相，进行战争准备。

在美因河畔的法兰克福召开了预备会议，会上对以谁为核心组成统一的德国问题，出现了两种意见。多数的代表主张，应该由奥地利来领导，建立一个统一的大德意志帝国，称为"大德意志派"，由于当时的奥地利疆域辽阔，民族众多，所以这个"大德意志帝国"将是一个由多民族组成的国家。少数代表则认为，应把奥地利排除在外，建立一个由普鲁士领导的统一的小德意志帝国，称"小德意志派"，这个"小德意志帝国"则是一个纯粹由日耳曼民族组成的单一民族的国家。这次预备会议上奥地利占了上风，选出了奥地利的约翰大公担任临时帝国的首脑，但是在实际上，约翰大公并没有任何实权，德意志各邦的王公们依然是我行我素，根本不听他的调遣，所以这个首脑形同虚设，德意志仍然无法实现真正的统一。

在德意志各邦中实力较强的普鲁士几次尝试统一德国，但都遭到了失败，因为欧洲各国是绝不愿意看到一个新的强国出现的，而奥地利也绝不会轻易地放弃它在德意志联邦中的霸主地位，德意志各中小邦的统治者们为了保住自己的独立统治地位，更是不会自愿放弃他们数百年来一直捍卫的权利。当时还是普鲁士亲王的威廉一世在1849年以后就已经得出了结论："谁要统一德国，就必须先征服德国。"1861年，威廉一世登上普鲁士国王的宝座，当他即位之后，在所发表的第一次训词中就说："在将来，普鲁士的陆军就要变成普鲁士的武装民族。"这句话改变了欧洲的命运，也改变了世界的命运。为了实现统一德意志各邦的目的，普鲁士立即扩充军备，计划建立一支拥有37万常备军和13万后备部队的小型军队，并在全国储备16万人的国民预备兵。这在当时的欧洲，可以说是无与伦比的。同时，威廉一世任命具有新思想的人物罗恩为军政部长，杰出的军事家赫尔穆特·毛奇为总参谋长，着手进行军事改革。1862年，威廉一世又任命以"铁血"著称的奥托·冯·俾斯麦为首相兼外交大臣，这一任命，标志着普鲁士王国加快走上了用王朝战争统一德意志的道路。

奥托·冯·俾斯麦是坚决主张用武力统一德国的强硬派，早就声称若任命他担任首相，他将不惜一切代价强行推行陆军改革和新兵役制度。上台后的俾斯麦竭力推行他的"铁血政策"，着手策划德意志的统一大业，从此致力于德国的统一事业，并且由于他在实际中所取得的成绩而成为19世纪后期德国乃至欧洲最著名的政治家。俾斯麦特别欣赏德国著名军事理论家克劳塞维茨，认为要实现德国统一的道路只有一条，那就是"通过剑，由一个邦支配其余各邦"。1862年9月30日，出任首相不久的俾斯麦在普鲁士议会上发表了著名的"铁血演说"，他声称："当前的重大问题不是通过演说和多数人的决议能够解决的，而是要通过铁和血。"在俾斯麦的领导下，普鲁士王国在19世纪中后期，通过与丹麦的战争、与奥地利的战争和与法国的战争最终完成了德意志的统一，从此，在欧洲建立起了一个令欧洲各国侧目的强大国家——德意志帝国。

统一德国的序幕——普丹战争

俾斯麦统一德国的第一场王朝战争是1864年与丹麦的战争。1848年，丹麦与普鲁士曾因石勒苏益格和荷尔斯泰因这两个公国问题发生了冲突，为了解决丹麦与德国在两公国问题上的矛盾，欧洲列强于1852年签订了伦敦议定书，规定这两个公国在丹麦国王的个人领导下与丹麦联合——当时的丹麦国王是这两个公国的国王。丹麦的老国王去世后，德意志人认为，这两个公国中德意志居民占大多数的荷尔斯

▼ 绘画作品中的普丹战争场景

泰因应该归属德意志。面对德意志统一派咄咄逼人的宣传攻势，1863年11月13日，一个"黑色星期五"的晚上，由年轻的丹麦国王领导下的丹麦议会做出了一个重大决议，取消了石勒苏益格和荷尔斯泰因的传统特权，强行将两个公国并入丹麦。此事引起了两地德裔人士的愤怒，俾斯麦在德意志邦联提出动议，最后达成决议，德意志邦联派出军队占领荷尔斯泰因公国。1863年圣诞节时，普鲁士军队占领了荷尔斯泰因，1864年1月，局势持续紧张，但没有发生战斗，丹麦军掌握艾达河北岸，德军则在南岸。

两公国争端的出现，成为俾斯麦检验其"铁血政策"的良机。他的目的是利用有利时机吞并这两个公国，作为统一德国的序幕。当时的国际形势也有利于俾斯麦推行自己的政策：俄国由于普鲁士支持其镇压1863年波兰起义而心存感激，表示"绝不出兵打普鲁士"；法国则正兵陷墨西哥，自顾不暇；英国虽然威胁要干涉，但没有大陆盟国的配合，难有作为。俾斯麦利用欧洲各列强之间的矛盾，稳住了英、法、俄等国。为了避免成为众矢之的，俾斯麦联合奥地利共同出兵，并许诺奥地利可以获得两个公国中的一个——荷尔斯泰因。在俾斯麦的精心策划下，普鲁士与奥地利这两个德意志最重要的邦国站出来为荷尔斯泰因的德意志同胞"讨说法"来了。1月16日，俾斯麦向丹麦发出最后通牒，要求它在48小时之内废除合并两个公国的决议。但这在政治上是不可能的，尤其因为限时太短，丹麦政府拒绝接受。两天后，普鲁士和奥地利军队渡过艾达河，到达石勒苏益格，战争已无法避免。从表面上看，普、奥联手对付一个小小的丹麦，可谓胜券在握，可是当时的丹麦手中握有强大的海军，陆军虽弱，但在本土作战，亦占有有利的因素，更重要的是，丹麦与英、俄这两大强国的关系不错，故而这场战争的最大未知数就是英、俄的干涉。俾斯麦的解决办法是将战火严格限制在石勒苏益格与荷尔斯泰因境内，同时争取速战速决。

1864年1月普丹战争爆发后，普奥联军几乎未遇太大的抵抗就占领了石勒苏益格，迅速击败了丹麦军队。奥普两国原先没有计划入侵丹麦，但在2月18日，一些普鲁士轻骑兵受到一场骑兵遭遇战刺激，横越边界并占领科灵。俾斯麦决定利用这一情况扭转局势，他向奥地利力陈采取强硬政策的需要，以期彻底解决公国以至德意志邦联的问题。丹麦以4万士兵对奥普6万联军，结果战败。丹麦政府在求援无望之下，被迫签订《维也纳和约》，丹麦国王放弃对公国的所有权利，将之让与奥地利皇帝和普鲁士国王。8月，普奥签订加斯坦因专约协议，石勒苏益格割让给普鲁士，荷尔斯泰因割让给奥地利，荷尔斯泰因首府基尔港由普鲁士托管。其实只要看一下欧洲地图就会发现，普鲁士正处

◀ "铁血宰相"俾斯麦

于荷尔斯泰因与奥地利之间，奥地利得到的是一块"飞地"。奥地利要进入荷尔斯泰因，必须要经过普鲁士。其实通过停战协议，俾斯麦已为普奥战争埋下了伏笔。在这次战争中，普鲁士首次动用整顿过的军队，并充分显示了实力。不过，奥地利忽略了普军的力量，这使它在18个月后付出了惨重的代价。奥普两国对于公国的管理和未来地位，不久后就起了龃龉，俾斯麦就以此为由，在两年后策划了普奥战争。奥地利在克尼格雷茨战役失败后，德意志邦联被解散。奥地利撤出荷尔斯泰因，结果普鲁士兼并了荷尔斯泰因和石勒苏益格。

用"铁与血"统一德意志——普奥战争

　　发生于1866年的普奥战争又称七周战争，是近代战争史上发生在中欧地区的一场著名战争，是普鲁士为争夺统一德意志领导权对奥地利进行的一场战争。这次所进行的战争，不是一次普通意义上的侵略战争，也不是一次征服性的战争，而是一次外交性的战争。普鲁士的目的不是想屈辱奥国，也更不想削弱它，而只是要使奥国认清，在日耳曼，民族主义已经是大势所趋，它要求统一，不准奥国加以反对。进行对奥战争，是普鲁士领导德国统一的关键性一步，俾斯麦对此花费了巨大精力。从1864年10月即对丹麦的和约签字开始，俾斯麦就领导普鲁士政府积极投入战争准备工作，决心使用军事力量来解决普鲁士在德意志的霸权问题。这场战争的爆发，对于双方来说都不意外，而且阵线早已分明。19世纪初，德意志分崩离析，四分五裂，随着时代的发展需要，已面临着一个统一的问题，在统一德意志领导权这个问题上，普鲁士与奥地利相争由来已久，普鲁士虽然在德意志各邦国中实力最强，但比起疆域广大的奥地利来说显然尚逊一筹，长期以来，中欧大国奥地利一直居于领导地位。1848年3月，德意志联邦的各邦代表，在美因河畔的法兰克福召开了预备会议，会上选出了奥地利的约翰大公担任临时的德意志帝国首脑，但这个首脑形同虚设，并没有任何实权，各邦的王公也根本不听他的调遣。

　　1862年，俾斯麦被普鲁士国王威廉一世任命为普鲁士的首相，主张用"铁"与"血"来实现德意志统一的俾斯麦马上开始策划统一德意志的活动，要建立一个由普鲁士主宰的德意志。在普鲁士与丹麦的战争胜利后，俾斯麦又开始策划对奥地利的战争，他认为只有通过一场战争，才能完成统一德意志的宏图大业。在发动与奥地利的战争之前，俾斯麦先做好了许多外交上的努力，先是跟与奥地利有冲突的意大利结成了反奥联盟，让它在战争开始后从奥地利的背后出击，使奥地利处于两面作战的地步。随后又稳定了当时的欧洲霸主法国，使法国答应不加干涉。当时的奥地利帝国在欧洲是一支强大的军事力量，在法国的拿破仑三世看来，俾斯麦是在自掘坟墓，所以拿破仑三世不仅没有做好干涉的准备，反而担心万一普鲁士输得太惨，会不会使法国丧失对奥地利的战略优势。俾斯麦就是利用了拿破仑三世的这个心理误算，加上又与俄国交好，成功避免了自己的多线作战。在一切准备就绪后，俾斯麦向奥地利提出了貌似公允却难以被对方接受的条件：两个从丹麦夺来的公国由普鲁士亲王管理，但是不并入普鲁士。

奥地利对普鲁士吞并这两个公国的背后企图心知肚明，为了打击普鲁士的野心，奥地利于1866年6月1日提出将两公国的前途交由德意志联盟议会表决，以便使普鲁士与整个联盟为敌。这正是俾斯麦等待着的机会，他立即宣称，奥地利将两公国前途交由德意志联盟裁决的决定破坏了奥普两国共管两公国的加斯坦因协定，遂命普军于6月7日开进了由奥地利管辖下的一个公国——荷尔斯泰因。

6月14日，当奥地利组织召开的德意志联邦议会以9∶6的票数通过了反对普鲁士的方案后，俾斯麦立即公开声明：联邦议会无权以这种方式对待它的成员，并坚决要求解散联邦议会。同时向萨克森国王、汉诺威国王等三个德意志邦国提出最后通牒，要求他们接受普鲁士提出的《联邦改革纲要》，并且允许普军自由通过他们的国土。普鲁士的过分要求自然遭到三个邦国的拒绝。当日，俾斯麦请一位法国记者和他共进晚餐，席间他将对三国下最后通牒一事透露给记者，那位记者当即将消息发往巴黎，这等于是公开向奥地利发起挑战。奥地利在德意志联邦中也是有盟友的，在德意志境内，中南部的邦几乎一边倒地追随奥地利，在北部也不乏它的追随者，但是奥地利的指挥体系效率太低，各邦之间的协调也大成问题。反之，普鲁士则在开战之初就利用它战略性的铁路系统快速抢占要点，迅速控制了汉诺威与库尔黑森诸邦，并占领了德意志联邦议会所在地法兰克福。

14日，普奥战争终于在俾斯麦的策划之中揭开了序幕，20日，意大利按照意普盟约

▲ 萨多瓦会战中，普鲁士重创奥军主力，历时7个星期的战争以奥地利的失败结束。自萨多瓦战役后，普军节节胜利，国王威廉一世及总参谋长毛奇主张乘胜追击，但俾斯麦坚持结束战争。俾斯麦明白在这场战争的胜利中已得到了他们所需要的——把奥地利的势力赶出德意志。

对奥宣战，普鲁士利用同意大利的结盟，将部分奥军吸引到南部战场。普鲁士方面战争的指挥者为总参谋长毛奇将军，他根据自己制订的作战计划，利用先进的铁路运输实施战略输送，使用先进的电报手段进行统一指挥，在很短的时间内，就将25万余兵力和800门火炮集结到了萨克森和奥地利的边境地区，使之在宽约420千米的正面上，完成了集结和展开。俾斯麦万万没料到的是，意大利的军队居然不堪一击，开战没多久就因失败而失去了对奥军的威胁，这就使得预计中让奥军两线作战的设想落了空，普军在战场上的优势已然不再存在，战局变得难以确定了。但在南部意军失利的同时，北部的普鲁士军队在短时间内还是控制了整个北德意志。

7月3日早晨，一大批步行的士兵和骑马的军官簇拥着四个骑马的首脑站立在奥地利杜布村的一个山头上，在中间的是威廉一世，右边是沉稳而自信的毛奇将军，左边是普鲁士的战争部部长罗恩和忐忑不安的俾斯麦。在他们的眼前是比斯特里茨河谷及周边的大片荒原，在这里即将进行一场决定命运的生死拼搏。8时整，卡尔亲王的第一军团奉命向奥军阵地发起攻击，欧洲有史以来

▲ 赫尔穆特·毛奇是普奥战争、普法战争中打败奥军和法军的实际组织指挥者。

参战人数最多、流血牺牲最惨的一仗打响了！这一天在此参战的双方人数共有45万之多。普军第一军团自西向东对奥军发起了正面攻击，由于地形有利和炮兵的有效支援，奥军很快挡住了普军的进攻，并且展开了反击，第一军团随之陷入危急之中。卡尔亲王极为恐慌，曾要求派预备队支援第一军团战斗，建议第二军团立即投入交战。然而，毛奇对于自己的部署却信心十足，他拒绝改变原定计划。事实上，毛奇的决策是正确的，他之所以用第一军团去做正面攻击，就是要以此吸引和牵制奥军主力，而以易北河军团和第二军团攻击敌军的两侧和后方，对奥军实行南北夹击。午后1时，俾斯麦忽然发现东边地平线处有一行树林似的东西向萨多瓦方向移动，有深入奥军炮火火力范围之势，他问毛奇这是怎么回事。毛奇用望远镜观察了一会，然后神色庄重地向国王报告："陛下已经赢得了这场战役，而且也将赢得整个战争。是太子的军队到了，他们正在十分出色地分割奥军，您将马上获得全面胜利，维也纳即将俯伏在陛下面前。"

从侧翼杀来的普军劲旅使毫无防备的奥军整个阵线顿时陷于崩溃，奥军各部溃不成军，三个小时后，萨多瓦战役以普鲁士全胜结束。此战奥军伤亡、被俘人员虽达45000余人，虽然是溃败，但奥军总司令贝奈德克率领的15万人总算是从战场上安全撤退了。普军在作战中伤亡达1万人。此役决定了战争的命运，奥地利军队已无力再战。胜利之际，普军上下兴奋不已，军事将领纷纷主张长驱直入占领维也纳，迫使对手缔结城下之盟。俾斯麦毫不客气地指出，那样只能是让法国渔翁得利，只怕普军未入维也纳，法军已过莱茵河。再者俾斯麦还有更深远的用意，打败奥地利只是开头，

普鲁士真正的敌手是法国,俾斯麦绝对不想把奥国变成一个死敌,因为他知道有一天为了欧洲的霸权,德法之间势必要做一次决斗,所以到了那时,他希望奥国能保持中立。因此俾斯麦不仅不进军维也纳,反而主张与奥地利签订极其宽大体面的和约。当普鲁士国王选择与军人保持同一立场时,俾斯麦断然递交了辞呈。最终在王储的斡旋下,普鲁士国王终于决定按照俾斯麦的意思办。事实证明俾斯麦是英明的,在随后的普法战争中,奥地利果然没有乘机对普鲁士下手,从而使普鲁士避免了两线作战之忧。

7月26日,德奥缔结停战协定,8月23日奥普签订了《布拉格和约》,普鲁士获得了石勒苏益格-荷尔斯泰因及汉诺威等地,而奥地利退出了德意志联邦,昔日奥地利在欧洲的政治地位就此一去不复返了。普鲁士因获得汉诺威、石勒苏益格、黑森和纳绍而大大扩张了自己的版图,与德意志南部各公国也分别订立了有利的军事盟约,次年以普鲁士为首建立了北德意志联邦,基本完成了德意志的统一。对当时的欧洲而言,普鲁士取得的是一个魔术般的胜利,正在坐山观虎斗的法国完全没有料到普奥之间的战争会是这样一个结局,完全没有给这个欧洲霸主插手的机会战争就结束了,拿破仑三世到这时才明白,一个新的强劲对手已然出现了。普奥战争后,由普鲁士控制的北德意志联邦成立了,但是南部的巴伐利亚、符腾堡、巴登、黑斯-达姆斯塔四邦仍然置身于联邦之外。俾斯麦没有因为它们在普奥战争中站在奥地利一边而惩罚它们,也没有强迫它们加入北德联邦。俾斯麦只是把普奥战争后法国对莱茵河诸邦的吞并野心通知给巴伐利亚国王及南德意志诸邦政府,从而在南德诸邦中造成了恐惧法国的心理。利用南德意志诸邦的这种心理状态,俾斯麦获得了它们的支持,促使南德诸邦与其缔结同盟,为下一步的普法战争做好了准备。现在,德国统一已经只剩最后一个障碍,当然也是最大的障碍,那就是拿破仑三世和他的法兰西帝国。

在奥普战争中,普军广泛使用装弹方便、发射速度快的线膛后装炮,并充分发挥了火车和电报在战争中的作用,第一次成功地体现了"闪击战"的军事思想,更为重要的是,这场战争的计划是由普鲁士参谋总部事先经过周密计划设计出来的,一反从前那种全靠战场指挥官的临场发挥的作战方式,从而使德军的参谋总部从此在战争中开始发挥重要的作用。当然,普鲁士两个杰出的人物也就此展现到了世人面前,他们就是首相俾斯麦和参谋总长毛奇将军。

种下仇恨的种子——普法战争

普法战争的主因有二:一方面,普鲁士有统一全日耳曼的决心;另一方面,法兰西也有阻止这种统一的决心。此外还包括高卢与条顿之间的积年仇恨。日耳曼与法兰西为邻,可以说很少有几个国家曾经有过这样恶劣的"邻人":从1675年到1813年间,法国人侵入日耳曼的次数不下14次之多——平均是每10年一次。

1870年开始的普法战争,是以法国为一方,与以普鲁士及北德意志联邦和德国南部其他邦为另一方发生的战争。这次战争是由普鲁士和法国之间的深刻矛盾所引起的，是普鲁士王国为统一德意志并与法国争夺欧洲大陆霸权而爆发的。普鲁士力图统一德国并将其置于自己的保护之下，竭力削弱法国及其在欧洲的影响。法国则力图从根本上挫败普鲁士，使它无法建立一个统一强大的德国，从而保持法国在欧洲大陆的优势地位。这场战争是由法国发起的，但到了战争的后期，普鲁士将战争由自卫战争转为侵略战争。这场战争普鲁士大获全胜，因为战役发生在德法两国，因此又称为"德法战争"。

地处中欧的德意志在19世纪上半期只是一个松散的号称德意志邦联的政治结构，1864年，号称"铁血宰相"的俾斯麦当政后，普鲁士联合奥地利发动了对丹麦王国的战争，丹麦战败，普鲁士得到了石勒苏益格，奥地利也得到了荷尔斯泰因。随后普奥之间的关系开始迅速恶化，俾斯麦要建立一个统一的德意志国家，下一个要对付的就是奥地利了。

1866年6月，普奥战争开始，普军在萨多瓦大败奥军，这是关键的一仗，奥地利承认"没有奥地利帝国参加的新德意志组织"，同意在美因河以北成立一个德意志国家联邦，1867年北方德意志联邦正式成立，这是德国统一的前奏。在普奥战争中，俾斯麦一举击溃奥军，由于他估计到法俄此时定会出面干预，再加上从长远考虑，他拒绝了攻下奥地利首都的建议，而是和奥地利签订了宽松条约，以求以后与法国争斗时奥地利不会成为自己的敌人。

在早期，四分五裂的普鲁士对欧洲其他国家并没有太大的威胁，它和英国、俄国甚至结成联盟共同击败过拿破仑的法国。但是，等到1871年普鲁士统一德国之后，一切都不一样了。统一的德国，人口和工业潜力都非常巨大，其发展战略非常明确，要成为欧洲大陆上最强大的国家。它的迅速强大，使其可以压倒周边的任何一个国家——包括法国。

在俾斯麦对付奥地利时，为了让欧洲霸主法国保持中立，曾许了很多好处给法国，法国也乐得坐山观虎斗，坐收渔人之利。

▲ 曾先后担任法兰西第二共和国总统和第二帝国皇帝的路易·波拿巴。

▲ 普法战争时普军所使用的轻型阵地炮

但随着普鲁士的迅速取胜，法国人开始坐不住了，其迅猛崛起，已经开始对法国的霸权构成了威胁，法国这时才突然惊觉普鲁士已不再是以前弱小的邦国了。

法国此时不愿意德意志强大起来，便竭力阻止德国的统一。这时对法作战就成了统一德意志最后的关键，俾斯麦在等待着有利的时机。普鲁士王国为统一德意志并扩张领土，便把枪口指向了企图保持欧洲霸权地位的宿敌法国，企图削弱法国势力并占领矿产丰富的战略要地阿尔萨斯和洛林。法国为保持其在欧洲大陆的霸权，并企图占领莱茵河左岸的德意志领土，双方矛盾激化，战争一触即发。

普法战争前夕，实行普遍征兵制的普鲁士军队是西欧兵力和战斗力最强大的军队。北德意志联邦军队(包括德国南部诸邦军队)的兵力战时可达100万以上，其中作战军队70余万人。战时各军统一编为若干个集团军，德军炮兵装备有克虏伯兵工厂制造的钢管线膛炮，其有效射程为3.5千米。下一步是策划对法国的战争，俾斯麦寻找着、等待着、制造着有利的时机。

俾斯麦利用南部德意志诸邦对法国的恐惧心理和它们之间的矛盾，以此促进南北德意志的民族感情，1870年，时机到来，俾斯麦毫不迟疑地一手策划了普法战争这出历史大戏。这一年7月，普王威廉一世的亲属霍亨索伦家族的利奥波德亲王，应西班牙政府之邀同意继承西班牙王位，法国因担心普西联合反法而极力反对，要求普王书面保证永远不赞成霍亨索伦家族的亲王登上西班牙王位。普王虽感屈辱，仍表示将在柏林继续讨论这一问题，并将有关情况电告了俾斯麦。俾斯麦不甘心自己的如意算盘因为普王的忍让而落空，他将埃姆斯电文加以删节和压缩，使原先表示委屈和解的电文在含义上转变，似乎普王粗暴地拒绝了法国大使的要求。电文传到法国，法国人十分愤怒，从而诱使法国于7月19日首先向普鲁士宣战。

企图保持欧洲霸权地位的法兰西第二帝国，历来竭力阻止德意志的统一，同时还想侵占莱茵河左岸的德意志领土，因而对于普鲁士的挑衅，不但没有回避，反而迫不及待地向普鲁士宣战。

法军的作战计划是：集中兵力先行出击，越过莱茵河向法兰克福推进，迫使南德意志各邦保持中立，尔后联合奥地利取道耶拿直取柏林，最终击败普鲁士。然而路易·波拿巴的一切作为都无一不在俾斯麦计算之中。甚至在布拉格条约尚未签订之前，他就曾经要求以莱茵河的左岸作为普鲁士获胜的补偿，现在他又重申前议。因为害怕法国，南部邦联自动投入了北部邦联的怀抱中，于是它们之间缔结了一个秘密的攻守同盟，而以普鲁士国王为盟主。现在所需要的就只是一个对付共同敌人的战争，以使分裂的日耳曼合而为一。

早在 1868 年的冬季，普军参谋总长毛奇将军就已拟订了对法国的战争计划，计划规定对阿尔萨斯和洛林发动坚决的进攻，在总决战中歼灭敌人主力，尔后将其残部逼至比利时边界，并占领巴黎。该计划还规定，一旦奥、匈两国站在法国一方参战，普军将对其采取军事行动，法军总兵力战时不超过 60 万人，其中作战军队不到 35 万人。

8 月 2 日，法军以三个师在萨尔布吕肯地区首先向普军发动进攻，但并无有力的作战行动，仅同敌人前卫部队进行一些小规模接触。普军旋于 8 月 4 日转入进攻，越过德法的国境线。法军虽然在初战中有些小的失利，但并未遭到太大的损失，不过初战失利后立即产生了意想不到的政治影响，由皇后摄政的巴黎政府出于维护本身统治的政治需要，担心撤退会引起巴黎民众的革命，所以一再干预前线指挥员的作战部署，阻止一线部队向战区纵深后撤，而身在前线指挥的法皇竟然也附命于巴黎，从而铸成了自吃苦果的大错。毛奇在获悉拿破仑三世随军督战后，命令普军第三军团和新编第四军团北进迎击。法军接连败北。

8 月 31 日，法国沙隆军团被普军第三、第四军团围困在色当。在 9 月 1 日的色当之战中，法军几次突围，均被击退，次日，拿破仑三世率军 9 万余人向普王威廉一世投降。

法军在色当战役大败，拿破仑三世连同在色当的法国官兵全部做了俘虏的消息传

▼ 色当会战

此会战，法军共损失 12.4 万人，其中仅 3000 余人逃到比利时境内；普军损失近 9000 人。色当惨败加速了拿破仑三世帝国的崩溃。

到巴黎后，巴黎广大人民对拿破仑三世统治的不满，立刻像火山一样爆发了。工人和小资产阶级纷纷拥入波旁宫立法团会议厅，要求废除帝制，恢复共和，共和派议员甘必在市政厅正式宣布成立共和国，建立临时政府，法兰西第二帝国垮台，法兰西第三共和国建立。从此以后，帝制在法国结束，共和逐渐稳固下来。

但普军仍长驱直入，包围巴黎。1871年1月底巴黎失陷，两国签订了停战协定。2月26日，双方在凡尔赛签订初步和约，5月10日在法兰克福签署了正式和约。这次战争使普鲁士完成了德意志统一，结束了法国在欧洲的霸权地位。进入巴黎的普王威廉一世在凡尔赛宫加冕为皇帝，德意志帝国宣告成立。

为了镇压巴黎的革命运动，法国政府与德国签署的《法兰克福条约》规定：法国赔款50亿法郎，割让阿尔萨斯全部和洛林大部地区。法国政府以此换取德国从法国撤军和释放战争中被俘的10万法国战俘，并随即用于镇压巴黎公社。在此期间，巴黎人民于3月18日再次举行武装起义，成立世界上第一个无产阶级政权巴黎公社，但72天后即遭镇压，巴黎公社无力抵挡法国正规部队的进攻，被法国政府消灭，成员大多被处决。

在普法战争中，南北德意志并肩作战，到战后，南部四邦便与北部联邦合并，成立了"德意志帝国"，俾斯麦此举可谓一石二鸟。本不想做皇帝的普鲁士国王威廉一世"黄袍加身"，在俾斯麦的运作和鼓动下，在法国凡尔赛宫正式即位为德意志帝国皇帝，德国统一运动终于完成了，它的出现，改变了整个欧洲的态势，欧洲从此进入了各强国角逐的时代，直到第一次世界大战爆发。

德国的兴起意味着法国的衰落。在那以前，法国这个欧洲大陆上的头号政治大国，在几个月的普法战争中遭受了惨重失败，并付出巨额赔款，从此种下了旷日持久的复仇种子。普法战争中使法国蒙受屈辱的老毛奇警告说："我们在半年之中用利剑赢得的东西，必须在今后半个世纪用利剑来捍卫。"

第二章

"挑战海上霸主"
——走向大洋

霍亨索伦王室的终结者——威廉二世

德皇威廉二世继承了一个欧洲最强大的帝国——德意志帝国。他有着旺盛的精力和聪明的头脑,在其全盛时期,他的一言一行都足以震动世界,在声势显赫如日中天地统治三十年后,却被总参谋部架空,被人民抛弃,最后凄凄惨惨地躲到外国苟延残喘地度过余生。

1888年6月15日,在德意志帝国首都柏林举行了一场隆重的加冕典礼,当天,一位踌躇满志的年轻人戴上了尊贵的皇冠,他就是德意志帝国的第三位也是最后一位皇帝、霍亨索伦王室的终结者——威廉二世。威廉二世于1859年1月出生于波茨坦,是腓特烈三世和维多利亚皇后的长子。维多利亚皇后是亚历山德拉皇后的姑妈,英王爱德华七世的姐姐。威廉从小就接受了良好的贵族教育,大学毕业后,他按皇家惯例到军队服役,并于1885年被任命为波茨坦第一近卫军团司令,可谓少年得志。但可叹的是威廉二世出生时左臂因病而萎缩,失去了手臂的正常功能,这对一个崇尚武力的国家的继承人来说是一个令人烦恼的缺陷。也许是生理上有病所致吧,威廉二世显得过度虚荣和喜欢炫耀自己,他常炫耀自己的数百套军装,高兴的时候一天能换装十几次。有一则在柏林圈子流行的笑话:"他不挂上海军上将徽章就不逛养鱼池,不打扮成英国陆军元帅的样子就不吃葡萄干布丁。"在第一次世界大战爆发时,五十多岁的威廉已经统治德国长达二十多年了,可是他仍然保留着一股孩子气。许多人宣誓效忠于他,却觉得他既不成熟也不可靠,这一点都不奇怪。在很多相片中,威廉经常用左手拿着一副手套,让左手看起来长一点。他也喜欢用左手倚在剑或拐杖上,达到比较体面的效果。

霍亨索伦家族在普法战争后站到了欧洲的巅峰，外表冷漠的德皇威廉一世，做事非常井井有条，柏林人习惯于根据他出现在窗前的时刻调自己的表。他统治着欧洲最强大、最具活力的国家。威廉二世的母亲是英格兰维多利亚女王最喜爱的女儿，在她的劝说下，威廉二世的父亲决定在继位后将以英国为榜样把德国改造成一个民主的君主制国家。威廉一世逝世后，威廉二世的父亲被加冕为腓特烈三世皇帝，但仅几个月便死于咽喉癌，威廉二世继承了一个欧洲最强大的帝国，成为德意志帝国的皇帝。威廉二世和俾斯麦一样，在年轻时代对自己的母亲充满着敌意，而且事实上，他的母亲的确有一部分的责任。作为一名英国贵族，这位维多利亚女王的女儿总是感到自己和普鲁士人格格不入，在她眼中，这些普鲁士人都是野蛮人，因而常常向儿子灌输英国地位至上的概念，使这位未来的皇帝从小就对英国有一种复杂的感觉，并可能影响了他后来对英国的态度。威廉二世是霍亨索伦家族中第三个登上德国皇位的人，与哈布斯堡家族不同，霍亨索伦家族在1914年所统治的国家正处于上升时期，而且这个家族表现得更加精力充沛，更加好战。德国的崛起过程并不像哈布斯堡家族那样依靠婚姻，而是依靠武力和机智。不夸张地说，才华横溢的俾斯麦帮助霍亨索伦家族创造出了现代德国。

威廉二世是一个性情冲动、头脑硬化的人，虽然也很勤勉、诚恳和具有爱国心。他理想多于实际，爱慕虚荣，一向以一个独裁者自命。即位不久，他就曾经宣布说："这个国家只能有一个主人，那就是我自己。"母亲的争强好胜和普鲁士人要求未来的国王首先是个战士的思想无形中结合在了一起，尽管威廉的左臂天生太短，完全残疾，但他还是要接受很残酷的训练，他要和所有的军官一样，骑马、游泳、击剑、射击，而且他必须还要做得更出色。作为一位年轻的帝王，威廉二世在治国方面还是颇有才能和建树的，然而这些成功也助长了威廉二世的狂妄和自负，并直接导致了他与开国元勋俾斯麦的决裂。

1890年俾斯麦提出了辞呈，德皇在两日后批准，俾斯麦正式下野，自此德国的政权牢牢地掌握在了野心远大于能力的威廉二世手里。他一手把俾斯麦精心构制的外交政策全部拆毁，其政策与俾斯麦相比可谓大相径庭。提到俾斯麦，后人常用一种崇拜的口吻，似乎他的才华震烁欧洲外交政坛，一生纵横捭阖，几近于神。俾斯麦在欧洲外交上合纵连横，建立了"三帝同盟"和"三国同盟"，极大地孤立了与德国仇恨最大的法国，使德国处在一个优势的位

▲ 德皇威廉二世总是身着军装，还特别喜欢佩戴各种绶带和勋章。

置,然而随着他的被罢黜,德国的这种优势地位也就渐渐消逝了。

有关宫廷对威廉二世出生之记录指出,他的脑部可能患过病,以致造成脑部损害。如此的健康问题,可能令他培养了具有野心、冲动鲁莽的性格,以及在对待问题或别人时显出傲慢的态度,造成他的施政弊病,例如罢黜俾斯麦的事件。虽然威廉在未当皇帝前,也曾很仰慕俾斯麦,但他登位后,马上就与这位"铁血宰相"发生了冲突。其实,这位少年皇帝是不甘受制于人的,他要亲自掌握统治帝国的最高权力。于是,他在1890年迫使盛气凌人的俾斯麦去职,任命冯·贝特曼·霍尔维格为首相。威廉尤其认同贝特曼·霍尔维格的意见,并肯定他对内政事务的远大目光,例如他对普鲁士选举法的改革。

▲ 瓜分中国漫画里的威廉二世(前排左二)

至于俾斯麦,则自信地以为无人能替代他的位置,甚至宣称:"皇帝是一个最能迁就人的主子,无论什么政事他都不敢反对我。"但重要的是,二人在内政外交政策方面出现了巨大分歧,俾斯麦抱怨说:"皇上像只气球,不把线抓紧,就不知道过一会儿他会飞到哪里去。"这一切成为导致他们决裂的主要原因。威廉二世奉行帝国主义,以显示德国蒸蒸日上的国力,积极推行著名的世界政策而一改以往俾斯麦以德国为核心的欧洲中心主义。在帝国议会的讲演中,威廉二世以无比热情的口吻说:"俾斯麦推行的欧洲大陆政策十分狭隘,而今我奉行的是世界政策,世界各地都应体现德国政策。"帝国议会为此爆发出雷鸣般的掌声。对外政策由俾斯麦时期的大陆政策转为威廉二世对外扩张的世界政策之后,德国便加入了欧洲国家的造舰比赛的行列,俾斯麦曾告诫德国要以陆上力量为满足,威廉二世则对意大利国王说:"我在位多少年来,我的幕僚们、欧洲的那些君主们总是把我的话当作耳边风。要不了多久,有我伟大的海军做后盾,我的话就会有人洗耳恭听了。"

威廉二世刚即位不久时,他的大臣们甚至怀疑他不能胜任工作,不过威廉是个头脑聪敏的人,他善于取悦于人,很快就把这些大臣摆平。可以说,他把母亲的智慧和父亲的耐心在一定程度上结合起来,这一点的确吸引了很多人。有人说威廉二世毫无政治才能,那无疑不符合事实,如果威廉二世真的不懂得玩弄政治手腕、操控民意和

▲ 1914年，德皇威廉二世视察东线战场。

培植党羽，就不可能在1890年的政治危机中一举搞垮俾斯麦。俾斯麦是德意志的创立者，事实上的民族之父，也是欧洲近代最受尊敬的政治家之一，可是他已经老了，虽然俾斯麦根本没有认真反抗，但威廉二世的胜利仍然是很难得的。由于天生的缺陷，威廉一直都在当演员，他扮演着既敏捷又强健的军人，当参加典礼时，他总是使劲地挥舞右臂以掩饰自己羸弱的左臂。由于担心被人看成弱者，威廉二世一直保持昂首阔步、虚张声势的架势，在几乎二十五年的时间里，他一直面对世界高谈阔论，这位年轻的统治者行使权力的后果就是将他那神经质的性格发挥到了极致。马克斯·韦伯对威廉二世时期的德国政治评价如下："我觉得我们处在一群疯子的统治之下。"为首的"疯子"就是皇帝本人，在他的脑海中，英国人、法国人、俄国人企图联合颠覆德意志帝国，用威廉二世的话来说，德国感到他们处于刺刀的包围之中，于是用人们所谓的"愤怒的沙文主义"来做出回应。"当在会议桌上发生争论时，德国总是在开口前把一支左轮手枪摆在桌面上，结果使别的国家望而生畏，联合起来对付它。"事实上，英国、法国和俄国之间错综复杂的利益冲突使它们很难联手对付德国，但威廉二世的疯狂外交手段居然把它们逼到了一起，真的搞出了一个针对德国的三国协约，而这在俾斯麦当政时是被巧妙避开了的。

1890年德国同俄国的条约即将到期，威廉二世没有成功地继续与俄国结盟。沙皇尼古拉二世曾说过："威廉是一个没有教养的恶少。"由此可以看出沙俄对德国新主人的反感和敌意。此后俄国逐渐向法国靠拢，终于在1893年同法国正式缔结了军事同盟。也许这其中的原因也不能完全归咎于威廉二世，各国之间的关系原本也是伴随着利益的变化而变化的。在俾斯麦时期，德国国力尚弱，除陆军外无力涉及更多领域，伴随着德国公海舰队的建立和德国在世界范围内开始争夺殖民地，英国人于是选择了与法国人结盟来对抗德国。俄国本来是德国盟友,但在巴尔干地区与德国盟友奥匈帝国发生冲突,德国在协调巴尔干问题上不能有效平衡各方利益,终将俄国推向了英法一边,这也是历史的发展使然。威廉二世是一位狂热的军国主义者,其政治野心就是称霸世界。1895年,他宣称德意志帝国要成为世界帝国,即建立起所谓的"大德意志帝国"。

1914年,欧洲局势风云变幻,大战一触即发,威廉二世处在至关重要的位置上,他的一言一行都有可能影响局势的发展和变化。6月28日,震惊世界的萨拉热窝事件发生后,威廉二世欣喜若狂,极力鼓动奥匈帝国发动战争。在他的煽动下,第一次世界大战爆发了,与他预期的相反,战争最终以德国的惨败告终。战败后的德国发生了十一月革命,当时威廉正在比利时的德军总部。兵变令他十分惊讶,此时的帝国已经失去最后的支持,就连兴登堡这个一生拥护皇帝的将军,也只能劝谕威廉退位。霍亨索伦王朝结束了,退位后的威廉二世流亡到了荷兰,在那里度过了自己暗淡的余生。但他并没有忘记德意志,当"二战"爆发后,希特勒德国打败了英法联军,法国在贡比涅森林中签署了向德国投降书后,闻讯的威廉二世给希特勒发去了热情洋溢的贺电。1941年6月4日,这位曾叱咤一时的战争狂人终于在"德国将征服世界"的美梦中去世了。

威廉二世的遗愿有两个:一个是他死后葬礼上不能出现纳粹标志,但纳粹德国并没有按照他的遗愿去做,在威廉二世的葬礼上出现了纳粹党党徽。二是王朝不复辟,他的遗体就不运回德国安葬,这个遗愿得到了纳粹德国的尊重,直到今天,威廉二世的遗体还安葬在荷兰。

高悬的达摩克利斯之剑——欧洲两大军事集团形成

欧洲的稳定在德国统一以后发生了变化,自从13世纪以来,日耳曼就分裂成了几百个小国,因为一盘散沙而羸弱不振,而普鲁士最初只是德意志诸邦国中的一个小邦,地域狭小,主要是霍亨索伦王朝在小渔村柏林附近的一些领地。在政治上,普鲁士更加微不足道。到19世纪下半期,普鲁士在"铁血宰相"俾斯麦的治理下,迅速强大起来,开始了统一日耳曼联邦的进程,法国不愿意看到日耳曼的统一,出来阻止,因而于1870年爆发了普法战争,这场战争以普鲁士大获全胜、建立德意志帝国告终。

▲ 第一次世界大战时期的欧洲势力分布图。欧洲各国为保证国家安全,结成不同的联盟。一个小事件引发了它们之间的战争。

▲ 图为结成同盟的三国君主画像。

战争是争夺利益的最激烈形式，人类历史的经验表明，大国的崛起和衰落往往都伴随着战争。1871年德意志帝国建立，德国统一后迅速崛起，而新兴大国需要更加广阔的生存空间。从1871年到1914年的四十三年间，德国日益强大，德皇威廉二世欲当欧洲霸主，英法俄等传统大国的利益受到新兴大国德国强有力的挑战。

普法战争结束后，德皇威廉一世以胜利者的姿态在战败国法国巴黎的凡尔赛宫被加冕为德意志帝国的皇帝，一个曾经分裂为无数小邦、彼此征战不息、内耗不断的民族，在俾斯麦手中奇迹般地在短短几十年里一跃成为欧洲最强大的国家。欧洲大陆的中心突然出现了一个统一强大的德意志帝国，对所有的欧洲大国都造成了巨大的冲击，英国很快发现，统一的德国已经在欧洲大陆上占据了支配地位，并且很快成了欧洲最强大的国家，比之前拿破仑三世统治下的法兰西第二帝国更难以捉摸，更难以对付。

俾斯麦在统一战争中的战略上的胜利，以及其后娴熟的外交政策，曾一度将新帝国领入了欧洲一个独一无二的地位，但是他的后继者们没有看到德国位置的优越性，而且也未意识到，任何使德国成为欧洲霸主的企图都将使其他国家联合起来对抗它。自普法战争之后，普鲁士与法国结下了不解之仇，俾斯麦担心法国报复，因此采取结盟政策来围堵法国。他本来使德国与奥匈帝国及俄国结成了"三帝同盟"，可是后来俄国在巴尔干半岛与奥匈帝国发生利益冲突，加上俄国的内心也不希望普鲁士强大起来，德国最终选择了奥匈帝国作为盟友，与奥匈帝国缔结德奥联盟。与此同时，俾斯麦又看上了与法国在殖民地事务上有利益冲突的意大利，这样就有了后来的"三国同盟"。

俄国得知德奥两国签订了"德奥同盟"后，十分愤怒。但俾斯麦是一个老练的政治家，为了保持与俄国的良好关系，于1887年与俄国签订了"再保险条约"。这一协定承诺：当协约一方和第三方发生战争时，另一方应保持中立。俾斯麦一被免职，从大臣及法官干预下解放出来的那些德国外交部的专家们就说服威廉取消了1887年与俄国共同签署的"再保险条约"，他们相信法兰西共和国和沙皇俄国绝不会结成联盟。然而1891年沙皇在演奏法兰西革命歌曲时居然脱帽肃立，加上法国在财务上支持俄国工业化后，1894年，两国结成同盟，是为"法俄同盟"。至此，倘若大国之间的冲突爆发，德国将面临两面作战的可能。英国由于与法国之间有互保条约，并且英国也希望俄国能够从背后牵制德国这个新兴的强劲对手，最终也成了俄国的盟国，这样，法、俄、英结成了"协约国"，而德国和奥地利加上后来的意大利是"同盟国"，两方对峙的力量开始形成。欧洲从此分为两大阵营，只要有任何风吹草动，都有演变为世界大战的可能。

19世纪末，德国外交政策发生了重大变化，抛弃了俾斯麦的"大陆政策"，开始推行对外扩张的"世界政策"。德皇威廉二世宣布:"德国在古老欧洲的狭窄边界以外有很多任务要完成。"德国的海军大臣提尔皮茨坚持认为,德国的工业化和海外征服"就像自然法则那样不可抗拒"。威廉二世实行的"世界政策"引起英国的恐慌,因为大英帝国的生存基础就是世界性贸易和对海外殖民地的控制,德国的扩张政策,注定要损害英、俄等老牌殖民主义国家的利益,英国人开始坐立不安。

1890年,马汉的《海权对历史的影响》一书问世,他的理论受到各海军大国的欢迎,对激烈的海军军备竞赛起到了推波助澜的作用。1905年的日俄对马海战,把"大舰巨炮"制胜理论和战列舰主宰海洋理论推向了新阶段。自此,拥有战列舰的多少和主炮口径的大小,就成了衡量海军战斗力的标志、国家实力的象征。进入20世纪,欧洲的两大军事集团开始了激烈的军备竞赛,德国开始大张旗鼓地发展海军。在所有欧洲国家中,战前德国在工业发展上最为惊人,并且具有很高的经济和文化水平,对此英国很是紧张,为了保持自己在海上的优势,从1905年开始,英国开始建造"无畏"舰。德国不甘落后,1907年,德国也开始建造"无畏"舰。倍感压力的英国不得已,遂采取"以二对一"的海军政策以相应付。

自普法战争结束后,法国失去了欧洲大陆霸权,不仅失去了阿尔萨斯和洛林地区,而且还屈辱地让普鲁士皇帝在法国凡尔赛宫的镜厅里加冕为德意志皇帝,这导致法德之间的仇恨不共戴天。法德两国的决策者推行互相仇视的外交政策,也造成了欧洲对立的两大政治军事集团不可缓和的格局。德国迅速崛起以后,不满足于旧的世界秩序,企图凭借强大的军事实力重新瓜分世界;英国想要消灭德国这个竞争者,同时削弱法

▲ 英国"无畏"舰

国和俄国；法国则打算收复阿尔萨斯和洛林。由于奥斯曼土耳其帝国的衰落，巴尔干地区出现利益真空，巴尔干地区的国家纷纷获得了独立，奥匈帝国和俄国都把手伸进了巴尔干。1900年，巴尔干地区出现了5个独立国家：罗马尼亚、保加利亚、塞尔维亚、希腊和黑山。波斯尼亚虽名义上还属于土耳其，实际上已经被奥匈帝国控制。俄国于是想阻止奥匈帝国在塞尔维亚、黑塞哥维那和波斯尼亚的扩张，并企图攻占博斯普鲁斯海峡和达达尼尔海峡，巩固自己在巴尔干地区的地位。各自的野心，使得第一次世界大战前的欧洲战争阴云密布，山雨欲来，已经变成一只巨大的火药桶，只是在等待着某一根导火线的引爆。

走向大洋——崛起中的德国海军

"德国的目标是求得这样一个地位——在那些欧洲文明范围之外的国家，在他们的人民中间，德国的影响、德国的资本、德国的商业、德国的工业和德国的聪明才智可以和其他强国在平等条件上进行竞争……"这段话出自19世纪末柏林大学历史学教授德尔布吕克所写的《为什么德国建造军舰》，字里行间反映出当时德国迫切追逐海外利益的要求。

德国位于欧洲中部，北部濒临北海和波罗的海，南靠阿尔卑斯山脉，海岸线长1300千米。但德国海军不仅力量较弱，而且偏于西欧一隅，其主要任务局限于国内防御，使其活动和作战区域仅局限于北欧地区，也就是德国海军舰船通常只在自家门口打转。

19世纪末，由于经济的迅猛发展，英国不断进行对外扩张，强占殖民地，掠夺财富，米字旗在世界各地飘扬。为了加强对殖民地的统治，更多地进行掠夺，英国加强了海军力量的建设。当时英国海军是世界上最强大的海军，且有效地控制了世界贸易航道。

1889年9月，登基仅一年多的威廉二世接受英国邀请，以海军名誉元帅身份率领一支德国舰艇分队，出席了盛大的皇家阅舰式。英格兰南部怀特岛外斯皮特海德洋面浩

▼ 图为1914年大战开始后英、德两国在福克兰群岛战役中交战的场景，这首先源于德国海军的发展。

大壮观的皇家海军战舰群，令威廉二世所挑选的"德国海军最好的战舰"相形见绌，盛大的典礼强烈刺激了威廉二世的自尊心，皇家海军的霸主气势使其羡慕不已。1895年，年轻的威廉二世公然宣布："德国是个世界强国。""德国的未来在海洋上。"当然，他在大言不惭地说这番话时，根本不顾及英国人已经海上称雄的这一事实。他不顾这些，开始致力于建造一支庞大的海军。他利用英国对布尔共和国的战争在整个欧洲引发的对英国的敌意，竭力推动建立一支庞大海军的计划，这一计划与德国在非洲和太平洋的迅速扩张，引起了英国的震惊和不安。

俾斯麦时期的德国，在海洋方面一直采取防御态势，此时的德国海军的规模，比起英、法、俄等国均要弱小得多，完全属于近海防御力量，需要依托海岸掩护，但能够有效保卫重要出海口和港口。不过，它缺乏公海航行和作战的能力，也无法威胁到其他列强的远洋交通线，对于德国的海外利益不能有效地维护和支援。1898年，俾斯麦时期的"大陆政策"转为了威廉二世的对外扩张的"世界政策"，国会通过了威廉二世扩充海军的政策，其中明确指出："这种强大海军的目的，是要使最伟大的海权国家都不敢向它挑战。"这无疑强烈地刺激了英国的感情。虽然德国并无意对英国发动战争，但是英国人却感受到了某种威胁，并由此导致了英德关系渐为紧张。随着德国海军战略的不断调整、新型武器装备的陆续服役、海军作战实力特别是远洋作战能力的逐步增强，德国海军越来越多地参与到国际军事行动中去，日耳曼战舰开始出现在世界各地。当时德国的常规潜艇技术独步天下，在1913年德国就率先研制出了潜艇专用柴油机，成为常规潜艇的典范动力。德国由此一直保持着常规潜艇建造技术上的优势，并建立起一支强大的水下力量。

海外贸易对于一个资本主义国家的存在和兴盛是不可或缺的，德国迅速从农业国转变成工业化强国后，海外扩张成了其通向帝国道路上不可避免的一个环节，因此其寻求殖民地的野心也不可能得到满足，扩张的欲望只会随实力的逐步膨胀而高涨，小心谨慎的发展策略已经难以满足利益阶级的需求。威廉二世梦想使德国成为拥有广泛海外领地的世界帝国。

在德国所面临的海洋挑战中，它不可能也没有实力以夺取制海权作为主要作战目标。然而，它的主要海上敌人——英国皇家海军——虽然有着庞大且实力强悍的舰队，却又有漫长的海上航运线需要守卫（这些航运线给英国运来了其遍布于全世界各殖民地的丰富的物产），因此战时只要切断英国的海上交通线就可能赢得一半的胜利。

作为世界海运业的绝对霸主，英国对德国的行动一直冷眼旁观。这是因为与法、俄、意大利等强国相比，德国海运业还相对弱小，难以威胁英国的海外殖民利益。另外德国在大力发展海运业的同时，其海军发展仍然相对保守，沿海防御的战略思想一直没改变。此时德国对于海外殖民地的追求，主要通过施展高超的外交手段获得。随着工业力量的不断壮大，德国希望在每一个领域赶上或超过英国。那时，两国海军力量的较量是最明显的标志。英国不断在军舰改进上领先，而德国持续在军舰的工程、技术质量方面占据优势。威廉二世曾说："我不把我的海军建立到和我的陆军同等水平，我决不停息。"面对这一威胁，英国自然不敢掉以轻心，德国加强舰队建设对英国控制海权所造成的威胁促使英国议会决心赶上"提尔皮茨计划"的每一步。

1890年5月起，德国先后开工四艘"勃兰登堡"级战列舰。与以往的德国铁甲舰设计思路不同，该级舰突出了公海战斗的要求，将舰队海上思想放在首位，与英国划时代的"皇权"相似，是海军发展史上第一批真正意义的铁甲战列舰。就在德国海军开始走向大洋的同一时期，影响深远的"制海权理论"诞生了，并立即在西方世界引起轰动，为帝国主义国家的海外扩张找到了理论依据。在1900年至第一次世界大战开始的几年里，世界目睹了前所未有的最大的海军军备竞赛。这一时期，德国的舰队开始壮大起来，准备与俄国、法国进行一场海上交战。这时，在如何对待英国的态度上它犹豫了：是对英国采取强硬态度呢，还是试图和解？德国有些举棋不定。1913年，英国政府建议双方在一年内停止建造军舰，但德国拒绝了这项建议。德国在海洋方面的跃跃欲试，尤其是建立至少世界第二的海军的作为，从长远看是很不明智的。威廉二世非常热爱他的海军和他的地位赋予他的这套海军制服，然而他的帝国为他所做的那个漫不经心的"世界帝国"之梦付出了沉重的代价——德国制订的排斥英国海军的作战计划，促使英国警醒并与法俄结成了同盟，以封锁德国走向欧洲霸权的道路。

其他国家对待德国的崛起，是根据自身的利益得失来决定的，德国的所为，从根本上打破了欧洲一百年来维持的均衡态势。考虑到德国强大的陆军已是大陆上无人能敌的现实,而德国政府又希图建立一支同样可怕的海军，这就迫使受威胁的国家联手与它抗衡。德国不断加强海军促使英国在1904年和法国达成了和平协议，这解决了两国之间的许多突出矛盾。德国于是在摩洛哥问题上挑起一场外交危机，以此作为回答并试图瓦解增进中的盎格鲁—法兰西的友谊。但这个举措使这两个国家走得更近。1907年，作为对德国政策的反应，英国又与俄国达成了和平协定，同样解决了彼此间许多突出的争端。

"德国海军之父"——永远的提尔皮茨

1894年，威廉二世读了美国海军力量的先见者阿尔弗雷德·赛耶·马汉的著作后，坚定地认为德国要想登上世界帝国的位置，必须建立一支庞大的舰队。皇帝的这种热情毫无疑问是由他和他的英国表亲们之间的爱恨关系所激发出来的。直到1897年，他才找到他的海军上将阿尔弗雷德·冯·提尔皮茨，这个人既有野心又有杰出的政治天才去实现自己的梦想，有"德国的费希尔"之称。

提尔皮茨1849年5月10日生于勃兰登堡的科斯琴，他的父亲是一个普通的公务员。1865年，16岁的提尔皮茨加入普鲁士海军，紧接着普奥战争爆发，北德意志联盟成立，他成为基尔海军学校的一名军校生，并于1869年被任命为一个小型鱼雷舰队的指挥官，负责在英吉利海峡巡航。在普法战争期间，弱小的海军大部分时间待在海港中，这令德国人十分尴尬。后来他成为这个舰队的监察长，在任职期间，他对于潜艇在战争中的潜在威力产生了浓烈的兴趣，到19世纪80年代，他已成为德国海军中的主要鱼雷专家。当时的德国海军部长列奥·冯·卡普里维很支持他发展鱼雷。后来提尔皮茨说，在鱼雷部队这十年是他一生中最美好的时光。1887年提尔皮茨护送威廉王子去英国参加他外祖母维多利亚女王继位五十周年庆典，这是威廉第一次知道提尔皮茨。

提尔皮茨在1895年成为海军少将之后，在东亚指挥远东巡洋舰队，参与了对中国青岛的侵略。1897年提尔皮茨被任命为帝国海军大臣，这次任命标志着他与威廉二世亲密合作关系的开始。1895年，年轻的威廉二世开始致力于建造一支庞大的海军。提尔皮茨在1897年宣布了第一个舰艇建造计划。1900年，德国再次宣布，计划建造两倍于当时的舰艇数量。数百年来独霸海洋的英国受到了无可回避的挑战。作为回应，1906年英国首次建成全新的"无畏"级战列舰，意图以更强大的火力、更厚重的装甲和更快的巡航速度重新统治海洋，然而此举却导致新兴的工业强国德国开始和英国展开规模庞大的海上军备竞赛。

▲ "德国海军之父"阿尔弗雷德·冯·提尔皮茨

当时的德国海军只是一支近海防御力量，实力上仅和瑞典、丹麦相当，或者略强少许，对于野心勃勃的德皇而言，具有优良传统的德国陆军不值得担忧，他所唯一不放心的就是海军。当时的英国皇家海军正处于全盛时代，不但拥有规模庞大的舰队，而且全英国最优秀的人才都被吸引到海军，英国皇家海军的战斗力对德国具有绝对优势。德国要想实现其世界野心，必须认真考虑这一严酷的事实。在英国自诩为世界第一大海军强国的问题上，德国也绝不等闲视之。提尔皮茨严峻地指出："没有强大的海军，德国的世界

▼ 锡制小战舰

1898年，德国开始一个野心勃勃的海军建设计划——"提尔皮茨计划"。就在德国海军将领在北海指挥试验新船时，德国的孩子们沐浴时也在玩锡制的小战舰。

作用就如同没有壳的软体动物。"于是，德国在1898年就通过了为期二十年的庞大的"提尔皮茨计划"，第二年又增加了一倍，目的是与英国在大海上一争雌雄。到1914年，德国已拥有各种战舰232艘，面对这种威逼，英国迅速寻找盟友抗德。

德国在海上的跃跃欲试，尤其是建立至少世界第二的海军的作为，从长远来看是很不明智的，其组建计划极大地刺激了英国，并引发了新一轮的海军军备竞赛。英国人本来计划在1906年下水了新式"无畏"级主力战列舰后，稍稍放缓步伐，减少对财政的压力。但面对咄咄逼人的提尔皮茨，英国人开始加快了他们造舰的速度，因为英国海上霸主的地位是容不得挑战的。到1914年夏天宣战时，德国已经能够集合29艘战舰来对抗英国的49艘。在这样的力量对比下，德国舰队显然不能在公开行动中有效地克制英国舰队。

提尔皮茨是一个极有胆魄的人物，他不但决意为德国创建一支真正的远洋舰队，而且还希望这样一支舰队能与英国皇家海军相匹敌。威廉二世对提尔皮茨的胆略和雄心十分欣赏和信赖，全力支持他的扩充计划，并在不久后封他为伯爵。这种信赖是如此深厚，以至提尔皮茨最后获得了"永远的提尔皮茨"这样一个称呼。这个称呼是因为当他身边的人如走马灯一般来来往往时，提尔皮茨却始终保持着他的权力。随着德国海军战略的不断调整，新型武器装备的陆续成军服役，海军作战实力特别是远洋作战能力的逐步增强，德国海军越来越多地参与到国际军事行动中去，日耳曼战舰开始出现在世界各地。威廉二世曾说："我不把我的海军建立到和我的陆军同等水平，我决不停息。"根据提尔皮茨的建议，新建成的德舰全都舱室狭窄，设置重重水密门，水线以下的一切隔板都不开联络门，以防区域进水后脆弱的联络门被压破。德舰的贮煤舱也尽量设计在舰体两侧，以起防护作用。面对英国海军的优势，提尔皮茨追求舰艇在战斗中的生存性和稳定性，他的努力收到了效果，在"一战"中，德国战舰较英国战舰而言在生存能力上明显占有上风。在1900年至第一次世界大战开始的几年里，世界目睹了前所未有的最大的海军军备竞赛，这一时期，德国的舰队开始壮大起来，准备与俄国、法国进行一场海上交战。

提尔皮茨的最大错误在于，他未意识到英国的地理优势赋予了它一个几乎不可攻克的海洋地位——英国的许多小岛正好位于德国进入大西洋的通路上，在英吉利海峡和北海出口封锁德国对英国皇家海军来说易如反掌。但什么也不能阻挡德国继续推行

▼"提尔皮茨"号战列舰

其计划的疯狂念头。1911 年,提尔皮茨被提升为舰队总司令,1914 年战争爆发时又出任德国海军司令。虽然得到威廉二世的全力支持,但是提尔皮茨明白英国在海军军事力量上远远领先,他对于两军舰队作战的结果持悲观态度,并从此把作战的重点放在无限制潜艇战上,即采用隐蔽的消耗手法对付英军舰队,以达到平衡两军舰队力量的目标。虽然提尔皮茨有许多"可行"的计划和愿望,但严酷的客观现实总是不以他的意志为转移的。由于"无限制潜艇战"危害了中立国美国的利益,原本就要介入战争的美国以此为借口要与德国断交,为了不使美国加入协约国一方,德国不得不在"无限制潜艇战"上做出种种让步,而这些让步使德国的"无限制潜艇战"执行起来束手束脚,以至根本无法行动。提尔皮茨因此提出了辞呈以示抗议,但这次威廉二世接受了他的辞呈。

德皇也很无奈,战争发展到这个地步,面对着过于强大的敌人和过高的期望,"永远的提尔皮茨"最后还是失去了宠爱。第一次世界大战结束后,英国、美国等国彻底肢解了德国的公海舰队,提尔皮茨毕生的努力付诸东流。战后的提尔皮茨出版了他的自传《我的回忆》,在魏玛共和国中已失去影响力的他此后没在政治上发挥什么作用。1930 年提尔皮茨死于伊本豪森,被葬在慕尼黑的一个公共墓地。在历史上,提尔皮茨被称为"德国的海军之父"。希特勒上台后,以他的名字命名建造了"提尔皮茨"号战列舰,但该舰也如提尔皮茨一样,虽然一度辉煌夺目,但最终也没发挥什么根本作用,仅仅成了德国海军存在的一个象征,直到最后被炸沉为止。

挑战"海上霸主"——阿加迪尔危机

普法战争以后,虎虎有生气、野心勃勃的德国在欧洲的心脏地区日益壮大,到"一战"前,德国的人口已上升到 7000 万,超过了法国或者英国的人口,其钢产量已经超过英国,开始在海外殖民地的问题上向英法发起挑战。在俾斯麦时代,鉴于统一的德意志帝国初立,故对殖民地的争夺较少参与,由于国内商人势力兴起,商人日益要求德国政府争取海外资源和市场。威廉二世即位,俾斯麦被罢后,德皇认为德国殖民地太少,原料产地及商品市场不足,于是开始实行"世界政策",要求重新划分全球势力范围。这触犯了老牌殖民大国英国和法国的利益。阿加迪尔是摩洛哥的一个港口,摩洛哥北临地中海,西接大西洋,它的重要港口丹吉尔扼大西洋进入地中海的门户直布罗陀海峡,具有重要战略地位,是欧洲列强争夺的要地。欧洲经历过紧张和松弛,但没有经历过安宁,1905 年和 1911 年的两次摩洛哥危机,几乎使英、法卷入对德战争。

19 世纪时,得意忘形的英国殖民者曾狂妄宣称:"大英帝国无落日。"当时英国倚仗其经济和军事实力,运用炮舰政策,疯狂地推行强权政治,侵略魔爪伸到了世界各地,把凡是能够抢到的土地都攫为己有。英国人主张获得无限制的海权地位、对海域的管辖权,以及远洋贸易特权,主张对地球上所有财富的利用。"我们是世界第一的民族"是每一个英国人的信条,他们简直不能想象这一信条遭到质疑。一百多年以来,象征着英国的强大和其在世界上重要性的建筑物一直矗立在著名的特拉法尔加广场上,广场的兴建是为了让人们记住过去大英帝国海军的荣耀。广场西南角有一座巨型"海军拱门",正中耸立着庄严的纳尔逊纪念柱,顶端是全副戎装的纳尔逊塑像,高近六米。纳尔逊曾是击败拿破仑舰队的英国海军名将,纪念柱基座四壁是他曾指挥过的四大著名战役的铜雕,英国人小心谨慎地使它免遭破坏。

1904年4月,英法签订协定,法国承诺不干涉英国在埃及的行动,英国则承认摩洛哥是法国的势力范围。1905年2月,法国要求摩洛哥苏丹在法国监督下进行"改革",企图使摩洛哥成为法国的"保护国"。1905年3月31日,德皇威廉二世访问摩洛哥的丹吉尔,表示支持摩洛哥独立,以此公然挑战法国在摩洛哥的影响力。德皇的言论令法国民众普遍震怒。法国外长德尔卡塞采取强硬态度,并得到英国的支持,局势顿显紧张。1906年在西班牙阿尔吉西拉斯举行会议,由于英、俄支持法国,德国被迫让步。会议宣称摩洛哥"独立",同时又承认法、西对摩洛哥拥有警察权。危机虽告结束,但危机加强了英、法结盟,也加剧了法、德的对抗。随后法国在摩洛哥的势力日益扩大,引起当地人民的强烈抵抗。1911年春,摩洛哥首都非斯爆发反对苏丹和法国侵略者的人民起义,当年5月,法国以保护侨民为由,乘机占领摩洛哥的非斯及其他城市,1912年法国宣布摩洛哥为其保护国。

德国认为法国侵犯了自己在摩洛哥的殖民利益,对法国在摩洛哥问题上的不满日益加剧,德国政府宣称,他们在摩洛哥海岸的大西洋沿海地段一个港口及其腹地拥有巨大的利益,德国外交大臣冯·韦希特向法国人提出这个意见。当年7月1日,德国派出"豹"号战舰到摩洛哥港口阿加迪尔,借口是"保护德国的利益"。其实这是一种拦路抢劫的行为,德国人提出,如果他们能得到法属刚果,就可以在摩洛哥问题上有所让步。7月9日,法德两国开始谈判,最后达成协议,德国承认法国在摩洛哥的地位,法国则把法属刚果中南部及邻近地区转让给德国。这次危机总算过去了,但英国与法国联合对德国施压,迫使德国打了退堂鼓,因此毛奇将军在他的回忆录里留下了"如果再次出现这种示弱的举动,将对德意志帝国的未来绝望"的记录。

◀ 特拉法尔加广场纳尔逊纪念柱顶端全副戎装的纳尔逊雕像

英国人最显著的性格特征就是实利主义，他们追逐权力和财富。这种商业精神鼓舞着作为独立个体的英国人，同时也影响着整个民族的政治和军事行为。英国人主张海权，这对他们自己来说是理所当然的，但他们竟然从来不允许其他国家占有优势，摩洛哥危机加重了英国对德国的敌意，英国不能容忍德国在直布罗陀附近建立海军基地。伦敦太全神贯注于巩固它的洲际帝国，以致无力策划战争，但德皇威廉的不断增长的海军力量，却是英国的政策制订者感到焦虑不安的一个问题。阿加迪尔危机使英国人开始琢磨，非洲大西洋海岸出现一个德国海军基地会对其海运安全有什么影响？英国人搞不清楚，德国人此举是在找寻对法国作战的口实呢，还是仅仅试图通过制造压力和不安定以改变其殖民的地位呢？7月21日，英国财政大臣乔治发表了暗示英国不惜因摩洛哥问题与德国一战的演说，并进行相应的海军作战动员，面对英国的强硬态度，德国人保持了沉默。

英国是一个岛国，海权对英国来说是一个非常敏感和至关重要的问题，特别在科学技术还不够发达的19世纪，海权不仅意味着国家的安全，更意味着殖民地，意味着资源、财富和势力范围。自从1805年英国海军在海军将领威尔逊的率领下打败了法国与西班牙的联合舰队，一举夺得世界海上霸主的地位之后，英国不允许任何国家威胁这一海上霸主的地位。所以，欧洲大陆任何一国的海军建设和扩充，大英帝国都视为对自己海上霸主地位的挑战而不能容忍。英国与德国的关系，早已因军备竞赛而变得甚为紧张，它视德国在阿加迪尔的举动是企图挑战它的海上霸权，德英海军竞赛迫使英国承认，即使新建了无畏舰队，但是如果没有法国的协助，还是无法保护大英帝国的海上通道。在阿加迪尔危机之后，英国强化了与法国的关系，使三国协约渐渐从殖民地协定变为军事联盟，可以说，阿加迪尔事件是第一次世界大战爆发前的第一次危机。德国不断加强海军，促使英国在1904年和法国达成了和平协议，这解决了两国之间的许多突出矛盾。德国于是在摩洛哥问题上挑起一场外交危机，以此作为回答并试图瓦解增进中的盎格鲁—法兰西友谊，但这个举措使这两个国家走得更近了。

▲ 这是一张名为《布尔人伏击英军火车》的版画。布尔战争成为英国殖民体系瓦解的拐点。

第三章

欧洲火药库
——动荡的巴尔干

巴尔干战争的前奏曲——意土战争

1911年,在非洲爆发了意大利和奥斯曼土耳其帝国之间的战争,这场战争又称为的黎波里塔尼亚战争或利比亚战争。它是意大利为夺取奥斯曼帝国的北非省份——的黎波里塔尼亚和昔兰尼加——而发动的一场侵略战争。在这场战争中,意大利开创了使用飞机完成军事任务的首例,引起了世界各国的瞩目和效法,从而大大促进了军事航空事业的发展。

1911年的奥斯曼土耳其帝国,巨大而腐朽,周边的国家就像一群鬣狗,都想从它庞大的身躯上撕下一块肉来。号称欧洲五强之一的意大利早已对土耳其帝国在非洲的领地垂涎三尺,它一直在观望着其他欧洲势力向地中海及巴尔干半岛不断扩张的情景。法国继占领了阿尔及利亚和突尼斯后又开往摩洛哥。与此同时,英国控制了塞浦路斯、埃及和苏伊士。鉴于当时意大利人强大的民族主义运动,占领当时在土耳其统治下的的黎波里塔尼亚,是重新确立在地中海平衡地位的唯一可行的途径。但要达到这一目的,意大利必须得找到一个理由、一个借口。意大利对奥斯曼帝国北非属地的黎波里早就抱有野心,占领的黎波里是意大利争夺地中海霸权、向北非扩张的重要步骤,它的这一行动事先得到英国和法国的支持。1911年7月发生的摩洛哥危机为意大利的进攻提供了有利的时机。1911年9月28日,意大利政府以它在的黎波里和昔兰尼加的利益受到侵犯为借口,向土耳其发出最后通牒,要求土耳其同意它进驻的黎波里,在遭到拒绝后于次日向土耳其宣战。

在为宣战做准备期间,意大利军事新闻媒体和民族主义媒体均不停地报道的黎波

▲ 意土战争中飞机首次在战场上使用,尽管运用很有限,作战方式很原始,但却创造了许多第一,更为军事航空战略技术的发展指明了方向。图为首次飞越英吉利海峡的布雷里奥 11 型飞机。

里和昔兰尼加的"军事骚乱",但事实并非如此。在卡内瓦将军的率领下,意大利 2 万多人的部队分别于 10 月 1 日和 10 月 12 日两次登陆的黎波里。但他们遭到 4000 多名土耳其部队,特别是柏柏尔骑兵的猛烈抵抗。登陆本格哈兹时,发生了一场激烈战斗,600 多名意大利士兵战死。入侵的意大利部队迅速增扩至 10 万人,与 2 万名利比亚人和 8000 多名土耳其人作战。10 月 29 日,意大利海军开始炮击土耳其伊庇鲁斯地区海岸城市普雷韦扎,并击沉了土耳其鱼雷艇数艘。11 月 5 日,意大利海军登陆部队炮击并占领的黎波里和图卜鲁格。11 日,意军进驻的黎波里,并在胡姆斯、德尔纳和班加西登陆,至月底占领利比亚重要滨海城市,但遭到阿拉伯部落军队和来自埃及、突尼斯等地阿拉伯志愿军的有力抵抗,向腹地的进攻进展迟缓。

　　在这场战争中,人类战争史上第一次使用了飞机,意大利驻西西里空军基地的飞机向敌人进行了轰炸。当陆地战争成为一场消耗战时,意大利发动了闪电般的海上进攻——五艘驱逐舰成功穿越达达尼尔海峡,与此同时,海军司令米洛率领的一支远征部队占领了罗得岛和位于爱琴海的 12 个土耳其岛屿。2 万余人的意大利军队在飞机配合下,在的黎波里登陆并控制沿岸,意海军占领罗得岛和土耳其沿海的多德卡尼斯群岛的一些岛屿。这时适逢巴尔干战争即将爆发,土耳其处境危急,不得已只好被迫让步。1912 年 10 月,意大利和土耳其两国在洛桑签订了《意土和约》,土耳其放弃了对的黎波里和昔兰尼加的主权,恢复两地的旧称利比亚,并承认意大利继续占有佐泽卡尼索斯群岛,经过近一年的战斗,意大利终于从土耳其的身上割下一块肉来。

　　意大利的这一行径令奥匈帝国感到慌恐,他们害怕这件事会对巴尔干半岛的局势产生连锁影响。奥匈的担忧并不是没有依据的,看到意大利如此轻松地击败了软弱的奥斯曼帝国，在意土战争结束后不久，巴尔干同盟成员就袭击了土耳其帝国。1912年10月，巴尔干半岛的黑山王国紧随保加利亚、塞尔维亚和希腊之后，也向土耳其宣战，引发了第一场巴尔干战争。巴尔干战争打破了欧洲各方势力的平衡局面，导致了地区局势的动荡不安，最终引发了第一次世界大战。

奥斯曼帝国的"遗产"——动荡的巴尔干

没有人会对欧洲东南角爆发动乱感到奇怪，也没有人会对塞尔维亚是动乱的中心感到奇怪。1914年的巴尔干半岛，是欧洲最不稳定的地区，这里有许多因边界定义不清而时常爆发武力冲突的小国家，相互仇视的民族混杂在一起，各方都坚持自己有扩张的权利。虽说塞尔维亚王国很小，却难以忍受野心和怨恨的煎熬，从来不愿被排除在冲突之外。1914年，由于拼凑而形成的国家相互之间不安定的疆界，使巴尔干半岛成为欧洲极特别的地区。在那里，各地都在自由地说着自己的语言，而语言是认同感的主要支柱，且每一个地方都拥有自己的风俗习惯和宗教信仰。19世纪以来，巴尔干地区就是各种势力相互角逐最激烈的地方。第一次世界大战爆发前，巴尔干地区被称为欧洲的火药桶，在整个战争期间，巴尔干地区也是介入比例最大、战事最复杂的地区。要了解第一次世界大战，首先就要对巴尔干地区的情况有个了解，而在大战爆发前发生的两次巴尔干战争尤为重要。

▲ 欧洲的火药桶——巴尔干地区

巴尔干半岛位于欧洲的东南部，地处欧、亚、非三大洲的汇合处，既控制着地中海和黑海的门户，也控制着通往印度洋的航路，战略地位十分重要，而且有着丰富的自然资源。自14世纪以来，这一地区一直处于奥斯曼土耳其殖民统治和奴役之下。在奥斯曼帝国长达四五百年之久的残酷统治中，巴尔干各国人民进行了英勇的斗争，于19世纪先后走上独立发展的道路。奥斯曼帝国在19世纪时已变成"西亚病夫"，成为第一个失去掌控力的帝国。巴尔干半岛各省一个接一个地宣称民族自治，或者脱离土耳其独立：1817年塞尔维亚取得自治权，1829年瓦拉几亚与摩尔达维亚也争取到地方自治的权力；1832年希腊独立；1878年塞尔维亚完全独立，而瓦拉几亚和摩尔达维亚也在同一年独立；保加利亚则于1878年取得地方自治权，并于 1908 年独立。尽管如此，在 20 世纪初，包括阿尔巴尼亚、马其顿、色雷斯、克里特、爱琴海诸岛屿等，巴尔干地区仍有很大一部分领土处于奥斯曼土耳其的统治下。随着奥斯曼土耳其帝国的日益衰落，其就像草原上倒下的一头大象，吸引了一大群的狮子、鬣狗和秃鹫。它统治下的巴尔干半岛，遂成为各国瓜分的重要目标。

▲ 保加利亚国家博物馆里收藏的一幅巴尔干战争时期宣传画，其意为保加利亚军队打败了外强中干的土耳其人。

各国的独立，使巴尔干半岛极不稳定。它的两个邻近的帝国——奥匈帝国和沙俄帝国——无法置身事外，都希望能在瓦解的奥斯曼帝国取得新附属国、新贸易伙伴甚至新领土，这使得它们经常爆发冲突，互不相让，在巴尔干半岛展开了长达 40 年的暗中较劲。以德国为首的其他列强，则利用"利益均沾"的方式卷入这场地区冲突。面对着衰老的奥斯曼土耳其帝国的大片土地，意大利首先发难，它对位于地中海南岸的土属的的黎波里早已怀有野心，于是在 1911 年发动了对土耳其的战争。战争进行了一年，奥斯曼帝国对意大利的挑战显得无可奈何，充分暴露了奥斯曼帝国在军事上的软弱无力。但同时，巴尔干国家也看到，在分割奥斯曼帝国在巴尔干的领地方面，又多了一个竞争者意大利，于是，它们开始寻求结盟。这时候俄国也担心巴尔干地区被别的列强抢占，便竭力说服和促使巴尔干地区的斯拉夫国家结盟。20 世纪初的欧洲大陆战争阴霾密布，已是山雨欲来，各列强之间以及列强与殖民地之间矛盾不断加深，斗争愈演愈烈。巴尔干地区已经成了这些矛盾的交汇点，1912 年终于爆发了以保加利亚、塞尔维亚、希腊、黑山等国所组成的"巴尔干同盟"反对奥斯曼土耳其帝国的战争。由于各列强在巴尔干地区有着重大利益之争，所以这些交战国的身后，都有着大国的插手和较量。

巴尔干地区位于欧亚两洲的接壤处，是欧洲的下腹部，扼黑海、地中海的咽喉，战略位置十分重要，一直以来都是各大国觊觎的对象。俄国自从 15 世纪以来一直打着解放"斯拉夫人"的旗号在巴尔干地区争夺势力范围。19 世纪中期，奥匈帝国也开始将巴尔干的西北部地区纳入自己的统治之下，并从土耳其人手中接管了一些地盘。1878 年的柏林会议削减了俄罗斯的新附庸国保加利亚的领土，奥匈帝国所得到的补偿是对塞尔维亚王国拥有强大的间接影响力，以及管理半自治的波斯尼亚与黑塞哥维那的权利，而这些地方又正是塞尔维亚人想要得到的。由于错综复杂的历史原因，巴尔干地区的历史遗留问题难以解决，特别是领土问题，各个民族都想建立单独的民族国家，扩大自己的领土范围。"巴尔干同盟"向奥斯曼帝国提出给予马其顿和色雷斯自治权，奥斯曼土耳其的基雅米尔政府拒绝了这些国家的要求，但这构成了"巴尔干同盟"对土宣战的直接口实，在沙皇俄国的支持下，黑山国首先对土耳其采取军事行动，"巴尔干同盟"的其他几个国家也随后向土耳其宣战。

巴尔干同盟国把重点兵力指向各自预先想夺取的地区，黑山军队进入阿尔巴尼亚北部，保加利亚军队攻打东色雷斯，塞尔维亚军队出击马其顿北部，希腊军队开赴马其顿南部。巴尔干同盟军情绪激昂，乘胜前进，达到了预定的目标，而奥斯曼帝国军队则丢城弃地，节节败退。巴尔干同盟各国在兵员数量和武器质量，尤其是在炮兵质量和军队战斗训练水平上，均胜过奥斯曼帝国军队。这些国家的军队在民族解放斗争目标的鼓舞下，士气高昂。经过激战，塞尔维亚和黑山两军进占马其顿和亚得里亚海沿岸，保加利亚军控制伊斯坦布尔以西地区，希腊军进占爱琴海诸岛，土耳其军败退到埃迪尔内、约阿尼纳和斯库台等地。战争爆发后不久，被几个凶悍的巴尔干小国联手打得狼狈不堪的奥斯曼土耳其政府顿感处境危急，为了集中兵力于一线作战，遂向意大利表示让步，以求尽快结束意土战争。意大利也无意再战，于是交战双方于1912年10月15日在洛桑草签和约。18日正式签订《意土和约》，根据和约规定，土耳其割让的黎波里和昔兰尼加给意大利，并同意意军占领佐泽卡尼索斯。

巴尔干同盟军一连串的军事胜利并不符合一些大国的利益，俄国在支援巴尔干国家的同时，又担心保军进抵伊斯坦布尔不利于自己解决黑海海峡问题，德国和奥匈帝国则认为塞尔维亚和希腊是站在协约国一方的，因此不希望它们强大，却把土耳其看作是自己潜在的盟邦，因此竭力防止奥斯曼帝国覆灭。在各大国的压力下，1912年年底，奥斯曼帝国与保加利亚、塞尔维亚签订了停战协定。1913年5月30日，交战各国在伦敦召开和会，原属土耳其的马其顿被塞尔维亚、保加利亚及希腊瓜分，塞萨洛尼基则被并入希腊，随后奥匈帝国加入和会，奥匈帝国恐怕塞尔维亚得到塞国西南面的阿尔巴尼亚

▲ 图为一群保加利亚军官的合影。对这样的一个人口小国而言，1918年时派出的85万人在他们看来确实是一支大军。

后会变得更加强大，坚持阿尔巴尼亚必须独立。奥匈的动议与塞尔维亚的梦想相违背，塞尔维亚一直希望通过夺取土耳其在欧洲的领土建立一个包含塞尔维亚、黑山、波斯尼亚、黑塞哥维那及阿尔巴尼亚的"大塞尔维亚"。

在第一次巴尔干战争里，塞尔维亚所得甚丰，但是奥匈帝国竭力主张阿尔巴尼亚独立，以再次封锁塞尔维亚进入亚得里亚海的通道。在这几个月内，第一次巴尔干战争的胜利者们因为战果的瓜分问题而争吵不休。5月30日，经过交战双方讨价还价和大国间的背后交易，土耳其与巴尔干同盟四国签订了《伦敦条约》，第一次巴尔干战争以签订《伦敦条约》而告终。根据这项条约，奥斯曼帝国丧失了它在欧洲的几乎全部领土，巴尔干各国人民摆脱奥斯曼帝国压迫的愿望得以实现。《伦敦条约》的签订，虽然结束了第一次巴尔干战争，却加深了巴尔干同盟国家之间的矛盾，参战各国几乎都不满足，认为自己从奥斯曼帝国那里得来的不够，从而为第二次巴尔干战争埋下火种。《伦敦条约》的墨迹未干，仅过了一个月，"巴尔干同盟"内部就起了纷争，1913年6—8月，又爆发了第二次巴尔干战争，这一回敌对的双方不同了，塞尔维亚、希腊、罗马尼亚、黑山和奥斯曼帝国联合起来对付保加利亚了，保加利亚接替奥斯曼帝国成为众矢之的。

▲ 图为法国小报纸周日画刊记述保加利亚巴尔干战争历史的一幅画《一个逃走的人》，所表现的内容是保加利亚战败后，居民逃离保加利亚的情形。

保加利亚号称"东方的普鲁士"，在巴尔干同盟四国中它的战斗力也是最强的。保加利亚认为，在第一次巴尔干战争中，它出力最大，应分得更多更好的领土，应占有马其顿中部的斯科普里城，以及萨洛尼卡等地，甚至独霸马其顿。为此，它决定动用武力，驱赶希、塞等盟国军队。而塞尔维亚一心想得到马其顿的亚得里亚海出海口，希腊也希望牺牲保加利亚以扩大自己的领土，罗马尼亚则向保加利亚提出对多布罗加的领土要求。战利品的分配不公，使得"巴尔干同盟"国家中的三个国家都对保加利亚有意见。为了共同对付保加利亚，希腊和塞尔维亚经过秘密谈判，于1913年6月1日缔结了共同对付保加利亚同盟条约。正当这些巴尔干国家为分享战利品争得难分难解时，几个帝国主义大国又插了进来。在奥匈帝国和德国的唆使下，保加利亚于1913年6月29日夜间，对在马其顿的塞尔维亚军队与希腊军队采取军事行动，此时协约国集团则公开站在希腊和塞尔维亚一边。在欧洲的两大军事集团的唆使下，巴尔干那几个小国又开始了你争我夺的战争。

对于保加利亚先发制人的进攻，塞尔维亚、希腊和黑山三国早有预料和准备，所以并不感到突然。它们很快便动员了60万人的军队，全力应战。保加利亚错误地估计了形势，它原以为几天之内便可以打败对手，但事实恰恰相反，保加利亚军队的进攻一开始就遇到了有力的抵抗，它的各集团军前进受阻，被迫转入防御。紧接着罗马尼亚利用保加利亚的困难处境，趁机向保加利亚宣战，奥斯曼帝国亦卷土重来，出兵东色雷斯。结果，在短短一个月时间里，保加利亚腹背受敌，危在旦夕，陷入了四面楚歌的困境，首都索非亚告急，保加利亚只好被迫求和，签订了割地赔款的和约，重新划定巴尔干各国的新边界。结果保加利亚不仅失去了它在第一次巴尔干战争中获得的大部分土地，而且还失掉了一部分原有的领土。虽然塞尔维亚人在战争中攫取了在规模上两倍于自己国家的土地，但奥匈帝国却阻挡了他们进入亚得里亚海和世界海洋的通路，德国又一次阻止俄国支持塞尔维亚，而在德奥建立了强权联盟之后，塞尔维亚被迫做出了让步。

第二次巴尔干战争的结果是巴尔干半岛的力量重新改组。罗马尼亚脱离了三国同盟，而与协约国靠近；因失去许多领土而大大削弱了的保加利亚则加入德奥同盟；以俄国为后台的塞尔维亚几乎把领土扩大了一倍，成了扎进奥匈帝国身边的一根刺。从此奥匈帝国和塞尔维亚的争斗日益激烈起起来，一年后，奥匈帝国皇储斐迪南大公在它们之间有纠纷的地方萨拉热窝被刺，直接引发了第一次世界大战。

风雨飘摇的奥匈帝国——哈布斯堡的黄昏

在欧洲，哈布斯堡是个响亮而高贵的名字，从13世纪末期开始，其家族成员曾出任过神圣罗马帝国皇帝、奥地利帝国皇帝、匈牙利国王、波希米亚国王、西班牙国王、葡萄牙国王等，几乎统治过全部欧洲。哈布斯堡王朝的发展是靠联姻来实现的，哈布斯堡家族成员一般不是武士或冒险家，他们天生讨厌冒险。他们很少依靠手中的刀剑来扩张家族财产，更多的是依靠婚姻。

奥匈帝国是匈牙利贵族与奥地利哈布斯堡王朝在争取维持原来的奥地利帝国时所达成的一个折中解决方法，有各自的首府，奥地利首府在维也纳，匈牙利首府在布达佩斯。奥匈帝国是当时仅次于俄罗斯帝国的欧洲大陆的第二大国，人口仅次于俄罗斯帝国及德意志帝国，居于第三位。它是一个多民族国家，内政主要由组成它的11个主要民族之间的商议来决定。这种安排也产生了一些问题，即使决策过程变得极为复杂，重要的决定不仅需要获得维也纳的批准，也需要获得匈牙利首府布达佩斯的批准，而匈牙利总是寻找理由反对任何有可能削弱其在帝国内部地位的变革。

1848年欧洲革命取得了部分的胜利，哈布斯堡家族只得推举出年轻的弗朗茨·约瑟夫一世出任皇帝。加冕时，踌躇满志的继位人年仅18岁，但他却在皇位上度过了68个春秋。约瑟夫一世执政期间，奥地利再一次走向繁荣。当时欧洲各地民族独立思想不断发展，虽然奥匈帝国在其成立期间不断有民族起义和其他纠纷，但在它所存在的约五十年间整个国家的经济不断发展，国家实现了现代化，许多开明的改革得以施行。

奥匈帝国成立以后，国内多民族的纷争和对外战争的失败令哈布斯堡王朝的势力一再被削弱。1859年的意大利独立战争使奥匈帝国失去在意大利的所有领地，1866年的普奥战争迫使奥地利退出德意志联邦，结束了哈布斯堡家族统领德意志各城邦的时代。内政方面，匈牙利对维也纳的统治也非常不满，国内其他许多地区民族主义思想也不断加强。随着在萨多瓦的战败，奥匈帝国恢复在德意志区域的影响力的希望化为泡影，之后开始努力向东南巴尔干方面扩展影响力，企图攫取奥斯曼土耳其帝国退出东欧后留下的以斯拉夫人为主体的地区，这就使得奥匈帝国与它几个世纪以来的亲密盟友——以斯拉夫人保护者和老大哥自诩的俄国——反目成仇，从此不得不把自己绑到德国的战车上，来对抗强大的沙皇俄国。

▲ 弗朗茨·约瑟夫一世

奥匈帝国有三个不同的政府，皇帝的中央政府负责陆军、海军、外交和对外贸易。身为奥地利皇帝兼匈牙利国王的约瑟夫，理论上是帝国军队最高统帅，实质上由于帝国已经立宪，君主对帝国战争部长的影响力已经不如帝国宰相，更由于他已经垂垂老矣，军令指挥权实质上是由总参谋长在行使，在战争初期灾难性的惨败之后，军令指挥权又落到了德国顾问手中。

1914年，奥匈帝国的皇储斐迪南在萨拉热窝被刺，导致了第一次世界大战的爆发，1916年，约瑟夫一世未能见到第一次世界大战的分晓就离开了人世。斐迪南大公与妻子索菲亚属于贵贱通婚，所生子女没有皇位继承权，皇储之位传给了他的侄子卡尔一世。卡尔一世在四面楚歌声中登上皇位，他年富力强，又是颇有经验和成就的野战军官，这使他拿回了部分军令指挥权。奥匈帝国民族众多，语言混杂，一个军官不可能通晓帝国所有二十余种语言，发展到最后，甚至连排长也无法让他所搜罗来的那一大堆乱七八糟的人全部听懂他发令的地步，整个基层作战指挥趋于瓦解，整个帝国国防军——预期中的帝国主力部队——变成了一头患有神经末梢麻痹绝症的庞大怪兽，根本无法正常运转，更不要说作战了。到了1918年夏，战事对同盟国越来越不利，此时的奥匈帝国已经无法将这众多民族联合在一起了，其他成员也对帝国丧失了信心。

第一次世界大战最终使风雨飘摇的奥匈帝国解了体，1918年，在奥匈帝国瓦解前夕，卡尔一世公开表示："只要保留皇位，可以放弃一切政治活动。"但建立了共和国的奥地利不眷恋皇帝，卡尔一世全家被驱逐出境，而匈牙利也拒绝接受他们，从此，奥匈帝国的末代皇帝携全家开始了国外流亡生涯，卡尔一世举家逃亡瑞士，哈布斯堡王朝自1278年以来的统治到此寿终正寝了。

"一战"导火索——萨拉热窝的枪声

1903年，一群激进的民族主义军官掌握了塞尔维亚的权力，他们追求一种激烈的反奥匈帝国政策。这使奥匈帝国越来越将法俄支持下的塞尔维亚视为其生存的直接威胁。1908年，在离间塞尔维亚和俄国愿望的驱使下，奥匈帝国与俄国达成了一个协议，通过这个协约，奥匈帝国吞并了波斯尼亚和黑塞哥维那，而俄国由于其他帝国的反对却一无所获。塞尔维亚在当时是个最具雄心的国家，它在俄国的支持下一心要建成包括波斯尼亚和黑塞哥维那在内的"大塞尔维亚"，此时生活在波斯尼亚的塞族也一直企图摆脱奥匈帝国的控制，同塞尔维亚合并。奥匈帝国对波斯尼亚的吞并让由俄国支持的塞尔维亚非常愤怒，因此塞尔维亚和奥匈帝国的军队在边境上互相对峙，战争一触即发。

巴尔干半岛地处欧、亚、非三大陆之间，南临地中海重要航线，东有博斯普鲁斯海峡和达达尼尔海峡扼黑海的咽喉，是欧亚联系的陆桥，地理位置极为重要。从19世纪起，沙皇俄国就渴望打通南下地中海的通道，奥匈帝国企图向南扩张通至亚得里亚海，英、法则要保护通往印度洋和远东的交通命脉，因而巴尔干半岛成为俄、奥、英、法激烈争夺的地区，多次发生战争，素有"欧洲火药库"之称。

19世纪末，奥匈帝国的国内政治处于一种微妙的平衡状态，匈牙利的马扎尔人残暴地统治他们的少数民族，而奥地利的日耳曼人则寻求与某个民族结盟，以对抗其他民族。对于奥匈帝国来说，阻止俄罗斯人渗入巴尔干半岛上与他们同源的斯拉夫人居

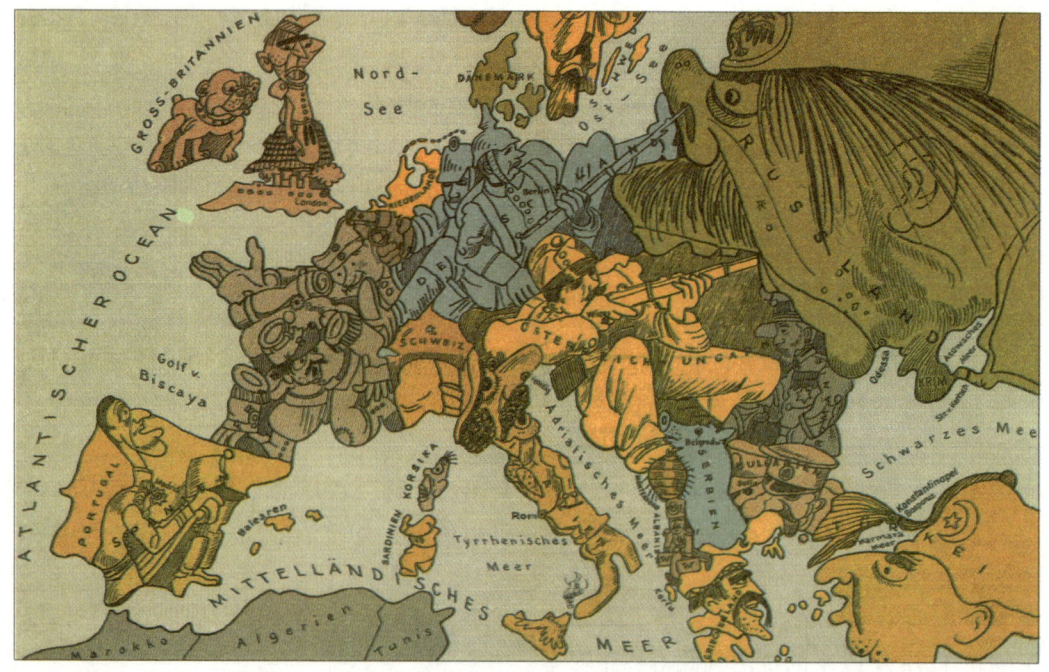

▲ 该图显示了一战前夕欧洲各国间的矛盾日益激化，大有一触即发的态势。

住地区是不够的。奥匈帝国是通过扑灭所有的民族独立运动才得以幸存的，所以阻止塞尔维亚人向奥匈帝国的南方扩展，变成维也纳的第一要务。20世纪初，一系列民族国家在巴尔干地区兴起，塞尔维亚在巴尔干地区强大起来，成为南部斯拉夫人反对外国统治、争取民族统一的核心。居住在被奥匈帝国吞并的波斯尼亚和黑塞哥维那两地的斯拉夫人，强烈要求摆脱奥匈帝国的统治，与塞尔维亚合并，建立统一的南斯拉夫国家。而一贯自命为"斯拉夫兄弟"保护人的俄国，对奥匈帝国入侵巴尔干半岛各国也表示不满，做了塞尔维亚的后台支柱。

以塞尔维亚为中心的南斯拉夫民族统一运动的发展，使哈布斯堡王朝的统治者极为不安。塞尔维亚是巴尔干半岛上唯一对奥匈帝国具有威胁的国家。继1903年改朝换代之后，塞尔维亚领袖尼古拉·帕西奇采取公然反抗奥匈帝国的政策，塞尔维亚政府不阻止反奥匈帝国的秘密组织黑手党的任何活动，1903年以后的塞尔维亚，已经变成"猛咬奥匈帝国致命弱点的豺狼"。巴尔干战争的胜利，让塞尔维亚加强了自信心，同时也点燃了波斯尼亚的斯拉夫人的民族主义热情，塞尔维亚和奥匈帝国的敌对情绪日益上升，波斯尼亚自然成了斗争的焦点，同时奥匈背后的德国和塞尔维亚背后的俄国也摩拳擦掌，此时的巴尔干半岛已经成了一座随时可以爆炸的火药库，而1914年刺杀奥匈皇储斐迪南的事件，就成了点燃这个火药库的导火索。

对于哈布斯堡皇位的继承人弗兰茨·斐迪南大公和他的妻子索菲亚来说，1914年6月28日本来是个吉祥日子，这一天是他们结婚14周年纪念日，为了表示庆祝，他们要到在六年前并吞的波斯尼亚—黑塞哥维那去做一次特别访问。奥匈帝国从来是靠贵族联姻而发展的，是一个极为讲究身份等级的国家，而索菲亚原本只是斐迪南大公堂姐妹伊萨贝拉公主的宫廷侍女，只是她博得了斐迪南的欢心而成为大公夫人。于是，在弗兰茨·约瑟夫看来，出身低微的她同侍女差不多，在哈普斯堡皇室的古老宫廷中，索菲亚一直受到冷遇，这次斐迪南大公带着他的妻子索菲亚一同到波斯尼亚—黑塞哥维那访问，也是想让索菲亚改善一下心情。斐迪南在到波斯尼亚视察之前，先到科诺皮施特的城堡中同德皇威廉二世举行会谈，讨论塞尔维亚的局势，他们都认为，此时俄国国内困难较大，无法插手巴尔干战争，德皇建议奥匈帝国利用这一有利形势进攻塞尔维亚，威廉二世还明确向斐迪南保证，假如俄国插手奥塞冲突，德国将援助奥匈帝国。会谈结束后，斐迪南赶赴波斯尼亚，他要视察在那里进行的一场军事演习，然后这位皇位继承人还要在夫人的陪同下正式访问波斯尼亚首府萨拉热窝。

由于在维也纳索菲亚一直受到冷遇，宫廷的礼仪禁止她和她的丈夫同坐大公的马车，她也不能和他同坐在剧院的皇族包厢里，每逢宫廷大典，当索菲亚进入时，折门只开一半。访问波斯尼亚—黑塞哥维那省的动机之一，就是斐迪南大公想使他的妻子得到她在维也纳得不到的皇室荣誉。他定于6月28日这天入城，但6月28日是塞尔维亚和波斯尼亚联军在1389年被土耳其军队打败的日子，是塞尔维亚人民的国耻日，奥匈帝国选定在这一天演习显然是具有挑衅意味的。皇储斐迪南要亲自检阅这次演习的消息，早已于当年4月传出，萨拉热窝的市长已经发出了通告，表示对奥匈帝国皇帝派皇储访问波斯尼亚感到欢欣鼓舞，并代表市民表示忠心，市民们在住宅和商店门

▲ 斐迪南大公遇刺时刺客所用的勃朗宁手枪　　▲ 描绘斐迪南夫妇被刺场面的图画

前张旗饰花，橱窗里处处可见斐迪南的肖像。20世纪以来，奥匈帝国用武力吞并了波斯尼亚，又想把邻近波斯尼亚的塞尔维亚纳入帝国的版图，塞尔维亚民族主义者对此早已义愤填膺，塞尔维亚的一个激进民族主义组织黑手党认为这是一个千载难逢的机会，决定派人去暗杀前来视察这次演习的奥匈皇储。风闻此事的塞尔维亚当局为避免事端的发生，曾通过本国驻奥匈公使提醒奥匈政府注意，如果斐迪南前往波斯尼亚，将会有生命危险，但是奥匈政府对这一警告置若罔闻。

当萨拉热窝的简短访问开始时，6辆车篷折叠起来的游览车都停在火车站，第一辆车里坐的是萨拉热窝市市长楚尔皮茨和他的警察专员盖尔戴博士，第二辆车载着皇储费迪南，索菲亚坐在他的右边，波斯尼亚军政府长官波蒂奥雷克将军坐在左边可以折叠的座位上，司机的旁边是大公的侍从官哈拉希伯爵。9点刚过，斐迪南大公夫妇乘坐敞篷车穿过萨拉热窝的街道向市政厅驶去，他身穿白色军装，笔直地坐在车里，和储妃索菲亚一起欣赏着这美丽的城市。斐迪南大公是个身材魁梧的职业军人，有着极高的智慧和意志，但都被掩藏在呆板冷漠的外表之下，无论谁看他的照片，不仅能感受到他的冰冷，还能感受到一种奇怪的空虚。波斯尼亚是在六年前被奥匈帝国吞并的，萨拉热窝市政当局为了讨好主子，把欢迎仪式搞得十分隆重，由奥匈帝国的近百名士兵组成的仪仗队，迈着正步走来，在缓缓行驶的敞篷汽车上，兴致勃勃的斐迪南大公和他的妻子索菲亚不时频频地向路边的人群挥手致意，他没有想到，一群刺客此刻在他所行走的路线上怀揣炸弹和手枪，正静静地守候着他。

皇室汽车的长列缓缓地驶过人群拥挤但疏于保卫的街道，数千名本地区的部队都在野外演习。按照大公的请求，萨拉热窝宣布禁止军人进入，费迪南不想使他的访问与炫耀军事力量联系起来，按常理来看，在这种情况下，原本是应该采取最紧迫的军警预防措施的，然而保卫措施的疏忽和漫不经心竟严重到了如此程度，以至只有稀疏的宪兵警戒线布在路旁，所以有人猜疑皇储的性命在奥匈帝国政府最高层并不受到重视。

波蒂奥雷克将军作为波斯尼亚的军事长官，对皇储访问波斯尼亚首府期间的安全负有比任何人更大的责任，不知是心怀恶意还是纯粹无能，他竟然完全忽略了他的职责。有7名塞尔维亚的暗杀者埋伏在预告要经过的道路旁，他们发誓要干掉大公，他们当中最年长的23岁，5个都是19岁，还有一个17岁。虽然大公本人并不对波斯尼亚的被奴役负责，许多人却把他看作是奥地利压迫的象征。共谋者利用马虎的安全防卫措施，隐身在与米利亚茨卡河并行的阿佩尔码头这条大路旁的人群中。暗杀者中第一个付诸行动的是印刷工查卜林诺维奇，当斐迪南大公的敞篷车行驶过来时，他鼓足勇气向车里投掷了一枚炸弹，但可惜的是他没有投准，炸弹在敞篷车的后面爆炸了，斐迪南大公毫发未损，只是炸伤了路边的几个老百姓。行刺后的查卜林诺维奇迅速吞下一个氰化物胶囊，然后纵身跃下运河，由于运河的水很浅，很快，奄奄一息的他就被几个警察打捞上来，而斐迪南大公的车队连忙开足马力，向市政厅驶去。

斐迪南在市政府参加完欢迎典礼之后，按照原定的安排，欢迎仪式之后去约瑟夫街参观博物院，波蒂奥雷克和警察局长为保险起见，改变了原定的路线，迅速通过亚帕尔码头，直接前往博物院。斐迪南大公的高级随员哈拉基伯爵亲自站在大公汽车的左踏板上，预防来自河边的可能袭击。当车队走到一个叫拉丁桥的路口，司机放慢速度向右转弯时，一个塞尔维亚青年向斐迪南夫妇连开两枪，一枪打在斐迪南的脖子上，另一枪打在斐迪南妻子的腹部，斐迪南的汽车立即转过头来，迅速越过拉丁桥，向总督官邸驶去，十五分钟后，斐迪南夫妇相继死去，遗体被运回维也纳举行了国葬。那天较晚些时候，德皇在他的游艇"霍亨索伦"号上获悉这个消息，那时德皇威廉正在庆祝连接北海和波罗的海的运河建成19周年，在停靠在旁边的一艘汽艇上，一位海军将军把电文折叠在一个金制烟盒里，把它掷给等候在那里的人。威廉二世是真心喜爱他的朋友兼猎伴斐迪南的，得到这个报告后，他脸色发白，一声不响地回到他的特等舱房里去。

开枪打死斐迪南夫妇的是一位名叫普林西普的波斯尼亚青年，当时他只有17岁，

相关链接

★ 黑手党

作为一个于1911年成立的塞尔维亚秘密组织，黑手党的官方称谓是"团结或死亡"。该组织的任务就是从政治上为塞尔维亚将处于奥匈帝国及土耳其统治下的各国斯拉夫人团结起来。这个组织中有很多成员都是在职的塞尔维亚官员，其中包括陆军上校德拉古丁·迪米特里维科，他协助了1914年6月暗杀弗朗茨·斐迪南大公的刺客。黑手党于1915—1916年间被塞尔维亚流亡政府取消，迪米特里维科也遭到流放。

▲ 图为审判萨拉热窝事件刺客的场景。所有刺客都被判有罪，很多人被判死刑，而包括普林西普在内较为年轻的同谋者则被判监禁。

还是个中学生。普林西普其实并不机警，完全是一系列偶然因素使他成为刺杀斐迪南的塞尔维亚的民族英雄。刺杀王储斐迪南，普林西普事后被判二十年有期徒刑，于1918年4月死于监狱中。塞尔维亚人为纪念普林西普的爱国行为，在他行刺的十字路口铺上一块石板，上面刻着他的两只脚印，在路旁的墙上用塞尔维亚文写着："1914年6月28日，G.普林西普在这里用他的子弹表达了我们人民对暴虐的反抗与对自由的向往。"斐迪南大公的遇刺深深地鼓舞了塞尔维亚人，就在大公遇刺的第二天，塞尔维亚人开始大规模游行庆祝，在奥地利境内的塞族人有的急切盼望"回归"。当时欧洲列强正准备重新瓜分世界，相互利用和勾结，已经形成了同盟国和协约国两大军事集团，战争爆发已经不可避免，暗杀斐迪南夫妇事件破坏了欧洲本来就难以保持的平静，成了引爆"欧洲火药库"的火星。

战争倒计时——奥匈帝国的最后通牒

"我认为不会有大战，法国和俄国还没有准备好。"德皇威廉二世的这句话只说对了一半，法国和俄国的确是没准备好，但被逼无奈，被形势拖入了战争。当德皇对国际环境忧心忡忡之时，奥匈帝国也陷入了绝望之中。哈布斯堡王朝是欧洲唯一不是建立在民族主义基础之上的政权，在国家内部，捷克人、波兰人和斯洛伐克人都在闹独立，甚至匈牙利人也不完全可靠，而在边疆的意大利人、塞尔维亚人和罗马尼亚人都在为生活在哈布斯堡王朝异族统治下的弟兄们要求自由。正如那句令人发冷的德国警句所言，"一个悲惨的结局胜于没有终止的恐惧"，如此四面树敌，战争岂非唯一的选择吗？

斐迪南大公遇刺身亡后的第一天，有大量非塞尔维亚人群举着奥匈帝国的国旗和遇刺斐迪南大公夫妇的遗像在萨拉热窝的大街上游行。当地一些主要东正教教士家里的窗户也被砸坏。实际上，萨拉热窝的游行仅持续了几小时，维也纳政府也立刻承诺补偿受害者，维也纳很快便恢复了平静。在萨拉热窝暗杀事件后一个多星期，奥地利外交部保持沉默，但许多报刊和其他机构却鼓动反塞尔维亚情绪，维也纳的广告牌宣称："所有塞尔维亚人必定灭亡。"但这些似乎都是一时的爆发，在被杀害的皇位继承人和他的妻子埋葬两天之后，弗朗茨·约瑟夫皇帝没有参加葬礼就回到他的夏季别墅去了。7月份的绝大部分时间，奥地利人都在那儿沉默，因此失掉了欧洲的许多支持者，当他们终于采取行动时，这一刺杀事件已经被排在欧洲报纸的最后几版了。当斐迪南大公遇刺的消息传来时，德皇威廉二世正在挪威海边他的游艇上，威廉二世立刻结束在挪威的航海度假，返回国内。他这样做，更多的是因为斐迪南大公是他的好朋友，而不是因为他预见到了什么紧急情况，几周前，他和夫人还在斐迪南夫妇的乡村别墅里做客。

在斐迪南大公遇刺后的一段日子中，维也纳很平静，世界其他地方也很平静，斐迪南大公遇刺产生的震动似乎已经消散了。事情的真相变得越来越清楚，刺客是波斯尼亚的塞尔维亚人，他们是在贝尔格莱德进行刺杀准备活动的。虽然奥匈帝国的领导层下决心对塞尔维亚采取行动,但是此时准备工作还没做好。领导层对于开战还是不开战意见很不统一。但是他们有一点共识,那就是必须先满足一些基本条件,然后才能采取行动。为此,奥匈帝国皇帝约瑟夫取消了例行的访问计划,他写了一封私人信件,于7月5日由帝国外交部特使转交给它的同盟国德意志帝国的皇帝威廉二世,他得先探寻一下德国的意向。对奥匈帝国而言,估计这次战争的限度是很重要的,俄国可能会介入支持塞尔维亚,这是一个很严重的问题,只有德国的支持可以让俄国保持中立,因此,约瑟夫给威廉二世发去了私人信函,力劝德国支持奥匈帝国"摧毁塞尔维亚,使其不复为一个势力"的计划。

德皇威廉二世认为,只有坚决的行动,才能吓阻俄国的介入,7月初,威廉二世收到一份德国驻维也纳大使的电报,大使在电报中说,他本人已经要求奥地利不要过快地对塞尔维亚采取行动。德皇威廉暴跳如雷,他在评注中写道:"撒谎!胡说!谁给他权力那样做?塞尔维亚必须受到惩罚,立刻执行!"德皇威廉的这番话很快传开来,维也纳的官员也听到了。威廉二世在与奥地利特使的会面时说:"机不可失,我们必须永远把塞尔维亚消灭掉,如果奥匈帝国与俄国之间的战争果真爆发,德国会以其惯常的忠诚站在你们一边,奥地利尽可以放心。"后来,温斯顿·丘吉尔谈到此事时说,威廉的保证是"以整个德意志帝国资源为担保而随便填写的一张空白支票"。德皇威廉刚刚结束与奥地利特使的会面,法金汉便问威廉是否应该进行军事准备,威廉说不,随后,他马上动身返回挪威去玩游艇度假去了。他走前对他的海军上将们说:"我认为不会有大战。沙皇的注意力不在斐迪南大公遇刺上,此外,法国和俄国也没有做好战争准备。"但当弗朗茨·约瑟夫收到德皇的空白支票时,他的和平感突然化为乌有,他喃喃自语地说:"现在我们不能再回头了,将要有一场可怕的战争。"

奥匈帝国政府并没有确切的证据,证明塞尔维亚政府事先知悉普林西普及其同伙的计划。最多也只能说,有些塞尔维亚的内阁成员与军官知道一些恐怖分子的秘密计划,而塞尔维亚政府既没有意愿也没有能力阻止他们的行动。无论如何,维也纳政府视这次的暗杀行动为"展现力量并一劳永逸地处理塞尔维亚问题"的时机。刺杀事件发生时,沙皇尼古拉二世在他的游艇"史丹达"号上宣布为期三周的哀悼,此举是为了向被杀的大公表示敬意。除此之外,他没有兴趣做更多的安

▶ 俄国沙皇尼古拉二世

排，直到奥匈帝国向塞尔维亚发出了那封类似于战书的最后通牒后，沙皇才开始有些担心起来。7月29日，沙皇尼古拉给德皇威廉发去一份电报，电文表达了"对一个弱国发动一场不光彩的战争"的愤慨。他质问德皇威廉："能不能阻止他的盟友不要走得太远？"德皇威廉给沙皇尼古拉发去的回电中，表白了自己对和平的期待，并说："我正在利用我的影响力促使奥地利人直接与你达成令人满意的谅解。"当然他所做的和他所说的并不是一回事。威廉对此说："尼古拉承认自己懦弱，却又想把战争的责任放在我的肩膀上。"

德皇认为，俄国政府可能无力参战，他要让奥匈帝国在巴尔干半岛上取得压倒性优势，以削弱俄国在那里的势力。而且他的参谋总长小毛奇也曾向他保证，即使出现最坏的情况，德国在1914年与俄国和法国交战，仍然要比日后交战更为有利，所以他认为这场战争的风险似乎是可以接受的。必须展开有力的行动，以维护他们日益扩展的世界势力，否则终将面临自行衰退的命运。对于在巴尔干半岛使用武力的问题，奥匈帝国一直在犹豫不决，但是这次暗杀王储事件及德国人的支持结束了这种举棋不定的状况，有了德皇全面支持的许诺，终于挺直腰杆的奥匈帝国随即向塞尔维亚政府发出强硬的最后通牒，提出十条苛刻的条件，限令塞尔维亚在四十八小时内答复。英国外长爱德华·格雷指出，此项最后通牒是"有史以来一个国家对他国发出之最可怕的文件"，一般认为，文件的条款难以实现，实际上是奥匈帝国用以惩罚塞尔维亚的开战理由。

正当欧洲已经恢复仲夏时的宁静，而德国皇帝也在挪威附近的游艇上度假的时候，维也纳却正在慢慢地制造了这枚将要震惊整个世界的定时炸弹，奥匈帝国决心

▲ 1914年8月，奥匈帝国军队准备出征，一名妇女正在给他们献花。

击败和摧毁塞尔维亚，致使他的最后通牒排除了进行谈判的丝毫可能性。最苛刻的要求之一，是可以在塞尔维亚自由进出并由奥地利的官僚干预萨拉热窝的阴谋的调查。鉴于奥地利对阿皮斯及其黑手党全然无知，这种干涉塞尔维亚内政的行为，是奥地利人的蓄意挑衅。自诩为塞尔维亚"保护国"的俄国在拿到这份最后通牒的消息时，其外交大臣萨索诺夫惊呼："这是欧洲大战！"塞尔维亚即使要求维护国家主权和领土完整，也不得不屈服于俄国的意志，毕竟奥匈帝国作为中欧大国对塞尔维亚拥有压倒性优势，塞尔维亚政府要求俄国给予"同盟性质"的援助，而欲奋力同奥匈帝国一战。随着维也纳最后通牒的细节渐渐为人们所知，持续了三周半的观望期戛然终止了。此后，事件接连发生，形势变化速度明显加快。战争的威胁越来越真实。不仅维也纳、柏林、彼得堡意识到战争可能性，就连伦敦、罗马、巴黎也朦胧地感觉到这是一次真正的危机。

奥匈帝国和俄国之间在巴尔干半岛的竞争愈演愈烈，两国都想在这一地区扩大它们的势力，奥匈帝国向俄国保证，他们无意永久吞并塞尔维亚，只是想要展示奥匈帝国征讨塞尔维亚的决心有多坚决。但俄国担心奥匈将通过进攻塞尔维亚加强它在巴尔干半岛的势力，而且俄国人面临着这样一种处境：若再次屈服于德奥的压力，将对它在巴尔干半岛的利益造成无法补救的损失。在这种情况下，沙皇尼古拉二世宣布俄国支持塞尔维亚，俄国通知维也纳，攻击塞尔维亚会引起俄国的立即动员。当年奥匈帝国并吞俄国的"斯拉夫小兄弟"波斯尼亚和黑塞哥维那时，圣彼得堡感到无可奈何的愤怒，那时沙皇政权由于在日俄战争中败于日本，仍处于筋疲力尽中。但是到了1914年，俄国感到已经充分恢复过来，可以动员了。而早欲通过战争重新瓜分世界的德皇在巴尔干诸国火上浇油："德皇完全理解由于奥皇陛下以热爱和平而闻名，进军塞尔维亚对于帝国和他会是困难的决定，但若我们真正认识到对塞尔维亚开战的必要性，那么假如我们没有利用这一完全对我们有利的时刻，以后是会后悔的。"

柏林的外交大臣认为，奥匈帝国的大胆加上德国的支持，"最有可能使俄国安静下来"。而沙皇的外交大臣萨索诺夫对这一威胁的反应是不祥的："俄国不能容许奥匈帝国打垮塞尔维亚，变成巴尔干半岛诸国中最占优势的国家。"而俄国的战争大臣则认为俄国的战争动员能给予奥匈帝国最严厉的警告，这样一来，开战就如同箭在弦上，一触即发。奥匈向塞尔维亚发出"最后通牒"后，塞尔维亚于7月26日表示接受所有条款，除了第六条，塞尔维亚认为第六条条款违反了它的宪法规定，而且会损害其主权独立，所以拒绝接受此条款。奥匈帝国驻塞尔维亚大使吉塞男爵，按照事先定下的程序宣布对塞尔维亚的答复不能接受，立刻断绝与塞尔维亚外交关系。他的行囊早已准备好，半小时后便上了火车。又过了十分钟，他跨越边境线进入匈牙利境内。蓄意挑起战争的奥匈帝国终于拒绝了一切调停，借口没有得到满意的答复，于7月28日向塞尔维亚宣战。7月30日，奥匈帝国开始炮击塞尔维亚首都贝尔格莱德，并把它的军队开进了塞尔维亚。与此同时，柏林警告圣彼得堡，如果俄国动用军队支持塞尔维亚，德国将会不惜一战。

"塞壬女妖"的歌声响起——各国的抉择

在古代希腊的神话故事中,有个叫塞壬的海妖,她住在一个海岛上,漂亮无比,专门用美妙的歌声来吸引过往的航海者,凡是听到她歌声的人都抵御不住她的诱惑,结果他们的航船都毁在了海岛边的礁石上。1914年欧洲大国的统治者们,仿佛都听到了塞壬的歌声一样被战争给迷住了,他们不约而同地把自己的国家领向了战争的边缘。

7月28日奥地利对塞尔维亚正式宣战,使定时炸弹上的钟声开始嘀嗒作响,如今已没有任何办法可以阻止这颗炸弹爆炸了。开始时沙皇只是不太情愿地动员了对奥匈作战的俄军,却没有动员与东普鲁士对阵的俄军,他的将军们使他相信:那样的安排丝毫不起什么作用,而且将把优势拱手给让德国。于是在7月30日,俄国颁发了总动员令。

奥匈帝国和德国曾经希望奥塞战争可以维持局部化,就如同另一次巴尔干战争,但是,军事同盟与列强竞争从一开始就具有将冲突扩大的威胁,所以沙皇还是做出了反应,不仅调动了军队,而且还下了全国总动员命,在奥匈帝国宣战之后四十八小时,俄国决定实施总动员。进行夏季演练的军队回到军营,休假的军官被召回,喀山军区、基辅军区、莫斯科军区、敖德萨军区受命处于戒备状态。在华沙军区、维尔那军区、圣彼得堡军区也开始展开一些秘密的军事准备活动,这三个军区的准备活动有特别危

▲ 1914年8月,大批群众涌入柏林市中心,庆祝战争的爆发

险的意义，因为它们直接威胁德国。俄国决定增加90万现役兵力，同时征召400万的后备兵力。这么大的兵力足以吓坏地球上任何国家，沙皇的本意是想借此吓住德、奥，让战车能在最后一刻止住。但结果适得其反，按照德军事先所拟订的作战计划，一旦开战，就要在俄国进入战争动员之时开始，迟延就意味着战争的失败，现在的德国已然是拖延不起了，

▲ 1914年夏末，英国被战争的狂热笼罩，志愿者们纷纷入伍，成为"新军"的一员。

是战争还是蒙羞？德国只能选择前者，任何想在最后一刻前平息危机的努力再也没有作用了。

整个7月，威廉二世一直在向他的参谋官们保证说他绝不会"退缩"，但在最后一刻，他的激情却冷却下来，他问小毛奇是否军队应该先去进攻俄国而在西面只保持防守，惊骇无比的总参谋长几乎落下泪来，他回答说：只有一个选择——"施利芬计划"。威廉凄凉地回答说：如果是老毛奇的话，他一定还会给我另一个选择。德国那个僵硬的战争计划终于把它拖入了战争，8月1日德国被迫向俄国宣战。四十八小时后德军就在狂热的欢呼中向战场开拔了。阿道夫·希特勒、"坦克之王"古德里安、"沙漠之狐"隆美尔和空军元帅戈林等第二次世界大战的知名人物当时就在这些狂热的德国年轻军人之中。

沙皇尼古拉二世是个狡猾的人，他害怕战争产生的过大的社会压力和过重的经济压力引发革命，俄国外交大臣萨索诺夫也持相同看法，沙皇和外交大臣一致认为，俄国再需要几年时间才能与德国对抗，虽然俄国当时正在扩充本来就很大的军队规模，并且在法国的帮助下修建新的铁路系统以改善战时供应能力，但是，这些计划至少要到1917年才能完成。俄国希望借战争动员来迫使同盟国增大对谈判的意愿，但实际上局势的发展违背了俄国的愿望，沙皇并不明白俄国战争动员所具有的内在威胁性，不知道从柏林的视角看，俄国的战争动员是最严重的挑衅行为。一旦德国准备好在西线进攻法国，俄国的战争动员多进行一天，他们就离在东线发动对德国的攻击的日期近一天，而这恰恰是德国的战争方案——"施利芬计划"中最最要害的关键问题。在德国的战争方案中，取胜的关键就建立在俄军尽可能晚进军的前提下。

德国不像其他国家，它发展了一个由军官和军士组成的很有效率的核心，能把一大批新兵和后备军组成一支优秀的战斗力量，战争爆发时，约有200万人结合在受过良好训练的职业士兵组成的核心周围。这是一支训练有素、组织严密、装备精良的队伍，有着极强的战斗力，一经发动，马上就可以进入战争状态。所以俄国的战争动员一发出，便促使德国必须马上出击，延误就意味着失败。经过毛奇多年的努力，他把"施利芬计划"中发动对法国闪电攻击的想法，从一个可选的攻击方式

变成战时必须完成的任务。德国向俄国发出最后通牒,要求俄国在12小时之内取消所有对奥匈及德国的军备活动。在隔天最后通牒期限到来之时,德国于8月1日下午5点宣布对俄国开战。

在俄国决定动员军队的时候,法国政府也面临法军技术性要求的压力,总司令霞飞警告政府,除非有充分时间让法军做好准备投入战场,否则他没有办法让法国抵御德国的攻击。考虑到与俄国的同盟关系加上德军的动员对自己的威胁,法国也开始了战争准备,于8月1日进行了战争动员。虽然法国人对德国大使说法军将乖乖地待在边界线,可是对于德国政府来说,仅此就足够对法国开战了。于是8月3日德国向法国宣战,德军的战车开始同时往东西两线运兵。事已至此,各方面的军事策划已使战争不可避免。8月17日,德军七个集团军和一个独立支队约160万人,火炮5000门,在比、卢、法边界从亚琛到上莱茵约380千米的战线上全面展开。其中约110万人作为突击翼侧部署在梅斯以北200千米的正面上,最高统帅是皇帝威廉二世,实际上由总参谋长小毛奇将军直接指挥。

1914年的欧洲人对于在20世纪时列强将兴起什么样的战争毫无概念,人们认为战争的风险似乎都是可以接受的。当第一支渴望作战的军队开赴前线时,随之而来的战争的持续时间、狂热与暴力的程度,都远远超过了人类所既有的任何想象。奥匈帝国与塞尔维亚之间的战争迅速演变成为欧洲两大军事集团之间的战争。8月4日,德军进入了中立的比利时,英国意识到如果德国控制了整个欧洲大陆,对英国是不利的。于是英国以保障比利时的中立地位为借口,向德国发出了撤军的最后通牒,但是德国拒绝了。8月4日午夜,英国向德国宣战。这样以欧洲为主要战场的第一次世界大战终于爆发了,"萨拉热窝事件"由此成为点燃第一次世界大战的导火索。

从8月18日起,协约国也完成了它的军事部署,法军的五个集团军和几个师集群约140万人、火炮4000余门,在贝尔福-伊尔松的350千米的战线上集结,比利时军约有12万人、火炮300多门部署在利勒运河、热特河一线。英国远征军的7万人,火炮300多门,于8月20日在法军第五集团军左翼,即勒卡托、莫伯日地域集结。在整个西欧战区,双方共投入300多万人和近万门火炮,协约国的军队主要部署在凡尔登西北。

第四章

西线狼烟
——旋转的右翼

一个无法完成的神话—— 奇正结合的"施利芬计划"

俾斯麦所缔造的统一的德意志帝国改变了整个欧洲的政治格局,老牌欧洲强国无不对其恨之入骨,必欲除之而后快。同时,德国地处欧洲中心,列强环绕,战略上处于不利地位,因此在德意志统一不久,德国参谋本部便开始着手研究如何应对未来全面的欧洲大战。在普法战争后不久,当时的总参谋长老毛奇就已经预见到了将来德国有可能会处于两线作战之苦。他的计划是在未来的两线作战时,对法国先取守势,快速击败迟缓的俄国后,再反攻法国。瓦尔德泽接任参谋总长后仍遵循老毛奇的观点。可是到了施利芬伯爵接任总参谋长时却发生了巨大的变化,施利芬彻底摒弃了老毛奇的思想,把作战的顺序整个改变了,他制订了一个"先西后东"的战略,也就是被后人所津津乐道的"施利芬计划"。

施利芬认为俄国疆域的广袤将阻碍他们取得确定性的胜利,但由于法国依赖一条沿着法德边境修建的坚固防御线与德国对峙,这使在西线取得迅速成功也同样成为问题。所以他建议入侵比利时,这样可以扫清法国防御工事的周围地区。通过比利时

▲ 康特·阿尔弗雷德·冯·施利芬是德国战争策略框架的制订者。

▲ 从其规模、时间长度、交战人数及引起的后果来看，马恩河战役可说是历史上最大的战役之一。

的德军就可以从侧翼包抄法国防线和巴黎，从而摧毁法军。法国被消灭之后，德国就可从容对付俄国了。

德军总参部是一架高效的战争机器，它的参谋人员的水平都很高，身为德国总参谋长的施利芬伯爵，跟所有的德国军官一样，深受克劳塞维茨"法兰西王朝的心窝在巴黎和布鲁塞尔之间"这一训示的熏陶，但这句名言存在一个问题，那就是它指引的那条路由于比利时的中立，是条涉足不得的禁途，何况比利时的中立，又是德国同另外四个欧洲大国所永远保证的。法国以法德边界的四个城市为中心，构筑了一系列长达约 200 千米的堡垒，堡垒的东南从瑞士的天然屏障阿尔卑斯山开始，以坚固的混凝土堡垒从贝尔福、厄比纳尔、土尔和凡尔登伸展，凡尔登以北 30 多千米，是卢森堡、比利时和阿登崎岖的山路和森林。要想进攻法国，施利芬认为不要指向这些大型要塞，因为攻克这些要塞需要大量的攻城装备、时间和精力，以致有可能无法达成包围，况且攻城只能从一面进行，因此，进攻者倒不如从其间隙中推进，为达此目的，必须破坏卢森堡、比利时和荷兰的中立。1891 年，施利芬一上任就提出了第一号《对法战争备忘录》。施利芬认为德国要掌握战争主动权就必须先迅速打败法国，因为战争一旦爆发法国会立刻侵入德国，而对付俄国可以利用其动员速度慢的缺点与之周旋，等到打败法国之后再全力和俄国交战。

施利芬在第一次世界大战中是一个奇怪的角色，他在任期间没有经历过大的战争，在第一次世界大战开始之时他已经去世了，但他却对整个第一次世界大战的进程都产生了巨大的影响，甚至包括在 20 世纪上半叶德国所有的军事行动中，都能看到他的影子。作为一个战略军事家的施利芬曾制订了一个著名的计划，被称为"施利芬计划"，其核心在于德军通过比利时中部做一大迂回运动，兵锋指向巴黎西侧，德军兵力的右端从里

尔附近突入法国迫使法军主力向东南撤退而德军则从其侧背进攻，以同时完成了两个战略重心——占领法国首都巴黎并消灭法军有生力量。至于比利时的中立，施利芬认为那只是"一个不足道的障碍"。

对德国威胁最大的莫过于东面的俄罗斯、西面的法国与海上的老牌强国英国，对于德国陆军而言，欧洲战争意味着同时与法国和俄国两面作战，因此德军参谋本部研究的课题便是如何同时打赢两场战争。"施利芬计划"假设德军面临两线作战，即东线和西线，因为俄国不可能很快击败，所以他计划首先要在西线集中大量兵力，迅速通过比利时和荷兰，以侧翼的移动击溃法国。考虑到俄国的原始铁路系统会造成战争动员缓慢，只需在东线安排10个师以推迟沙皇部队的前进，直到法国被压倒为止。施利芬认为，法国虽然在普法战争中失败，但其陆军雄风不减，是德国在欧洲大陆上最大的敌人。反观俄罗斯，虽有600万常规部队，但装备落后，施利芬判断，俄罗斯落后的军事动员体制至少需要6—8周才能完成对德国的军事集结，而在这段时间内，德国完全有能力迅速打败法国。这份计划的日程表在时间上精确到每一天，在地点上精确到了每一条铁路和公路，即150万人的德军必须在动员令后十二天内夺取列日，十九天之内征服布鲁塞尔，二十二天之内越过法国边界，三十九天内攻占巴黎，也就是说，要在开战六周之内就将法国踢出战争——这是施利芬所估计的俄国完成全国动员所需的精确时间。

"施利芬计划"实施的时间表就像火车时刻表那样准确、刻板，他对整个西线战事所定下的时间正好是预计中的俄国进行战争动员所需的时间，但在实际开战中，俄国人未等战争动员完毕，就提前把军队投入了战争之中，这个变化在"施利芬计划"中却没有被提及，而这又恰恰是"施利芬计划"是否能成功的关键之处。这位伟大的战略家在大战爆发的前一年临终时一再跟他的继承人毛奇将军强调:"战争一定会来,一定要加强右翼。"当战争真正开始的时候,这个计划在被修改之后付诸实施。根据当时的战争局面,毛奇不得不削弱右翼力量以应付始料未及的战况,以致部队开到巴黎的东面而没有完成包围,几个星期后,当德国人企图用正面突击攻占巴黎时则在马恩河战役中被击退了。施利芬的计划在实战中功亏一篑,终于没能得以成功。实际上,"施利芬计划"是一个纯粹的意念中的战争,在一开始就已埋下了失败的种子,因为计划的成功施行依赖于敌对各方都要按照其为自己设计的"舞蹈动作"而行动,也就是法国要把其全部力量用以对阿尔萨斯和洛林的入侵,德军还得顺利通过比利时领土,俄国还不能提前进攻,一条出错就可能导致满盘皆输。

对于20世纪两次世界大战的指挥官们而言,施利芬备受推崇,他制订的第一次世界大战的计划也被奉为"施利芬神话"。但如此伟大的计划为什么会以失败而告终呢,是不是计划本身存在着某些缺陷和不足呢?很多历史学家都把责任归咎于执行者小毛奇的无能和自作主张,但战争中没有一成不变的计划,后人必须要根据当时的实际情况去制订计划,"二战"时的曼施坦因也是因改动了施利芬的计划而获得了成功。在"一战"中,被誉为"德国战神"的兴登堡和鲁登道夫就主张先东后西,而从实际情况来看,更容易先被解决的恰恰是东线的俄军,而且"施利芬计划"的关键之处即俄军进攻的时间也出现了问题,由此看来,也许小毛奇所面对的"施利芬计划"原本就是一个无法实现的神话。

僵硬的德国战争计划——小毛奇的折中方案

由于地理环境所决定,一旦战争爆发,德国不可避免地要处于两面受敌的状况,依德国参谋本部的判断,德国人必须在东西两方面同时作战,这已成为一种无可避免的厄运。承担打破这个厄运的参谋本部的历届参谋总长,都为此大伤脑筋,殚精竭虑地制订了相应的作战计划。在1890年的"两线作战"计划中,老毛奇打算对法国采取守势,而把德军主力投入对俄国的战争。但在过去二十三年后,俄国已改善了通信并加快了动员,且对俄国的入侵将会是场持久战。法军虽比俄军强大得多,所受训练也好得多,但德国不能放弃在西线的一切主动权和攻势。如若对法国采取攻势,那将会是一场速决战,就会很快决定胜负,如果德国胜了,德军很快就可腾出力量向东转移,这些是施利芬将军改变老毛奇战略的主要理由。

继任参谋总长的施利芬将军认为,俄国拥有幅员广大的领土,如果对俄采取攻势,假如俄国沿用1812年的"规避战略",不与德军决战,德军可能要重蹈拿破仑征俄的覆辙。故此,他制订了一套犹如列车时刻表一样准确而刻板的先西后东的作战计划,决计先在西方决战,而后再转移主力于东方击破俄军。

1906年,施利芬退休,小毛奇接任参谋总长。到了1913年,也就是"一战"爆发的前一年，八十多岁的施利芬临终时仍念念不忘地一再叮嘱："必有一战时，切莫削弱我的右翼。"不过他九泉有知，一定会失望，他的继承人小毛奇是个生性多疑且又谨小慎微的人，他并不具备施利芬那种做乾坤一掷式豪赌所需的自信、决断、冒险精神和非凡气魄。自从小毛奇成为德军参谋总长后，自知能力不足的他将"施利芬计划"当成德军唯一的作战方案，直到开战前夕，小毛奇沉浸在这个计划中已经有十年之久。小毛奇在这十年内可以说生活在一种矛盾之中，他明知世界情况正在改变，"施利芬计划"即使毫无缺点，也还是不可能完全适应十年后的情况，但另一方面他又没有能力对这个计划做彻底的改变。此间，他不断修补这个计划，整天冥思苦想如何使这个计划更加完美。但无论他曾做过多少次的修改，这个计划永远保留着一个核心论点，即速度就是胜利，德国的任何拖延都将是致命的，如果俄国在法国被击败前参战，那也将是致命的。

▲ 图为德军将领小毛奇，自 1906 年继任总参谋长后，对施利芬计划做了部分改动，削弱了西线进攻的力量。

"施利芬计划"规定从一开始就以最快速度将德国全部兵力通过比利时直接进攻法国，必须要在六周内彻底击败法军，为此目的，一切牺牲都应做出，一切危险都应接受。即使阿尔萨斯－洛林遭到入侵，即使东普鲁士甚至西里西亚遭到俄军的践踏，即使比利时的中立地位被破坏，英国作为敌对力量进入战争，一切都在所不惜。施利芬信奉的是腓特烈大帝的名言："宁可牺牲一省，但在寻求胜利时绝不可分散兵力。"小毛奇主持参谋总部后，开始担心东普鲁士的安全和西线左翼的安全，而那两个方面正是施利芬的大胆之处，如果战争按计划打赢了，那两个方面将成为施利芬的伟大之

▼ 德国军队期待速战速决地获得胜利。从这些涂鸦可以看出他们的攻击目标是巴黎。

处,以及大气魄、大手笔的象征。但现在小毛奇的个性特征使他越来越担心这两个方向上,薄薄的防线会不会被对方一下子戳成大窟窿,甚至在短时间内被撕成碎片。小毛奇对"施利芬计划"做了一些改动,加强了阿尔萨斯－洛林和东普鲁士方面的力量,因而削弱了主攻方向的右翼,这实际都是与原计划的精髓背道而驰的。严格地讲,1914年德军的作战计划应叫作"施利芬－小毛奇计划",后来在战役中,由于右翼的削弱及阿尔萨斯－洛林方向上的法军深入不够而得以回救主战场,最终导致了马恩河会战的失利,从而使整个计划彻底破产。

严格说来,小毛奇对于施利芬的基本思想几乎是完全接受,只是做了一点小小的修改,但也可以说是致命的一点,那就是兵力的分配。施利芬计划的最大特点就是其兵力的分配非常不平均,其计划的一切精髓也由此产生。小毛奇在这一战上改变了施利芬原来的计划,患得患失的他加强了德军左翼的力量,并主张在德军左翼挫败法军攻势之后,再将左翼余裕兵力调往北方,在右翼后跟进,参加决战。显然,小毛奇的部署的是个两翼进攻的方案,而按施利芬的意图,左翼在开战初应且战且退,引诱法军深入东进,使右翼更便于旋转,猛击法军后背,现在左翼却反而向西推进,这足以使施利芬在九泉之下捶胸顿足!可以说,力量的分配实为"施利芬计划"成败的关键,若不这样分配"施利芬计划"也就不可能有效执行。小毛奇一方面改变兵力分配比例;另一方面又还是照原方案执行,其结果当然是两面不讨好。平心而论,小毛奇改变兵力分配也并非没有理由,但要改变则必须连计划也要改变,总而言之,二者不可两全。

小毛奇不是参谋本部军官出身,他被大多数人认为是一个不折不扣的庸才,这多少有些过分,只是和施利芬的气魄相比他确有相当的差距。施利芬的风格是大胆、再大胆,小毛奇信奉的则是不要过于大胆。小毛奇无论在个性上还是在政治上都不是一个懦夫,对军事形势的许多方面的判断都比较准确,他的不幸在于:让一个一贯谨小慎微的他,去勉强执行一个胆大包天的人制订的冒险计划。"施利芬—小毛奇计划"还有个致命的无法回避的缺点,那就是把对法国实施闪电式攻击的想法,从一个可选的攻击方式变成战时必须完成的任务。一旦战争动员后,德军的任何拖延,就不只是一个危险问题,而是一种绝对的

▲ 德国士兵

不可能。对于德国来说，动员就意味着战争。在大战爆发前，所有的国家，无论是俄国、奥匈帝国还是法国，他们的战争动员都是有灵活性的，也就是说他们的战争动员可以作为一种为达政治目的而采取的手段，收放自如，而德国的则完全不同，一旦发动，就刻不容缓，否则就意味着失败。大战爆发前，德国人终于发现陷入了自己设计的陷阱之中，由于没有退路，德军最高领导层只能告诉德皇，沙皇尼古拉正在要求德国做一件德国做不到的事，只有俄国才能避免战争，办法就是同意"双重最后通牒"，而这是俄国绝对无法接受的。德国的战车一经发动，就只能一往无前了，而这辆战车的指向就是德法两国边界处的中立国比利时的军事要塞列日。

不屈的小国——比利时为荣誉而战

比利时位于欧洲西北部，东与德国接壤，北与荷兰比邻，南与法国交界，西临北海，属海洋性温带阔叶林气候。境内主要河流有默兹河和埃斯考河，是19世纪初欧洲大陆最早进行工业革命的国家之一。比利时拥有完善的港口、铁路和公路等基础设施，为与邻国间的交通创造了有利的条件。在列强争夺世界霸权的斗争中，小国通常被列强任意摆布，各列强为了自身的利益，往往把小国当成争霸的工具或牺牲品。地处要冲的比利时自然也无法例外。欧洲列强出于争霸的需要，一直对小国比利时十分关注。

作为一个岛国，英国在某种程度上讲，是被大陆边缘化的，为了介入欧洲事务，而又不被联盟条约束缚住自己光荣的独立地位，英国伙同其他各怀心思的国家，由维也纳体系承认比利时永久保持中立。1831年，欧洲的奥匈帝国、俄罗斯帝国、法兰西王国、联合王国及普鲁士王国五强在伦敦会议签署了条约，《伦敦条约》中承认了比利时的独立，并确保其永久中立国的地位。承认比利时为"永久中立"国，这相当于将英国的前哨基地推进到大陆边缘，通过对大陆边缘地带的控制，影响欧洲均势。到"一战"爆发前，比利时的独立经有关国家保证已经有七十五年之久，他们由此享受了有史以来持续最长的一段和平时期。他们希望邻国能让这种安乐境况长此下去，不受干扰。中立的义务和对于中立的信念使他们忽略了自己的军队、边防、国防工事的建设。直到最后时刻，他们依然难以相信自己会卷入战火之中，而是依然坚信，保证他们中立的国家不会侵略他们的家园。

英国虽然承认比利时永久中立，但并没有义务帮助比利时赶跑德国人，主要是德国入侵比利时可能会造成法国的连锁反

▲ 1914年8月，比利时枪骑兵出发抵御德国对其家乡的入侵。

应。但法国人没有重视比利时的边界，致使德国人一旦借道比利时，可能会致使法国失败，从而导致德国的一家独大。当然，如果法国人能顶得住越过比利时边界的德军攻势，并且战事胶着，谁都没有绝对优势，英国也就不会参战了。说英国是因捍卫比利时的中立地位而参战，那不过是个借口，就如同美国要借德国的无限制潜艇战而参战一样，大国的参战原因只能有一个，那就是利益。

比利时的国王阿尔贝一世在1909年继承其叔父利奥波德二世的王位，阿尔贝在青年时代受到良好的文化和军事教育，他的社交技巧让他成为欧洲上流社会最受欢迎的人物之一，在1913年访问柏林期间，阿尔贝获知了德皇威廉二世的战争计划，他立刻通知法国政府，并于1914年7月向威廉二世递交了一份私人信函，声明比利时将严守中立的立场。

8月2日晚上，比利时首都布鲁塞尔接到了德国送来的照会，照会一开始说，德国收到可靠情报，法国拟欲通过比利时国境进犯德国，不能指望比利时军队可以阻止法军的推进，因此根据"自卫之需"，德国有必要"先发制人，以阻止这种敌对性的进攻"。一句话，德国人要借道比利时攻击法国。当然，德国人保证只是借道，如果比利同意，那么德国可以保证比利时不受任何损失。事情已经摆明了，比利时面临着战争的选择。阿尔贝国王代表的比利时回答说："我们将誓死捍卫自己的中立。"

8月3日，阿尔贝国王亲自出任了比利时武装部队的总司令，他这时已不存任何幻想。虽然比利时的军队无法与德军相比，但比利时还有个倚仗，那就是它与德国之间有一道"大门"——列日要塞，那是个坚固无比的要塞，比利时人希望它能不负重托，挡住德国人的进入。阿尔贝国王亲自提名由六十三岁的陆军大学校长勒芒将军担任第三师师长兼列日军事长官，国王还给勒芒写了一封私人信件，要他"坚守托付给他的阵地，死战到底"。比利时人明白，如果他们屈服于德国的要求，那将等于听任德国占领比利时，而一个战胜了的德国，是很少有可能还会把撤退放在心上的。不仅如此，他们还将使比利时成为进攻法国的帮凶，成为自身中立的破坏者。不论选择哪条道路，比利时都要被德国占领。但如果屈服，还得丧尽荣誉，"如果我们必然要被化为齑粉，就让我们光荣地化为齑粉吧。"比利时的政府要员巴松皮埃尔这样记述着他们当时的情绪。

列日要塞就像一座城堡的吊闸，守卫着从德国进入比利时的大门，它雄踞在默兹河左岸高达150多米的陡坡上，这一带的河道，宽约180米，是它的天然城壕，方圆50千米，都有堡垒卫护，是一座有口皆碑的、全欧洲最固若金汤的城池。全世界的舆论都寄希望于列日，即使它不能无限期地坚守不屈，至少也能坚持到英法援军的到来。阿尔贝国王下令炸毁列日要塞附近默兹河上的桥梁，以及与卢森堡交界处的铁路隧道和桥梁。但他此时依然未向英、法两国发出呼吁，要求军事援助和结盟。他还多少心存一丝侥幸想法——德国人是危险的，但还不是疯子，难以想象德国人会明知错误，还要自绝于人，蓄意发动战争。

1914年8月3日，一支约3万人的经特别训练的德军第二军团特遣部队在艾米赫将军的率领下，在阿登高原和荷兰边界之间越过比利时边界，进入列日要塞防卫范围内狭窄的通道，比利时的列日要塞守军率先开炮，轰击正在渡河的德军。德国与比利时之间的战争爆发了，这也是第一次世界大战真正的开端，德军给列日要塞的守将勒芒发出了劝降信，但遭到了勒芒将军的回绝，两天后，在德国巨炮的轰击下，德军攻占了列日要塞，勒芒受伤被俘，德军通过列日要塞开向了比利时的首都布鲁塞尔，比利时政府被迫流亡法国。虽然失败了，但比利时的顽强抵抗推迟了德军的推进速度，还是为协约国做出了它的贡献。在整个第一次世界大战期间，阿尔贝国王率领的比利时政府与比利时人民英勇作战，为协约国的胜利立下了汗马功劳。"一战"结束后，阿尔贝一世积极参与国家的重建，在他的努力下废止了欧洲列强强加给比利时的《伦敦条约》。1934年，阿尔贝一世在登山时遇难，他的长子利奥波德三世继承了比利时的王位。

打开比利时的大门——毁于巨炮下的列日要塞

第一次世界大战的初始之战是由德军入侵中立国比利时揭开序幕的，而其中比利时的列日要塞首先接受了战火的洗礼。列日城是从德国进入比利时的大门，连接德国、比利时和法国北部的四条铁路线都在这个战略城市中汇集，然后向比利时平原做扇形展开。控制这些铁路干线是实施"施利芬计划"的先决条件，因为德国的120多万迂回大军的后勤补给主要依赖这几条铁路线的运输，只有拿下列日，组成旋转右翼的德国第一、第二和第三集团军才可以行动。

1914年8月4日清晨的雾气尚未散尽，按照"施利芬计划"，西线德军前锋第一集团军和第二集团军共10万余人，携带200门大炮，在司令官艾米赫的指挥下，突进比利时，迅速冲向比利时境内的默兹河天险，直奔比利时最重要的列日要塞。德军如果冲过默兹河，那么通向比利时首都布鲁塞尔的大门就被打开了，按照德国的战略设想，

▲ 列日要塞旧址

是几乎不停顿地通过比利时，预计没有或很少遭遇抵抗。在柏林，毛奇依然希望比利时人在为了面子起见开了几枪之后，或许仍会接受劝告，"达成谅解"，正是因为这样，德国最后一份照会只是说"以兵戎相见"，暂时还避不宣战。英国签订的比利时中立公约，并不单单是对一个弱小国家的崇高关怀，它的海上优势不能容忍一个强大的大陆国家德国控制极为重要的海峡沿海地区，比利时可以说是英国国防线的延伸。当德国人侵入比利时时，英国决定正式参战，成为当时唯一对德国宣战的国家。英帝国的领地加拿大、澳大利亚和新西兰也随之变成交战国，南非也于1915年1月参战。

比利时的阿尔贝国王新动员的军队由16.5万人组成，其中大约半数部署在列日和布鲁塞尔之间，比利时的战略目标是依靠列日和那慕尔的炮台推迟敌军的前进，直到法、英军队能够到来。列日指挥官热拉尔·勒芒将军，得到派来的后备军的增援，使他的兵力达到4万人，并奉阿尔贝国王之命，防守列日到底，直到英法援军的到来，但事实上他们是不可能坚持那么久的，这一点每个人都心知肚明。英国人是行动了，派出了由约翰·弗伦奇率领的人数为6个师的远征军奔赴欧洲战场，但日期是8月14日，是在比利时失陷以后。英国远征军到达了法国的亚眠，这支部队的主要目的是支持和配合法国陆军阻止或击退德军入侵法国或比利时领土并最终恢复比利时的中立。但在临出发前弗伦奇受到嘱托，一定要尽最大努力把死亡和损耗减到最低限度，在被要求参加任何调动时，如果有风险，弗伦奇应当首先请示本国政府，并且一再向弗伦奇强调，他的指挥权是完全独立的，在任何情况都不受任何联军将领的节制，这样的安排显然是把英军作为核心力量来加以保存而一笔勾销了统一指挥的原则，这些原则决定了英国远征军在以后的作战中以保存自己实力为主的作战风格，毕竟他们是在为别国打仗。

列日要塞位于默兹河与乌尔特河汇合处，它北邻荷兰边界，南靠阿登森林，是德军取道比利时进攻法国的咽喉。要塞周围筑有12座炮台，环形炮台群周长50余千米，炮台间隔3～6千米，部署有各种火炮400门，各炮台筑有厚度为3米的钢筋混凝土永久工事，是一座有口皆碑的全欧洲最固若金汤的城池。列日要塞的几座桥梁是默兹河上仅有的几条公路的渡口，列日要塞又是把比利时、德国与法国北部连接起来的四条铁路线的枢纽，因此它是向前推进的德国部队运输给养的必经之地，所以在占领列日要塞并将其周围的堡垒打哑以前，德军右翼部队将无法行动。为迅速夺取列日要塞，德军参谋总部从比洛第二集团军抽调6个旅加上两个骑兵师组成一支3万人的部队，由艾米赫将军指挥从东、南、北三个方面向列日进攻。

冲到默兹河边的德军发现河上的桥梁都已被破坏，便立即架舟桥渡河，这时驻守列日要塞各炮台的比利时守军立即用大炮和机枪向德军猛烈开火，渡河德军

▲ 德军只用一发榴弹炮就解决了比利时列日市的隆桑堡垒。

▲ 战争开始的头几周，德国骑兵行进在比利时冷冷清清的弃城街头。

猝不及防，纷纷落水，死伤无数。艾米赫见状一面命德军继续发起进攻，一面调来两百门大炮向列日要塞的各炮台轰击，顿时，默兹河两岸炮声隆隆，硝烟弥漫，双方进行了激烈的炮战与攻防战。德军的巨大数量带给了守军莫大的恐慌，这是德军的大型军团首次出现在比利时人面前，尽管德国人没有高估自己的军力，但是显然低估了比利时人的勇气，在优势敌军面前比利时军队决心抵抗到底。

艾米赫直到此时仍然认为比利时人会不战而降，他派了一位使者打着休战的旗帜，要求列日投降，否则的话，他宣称，这座城市将遭到空袭。勒芒服从他的国王的命令，拒绝投降。德国的齐柏林飞艇出现在了列日的上空，这是世界上首次空袭，飞艇丢下了十多颗炸弹，只是给列日的守军一点威慑作用，几小时后，德军大炮开始狂轰东面炮台和城市本身，但坚固无比的炮台仅仅被削去一些混凝土而已。德军日夜进攻列日，不顾一切再次投入大量兵力，几乎是需要多少就投进多少，以便按期攻克目标。但三天三夜却毫无进展，德军参谋总长小毛奇闻报大惊，再这样下去势必要延误整个西线的德军的进攻行动，他马上派德军第二集团军副参谋长鲁登道夫上校率军前去增援，并从参谋总部调运巨型攻城武器运往列日。鲁登道夫接过该旅指挥权后，于第二天下午奇迹般地突入到堡垒圈内的制高点，在制高点上架起大炮向周围比军堡垒猛轰。是日，鲁登道夫又派人打着休战旗帜前往劝降，但仍然被拒绝。鲁登道夫又派人冒充英军混到要塞司令部门口，企图绑架勒芒将军，结果也没有得逞，派去的官兵反被全部击毙。

小毛奇在开战时对奥匈帝国军队的总参谋长康拉德说过，他预期到战争第三十九天西线便已决出胜负，因此答应从第四十天开始派遣德国部队到东线支援奥匈。尽管德国人估计比利时人不敢应战，但是德国人的彻底性要求做到对于一切可能发生的情况都要有所准备。问题就在于要设计一种用于攻克堡垒的能在陆上运输的重型大炮。

德军攻击列日要塞初期的野战炮对列日的钢筋混凝土地下工事有如挠痒痒，反而被杀伤了大量的战斗人员，只好等待大炮到来，而大炮再慢也终究有到达的那一天，到了那一天所有的账都会被结算清楚。

当攻城炮尚在途中时，德国政府做了最后一次努力，试图说服比利时人在其国土上让出一条通道，以便过境。8月9日，杰勒德先生受托向他在布鲁塞尔的同僚转送一份递交给比利时政府的备忘录。"既然比利时部队不顾力量悬殊，对优势兵力进行了英勇抗击，从而保持了它的荣誉"，备忘录写道，德国政府"恳求"比利时国王陛下和他的政府别让比利时"继续忍受战争的恐怖"。如果德国部队能获得一条自由通过比利时的走廊，德国准备与比利时缔结任何有关协定，并"庄严保证"它绝无意侵占比利时领土，一俟战争形势发展许可，德国部队将撤出该国领土。美国驻布鲁塞尔和海牙的两位公使都婉拒转达这个建议，最终通过荷兰政府的协助，该份备忘录在8月12日送达阿尔贝国王手中，但国王表示拒绝。

德国人的进攻利器终于运来了，就是5门绰号"大贝尔塔"的巨炮，这是有着50厘米口径的攻城榴弹炮，可以把一吨重的炮弹射到15千米外，每颗穿甲弹有一个定时信管，只在目标被穿透后才定时爆炸，再坚固的炮台在它的轰击下也将化为瓦砾。毛奇仍然希望不必动用这些大炮而能顺利通过，可是如果比利时人执迷不悟，真的不惜一战，德国人指望用它一举攻克这些堡垒。炮击开始了，一吨重的炮弹自天而降，炮弹爆炸时的尘土、碎片和硝烟形成巨大的圆锥形，升入300多米的高空，地动山摇宛如发生了地震。在"巨无霸"的连续轰击下，到8月16日，12座炮台中的11座遭到连续猛轰后屈服了，勒芒指挥部所在的隆森炮台是最后的一座炮台，被直接命中而摧毁，勒芒本人也被炸昏后被俘，被救活之后送到艾米赫将军面前，他交出指挥刀说："我是在昏迷中被俘的，务必请你在战报中说明这一点。" "你的指挥刀并没有玷污军人的荣誉，"艾米赫答道，同时把指挥刀还给了他，"留着吧。"

战争中往往会出现意想不到的坚点，所谓坚点就是本应该很快达成的小目标付出巨大的代价也迟迟不能达成。如果没有巨型攻城炮，列日将毫无疑问地成为坚点，列日将至少阻挡德军一个月，如果援军及时赶到，马恩河战役就可能不复存在，而被列日战役所代替。因攻克列日之功，鲁登道夫和艾米赫被德皇威廉二世授予功勋十字章，这是德军最高军功奖章，鲁登道夫更是开始了他一生事业的飞跃，成为德国军界一颗耀眼的新星。列日之战终于以德军取胜而告终，但德军在要塞前伤亡惨重，损失超过了上万人。

8月20日，胜利的德军开进布鲁塞尔。一队队手持旗杆矛、戒备森严的德国枪骑兵骤然出现在街头，但他们只是可怖的军事示威游行的先遣部队而已，后面接踵而来的队伍，其兵力之强、威势之盛，几乎令人难以置信，观看行军的人群默默无言，对这支队伍的浩浩荡荡、绵延不绝、精良绝伦，不禁茫然咋舌。刚入城时的德军还是比较文明的，但由于遭到了比利时人的冷枪袭击，他们开始枪击平民，以报复冷枪狙击。人质都被处死，房舍遭到炮击或烧毁。如果发展成为逐屋战斗，野炮立即把村庄夷平。

毛奇写信给康拉德将军说："我们在比利时的进军肯定是残忍的，但我们是在为我们的生命而战,谁挡路,谁就必须自食其果。"根据"施利芬计划",德军5个集团军穿过布鲁塞尔,向法国西北部边境直扑了过去,法国和英国对德军行动判断错误,只有法国的一个军和少量的英国远征军部队在抵挡这支德军主力部队,英法联军不得不后撤,很快德国军队就打到了法国边境。

以攻对攻战略的失败——法军"第十七号计划"的破产

当德国人按照"施利芬计划"进入比利时的时候,法军也在执行他们自己的战争策略——"第十七号计划",这是由法国参谋部总参谋长约瑟夫·霞飞制订的。正像施利芬所期望的那样,8月中旬,法国第一军和第二军戴着白手套的军官们,将各旅集结起来,威风凛凛地开向了阿尔萨斯—洛林。对德国展开复仇之战,收回被割让给德国的阿尔萨斯和洛林,是法国自普法战争结束以来久已期待的事情。开战之初,法国军队最早执行的是由时任总司令的霞飞将军制订的"第十七号计划",这一计划的主要宗旨就是另一位著名将领福煦提出的"要胜,就要向前进",即强调不惜一切代价的进攻。按照预定的"第十七号计划",法军在一片欢呼声中,向他们期待已久的阿尔萨斯和洛林方向冲杀而去,法军的右翼部队沿着一条人迹罕至的小道,突然攻到了德军左翼部队的面前。

从1914年8月1日起,欧洲各国陆军都在动员,几百万士兵沿着公路和铁路涌流,穿过莱茵河各个大桥流动,从俄罗斯帝国最遥远的省份上火车,从法国南部和北非向北奔跑,大量军队在调动或以战斗行列在行军,战争出现了对德国来说早已预见和早已深入研究过的两线作战的情形。对付这个局势,德国人在1905年就已经制订出了"施

▲ 法国军队的卫生员和自己的救护犬一起列队。每个卫生员都背了两袋必需的药品。

相关链接

★ 法兰西与进攻精神

法军于1914年8月参战的时候所穿的制服还和拿破仑时代一样，而排兵布阵的方法也是遵循古法。全体将士都抱持着一种"进攻精神"，似乎士兵的锐气（或者说勇敢）和已经上好的刺刀就可以控制战局。所以在开战的头几个月——特别是在国境之战中——法军一直都采取一种不计后果的进攻策略，这导致他们伤亡惨重。

▲ 为了配合军队的精神而设计的各种花色的军服。

利芬计划"。在"施利芬计划"中，假想法军将会首先夺取阿尔萨斯和洛林，因为这两个地方是在普法战争中被割让给了德国的，法国人对此一直耿耿于怀，必会倾其全力将其夺回，基于这一点德军计划用少量的左翼在阿尔萨斯和洛林牵制法军，用强大的右翼借道比利时、荷兰或卢森堡，包抄巴黎的西部，从而一举拿下巴黎。

法国在普法战争后逐渐形成了一种"攻击主义"的军事思想，摈弃一切有关防御的观点。正如施利芬所预料的那样，战争一开始，法军右翼主力便向德国占领的洛林地区发动了进攻。在霞飞指挥下法国总参谋部制订出新的对德作战计划，对这个计划他们严守秘密，称它为"第十七号计划"。"第十七号计划"规定用法国四个集团军沿默兹河两岸向东和向北发动总攻，用最后留下来的集团军放在它们中央的后面作为后备。制订这个计划的人坚信法国的右翼能深深插入阿尔萨斯和洛林，他们不相信，法国的左翼会被德军通过比利时在默兹河以西迂回包抄，他们绝没想到，"第十七号计划"与"施利芬计划"配合得竟是那样天衣无缝。在进攻的神话下推动着的法军，在8月15日至19日的几天时间里，在东边先后攻占了一些在普法战争后被德国所占领的地方。

在1914年，德国陆军的装备和训练最好，其陆军在有效力的中型和重型火炮的数量上占有很大的优势。在军队的背后是结构良好的工业组织体系。尽管在作战思想上强调进攻，但部队亦进行防御战术的训练。德方在洛林阵地的守军，是巴伐利亚王储鲁普雷希特的第六集团军，以及从8月9日起归他指挥的冯·黑林根将军的第七集团军。鲁普雷希特的任务就是把尽可能多的法军牵制在他的战线上，使它去不了面对德军右翼的法军主力阵地。法军向阿尔萨斯的进攻揭开了法德边境战的序幕，8月7日上午，博诺的第七军从孚日山出击，经6小时传统的白刃战，法军攻占了阿尔萨斯边境小镇阿尔特基希，但没能乘胜夺取牟罗兹，第二天在总司令部的严令下才进占该城，德军后撤待援。8月9日，德军向牟罗兹反攻，一天后，法军渐渐不支，为免遭包围而不得不放弃该城。

霞飞解除了博诺军长的职务，专门组成一支"阿尔萨斯军"，召回退休的独臂将军波指挥这个军，准备重新发动攻势。正当波将军所部法军在阿尔萨斯发动攻势的时候，法军迪巴伊将军的第一集团军和德卡斯特尔诺将军的第二集团军正在分别穿越洛林地区的两条天然通道，这是法军进攻的必经之路。一个步兵集团军和一个骑兵师在8月13日攻入阿尔萨斯后，霞飞开始以右翼的两个集团军攻入洛林，处于中央的几个集团军几天后跟踪进攻，直到18日晚上，法军的朗勒扎克将军及其左路军仍然根据命令向东北推进，法国总参谋部的意图是取道美因茨直取柏林。"第十七号计划"的特点就是以攻对攻，无论在战略方面还是在战术方面都采取进攻的作战样式，霞飞坚信法军的进攻是无法阻挡的。法国人并非不考虑德国从比利时迂回过来的可能，但认为如果德国这样做的话，他们在法德边界上的兵力一定非常薄弱，这对法军在这一方向上的进攻会十分有利。霞飞没料到，法德边界上薄弱的德军挡住了法军的攻势，而德国从比利时迂回过来的军队却撞开了法国的大门。

霞飞认为德军现役部队不足以从默兹河以西实施进攻，他们亦不相信德军的预备役部队不经进一步的训练即会被使用。实际上，德军训练有素的预备役部队可立即使用于第一线作战。因此德军实实在在而出人意料地在即将进行的战斗中，对130万人的法军形成了3∶2的数量优势。8月3日，在德比边境格梅尼希附近，德军在未经宣战的情况下越过了比利时的边境线，开始入侵比利时。8月16日攻陷了比利时现代化要塞列日，德军强大的右翼开始全面启动。这时霞飞似乎仍然没有意识到德军的战略对法国的威胁性，更不曾企图阻止强大的德军右翼，他正努力去切断德军主力与其后方之间的联系。"我们要把他们拦腰截断"，法国这方面的对策是：只要德国人远道迂回包抄法军侧翼，法军就发动钳形攻势，在德军设防的梅斯地区的两侧突破德军中路和左翼，并乘胜切断德军右翼同后方基地的联系使其无法出击。

如果说德国小毛奇的作战计划过于小心，那么法国人的想法实在过于大胆，8月14日，波将军的"阿尔萨斯军"重新向阿尔萨斯发动进攻，迪巴伊第一集团军和德卡斯特尔诺第二集团军也同时向洛林地区的萨尔布尔和莫日朗出击，德军驻守洛林的是巴伐利亚王储鲁普雷希特第六集团军和黑林根的第七集团军。在迪巴伊和德卡斯特尔诺进攻的头四天，德军按照计划且战且退，仅与法军做后卫战，蓝衣红裤的法国军队从梧桐夹道的宽阔笔直的公路上源源而来，尽管德军一使用重炮就能把法军战线打得七零八落，可是法军却未遇到德军的坚决抵抗。殊不知，就在此时此刻，"第十七号计划"正式破产——事实上，这个计划早已破产好多天了。

右翼法军两个集团军企图从8月14日起在洛林地区发起进攻，8月19日他们到达萨尔布尔、韦尔加维尔、欧龙地区，第二天便同转入进攻的德军第六和第七集团军遭遇，迪巴伊的第一集团军和德卡斯特尔诺的第二集团军在进攻萨尔布尔和莫朗日两地德军严阵以待的防线中，被打得焦头烂额，吃尽了苦头。对配有重炮、铁丝网及隐蔽在掩体中的机枪的防御阵地，殊死进攻的局限性立即暴露无遗。法国人此时一直在犯一个极大的错误，那就是法国步兵上战场穿着蓝裤子和红上衣，在平地上十分显眼,他们的炮兵军官穿黑色与金色的制服,目标更是特别清楚,为此他们受到了残酷的教训。一位目击者回忆道:"法国军队以19世纪最好的队形出现在战场上,戴了白手套、修饰得漂漂亮亮的军官走在他们部队前面18米处,就像阅兵行进那样安详,他们都很勇敢,不断冒着可怕的炮火冲锋前进,但毫无用处,没有一人能在向他们集中射击的炮火中活下来。到目前为止,我没有看见一个人能前进45米以上而不被打翻的。"在德军猛烈炮击下,莫日朗要塞满山遍野的法国士兵的尸体,扑灭了法国军事教条"进攻主义"的灿烂火焰。

德方洛林阵地的守军,是巴伐利亚王储鲁普雷希特的第六集团军,以及8月9日起归他指挥的冯·黑林根将军的第七集团军。按照"施利芬计划",他们必须先行退却,将法军引入"口袋",拉长法军的交通线,然后把它咬住,而这时候,决战就在别处打响了。鲁普雷希特亲王原本就不甘心在这样一场决定德国命运的会战中,仅扮演一个次要角色,更不愿当别人进攻时自己却在后撤,即使出于战略上的需要。现在法军进攻受挫,他开始对参谋总部施加压力,要求立即反攻。小毛奇的思想深处一直存在着两面合围法军主力的想法,只是担心力量不足而未敢实施,这时见到自己左右两线都取得了胜利,于是改变了原来的诱敌深入的计划,同意第六和第七两集团军立即向当面法军发动反攻,并向厄比纳尔方向追击。战事从8月20日开始,当时法军右翼的两个集团军前进到梅斯以南,他们遇到前方准备充分的德军防御工事的抵抗,而从要塞出发的经过辐射状公路和铁路运来的巴伐利亚军猛烈攻击他们的左翼,全线陷于苦战的法国第二集团军,这时其左翼正遭到梅斯德国驻军分遣队的猛攻,法军的左翼垮了,后备队业已全部投入作战,德卡斯特尔诺意识到进攻的全部希望已成泡影,于是停止战斗。霞飞只好命令第二集团军跟友邻军一并撤退,好容易打了七天才拿下的地方,如今又被迫放弃了。

正如施利芬所预料的那样,法军开始进攻洛林,法军主力和德军左翼在德法边境上不断上演着进攻和反攻的大戏,最后德军的大炮和机枪占了上风,法军在两周的作战中损失惨重,只得撤退,而德军右翼这时却从比利时打到了法国边境。

保卫巴黎——老将加利埃尼当机立断

1914年9月2日,德军即将打到巴黎,巴黎的法国政府官员们纷纷收拾行装,踏上逃亡之路。法国把防守巴黎的任务交给了65岁的加利埃尼将军。让约瑟夫·西蒙·加利埃尼防守巴黎是法国的幸运,他是一位卓越的战略家。巴黎守军在城里城外构筑堑壕路障,枕戈待旦,准备迎击德军。美国著名战史专家米德尔顿在论及协约国将领中谁对马恩河会战的贡献最大时说:"历史表明,要求得到'马恩河战役得胜者'这一称号的颇不乏人,但加利埃尼比起大部分人更加名正言顺。"

加利埃尼于1849年4月24日生于圣比特的一个意大利移民家庭,后就读于著名的圣西尔军校，1870年参加普法战争，曾被普军俘虏，普法战争结束后被释放返回巴黎。1873年，加利埃尼离开法国，在非洲留尼汪岛开始了他在殖民地的军旅生涯。可以说，加利埃尼是一位"殖民地元帅"，他的功勋几乎都是在殖民地建立的。19世纪70年代中期，加利埃尼被任命为法属苏丹的总督，镇压苏丹人民的反抗，1892年被派往法属印度支那进行殖民活动，后又改派往马达加斯加，在那里他镇压当地人民的反抗后"载誉"归国。在1911年竞争法军总司令的角逐中，加利埃尼因年老体弱败给了他曾经的部下约瑟夫·霞飞之后，于1914年4月退役，住在圣拉斐尔。第一次世界大战爆发后，加利埃尼被召回军中，就任巴黎卫戍司令，在法国的防务中，巴黎长期以来起着战略作用，所有主要铁路线都通过这个政治文化中心，9月2日，德军克卢克集团军的先头部队已挺进到距巴黎仅有约30千米的地方了，霞飞指挥的法军主力为阻遏德军右翼所做的努力已告失败。

　　加利埃尼的无限精力使人看不出他65岁的年龄和业已衰退的健康，他对这座一半已经荒废的城市，发表了一份值得纪念的声明："共和国政府的成员已经离开巴黎，去给国防以新的推动，我受命保卫巴黎和抵抗入侵者，这个责任我将贯彻到底。"几小时后，一支由士兵组成的队伍开始构筑堑壕和路障，并增援周围的炮台。法军在被迫退到桑布尔河以前，很少想到要保卫巴黎，只有4个师和1个本土军旅、1个独立骑兵旅和6个炮群，组成了巴黎驻防军队，尽管这些军队不久就增加了一倍，驻防军队要成功地抵抗克卢克的第一集团军的攻击也是不够的。1914年9月3日，被胜利冲昏头脑的德国第一集团军，为了追击败退中的法军，居然改变了行军方向，绕到巴黎的东南部，孤军冒进，将自己的右翼暴露在了法军面前。按照"施利芬计划"，处于最外侧的德国第一集团军应该从西面包抄巴黎，但是德军没有按计划乘势攻入巴黎，而是调转方向去追击向巴黎东南方退却的法军。

　　加利埃尼本人并不满足于仅仅防守巴黎，一位飞行员在9月3日晚些时候回来报告说，德军纵队正在改变他们的进军路线。第二天清晨，空中侦察和骑兵侦察都证实，

▲ 战场上的加利埃尼将军

▲ 这是一支行进中的法国军队。1914年年末，战场在法国以内向南迁移。

▲ 早期的英国侦察机

德国人的确修改了他们从正面攻击巴黎的计划，已经转向首都的东南郊。德军的新路线给法军提供了一个侧翼攻击的大好机会，加利埃尼喊道："我不敢相信有这样的事情，这太好了，使人不敢相信这是真的！"在还未取得霞飞同意的情况下，加利埃尼就向他下属的第六集团军发布预令，让他们先做好战斗准备，然后他给总司令部打电话，请霞飞下达攻击的正式命令，但霞飞未置可否。其实，霞飞也是有反攻计划的，只是霞飞希望再有一天时间，好让增援部队赶到，让他的第五集团军做好部署，以有较充裕的时间争取英军的配合。出于对霞飞及早做出决定的能力感到绝望，加利埃尼本人乘车驶往英国人驻防的默伦，希望赢得他们的支持。加利埃尼的外貌不像军事人员，他从一副夹鼻眼镜斜眼看人，在他争辩着想争取英国人支持时，眼镜不牢靠地颤动着。当参谋人员注视着他的不整洁的制服、蓬松的小胡子、黑纽扣的长筒靴和黄色的护腿时，怀疑的态度增加了。后来一位英国将军评论说："英国军官绝不会同这样一个丑角式人物谈话的。"

当加利埃尼再次打电话时，霞飞终于批准让他的第六集团军从马恩河北岸发动进攻，并且于当晚10时下令法军其他部队停止后撤，于9月6日开始发动全面反攻。然而，英国人却拒绝执行这项反攻计划，霞飞着急了，亲自前往英军司令部说服英军司令弗伦奇爵士，最终，弗伦奇答应了霞飞的要求，表示将"竭尽全力"参加战斗。9月6日，法军的第六军团率先向德军发起了猛烈的攻击，战斗进行到第二天，法军兵力不足，如不及时补充兵力，就可能全军覆没，情况十分危急。但是，法军车辆的运输能力极为有限，短时间内不可能把内地的士兵都运往前线，加利埃尼马上发布命令征用巴黎所有机动车，包括出租汽车在内。在巴黎的各个地区，警察拦住出租汽车，命令乘客下车，共征用了大约700辆汽车，整个夜间，征来的汽车驶往前线，只走了两个来回，就输送了整个师，这件事被称为"出租车运输队"。霞飞也向部队发布了一项简短的动员令："我们马上就要参加一个会战，这是关系我们国家命运的一战，撤退的阶段已经结束，现在我们应全力以赴，向敌人进攻并把他们驱赶回去，部队倘若不能再前进，那就不惜一切代价守住阵地，宁可战死也决不后退，在当前情况下，任何示弱的行动都是不能容忍的。"

英法联军与来势汹汹、攻势凌厉的德军展开了自大战爆发以来第一次大会战，战到9月中旬，孤军深入的德军终于后撤了，英法联军终于止住了德军的进攻，开始稳住阵脚。作为法军最高统帅，这次胜利的功绩自然要算在霞飞的名下。不可否认，加利埃尼虽然最早发现战机并提出了作战计划,但毕竟协调指挥全局的是霞飞。1915 年年底,加利埃尼担任了法国陆军部长,此时他与霞飞的关系势如水火,常常在办公室里与霞飞拍着桌子争吵。1916 年 5 月,大战正酣之际,壮志未酬的加利埃尼在巴黎因病去世。1921 年,法国政府终于承认了加利埃尼的功绩,追授他元帅军衔,现在在巴黎有以他名字命名的车站和他的青铜塑像。

"法国的镇静剂"——霞飞

约瑟夫·雅克·塞泽尔·霞飞,法国元帅。霞飞生于法国里夫萨尔特一个啤酒桶匠家庭,20 岁时毕业于巴黎综合工科学校,后投笔从戎,作为一名工兵少尉参加了普法战争。在侵略越南和非洲的殖民战争中,多次主持建筑军事工程,先后任旅长、师长、军长、最高军事委员会委员、最高军事委员会副主席兼总参谋长等职。身躯魁伟,大腹便便,穿着宽肥的军服,面容丰腴,点缀着已近霜白的浓浓的髭须和天生匹配的两道粗眉,肤色白嫩,两眼碧蓝安详,目光诚挚恬静,霞飞的模样活像个圣诞老人,叫人一见便有慈祥、朴直之感——尽管这两个品质在他的性格中很难见到。霞飞第一次显露他的指挥才华是在 1892 年,当时他正奉命在塞内加尔修建铁路。这年,塞内加尔的陶里格人发生叛乱,法军兵力被起义军击败,一溃千里。霞飞赶上了溃军,自告奋勇地接替指挥官尼尔上校的职务,平定了这次叛乱。他因功晋升中校,然后返回法国,相继任师长、军长等职。

霞飞性格稳重,木讷寡言,虽略显迟钝,却极其坚韧,人称"迟钝将军"。1911 年法、德两国为争夺摩洛哥而剑拔弩张,战争一触即发。新上任的法国陆军部长阿多福·梅西米举荐贤才,把当时并不出众,但比较年轻,而政治上属温和派的霞飞推上高位,让他当了最高军事委员会副主席兼总参谋长,霞飞从此圆了统率三军之梦。在总参谋长任内,霞飞为法国击败德国、取得世界大战的胜利打下了坚实的基础。可以毫不客气地说,没有霞飞,就没有法国最后的胜利。他决定了革新法国陆军的主要路线,加强军队训练和军官培训,组建了一只能适应工业时代的陆军,拟订了几乎一切军需生产计划——尽管到 1917 年这些计划才被大量投入生产。1911 年的欧洲已走到

▲ 约瑟夫·霞飞元帅(左起第二)与英军高级官员交换意见。

了战争的边缘，面对德国咄咄逼人的气势，霞飞主持制订了新的对德作战计划，即"第十七号计划"。计划规定法军主力直取阿尔萨斯和洛林，正好掉进"施利芬计划"的陷阱中。与其对手小毛奇相比，霞飞显得不够大胆，也缺乏足够的想象力。他认为德法边境将是未来德军入侵法国的唯一方向，因此把法军主力部署在这一地区，而在法比边境和法国北部只部署很少的警备部队，基本没有设防。

第一次世界大战爆发时，霞飞被任命为法军总司令，德军执行"施利芬计划"，从法军设防薄弱的方向攻入，法军在边境交战中接连失利，在8月的边境交战中损失30多万，全军溃退，在每个人都惊慌失措的时候，只有霞飞若无其事，沉着冷静，近乎迟钝地继续指挥部队一边撤退一边抵抗，在整个战争中，霞飞从未有过惊慌失措，无论战局是多么的火烧眉毛，他每天准时吃两顿美餐和每晚10时一定上床就寝的习惯上从来没受过影响。霞飞那超人的冷静就是这种情况下最有利的武器，他成了"整个法国的镇静剂"，这与他的对手小毛奇、比罗甚至克卢克形成了鲜明对比。当然他也不是完全迟钝，至少在这个时期，他雷厉风行地撤掉了许多作战不力的将军，并破格提拔了贝当、福煦、德斯佩雷三位后来的法国元帅。当两路德军在巴黎城下由于配合不良，出现巨大空隙且把侧翼暴露出来的时候，战机稍纵即逝，不慌不忙的霞飞在约瑟夫·加利埃尼的再三催促下发动了反攻。

9月6日，霞飞向部队发出了命令，同时号召法军士兵："正值国家存亡在此一战之际，必须提醒大家不得瞻前顾后，应当全力以赴，进攻并打退敌人，部队倘若不能再前进，那就不惜一切代价守住已经占领的区域，宁肯就地战死也决不后退，当前情况下，任何怯懦都是不能容忍的。"在霞飞的一声令下，100万把刺刀转变了方向，1000门大炮指向了德军，英法联军的大反攻开始了。至9月9日，德军右翼主力受挫，德第一集团军30万大军陷入被分割包围的境地，这时小毛奇才如梦初醒，慌忙下令全线撤退。马恩河战役的失败宣告了德军速战速决战略的破产，法国得救了，德意志帝国的丧钟敲响了，霞飞则因此名声大震。但要说霞飞完全是一个英明的名将，倒也不合适，开战初期恰恰是他的"第十七号计划"完全配合了德军的"施利芬计划"，导致了法军兵败如山，政府迁都，当加利埃尼向他指出战机出现时他又拖拖拉拉，几乎贻误。但他能处乱不惊，败中取胜，的确也算是了不起。谁都会有失误，问题在于看谁能抓住对手的失误，霞飞抓住了对手的失误，所以胜利的桂冠还是落到了他头上，真是有福之人不用忙，该出名的时候推都推不掉。

法军在马恩河会战中阻止了德军的进攻，粉碎了德军"速战速决"的计划，接着霞飞再指挥军队进行一系列迂回行动，1915年春季，他发动了香槟和阿图斯攻势，但遭到了极大的伤亡，而所得甚少，从此西线战争从机动作战转入持久的阵地战阶段。1916年2月，德军在东线取得对俄作战胜利后，决定在西线重点进攻法国的凡尔登要塞，把该要塞作为"碾碎法军的磨盘"，要在此让法军把血流干。而霞飞采取"以磨盘对磨盘"的战术，决心集中兵力死守凡尔登，不断地向凡尔登增兵，由于双方死伤惨重，使凡尔登战役获得了"绞肉机"之称。经过六个半月的拉锯和争夺，法军终于转守为攻，夺回了失地，德军的战略企图落空。为减轻凡尔登守军的压力，从7月1日开始，霞飞指挥英法联军在索姆河一带发起对德军的强大攻势，迫使德军降低了在凡尔登的进攻势头。在掌握战役主动权之后，法军于10月和12月实施两次反击，并取得胜利。凡尔登战役和索姆河战役是第一次世界大战中最重大的战役转折点，也是霞飞为法国军事史增添的重要一页。

1916年12月，霞飞被免去实职，改任法国政府军事顾问，同月晋升法国元帅。在大战的后两年任法国驻美国军事代表团团长，后又任驻日本军事代表团团长，1918年12月被选为法兰西学院院士，1922年任法国国防委员会主席，1931年1月12日在巴黎病逝，遗有《战争准备与战役实施》和《霞飞元帅回忆录》等著作。

扭转乾坤的会战——"马恩河奇迹"

对于法国来说，马恩河会战是一次干净漂亮的战略性胜利，它导致了"施利芬计划"的彻底破产。马恩河会战结束后，第一次世界大战的西线战场从此形成了对峙的局面。1914年8月，德、法两军经过法国边境之战后，法第四、第五集团军和英国远征军于9月初撤至马恩河以南，在巴黎至凡尔登一线布防，德军在占领了比利时后，其五个集团军的近百万人马，像一把挥舞的镰刀，从比利时斜插入法国，走在最右面的是克卢克指挥的德国第一集团军，约30万人，被视为右翼的主力和向巴黎进军的主攻部队。他们杀开了一条近130千米宽的地带，浩浩荡荡向巴黎方向挺进。

随着德军的滚滚南下，巴黎像一条巨大的防波堤隐约地出现在他们前面，这里不但是法国的心脏，还是世界上最大的堡垒，任何人不用正式的围攻不能指望进入

▲ 马恩河战役中法国的75野战炮

▲ 德国第一军总司令亚历山大·冯·克卢克将军（左起第五），与其部下一同"拍照"。

巴黎，而德军的大炮此时还部署在安特卫普前线，所以还没有开来足够的军队进攻巴黎。8月30日，克卢克的第一集团军在右翼击退了法军第六集团军的几支分队，在中路发现英军撤退时仓皇丢弃的大批弹药和辎重，他的左翼报告法军第五集团军已被打得抱头鼠窜，克卢克感到决定性的时刻已到来，他决心不让对手获得丝毫喘息之机，决定向巴黎和凡尔登之间进军，以彻底击败法国的第五集团军！这时克卢克的第一集团军的先头部队已挺进到距巴黎仅有24千米的地方了，法军总参谋长霞飞指挥的法军主力为阻遏德军右翼所做的努力已告失败，德军即将席卷巴黎的姿态使法国首都陷于一片惊慌中，法国政府也迁往波尔多。老将军加利埃尼出任巴黎军事长官兼巴黎部队司令，他是在政府答应调拨三个军给他的情况下任职的，从洛林新组建的第六集团军主力急忙赶到巴黎附近的亚眠，准备投入保卫首都的战斗。

自开战以来德军似乎是无往不胜的，阿登会战、桑布尔河会战、蒙斯会战，几乎所有重要会战都是以英法的败退为结局。在整个8月中，德军的右翼都在不断发出捷报。德军向马恩河和巴黎前进，打击他们路上遇到的任何协约国部队。此时德军大本营和德皇都沉浸在胜利的喜悦之中，人们都认为法军和英军都已被打败了，只有小毛奇忧心忡忡。此时间谍的报告表明，虽然平民都离开巴黎，部队却开到了，但小毛奇并没能及时把这个情报转送给正在前线指挥作战的两位关键性的陆军将领，即德军第一集团军指挥官克卢克和第二集团军指挥官比罗。情形正如毛奇所担忧的那样并不乐观，8月25日东线由于俄国提前到来的攻势而告急，而此时西线的战场已被认为胜局已定，小毛奇从第一集团军和第二集团军分别抽调一个军去支援，这样进攻过程中的右翼非但没有得到原计划增援6个军的加强反而削弱了2个军。克卢克的第一军团已将英国远征军赶出战线，在克卢克看来，英军目前已毫不相干了。在其右翼，德军与法军进行了一些轻微冲突。好斗的克卢克认为法军现在处于其左翼，由于他不能和毛奇取得联系，于是他抛弃了最后一点点"施利芬计划"。8月31日，他将进军方向转向东南以进攻法军第五军团。这一转向将使他从巴黎以东通过，他对法军正在首都筑垒地域集结一无所知。到9月2日，克卢克的左翼抵达马恩河畔的沙托－蒂耶里，其右翼抵达瓦兹，靠近尚蒂伊。

8月31日，德国第一集团军的漏洞被法国人发现了，被胜利冲昏头脑的德国第一集团军，为了追击败退中的法军，居然改变了行军方向，绕到巴黎的东南部，孤军冒进，而将自己的右翼暴露在了法军面前。从9月2日起，小毛奇对克卢克向内转后侧翼暴露的情况越来越感到不安，他给克卢克下了一道命令，要求保持与第二集团军的距离，但克卢克根本不愿执行这道命令，他认为这将使法军获得喘息的机会。9月3日晚，克卢克的德军第一集团抵达马恩河，而他所追赶的法第五集团军和其外侧的英国远征军已在当天早些时候渡过了马恩河，克卢克不顾柏林最高统帅部要他与比罗的第二集团军保持齐头并进的命令，准备立即于次日清晨渡河，继续他追逐法国第五集团军的行动。

打从撤退开始时法军总参谋长霞飞就说过"在我的两翼有包抄的有利位置时我将发动进攻"，但是在什么地方、什么时候、怎样才有这种条件呢？到目前为止他似乎还没看到这个时机，但是被授权指挥第六集团军、负责巴黎防务的老将加利埃尼却发现了这个反攻的转折点，加利埃尼的法国第六集团军的职责是防守巴黎，但在8月31日加利埃尼得到报告说，德军第一集团军正折向东南朝贡比涅进军而不是继续向巴黎进发，"他们把侧翼送上门来了！"加利埃尼心头不禁一阵狂喜。这个消息第二天得到英国与法国飞行员的证实，到9月2日夜幕降临时，到达巴黎北边附近的莫努里将军的第六军报告，在桑利斯至巴黎一线之西没有德军，也就是说，由于德第一集团军的冒进，已经造成了德军的战线出现了一个很大的漏洞，加利埃尼立刻看出这一稍纵即逝的机会，他决定尽速对德军暴露的右翼进行侧击，并说服霞飞停止向塞纳河后撤，

▼ 德国军队开始渡过马恩河时，法国军队就在河的这边等着与之交锋。

立即在全线恢复攻势。显然这一战略行动取决于霞飞的同意和英国远征军的配合。此刻，霞飞也在忙着反攻的事，不过不是在考虑具体地点和时间，而是在撤换指挥极不顺手的第五集团军司令朗勒扎克。

9月3日晚，加利埃尼的信使把他的反攻计划带给了法军总参谋长霞飞，他要求霞飞批准他已经命令莫努里的第六军执行的这个行动，并竭力主张巴黎和凡尔登之间的全部法军在他发动攻击时同时进行总攻，但霞飞对他的这个方案并没表现出多大的兴趣。出于对霞飞的绝望，加利埃尼乘车驶往英国人驻防的默伦，希望能赢得他们的支持，但并未如愿。在此时的柏林，从德皇到普通百姓都认为法军即将被彻底消灭，德国的胜利即将到来，只有总参谋长小毛奇心里充满疑窦："胜利者必然有俘获，但追击法军以来我们的俘虏在哪儿呢？在洛林有两万，其他地方合计起来，也只不过一两万人而已，再说缴获的大炮数量也较少，法国人是不是在有计划地撤退呢？"

9月4日晚9时，加利埃尼走到电话机旁打电话给霞飞，再次重申了自己的主张，霞飞感觉到了这位勇敢的下属那种强烈而明显的指导行为，而且显然也看到了这一举动的重大意义，终于同意了加利埃尼可以在9月5日攻击马恩河以北的敌人。随即霞飞回到他的军官小圈子，对聚集在那里的军官们说："先生们，让我们在马恩河战斗吧。"然后下令于6日进行大决战。现在骰子已掷下去了，从凡尔登到巴黎，百万大军一齐向后转，把100万把刺刀和1000门大炮指向了入侵的德军。9月5日，当德国的第一集团军到达巴黎东面，可以望见埃菲尔铁塔时爆发了马恩河会战，此时德国人再也无法前进了，法第六集团军先遣部队和德第一集团军的右翼在乌尔克河地区爆发战斗，法军首次使用临时征用的出租汽车把第六集团军一部由巴黎运往前线，克卢克将军察觉到自己的第一集团军的右翼和后方受到了威胁，遂由马恩河阵地抽调两个军加强乌尔克河防务，9月6日，英法联军全线转入了反攻。

▲ 乌尔克河会战期间，庆祝巴黎出租车队运送法国军队抵达战场的出版物画面。

撤退到凡尔登与巴黎间的法军要花相当时间转变方向，这些

▲ 今日马恩河

庞大沉重的队伍只有经过好几小时甚至几天才能有效地倒转它们的移动方向。就在法军转过身来开始前进时，迎面碰上了追赶他们的德军，他们极其镇定地立刻停下来向德军开火，德军在其枪弹前纷纷倒下，德第一集团军的攻势被止住了，经过数日的血战，德军从8日起渐呈不支。德第一、第二集团军陷于孤立之中，面临着被法军包抄的危险。9月8日，关键时刻，弗伦奇率领英军的3个军悄悄地插进了德第一集团军和第二集团军之间的缺口，将德国第一集团军与第二集团军隔开了，这使克卢克和比罗陷入被分割包围的境地。但弗伦奇面对两个师的德军警戒部队，总觉得自己正在进入一个巨大的埋伏圈。三天内英军在这个缺口里小心探路，竟只推进40千米，从而成为后世笑柄。如果弗伦奇以一个真正的骑兵老将的姿态，迅速插入，便可轻松地从背后将克卢克集团军包围起来。9月9日，比罗的第二集团军和克卢克的第一集团军不得不于同一天向后撤退，第二天，德军统帅部下令全线撤退，马恩河会战至此结束。

马恩河会战以德军的失败而告终，英法联军在宽达200千米的地带内，八昼夜推进60千米，伤亡25万人，德军损失30万人。这次进攻是一次高度机动的战役，它成为西线战场1914年战局中英法联军反败为胜的转折点，意味着德军企图在西线战场迅速歼敌的战略计划彻底破产。在这场战役中，因为德第一集团军的贪功冒进，致使英法联军有机可乘，从而导致了德军主力部队被分割包围，原本想要用分割包围的战术打败法国的德军，到头来却自己败在这一招下。在马恩河会战中，没有公认的战功，也没有产生与之相应的轰动，只是疲乏的军队沿着300多千米战线，进行松弛而绝望的战斗，然后一方主动撤出了战场。但这场战役打破了德国人速战速胜的希望，使战争进入了一种持久战和消耗战的模式，由此欧洲便被拖入了战壕战的深渊，无数的人力物力被丢进了战壕的无底洞中。而这正是德国人所拖不起的，在马恩河战役以后德国便再也无法获得绝对胜利的机会了，正如9月10日小毛奇向德皇报告的那样："陛下，德国输掉了这场战争！"德军从马恩河地区开始撤退了，撤退到埃纳河北岸事先选好的阵地，当联军进一步逼近时，西线战事的前景渐渐变得明朗起来。联军虽没能把德军从埃纳河驱离，但"施利芬计划"的功亏一篑迫使德军中止了他们的前进，毛奇当众落泪，不得不通知德军撤退。当年12月下旬，当战线开始稳定下来之后，法国政府及议会均从波尔多迁回巴黎。

马恩河之战，大都由沿着300多千米前线无数凶猛的、短促的、混乱的冲突和战斗组成。为了避免在马恩河溃散，德军退得井井有条，成功地击退了协约国的追兵。德军士气依然良好，但最高统帅部却深感绝望，因为这一场败仗粉碎了德军不可战胜的神话，同时，也使毛奇丢失了前程，因为失利，毛奇随后在9月14日被解除指挥权，由埃力克·冯·法金汉接替。马恩河战役是法国的一次战略性胜利，协约国军队粉碎了德军的速战速决的计划，保住了巴黎。这场会战的战略性结果十分巨大，德国人丧失了其优先击败法国再转过身来对付俄国的唯一机会。当德国人的胜利似乎唾手可得、法国人的灾难迫在眉睫时，协约国军队却在马恩河畔转败为胜，所以法国人把这场战役称为"马恩河奇迹"。马恩河战役结束后，第一次世界大战的西线战场就形成了胶着对峙的局面，以机枪和堑壕为核心的堑壕战从此一直延续了四年，直到战争结束。马恩河战役结束后，防线已被勾勒出来，德军在别处寻找着突破口，其军事注意力开始转向北边的佛兰德斯。

伊普雷第一次会战——以两败俱伤而收场

这是德军于1914年在西线战场发动的最后一波有力攻势。他们本想突破敌方的防线，攻占运河港口，但这一行动却在英国远征军付出了惨重的代价之后以微弱的差距失败了。

埃纳河战役于9月下旬结束后，菲尔德·马沙·弗伦奇领导的英国远征军转到英法大军的最左翼，参与了"奔向海岸"运动战。他们的主要任务是保护布伦、加莱和敦刻尔克，保证对英军的补给和支援十分重要的运河港口不被敌方占领，如果可能的话，还应向佛兰德迈进，与比利时军队取得联系。秋末，"奔向海岸"运动战达到顶峰，人数有所扩增的英国远征军于10月中旬到11月上旬在法国东北的拉巴西和阿尔芒蒂耶与敌军发生了两次冲突。一小部分军队进入比利时南部，在德军占领伊普雷十天之后将其赶了出去。在这个老式的佛兰德小镇上，英国远征军迎来了德军在1914年的最后一次进攻。

德军总参谋长冯·法金汉将军深知运河港口对于英军的重要性。面对协约国的军队，德国已经失败了太多次，而时间却就快不够了。但如果此时德军能够向伊普雷推进并最终占领这块地方，那么英国在这场战争中的未来就不好说了。伍腾堡的阿尔布雷希特公爵领导的德国第四集团军于15日发动了这次进攻。英军使用步枪还击，成功地把敌阵切成了若干小块，但同时也伤亡惨重，其中，伊普雷以北和以南地区的英军被迫收缩队形，形成了一个明显的绕城防线。

到了月底，新一波的攻势形成，伊普雷东西两侧遭受的火力最猛。31日，第四集团军占领了赫鲁维，穿过了梅尼大道。不过不久赫鲁维又被英法占领。莫西尼斯山脊是一块重要的高地，这块区域和维西查伊斯外的村庄于11月1日被占领，使得绕城防线的区域大大缩小。伊普雷的沦陷看来是不可避免的了,德皇威廉二世甚至迫不及待地亲临前线,只为了看到德军占领伊普雷的那一刻。但英军的抵抗却在继续,因为赶来的法国援军对此帮了大忙。

为了占领伊普雷,德军又发动了两次进攻。讽刺的是,英军经过深思熟虑之后竟想于9日放弃伊普雷及其附近的整片地区。这一计划最终被驳回,而德军的攻势却愈发猛烈起来。次日,圣埃洛伊失守,但德军第二次试图占领赫鲁维仍旧失败了。德军的最后一击在15日开始后总共持续了一周,最终因双方都精疲力竭和越来越糟糕的天气而结束。

第一次伊普雷会战中,协约国总共损兵折将7.5万余人,英国远征军元气大伤,基本需要彻底重建;德国军队则折损13.5万余人。会战只不过进行了五个月,总体的人员伤亡数字已经上升到触目惊心的地步:比利时有名有姓的伤亡及失踪人员达到了5万人,法国为99.5万人,德国为67.7万人,英国为7.5万人。

这一年结束时,法国还在继续进攻,直到12月20日的第一次香巴尼会战。

每一个参战国都相信自己可以取得一次决定性的胜利,但所有人也都明白:想按照开战之初设想的那样在圣诞节结束战争是不可能的了。战争的前景完全无法激起英军和德军士兵的斗志,有一些士兵甚至在圣诞节时爬出了各自新挖的战壕,向同样爬出战壕的敌军士兵表示友好——这将双方的将军们气坏了。

▲ 在第一次伊普尔会战之后,一支德国军队在异常整洁的战壕里。

第五章

东线风云
——"俄国压路机"乘虚而入

"欧洲宪兵"出动——不可彻底战胜的沙皇俄国

被称为"欧洲宪兵"的俄国,在欧洲有着举足轻重的位置,在欧洲所有的事务中,都离不开它的影子。为了对抗以德奥为主的同盟国,英国和法国把它拉到了自己的一方,组成了协约国,共同对付新崛起的德国。地广人多的俄国巨人,像具有魔力似的迷惑着欧洲。尽管它在19世纪的克里木战争和日俄战争中的惨败暴露出了它在军事上的无能,但是人们仍然认为俄国是不可能被彻底战胜的。俄国凶悍残忍的哥萨克骑兵和取

▲ 以预备役军人驻进营地为标志,俄国首都圣彼得堡开始了军事动员。

之不尽的兵源，在欧洲已是深入人心，只要一想起德国后背的这个庞然大物，协约国中的英国和法国就感到心中踏实，而德国人则对他们背后的那只"北极熊"提心吊胆，寝食难安。

俄国陆军人数之多，对欧洲任何一个国家来说，都是一支不可轻视的力量，它在平时的常备兵力有150万人，一经过战争动员，马上就可以达到近700万人。当然，腐败的机构和落后的交通，使俄军在开始发动时不免缓慢，但是一旦充分发动后，它那惊人的潜力，将足以拖垮任何敌人。对此，英国的外交部部长爱德华·格雷爵士曾对法国总统普恩加来说："俄国的资源非常富足，就是我们不去支援俄国，时间一长，德国人也要山穷水尽的。" 在法国人的想法中，一旦战争爆发后，霞飞的"第十七号计划"能不能取得成功，关键得取决于俄国，取决于俄国人到时能不能在德国的东部拖住德军的部分力量，也就是要看俄国人能不能在战争的前半个月内对德国发动进攻。当然，法国人心里也明白，这样的要求对于俄国来说是不可能办到的，法国人只希望在战争的前半个月中，俄国人将其手头已有的力量投入战场就心满意足了，不管怎么说，一定要让德国在一开战的时候，就要陷入两面作战之中，借以削弱德军在西线所投入的兵力。为了达到这个目的，法国陆军部的参谋长迪巴伊将军在战争爆发的前三年就被派到了俄国，去给俄国的战争决策者们灌输必须夺取主动的作战思想，并把它变成了两国之间的协议。要求俄国尽早发动攻势的协议在随后的两年中，经过两国的总参谋部之间的商谈而越来越得以确定。

经过日俄战争的惨败，俄国人已经对它庞大的军队进行了一系列的改革，俄国人因为他们的军队蒙受的耻辱而急于重振军威，现在的圣彼得堡充满自信，认为一切都已经准备就绪。然而，出于俄国人所惯有的惰性，他们只是制订了战略上的计划，而对于这个计划的具体细节，并没有事先制订。井井有条，一丝不苟，那不是俄军的习惯。但俄国人同意和法国人同时对德军展开进攻，法国人派往俄国的迪巴伊参谋长得到了俄国人的保证，一旦开战，俄军对德国的进攻将在动员后的第十六天开始，不等动员完毕，俄军将把它的前线部队先行越过德国与俄国的边界。其实俄国人的这个承诺是没有经过深思熟虑的，派出大军进入敌国境内打一场战争，是一件充满复杂而又危险的事情，是需要做好充分准备的，然而俄国人完全没有考虑那些，比如它的战时运输是否能够对此提供足够的保障，俄军的武器弹药到时是否能够得到充分的补充。开战后这些问题让俄军吃尽了苦头，没有粮食，没有弹药，没有援军，使得俄军因此遭到了败北，但是此举却救了法国人，使德国在西线最为紧张时分兵东线，从而导致了马恩河会战的失败，俄国人这种舍己为人的精神实在是难得。当时的俄军是存在许多不足

▲ 尼古拉大公小雕像

的，这一点英国的军事观察员早就指出过，俄军在训练及情报和保密方面都有明显的问题，但对于俄军这些军事上的弱点，英法并不担心，它们所关心的只是要让俄国这个巨人动起来，至于它所发挥的作用则无关紧要，英法对俄军的企望，也只不过是牵制德军。

俄军的优势在于易于管理、吃苦耐劳和视死如归的巨大人力资源，但装备和弹药严重不足。在高层指挥上，除了作为总司令的尼古拉大公和少数人之外，大都是漫不经心和庸碌无能之辈，其总参谋部亦同样糟糕。俄军有个庞大的军官团，其中的军官们基本上都是依仗有社会关系而得到提升的，在俄国的制度下，真正有才干的人是很难被提到重要位置上的，那些高级军官们平时从不锻炼，斗纸牌就是他们平时的工作。在战争爆发后的一年中，被淘汰的军官人数比法军全部的军官还要多，而真正称职的军官却严重缺乏。曾任英国首相的维特伯爵曾说："它是集怯懦、盲目、狡诈、愚蠢于一体的大杂烩。"沙皇尼古拉二世是个既无才智也无精力的人，他所依靠的朝臣们都是出身于贵族世家的官僚阶级，管理政府的就是这批人。这个政体得以生存主要是依靠人数众多的秘密警察，这些秘密警察遍布全国，无孔不入。尼古拉二世在处理国家大事上处处受皇后亚历山德罗的影响，当皇后被一个叫拉斯普京的"妖僧"左右了之后，尼古拉二世便失去了许多人的支持。随着战争的失败，俄国的国家经济濒于崩溃，民不聊生的俄国终于爆发了革命，尼古拉二世失去了他的政权，十月革命后，俄国退出了战争。

东普鲁士之战——可悲的冯·普里特维茨

在西线即将开战前，德军把普里特维茨将军的第八集团军的20余万人、火炮1000多门，派往东普鲁士，并把沃伊尔施将军的两个后备师派往加利西亚。奥匈帝国在加利西亚派驻三个集团军约75万人，近2000门火炮，还有25万人尚未到达。而俄国则在400多千米的战线上派驻两个方面军共100多万人和3200多门火炮。尽管俄国人才动员了1/3的兵力，而且明显地缺乏补给和支援部队，但他们还是于1914年8月13日发动了攻势。向东普鲁士的进军兵分两路，矛头均指向德国第八集团军：一路为俄国第一集团军，由帕·伦宁坎普夫指挥，位于马祖里湖区以北；另一路为俄国第二集团军，由亚·萨莫索诺夫指挥，位于湖区以南。两个集团军都受俄国西北方面军司令官吉林斯基将军协调，但是通信装备不足，参谋工作不力，车辆匮乏，加上指挥拙劣，恰恰暴露了这次东普鲁士进攻战役的一个突出特点——缺乏协调。与俄军对阵的是由冯·普里特维茨将军指挥的德军第八军团，分散地配置在从波罗的海南至弗兰克瑙河一线，以柯尼斯堡为基地，根据修改过的"施利芬计划"，其任务是实施弹性防御以迟滞俄军。

俄国在欧洲各国的眼里向来被视作庞然大物，平时常备军有150万人，一经动员可达到300万人，此外还有一支200万人的地方部队和可以征召的后备力量。整个国家可使用的兵员总额达650万人。然而,沙皇的专制政体在制度上不利于最优秀的军人被推上最高层。这是一个愚不可及的政体,除了数量的优势足以吓坏胆小者外,就其素质而言,几乎没什么可以称道的地方。俄国对中欧强国德国的最大威胁,在于它有600万部队,但是其"蒸气压路机"开动起来效率很差,大多是文盲的部队虽由勇敢的士兵组成,但他们由贵族和有钱人组成的军官团所受到的训练很差,那些人的战争知识,还局限于使用军刀和剑。直到开战前,俄国军官缺额达3000名之多。陆军大臣苏克霍姆利诺夫是个贪污枉法之辈,他压制军队中的改革派,一口咬定俄国过去的失败,只是由于司令官的错误,而不是由于训练、准备和供应方面的不足。他顽固地坚信刺刀胜过子弹,所以根本不肯花力气去增产步枪、子弹和炮弹,以至俄国在开战时,每门大炮只摊到850发炮弹,成千上万的补充兵员赤手空拳地待在前线战壕里,

▲ 这是在东普鲁士东面与俄国接壤的边境线上某处,藏身于战壕之中的德国军队。

▲ 第一次世界大战中德俄两军的首次交锋——斯塔伦普鲁战役的场面图。

等着同胞战死后留下的武器。不过在人们的脑海中，俄国军队是个庞然大物，开始时不免臃肿迟钝，但是一旦充分动员起来投入行动，它一浪接一浪永无穷尽的人海波涛，不论伤亡多大，都会不屈不挠，前仆后继，滚滚向前。

问题在于要使俄国人在德、法两国各自在西线发动攻势的同时，在德军后方发动攻势。直到1913年都担任俄国参谋总长并将统率参战军队的伊凡·吉林斯基将军，向法国保证，战争动员后两星期，80万俄军就会做好战斗准备。到了8月中旬，有65万多人已经准备就绪，这一成绩使德国人感到惊愕和担心。初期德国在西线的胜利，引起法国人连续恳求俄国迅速打击德国的东部，承受着德国几乎全部力量的法国后来开始大声求援，按照法、俄之间1911年以来协商一致的安排，如果德国把它的主力投入西线，俄国从一开始就要勇猛地杀入德国，以减轻德国对法国的压力。现在这个情况显然发生了，法国政府提出比战前协议更进一步的要求，敦促俄国直接向德国进军。

俄国早在开战前就开始了总动员，至8月底，俄军已从120万增加到530万。但俄国交通十分落后，集结速度实在慢得吓人。俄军在8月中旬可立即投入东线作战的只有65万人，多数部队还挤在路上，远东的一些军队甚至要三个月后才能赶到。鉴于西线的严峻形势，俄军统帅尼古拉大公决定提前发动攻势，其中西北方面军负责进攻东普鲁士，西南方面军负责进攻加利西亚。1914年8月上旬，应英法联军指挥部的再三请求，俄军在没有完成动员和集结的情况下就开始了进攻，以粉碎德军主力对法国的进攻。战役的直接目的是歼灭德国第八集团军和攻占东普鲁士，为尔后进攻加利西亚创造条件，以减轻德军对西线的压力。在军事计划的棋盘上面，俄国以其地大人多而被视为庞然大物，尽管它在对日一战中丢脸出丑，但是只要想起俄国"压路机"，

▲ 一位俄军部队的指挥官在普鲁士边境的哨岗贴上了沙皇的肖像并下令"前进"，军队高唱国歌"天佑沙皇"踏入了敌人的土地。

法国和英国就感到宽慰，而德国人因害怕在他们背后的斯拉夫人而提心吊胆，寝食难安。

俄国同德国和奥匈帝国有一条共同边界，延伸1800余千米。那时是俄国一个省的波兰，形成一块400多千米宽的突出部，这个突出部向西突出320多千米，在西部和西北部与德国毗连，在南部则与奥匈帝国邻接。它的西部边界离柏林只有不到300千米，它的北面是东普鲁士，这块约130千米宽的德国领土夹在波兰和波罗的海之间，俄国一次胜利的大规模进攻，就能把它同整个德国切断。俄军的集结部署是按照第十九号计划"A"方案进行的，面对德、奥两个方向，俄军编成西北、西南两个方面军，在德国战线上投入吉林斯基的西北方面军，它由莱宁坎普夫的第一集团军和萨姆索诺夫的第二集团军所组成，总兵力为25万人，计划是分北、南两路向东普鲁士发动钳形攻势。

大战刚刚爆发，俄军西北战线的指挥权就交付给了吉林斯基将军，他在一年前出任俄军参谋长时，与法国就现已开始的大战中两个协约国的合作做了最后的秘密安排，吉林斯基从战争动员的第十二天起即在比亚韦斯托克的司令部指挥至少10个步兵军和10个骑兵师发起了进攻，他的意图就是要丝毫不失时机地入侵东普鲁士，制服它的守卫者。俄军大本营的计划是以第一集团军从北方切断德军与柯尼斯堡的联系，以第二集团军切断德军与维斯瓦河的联系，把德第八集团军包围在东普鲁士突出部加以歼灭，进而直取柏林。根据方面军指挥部的企图，莱宁坎普夫将军的俄国第一集团军应当从北面向马祖里湖地区实施迂回突击，以吸引德军主力，萨姆索诺夫将军指挥的第二集团军应当从西面对该区实施迂回突击，以切断德军向维斯瓦河的退路并歼灭之。1914年8月，俄军兵分两路，一路直扑西北面的东普鲁士，另一路开向奥匈帝国境内的加利西亚，俄国第一集团军和第二集团军试图通过南北合围的战术歼灭东普鲁士的德国守军。

三天之后，第一军向德军主力发起进攻，迫使德军后撤，与此同时，俄第二军趁势从南面进入了东普鲁士境内，但是，俄第一集团军没有乘胜追击，这就让俄第二集团军陷入了非常危险的境地。8月17日，莱宁坎普夫率军在宽广正面上攻击，其中部与弗朗索瓦将军的德军第一军相遇，并遭受严阵以待的弗朗索瓦的重击，被击退到边界一线，损失了3000多人，弗朗索瓦则随后撤至古姆宾嫩。8月20日，俄军再次缓慢地推进。弗朗索瓦猛击俄军右翼并将其驱退了8千米，但德军其他各部的攻击没能成功，战斗打成了平局。德军此刻面临的困难非常严重，俄军南北合围的两个集团军人多势众，似乎难以抵挡。但施利芬为此事预先留下了一套计划。按照施蒂芬制订的计划，把整个集团军放在了一个叫坦能堡的要害地区，俄军两个集团军中不论哪个首先进入有效打击距离，德军都将予以打击，然后再迂回运动打击另一个集团军。这个作战计划充分体现了施利芬的主导思想，那就是集中自己的优势兵力，对敌人给予各个击破，这对当时在总体人数上占劣势的德军来说，是最可取的办法。这要求指挥者有高超的才能，但是也向总司令提供了最辉煌的机会！对于这种任务，德军留在东线的指挥官冯·普里特维茨将军从一开始就感到力不从心。

普里特维茨错误地分散兵力，然后对莱宁坎普夫的第一集团军进行正面攻击而不是进行侧翼攻击，8月19日德国第一军在施塔卢珀嫩的战斗中被击退。次日，在贡宾嫩－戈乌达普一线，俄国第一集团军遭到德第八集团军主力的反击，俄军右翼一度被击退,但中路粉碎了德第十七军的正面攻击,德军遭到失败后,开始向西撤退。随着萨姆索诺夫对其交通线构成的潜在威胁,惊慌失措的普里特维茨没有通知任何下属就拨通了在科布伦茨的德军总司令部的专线,小毛奇说:"你必须不惜一切代价守住维斯瓦河。"对此,普里特维茨认为如果得不到增援,甚至这一点也无法保证,他未加思索就回答说:"河水很浅,有多处可以涉水而过,我只有这么一点人,怎么守得住维斯瓦河?"

关键时刻的一句话足以决定命运,就是这句话结束了他的军旅生涯,甚至影响到了战争的全局。数小时后,普里特维茨回到了他的指挥位置,听取和批准了作战处处长霍夫曼所制订的进攻计划,作为一个军人,这个计划必定会给他带来历史性的荣耀。然而就在此同时,小毛奇发来的一个电报也到了,普里特维茨和他的参谋长瓦尔德泽被新的总司令官冯·兴登堡和新任参谋长鲁登道夫取代了,半小时后,第二个电报通知麻木了的普里特维茨和瓦尔德泽退役,荣誉的桂冠已然落下。

8月22日,刚接到任命的鲁登道夫匆忙研究了来自东线的报告之后,向第八集团军各个军的指挥官发出电报命令,要求他们朝着萨姆索诺夫的第二军团实施进攻,同时延缓莱宁坎普夫的第一军团进一步向东行进。当天晚些时候,鲁登道夫与兴登堡一起乘火车赶往东线,并在路上报告了他的计划,兴登堡表示赞同。兴登堡与鲁登道夫这两位人物,可以说是来自不同时代又具有完全不同性格的人。然而,共同的任务和共同的总参谋部思想将他们结合在一起,而且配合默契,成效卓著。兴登堡具有数十年的军队实践经验,在军界享有崇高的声誉、威望和自主权,而鲁登道夫则具有毋庸置疑的战略天才,雄心勃勃,精力充沛,脾气暴躁但外表又表现得镇定自若——这最后一点是权威性领导所必需的。

23日夜间,当鲁登道夫匆匆走进首长已被免职的第八集团军司令部的时候,他从霍夫曼将军那里接到了实际上正在进行的部队调动的报告,他对这些调动均表示同意,他发现对计划无须做任何增删与修改。鲁登道夫原本预计面对一个瘫痪的参谋部和一支不稳定的军队,但他发现参谋部以罕见的能力和决断为即将进行的战斗做好了一切安排。这本来是命运给普里特维茨的成为英雄的机会,可惜他没能把握住,鲁登道夫因此一举成名,成为"一战"中的重要人物。普里特维茨给后人留下了一个教训,那就是万万不可对人表现出自己的无能为力,决不言败,纵使失败已然临头。

东线奇迹——坦能堡会战

由于在攻克列日要塞突出的表现,鲁登道夫被选择接替瓦尔德泽为第八集团军参谋长,德皇和小毛奇接见了他,对他简单介绍了情况。三小时后,他乘一列专车开往东线,专车一路上预定只在一个地方停车,就是在汉诺威,第八集团军的新司令官兴登堡将在那里和他会合。此时的东普鲁士,在东面,莱宁坎普夫的俄军第一集团军有24个超编步兵师,它以无数骑兵为先行,在南面,萨姆索诺夫的俄军第二集团军的实力稍逊于前者,但此集团军对东普鲁士德军仅有的防御力量仍占有优势。面对双重的敌人,德军第八集团军必须一分为二，否则有被两个俄国集团军压碎的危险。德军指挥部利用了俄军两个集团军之间的缺口，并从截获的俄军明码电报中得知了他们的行动计划，于是在1914年8月21日命令部队停止退却，24日，新任德第八集团军司令兴登堡和参谋长鲁登道夫利用发达的铁路网，重新部署部队。施蒂芬在他的计划中已指明一项对此局面的解决策略！鲁登道夫毫不犹豫地采取了这个大胆的办法，在审视了俄国两个集团军在东普鲁士所处的位置之后，决定先攻击萨姆索诺夫的第二集团军，然后在莱宁坎普夫来不及驰援前者之时，转身向其发动进攻。

俄国骑兵侦察的报告说，德国的阵线暗示要进行侧翼袭击，这使萨姆索诺夫降低了追击的速度，他发电给吉林斯基，建议暂

▲ 德军士兵在马祖里湖附近一个伪装得很好的阵地中各就各位。

▲ 坦能堡战役中，德军士兵穿过一个失火的小镇继续向前进发。

停前进。但吉林斯基深信德军正在按照普里特维茨的计划退却，把萨姆索诺夫的警告看成是怯懦。他安然坐在离前线300多千米的沃尔克指挥部里，命令萨姆索诺夫不要再扮演懦夫角色，继续进攻。德军前任指挥官普里特维茨惊慌失措地决定停止贡宾嫩的战斗进而大撤退的行为，蒙蔽了俄军指挥官的头脑，这种欺骗效果是无论怎样仔细策划都无法达到的。此时的萨姆索诺夫将以他那些疲惫不堪而且后勤严重不足的军队面对德军在东普鲁士的全部力量，鲁登道夫知道莱宁坎普夫所部的俄军第一集团军在他后方，急于先同萨姆索诺夫的第二集团军决一死战，他命令第一阶段的战斗于8月25日打响。德军一直在监听萨姆索诺夫没加密的无线电通信，现在已了解所有俄军部队的部署，并知道了他们明天的行动计划。

德军从马祖里湖区退却的两个军发出了天才的一击，鲁登道夫留下由两个师组成的掩护队牵制来自后方的俄第一集团军，调遣第八集团军的几乎全部兵力去攻打来自南边的俄国第二集团军。经两天激战，德军击退了萨姆索诺夫的第二集团军两翼部队，而对其中路三个军形成包围态势。8月27日黎明开始，对俄军来说是世界末日，德国信号兵截获了萨姆索诺夫求援的电讯，但吉林斯基和莱宁坎普夫都不理睬他的请求，饥饿和士气低落的俄军，无可避免地溃散逃走。尽管处境危险，萨姆索诺夫还是命令他的中

▲ 由来自欧洲各地的历史爱好者重现的坦能堡战役的恢宏场景之一。

央部队进攻，造成德国人的短暂的不安。8月27日，萨姆索诺夫的右翼遭到来自北面的德军第十七军和第一预备役军的打击，他的左翼遭到弗朗索瓦勇猛的第一军的迂回和包围，而他的正面遭到第二十军的打击。8月28日，俄军开始了反突击，俄第十三军和第十五军猛攻德第一军阵地，战斗空前激烈，萨姆索诺夫亲临前线指挥，但是饥饿又疲劳的俄军已经达到了耐力的极限，无力突破德军防御，到8月29日清晨，弗朗索瓦将他的部队插入俄军后部，包围圈合拢了，剩下的事就是对试图逃脱大网的一股股乌合之众大开杀戒。俄军被围于科慕辛森林地域，士气彻底崩溃，已经无法进行有组织的抵抗，夜幕降临之际，走投无路的萨姆索诺夫在卡罗利南戈夫的一片小树林里开枪自杀。

鲁登道夫属下的弗朗索瓦军长看到萨姆索诺夫的部队正在解体，他知道剩下唯一要做的事就是拦截因昏乱而失去战斗力向波兰慌乱逃跑的俄国兵，在接下来的三天中，弗朗索瓦的薄弱包围网，一网捕获了6万名俄国战俘，而德国人一共捕获9.2万名俄国战俘，俄国人的总伤亡人数是25万，约有500门大炮被缴获，而德军损失仅1万人。到30日晚，鲁登道夫对取得完全胜利感到心满意足，他也满意于他已经构筑起对付莱宁坎普夫的防线，莱宁坎普夫的骑兵师此刻终于接近科慕辛地域，几乎可以俯瞰他们的友军刚刚覆灭的战场，下一步就要轮到他们了。8月31日，获胜的德军开始向北转进，准备打击俄第一集团军，将俄军彻底赶出国境。这时从西线来的两个步兵军和一个骑兵师也开始到达，加上这批生力军，德军在数量上也超过了对手。到9月1日夜晚，坦能堡战役的胜利者已转向新的任务，这个新任务应该是什么，胜利者没有丝毫的疑虑。霍夫曼说得很简洁："萨姆索诺夫的军队实际上已经被歼。他所率的五个半军，其中有三个半非死即俘，所剩约一个半军不得不返至华沙附近整编，现在我们可以腾出手来对付莱宁坎普夫了。"

直到8月27日，吉林斯基才开始认识到他的第二集团军已处于真正的危险之中，他命令莱宁坎普夫率第一集团军前去救援，但莱宁坎普夫只是虚晃了一枪，并未及时赶到战场。吉林斯基关心萨姆索诺夫的命运，命令莱宁坎普夫的第一集团军去找现已不存在的第二集团军的方位，因为获胜的德国第八集团军对其部队集中了火力，莱宁坎普夫担心退路被切断，也落得个萨姆索诺夫的下场，他没有费心跟吉林斯基打交道，便命令所部撤退，以两个师的兵力从正面实施反突击，掩护主力撤退。这两个师进行了最英勇的反击，完全成功地达到了目的。这次反击持续了一整天，致使德军围歼俄国第一集团军的企图未能得逞。在随后的马祖里湖战役中，俄第一集团军被俘4.5万人，伤亡约10万人，损失火炮150门，德军肃清了东普鲁士的所有俄军。正如西线的马恩河战役一样，坦能堡－马祖里湖区战役产生了巨大的后果，全世界都感觉到了这场大战役在军事上、战略上、政治上和心理上的冲击波。两个俄国集团军被击溃，总共损失约30万人，所谓俄国"蒸气压路机"的神话破灭了。的确，俄国人并不是以压倒一切的力量来对付敌人，而是拖着沉重的脚步茫然地迈向死亡。他们的失误是如此之多，以致成了所有的军事院校都采用的反面战例教材。

兴登堡有意将此次会战称为"坦能堡会战"。坦能堡是德国境内的一个小村子，在历史上1500名波兰人和立陶宛人曾在这里给德国骑士团以毁灭性打击。在给他夫人的信中他却写道，他没有因此次胜利而忘乎所以，荣誉是上帝恩赐的。小毛奇把坦能堡会战胜利的消息压了一段时间才公布，以抵消马恩河会战败北带来的消极影响，对德国人来说，坦能堡的捷报有助于掩盖马恩河的败绩。德国人民在兴登堡和鲁登道夫身上发现了英雄，他们将追随这两尊偶像直到土崩瓦解。德军东线指挥官兴登堡元帅一夜之间名声大振，为以后的飞黄腾达打下了基础。在大战期间及此后数年间，坦能堡之战的荣耀被鲁登道夫成功地据为己有，这是他上升到实际控制整个德国战争的地位的垫脚石。在俄军惨败之时，法国武官德拉吉什将军曾向俄军总司令致以慰问，俄国人回答说："能为我们的协约国做出这样的牺牲，我们很高兴。"俄国人深知他们有无穷的人力资源，多大的灾难他们都惯于泰然处之。俄国的这个牺牲成全了法国，德国从西线调往坦能堡的兵团，将不能参加西线的马恩河战役了。俄军在西北面战场上虽然全线溃败，但西南方面的俄军却进展顺利，俄军打败了在加利西亚的奥匈军队，此刻西线战事愈演愈烈，奥军已无力派兵增援东线，德国感到事态紧急，立即向西南方向派出了援军。

对俄冬季攻势——将俄国踢出战场

1915年年初，德国在第二次马祖里湖会战中大胜俄国，但与此同时，奥匈帝国却搞砸了在喀尔巴阡山脉的一次战斗，并损失了大批兵马。

为了在1915年之内把俄国从战场上踢出去，德国把大量兵力集中到了东线，计划在东线北部和南部发动两场攻势。1月31日，以一场佯攻为序幕，总计10万人的德国第八和第十集团军联手在东普鲁士发动了第一次攻势。德国第九集团军假意侵入华沙，发动了首次使用毒气的波利莫夫战役。2月7日，东普鲁士最重要的一次战斗爆发：奥托·冯·布罗将军的德国第八集团军在一场遮天蔽日的暴风雪中袭击了独立作战的俄国第十集团军，第二次马祖里湖会战就此开始。

布罗的进攻在一周内就将俄军逼退了96千米。9日，才袭击过俄军右翼的赫尔曼·冯·艾科恩率第十集团军加入战斗。被击溃的俄国第十集团军开始向考纳斯撤退。在此期间，俄军有三个兵团被德军重重包围，但由于其中之一与围军展开殊死搏斗牵制了对方的行动，另外两个兵团最终得以突围。虽然取得了小小的成就，但面对普里赫夫麾下俄国第十二集团军的奋力抵抗，德军觉得没便宜好占，只得退回到东普鲁士境内。此次对阵，俄军总共损失了20万士兵，其中有9万人成为德军的俘虏。

驻扎在喀尔巴阡山脉沿线的三支同盟国部队发动了第二次攻势。担任主力军的是亚历山大·冯·林辛根的南奥匈联军，他们的任务是穿过喀尔巴阡山进攻西北部的利沃夫，以解除普里奇斯米尔外俄军的包围。斯维托扎·波罗艾维克·冯·伯纳的奥国第三集团军和卡尔·冯·普弗兰泽－巴奥丁的奥国第十集团军则分别担任了南奥匈联军的左右两翼——他们的任务是在攻势中为主力军提供火力支持。

最早得胜的是由普弗兰泽－巴奥丁领导的部队。2月17日，他们在成功占领了捷诺维兹之后，还俘虏了阿列克谢·布鲁斯洛夫麾下俄国第八集团军的6万名士兵。但这股部队的推进却遭到了强烈反攻的阻滞。南联军被大雪困在了山里，可谓一无所获。而普里奇斯米尔要塞在被包围了一百九十四天后终于沦陷，所有守军都向俄国投降。接下来的几周里，俄国不断地发动局部反击，但由于军队补给不足，加上乔治·冯·德·马维兹率领德国援军赶到，俄军最后只好于4月10日放弃行动。对奥匈帝国来说，这次发生在喀尔巴阡山脉的战役是一场巨大的劫难。由于恶劣的天气作祟，他们在此战中损失了80万士兵。此时，奥军的士气低落到了极点，甚至还因为队伍内部存在种族差

▲ 俄国军队奔赴前线。

异而渐渐显现出了分裂的迹象。无奈的奥国总参谋长、陆军元帅康拉德·冯·霍兹多夫只好再次向德国求援。

"护国之神"——兴登堡

普鲁士是一个军国主义色彩极为浓重的国家，这个国家及以后的德意志帝国不断涌现出大量的杰出军人，在这些人的头脑中，忠于国家、履行命令就是军人的职责所在，在第一次世界大战中，有一位将领把他的忠于国家和履行命令真正做到了完美的地步，其思想也被后人奉为军人的法则。他，就是保罗·冯·兴登堡。1847年10月2日，兴登堡出生于东普鲁士波森市一个贵族家庭里，父亲是少尉军官，母亲是军医的女儿。兴登堡从小就受到普鲁士黩武精神的熏陶，立志当个军人。他童年时代体弱多病，经常旷课，学习成绩不佳。11岁时，兴登堡被母亲送进了一所寄宿制的陆军少年学校，在那里，他接受了启蒙的军国主义教育，普鲁士那种绝对服从、对上忠诚、勇猛果敢、永不言败的精神在少年兴登堡心里扎下了根，这种心理意识伴随了他一生。当时为了培养忠于普鲁士王室的感情，军事学校的学生有时去王宫实习，1863年兴登堡曾担任腓特烈·威廉四世的遗孀伊丽莎白太后的禁卫，王太后赠他怀表一块，兴登堡对此没齿难忘，每次打仗都要把此表带在身上。

1866年3月，19岁的兴登堡少尉来到普鲁士驻但泽第三步兵近卫团，参加了随后爆发的普奥战争。普奥战争是德意志统一过程中的关键一仗，也是兴登堡的初出茅庐之战，克尼格雷茨之战中兴登堡表现突出，在进攻奥军炮兵阵地时英勇奋战并头部受轻伤，从而闻名全军，得胜而归的他随着部队第一次通过柏林凯旋门，得到了威廉一世的称赞，把一枚只有上尉以上军官才能得到的赤鹰勋章亲自颁给了他。1870年8月，普法战争爆发，兴登堡作为第三步兵近卫团一营营长的副官参战。不久，该团团长在战斗中负伤，一营营长代理团长之职，兴登堡也跟着晋升一级。"铁血宰相"俾斯麦通过三次王朝战争，统一了德国。1871年1月18日，德意志帝国宣告成立，兴登堡作为部队的一名代表，参加了在凡尔赛宫镜厅举行的典礼，这是他毕生引以为荣的一件大事，同年6月，他再次通过柏林凯旋门。

普法战争后，德意志帝国宣告成立，声名鹊起的兴登堡也成为德意志帝国一位颇有前途的少壮派军官，1872年，兴登堡被推荐到陆军大学深造，以优异成绩毕业的兴登堡受到总参谋长老毛奇的赏识，于1877年进入参谋总部任职。1879年他和杰屈德·冯·史伯林在斯特丁成婚，婚后育有两个女儿和一个儿子。1903年，兴登堡已荣升为中将并在马格德堡之战中指挥第四军。这个时期正是各主要资本主义国家向帝国主义过渡的最后阶段，欧洲形成两大军事集团，即以德、奥为首的同盟国和以英、法、俄为首的协约国，双方为争夺殖民地、重新瓜分世界展开激烈斗争。但是习惯以旧眼光观察国际形势的兴登堡，并不认为会爆发战争。由于年逾花甲，进一步升迁已无指望，他就在64岁那一年退伍。

1914年，人类历史上的第一次世界大战爆发，东线德军形势很糟，德军总参谋长小毛奇决定派曾在比利时列日战役立下赫赫战功的猛将鲁登道夫去东线对付俄军，但鲁登道夫资历太浅，性格专断，难以服众，所以还得选一个威望高、会处事、脾气好的老将和鲁登道夫配合才成，于是，小毛奇马上任命兴登堡为东线德军第八集团军司令。兴登堡临危受命，于1914年8月在马林堡接管了第八集团军，这是他和鲁登道夫合作的开始，在这个组合中鲁登道夫的智谋和兴登堡的统率力得以完美地结合在一起。兴登堡采纳了鲁登道夫和霍夫曼拟订的作战计划，于8月25日发动反攻并从两翼包围歼灭了萨姆索洛夫的俄国第二集团军，取得了坦能堡之战的辉煌胜利。坦能堡之战的胜利不仅提高了德军在这场欧洲战争中的战略地位，更主要的是在心理上激发了德军的士气，使协约国对俄国的信心渐渐减弱。

击败俄罗斯军队为兴登堡带来了许多荣誉，他被晋升为元帅，他的这次胜利后来成为他的名声和传说的基础，但与他共事的人都认为他只是一个傀儡而已，真正运筹帷幄的是埃里希·鲁登道夫将军，在坦能堡之战中发挥了重大作用的德第八集团军司令部参谋官霍夫曼不知是出于什么心理，对来参观司令部的记者介绍时着重地介绍道："这里是战前元帅睡觉的地方，这里是战时元帅睡觉的地方，这里是战后元帅睡觉的地方。"仿佛是在说，元帅在整个战役中所做的只是在睡觉。霍夫曼这么说也是可以理解的，因为作战计划的制订他是起了重大作用的，而功劳却归了只是在睡觉的兴登堡，殊不知其实睡觉也是一种领导艺术——当部下的计划已很完美时，为什么要去画蛇添足呢？兴登堡曾坦率地讲过，他的主要任务之一就是"使我的参谋长的聪明才智、几乎超人的精力和从不懈怠的干劲得到充分的发挥，必要时为他创造条件"。

▲ 陆军元帅兴登堡在制订作战计划。

东线的德军就是在这个只知道睡觉的元帅指挥下，在取得坦能堡大捷后，经过一年多的激战，获得了一连串的巨大胜利，俄军不仅无法染指东普鲁士，而且还被迫放弃了波兰、立陶宛、里加以西的土地和沃伦地区，人员损失超过170万人。由于兴登堡取得了一连串的辉煌战绩，他被德国人誉为"护国之神"。兴登堡大智若愚的统帅风格和鲁登道夫锋芒毕露的指挥特色相得益彰，

▲ 1933年希特勒向当时的德国总统兴登堡握手鞠躬。

成为20纪军事史上经典的名将默契配合、克敌制胜的典范。大战持续到1917美国的支持下，经济实力雄厚的协约国开始占据了优势，这时，在西线战线上，法国的尼韦尔将军取代了一向谨小慎微的霞飞将军，他决定用闪电战取得战争的胜利，同时德国方面，用东线取得胜利的兴登堡取代了法金汉，兴登堡鉴于在前一年凡尔登战役和索姆河战役的失败，决定在西线采取守势，而在海上展开无限制潜艇战，他希望通过这种策略迫使英国人因饥饿而投降。

战争后期，虽然兴登堡和鲁登道夫指挥德军取得了不少胜利，但已无力扭转战局了，兴登堡这位"护国之神"和他聪明的参谋长鲁登道夫越来越力不从心了，打到1918年，德国经济几乎崩溃，德军士气也一落千丈，以兴登堡命名的、号称易守难攻的"兴登堡防线"也被协约国军队突破了。德国国内的革命运动也汹涌澎湃地发展起来，11月3日，基尔海军爆发起义；到11月8日，革命红旗飘扬在许多城市的上空，军队内部也有不少士兵倾向革命。在这种形势下，兴登堡不得不劝说威廉二世退位。11月10日凌晨，威廉二世逃往荷兰。11月11日，德国代表在福煦将军的火车车厢里签订了停战协定，第一次世界大战至此结束。

兴登堡签署了停战协议后，这位71岁的老人解甲归田，再次回到了他在汉诺威的庄园。1925年2月28日，魏玛共和国总统艾伯特因病去世，在随后的大选中，78岁的兴登堡获得胜利，于4月26日成为共和国的第二任总统，并在85岁高龄时获得连任。1933年1月，兴登堡任命阿道夫·希特勒为德国总理，虽然兴登堡本人对纳粹反感，但他越来越陷入这些人的影响之中。1934年8月2日，这位87岁的总统在他位于东普鲁士的领地纽代克溘然而逝，为他充满传奇色彩的一生画上了句号。本来兴登堡应该葬在他的庄园中，但希特勒将他葬在他过去战胜俄罗斯的坦能堡战场上，并为他树立了一座雄伟的纪念碑。兴登堡死后，希特勒成为独裁者的障碍也被消除了。

将"总体战"进行到底——永不认输的鲁登道夫

鲁登道夫，德国将军，军事战略家。历任德军总参谋部作战处处长、步兵旅旅长、集团军参谋长、东线德军参谋长、德国最高统帅部第一总军需长等职。在第一次世界大战中率部取得赫赫战功，"一战"后被解除军职，从事政治和写作，他著述甚多，最著名的是《总体战》一书。

鲁登道夫出生于普鲁士的波森省附近的一个小镇，他出身农家，虽然其母属于贵族阶级，严格而言他始终不属于容克阶层。12岁时进入陆军幼年学校，后来他凭借耿直的个性、出色的才智和胜任艰苦工作的能力进入柏林陆军军事学院。17岁时以优异的成绩毕业并获得如下评价："头脑清楚，思维严密，生活习惯良好，各科成绩都很优秀，战史和战术成绩尤为出色，适应任何工作。"毕业时他被授予少尉军衔。因表现优异，在1894年晋升到德国参谋部。1908年，鲁登道夫调任总参谋部第二处处长，主管军队的训练、装备、动员等事宜。鲁登道夫逐渐成为一个精力旺盛、权力欲望极强而又有些神经过敏的军人，他对一切的兴趣都从属于军事，但其缺点主要在于缺乏真正的政治眼光，而且其情绪不稳定，面对困境容易陷入沮丧和失望。德国"一战"前的首相冯·贝德曼评价他说："你不了解鲁登道夫，他只是在成功时才了不起，如果事情变糟了，他就会沮丧起来。"

鲁登道夫的成名之战是德军进攻比利时的列日战役，当时大战刚刚爆发，按照"施利芬计划"，德军打算取道比利时插入法国，但比利时的列日要塞阻住了前进的德军，在遭到重大损失后德军总参谋长小毛奇把鲁登道夫派到战场接替指挥，并给他调去了大口径的攻城重炮，鲁登道夫利用这些重炮一顿猛轰，一举荡平了要塞的12座炮台，率领他的部队在晚上经由弗莱龙和埃夫涅的缺口悄悄地进入列日，对最后反败为胜夺取要塞起到了关键作用。因攻克列日之功，鲁登道夫被德皇威廉二世授予功勋十字章，这是德军的最高军功奖章，鲁登道夫一战成名，从此开始了他一生事业的飞跃，成为德国军界一颗耀眼的新星。

鲁登道夫的辉煌始于东普鲁士的坦能堡之战。"一战"爆发后，正当德军在西线与法军大战马恩河之际，东线的俄军乘虚而入，攻入东普鲁士，东线德军溃败，形势岌岌可危，在这紧要关头，鉴于鲁登道夫在列日之战的表现，小毛奇任命鲁登道夫接替瓦尔德泽为第八集团军的参谋长，鲁登道夫迅速乘专列在汉诺威和新任第八集团军司令兴登堡会

▲ 鲁登道夫像

合，并赶往东线。临危受命的鲁登道夫被派到东线战场，德皇本意是指派鲁登道夫成为东线战场的实际负责人，但由于鲁登道夫的中下等阶级出身和德意志帝国军队严格的等级观念，使他不能被任命为指挥官。但是这种安排却形成了兴登堡与鲁登道夫这一对绝妙的搭配，这一搭配在整个"一战"中对德国产生了重大影响。鲁登道夫和兴登堡联手，不少人称其为珠联璧合。作为司令官的兴登堡十分信任他的参谋长鲁登道夫，说他要使"参谋长的聪明才智、几乎超人的精力和从不懈怠的干劲得到充分的发挥，必要时为他创造条件"，因此鲁登道夫得以放手指挥作战。

在第八集团军杰出的参谋官霍夫曼的协助下，鲁登道夫与兴登堡采取诱敌深入、各个击破的战术，先后打败了俄第二和第一集团军，一举扭转了东线的不利战局，在随后的一年中，在鲁登道夫的谋划下，德军获得了一连串的巨大胜利。俄军则损失惨重。由于这些辉煌的胜利，鲁登道夫和兴登堡成为德国民众心中的战神，兴登堡被德皇授予元帅军衔，鲁登道夫则获得一级上将的军衔。1916年，德总参谋长法金汉不顾鲁登道夫等军事将领的强烈反对，将军事进攻的重心从东线移至西线，并指挥德军从西线发起攻击，结果在凡尔登大败，法金汉引咎辞职，兴登堡继任总参谋长。8月29日，鲁登道夫被任命为最高统帅部的第一军需总监及德军副总参谋长，成了德国第三届最高统帅部的要员。自此，鲁登道夫实际上已在行使德军最高军事指挥权，他不仅成为德国军队的主宰，甚至可以说，他操纵着德国的命运。

1916年，德军最高指挥部特意让列宁秘密乘坐火车返回俄国，结果一如鲁登道夫所愿，1917年俄国发生革命，1918年俄德签订了《布列斯特－立陶夫斯克和约》，该和约让俄国付出了高昂的代价。由于在和约的签订中发挥的关键作用和在战争中的卓越表现，鲁登道夫被封为贵族，成为埃里希·冯·鲁登道夫。东线战事缓和，这使得德军得以从两面作战中解脱出来，东线的德军开始大批地调往西线战场。鲁登道夫在1918年春天对西线发起了攻势，德军采取突袭的进攻方式，取得了一定的进展，但在德国军

▼ 兴登堡－鲁登道夫组合

队向协约国军阵地逼近约 65 千米后，终于因等待补给而停顿下来。尽管战绩辉煌，但这次攻势仍让鲁登道夫付出了高昂代价——25 万德军伤亡。"我们要来个中心开花，其余部分就会跨下来。"这是鲁登道夫 1918 年 3 月发动大规模进攻前，对他的一位集团军指挥官说的一句话，可以说，这正是他军事思想的表露。鲁登道夫思维敏捷，知识渊博，在军事战术上的创新令人叹服。他的新战术运用曾大大减少了德军人员的伤亡，在相当程度上弥补了物力的不足，使德军的军事研究水平高人一等。这时的兴登堡 – 鲁登道夫组合获得了实际上是军事独裁者的地位，以鲁登道夫为首的军方在国内实行军事专政，严格限制集会，动用武装镇压罢工，认为只有军事上的胜利才能避免社会革命的发生。鲁登道夫提出了"总体战"的口号，提出一切为了前线，一切为了战争，并在此同时恢复了无限制潜艇战，指望能在最短的时间内打败协约国。

在前线，鲁登道夫打算趁美军还没到达欧洲之前先把英法军队打败，他用上了包括毒气在内所有的武器在西线与英法血拼，数次重创英法联军，无奈德国力量有限，越打越吃不消，而英法有源源不断的美军支持，越发壮大。此时实力强大的美军也源源不断地加入到战场之中，处于强弩之末的德军已经无法改变战争的大局了，虽然也曾取得一些局部的胜利，但最终还是失败了。美军与协约国军队的猛烈攻势令德军节节败退，在大势已去的战况下，鲁登道夫的缺点表现出来了：面对困境的他陷入沮丧和失望之中。6 月，德军又向协约国军阵线发动两次袭击，结果却被法国和美国军队所牵制。当时的联军战机和大炮猛烈轰击德军占领的桥梁，摧毁其补给线。鲁登道夫气数已尽，他的士兵已经没有再继续奋战的勇气和意愿。而在联军方面，每个月却还将有 30 万美军持续增援。鲁登道夫后来在回忆录中写道："我惧怕的所有事情及我常常受到的警告已经全部变成现实，我们的战争机器不再有效了。"

8 月 8 日开始的亚眠战役让鲁登道夫再次遭遇了"暗淡的日子"。9 月 26 日，当协约国发动了默兹 – 阿尔贡攻势的时候，保加利亚退出了大战，这对鲁登道夫是一个双重的打击，鲁登道夫的精神很快地垮下来，开始变得焦躁不安。在 9 月 28 日总参谋部召开的例行会议上，鲁登道夫为德国的处境责备除他自己以外的任何一个人。

英军于 10 月 5 日成功突破兴登堡防线，德军前线处于崩溃之中，而德国内部的反战呼声日高一日，已经出现了革命的浪潮，除了承认战败外，德国政府已别无选择。德军最高指挥部陷入一片恐慌，鲁登道夫确信，由于德国缺乏支援，他又被自己人从"背后插了一刀"，只好提出了辞职。两天后，德国公海舰队发生叛乱，德国人的不满终于爆发了。辞职后的鲁登道夫旅居瑞典，撰写文章和回忆录，不承认失败的他宣称，在战场不败的德国军队是被左翼政客"从背后插了一刀"。战争结束后，鲁登道夫返回德国，成为魏玛共和国国会中的纳粹成员，1928 年后，鲁登道夫因与纳粹党不和，最后退出政坛。

1935 年，希特勒想让鲁登道夫担任陆军元帅，但被他拒绝了。鲁登道夫晚年极力主张恢复德国军事实力，建立法西斯专政的国家，但他没有等到希特勒发动战争的那一天，也没有看到希特勒德国失败的那一天。1937 年 12 月 20 日，鲁登道夫在慕尼黑逝世，终年 72 岁，希特勒等纳粹党中坚分子参加了他的葬礼。

第六章
三方角力的战场
——加利西亚

"他手中的剑是脆弱的"——奥匈元帅弗朗茨·康拉德

弗朗茨·康拉德·冯·赫岑多夫，奥匈帝国的陆军元帅，第一次世界大战爆发时任奥匈帝国军队总参谋长，比起他所指挥的奥匈帝国的军队来说，康拉德要更出色一些，他是一个比较杰出的战略家，他的许多想法都是很好的，但是他手中的剑是脆弱的。康拉德有着军人的铮铮铁骨，他身材结实魁梧，灰白的头发被修剪成矮树丛状，胡须在嘴角处向上翘起，看上去令人生畏。作为一个军人来说，他有时甚至过于狂热，他是个工作狂，专注于把大杂烩式的奥匈帝国军队转变成一部现代化的高效战争机器。

康拉德出生于维也纳郊区一个世袭贵族的家庭中，他的父亲是一名退休骑兵上校，他的母亲是著名的维也纳艺术家库伯勒的女儿。从11岁起康拉德就接受了军事训练，青年时代就因为聪明才智而在军中青云直上。1906年，在他54岁的时候，在皇储斐迪南大公的推荐下出任奥匈帝国总参谋长。在19世纪的奥德战争之后，奥匈帝国就已是个衰败之中的二流帝国，却拼命想维持自己在欧洲各强国之间的传统大国地位。尽管在弗朗茨·约瑟夫一世的统

▲ 宏图在胸的康拉德是心有余而力不足。

治下有些起色，可它仍然是个多民族的松散的集合体，而且还是个二元制的国家，有奥地利和匈牙利两套政府机构，这就使它应付战争的能力大大受到影响。在萨拉热窝刺杀发生前的半个世纪中，奥匈帝国丧失了领导德意志诸邦国的地位，接着又丧失了包括托斯卡纳、伦巴第在内的大片领土，掠夺者是新成立的意大利王国，此时的意大利国势并不强，主要是因为有法国的帮助。

康拉德是一个坚定不移的民族主义分子，狂热的推行军队现代化运动，他认为日耳曼文明与斯拉夫文明之战不可避免，他反对匈牙利贵族在帝国中的特殊地位，认为这会削弱帝国的根基，不过他最大的愿望，就是主张对塞尔维亚王国发动预防性战争。塞尔维亚是巴尔干地区的一个小国，但在俄国的支持下，总是在不断地给奥匈帝国制造麻烦，从康拉德出任奥匈帝国的总参谋长到第一次世界大战爆发这八年间，他提出了不下 25 套对塞尔维亚的作战方案。他不断地草拟和颁布新的命令及作战计划，因为他痛苦地感到奥匈帝国软弱的军队已无法维持帝国在欧洲大国间的地位，他坚信能拯救帝国的唯一办法就是在巴尔干问题上坚持己见，其中最重要的是阻止塞尔维亚人无休止的颠覆活动，如果有机会，就应该消灭塞尔维亚。他不断地向奥匈帝国皇帝弗朗茨·约瑟夫请求进攻塞尔维亚，这使得无心与塞尔维亚开战的约瑟夫皇帝很讨厌他。

对于在东方可能发生的战争，康拉德设计了两种作战方案：如果俄国保持中立，他就把主要兵力投向塞尔维亚；如果俄国卷入战争，就把军队集中到加利西亚战线上去。意大利王国是奥匈帝国的官方盟友，已经从奥匈帝国攫取了不少领土，还觉得不够，康拉德因此多次要求进攻新成立的意大利王国。1911 年，康拉德由于过于好战而被斐迪南大公免去了总参谋长的职务，直到第一次世界大战爆发后才官复原职。在斐迪南大公遇刺四十八个小时后，康拉德以他一贯的好战作风，呼吁给予塞尔维亚一个"决定性的最后清算"。

因为皇储斐迪南大公在萨拉热窝被暗杀，康拉德终于找到了与塞尔维亚开战的借口，可事实证明他的两线作战计划不是一个成功的作战计划。康拉德低估了敌人的力量，塞尔维亚军队明显比他预计的要强，而他自己那支由多民族组成的军队的战斗凝聚力明显不够，致使他在没有击破塞尔维亚军队的情况下被迫转兵北上展开对俄军的加利西亚战役，结果两个战场都没有取胜，在战争的第一年中，就大大削弱了奥匈帝国的军事力量。在加利西亚会战过程中，奥匈军队损失约 40 万人和 400 门火炮，俄军损失约 23 万人和 90 多门火炮。实施加利西亚会战的结果，使加利西亚和奥匈帝国占领的波兰部分领土，落到了俄国人的手中，匈牙利和西里西亚已面临入侵的威胁，奥匈帝国的军事实力则受到严重削弱，奥匈军队如果没有德军的支援已经不能单独作战。

1915 年，康拉德所设计的德奥联合对戈尔利采的突破被认为是成功的，这次战役给俄国军队造成了重大损失，一举收复了在之前所丢失的全部地方，但是从那时起，奥匈帝国总参谋部就越来越从属于德国总参谋部了。1916 年，康拉德在意大利发起的攻击特伦蒂诺的战役也是成功的，但俄军的勃鲁西洛夫攻势使这一切都化为乌有，东线奥军两个月就损失了60万人,奥匈部队这一年的总损失超过了150万人,奥匈军队已经不能在没有德国帮助的情况下单独发起攻击了。1916年,弗兰茨·约瑟夫去世,将风雨飘摇中的帝国留给了卡尔一世,卡尔一世是弗兰茨·约瑟夫一世之弟路德维希大公的后人,他在四面楚歌中继承了奥匈帝国的皇位,为了扭转颓势,卡尔一世亲自担任帝国武装力量最高统帅,而刚愎自用的康拉德被继任的卡尔皇帝解除了职务,被派到特伦蒂诺前线担任野战司令官。据称卡尔一世还曾下令使用过毒气,但此时奥匈帝国大势已去,随着战争进程的加速,奥匈帝国军队伤亡惨重,士气极端低落。1917年,俄国因为爆发了"十月革命"而退出战争,奥匈最伟大的战士康拉德终于交了好运,他把部队集中起来,在卡波雷托战役中冲破了意大利军队的防线,赢得了他一生中最大的一次胜利,把他心中最鄙视的"背信弃义的意大利"狠狠地教训了一顿。

1918年夏,战事对同盟国越来越不利。虽然当时奥匈帝国国内的少数民族领导人一直对哈布斯堡皇帝保持忠心,但他们不得不考虑他们自己的利益了。1918年9月和10月,奥匈帝国的许多地区宣布独立。1918年11月3日,奥匈帝国与协约国达成了停火协议。战争的结束也是奥匈帝国的终结。战后,奥匈帝国四分五裂而不复存在了。战争结束后,康拉德退休归隐,晚年著有回忆录《我的开端,1878—1882》和《我的服役,1906—1918》。在回忆录中康拉德宣称,他只是一个军事专家,只有发言权,没有关键的决策权。崇拜他的人认为他是一个军事天才,只是奥匈帝国的军队不足以展示他的才华。

挥舞的马刀——"哥萨克来了!"

"哥萨克人来了!"没想到这样的喊声到了"一战"的战场上还能出现,可见奥匈帝国军队的处境是多么狼狈了,如果它的军队能在阵地上架起机枪狠狠地打,那么哥萨克人也没什么可怕的,但如果你在慌乱的败退中,那"哥萨克人来了"将是可怕的灾难,因为他们将如同旋风一样地冲进来,飞舞的战刀令敌人身首异处。在加利西亚战场上,败退中的奥匈军队就陷入了这种可怕的处境。

哥萨克人是俄罗斯和乌克兰民族内部具有独特历史和文化的一个地方性集团,现多分布在顿河、捷列克河和库班河流域等地,哥萨克并不是一个民族,只不过是一群生活在东欧大草原上的游牧社群,在突厥语中,"哥萨克"就是"自由人"的意思。它们的组织形式是

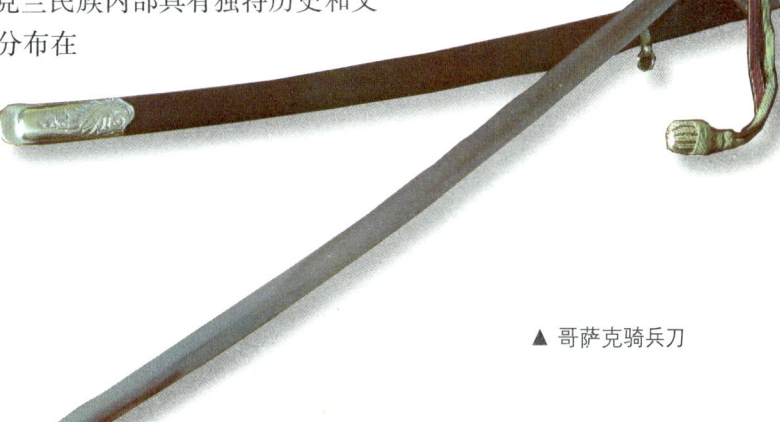

▲ 哥萨克骑兵刀

▲ 油画作品中的哥萨克骑兵

军民合一的部落形式的自治体，他们建筑一种特殊的营地叫"塞契"，由土围子、堑壕、原木围墙和带有射击孔的塔楼组成，营地定期举行全体成员大会，其中以乌克兰的札波罗什哥萨克最为有名。在历史上，哥萨克人以骁勇善战著称。在18世纪初以前，俄国统治者为了利用哥萨克的力量保卫边疆，向他们提供战斗装备、给养以至军饷，哥萨克兵不仅拿着御赐俸禄，免交土地税，而且拥有相当大的行政、司法和外交自治权，成为俄国历史上享有最多特权的群体。但是这种特权是以哥萨克为沙皇效力为前提，以生命及和平生活为代价的。哥萨克军团曾一度成为沙皇俄国向中亚、西伯利亚和中国东北进行侵略扩张的急先锋。

哥萨克人是世界上最具传奇色彩的群体之一，如果说吉卜赛人是大篷车上的民族，那么哥萨克就是战马上的族群。哥萨克人正是凭着一匹战马、一柄军刀在横跨欧亚大陆的广阔疆场上，驰骋数百年，纵横千万里，以英勇善战著称。在俄国历史上，哥萨克人组成的骑兵，是沙俄的重要武装力量。说哥萨克是一个群体，是因为哥萨克人并不是一个真正意义上的民族，只是一个成分复杂的"族群"，其成员主要是斯拉夫人，此外还有少数鞑靼人、高加索人、格鲁吉亚人、卡尔梅茨克人和土耳其人等。从14世纪开始形成的哥萨克人主要由不堪忍受农奴生活的逃亡者组成，"哥萨克人"意为"因逃亡而获自由的农奴"，最初生活在连成一片的东欧草原和南俄草原上的各大河流域。他们在肥沃的顿河草原安家后，开始形成了哥萨克。哥萨克从来没有过自己的国家，虽然沙皇为了表彰他们的战功也曾赐给了他们许多的封地和自治权。哥萨克人一般充当沙皇的禁卫军和骑兵野战部队，由于一般家庭比较富裕，因此装备比别的部队好，战斗力也比较强。

哥萨克人是最具有草莽风格的经典骑兵，他们的骑兵马蹄是与沙俄向外扩张的步伐同步飞扬的，多次为俄国开拓疆土立下赫赫战功。第一次世界大战中，俄国大约组建了30万人的11支哥萨克军团，但是由于现代化武器机枪、排炮、坦克等的投入，骑兵注定将成为被淘汰的兵种，所以他们在加利西亚把奥匈军队教训了几次以后，也就没有什么惊人的战绩了。

康拉德的悲哀——奥匈兵败加利西亚

由于俄国在东普鲁士的失败,使它在别处的胜利也失去了光彩。事实上,1914年俄国人主要的精力并非针对东普鲁士,而是针对加利西亚的奥匈帝国军队。在南部,奥匈首先发起进攻。他们的总参谋长康拉德从互相背离的几条线上派遣三支军队进入波兰,在那里他们很快陷入了困境,几乎完全是跌跌撞撞地退回到自己的领土。奥匈陆军是模仿德国的,但其总参谋部水平低劣,并存在语言障碍,大约3/4以上的军官出身于日耳曼民族,仅有1/4的士兵能听懂他们的语言,这是一个缺陷。而影响其战斗力最大的障碍是许多不满的斯拉夫人集团,导致士气低落,他们不忠于或很少忠于哈布斯堡君王,有许多人还同情俄国。

哈布斯堡皇室有一个易受袭击的省份加利西亚,它的富饶土地被喀尔巴阡山脉同奥匈帝国的其余地方隔了开来,奥匈帝国的对俄作战计划是把部队集结在桑河和德涅斯特河后面及喀尔巴阡山脉前面的加利西亚平原,在这里集结军队对于直接攻入俄国领土十分合适,万一失败的话,奥军可通过普热梅希尔进入波希米亚,或者通过波兰与西喀尔巴阡山脉之间被称为"摩拉维亚之门"的狭窄走廊进入德国西里西亚。按照奥匈帝国的战争动员计划,奥匈将20个师大约30万人部署在离贝尔格莱德几千米远的地方。加利西亚以北地区只剩下18个师的兵力。这表明康拉德内心里有一个盲目的信念,他相信俄国将置身事外,因而他可以给予塞尔维亚一次沉重的打击。当德军总参谋长小毛奇将军听说康拉德为了追求自己入侵塞尔维亚的梦想而向南线派遣大量多

▲ 也许图片里的人只是在做个样子,但这张照片却展示了在加利西亚的战斗中俄军是怎样包围普里奇米斯尔的。

▲ 奥古斯特·冯·马肯森将军的画像

余的军队，他感到一阵恐慌，因为以当时的局势看，如果俄国加入战争，靠近俄国边境的加利西亚奥军将严重不足，小毛奇发了一份电报给康拉德，要求他把主要兵力转移到北线来与俄军对垒。

1914年8月中旬，正当德军大举进攻法国之际，俄国大本营应协约国的要求，在发动东普鲁士战役的同时，发动加利西亚战役，从战略上配合英法军队的行动，俄国本身也企图夺取加利西亚。俄军西南方面军总司令伊万诺夫将军受命围歼奥匈军队在加利西亚的基本兵力。在战役展开前，俄国西南方面军兵力为60多万人，但有些师、团尚在开往集结地途中，故而这个方面军的总数未超过45万人。俄国这两个方面军之间约有200千米的空隙，后来组建了第九集团军来加以充实。西南方面军的总目标是在德涅斯特河东岸围歼奥匈部队主力，阻止奥军撤向德涅斯特河西岸。由于伊万诺夫误判奥匈军主力会在利沃夫地区集结，故计划以该地区为主攻方向，以第三、第四、第五、第八集团军形成大包围态势，歼灭奥匈军主力。在巴尔干方面，奥匈帝国总参谋长康拉德手里可供使用的兵力共8个集团军，他准备用第五集团军和第六集团军进攻塞尔维亚，占领其首都贝尔格莱德。把第一、第二、第三、第四共4个集团军部署在加利西亚方面，以对抗俄国的西南方面军，准备在东普鲁士德军的协助下，攻占华沙。在制订对俄作战方案中，康拉德决定先发制人地发起进攻，在这种情况下，在大约一个月之内其对俄国人的优势会是相当大的。

如果康拉德要他的部队掘壕固守，俄国的冲击是闯不过这些障碍的，但他误信人言，以为俄国人尚未充分动员兵力，易受攻击，他计划从加利西亚发动迅速的攻势，以攻占华沙和布列斯特－立托夫斯克之间的铁路线，他深信，在他的军队抵达布格河时，德军一定会采取行动。小毛奇曾对康拉德说过："奥军在进攻俄国的战斗中，绝对可以指望在东线集结的整个德军的战术支持，向俄国进军越早，延续的时间越长，德、奥联合取得的胜利就越大。"

由于英法联军请求加速进攻，俄国各集团军尚未全部集结完毕，即于8月18日至23日期间先后发起进攻，奥匈军队指挥部计划以第一、第四集团军的兵力，在库默尔将军的集团军级集群和沃伊尔施将军的德国后备军的支援下，向卢布林、海乌姆实施主要突击，粉碎俄西南方面军的右翼。康拉德指望毛奇在战前会谈中许下的诺言，即在他北进的同时，德国将以大军从东普鲁士向南方和东南方的华沙和布列斯特－立陶夫斯克之间的地区猛攻，与他两面夹击。康拉德要求德国第八集团军从东普鲁士发动攻势，这位哈布斯堡的统帅需要德军横扫涅曼河之东，然后打击俄国的右侧翼。他渴望把奥军首战的胜利归功于他的皇帝，因此他继续深信，在他的军队抵达布格河时，德军一定会采取行动。他以想入非非的心情建议,德军至少动用两个或三个师推进100多千米,进入挤满实力不详的俄国部队的敌人领土。但此时小毛奇判断要遭到来自两个方面的人数约为自己两倍半的敌人进攻东普鲁士,因而既不愿也没有力量去冒这个风险,他下的命令是:"除非俄军取防守姿态,否则不应进入俄国。"但这点他没有告诉他的盟友。

俄第四集团军和奥匈第一集团军首先遭遇,23日起,双方在克拉希尼克地区进行了两天的激战,俄第四集团军退守卢布林以南,在随后的五天中,俄第五集团军遭到奥匈第四集团军攻击,退至海乌姆西南弗拉基米尔-沃伦斯基一线,但向利沃夫进攻的俄第三集团军,在第八集团军配合下,以30个师的优势兵力挫败奥匈第三集团军的14个师,强渡格尼拉亚利帕河,9月3日占领利沃夫,奥匈军退至戈罗多克地区。此时,康拉德直接向东线德军指挥官普里特维茨说话了:"总的形势表明,德国东线军队朝锡德莱茨方向发动进攻十分重要,尽速抵达锡德莱茨十分重要,恳请回电告知东线德军司令部的意图。"普里特维茨回电说:"此刻敌人正在从科夫诺、奥科塔及以南一带进攻东普鲁士,德军只有在获胜后才能开始朝锡德莱茨的军事行动。德国东线军队已吸引了大量敌军到它那里去,我们相信,此举可以为奥匈帝国的攻势扫清道路。"

9月4日,俄军三个集团军全部转入反攻,迫使奥匈军队开始退却,俄第五集团军向拉瓦的进攻,开始威胁到奥匈第四集团军向后的退路,奥匈军队指挥部被迫中断在戈罗多克的交战,9月11日夜间,康拉德将军被迫发出极不情愿的撤退信号的时候,他们几乎已经没有战斗力了。恐怖的叫声"哥萨克来了"引发许多人的惊恐和慌乱。奥军退过了桑河之后,俄军的追击放松了,由于对奥匈军队的追击迟缓和组织不善,致使其得以摆脱俄军,免遭全歼。六个星期以前在加利西亚投入战场的90万奥匈军队,现在只有一多半重新渡过桑河。21日俄军停止追击,至此,俄军控制了加利西亚大片地区,东普鲁士的德军并没有南下接应,总计俄方损失约23万人,奥匈损失40余万人,此役双方都没有实现围歼对方主力的计划,但俄军打进了战略要地加利西亚。

在大战爆发之际,俄军被它的盟国法国要求立即同时对德国和奥匈帝国实施进攻,而不顾其缓慢的动员在三个月内不能完成的事实。沙皇新任命的俄军司令尼古拉大公受到来自法军最高统帅层的压力与哄诱,加速其动员并实施仓促的进攻,结果导致了俄军在东普鲁士的惨败,但俄国对加利西亚仓促的进攻由于奥匈军队的愚蠢和无能而侥幸取得部分的胜利。

伊万诺夫在加利西亚的胜利,把德国的西里西亚暴露在俄国的入侵面前,因为西里西亚平原直接通向德国心脏,德军新上任的总参谋长法金汉于是命令兴登堡立即援助在加利西亚被打败的奥军,并阻止俄军侵入西里西亚。9月28日,一支由四个军组成的、由马肯森将军领导的德国第九集团军,乘火车前去增援奥军。这支德国援军迅速抵达奥军北翼的克拉科夫附近,9月28日,奥德联军开始对俄军展开了全面反攻。

德军自投罗网——伊万哥罗德战役

俄国在第一次冲击中经历了大规模盛衰无常的命运,在南方,125万俄军取得了巨大胜利;在北方,将近100万人的军队被打得七零八落,陷入一片混乱之中,又退回到他们的边境。法国政府要求俄军开赴维斯瓦河左岸集结,并直接入侵西里西亚,毫无疑问,此举是进入德国心脏的最短途径。

俄军在加利西亚会战中击溃奥匈军队之后,实际上已具备进袭德国东南部的条件,但是德军对东普鲁士北部设防区的胜利控制仍然表明,俄军渴望采取的军事行动会面临来自北方的致命危险。俄军指挥部在拟订进攻加利西亚作战计划时,开始变更部署,把西北方面军的第二集团军从纳雷夫河和涅曼河一线调到华沙一带,而把西南方面军从桑河调往华沙至桑多梅日地段,上述集团军再加上华沙筑垒地域的部队共有50余万人和2500门大炮。此时大败后的奥匈帝国的军队在桑河后面远处重新集结,他们的军队支离破碎、组织涣散、士气低落,呈现出一片令人悲哀的凄惨景象。此时德军的总参谋长法金汉所面对的,不只是奥匈帝国的求援申请,而且还有康拉德的严厉指责,因为他所保证的支援未能及时到达,奥军状况凄惨,存在着单独媾和的危险。好在这时坦能堡大战结束,俄军被赶出了东普鲁士,这使得法金汉得以从兴登堡的第八集团军抽调出4个军组建了第九集团军,南下部署在克拉科夫以北的地区。

德军统帅部计划以新编第九集团军和奥匈第一集团军,对俄军西南方面军北翼和

▲ 德军在华沙附近战败

后方迂回突击，阻止俄军进攻并支援奥军。1914年9月28日，兴登堡将军指挥德军第九集团军从克拉科夫和琴斯托霍瓦一带向维斯瓦河挺进，于10月8日进至维斯瓦河和桑河河口，直逼伊万哥罗德，在此遇到俄军第四、第九集团军所属兵团的顽强抵抗，奥德联军多次企图强渡维斯瓦河和桑河均未成功。从9月底到10月，俄国大公着手大规模调动此前用于对付奥匈的部队，集合了四个集团军共计125万人充实了从桑河与维斯瓦河汇合处向北至华沙的防线，这样，大公既有利于向德国进军，又可以迎击德军即将发动的针对俄军防线如今最薄弱部分的进攻，然而就在俄军尚在调动之时，德奥联军就发起了进攻。10月9日，德军在科杰尼采和拉多姆一带组建马肯森军队集群，并由南向北进攻华沙，德第九集团军的其余部队继续在伊万哥罗德至桑多梅日地段发动攻势，以掩护对华沙方向的进攻。

在发起进攻的当天，德军在格鲁耶茨附近的一具俄军尸体上发现的一份命令泄露了俄国的计划，兴登堡已经知道在通往华沙的路上俄军有60个满员的师正对着他18个减员几乎过半的师，但兴登堡还是决定大踏步前进，不过他们采取了一切预防措施，以备一旦遭到失败就逃之夭夭。但德国第九集团军还拖着奥匈帝国第一集团军一起从正面向维斯瓦河防线进攻。10月11日，双方的军队在华沙和伊万哥罗德附近遭遇，德军对华沙的进攻被击退，俄军在伊万哥罗德地区横渡维斯瓦河，并在左岸科杰尼采附近建立登陆场，德军的攻击逐渐减弱，俄军的西北方面军和西南方面军的各集团军由新格奥尔吉耶夫斯克、华沙、伊万哥罗德和桑多梅日一线地区相继转入进攻。

俄国大公非常满意地看到德军的自投罗网，随着德军向前挺进，兴登堡发现自己遭到了不断集结的大军的抵抗，这批军队人数越来越多，马肯森军的4个师离华沙已不到30千米，占领了几乎就在城市边缘的一个重要铁路枢纽站，华沙已经在望。但是，如同巴黎一样，华沙城那朦胧的塔尖却可望而不可即。鉴于俄军人数上的优势和防线的长，德军向康拉德提出要奥军给予支援的紧急请求，但得到的是不肯定的回答。兴登堡再也不敢坚持下去了，于是下达了撤退令，将马肯森所率军队集群从华沙附近撤走，在俄军优势兵力进攻下，马肯森军队集群被迫于19日从华沙附近撤退，德军放弃了他们的全部占领区，秩序井然地退到他们的边境，同时炸毁桥梁，实施焦土政策和大规模的破坏，阻止敌人的追击部队，从而结束了波兰西南部战役。10月21日，奥匈第一集团军企图增援德军，向伊万哥罗德发动进攻，但在遭遇战中被击溃。10月27日，德奥军队开始向原出发阵地全面撤退，从19日起，俄军从姆拉瓦河到桑河的整个战线不遗余力地滚滚向西进军，以便占领向德国内地进军的有利地形。

德军在六天之内退却近百千米，中途不止一次停下来做顽强抵抗，大致上说，到10月底他们都回到了出发点。失败引起了相互之间的责备，德军指责奥第一集团军不该在关键时刻做不必要的撤退，从而暴露他们的右翼，但光是找奥匈帝国的过错有什么用？不论好歹它也在作战。虽然德军敌得过两三倍人数的俄军，但是很显然，奥军没有能力与俄军一对一地作战。俄军由于指挥上的失误及后勤工作缺乏准备，各集团军进展缓慢，德奥军队虽损失惨重，但终免于全军覆没，至11月8日，俄军各集团军推进到乌涅尤夫、瓦斯克、普热德布日、梅胡夫和塔尔努夫以西地区，但在此受阻而暂时停止了进攻，德国拥有战争必需的工业和矿产富饶的西里西亚再次处于危险之中。

刚被任命为奥德东部战线司令的兴登堡被告知，虽然面对俄军将重新实施推进的行动，但不要指望能得到增援兵力，眼下德军唯一可用的机动集团只有第九军团。德军眼前最迫切的需要是粉碎俄军对西里西亚迫在眉睫的入侵，德第九集团军在对华沙的进攻中损失了4万人，它必须毫不拖延地再次出击，对华沙做正面冲击。若不能恢复奥匈的活力，现在从左侧进击，则可以保全德国自身免遭入侵。从波兰南部撤退还不到两个星期，第九集团军已经做好准备向前推进，以完全不同的面貌、目的和方向发动了新的进攻。

猎人变猎物——罗兹战役

德军自华沙被击退只能是俄军发动最大规模猛攻的前奏，奥军士气极度低落，组织涣散，康拉德又不断地指责盟友不提供援助，法金汉于是派亨奇上校前往奥匈军司令部，将一封重要信件交给康拉德，表示眼下只能派遣3个骑兵师和4万名步兵增援东线，希望在大约两周内使东线得到五六个军的援兵。俄军结束华沙-伊万哥罗德战役后，俄军大本营制订了以西北方面军第二、第五集团军及西南方面军第四、第九集团军继续进攻的计划，目的在于深入德国境内，进攻开始日期定为1914年11月14日，德军指挥部从截获的无线电报中获悉这一计划，遂决定先发制敌，夺取战略主动权。

不知疲惫的德军于11月10日展开了向波兰北部的进攻，马肯森率第九集团军沿维斯瓦河挺进，俄军第二和第五集团军在向西里西亚涌进时，突然发现自己的右肩遭到了来自托伦方向的猛烈攻击。在三天里，马肯森抓获俘虏1.2万余人，击退俄军右翼，使其陷入一片混乱，俄军各师甚至各旅分别遭遇了从意想不到的方向袭来的德军，所有的溃败部队都向罗兹后退。俄军总司令尼古拉大公行动果断，当即把第五集团军从南线调来，俄军第二集团军司令依据当前情况将部分兵力北调，并在罗兹以北地域设防，而西北方面军司令鲁兹斯基令第二和第五集团军向北方变更部署。德军为从东、南两面包围罗兹，马肯森派出谢费尔将军的突击集群，该集群不顾重大伤亡迂回到俄第二集团军右翼，进至该集团军后方的罗兹至彼得罗库夫路段，现在德军已经包围了罗兹。大概有15万俄军在三面防守该城。德军满怀希望地准备收网，至少有俄国4个军被围在一长约25千米宽约13千米的区域内，他们的彻底失败似乎就在眼前。

11月17日夜间，正当战事高潮行将到来时，俄国大公命令驻守西南防线的整个第五集团军转过身来反方向进军，击退前来包围的德军的左翼，以拯救第二集团军，德军突击集群在此被由南方赶来的普列韦将军的第五集团军所阻。从11月18日起的三天战斗中，德国的"波森"和"布雷斯劳"两军从西南方和南方迂回到罗兹以便与谢费尔突击集群会合的企图被粉碎了，俄军第一集团军在沃维奇一带组建的突击集群由北方实施进攻，协同第二集团军封闭了罗兹以东布列兹纳城附近的一段战线。结果使迂回到俄第二集团军后方的德军谢费尔突击集群自己陷入重围，谢费尔突击集群被击

▲ 一台作战中的俄国 M1902 型 76.2 毫米口径野战炮。

毙和被俘多达 4 万余人。德军不但未能围困罗兹城的俄国大军，反而遭到包围，四面受敌。德军的大胆迂回运动，不但使它的正面遭到拥有优势的俄军的攻击，而且使它和第九集团军余部的联系被切断，且使其后方遭到四个俄军师的攻击。俄军封锁了德军的每一条退路，局面就这样完全反过来了。

　　德军所下的赌注之高，是战争史上闻所未闻的，他们没有获得成功，而当 11 月 21 日的黑夜降临时，看来他们悲惨的失败是确定无疑的了。但因莱宁坎普夫错误地把沃维奇突击集群大部兵力调往其他方向，仅留西伯利亚第六师扼守被围德军的退路，而该师又无力完成阻击任务，致使在罗兹的德军第二十五后备军进行了一场混乱而又可歌可泣的会战，最后于 11 月 24 日突围成功，战俘和缴获的火炮均全部带出。

　　罗兹战役结束了，25 万德军与 60 万俄军相对抗，战斗中，德军几乎包围了一个俄集团军，然后他们自己被敌人完全包围了。俄军虽一度包围了 6 万名德军，但最后未能将他们捉住，双方都尽力使自己摆脱了可怕的遭遇，在筋疲力尽的情况下，俄军固守罗兹到 12 月 6 日，然后他们在华沙以南重新部署了防线。罗兹战役后，伤亡惨重的俄军不得不进入休整，这使俄军进入西里西亚的希望彻底破灭了。至此，从西线抽调的和新动员的部队开始源源不断地加强兴登堡的实力，到 1914 年年底的严冬，东线局势平静下来。奥匈帝国在当年秋的一场极具讽刺意义的失败甚至将其军队作为战争残余物从东线的主要角色中清除出去，但俄国人也彻底衰弱下来——他们已耗尽了兵力。更为危急的是，他们的后勤供应系统已经崩溃。

第七章

盛衰无常

——变幻莫测的东线

奥匈入侵塞尔维亚——艰难的占领

奥匈帝国本想让塞尔维亚为参与了弗朗茨·斐迪南大公的刺杀行动而付出代价，却没料到即便联合了德国和保加利亚一起进攻，自己还是吃了败仗。

奥匈帝国认为塞尔维亚对于弗朗茨·斐迪南大公之死负有直接的责任，并以此为理由于当年7月28日对之宣战。次日，塞尔维亚首都贝尔格莱德就遭到了多瑙河上奥军炮艇的攻击；等到8月14日，陆军元帅奥斯卡·波提柯雷克率领20余万士兵穿过萨瓦河及德林纳河，抵达贝尔格莱德以西及以北，塞军部队这才开始行动。奥军的这次行动也是亚达尔河战役的开端。16日，塞尔维亚的拉多米尔·普特尼克元帅率兵19万进行反抗时，发现了波提柯雷克的军队。尽管塞军无论在人数上还是在装备上都比不过奥军，但仍于21日打退了奥军的进攻。

略微修整之后，塞军于9月6日挺进奥匈帝国境内的波斯尼亚。但由于波提柯雷克的军队在接下来的四十八小时内再次渡过德林纳河，在塞尔维亚侧面建立了据点，普特尼克不得不率部回撤以抗敌军。鏖战十日之后，塞军正面抵抗奥军的这场德林

▲ 陆军元帅奥斯卡·波提柯雷克因错误地指挥了1914年奥军入侵塞尔维亚的行动而被撤职。

相关链接

★ 奥匈帝国的暴行

奥匈帝国于1912年通过了《战时服务法》，规定国家危难之时军队可以向公民强行征收财物作为军需。该法最早于1914年7月25日在波斯尼亚和黑塞哥维那地区开始实行，接着就轮到了塞尔维亚。那时，所有的塞族人无论是否曾是前波斯尼亚的公民都变成了疑犯。1914年侵入塞尔维亚后，奥军开始了有组织的烧杀抢掠，约有4000名平民在此期间丧生。其后，加利西亚境内也发生了类似的惨剧。

▲ 奥匈帝国军队屠杀塞族平民。

纳河战役因塞军认输而结束。自此，塞军开始退守防御较强的贝尔格莱德西南部。

补充火力之后，奥军于11月5日再度发起进攻。而普特尼克那缺粮少弹的部队只好慢慢地再次后退，想等到奥军的供给消耗得差不多时再发起反攻。12月2日，奥军攻占贝尔格莱德，但普特尼克由于获得了法国的支援也已做好了回击的准备。3日，塞军发动进攻，而此时奥军背后就是泛滥的科卢巴拉河，真正是"背水一战"，塞军没多久就把对方变成了一头困兽。科卢巴拉河战役于9日结束，残存的奥军全数撤过多瑙河及萨瓦河。贝尔格莱德于15日获得解放，但普特尼克由于在此战中折损了22.7万名士兵而遭撤职，取代他的是尤金大公。

1915年年末，塞尔维亚已经不太可能再抵挡住进一步的入侵了。由于罗马尼亚在6月份时封闭了其境内通往土耳其的铁道线，急于向土耳其输送给养的德国瞄上了塞尔维亚，想把塞国变成它的第二个物流中心。而塞尔维亚的宿敌——位于塞国东面的保加利亚，也于1915年9月6日加入了同盟国的阵线。很快，德国总参谋长冯·法金汉将军就策划了一次针对塞尔维亚的联合进攻，负责这次行动的就是德国久经沙场的元帅奥古斯特·冯·马肯森。

10月6日，陆军元帅赫尔曼·科维斯·冯·科维沙扎率领的奥匈帝国第三集团军和马克思·冯·高维茨带领的德国第十一集团军，穿过萨瓦河和多瑙河进入了塞尔维亚境内。五天后，尼古拉·哲科夫率领的两支保加利亚军队向西攻入塞尔维亚，直取尼什和斯科普里。普特尼克不得不带领队伍在深冬时节艰难地撤到黑山地区。为了这次撤退，他又折损了差不多50万兵力。最终，塞军的幸存者们搭乘协约国的战舰于1916年1月抵达科孚岛，打算不久后在协约国占领的萨洛尼卡继续战斗。自此，塞尔维亚和黑山及其邻国阿尔巴尼亚落入同盟国之手，直到1918年才被解放。

狮子博兔——戈尔利采突破

由于在西线的战斗陷入了僵局，难以取得决定性的进展，奥匈帝国的局势开始显得重要起来，一贯主张西线至上的法金汉第一次违背自己的意志开始关注东线了，德皇希望能借此一举重创俄军以达到迫使俄国单独讲和的目的。但法金汉不是这样想，他从来也不认为对俄国的作战能够速战速决，他只是想对俄国来一次沉重的打击，只要能在一段时间内削弱俄军的实力就心满意足了，因此只有4个德国新编军被派到了戈尔利采前线。

为了不让从法国调离的德军引起敌人的注意，德国人搞了一些小动作用以吸引协约国的注意力，1915年4月中旬，德军在伊普雷施放了毒气，德国人在手头缺乏兵力的情况下，轻率地就将毒气这种致命武器暴露了，英法真是应该好好感谢东线的俄军。为了使这次军事行动获得最大限度的成功，德国人建议奥匈帝国军队应该以退却的方式诱敌深入，将敌人引入匈牙利，但奥军统帅康拉德不同意。他既不愿意放弃自己的领土，也不愿意鼓励他的军队退却。

5月初，戈尔利采战役开始了。这场战役的打法和德军以往的传统作战方法完全不同，这次德军并没有采取以往那种大规模迂回包抄的战术，而是采用了直接从中间突破。在戈尔利采正面宽约50千米的战线上，由四个德国军队组成的德第十一集团军在4月份完成了战役集结。为了确保战役的胜利，德军还特地为奥军配备了一批优秀的军官并准备了充足的弹药。为了不被俄军发现正在集结的部队，德军让自己的前沿部队都穿上了奥军的军装。

俄国人对即将来临的攻击完全没有察觉，驻防加利西亚的西南方面军指挥部对于敌人准备进攻的情报置若罔闻，他们认为西南方面军的主要任务仍然是对付德国第八集团军及奥匈第三集团军的部分兵力。而对付这些敌军，俄国人认为完全没有什么问题。关于战场指挥权的问题，考虑到奥匈帝国方面的尊严，战场上的指挥权虽然交给了德国的马肯森将军负责，但又规定马肯森隶属于康拉德的奥军司令部领导。当然，这只是形式上的，事先已经商定，在战斗中康拉德并不向马肯森发出任何指令。4月底，德国第十一集团军已经全部进入攻击位置，这时俄军已经发现了前线骤

▲ 图为在戈尔利采-塔诺攻势中被俘的上百万俄军士兵中的一部分。

然增多的德军，但是俄军的指挥官季米特里耶夫并没有请求增援。炮击在5月1日开始了，整整轰击了一天一夜，俄军的大炮几乎没有任何回击，他们的炮弹奇缺，根本没有对战的能力。德国人的炮击摧毁了俄军的所有工事。次日凌晨6时，在一阵异常猛烈的炮击之后，随着德军炮击向俄军后面的移动，德军发起了冲锋。第一线的俄军没有抵抗，拼命向后逃去。直到德军冲到俄军的第二道防线，才开始受到俄军的阻击。

5月4日，俄军的后备军试图进行反攻，但他们的反攻无济于事，只不过是起了掩护前线溃败的部队撤离的作用。德、奥两军并肩出击，全线突破了俄军的防线。经过七天的战斗之后，败退的俄军大部被歼，俄军损失惨重，有14万人被俘，所有的武器都落入了德军的手中。到了6月中旬，俄军被迫放弃加利西亚，退到了布罗德以西20千米和布恰奇以西15千米一线。德奥军在戈尔利采的突破，使俄军在1914年开战以来和在喀尔巴阡战役中取得的胜利全部化为乌有，而且还出现了即将丧失波兰的危险。

俄国1915年的大溃败——德奥联军节节进逼

到1915年4月，俄国在沿喀尔巴阡山脉的广阔战线上，支配着每一条通向匈牙利的公路，而且俄国的占领城市，威胁着奥匈帝国的后方。康拉德认识到，单靠他的军队，是推不动尼古拉大公的军队的，此外，南面酝酿着的危机，也使奥匈帝国处于危险中。1915年5月，西线相对平静，东线奥匈帝国面临俄军大举入侵的威胁，内部不稳，加上意大利和罗马尼亚即将站在协约国方面参战，对奥匈压力甚大。德国统帅部为支援奥匈，稳定东线，决定从西线抽调兵力，对俄国西南方面军右翼发动大规模进攻，计划突破维斯瓦河上游与贝斯基德山麓之间的戈尔利采地区，围歼俄国第三集团军。

▲ 在俄国1915年的春季攻势中，用马车和速度缓慢的牛车为俄军输送给养的队伍正行进在喀尔巴阡山区。

俄军在马祖里湖的冬季战斗中被逐出东普鲁士，为兴登堡赢得了陆军元帅的军阶，由他统领东线的全部军队，鲁登道夫则成为他的参谋长，两个人现在都坚定地认为，如果手头有足够的部队，可以用一场战役中把俄国击败。法金汉不同意他们的观点，他深信战争将在西线取胜，因而决定把他的主力集中在西线，只在奥匈帝国出现困境后，他才勉强把4个军从法国调往加利西亚。1915年夏秋两季，俄军不得不面对德军近40个师和几乎全部奥军无休止的进攻，俄军的素质和组织结构因连连受损均已削弱，又处于武器弹药供应最糟的阶段，沙皇的军队在1000多千米的防线上遭受到德军时而在这里时而在那里的连续攻击，防线一再被突破，他们被迫做迅速的纵深退却。

马肯森指挥的德军第十一集团军和奥匈的第四集团军负责实施这次战役，由马肯森统一指挥。德奥军队的任务是在戈尔利采和格罗姆尼克一带突破西南方面军的阵地，在萨诺克以西合围德米特里耶夫指挥的俄军第三集团军，并向佩列梅什利和利沃夫发起进攻。在敌对两军之间的无人地带，是一片开阔的丘陵，在德军开始攻势之前几天从这个地区撤退所有非战斗人员时，俄军也显然漠不关心。俄军并不注意德军所挖掘的深沟，而满足于仅足以隐蔽跪着的士兵的堑壕。俄军还选择丘陵和村庄作为支援阵地，这是一个严重的战术错误，因为德国大炮很容易发现这些射击的目标。德第十一集团军担任主攻，奥匈军在两翼配合，在35千米宽的突破地段上集中了10个步兵师、1个骑兵师的兵力，俄国西南方面军战线长达600多千米，兵力分散，没有应付德奥军发动进攻的准备，俄第三集团军在德军预定的突破地段上只部署有5个步兵师，防御工事薄弱，等到战斗开始，德国人才充分认识到俄军的虚弱情况。1/3以上的俄军连步枪都没有，指挥官为了保存弹药，甚至奉命每门炮每天不得发射炮弹三发以上。

5月2日的闪电式进攻中，德国使用了飞机，丢下了第一次世界大战的第一批炸弹，德军以空前猛烈的轰击，摧毁了喀尔巴阡山到维斯瓦河一线的俄军阵地，俄国第三集团军是这次突然打击的重点对象。到5月4日，该集团军几乎已被歼灭，德奥联军一举突破俄军防线，并不断扩大突破口，俄国大本营匆忙抽调部队增援，但零星投入的部队，无法扭转局势。马肯森在随后两周内向前推进了约160千米。成千上万名感到茫然的俄国士兵被俘虏，整个俄国战线土崩瓦解。俄军费尽九牛二虎之力才得以攻克，且只坚守了很短时间的喀尔巴阡山脊终于被迫放弃了。德军粉碎了俄第三集团军主力及零星投入战斗的援军后，向桑河推进，迫使俄军放弃戈罗多克阵地，从侧后威胁部署在喀尔巴阡山脉一线的俄军西南方面军主力。与此同时，德奥联军突击集团对俄军喀尔巴阡山脉防线实施正面进攻，迫使俄向德涅斯特河撤退，6月底更将俄军全部赶出了加利西亚。此役，俄军兵力部署分散，后勤补给困难，损失惨重，仅马肯森的部队就俘获了15.3万名俘虏和300门火炮。

俄国大公军队的随军英国联络军官诺克斯爵士早就预见到了俄国的溃败，因为年轻的新兵只训练了4周，就被送去参战了，他们往往还没有摸过步枪，更不必说射击了。没有武装的后备军蹲在后方，等待从一位负伤或死亡的伙伴那里接过一支步枪，身居高位的俄国军官，不去设法解决这样那样带关键性的军事问题，而是视若无睹。俄第三集团军的溃退，导致友邻两个集团军的全线后退，俄军西南方面军先后放弃所占领

▲ 在1915年6月的战场上，一名德军士兵给一名受伤的俄军士兵喝了一口水。

的奥匈要地，于6月底退回俄国本土，第三集团军损失殆尽。由于德奥集中兵力火力在狭窄地段实施正面突破，忽视了迂回包围，俄国西南方面军得以保存了部分兵力。

1915年的夏季战役中，大批德军对俄军防线实施连续的进攻，德军带着奥军长驱直入，这正是康拉德长期梦寐以求的，但是这种作战方式是奥匈帝国的军队从来也没有能力实施的。俄军放弃了一个又一个城市、一条又一条河流，被赶出了加利西亚，被赶出了波兰，整个战线瓦解于德奥联军凌厉的攻势之下，所有的铁路转而为入侵者服务。现在德国人致力于布格河和维斯瓦河之间的广阔防区，大部分俄军集结在那里。在这次两路并进的大规模进攻中，兴登堡向东南前进，从东普鲁士越过那累夫河，直趋布格河，同时马肯森向北方前进，直趋布列斯特地区，同时德皇子莱奥波尔的第九集团军正在迫近华沙，尼古拉大公的唯一选择只能是使他的军队从华沙这个突出部分脱身出来，在敌人发动猛攻前痛苦地奔跑逃窜。

俄国大公并未被捉住，他不失时机地退却，8月5日俄军撤离华沙，德奥军的切断运动仅仅变成了尾追，维斯瓦河整个防线已为俄军所放弃，当秋雨来临，泥浆阻塞道路，隆冬为这个饱受痛苦的民族设起屏障的时候，俄军摆脱了危亡，站了起来，建筑了一条从波罗的海海岸的里加到罗马尼亚边界的寂静的连绵的防线，在他们前面，取得全面胜利的希望并未破灭。1915年8月5日，德军终于开进华沙，并在华沙组建了临时战区政府。从1914年8月23日兴登堡担任德军指挥官到1915年8月5日在华沙组建临时战区政府的一年时间里俄军损失惨重，数十万俄军被打死或者被俘获，军队的补给迅速减少，很多士兵连步枪都没有，德军的胜利让俄军高层无计可施。但法金汉不愿把他的兵力分散得太单薄，他中止了德国在东线的所有主要攻势，把德国在那条战线的活动降低到局部性战斗的规模。

到1915年年底，东线从波罗的海的里加到邻近罗马尼亚边界的切尔诺夫策，绵亘900多千米。这一年俄国的损失，死伤逾100万人，还有100万人被俘，加上在1914

年 5 个月期间的伤亡，又是一个 200 万人。沙皇尼古拉二世撤掉了叔父尼古拉大公最高司令官的职务，尼古拉大公成为宫廷阴谋、政权内部的腐败和战场上的灾难的牺牲品。沙皇受皇后的影响解除了尼古拉大公的指挥权后，把他派到高加索去。沙皇以米哈伊尔·阿列克塞耶夫为参谋长，自己亲自担任最高统帅，并亲自到前线督战。俄国仍在战斗，但沙皇已铸成了他最后的一次大错。

改写历史的战舰——传奇的"戈本"号

　　一艘战列巡洋舰经历了两次世界大战，服务于两个帝国，当两个帝国都从世界上消失以后，它依然像一个老水手一样活得自由自在，这艘战舰就是德国的莫尔塔克级战列巡洋舰"戈本"号，而两个帝国则是德意志帝国和奥斯曼土耳其帝国。这艘服役时间长达六十余年的战列巡洋舰本身就是一个传奇，没有一艘战列巡洋舰能够打破它的长寿纪录。"戈本"号，也就是后来土耳其海军的"亚沃士"号战列巡洋舰，于1912 年于德国汉堡下水后正式投入服役，在它诞生的时代，战列巡洋舰还是一种崭新的舰种，因为它兼具战列舰的强火力与巡洋舰的高速度而成为各国海军竞争的主要战舰，作为德国海军的新锐战舰，无论进攻还是防御，"戈本"号在当时都是一艘令世人生畏的重型战舰。

　　服役后的"戈本"号成为德意志帝国皇家海军第四战列舰分舰队的主力战舰之一，1914 年年初，正是欧洲战云渐渐聚集的时候，协约国和同盟国两大军事集团为了各自的利益明争暗斗、互不相让，战争爆发的危险随时都能来到。作为德国海上力量存在的象征，"戈本"号和它的辅助战舰"布雷斯劳"号被派往直布罗陀海峡，成为德国在地中海地区仅有的水面战斗力量。当时德国舰队的规模在世界虽然仅次于英国位居第二，但是它在亚得里亚海却只有两艘战舰，也就是 2.3 万吨的战列巡洋舰"戈本"号

相关链接

★ "戈本"号

　　一直任用德国海员的"戈本"号于1914 年 8 月被交予土耳其海军使用。一开始，该舰被用来在黑海地区对付俄国，后来被转移到地中海海域。自 1918 年 1 月被水雷袭击之后，"戈本"号就一直停在船坞里直到废弃。

同型舰："毛奇"号

下水：1912 年

排水量：22640 吨

舰员：1053 人

时速：29 节

武装：10 门 280 毫米口径大炮

和巡洋舰"布雷斯劳"号，法英两国的海军部都把眼睛盯在"戈本"号上，认为这艘德舰是英法舰队在亚得里亚海的心腹大患，装甲坚固、火力强大的它随时可能攻击法国航行在地中海水域的运输舰，而这的确也是"戈本"号及其"布雷斯劳"号当初被派到地中海上游弋的一个重要原因。

大战爆发前，"戈本"号收到了绝密电令："德意志帝国已经对俄国宣战。并立即将对法国宣战。"第一次世界大战爆发了！实际上，早在进入地中海之前，索罗钦就接到命令，德国随时有和法国进入战争状态的可能，一旦出现这种情况，德国地中海分舰队的任务便是立即投入战斗，袭击法属北非的军事设施，然后向西撤退，穿过直布罗陀海峡与德国的公海舰队会合。战争爆发后，"戈本"号和巡洋舰"布雷斯劳"号发现自己远离本土基地，已处在英国地中海舰队的四面堵截之中。德国潜在的敌人英国早就派出一支舰队来追踪德国的"戈本"号和"布雷斯劳"号，英国皇家海军地中海舰队司令官、海军上将伯克利·米尔内奉命咬住这两艘德国战舰，并在英国对德国宣战的第一时间击沉它们。"戈本"号的舰长索罗钦将军在指挥德国这两艘战舰甩开英国舰队的围剿后，得到了一个新的命令，放弃原有的作战方案，不再返回德国本土，而是向西开往当时还是中立国的奥斯曼土耳其帝国。当德国领导人看到有必要对不愿宣战的土耳其人施加压力时，发现这两艘战舰还有更重要的任务有待完成，那就是用这两艘战舰，去促使土耳其人对协约国开战。

德国人非常希望能在经济不发达但有潜在价值的中东地区进行经济渗透，在奥斯曼土耳其帝国的首都伊斯坦布尔建立自己的影响已经有十多年了，在英国人与土耳其的宿敌俄国人达成公约后，土耳其人更愿意与德国人加强友好关系，后来他们要求德国派一个军事使团训练土耳其军队，作为答复，奥托·冯·桑德斯将军于大战爆发后抵达伊斯坦布尔，任土耳其陆军的监察长，开始训练和整编土耳其的陆军。当时土耳其与德国签订了一项秘密条约，但在参战的问题上土耳其还没有下定决心。德国决计再拉它一把，1914年8月5日深夜，索罗钦下令两艘战舰开往土耳其，英国至少动用了10艘战舰在等待着"戈本"号，但英国人没有想到德国人已经改变了主意。他们认

▼ 原德国战列巡洋舰"戈本"号在土耳其服役时被改名为"亚沃士"号，"布雷斯劳"号则被改名为"米蒂里"号。

▲ 图中的"戈本"号和"布雷斯劳"号一般都停泊在君士坦丁堡，这样它们无论是去黑海还是地中海就都很方便了。

为"戈本"号会向西返回德国，所以把主力摆在了西边，东方只放了一艘巡洋舰"格雷塞斯特"号，而这一艘巡洋舰是挡不住德国这两艘战舰的，"戈本"号和"布雷斯劳"号顺利驶进了奥斯曼土耳其的伊斯坦布尔港口，德国随后宣布把这两艘战舰送给土耳其海军。

奥斯曼土耳其有一个无价之宝，就是它的地理位置，正好处在各条交通要道的汇合处。德国人鉴于两线作战的局面已是不可避免，急于争取这个可以封锁黑海出口的土耳其帝国，以切断俄国从英法得到的补给的海路，德皇宣称："现在该做的事情就是要让巴尔干各国的枪炮全都做好对准斯拉夫人的准备。"这个时候的奥斯曼土耳其帝国，已经老态龙钟，被称为"西亚病夫"，早已风光不再，它在中东、北非的领土纷纷丧失，强大的俄国从北方不断蚕食这个衰老的帝国。尽管奥斯曼帝国的领土失掉了许多，但在1914年的时候还是要比法国、德国、奥匈加在一起还大，此时的奥斯曼帝国是一个令人垂涎的潜在结盟对象，如果奥斯曼帝国参战，它所控制的地域将会对战局产生至关重要的影响。

第一次世界大战爆发前夕，土耳其为了改善军备，曾经向英国订购了两艘2.2万吨的战列舰，土耳其为此已经付清了全部的款项，然而当土耳其海军人员接收战舰时，英国人却借口欧洲局势紧张，把军舰扣了下来，变成了英国的战列舰。这两艘军舰花了土耳其3000万美元，这在当时是一笔巨款。这笔钱是土耳其在巴尔干战争败北后，深知必须使自己的武装部队重整旗鼓的民众捐款筹措起来的，英国在正式通知土耳其这桩地道的强盗行径时，根本不提赔偿两字，在他们眼中，奥斯曼帝国还不如两艘白抢来的军舰重要。现在，索罗钦的两艘战舰，就是德国在土耳其天平上重重投下的一颗砝码，德国公使和索罗钦中将觐见帝国的统治者苏丹，慷慨地表示愿意将这两艘最新、最好的战舰交给土耳其使用，这一击打中了土耳其苏丹的要害。英国人的强盗行径令土耳其政府十分愤怒，而现在德国人却主动送来两艘如此优秀的战舰，令土耳其人欣喜若狂，"戈本"号于是被改名为"亚沃士"号，"布雷斯劳"号被改名为"米蒂里"号，德国水兵换上了土耳其海军服，而索罗钦将军依然指挥他的战舰，更被奥斯曼土耳其苏丹任命为土耳其海军总司令。

"戈本"号和"布雷斯劳"号驶进达达尼尔海峡，事后很久，丘吉尔凄然承认说，它所带来的"屠杀、痛苦和毁灭，其程度之烈，就一只船来说是空前的"。协约国这时意识到问题的严重性了，为了拉住土耳其保持中立，它们对土耳其许下了许多的好处，但为时已晚。土耳其是以舰炮宣战的，1914年10月，索罗钦率领"亚沃士"号突然袭击了俄国在黑海的港口塞瓦斯托波尔和敖德萨，揭开了土耳其参战的序幕。面对"亚沃士"号的强大火力,俄军猝不及防,布雷舰"普鲁特"号被击沉,4500吨的驱逐舰"普希金舰长"号被击成重伤,塞瓦斯托波尔港口露天堆放的弹药堆栈被击中发生大爆炸,损失惨重,改悬土耳其新月旗的"亚沃士"号初战告捷。

土耳其最终倒向了同盟国,俄国于11月4日向土耳其宣战,英国和法国接着在11月5日也宣战了,这下子战争的血刃便伸展到另外半个世界,俄国通向地中海的出口也被堵死了。土耳其的参战自动开辟了几个新战区,协约国不得不分兵于美索不达米亚、苏伊士和巴勒斯坦,奥斯曼帝国的最后瓦解、中东往后的历史,都是"戈本"号这次航程造成的结果。假如"戈本"号不到达伊斯坦布尔,土耳其未必会在德国一方参战,英国便不需要发动土耳其战役来打通对俄国的支援通道,那么就不会有英国人在达达尼尔战役和加利波利战役的惨败,而英国人在达达尼尔战役和加利波利战役的惨败,又对保加利亚加入同盟国起了至关重要的推进作用。如果说一艘战舰改变了一次世界大战的政治格局,那只有"戈本"号可以担得起这个称号了。

11月15日,俄国安德烈海军中将率领黑海舰队主力南下,袭击土耳其港口特拉布宗,俄国舰队的阵容浩大,主力是5艘老式战列舰,辅助兵力为3艘巡洋舰和15艘驱逐舰,但巡洋舰中没有一艘的机动能力比得上"米蒂里"号。索罗钦中将下令"亚沃士"号和"米蒂里"号出发应敌,双方在克里米亚半岛以南的海面上爆发激战,这次战斗,被称为索契角海战。

俄土索契角海战——索罗钦以一敌五

1914年11月,俄国与土耳其双方的海军在克里木半岛以南的海面上展开了索契角海战,11月15日,安德烈海军中将率领俄国的黑海舰队主力南下,袭击土耳其港口特拉布宗。俄国这次派出的舰队阵容庞大,共有近30艘战舰,其中有5艘战列舰、3艘巡洋舰和15艘驱逐舰。17日晨,俄国黑海舰队袭击完特拉布宗后,又在海面上搜寻土耳其的运输船队,结果是徒劳一场,就在安德烈下令舰队返航时,他们一心要寻找的土耳其船只出现了,只不过不是土耳其的运输船,而是德国送给土耳其的"亚沃士"号和"米蒂里"号。原来在接到特拉布宗港口的被袭报告后,在对形势做出估量后,索罗钦断然决定出战,尽管在战列舰的数量上是1∶5,但索罗钦对自己的"亚沃士"号有信心。

18日清晨,克里木半岛南端的索契角海面笼罩着淡淡的雾霭,索罗钦所指挥的"亚沃士"号和"米蒂里"号追上了正在返航的俄国舰队,俄国的舰队也发现"米蒂里"号发出的黑烟,并发出了"敌舰在我前方"的警报。安德烈马上命令他的5艘战列舰互相靠拢。俄国人这样做是有原因的,他们发明了一种远距离多舰协同炮击同一目标的打法,以数量上的优势弥补质量的不足,双方的辅助舰只都知趣地闪开战场,让真正的主角一较高低。"亚沃士"号从间断的雾霭后出现时,正在俄国战舰的右前方。安德烈等的就是这个时机,他下令各舰转舵,和"亚沃士"号夹成90°角,占据了有利位置。在距离 7000 多米时，俄国人的 305 毫米重炮可以一显威风了。但由于担任火力指挥舰的"伊万·扎拉图斯特"号看不到对手而没发出射击的命令，当距离缩短到了 7000 米以内时，已经明显看到"亚沃士"号在紧急转向，以便齐射它的 10 门 280 毫米大炮。安德烈再也不能等待了，他自己的那艘战舰"埃弗斯塔菲"号马上开火，索契角海战拉开了战幕。

"埃弗斯塔菲"号的射击还是准确的，在第一轮炮火中，就有一发命中。305 毫米炮弹可不是普通的战炮可比的，它当即炸毁了"亚沃士"号的一门 105 毫米炮，并引爆了它的弹药。俄国人准确又凶猛的打击，使本来充满自信的索罗钦开始担心起来，在对射中他开始怀疑自己以一对五的决定是不是错了，但此时俄国舰队的情况也很不佳，他们从一开始就陷入了混乱，原本是 5 艘战舰统一的作战变成了各自行动。在战斗中真正在和"亚沃士"号对战的，实际上只是设备比较先进的"埃弗斯塔菲"号，"亚沃士"号要远比"埃弗斯塔菲"号先进，它的第一轮齐射也击中了"埃弗斯塔菲"号，这两艘战舰纠缠到了一起，"亚沃士"号挨了数发炮弹后舰上起火。但"埃弗斯塔菲"号的处境更加危急，死伤惨重，而其他的俄国战舰没有对"亚沃士"号形成有效的威胁。就在安德烈焦急万分之时，"亚沃士"号忽然停止了攻击，它加大速度从战场上撤走了。俄国海军的顽强抵抗，使索罗钦的斗志受到影响，他不敢再拿"亚沃士"号冒险了，因为他实在是输不起。

索契角海战打成了平手，俄国人的死伤略多一些，但双方的战舰基本都保住了。经此一战，双方都认识到了敌手的实力，从此不再急于挑起战斗了，黑海方面的海上战斗没再发生，土耳其控制南岸，俄罗斯控制北岸，形成了一种暂时的平衡。这种平衡对德国还是有利的，因为它切断了俄国与英法在海上的联系。但索罗钦对此却并不满意，他到土耳其不是来观赏风景的，在"亚沃士"号修好之后，它又出现在了黑海的海面上。对于"亚沃士"号的出现，俄国人这次不再出动它们航速较慢的战舰了，12 月底，在博斯普鲁斯海峡，"亚沃士"号触到了两枚俄国人为它特设的水雷，从而受到了重创。幸亏"亚沃士"号"皮糙肉厚"，没有被当场炸沉，逃回到港内的"亚沃士"号从此进入了大修时期，在以后的半年中，它再也没有出现在海面上。

土耳其的参战改变了战争的格局，已经为 1914 年的失败所动摇的俄国，现在几乎完全被切断了来自英法的物资供应，而这些东西正是俄国赖以实施持久战的物质基础。与此同时，西方的协约国也正焦急地欲重新获得通往乌克兰粮食产地的通道。精明强干的英国海军大臣温斯顿·丘吉尔提议立即采取行动，夺取达达尼尔海峡并恢复联接地中海和黑海、经由土耳

◀ 温斯顿·丘吉尔领导英国人民赢得了第二次世界大战。

其海峡到俄国的重要供应线，而英国的陆军大臣、陆军元帅基钦纳伯爵则强烈坚持要在西线一决高低，在英国战争会议上经过一番持久和激烈的争吵之后，一个针对达达尼尔海峡的两栖行动计划被勉勉强强地通过了。

"诗人将军"——伊恩·汉密尔顿

伊恩·汉密尔顿，英国陆军上将，参加过第二次阿富汗战争、第一次英布战争、马赫迪战争等战役。他被认为是一位极具天赋的军官，因勇敢、有魅力和智慧出众而闻名。他生平最值得称道的一场战役就是在加利波利之战负责指挥命运多舛的地中海远征队。这是一场以英军失败而告终的战役，在这场战役中英法联军唯一成功之处是，他们在撤退时无一伤亡，堪称杰作。伊恩·汉密尔顿在日记中对于加利波利之战这样写道："这没有什么，只是其中一方一定不会赢得这场战争。"

▲ 伊恩·汉密尔顿

1853年出生于科孚的汉密尔顿是克里斯坦·汉密尔顿和玛丽亚的儿子，1856年他的母亲在他的弟弟维若克出生时难产而死，给他带来了深深的悲伤。在1870年提出参军的申请前，他在切姆和威灵顿学院接受教育。1872年汉密尔顿被英国陆军录取，和萨克福团一起在桑赫斯特军官学校参加短期培训，不到一年后，他转调到位于印度的第九十二联队，开始了他长达二十五年的海外服役生涯。伊恩·汉密尔顿是一个语言天才，被称为"诗人将军"，除了英文，他能说德语、法语和印度语，是个迷人、典雅、亲切的典型英国上层名流。他曾两次被推荐获得维多利亚十字勋章，但在第一次被认为太年轻了，第二次则是军阶太高了。他的左手几乎残疾，因为其手腕在第一次布尔战争中受重伤；他的左腿比右腿短是在一次从马上堕下而导致的。在经过参谋学校进修之后，伊恩·汉密尔顿接受了罗伯茨勋爵的邀请，成为他的副官，随后他跟随罗伯茨回到印度，并晋升为上尉。在为罗伯茨撰写报告和演讲稿的工作中，汉密尔顿的文字功夫日趋熟练，1885年，出版了他的第一本书《未来的战斗》，这本书的思想被应用于在印度部队的训练中，尤其使部队的步枪射击水平获得了提升。

在第一次布尔战争中，汉密尔顿不幸受伤后被俘，但在回到英格兰养伤时，却被视为英雄，并被介绍给维多利亚女王。1897他成为第三旅的旅长。在第二次布尔战争中，汉密尔顿在布隆方丹和比勒陀利亚这699多千米的战场上参加了10场对垒布尔人的重要战役。1899年11月，汉密尔顿所部被布尔人围困于莱迪史密斯，由于没能充分加强他所辖防区的防御阵地，结果在布尔人围攻瓦根山时英军损失惨重，尽管如此，他仍被罗伯茨勋爵任命为当地的中将指挥官，率部从布隆方丹向约翰内斯堡进军，并于1902年4月在鲁伊瓦尔取得大捷。1903年伊恩·汉密尔顿返回英国任军需总监，第一次世界大战爆发时被晋升为上将。在1915年的加利波利半岛战役中，受丘吉尔推荐，伊恩·汉密尔顿受命领导地中海盟军远征军占领土耳其的达达尼尔海峡及君士坦丁堡。

汉密尔顿是一位具有相当战争经验的军人，忠诚，有骑士风度，具有想象力和文人气概，但却缺乏激励部队行动的能力，当基钦纳与他讨论情况时，只是这样向他说："假使舰队通过了，君士坦丁堡就会自动陷落，那么你不仅是赢得了一个会战，而是一场战争了。"虽然如此，他却未给予任何具体的指示。当时协约国在埃及和希腊群岛仓促中集结了一支近8万人的远征军，由于缺乏敌方情报及轻视对手，所以整个陆地战役从开始到结束成了一场灾难。由于一开始计划以海上攻击为主而非登陆作战，伦敦的陆军部没有来得及制订作战计划，伊恩·汉密尔顿对于他的敌人的唯一知识，来自于1912年的土耳其陆军操典、一张不完善的作战区域地图和在最后一分钟冲进书店买来的君士坦丁堡旅游指南，在他离开伦敦的时候，他甚至没有选定在半岛的登陆地点。

根据计划，英军和澳新军团在同一天，分别从两个不同登陆点上岸，在掩护舰队实施炮火准备后，协约国部队同时展开登陆行动。但是由于澳新军团士兵缺乏训练，再加上对半岛地形一无所知，军事情报也严重不足，在头两天战斗中损失1.8万人，才勉强登陆并建立了滩头阵地。谁知地图竟然和他开了个不大不小的玩笑，明明标的是1.6千米的海滩，实际却不足1.2千米，而且只有30米左右宽，两端被悬崖峭壁所阻塞。众多的部队、牲畜、炮和补给品，拥塞在这块巴掌大的地方，结果乱成一团，根本无法把部队有效展开，陷入了难以防守的境地，被居高临下的土耳其军队打得狼狈不堪，伤亡惨重。为了扩大登陆场，英国统帅部决定实施第二次登陆，英国从本土向加利波利半岛增调了约13万人，随着援兵的到达，8月，英军再次实施进攻，但再次以失败告终，登陆部队在海滩上处境十分困难，仅8月间的伤亡就在4万人以上。面对这种不利局面，伊恩·汉密尔顿坚持反对撤兵的提议，这导致他在10月被解职并被召回国内。这场战争是伊恩·汉密尔顿一辈子的耻辱，他的军事生涯就此结束。在退休后，伊恩·汉密尔顿是退伍军人组织中的领袖人物，也是1928年创立的英德协会的创始成员之一和副主席，这个协会促进了英国亲德的情绪。汉密尔顿与该协会在希特勒崛起后，形容希特勒为"伟大的阿道夫·希特勒"，并以希特勒仰慕者自居。伊恩·汉密尔顿一生以8种语言出版过168本著作，目前有约3000家图书馆珍藏着他的作品。

俄土争夺亚美尼亚——萨勒卡默什之战

1914年10月，索罗钦率领"亚沃士"号突然袭击了俄国在黑海的港口塞瓦斯托波尔和敖德萨，揭开了土耳其参战的序幕。土耳其加入同盟国集团参战后，土耳其的陆军部长恩维尔·帕夏不顾德国军事使团团长冯·赞德尔斯将军明智的规劝，率军进入了与俄国纠缠不清的高加索地区。俄国的沃龙佐夫将军指挥下的10万名俄军，被部署在卡尔斯附近以阻止恩维尔的进军。俄军企图抢先攻入土耳其的亚美尼亚，以粉碎土军的进攻计划。

亚美尼亚，是一个位于欧亚交界处的高加索地区小国，面积大约有3万平方千米，在它的历史上，始终处于俄国和土耳其的占领之中，是俄土之间一块有争议的地方。俄军高加索集团军主力萨勒卡默什支队也越过了俄土边界，在大雪纷飞的气候条件下，与土耳其军展开了激战，一举击退了土耳其的先遣部队，并于12月初攻至马斯拉哈特、尤兹韦兰、阿尔迪一线。土耳其第三集团军计划以第十一军从正面牵制俄军，以第九、第十军向北经奥尔图、巴尔德兹对俄军萨勒卡默什支队实施深远迂回，切断其与后勤供给基地的联系，将其歼灭在萨勒卡默什地区，进而夺取卡尔斯和格鲁吉亚。当时土耳其军队共有15万人和近300门火炮，而俄军约有10万人和300门火炮，在人数上土耳其军队占有优势。但土耳其军队冬季作战的条件极差，在开战之前，由于冻伤等就使恩维尔的兵力至少损失了1.5万人。

12月22日，土耳其军队对俄军发起了进攻，土耳其军的第九和第十军在初战中取得了小的胜利，击退了俄军的奥尔图支队，并于三天后攻占了巴尔德兹，深入到了俄军主力的后方。俄军萨勒卡默什支队在土军第十一军的突击下，退守边境一线，并增调援军加强萨勒卡默什地域的防御。由于高加索地区山路崎岖难行，风雪交加，寒冷异常，加上指挥不力，根本无法协同作战，在俄军的反击下，深入到俄军后方的土耳其军队遭到了很大损失。从29日起俄军开始实施反击，到月末稳定了战场上的态势，并迫使土耳其军队在两天后开始撤退。这时已是1915年的1月。1月3日，土耳其军队企图包围俄军的两翼，但被俄军的反攻所阻止，并被击溃。俄军在全线展开了反攻，围歼土耳其第九军残部，在十多天中将土耳其军队击退到原来的出发阵地。

▼ 俄军和土耳其军队在萨勒卡默什附近交战的场景。

俄军在沃龙佐夫的指挥下阻止并打退了土耳其军向卡尔斯的推进，并使之遭受重大伤亡。此役，土耳其军队阵亡了3万多人，在撤军途中还冻死了成千上万的人员，只有大约2万多名有效战斗人员抵达了埃尔祖鲁姆。俄军以伤亡不到3万人的代价歼灭了土耳其军队9万多人，并为进一步向土耳其领土纵深推进创造了有利的条件。这一战结束后，恩维尔放弃了战场指挥权，返回了君士坦丁堡。而沃龙佐夫因为没能乘胜追击败退中的土耳其军队，不久也被调走，他的职务被较具有主动性的尤登尼奇将军所取代。

进攻达达尼尔海峡——协约国军队遭土耳其重炮挫败

英军压进狭窄的达达尼尔海峡原本是为了逼迫土耳其退出第一次世界大战，并拿到一张往俄国输送给养的新通行证，但这次施压却遭遇惨败。不仅如此，英军的惨败还直接引发了血流成河的加利波利陆战。

俄国大军的给养不力让英法两国焦急万分，但当他们想要给这个盟友一些帮助时，却又发现面前障碍重重。从欧洲前往俄国的路线在当时有两条：北线是经过北海和北冰洋，通往摩尔曼斯克港和阿尔汉格尔斯克港，但是这条航线十分难走；南线则须绕道地中海和黑海，虽然好走，却必须穿过处于土耳其控制下的达达尼尔海峡——土耳其正好是同盟国阵营里的一员。

英国人在战前就对这一情况进行了研究，得出的结论是：只要能用战舰对达达尼尔海峡施压——虽然可能有些困难——这条海峡就可以成为一个安全的通道。当英军舰队于1914年11月重挫了该海峡以外装备落后、防御极差的沿岸堡垒后，这个结论似乎就更站得住脚了。没想到，得到了德军援助的土耳其军却以强势的防守回应了英军正式压入海峡的行动。

1915年1月，英国海军部部长温斯顿·丘吉尔提出了达达尼尔海峡问题。作为一个"东线论者"，丘吉尔认为，战事僵持不下的西线战场是一个无底洞，牺牲再多的士兵也无济于事，但只要打垮了德国的盟友，德国就会变成一个光杆司令，一触即溃。所以，他相信只要能够扼住达达尼尔海峡这条土耳其的咽喉，就一定能进一步克制住德国。基于这样的思路，丘吉尔于1915年1月首先提出了达达尼尔海峡方案，并于月底获准将该方案作为英法联军的共同行动组织实施。英国皇家海军任命海军上将萨克维尔·卡登负责此次行动，并为了这次行动，出动了最新的无畏舰"伊丽莎白皇后"号打头阵，以及12艘前"无畏"舰、3艘战列巡洋舰。法国方面的阵势相对较小，但也有4艘前"无畏"舰参与了行动。

1915年2月19日，英军开始轰击达达尼尔海峡以外的沿岸堡垒，但收效甚微，英军战舰只好于25日改用近距离进攻的方式，靠近目标继续开炮。可是，英军根本就打不着土耳其军那些灵活的移动式榴弹炮；而土军在夜幕之下用探照灯照着继续开火的时候，英军却无法进行还击。战场的形势让英军头痛不已：照这样发展下去，根本就无法按计划清除海峡两边的火力威胁，更别提后续的加利波利陆战了。然而就在这时，却有线报传来：土军弹药已尽。于是，本已垂头丧气的英军又抖擞起精神，发动了新一轮的进攻。

丘吉尔要求卡登不惜一切代价穿过海峡，却不曾想这位海军上将竟已因为压力太大而崩溃病倒了。3月18日，作为副司令的海军上将约翰·德·罗贝克只好肩负起接下来几周的指挥重任，但迎接他的只不过是又一轮灾难而已。英法联军的战舰没能打掉海岸上的几门大炮，倒是被剩下的敌军大炮轰得体无完肤；扫雷艇没扫掉几颗水雷，倒是接二连三地闯进雷区报了销；法国前"无畏"舰"白晋"号、"高卢"号和英国的"海洋"号在战斗中沉没，法国的"萨芬"号破损严重，而其他舰艇在土军炮火的夜袭之下也没有一艘能全身而退。最后，联军只好放弃了海上进攻。

按照原定的计划，海上进攻结束后就轮到地面部队集结进攻加利波利半岛，扫清通往君士坦丁堡的道路。而根据此时的形势，要完成这个任务实在是荆棘遍地、步履维艰。

▲ 这是当时的一份法国杂志上刊登的关于达达尼尔海峡战役的插图，但实际上是不可能有那么多土耳其排炮的。

▲ 法国的"萨芬"号造于1899年。1916年该舰参与达达尼尔海战，之后在里斯本附近海域被德军U-52号潜艇发射的鱼雷击沉。

加利波利登陆行动——一场艰苦卓绝的拉锯战

为了占领加利波利半岛并进而占领土耳其首都君士坦丁堡，英军发起了加利波利登陆行动。但他们的部署却出奇得糟糕，使得行动从第一步起就注定要面对失败的结局。

加利波利战役的爆发可算是英国政坛盛行"东线论"的产物。西线的僵持让英国高层觉得直接对德作战是件特别吃力不讨好的事，既然此路不通，那不如另辟蹊径——也许剪除德国的党羽才是取得战事总体突破的窍门所在。而土耳其之所以被选中，很大程度上是因为英国想要趁机拿下达达尼尔海峡这个运输要道，以方便为俄军输送弹药给养。虽然持有这种观点的人不在少数，但是当英国海军部部长温斯顿·丘吉尔提出这个战斗计划的时候，却并不是所有的人都热烈支持，军队的高级将领中就有不少人是坚持要在西线战场上决出胜负的。

1915年3月，作为加利波利陆战的序曲，英法联军为了占领达达尼尔海峡而发动的攻势到最后却一败涂地。但协约国却依旧决定照原计划行事，让以英军为主、配合了部分法国军队的联军在加利波利半岛登陆，然后迅速北上，袭击土耳其的首都君士坦丁堡（又称伊斯坦布尔）。但事不凑巧，当英军携枪带炮地在地中海一路东进时，土耳其已经发现了他们的行踪。战场上谁也不是傻子，这次的东道主自然在第一时间就开始增强半岛的防御工事了。

4月25日，协约国军队以S、V、W、X和Y为代号，分五路在半岛南端的赫勒斯角登陆，并在此之外又派出了一个小队在加利波利海岸外19千米处的戛巴土丘开始行动——这个地带的官方代号是"Z号海滩"，或是以在此登陆的澳新军团命名的"澳新湾"。这是一次胜败交杂的登陆行动。在澳新湾登陆的部队搞错了登陆点，以致上岸后必须爬上一个悬崖才能到达内陆。但就算是这样，他们也没能占领整个半岛的制高点——查努克贝尔。除了Y号海滩的登陆部队外，其他几路人马都遭遇了土军顽强的抵抗。天色渐暗时，各登陆部队好歹都占了一块立足之地，而澳新军团的战绩则注定在很长一段时间里都无法提高了。

26日早晨，赫勒斯的土耳其守军退守位于克里西亚村以南，靠近战略要地阿齐巴巴高地的一块区域。为了突破这道防线，英军总共发起了3次进攻：4月28日的首次行动无功而返，还白折了3000名士兵；5月6—8日间的第二次稍稍有些进展，往前推进了730米；6月6日的第三次进攻却又是得不偿失，伤亡惨重。

阿齐巴巴和查努克贝尔这两块战略高地始终都掌握在土耳其手里，英军和澳新军团一直都只有仰人鼻息的份儿，整个登陆行动也由于人数不足、弹药缺乏等问题而渐入困境。而土耳其军则在年轻军官穆斯塔法·凯末尔的带领下，以规模小、频率高的反击作战屡破联军。所以，到6月的第一周结束时，该区域的协约国军队已经彻底陷入了混乱。但此时本该选择撤退的协约国却不肯认输，反而向加利波利半岛派出了更多的部队,想要在接下来的几个月里展开更多的登陆行动。与此同时,君士坦丁堡的战况却大不相同,至少已经形成规模化的堑壕战格局了。

血战加利波利——协约国军队无功而返

放弃单纯使用海军的方案后,协约国决定采用陆海军联合作战:由陆军攻占加利波利半岛和达达尼尔海峡地区的工事,保护舰队进入马尔马拉海。但英法远征军准备工作既暴露又进展迟缓,洞悉对手战略意图的土耳其统帅部在德国军事顾问冯·桑德斯的帮助下,火速抽调军队至战区,并集结炮兵部队,严阵以待。

一支匆忙集结的英国远征军在汉密尔顿将军的指挥下正在从英国和埃及到加利波利半岛的途中,而汉密尔顿本人这时正在一艘英国战舰上观战。1915年3月中旬,当第一批部队抵达利姆诺斯岛的穆德罗斯湾时,从英国来的先遣队被发现没有按规定装载,火炮和弹药不在同一条船上。1915年3月25日,该舰队不得不到埃及的亚历山大港,在那里重新进行战斗装载,将人员、枪炮、弹药等装于同一条船上。这耽误了一个月的时间,与此同时,土军完全警觉到即将迫近的登陆行动,开始完善其防御部署。德军的冯·桑德斯负责全面指挥,他以大约6万名守军在半岛上构成弹性防御体系。

在突破达达尼尔海峡的战役中,加利波利半岛登陆战役作为第一次世界大战中最大规模的登陆作战,在战法运用、武器和兵种投入上,都具有了现代意义上的登陆作战的特色,被誉为"最具现代意义萌芽的登陆作战"。丘吉尔的想法不可谓不美妙,可是在实际实行中,却忽视了作战细节,结果这场战役导致了英国的一场大失败。

协约国在埃及和希腊群岛仓促中集结了一支近8万人的远征军,其主力由当时在埃

相关链接

★ "一战"中的澳新兵团

在配合协约国作战的军队中,来自澳大利亚和新西兰的澳新兵团毫无疑问是最出色的一支。无论是在加利波利、巴勒斯坦,还是在西线战场,这支部队都是威名赫赫。澳大利亚的总人口只有500万,但他们却为澳新军团派出了32.2万人,其中6万人战死沙场,22万人负伤。而新西兰则是从自己的100万公民中派出了1/10参加战斗。战争结束时,新西兰士兵折损的5.8万人中有1.7万人丢了性命。

▲ 以两人为一组的澳大利亚狙击小队在使用一种特制的步枪装置——战壕潜望镜。

及的澳大利亚和新西兰军队组成，即"澳新军团"，英国任命有"诗人将军"之称的英国陆军上将伊恩·汉密尔顿负责指挥这次战役。但这次作战计划一直给人一种漫不经心之感：向加利波利派去的地面部队从未受过任何水陆两栖作战的训练，连最简单的问题也还未搞清，如那里有水岸吗？有公路吗？土耳其防御的力量所在和弱点各是什么？汉密尔顿在伦敦受命时，对加利波利半岛的情况更是几乎一点也不了解。英法远征军在亚历山大向登陆地域出发的准备工作既暴露又进展迟缓，致使敌军得以判明战役意图，并采取措施加强了达达尼尔海峡地区的防御。

在海军炮火的支援下，协约国军队于白天实施两路攻击。一个登陆点选在半岛一端的赫勒斯角；另一点选在阿勒角，该点位于半岛的西南，在第一点北边约 24 千米处。两点的攻击不能相互支援。与此同时，法军一个师在海峡的亚洲海岸实施佯动性登陆的同时，一部分海军在布莱尔实施佯动，该点位于半岛的脖颈处，在赫勒斯东北 80 千米，以吸引冯·桑德斯的注意力。澳新军团在达达尼尔海峡附近的安扎克海湾的沙滩上登陆，完全是由于幸运，这次水陆两栖的攻击恰好发生在土耳其人认为不具什么战略重要性的地区，所以他们没有派遣重兵防御。然而，俯视着那片沙滩的那些断崖解释了土耳其人信心的依据——在土耳其人来到这里防卫它们之前，安扎克人是不可能攀上那些高地的。协约国 3 月 18 日的海上进攻流产后，土耳其政府就把加利波利半岛的指挥权交给了德国驻土耳其的军事使团头目冯·桑德斯将军，冯·桑德斯接受指挥权的条件是把所有能用的火炮都调到加利波利半岛，并

▲ 一个典型的英军士兵形象。他所持的武器是 1907 年引进的李－恩菲尔德弹匣式短步枪。

在现有的 5 个师之外再加 1 个步兵师。当协约国部队在 4 月 25 日抵达时，兵力已被对方超过，土军居高临下，火力又占压倒性优势，协约国军队成了名副其实的活靶子。

4 月 25 日夜，在掩护舰队实施炮火准备后，由汉密尔顿指挥的澳新军团主力在加利波利半岛南端登陆，汉密尔顿对怎样登陆并没有周密的打算，只是把登陆地点划定在半岛南端两边的 32 千米内，至于滩头阵地的选择，由现场指挥官自行决定。远征军中弥漫着一股盲目自信的情绪，但是，海军的大炮并没能压制住土耳其人的抵抗，英军最终被迫在大白天冒险登陆赫勒斯角的五个海岸，并不幸地成为土耳其炮手们的绝佳靶子。澳新军团虽然建立了滩头阵地，但登陆军队根本无法把部队有效展开，土耳其军队在冯·桑德斯的指挥下，随即进行了猛烈的还击，经过一夜的混战，双方死伤惨重，已登陆的 1.6 万名澳新军团士兵在土耳其军队炮火的压制下，被困在临时掩体中动弹不得，接下来的几天，双方又陷入了僵持局面。形势令人绝望，尽管汉密尔顿收到来自澳新军团的信息，告知"士气极度低迷，如果明天部队还要面对这样的炮火袭击，很可能会以大败收场"，他仍然毫不妥协，回电道："除了挖土把自己像鸵鸟一样地埋起来，暂时别无他法，现在你们就只管挖吧，直挖到你们安全为止。"

▲ 澳大利亚征兵海报。

登陆是已经成功了，但是其目标却未能达到，于是战争进入了第二阶段，即一连串的徒劳的正面攻击。5 月 1 日，土军第五集团军向滩头阵地发动反攻，经过三天激战，汉密尔顿的部队死伤近半，但第五集团军也只能控制高地，无法赶走已经登陆的澳新军团。到 5 月底，狭小的战场上布满了双方的 8000 多具尸体，空气中充满了恶臭，在医务人员的敦促下，英军指挥官与土军商定，双方实行九小时的安葬休战。登陆最终以要命的僵局告终，现代武器高效的杀伤能力使双方都不可能冲破这个死结，土耳其人占据着高地，协约国军队拥有海岸，任何一方都不能将其敌手从其防御阵地撼动半步。正午的太阳十分炽热，几乎找不到一点树荫，在堑壕中的饮水供给很少，几乎不够解渴。无人地带中的死尸臭味，散布在整个地区之中，尘土结成了浓雾。尽管有了医师的预防措施，到处还是布满巨型的苍蝇，只要打开一听罐头，马上就会围满了苍蝇，在吃饭时和睡觉时，若能有一小块纱帐掩护着，那在堑壕中简直就是天堂了。

这场战役拖了好几个月，但是头几天就决定了它的结局，处于敌人制高点控制下的滩头遭到火力扫荡，旨在摆脱西线式的僵局而采取的翼侧迂回行动也陷入了堑壕战的困境，双方一再发起进攻，但战果甚微，而伤亡巨大。随着地中海炎夏的到来，疟疾和痢疾导致大批人员丧生。在 5 月间，一艘土耳其驱逐舰用鱼雷击沉英国战列舰"巨人"

▲ "一战"中牺牲的土耳其士兵墓地。

号,一艘德国潜艇用鱼雷击沉"凯旋"号和"威严"号,达达尼尔海峡变成了英国人逐渐扩大的伤口。直到此时,英国政府仍然不肯改变策略,3万多枚炸弹被送往加利波利,3支英国军团也于8月被派往前线增援。到8月初,联军已增至12个师,8月6日夜,联军在苏弗拉湾登陆并随即转入地面进攻,遭土新编第五集团军14个师顽强抵抗,进展甚微。8月6日,新一轮的登陆战在澳新军团登陆场西北面的苏弗拉湾拉开,由于土耳其人在苏弗拉湾的防守比较薄弱,英军在登陆时未遇到太多抵抗,只是部队上岸后未能及时向内陆推进占领制高点,宝贵的战机再次被错过了。

冯·桑德斯紧急从其他防线抽调了近2万土耳其军队抵达苏弗拉湾,抢先在萨里巴依尔山脊设置了一道临时防线,成功遏制了协约国军队前进的步伐。9月战事开始又陷入僵局,至年底,因巴尔干战线形势不利,联军被迫停止达达尼尔海峡战役,于次年1月撤离。具有讽刺意味的是,英国人进行的这次撤退,比这次战役的任何其他阶段都要出色,在撤退中没有出现任何伤亡。此役,英法联军伤亡14.6万人,土军损失18.6万人。

战役计划不周、准备不足、陆海军协同不力、低估土军战斗力和未达成战役突然性等,是英法联军失败的主要原因,战役的直接后果是保加利亚加入同盟国,丘吉尔被调离内阁。事实上,假如有更雄厚的财力和更细致的战略部署,这次两栖登陆袭击计划便有可能顺利实施,协约国军队便有机会在欧洲东南部开辟新战场。因为在后来的战争中,这种战略被证明是完全可取的,成功与失败,其实仅一线之隔,达达尼尔远征的想法是很好的,但实施的结果是可悲的。加利波利半岛战役也是声誉的创造者和破坏者——基钦纳无懈可击的名声被玷污,费希尔爵士于5月辞职,接着不久丘吉尔下台,汉密尔顿除写回忆录之外永远与军人生涯绝缘。然而在这次战役中指挥土耳其军队的凯末尔则福星高照,被欢呼为"加利波利的救星"。

加利波利战场上的大撤军——英军不得已的"明智之举"

1915年夏天,英军还在僵持不下的加利波利战场上苦苦支撑着,甚至还在8月间展开了更大规模的登陆行动。但寒冬的降临却明明白白地告诉每一个人:没有什么比全面撤退更明智的了。

英军于1915年4月25日对加利波利地区同时发动水陆两路进攻的目的,就是穿过这个多山的半岛直取土耳其首都君士坦丁堡，从而逼迫该国退出战争。但天公不作美，英军不仅没能迅速地拿下土军的这个老巢，反而从6月初起就跌入了堑壕战的痛苦深渊。在僵持的战场上，英军占领了半岛南端的赫勒斯角，澳新军团则攻下了半岛西海岸的一块地区，并将之命名为"澳新湾"。而土军则守在最有地形优势的高地上，可以随心所欲地向海滩上的协约国部队开火。

为了打破僵局，英军司令伊恩·汉密尔顿决定在地处土耳其主防线之后的西海岸再布置一次登陆。他打算先在赫勒斯故布疑阵吸引土军的注意力，然后让澳新军团突破土军防线向北推进，最终与苏弗拉湾的登陆部队会合。此次行动的时间是8月6—10日。一开始，赫勒斯的疑兵很成功地引开了土军的火力，但后来的情况却失去了控制。先是澳新军团陷入了困境却没能突围；接着，由F.斯多普福特带领在苏弗拉湾登陆的部队就在原地傻等，竟然不知道趁着没有敌军的时候立即向内陆推进。战机稍纵即逝，回过神来的土军立刻增强了海岸的防御，登陆行动就这么失败了。

在苏弗拉孤注一掷的汉密尔顿原本还想申请更多的支援，但这次失败已经让他失去了上级的信任，英国高层以改变布防攻击力量为由，驳回了他的请求。10月15日，汉密尔顿的司令职务被解除。10月28日，他的继任者查尔斯·蒙诺抵达战场。在巡视各个海滩后的第二天，蒙诺就给上级打了报告，建议全面撤退。此时，在英军占领的三个滩头阵地上，多日来一直严阵以待的士兵们已经快被紧绷的局势折磨得疯掉了，而英国高层经过一番讨论也只能承认撤军是最好的选择。12月3日，蒙诺终于获准带领所有部队撤退。

这次撤军分两个阶段进行，行动前经过了精心的设计和筹备，行动过程中各部门通力合作，一切都进行得有条不紊，这和登陆时杂乱无章的情况形成了鲜明的对比。协约国军队中的悲观主义者们曾预言：此次撤军会损失掉这支队伍中50%左右的兵力。但实际情况却让他们大跌眼镜：在整个行动过程中，总共只有3人伤亡。12月10日至

▲ 英军及其盟友曾发动过许多次攻势，但由于越来越多的协约国军队陷入困境，土军受到的伤害实在有限。

▲ 图为英军和澳新军团在土军炮火之下运送弹药粮草时必经的海滩之一。

20日，苏弗拉湾和澳新湾的阵地上，约10.5万人的协约国部队带着5000头牲畜和300门大炮，在夜色的掩护下最先开始撤离。由于伪装工作十分到位，部队在行进过程中又特别注意控制喧哗，土耳其的十万大军竟误以为协约国的战壕中一直有部队驻扎，完全没有发现他们撤军的动作。12月底到1916年1月间，协约国在赫勒斯角的驻军也以相同的招数顺利转移了3.5万名士兵和随军的3700头牲畜。

这场多国混战给协约国阵营造成了27.6万人的伤亡，其中有很多人是因为感染了多种疾病而被遣返的。土耳其军的具体损失数目不清，但至少也有25万人。英国政坛和军界都为加利波利的惨败而大受震动，此次战役的推手、主战派的英国海军部部长温斯顿·丘吉尔也引咎辞职。而英国在黑海上通过达达尼尔海峡给俄国输送给养的美梦也就此破灭。

以丘吉尔为首、主张用"削其羽翼、断其臂膀"的策略对付德国的"东线论者"们这下丢尽了脸面，而以军方高层为主、坚持在西线战场上正面冲击德军以取得胜利的"西线论者"则顿觉扬眉吐气。但是，这种争论是不会到此就结束的。

"东方的普鲁士"——保加利亚

著名的东方快车之路——德皇威廉二世曾希望有朝一日它将成为大吹大擂的"柏林－巴格达铁路"的主要连接段——是经过塞尔维亚的，事实上，这个武装起来进行战斗的小国对同盟国的补给线和德国在巴尔干半岛的战略行使着否决权。罗马尼亚不听招呼，土耳其必须得到援助，塞尔维亚则从中作梗，法金汉确信必须消灭塞尔维亚，同时争取保加利亚。

▲ 保加利亚国王斐迪南一世

有"上帝的后花园"之称的保加利亚是欧洲东南部巴尔干半岛上的一个国家，它与罗马尼亚、塞尔维亚、马其顿、希腊和土耳其接壤，拥有一支战斗力强悍的陆军，一旦它决定倒向何方，巴尔干的战局必将有重大变化。战争开始时，保加利亚多少有些亲德的嫌疑，其实这也不难理解，在"一战"爆发前，德国和奥匈帝国都曾经给过保加利亚大量的贷款支援。大战爆发之后，协约国和同盟国在巴尔干诸国展开了一系列宫廷活动，双方都对有"东方的普鲁士"之称的保加利亚开出了一系列报价：正企图强行攻占达达尼尔海峡的协约国开出的价码是让它重获1913年丢给土耳其的东色雷斯（君士坦丁堡除外）。由于德军在法国和波兰的胜利，同盟国的报价显得更加诱人——整个马其顿、西色雷

▲ 空战中的保加利亚 Roland D.II 战斗机，"一战"中保加利亚的机徽也是铁十字。

斯、南多布罗加和萨洛尼卡全部归保加利亚，塞尔维亚本土的尼什及阿尔巴尼亚的几小片地区则作为额外的奖赏。

　　为了彻底击败塞尔维亚，德国急切地要将保加利亚拉到同盟国一边来，整个1915年7月期间，在索非亚举行了德国人与保加利亚国王斐迪南的谈判，在感情上一直亲德的保加利亚政府对俄国所蒙受的巨大灾难及其军队的全面撤退印象深刻，但此时英军在加利波利半岛上的战斗支配着他们的行动，因此，保加利亚不为德军在东线的节节胜利所动，而是静候南方战事的结局，到8月15日，英军全线失败，保加利亚才决定加入同盟国。1915年9月6日，保加利亚与德国签订了秘密的友好同盟条约和参加对塞尔维亚作战的军事协定，规定在德、奥两国沿多瑙河和萨瓦河发动联合进攻一星期之内，保加利亚攻打塞尔维亚前线的东侧。9月23日，保加利亚发布动员令，军队开始沿保塞边境和保希边境集结。

　　如果说罗马尼亚人是巴尔干的那不勒斯人，那么保加利亚人就是低地苏格兰人，保加利亚人顽强、勤劳、节俭、沉默寡言，以倔强著称，当地有句谚语这样说："保加利亚人可以坐在牛车上猎到野兔。"大战中，保加利亚最想得到的是马其顿，这也是它的国王——在欧洲被称为"狡猾的斐迪南"——的一个目标，因为拥有马其顿不但可以控制爱琴海岸，而且可以掌握连接中欧和南欧及中东的山谷和铁路。

　　保加利亚的威胁态度引起了塞尔维亚的密切注意，塞方立即着手做军事准备，英法则努力劝告塞尔维亚将马其顿割让给保加利亚以避开迫在眉睫的危险，但有同样的执着和勇气的塞尔维亚人拒绝了这些建议，并准备迎击他们所痛恨的巴尔干邻国的进犯。塞尔维亚集合它的军队以抵抗保加利亚从东边的入侵，但它不知道可怕的德军正准备从北面进行突袭。对塞尔维亚的致命打击，是由德国一位叫亨奇的上校参谋策划、由德国陆军元帅冯·马肯森指挥的，共有四个集团军，其中奥匈第三集团军、德国第十一集团军从北面进攻，保加利亚第一集团军从东面进攻，另一个保加利亚集团军，即由索非亚直接控制的第二集团军则从东南方向开进塞尔维亚，切断通向萨洛尼卡的铁路线。完成集结后的保加利亚在1915年10月1日对塞尔维亚宣战，斐迪南在他慷慨激昂的宣战诏书中声称："欧洲战争很快将胜利结束，我号召保加利亚武装力量和人民起来保卫国家，向背信弃义的邻居开战，解放遭受塞尔维亚奴役的我国兄弟，我们的事业是正义的、神圣的，上帝保佑我们的军队！"

现在，进攻塞尔维亚已经万事俱备，四个集团军即将从三面扑向那个人数很少但凶猛的民族，一个德国集团军和一个奥德混成集团军正在向多瑙河、贝尔格莱德和萨瓦河进军，保加利亚第一集团军已部署到位，准备向历史名城尼什攻击，保加利亚第二集团军准备回身向南，切断起自萨洛尼卡的铁路，使这个在劫难逃的国家与世界隔绝，得不到任何形式的援助。当时只有400万人口的保加利亚，军队的人数却超过了50万人，全部动员起来可达85万，他们被分为三个集团军，第一集团军在北，第二集团军在南，开赴马其顿前线，协助从北面和西北挺进的德奥军队。保军人数占压倒性优势，而且刚刚参战，士气正旺，毫无疑问地占了上风。从这年秋季起，塞尔维亚受到德国、奥匈和保加利亚三国军队的大举进攻，由于伤寒流行，在这一年的夏天约有15万塞尔维亚士兵染病，丧失了战斗力，三面受敌的塞军无力抵抗，只得向南撤退。塞尔维亚军队被迫通过塞尔维亚和黑山向阿尔巴尼亚方向撤退，塞尔维亚政府和塞军最高指挥部决定将政府、议会和军队一起经阿尔巴尼亚撤退到亚得里亚海滨地区。从塞尔维亚政府认识到他们的危险程度之时起，首相帕希奇就一直不停地呼吁求援，西方协约国必须给他派遣15万人的军队，否则肯定全盘皆输，他强烈要求，最起码协约国应扫清铁路线上的敌人以保证塞军的退路，但是英法两军参谋部表明，采取这样的行动根本不可能。

在此次战役还没开始时，协约国就已预见到了这次进攻，由法国将军萨拉伊指挥的3个师的先头部队就已经在希腊港口萨洛尼卡登陆，但随着保加利亚第二集团军切断了通向萨洛尼卡的铁路线后，就阻止了萨拉伊的部队与处于困境的塞尔维亚军会合。萨拉伊的部队退却到萨洛尼卡，置身于绰号为"鸟笼"的坚固防御阵地，准备抗击保加利亚军和态度不明确的希腊军队的进攻。总数达42万的塞尔维亚军队中，只有一些零星的小部队得以越过阿尔巴尼亚的群山，逃到亚得里亚海东岸免于被俘，16万军队和900门大炮则成了保加利亚人的"战利品"。

德、奥、保三国对塞尔维亚的威胁所造成的间接后果，是使得英法不顾希腊的中立，

▲ 前往萨洛尼卡的军队。图中只是协约国各种武装力量中很小的一部分。

于10月5日在萨洛尼卡港联合登陆，但在随后的战斗中败于保加利亚第一集团军，被迫退回希腊境内。置身在萨洛尼卡的堑壕军营中的协约国军队，一面修筑公路、码头和铁路，一面待援，这样度过了1916年的头几个月。他们占领了希腊的领土，而这个国家显然是中立国，他们没有接到明确的指示，伦敦给5个英国师的命令把它们局限于发挥一种模棱两可的、基本上是原地不动的作用。

塞尔维亚全境已被德国、奥匈和保加利亚三国军队占领，1916年8月，罗马尼亚经过几次犹豫后，答应同协约国一起战斗，条件是奥匈帝国垮台后，它要求得到特兰西瓦尼亚的全部领土，布科维纳和巴纳特也要割让给它，同时它还要求俄国军队进入多布罗查地区，以协助它保卫南部边界免遭保加利亚的侵犯。1917年6月，希腊也站到协约国一边投入战斗，使巴尔干战场的形势对同盟国越来越不利。

从摇摆到参战——"一战"中的希腊

希腊位于欧洲东南部巴尔干半岛南端，陆地上北面与保加利亚、马其顿及阿尔巴尼亚接壤，东部则与土耳其接壤，东部濒临爱琴海，西南临伊奥尼亚海及地中海，是巴尔干地区一个历史悠久的国家。

第一次世界大战爆发的前一年，希腊国王乔治一世在塞萨洛尼基遇刺身亡，康斯坦丁在悲剧的气氛中继承了希腊王位，被称为康斯坦丁一世。康斯坦丁有个身为俄国皇帝的外祖父，从小又在德国受过教育，并且还娶了德国皇帝的女儿索菲亚，因此在"一战"中，他的情感总是向着德国人的，他拒绝了首相奥斯·韦尼泽洛斯要希腊参与三国协约的建议，并且使希腊在第一次世界大战中保持中立地位。

1914年11月，奥斯曼土耳其帝国加入了同盟国，协约国为了进攻土耳其，发动了一场声势浩大的达达尼尔战役，希腊首相韦尼泽洛斯答应协约国派一支军队参与进攻达达尼尔海峡，但他的这一想法遭到了希腊陆军总参

▲ 协约国坚持增强其在萨洛尼卡的力量——图为英军从运输船上卸下一匹战马。

谋长约安尼斯·梅塔克萨斯和国王的反对，从此康斯坦丁一世与韦尼泽洛斯决裂，韦尼泽洛斯辞去了首相的职务，国王选择了亲德的季米特里奥斯·古纳里斯组建政府，但是随着1915年大选，韦尼泽洛斯所在的党获胜，韦尼泽洛斯于8月起又回到了首相的位子。

第一次世界大战期间，协约国军队与同盟国军队在巴尔干半岛南部进行了几次作战。1915年10月1日保加利亚对塞尔维亚宣战，10月5日，英法联军15万人不顾希腊的中立国地位，在希腊东北部港口萨洛尼卡强行登陆。萨洛尼卡是希腊第二大城市和希腊马其顿地区首府和最大城市，也是马其顿地区和萨洛尼卡州的首府，英法联军企图借此控制希腊并进而增援塞尔维亚和黑山，但由于行动迟缓，英法联军在中途遭到保加利亚军队攻击，未能及时给塞尔维亚军以直接有效的支援，当年底，联军撤到希腊境内的萨洛尼卡固守待援。11月底，塞尔维亚军被迫撤到希腊西部伊奥尼亚海中的科孚岛。12月中旬，英法联军退到预先有防御准备的萨洛尼卡登陆场，因而形成了萨洛尼卡战线。

由于协约国军队在萨洛尼卡的登陆，康斯坦丁一世再次罢免了和协约国站在一起的韦尼泽洛斯首相，任命斯库鲁迪斯为新任首相，1916年4月，为了抗议协约国帮助战败的塞尔维亚军队在希腊的塞萨洛尼基避难，以及意大利进入北伊庇鲁斯，康斯坦丁一世宣布希腊合并北伊庇鲁斯。6月，协约国向希腊发出最后通牒，要求解散希腊军队，斯库鲁迪斯因此下台，扎伊米斯就任首相。

当年9月，韦尼泽洛斯与海军总司令保罗·孔杜里奥提斯在克里特成立了一个与中央敌对的政府，韦尼泽洛斯的敌对政府控制了希腊北部、克里特和爱琴海诸岛，韦尼泽洛斯的支持者纷纷在塞萨洛尼基会合。但是俄罗斯与意大利反对这个政府。俄罗斯反对是因为康斯坦丁一世的母亲是俄罗斯的公主，而意大利人则把韦尼泽洛斯当作他们染指小亚细亚的潜在敌人。英法担心引起希腊内战，所以在表面上没有承认韦尼泽洛斯政府。

▲ 交战中的希腊士兵。

与英法远征军对峙的是得到德国几个师加强的保加利亚两个集团军。自从达达尼尔海峡战役后，加利波利半岛的协约国军队一部、意大利军队、俄军两个旅、塞尔维亚集团军调入萨洛尼卡作战。1916年年底，双方在斯特鲁马河和莫纳斯蒂尔一带经一系列局部战役后，转入阵地防御。这时协约国驻希腊军队的规模已扩大到约25万人，除英军的5个师以外，还有4个法国师、6个重新编组的塞尔维亚师、1个意大利师，甚至还有1个俄国旅。由于萨拉伊后方的希腊军队态度暧昧，部分地动员，又部分地复员，这就使得协约国的军队在希腊北部也建立了一条从奥尔法尼湾到普雷斯帕湖的防线。

　　英法开始对康斯坦丁一世及其政府施加压力，但希腊国内的亲德派发动了反协约国宣传，法国上将毛瑞斯·萨拉伊派出军队登陆，并向雅典逼近。12月，双方军队发生交火，因为此次事件，雅典爆发了反韦尼泽洛斯的运动。为了报复，协约国于12月19日承认韦尼泽洛斯政府，萨莱伊的法国海军封锁了希腊。在协约国军队的压力下，1917年5月，希腊国王康斯坦丁一世被迫让位给他的二儿子亚历山大，然后和乔治王储一同流亡国外。年轻的亚历山大王子被另立门户的韦尼泽洛斯首相扶上了王位，亚历山大热衷于建立一个以伊斯坦布尔为首都、以雅典为经济中心的大希腊国家，6月，希腊加入了协约国一方，希腊军队在边境开始对保加利亚采取行动。

　　1918年9月，英、法联军在萨洛尼卡战线发起了进攻战役，截至9月22日，英法联军用骑兵和航空兵发动攻势，并于29日占领了斯科普里。至9月底，德第十一集团军陷入合围，9月30日投降。在这种情况下，保加利亚由于爆发了弗拉达亚起义而退出战争，10月初，保加利亚在萨洛尼卡签订了停战协定。

　　"一战"结束后，希腊获得了小亚细亚的一些土地作为补偿。1919年召开的巴黎和会，韦尼泽洛斯根据战时协议希望能游说各国让希腊获得更大的利益，以实现伟大理想，包括在伊庇鲁斯北部、色雷斯及小亚细亚建立一个庞大的希腊区。当年，虽然面对意大利的反对，但希腊仍能获得巴黎和会允许占领了土耳其的伊兹密尔。

　　为了镇压人民反抗并防止意大利占领土耳其的士麦拿，协约国支持希腊对小亚细亚的领土要求，希腊于1919年5月15日占领士麦拿，挑起了第二次希土战争，1920年6月间，希腊的军队占领了色雷斯地区。10月，又占领了叶尼舍希尔和伊奈古勒，土耳其军队的反攻非但没能收复失地，反而又丧失了一些重要的战略据点。1920年8月，土耳其被迫同协约国签订了《色佛尔条约》，通过这个条约，希腊获得了包括阿德里安堡和加利波利半岛在内的全部色雷斯地区、爱琴海诸岛及士麦拿附近地区，希腊达到了自独立以来的最大疆域。

　　不过，希腊人做梦也想不到，开疆辟土的国王两个月后会死在两只猴子手上，希腊现代史也因此而改变。10月2日，亚历山大一世为了保护他的宠物狗而被两只猴子咬伤，并因此而丧命。亚历山大一世的死，不仅使希腊失去了一位杰出的军事统帅，直接导致了这场希土战争的失败，而且还导致了希腊的内乱。可以说这两只猴子结束了一度强盛的希腊历史。1921年6月，希腊政府拒绝协约国的和平调解，7月占领了屈塔希亚，并企图攻占土耳其新政府所在地安卡拉，土耳其军队撤退到萨卡里亚河东岸，连续激战近一个月，终于阻止了希军进攻。

1922年8月，土耳其军队开始发动反攻，在沙卡利亚河击败了希腊的军队，希腊军队开始全线溃退，土耳其军队夺回了士麦拿，并在16日将最后一批希军赶出了小亚细亚。土耳其在对希腊的战争取得决定性胜利后，法国和意大利随即宣布不承认《色佛尔条约》，并与土耳其大国民议会议和。协约国被迫同意废除《色佛尔条约》，并于瑞士洛桑重新展开和谈，1923年7月签署了《洛桑条约》，希腊被迫将东色雷斯、伊姆雷斯岛和特内多斯岛归还给了土耳其，从此放弃了对士麦拿的领土要求。

英、土、俄三国的能源争夺——波斯战线

18世纪，波斯的萨珊王朝灭亡后，陷入了近一个世纪的混乱，最后土库曼恺加部落夺取权力，迁都现在的德黑兰，建立了恺加王朝。但恺加王朝在19世纪遭受列强入侵。俄国人夺取了它在外高加索和中亚的部分领土，英国人则夺取了波斯南部部分地区，1907年英俄协定更是划分了它们两国在波斯的势力范围，波斯政府所能控制的地方仅有德黑兰附近不大的地方。

在第一次世界大战中，波斯宣布中立，但是与它相邻的奥斯曼土耳其帝国则要求它驱逐其领土上的8000多名俄军，否则的话它将"代为驱逐"。然而地位跟英俄殖民地差不多的波斯是做不到这点的，于是土耳其的军队就开进波斯，击退了波斯西北部地区的俄军，并占领了波斯阿塞拜疆地区的最大城市大不里士。在波斯的南部地区，土耳其军队占领了英波石油公司在巴格达和巴士拉的全部资产，并进而威胁到英波石油公司当时最大的油田——波斯西南端的阿巴丹。

波斯第五大城市阿巴丹是波斯石油输出的集散之地，也是英波石油公司所在地。在"一战"中，随着汽车、坦克、飞机和军舰等机动性很高的武器装备被大量运用于战场，石油和内燃机改变了战争的各个方面，甚至包括海、陆、空机动作战的基本含义。石油已经越来越多地

▲ 土耳其伤兵在提克里特的印军急救站等候撤离。

为英国所倚重，完全可以说，没有石油，战争机器将无法正常运行。为了保护英波石油公司在阿巴丹的油田和炼油企业，1914年年底，英军在波斯南部最大的港口城市胡泽斯坦登陆，随后在阿拉伯河一带击退了土耳其军队的进攻。英军登陆前，德国的间谍曾企图在阿拉伯河炸船以堵塞前往阿巴丹的航道，但是这个计划没能得逞。

波斯是中东最早发现和生产石油的国家，从1912年到1918年，波斯的石油产量增长了10倍以上，从每天1600桶增加到近2万桶。到1916年后期，英波公司满足了英国海军全部石油需要的1/5。布什尔是波斯伊斯兰共和国布什尔省的省会和最大城市，位于波斯湾沿岸，是该国主要的港口城市之一，1915年4月，德国驻布什尔领事、有"波斯的劳伦斯"之称的威廉·瓦思穆斯，利用波斯人仇恨英国和俄国的契机，把当地的各部族争取到了自己一边，在由亲德的波斯军官指挥的波斯军队的帮助下，驱逐了波斯南部广阔地区的英军，攻占了以绿洲花园和文化故都闻名的设拉子城。在德国和土耳其间谍的鼓动下，波斯西南部的阿拉伯游牧部落还切断了马斯杰德·苏莱曼和阿巴丹之间的几处主要输油管道，致使石油运输停顿了近半年之久。

半个多世纪以来，波斯饱受英俄的侵略和掠夺，因此朝野上下自然都同情英俄的敌人德国，而德国也想借着波斯这种反对英国和俄国的民情把波斯拉入同盟国的阵营，好共同对付英国和俄国。1915年，大批俄军在里海南岸的恩泽里港登陆，随后南下包围了波斯的首都德黑兰。波斯政府中的亲德分子带着德国和奥匈帝国的公使匆忙逃出了都城，在位于德黑兰以南约150千米处的库姆成立了"民族保卫委员会"，随即该组织就把总部迁到了300千米外由土耳其军队占领下的克尔曼沙赫城，成立了波斯的"临时政府"，还组建了一支近5000人的军队。

第二年春天到来时，英国的情报官员珀西·赛克斯爵士和少数英属印度当局的军官在南波斯地区招募当地部落的骑兵，组成了一支"南波斯洋枪队"，这只用英国武器武装起来的队伍在不到一年的时间内肃清了波斯南部地区的亲德势力以后，成为波

▲ 在波斯战场上，英军一门8.16千克级84毫米口径野战炮正在开火。

斯南部地区的霸主，并在实际上独自控制了法尔斯、锡斯坦和俾路支斯坦等几个省，迫使波斯政府不得不在一年后承认了"南波斯洋枪队"的合法地位。

1916年夏，在波斯的西部地区，一支2万多人的土耳其军队占领了波斯的重要交通要道哈马丹，并直接威胁到波斯西部地处厄尔布尔士山南麓离德黑兰不到100千米的加兹温城。由俄国将军巴拉托夫指挥的约8万名俄国部队开到了此地，并对土耳其军队展开了反攻，而在南部的英国军队也展开了配合进攻，在英俄军队的两面夹击下，人多势众的俄军迅速攻占了土耳其军队占领下的伊斯法罕、哈马丹及由亲德人物组成的波斯"临时政府"所在地克尔曼沙赫，土耳其军队被迫从波斯撤回到自己的边境内，由同盟国所支持的波斯"临时政府"也随同迁到了土耳其的首都君士坦丁堡。1917年2月，俄国和英国的军队在克尔曼沙赫会师，自此，奥斯曼土耳其在波斯的势力被驱逐了出去。

但是随后不久，俄国便爆发了"二月革命"，推翻了沙皇政府的统治，留驻在波斯境内的俄国军队失去了来自国内的支持，很快就陷入了分崩离析的状态。8个月后，俄国又爆发"十月革命"，新成立的苏维埃政府宣布废除了此前沙皇政府在波斯所签订的全部条约。对于英国来说，它在波斯的一个竞争对手消失了，这是它独霸波斯的大好机会。英国随即派出它的军队，解除了驻扎在伊斯法罕、哈马丹等地的俄军武装。至于驻扎在波斯北部阿塞拜疆省并由布尔什维克领导下的俄军部队，英国虽然也派出了军队，但并没有取得什么进展，而此时在法国的正面战场上大战正酣，英军也抽调不出更多的力量投入到波斯方面。

俄国十月革命后与德国签订了《布列斯特—立陶夫斯克和约》，退出了第一次世界大战，随后又发生了内战，高加索地区的局面非常混乱，宗教的、民族的及与土耳其的纠纷不断，而由协约国支持的白俄军队在这一地区也有着很大的势力。面对这种情形，当时英国内阁中的一些死硬的帝国主义分子和反苏派都极力主张把波斯当作支持白俄分子对新生的俄国布尔什维克政权开战的基地。1919年8月，英国与波斯政府签订了协议，由英国人的顾问去改组波斯的军队，实际上就是由英国人掌控了波斯的军队，以此为条件，波斯得到了英国的一笔贷款，通过贷款，英国人则进一步加强了对波斯的经济控制。英国政府兴高采烈地认为，波斯这个重要的能源产地，已经完全落入了英国人的手中。

但是革命后的俄国也很快显示出了它的力量，它对波斯的影响力在日渐加强，这使得英国人感到，要对付来自俄国，还需要继续投入代价高昂的力量，而此时才经过大战的英国，在世界各地还有许多其他的事务，而且它还正面临着一个令其头痛的问题，那就是在它控制下的爱尔兰正在闹独立运动，英国人对此使用了大量的军队进行弹压。英国一贯善于去别的国家制造"民族独立"，现在轮到它自己面临这一问题了。在这种疲于应付的情况下，英国人在波斯的企图不得不半途而废，驻扎在波斯的英国陆军开始从波斯撤离，使自己离开那个大泥潭。

第八章

封锁与反封锁
——大洋中的较量

拉开"巨舰大炮"的序幕——费希尔打造英国海军

1904年，英国人提高了约翰·费希尔的地位，使他优于海军部其他次官，严厉苛刻的费希尔成为大英帝国皇家海军的实际负责人——海军部第一次官。海军部第一次官相当于海军参谋长，在海军大臣领导下统率海军，因为这个职务是直接负责指挥海军战斗的，所以在战时他要比海军大臣更有实权。皇家海军被费希尔勋爵一人把持，这是史无前例的。费希尔充分利用了这一变化，尽管当时的海军第一次官对军事行动没有什么控制权，但他却在管理、计划和政策方面行使了很大的权力。费希尔一心想使皇家海军现代化，便开始实行一些改革。1906年，他发明了一种革命性战船：无畏战舰。这种装备齐全规模空前巨大的战舰令过去的所有战舰黯然失色，靠这种领先技术，英国开始以最快的速度制造新的战舰。1911年，英国的一支由无畏战舰组成的舰队驶往英吉利海峡。在这之后，所有重要帝国当时都加紧将资源投入到这种无畏战舰的制造上，但由于英国起步早并享有技术优势，所以一直在这场竞赛中保持着领先地位。

在第一次世界大战开始前的十多年里，世界目睹了前所未有的最大的海军军备竞赛，在费希尔就任第一海务大臣时，正是大英帝国这个"海上霸主"面临挑战的时期，欧洲的后起之秀德意志帝国瞄上了海上霸主的位置，大有挑战英国海军地位之势。德皇威廉二世是马汉"制海权思想"的崇拜者，1895年，年轻的威廉二世宣布"德国的未来在海洋上"，根本不顾及英国人已经海上称雄的这一事实，开始致力于建造一支庞大的海军，在短时间内就把德国海军的吨位追到了世界第二。这无疑强烈地刺激了英国，虽然德国并无意对英国发动战争，但英国人却感受到了某种威胁，这使得原本

▲ 从 1906 年开始，直到第一次世界大战结束，皇帝陛下舰船之"无畏"号都在英国海军里服役。该舰于 1919 年退役。

想放松一下造舰速度的英国不得不重新加快了造舰的速度，并得出了要使自己的战舰达到两倍于敌的口号。

费希尔对英国的造舰有自己独到的见解，在费希尔看来，英国海军的许多战舰舰龄都已经过时了，有些舰只压根就是废物一堆！所以，目前皇家海军最迫切的任务就是大更新、大升级，他要的是更新、更大、战斗力更强的全新的战舰。在随后的十多年中，费希尔采取一系列步骤改造了英国海军舰艇的质量，淘汰了大量战斗力很小的舰艇。在他的大海军计划中，把 305 毫米口径大炮改为 356 毫米口径大炮，威力巨大的无畏级战列舰横空出世了，世界海军界由此掀起了一场革新风暴，由他领导设计建造的无畏舰在航空母舰出现之前，一直是"海洋上的霸主""海战中的巨星"。

费希尔推出了"无畏"级战舰之后，英国本国的战列舰也和其他国家的战列舰一样显得过时了，费希尔的批评者们说，这样一来英国就丧失了自己在造船竞争中的领先地位，使德国人在更近于平等的基础上参加竞争。费希尔反驳的论据是，革新迟早都要出现的，英国走在前面岂不更好？费希尔的这些改革，既遭到非议也有人赞成，他支持军官教育，主张拆毁过时的军舰，赞同能使备用军舰迅速进入临战状态的核心船员制度。为了完成这些改革工作，费希尔在海军中强行推销他的"三 R 原则"，即无情、残酷、残忍。费希尔对皇家海军的升级更新是以冷酷无情的手段进行的，所以海军界甚至政府的不少人都对他很有意见，觉得这个人相当讨厌，他的同事和部下也觉得他是一个专横苛刻、不近人情的独裁者。毫无疑问，费希尔所做的事情十之八九是对的，他的伟大改革使英国皇家海军在其历史最关键时期保持了强大的战斗力。他迫使海军的每一部门审查自己所处的位置和存在的问题，并提醒、敲打和诱导他们开始紧张的工作。但也正是在这样不停地紧张工作之际，皇家海军部成了一个令人不愉快的地方。

费希尔所督造的吨位大、装甲厚、速度快、火力猛的无畏舰一诞生，就轰动了全世界的海军界，这种战舰可以说代表了一个国家海军的实力。在茫茫的大海上，战舰是无处藏身的，这种战列舰简直令其他的战舰在战斗中毫无招架之力。其他国家因此都纷纷仿造，尤其是野心勃勃的德皇威廉二世和德国海军大臣提尔皮茨，开始让德国加紧建造同一级别的战列舰，英德海军竞赛进入白热化状态。到第一次世界大战爆发时，英国海军拥有战列舰21艘，德国海军只有15艘；英国拥有战列巡洋舰9艘，德国海军只有5艘。英国皇家海军的力量远比德国海军强大，因而迫使德军的公海舰队在整个战争期间被封锁在基尔和威廉港中，成了一支影子舰队。可以说，在贯彻这些意义深远的改革中，费希尔是功不可没的，但在同时，他也在皇家海军中为自己树立了许多激烈的反对派，而他引以为荣的方法就是激起反对派们强烈的敌意，然后予以还击。他是很乐意回敬对方的，他要让大家知道，凡是反对他政策的人，不论是哪级军官，必定要毁灭自己的职业生涯。至于那些卖国贼，也就是那些公开或秘密打击他的人，"他们的妻子将成寡妇，他们的孩子将成无父孤儿，他们的家将成垃圾堆"。他一再重复这些话，"冷酷、无情和不能有怜悯心"是他经常挂在口边的言辞。

费希尔是那个时期世界海军史上一位重量级的人物，他冷酷无情、严厉苛刻的个性令人生畏，但他那独一无二的海军统率和管理才能又令许多人钦佩，至少海军大臣丘吉尔先生在口头上是这么说的——他曾两次出任海军首脑，但两次都以辞职而告终。在费希尔两次出任海军首脑时，他都通过自己的不懈努力使英国皇家海军震惊了世界，他一手掀起的海军革新风暴不但使英国皇家海军实力大增，也直接影响了德、美、日等国舰队的发展，开创了世界海军史上的"巨舰大炮时代"。不管费希尔的工作能力有多强，人际关系永远是重要的，在皇家海军中有不少具有社会势力和背景的军官，他们中许多人对费希尔怀有敌意，他们有接近议会和新闻界的机会，且有很大一部分优秀有才能的海军军官同情他们，尽管不赞成他们所有的做事方法。也就是说，在英国的海军界，从上到下存在着一大批反对费希尔的人，而且他们有着相当强大的势力。在所有反对费希尔的人中，最主要的有当时主力舰队总司令贝雷斯福德，费希尔冷酷无情的高压手段，终于使自己自食其果了。两派的对立，使得皇家海军出现了可悲的分裂，几乎每一名海军军官都被牵扯到这两派的争斗中去，凡是第一海军大臣提出的

相关链接

★ 约翰·费希尔

约翰·费希尔（1841—1920）是英国皇家海军历史上公认的最杰出的人物之一。1903年，费希尔出任英国第一海务大臣，着手进行一系列包括引入飞机和潜艇等新技术的军备现代化项目。不过，费希尔主攻的依然是水面战舰，"无畏"级战舰和战列巡洋舰就是他在任职期间推出的。可以说，英国海军能在第一次世界大战中与德国海军相抗衡，其战备资本都是由费希尔积累起来的。1910年，费希尔退休，但他又于四年后重掌第一海务大臣的官印。几年后，由于和丘吉尔为了加利波利战役争执不休，费希尔一怒之下辞职。

▼ 海上军备竞赛一直在持续着。图为1911年9月间德国"拿骚"级"无畏"舰的演习场景。

建议总司令都反对，两派的人相互交错，势均力敌。1910年，69岁的费希尔在上上下下一片反对声中辞职了。

1911年，性格同样暴躁的雪茄爱好者丘吉尔成为英国海军大臣，他是个海军外行，曾对费希尔的才能甚为钦佩，常在海军问题上请教费希尔。费希尔在英国海军部是具有一定的威望的，至少海军部不少一线指挥官、中层官员和技术官员都是他的拥护者。基于对丘吉尔指挥能力的不信任，"一战"前夕，英国海军部有不少人要求费希尔重返海军部。第一次世界大战爆发后，丘吉尔干脆直接把费希尔召回来担任海军部第一次官。当丘吉尔做出这一决定时，很多海军将领都强烈反对，因为他们认为丘吉尔和费希尔都属于个性太强的人，一个暴烈冲动，一个冷酷专横，这俩人凑到一起搞不好能打起来。不过丘吉尔认准的事谁也拦不住，就这样，费希尔重返皇家海军，领导他的军舰进入了第一次世界大战的厮杀之中。

在这个阶段费希尔遇到一件意外小事，即培根信件事件：培根舰长是海军中一个能力比较强的军官，也是一个费希尔的追随者。费希尔要求在地中海服役的培根随时写信给他，告诉他所有发生的事情。培根遵命写了些有分量的信，但是在这些信里培根有意无意地含有对顶头上司的批评。费希尔喜欢培根信中提出论点的说服力，就叫人把它们付印并在海军部广泛传阅。结果自然就流入到与费希尔对立人的手中，于是培根的信很快上了伦敦的一份晚报，费希尔因此受到了猛烈的攻击，被指责鼓励下属对他们的顶头上司不忠，这对费希尔来说是一场致命的打击。

对于性格暴躁、办事独断专行的海军大臣丘吉尔来说，他与同样办事独断专行的费希尔的确是难以互容的。当时迫于压力，丘吉尔惺惺作态地重新起用赋闲在家的费希尔，然而丘吉尔绝不会放弃作为海军大臣的无上权柄，文官出身的丘吉尔开始利用职权百般排挤和架空费希尔，反击果断凌厉而且隐蔽。丘吉尔断定性格强势的费希尔是不会与他虚与委蛇的，因此他愤然辞职那是迟早的事。在刚开始的时候，费希尔和丘吉尔合作得还真不错，大战爆发的头一年，英国皇家海军就在福克兰群岛大获全胜，一举击沉了德国远东舰队冯·施佩将军所率领的 4 艘德国战舰。第二年伊始,费希尔手下年轻的海军名将贝蒂又在多格尔沙洲海战中打沉了赫赫有名的德国重巡洋舰"布吕歇尔"号,皇家海军为此威名大振。然而没过多久,费希尔和丘吉尔的"蜜月"就结束了,在攻击达达尼尔海峡的战役中,两人战略对立,发生了激烈的争论,费希尔对丘吉尔的自以为是忍无可忍,就在英国突袭舰队浩浩荡荡杀向达达尼尔海峡的时候,英国海军大臣和其他三位海务大臣都收到了来自第一海务大臣费希尔的辞职信。费希尔辞职的消息让英国海军上下多少有些措手不及,但毕竟是在丘吉尔的预料之中。在达达尼尔海峡惨败的消息传回海军总部后,对于风雨飘摇人心不稳的英国海军部真是雪上加霜,在这之后不久,丘吉尔也黯然离开了他的位置。

雾中出击——赫尔戈兰湾海战

西欧战争迫在眉睫之际,英国的本土舰队和德国的公海舰队都进入了战斗泊位,英国本土舰队的主要战斗力都集中在大舰队,大舰队的指挥官是海军上将约翰·杰利科勋爵,主要基地在奥克尼群岛中的斯卡帕湾,辅助基地在苏格兰的港湾里。大舰队中包括 20 艘一级战列舰和 4 艘战列巡洋舰,它的主要作用是防止德国军舰逃进大西洋,保卫北海,监视公海舰队,在出现有利机会时将德国的公海舰队歼灭。

海上力量对战争的影响从一开始就感觉到了,从大战爆发起,海上封锁的威力尽管动作迟缓,初期不尽完善,但逐渐加强,终于像巨蟒那样无情地越缠越紧。英国人运用他们强大的海上力量来对付德国,同时极大地得益于它那得天独厚的地理位置。英伦三岛恰好与欧洲大陆西侧隔海相望,对北海和德国通向波罗的海之路形成包

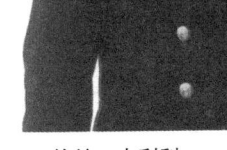
▲ 约翰·杰利科

围堵截之势。1914 年战争爆发前夕,英国皇家海军的力量远比德国帝国海军强大。皇家海军一共拥有无畏级战舰 21 艘,英国的"伊丽莎白女王"号无畏舰上装备了 8 门 380 毫米口径的巨炮,射程约 13 千米,是普通战舰上火炮射程的三倍,德国海军的主力公海舰队,有 14 艘无畏舰,战争爆发后,德军的公海舰队被封锁在基尔和威廉港中,消极避战。

英伦三岛的位置扼守住北海的出口,德国的公海舰队实际上已成了大舰队的囊中之物,大舰队只要在那儿停泊一个舰队就收到了封锁德国的效果。显然处于劣势的公海舰队是不会出来向集结在那儿的大舰队挑战的。另外,雷场、潜艇等的威胁也制止了大舰队进到亚德湾攻击德国舰队,英国的目的是把公海舰队引诱出来消灭。而德国人则想运用计谋一点一点地逐个歼灭大舰队的各个部分,以此把它削弱到自己能对付的水平。对这两支世界上最大的舰队来说,战争的大部分时间是在令人厌烦的待机中度过的,英国舰队在奥克尼群岛上的斯卡帕湾和苏格兰的克罗马特阴冷的基地上待机,

▲ 1914年1月，整齐地停泊在德国基尔运河上的德国鱼雷艇。

而德国舰队则藏身于赫尔戈兰岛的火炮和赫尔戈兰湾布雷场的背后，在亚德湾的不来梅港和威廉港待机，较陈旧的舰艇部署在波罗的海基尔港。

随着陆上节节败退，英国海军中求战的呼声越来越高，英国潜艇部队司令凯斯准将接到报告，每天傍晚德国的轻型巡洋舰都护送驱逐舰到赫尔戈兰湾做夜间巡逻，黎明时巡洋舰与驱逐舰在赫尔戈兰湾西北20海里处相会，护送它们回港。凯斯认为这个规律对英国舰队是个机会，就起草了一份突袭敌人的计划，即利用潜艇当诱饵，把强大的水面增援舰只布置在视界以外，把德国人引到赫尔戈兰湾以西的海面加以袭击。由于凯斯的一再坚持，和大英帝国皇家海军传统尊严熏陶下的中下级军官渐渐流露出来的不满，致使英国大舰队司令杰利科上将不得不同意了凯斯的诱敌计划，以己方的3艘潜艇和2艘驱逐舰分队前往德国海域，扮成围歼德国驱逐舰分队的假象，以吸引德军大部队出巢，并继而一并歼灭之。整个计划要求快打快撤，尽量减少暴露在敌人大门口的时间，务必赶在德国援兵到来前结束战斗。为求保险，凯斯要求从大舰队中调出第一轻巡洋舰中队做近接支援，还申请出动大舰队主力做后盾。但杰利科上将不允许因为一次小打小闹的

相关链接

★ 德军驱逐舰

无论对德国还是其他参战国而言，特别适合为主力舰队提供侦察服务的驱逐舰都是各种海上行动中不可缺少的一员。在战争开始之前的一段时间里，琳琅满目的驱逐舰并不是每一艘都有自己的名字，它们大多都只是有一个用数字和字母组成的编号而已。其中，字母部分是用来说明出产厂家的：例如，字母G表示赫马尼亚造船厂，S表示希肖船厂，而V则表示伍尔坎船厂，等等。

下水：1914年
排水量：1050吨
舰员：87人
时速：34.5节
武装：三门850毫米口径大炮，6门508毫米口径的鱼雷发射管

▲ 1918年，德国驱逐舰小队在斯卡帕湾迎来了其军旅生涯的终结。

突击而影响到大舰队的正常巡逻,他干脆利落地拒绝了这一"非分"要求。

就在行动开始之前,杰利科审查了作战计划,认为其中的突击兵力不足以应付突发情况,且远在亨伯河口的远距离支援群根本无法及时提供支援,于是在凯斯和蒂里特出发后,他命令贝蒂中将率领第一战列巡洋舰中队"雄狮"号、"玛丽女王"号和"大公主"号及古德诺夫准将指挥的6艘轻巡洋舰与第二战列巡洋舰中队会合,紧随蒂里特开赴赫尔戈兰湾。1914年8月26日午夜刚过,第八潜艇支队就从哈里奇港启程前往战区,凯斯乘坐驱逐舰"静默猎犬"号随行指挥,蒂里特也在这一天上午9时登上了旗舰"林仙"号,轻巡洋舰"林仙"号火力强,速度快,但服役才仅仅十五天,各种设备还缺乏磨合和调校,所以当27日蒂里特舰队动身时,"林仙"号的战斗状态仍令人担心。他们在28日凌晨抵达赫尔戈兰湾,并且在大雾弥漫的海面上发现了德国驱逐舰分队的黑影,大雾造成的低能见度使得英国潜艇只发现了16艘德国船只中的6~7艘,而5千米左右的能见度也让德国人没有注意到英国潜艇发射来的鱼雷,倒霉的德国驱逐舰"V117"号不幸被击中,德国人迅速反应过来,并马上调整了队形。

德国驱逐舰分队司令瓦里斯中校立即下令展开搜索队形向西追去,同时用无线电发出"湾内出现敌潜艇"的警报,停泊在赫尔戈兰岛的第五雷击舰支队随即发动,准备出发去消灭英国潜艇。7时,双方水面舰艇发生了首次接触,德国第一雷击舰支队此时已经向西毫无结果地搜索了两个小时,突然发现了向南穿雾而出的蒂里特舰队。邻近的担负着保护驱逐舰编队重任的德军两艘轻巡洋舰"斯德丁"号和"弗劳恩洛布"号,加上不远处的第五驱逐舰编队总计18艘大小舰只纷纷加入战团,这种场面当然在蒂里特的算计之中,隐藏在浓雾中的他的舰队开始向着中央的团团黑影而去,并率先开火,双方的实力对比如此均衡,这也使得早有预备的蒂里特舰队在一开始的炮战中占据了优势。与此同时,"林仙"号与"弗劳恩洛布"号陷入了苦战,"林仙"号虽然在数据对比上显著优于对手,但它磨合时间太短的缺点却影响了战斗力,两门102毫米炮卡壳,另有一门被打坏,鱼雷发射管报废,一时间只有舰首的一门152毫米炮能够还击,场面极为被动,所幸击中对手要害,使得"弗劳恩洛布"号不得不拖着右倾的舰体退出战斗。

▲ 英国皇家海军战列舰"新西兰"号曾先后在赫尔戈兰湾、多格尔沙洲和日德兰半岛参加过三次战斗,并一直坚持到战争结束。

如同英国人计算好的那样，他们的出击果然吸引了不少的德国船，只要能够按照既定的计划继续发展下去的话，那么胜利几乎百分百地站在自己这一边。蒂里特准将放下望远镜，不由得意起来，但他的好日子也正是在这一刻结束的：同样是由于能见度的问题，他并没有发现德国舰队附近的大批增援部队正在源源赶来。

在与"弗劳恩洛布"的恶战中，"林仙"号的锅炉水管被打了个洞，这时航速已不足10节，蒂里特决定利用战斗间隙进行紧急修理。11时，林仙的航速已经恢复到20节，除两门102毫米炮以外的全部火炮均恢复使用。当轮机重新轰鸣之时，德国的反击也即将开始。德国轻巡洋舰原本是分散出动，因此都是各自到达并投入战斗，首先出场的是"斯特拉斯堡"号。蒂里特准将的旗舰"林仙"号和它身边的4艘英舰成了德国海军从侧翼驰援过来的7艘巡洋舰编队攻击的首要目标，"林仙"号等5艘驱逐舰本来是以五对二，与德海军先期驰援过来的"斯德丁"号和"弗劳恩洛布"号两艘巡洋舰对攻本来还算游刃有余，但是德军新生力量的到来让战局一下子扭转了过来，眼见势头不妙，"林仙"号迅速向已经在途中的古德诺夫的巡洋舰编队发出了求援信号。

当蒂里特疲于应付德国舰走马灯式的进攻时，英军此次行动的最高指挥军官贝蒂和他的5艘战列巡洋舰、4艘驱逐舰正徘徊在西北48千米处，他不能坐视蒂里特遭到围攻而无动于衷，但他也清楚地知道德国人在午后不久就可以出动战列巡洋舰甚至是战列舰队，届时他的5艘战列巡洋舰自保尚且存疑，更不用说救援，胜利的天平每一分钟都在向德国一边倾斜。此时近80艘的大小舰只在海面上展开了捉对厮杀，德军由于救援距离近和应急反应机制的完善，在战斗开始时稍稍占据了上风，"林仙"号在数艘德巡洋舰的联合打击下，于一次剧烈的爆炸后结束了它短暂的服役生涯，作为诱饵的蒂里特准将，完成了他诱饵的使命，德国舰队这条大鱼吞没了他。在没有战列舰和战列巡洋舰参战的情况下，轻型巡洋舰就成了这次海战目前的主角了。贝蒂在犹豫中向身边的菲尔德上校征询意见："你觉得我们该怎么做？我应该前去支援蒂里特，但如果损失一艘宝贵的战列巡洋舰，全国都不会宽恕我。"当时并未肩负责任的菲尔德脑子里只是"急切地想寻找刺激"，便脱口而出："我们当然要去。"于是贝蒂下定决心，11点30分，贝蒂的战列巡洋舰队向东南方急驰而去。

大战既然已经拉开了序幕，那么在家门口作战的德国人就没有理由有所保留，在这外围由水雷和潜艇联合封锁着的封闭海域，德国人正在继续调兵遣将，他们的目标就是将这批英国舰艇全部困在这里。正当威廉港的巨舰们正在关注战况之余焦急地等待着涨潮来临，以使他们能够出发赶往交战海域的时候，他们得到消息，英国5艘战列巡洋舰编队正在往战场赶来。英军战列巡洋舰队的进入，使战场形势陡转，见势不妙的德国轻型巡洋舰开始逃离。"科隆"号的运气显然不够好，贝蒂凭借战列巡洋舰的速度优势，轻松切断了"科隆"号的退路，几分钟内，"科隆"号就成了一条废船。随后另一艘德国巡洋舰出现在贝蒂面前，这是刚刚抵达战场的"阿里阿德涅"号，它对于战况还懵懵懂懂，在"科隆"号身上刚发生过的一幕再次上演，仅十分钟，它就完全被大火和浓烟包裹。德国人期待已久的潮位终于到来了，随着欢快的汽笛声，6艘战列巡洋舰率先驶往交战海域，而此时英国人的5艘战列巡洋舰已抵达交战海域，并且凭借着不对称的火力和吨位对海面上的德国驱逐舰和轻型巡洋舰编队展开了绞杀，当然，海面上的德国人也已经得到了后方的消息，他们现在的目的只有一个，宁可自己丧身于此，也要将英国人的这批舰艇留下。由于大雾，许多德国轻型巡洋舰逃脱了厄运，如果天气晴朗，它们在英国战列巡洋舰面前必定是九死一生。

即使是在一边倒的畅快战斗中，贝蒂心中的弦依然绷得紧紧的。此时杰德河口水位已经升高，德国的主力舰队可能已经在途中。下午1时，贝蒂向湾内全体英国舰艇发出撤退信号，此时距离他加入战场还不到四十分钟。随着浓雾的渐渐淡去，以"布吕歇尔"号为首的德国6艘战列巡洋舰编队抵达交战海域，为了这一刻的到来，德国人已经付出了惨重的代价。英国舰队得手后并不恋战，捞起部分德舰落水官兵后迅速撤离，当中午涨潮后德国战列巡洋舰赶到现场时，英国人早已踪迹全无。赫尔戈兰湾突袭战是第一次世界大战的第一次海上舰队交战，无疑，英国人在大洋舰队眼皮子底下痛击德国舰队的行动，令德国海军颜面尽失，大洋舰队虽坐拥巨舰重炮且近在咫尺，却由于低潮所阻，只能眼睁睁看着英国舰队扬长而去。捷报传遍了不列颠，对于不了解过程、只在乎结果的大多数英国人来说，这个期盼已久的胜利无疑是一针兴奋剂，但对于局内人士来说，这次胜利与灾难之间只有一线相隔。这场海战对于德国的海军战略产生了重大影响，德皇于是下令舰队"保持守势，避免可能导致更大损失的作战活动"。在此期间，德国位于中国青岛的太平洋远东舰队则开始了一场悲壮的海上游击战。

"给的船越多，他的胆越大！"——有勇有谋的戴维·贝蒂

总喜欢歪戴军帽的戴维·贝蒂被誉为第一次世界大战中最闪亮的海军将星，此君酷爱冒险，勇冠三军，冲劲十足，只要发现敌舰，他就像猛兽捕猎似的，一旦咬住绝不松口！他的上司杰利科海军元帅对他有一句相当经典的评价：给他的船越多，他的胆子就越大！

戴维·贝蒂1871年1月17日生于爱尔兰柴郡的一个小村落，他是戴维·朗费尔德·贝蒂船长的第二个儿子，1844年1月，13岁的贝蒂作为海军军官候补生登上"大不列颠"号训练舰，进入了皇家海军。戴维·贝蒂在军中一直表现出色，不断获得提升，在埃及和苏丹镇压民族解放运动，并逐步被提升为战舰舰长。在对中国义和团起义的镇压中，贝蒂在天津的作战中手臂两次受伤，后被晋升为海军上校。1911年，40岁的戴维·贝蒂出任海军大臣丘吉尔的秘书，

▶ 英国海军元帅戴维·贝蒂

▲ 图为皇帝陛下舰船之"伊丽莎白女王"号上380毫米口径的舰炮。"伊丽莎白女王"级"无畏"舰是英国海军在第一次世界大战中所用杀伤力最大的一类"无畏"舰。

深得赏识。然而，为人自负、敢于冒险、极富进取心的贝蒂对办公室的谋划运筹不感兴趣，他渴望到大海上去建功立业。两年后，如愿以偿的他担任了皇家海军的"宠儿"战列巡洋舰分舰队的司令。1913年被任命为大舰队第一战斗巡洋舰分舰队的指挥官后，贝蒂晋升为中将，任此职直至1914年8月战争爆发。第一次世界大战爆发后，在英德海军的几次较量中，贝蒂总是冲在最前面，成为"巨舰大炮时代"最著名的海上突击手。

　　1914年第一次世界大战爆发时，贝蒂正担任战列巡洋舰分舰队的司令，他的上司也是英国海军史上的一位名将，即英国大舰队总司令杰利科，杰利科的性格和贝蒂截然相反，他是那种特别谨小慎微的人，虽然很欣赏贝蒂的才干，但他也非常担心贝蒂的莽撞个性将战斗巡洋舰部队带入德军的陷阱，所以他交给贝蒂的任务就是巡逻侦察，发现敌人部队并在海湾拖住他们直至主力部队的到达，而不是与敌舰拼命。大战爆发后，英海军决定，立即采取"封打结合"的战法，夺取北海以至大洋远海的控制权。1914年8月28日，已晋升海军中将的贝蒂经过精心筹划，对德国公海舰队的巢穴赫尔戈兰湾实施了一次大胆的突袭。赫尔戈兰湾位于易北河和基尔运河的入海处，因该湾中央有一赫尔戈兰岛而得名，是德国重要的海军基地，德国公海舰队的主力也停泊在距该湾很近的威廉港。

　　赫尔戈兰湾是易北河和威悉河口外一片三角形水域，每天傍晚德国的轻型巡洋舰都护送驱逐舰到海上来做夜间巡逻，黎明时巡洋舰与驱逐舰在赫尔戈兰湾西北20海里处相会，护送它们回港。按照英国指挥部的企图，英国海军应当突袭警戒赫尔戈兰湾的德国舰艇，切断其返回基地的退路，并将其消灭。8 月 28 日清晨，贝蒂率领他的分舰队在大雾的掩护下悄悄驶进了赫尔戈兰湾，这支分舰队包括战列巡洋舰 5 艘、轻巡洋舰 8 艘和一些驱逐舰，为了引诱德国舰艇出海，贝蒂首先派出潜艇在赫尔戈兰岛附近实施佯动。5 时，一艘英国潜艇发现了德国巡逻舰，马上实行攻击。这一大胆的挑衅行为果然引来了德国第五驱逐舰纵队，待敌舰驶近，蒂里特海军准将率舰艇支队首先冲了过去，将雨点似的炮弹倾泻在冒失的德舰上。英国人打得其中一艘德国巡洋舰掉转船头，带着 50 个伤亡士兵向威廉港驶去，这时英国人又向西转回去，发现了另一艘孤零零的德国驱逐舰，很快就把它打成一堆火焰冲天的残骸。此时，这一海域中的 5 艘德国轻型巡洋舰前来参加攻击。贝蒂的战列巡洋舰又从西北方向冲了过来，用 356 毫米口径的火炮击沉了 2 艘，另 2 艘幸存的德国轻型巡洋舰被打得遍体鳞伤，总算设法溜走了。下午 2 时，德国战列巡洋舰趁涨潮驶出威廉港，准备增援，可精明的贝蒂早已撤出战场，率舰队顺利返航。

这是"一战"开始后英德海军的首次交锋，结果贝蒂的舰队一下子敲掉了德国的 3 艘轻巡洋舰和 1 艘驱逐舰，毙敌 700 多人，伤 150 人，俘虏 300 余人，其中包括一名海军将官，开了大战中俘虏敌国海军将官之先例。英舰未受大损失，仅阵亡 30 余人。赫尔戈兰湾突袭极大地鼓舞了英国的民心士气，也使贝蒂本人名声大振。贝蒂在 1915 年 1 月获得了进一步的战果，这一次是本月 24 日在多格尔沙洲，贝蒂在德军希佩尔海军中将率领的战斗巡洋舰队第三次袭击英国沿海城镇时，成功截击了他。贝蒂的舰队击沉了"布吕歇尔"号重型巡洋舰，并使希佩尔处于极端不利的局面。但是贝蒂随后也因为旗舰"雄狮"号受创而退出战斗，接手的阿奇博尔德·穆尔少将指挥严重失误，从而使德舰最后得以逃脱。

1916 年 5 月，"一战"期间规模最大的海战——日德兰海战——开打，有意思的是，德英两国舰队都采用了同一种战术，派出小的舰队引诱对方靠近自己的主力，然后再歼灭之。德国公海舰队总司令舍尔海军上将派希佩尔去引诱英舰，而杰利科则派贝蒂去引诱德舰，两支先遣队在海上同时发现了对方并立刻交火，安装了瞄准仪的德舰这次表现出色，不但击沉了英舰"不屈"号和"玛丽皇后"号，还把贝蒂的"雄狮"号旗舰击成重伤。尽管在最初与希佩尔的交战中贝蒂的巡洋舰队损失了"不屈"号和"玛丽皇后"号两艘巡洋舰，但贝蒂仍成功地引诱了德国海军中将舍尔的主力舰队驶向英国海军上将杰利科统率的主力战列舰队。不过由于杰利科作战中过于保守和谨慎，在皇家海军和德国公海舰队的这次遭遇中德国还是获得了战术上的胜利。但是这种胜利依然不能动摇英国此战在战略上的成功，此后气馁的德国舰队再也不敢贸然出击。

由于在历次海战中的出色表现，贝蒂接替杰利科担任了英国大舰队总司令，战后又当上了海军部首席大臣，升为元帅，敢于冒险、机智多谋、头脑灵活的他在皇家海军的历史上占有了重要地位。他在"一战"中重创了德国海军，战后担任海军大臣时他又坚决维护海军航空力量的独立，为日后"二战"期间的英国舰队奠定了基础。1927 年，这位歪戴军帽的海战明星退出军界，1936 年在伦敦病逝，终年 65 岁。

"一战"中被遗忘的战役——日德两军交战青岛

　　日本和德国为争取其最大的在华利益，终至大动干戈，地点是中国青岛。这场战争不仅是第一次世界大战一个重要的组成部分，也同样是"一战"中唯一的亚洲战场。英国投入了约 2000 人的兵力，这是一场帝国主义为了争取和维系其在华的最大利益和特权而爆发的战争。19 世纪末 20 世纪初，为了在世界范围内争夺殖民地，各帝国主义列强之间的斗争几乎到了疯狂的地步。1868 年，日本通过一场由上而下进行的改革运动，走上了资本主义道路。为了争夺殖民地和势力范围，日本积极推行对外扩张的政策。在 1914 年与德国殖民者争夺青岛之前，日本已经通过发动侵略战争，相继侵占了中国的辽东半岛、台湾、澎湖列岛。

　　19 世纪末，德国大力扩充海军，开始参与国际事务。当时，英法等国已基本将世界瓜分完毕，德国便把扩张之手伸向了软弱无能的中国。它尤其重视山东省的资源和胶州湾这一门户。1899 年，以杀害德国传教士事件为借口租借胶州湾，修筑青岛要塞，建立东洋舰队的基地，同时加紧在山东省铺设铁路，开采矿山。1914 年 8 月，第一次世界大战在欧洲爆发，自从日俄战争以来，在太平洋上如日方升的日本，于 8 月 22 日贪婪地参加协约国一方，其参战的主要目的是趁着德国无暇顾及其在亚洲的殖民地，掠夺德国在亚洲的殖民地利益，用极小的代价捞到很多的东西。它的初期目标是夺取德国在中国的租借地——青岛。对中国青岛早有觊觎之心的日本趁德国陷入欧战而无力东顾之机，趁火打劫，于 8 月 23 日对德国宣战，随即派海军封锁胶州湾。日军任命神尾光臣中将为司令官，调动了以第十八师团为主力的陆军 5 万人，配备了数百门重型火炮和多架飞机，进攻青岛。德军在中国青岛的驻军仅有 6000 余人，军舰 10 余艘，后奥国的"伊丽莎白皇后"号参战，但此艘战舰装备落后，并未参与海战，而是将舰载炮搬至德国外围炮台。日本向中国提出要求，划出龙口、莱州及连接胶州湾之若干地域为战争地带，要中国军队保持中立。

　　9 月 2 日，日军在青岛以北 150 千米处的龙口登陆，向青岛发起全面进攻。令人费解的是，日本向德国宣战，却不向欧洲派兵与协约国并肩对德作战，也不从青岛登陆直接攻打德国占据的租借地，反而舍近求远从渤海之滨的龙口绕个弯子对青岛德军发动进攻。从这里不难看出，日本真正的险恶目的是肆意践踏侵略中国。青岛炮台曾名"俾斯麦炮台"，是德国侵占青岛期间在青岛构筑的军事要塞的总称。其前身是清朝末年清军在青岛口一带修筑的胶澳炮台工程。1897 年德国强占胶州湾后，在清军炮台的基础上进行了大规模的军事设施建设，此炮台地下指挥部总面积 1600 平方米，三层立体结构，顶部装有可旋转瞭望铁塔，是列强在中国近代修建的体系完备、规模庞大的海陆军事要塞之一，成为德国侵略中国和争霸世界的重要军事基地，在"一战"爆发以后，德皇威廉仍然没有忘记他在远东的这块地盘，驻守"俾斯麦炮台"的德军对炮台进行了紧急加固。

作为中立国，中国要求日本和德国把战事限制在租借地境内，然而，日军司令部根本无视中国的合法要求，它的军事行动开展得远远超出了租借地，不是从德国人已设防的海上，而是从后方、经过筑有工事的胶州地区去攻打德军在青岛的驻地。9月18日，日军堀内支队在崂山仰口登陆，侵占中国的李村，在此与日军独立十八师团本部会合。9月3日，英军西库斯联队900多威尔士士兵、300名印度士兵由崂山湾登

▲ 青岛油库是德军在中国大陆的唯一立足点，却在1914年11月7日英日联军占领青岛时被付诸一炬。

陆，抵达李村与日军会合。同日，日军400人突然占领潍县车站，继而进兵济南。9月15日，独立第十八师主力冒着狂风暴雨在山东半岛北岸的龙口附近登陆，之后继续南进。在其掩援下，9月21日，日军的三架飞机飞临即墨机场，准备利用即墨机场对青岛德军的布防情况实施侦察。为配合日军主力部队攻占石门山、孤山和浮山的德军阵地，日军飞机从21日开始对白沙河附近、李村河以南地区进行侦察，还对停泊在胶州湾内的德舰进行了炸弹攻击。24日，堀内支队和重炮部队等在青岛东部的崂山湾登陆，9月26日，日德军队在白沙河、女姑口一带开火。9月27日，德军放弃李村水源地，同日，中国政府因日军侵犯中国，占据铁路，向日本提出抗议。28日日军击败德军，夺取前进基地，准备进攻要塞。

　　10月2日，约30余名德军士兵分两路，从日军阵地的正面和侧面发动进攻，正在半山腰视察的日军军官急忙指挥部队撤往山顶固守。德军一个机枪小队携带两挺重机枪，从台东镇方向渡河来到桥东北方约50米的大道上，架好机枪向四方山顶猛烈射击。冲上山的德军被日军击退，德军兵力较少，退下后又与海泊桥警戒哨所的德军会合。日本海军出动了第二舰队的60余艘军舰，由舰队司令官加藤正吉指挥封锁胶州湾，并从海上攻击驻青德军，此时，协约国最急于歼灭的德国远东舰队深知青岛要塞失陷已不可避免，于是它的主力——6艘巡洋舰——早在日军合围青岛前就悄然驶离大港，突破日军的封锁线，摆脱掉日、英、法、俄等国数十艘军舰的围追堵截，分别进入南太平洋和印度洋进行攻袭作战，留在青岛港内的仅有几艘小型驱逐舰和一艘老式奥地利巡洋舰。10月17日，日本巡洋舰"高千穗"号在塔连岛附近被德军击沉，近3000余人葬身海底。10月31日，日英联军在经过一段较长时间的准备后，集中兵力先扫清了外围，紧接着向驻青德军发起总攻，日军展开两翼合击德军有生力量，炮兵依据孤山阵地猛烈轰击停靠在青岛港内的德军船只，日本有史以来运用了飞机参与对驻守青岛德军的侦察和轰炸，极为奏效。

　　鉴于青岛要塞属坚固的现代化要塞，且从对外关系上考虑需迅速夺取，日本配备了

▲ 日本高级官员与一位同级的英国官员在青岛包围战中合影。他们背后是一门重型野战炮。

▲ 日本军队于1914年9月2日登陆山东半岛，约有2.4万名日军参加了包围青岛的战斗。

◀ 青岛山北坡原德军北炮台遗址处，复制的210毫米口径的德国克虏伯加农炮。

足够的攻城重炮，派第一舰队全力支援，由第二舰队实施封锁和登陆支援，独立第十八师担任进攻任务。英国将战舰、驱逐舰各一艘和一个步兵营分别配属给日海陆军部队指挥官指挥，协助作战。在扫清驻青德军的外围防线后，日军推进至当时的青岛市区范围内，德军守城的最后一道防线由五大堡垒组成，其中，中央堡垒位于如今的镇江北路上。德军深知，五大堡垒防线一旦被突破，德军将无险可守，再也无法组织有效的抵抗，因此在五大堡垒防线上布下重兵。由此，日德双方进入僵持阶段，直到11月6日晚上。

11月7日凌晨，日军突击队趁德军极度疲惫之机，偷袭中央堡垒，经过激烈肉搏之后，中央堡垒陷落。德军遂集中全部炮火轰击中央堡垒，组织军队反攻，企图夺回堡垒，但未能成功。日军乘势从前后两面夹击各堡垒，先后攻陷湛山、台东镇等堡垒。伊尔奇斯诸炮台随后相继失守。早6时，俾斯麦南炮台失陷，6时30分，俾斯麦北炮台亦告失守，至此，德军最后一道防线全线崩溃。德国在青岛苦心经营十多年的军事打击和防御设施难以承受日军海陆空三面强攻，开始土崩瓦解，德皇不得不下达"准予撤退""毋庸驻守"的急电，德军于7时悬挂白旗宣布投降。德军代表与日军代表在青岛郊区东吴家村会见，接受了日本提出的弃城投降的要求，签订了停战条约，11月11日上午，日军入城占领青岛。

此役，德军战死150人，被俘4000余人，日军死亡1000余人。德军在投降前夕，将炮台火炮自行炸毁，军舰、浮船坞自沉海中。经过日德战争，日本取代德国成为青岛的殖民统治者，青岛陷入日军的魔掌，从此德国丧失了在亚洲最后一块殖民地和在远东全部的舰队。实际意义上，这场战役确认了日本在华利益的延伸。英军在德国投降以后立刻撤走了，而日本却有意留下来，驻军于青岛，占领了长久垂涎的青岛。与此同时，日军还占领了德属的马歇尔、马里亚纳、帕劳群岛及加罗林群岛。

日德青岛之战是德国和日本在中国领土上为争夺中国土地而进行的一次帝国主义战争，给中国人民带来了巨大灾难，严重侵害了中国的主权。德国当局强行扣押数万中国人为其修筑炮台工事，形同奴隶。而日军每到一处，强奸妇女，抢劫财物，杀人放火，无恶不作。日军侵占青岛后，公然宣布将青岛置于日本天皇直接管辖之下，在1919年的巴黎和会上，西方列强与日本不顾中国人民的反对，强行确定了日本在青岛获得的全部利益。

中国作为协约国的一方，但是其领土完整却在战争结束后受到了蔑视，青岛的领事权换汤不换药，仍然是帝国主义瓜分中国的一个象征。最终，青岛主权和山东问题成为1919年五四运动的导火索。在1922年的太平洋会议中，美国为了达到力量的平衡而要求日本归还其在华的原德国殖民地，包括青岛的领事权，并要求日本在6个月内于青岛撤军。在中美英三方的压力下日本不得不做出一些妥协和让步，经过斗争和外交谈判，1922年，中国收回了青岛的主权。

印度洋上的"东方天鹅"——缔造传奇的"埃姆登"号

1906年11月1日，英德战列舰军备竞赛方兴未艾之时，在波罗的海古老的汉萨同盟港口城市但泽的皇家造船厂的船台上，一艘毫不起眼的轻巡洋舰开始铺装龙骨，在当时，没有任何人能够想到，这艘在"无畏"舰的阴影笼罩下的小小巡洋舰，在即将来到的战争中竟大放异彩，其光芒盖过了许多比它强大得多的无畏战舰，甚至在敌人那里也赢得了声誉，从而以"东方天鹅"闻名于世。

"埃姆登"号在1908年5月26日下水，并于1909年7月10日加入德意志帝国海军服役。它以赞助该舰建造的埃姆斯河口城市埃姆登市命名，装备10门102毫米口径主炮，是德国最后一艘使用往复式蒸汽机的巡洋舰。"埃姆登"号的姊妹舰"德累斯顿"号和之后建造的巡洋舰都使用蒸汽轮机。如同当时大多数舰船，"埃姆登"号的12台锅炉使用煤炭作为燃料。"埃姆登"号属于德累斯顿级轻巡洋舰，该级舰共两艘，此时适逢英德海军军备竞赛，该级舰被作为在北海配合战列舰队实施侦察和护航的侦察巡洋舰而设计，航速较快，但是续航力较小，火力一般。面对普遍装备152毫米口径主炮的英国轻巡洋舰显得过于单薄，正常情况下基本没有单舰对抗的能力。

1910年4月1日，"埃姆登"号正式加入舰队，并被派往德国位于中国胶州湾的殖民地青岛。"埃姆登"号于1910年4月12日离开基尔港，穿过基尔运河，进入公海。在青岛，"埃姆登"号因其优美的造型得到了"东方天鹅"的美名。5月29日，"埃姆登"号迎来了它的最后一任舰长冯·穆勒少校。穆勒1873年生于汉诺威一个普鲁士贵族家庭，最初他遵从父亲的意志接受陆军军官教育，但是1891年他终于说服父亲参加了海军成为一名候补生。其后十多年他先后在很多地方服役，但是军衔晋升缓慢，这可能跟他的性格有关。不过在不久后的战争中，他的骑士风度和优秀的战术指挥能力，连他的敌人都不得不叹服。穆勒舰长熟知日俄战争中日本舰队是如何围困并摧毁旅顺口的俄国舰队的，因此，当消息从欧洲传来，说战争迫在眉睫，穆勒舰长决心不让历史在他身上重演。

作为唯一未参加南太平洋殖民地例行巡航任务的主力舰只，"埃姆登"号在1914年7月31离开青岛，当8月2日战争爆发的消息传来时，"埃姆登"号正在海上。8月4日，"埃姆登"号捕获了它的第一个猎物——俄国商船"梁赞"号。在返回青岛途中，"埃姆登"号不慎遭遇了由5艘巡洋舰组成的法国分舰队，但是胆小谨慎的法国海军将"埃姆登"号当成了施佩引诱他们上钩的诱饵，所以没有对"埃姆登"号进行追击。但是这次遭遇，更加使得穆勒舰长认定，对于德国军舰来说，青岛已经成为一块死地。在完成了加煤和补给后，"埃姆登"号迅速离开了青岛，前往马里亚纳群岛与施佩分舰队主力会合。

1914年8月8日，"埃姆登"号在北马里亚纳群岛同施佩的舰队会合，虽然施佩中将希望舰队保持统一并设法返回德国，但他仍同意了穆勒舰长派出一艘轻巡洋舰前往印度洋对英国航运实施破袭的建议。8月14日，"埃姆登"号离开了舰队主力。当时的印度洋也经常被称为"英国湖"，"埃姆登"号开始对没有护航的英国和协约国商船进行袭击。"埃姆登"号用一个假烟囱将自己伪装成一艘英国巡洋舰后进入了孟加拉湾，9月10日，"埃姆登"号捕获了它进入印度洋后的第一个猎物——3500吨的货轮"印度河"号，缴获了150箱香皂，这些价值有限的货物却在"埃姆登"号上引起了不小的欢乐情绪，此时船上剩下的肥皂充其量只能用两个星期，不久前还一本正经地就打劫一艘肥皂船的必要性提出建议呢。9月间，"埃姆登"号共捕获7艘商船，除2艘意大利和挪威的中立国商船外（均立即释放），都是英国商船。大多数被捕获的英国商船都立即被"埃姆登"号102毫米口径的主炮或在船底安置的炸药给击沉。穆勒舰长很绅士地对待了每一位被俘的船长，并保证所有被俘的英国船员受到善待。

9月14日，"埃姆登"号截住了中立的意大利商船"路易丹诺"号，并将俘虏转

相关链接

★ 皇帝陛下战舰之"埃姆登"号

"埃姆登"号的经历虽然短，却很传奇。1914年8—11月期间，该舰击沉了18艘英国商船，俘虏5艘另击沉1艘俄国巡洋舰，击沉1艘法国驱逐舰。下图所示为"埃姆登"号在迪莱克逊岛被协约国船队围困后击沉的样子。

类型：轻型巡洋舰
下水时间：1908年
排水量：3650吨
船员数：321人
速度：24.5节
主要武器：10门105毫米口径的大炮

▲ "埃姆登"号轻型巡洋舰

交给这艘中立商船,被释放船员和乘客们则向"埃姆登"号和它的官兵欢呼三声以示感谢。回到加尔各答后,这些人广为宣传他们所受到的人道待遇,"埃姆登"号与他的船长也因此赢得了"战争中的绅士"的声誉。英国海军部直到此时才注意到"埃姆登"号的存在,并立即中止了科伦坡到新加坡之间的航线,这在印度洋上的英国和其他协约国的航运公司间造成恐慌,商船的保险费率暴涨,船只不敢离港。对英国和其他协约国来说,尴尬的是一艘德国巡洋舰竟然使整个印度洋的航运瘫痪了。9月15日,"埃姆登"号回到新加坡—仰光航线上活动,在这里它只遭遇了瑞典船"多沃"号,这艘船带走了前一天捕获的船员,并告知"埃姆登"号马六甲海峡有两艘英国辅助巡洋舰,在槟榔屿停泊着两艘法国巡洋舰。

一位军官建议穆勒突袭槟榔屿,但是穆勒却选择了首先向南航行,避开"多沃"号的视线后再转向西驶往马德拉斯,他准备炮击马德拉斯的储油罐以"打击英国的威望",9月22日晚,"埃姆登"号悄悄接近印度半岛东南部的城市马德拉斯,在距离2700多米的地方开火攻击港口内的大型储油罐,头30轮炮击就引起了大火。炮击持续了半个小时,直到22点,海岸炮台才开始进行还击,不过,"埃姆登"号在发射了125发炮弹后毫发无损地离开了当地。虽然这次行动没有造成大的损伤,但沉重打击了英国的士气,并导致数千人逃离马德拉斯。炮击马德拉斯之后,"埃姆登"号转向南,到印度洋上航运最为繁忙的海域活动,9月27日,"埃姆登"号捕获了4500吨的运煤船"布尔克"号,该船正在为英国亚洲分舰队运煤,装有7000吨优质的一级南威尔士无烟煤,"布尔克"号上的煤正好解决了"埃姆登"号的燃眉之急。

"埃姆登"号离开尼科巴群岛后,向东南方驶去,穆勒舰长把目光放在英属马来半岛的槟榔屿,10月28日早晨,"埃姆登"号靠假烟囱伪装成英国巡洋舰,全速驶入港内。在这场槟榔屿海战中,"埃姆登"号在港内升起德国军旗,并向停泊在港内的俄国巡洋舰"珍珠"号发射了鱼雷,紧接着的主炮齐射将俄舰打得千疮百孔。"埃姆登"号转身离开时发射了第二枚鱼雷,引起了大爆炸而使俄舰沉没。击毁"珍珠"号后,穆勒少校决定见好就收,离开这个危险的地方,出港不远,"埃姆登"号与在港外巡逻的300吨的法国驱逐舰"莫斯奎特"号遭遇,小小的"莫斯奎特"号不畏比自己大十多倍的对手,接近"埃姆登"号试图用鱼雷和小型火炮攻击,但是在"埃姆登"号巧妙规避下无一命中,而勇敢又鲁莽的"莫斯奎特"号在弹雨中仅仅坚持了十分钟就被击沉。

　　1914年11月，日本夺取了德国最重要的海军基地青岛及其殖民地加罗林群岛、马里亚纳群岛和马绍尔群岛。澳大利亚夺取了新几内亚德属部分和所罗门群岛，新西兰夺取了萨摩亚群岛，实际上，德国于1914年已失去了自己在太平洋的全部殖民地，当时，至少60艘协约国战舰在印度洋上搜索"埃姆登"号，"埃姆登"号在11月9日抵达一个小岛，穆勒决定派出一支由穆克中尉带领的登陆队上岸破坏通信塔和设备。不走运的是，东方电报公司的主管注意到了"埃姆登"号的第四根假烟囱，并发出了告警"奇怪的战舰正在入港"，装备8门152毫米口径主炮的澳大利亚轻巡洋舰"悉尼"号，大约三小时后就赶到了当地。可以说，无论是吨位、火力、防护还是速度，"悉尼"号都具有很大的优势，尤其是火力方面，"悉尼"号的主炮更是全面压倒"埃姆登"号的10门102毫米口径主炮。"悉尼"号精明的舰长利用航速优势拉开了双方的距离，利用自身射程和威力上的优势从7200米左右的距离处轰击"埃姆登"号，在这个距离上，"埃姆登"号很难对"悉尼"号构成实质性的威胁，而"悉尼"号上的152毫米口径主炮却能有效地摧毁"埃姆登"号。

　　为避免伤痕累累的战舰沉没，穆勒舰长将"埃姆登"号抢滩搁浅在海岛的海岸上，"悉尼"号看到"埃姆登"号仍升着战旗，表明要继续抵抗，于是发出了要对方投降的信号，没有答复，"悉尼"号再次开火并对"埃姆登"号造成了更大的损伤。131名德国水兵阵亡，65人受伤，穆勒舰长和剩余的船员被俘虏，但军官被允许保留象征荣誉的佩剑。小小的"埃姆登"号孤舰在敌人的"内湖"成功地活动了两个月，给敌方造成的损失超过自身的15倍，并吸引了数十艘敌舰。穆勒舰长在战争结束后被释放回到德国，被选为普鲁士邦的不伦瑞克州地方议员。但长年的海上生活，以及做战俘时患上的疟疾严重损害了他的健康，1923年3月11日，他在当地议会讲坛上突然病逝。在1914年"埃姆登"号被击毁之后，又有4艘德国军舰以"埃姆登"号命名。因为这艘"埃姆登"号巡洋舰本身被德皇威廉二世授予了铁十字勋章，后来的4艘"埃姆登"号都在船身上安有这巨大的金属勋章。

科罗内尔海战——游击舰长冯·施佩

　　1914年海上战争的重头戏，是在远离英国海岸的地区演出的。在漫长的贸易航线上，角逐已经开始了。战争爆发时，有5支悬挂德帝国国旗的武装商船袭击者舰队分布在世界各海域，其中包括巡洋舰"哥尼斯堡"号、"卡尔斯鲁厄"号、"德累斯顿"号、"莱比锡"号、"纽伦堡"号和"艾姆登"号，加上海军中将施佩指挥的一个分舰队——其中最重要的舰只是装甲巡洋舰"沙恩霍斯特"号和"格奈泽瑙"号。大战之初，德国海军将主力舰队龟缩在德国西北部的威廉港和基尔港基地，偶尔出击一下北海以起到骚扰的作用，而在世界各大洋，仅有8艘德国军舰在活动。由冯·施佩海军中将率领的东亚分舰队，由4艘战舰组成："沙恩霍斯特"号和"格奈泽瑙"号装甲巡洋舰、"埃姆登"号和"纽伦堡"号轻巡洋舰。另外，"德雷斯顿"号和"卡尔斯鲁厄"号轻巡洋舰在加勒比海游猎，"莱比锡"号和"柯尼斯堡"号轻巡洋舰分别在墨西哥西海岸和东非沿海活动。

1898年，德国人在中国青岛获取了一个海军基地。第二年，它又从西班牙人手里买下了加罗林群岛、马绍尔群岛和马里亚纳群岛大部。后来它又把它的很多殖民地岛屿发展成了加煤站。1914年夏，有6艘德国巡洋舰在德国远东海军中将格拉夫·冯·施佩的指挥下在太平洋活动。冯·施佩的舰队本来以中国青岛和大洋洲的加罗林群岛为基地，由于8月23日日本加入协约国，施佩在东亚和西太平洋没了立脚点，只好一路打家劫舍向南美西海岸进发，途中偶尔停顿袭击敌国港口并且补给燃煤。由于大战开始后日本对中国青岛的虎视眈眈，德国在青岛的海军基地已是势如危卵，冯·施佩鉴于日俄海战中俄国舰队被日本舰队封锁于中国旅顺港中的教训，决心让他的舰队及早离开青岛这个危险之地。6月份的最后一个星期，冯·施佩率领他的1.2万吨的装甲巡洋舰"沙恩霍斯特"号和"格奈泽瑙"号，从青岛启程，在紧接英国宣战后的8月5日，这两艘强大的军舰在靠近所罗门群岛之处，9日，它们在卡罗林群岛加煤后便消失在有无数岛屿的浩瀚的太平洋，没有人能告诉它们将在何处重现。英国人以加罗林群岛为中心，画出半径日益加大的圈子，搜索它们可能突然出现的许多地点。

冯·施佩在德国海军中以勇敢多谋著称，他知道，只要他敢驶向西太平洋或留在中太平洋，他终归是要被穷追猛打的。于是他决定向南美西海岸巡航。与德友好的智利会给他加煤以便继续行动。他拒绝把袭击商船作为自己整个舰队的主要任务，但派遣"埃姆登"号带着一艘加煤船向西横渡太平洋以便在印度洋袭击英国船队。冯·施佩舰队的主要任务是攻击英国商船和运兵船，他在这方面取得了巨大成功，但使他留名青史的主要还是和英国皇家舰队之间的作战。

1914年10月28日，"埃姆登"号突袭槟榔屿，击沉俄国轻巡洋舰"珍珠"号和

相关链接

★ 麦斯米兰·冯·施佩

施佩（1861—1914）是一名供职于德国皇家海军的职业军人，在战争爆发时任东亚舰队司令，负责指挥这支强大的舰队进行海上作战。他麾下的舰船在战前曾赢得过不少的重炮射击比赛，而他指挥的海战也都颇受好评，这也是为什么大多数人将他视为德国最优秀的海军上将之一的原因。施佩的根据地在中国，离德国本土非常遥远，科罗内尔海战后不久即为英军攻占。1914年12月，施佩和他的两个儿子在福克兰群岛战役中先后殉国，其舰队中的绝大部分船只也在遭遇重创之后沉入大海。

▲ 海军上将麦斯米兰·冯·施佩的官方肖像。

▲ 1914年11月1日的科罗内尔海战,证明了英国舰队远远不是德国东亚舰队的对手。

法国的"莫斯奎特"号军舰。此外它还不断地袭扰英国船只——捕获21艘,摧毁船只和货物价值当时的1000万美元以上。施佩在从容不迫地驶向南美洲的途中,在复活节岛收编了装甲巡洋舰"莱比锡"号和轻型巡洋舰"德累斯顿"号。这时他得到英国巡洋舰已经在南美西海岸一带活动的情报,便马上向那儿驶去。10月底德国分舰队已在智利沿海巡航,"莱比锡"号打破无线电静默,想让英国人以为在这一水域只有一艘德国军舰。

此时冯·施佩的实力已可以与任何一支皇家海军分舰队交战,英国皇家海军为了保护本土并监视德国的公海舰队,将大部分兵力部署在北海—多佛尔—直布罗陀一线,在大洋上只留下了几只巡洋舰分队以对付德国海上袭击舰。其中,前印度舰队在海军少将克里斯托弗·克拉多克爵士率领下搜索"德雷斯顿"号和"卡尔斯鲁厄"号。英国人认为有迹象表明德舰在智利海岸加煤,并怀疑在麦哲伦海峡有德舰的一个燃料基地,因此英国海军部给南美军事基地指挥官克拉多克的电报说:"沙恩霍斯特"号和"格奈泽瑙"号很可能到达西海岸或麦哲伦海峡,当你有占优势力量时,应立即使用中队搜索麦哲伦海峡,随时准备返航保护普拉特河,或者根据情报向北搜索远至瓦尔帕莱索,摧毁德国巡洋舰并破坏德国贸易。克拉多克意识到他有可能与冯·施佩展开一战,但英国海军部对此态势反应迟钝,原来许诺增援给克拉多克的是"防御"号装甲巡洋舰,结果派来的却是速度为12节的前"无畏"级战列舰"卡诺帕斯"号,让克拉多克尤为失望的是,这艘老爷舰上的后备役官兵素质低下,炮手们竟然从未施放过舰上的大炮。

两天后英国人得到消息说"沙恩霍斯特"号和"格奈泽瑙"号在萨摩亚海外出现,

这使英国人大大松了口气，因为在那里他们没有猎取的目标，那里的近岸锚地的防守部队十分强大，不容任何登陆部队从防御工事前面向他们吼叫。一周后，德舰出现在帕皮提，向该岛炮击，炸毁半个市镇，击沉港内法国小炮舰"热忱"号后在当天早上离开，向北驶去，再次消失在巨大的太平洋深处。10月31日，"格拉斯哥"号截获了一艘德国军舰与补给船之间的电报，克拉多克认为这艘军舰正是从大西洋逃出来的德舰"德雷斯顿"号并断定它正在单独活动，他立即命令"格拉斯哥"号与舰队会合后一起向北开进，由于火力强大的老式战列舰"卡诺帕斯"号速度太慢追不上快速的德舰而被留在了后方，克拉多克率4艘英舰以30千米的间隙呈扇形向北搜索前进。克拉多克不知道他上了冯·施佩的当，德舰在驶向南美洲的途中时，施佩得到英国巡洋舰已经在南美西海岸一带活动的情报，便马上向那儿驶去，他有意让"莱比锡"号打破无线电静默，让英国人以为在这一水域只有一艘德国军舰，施佩的计划成功了，克拉多克因嫌老式战列舰"卡诺帕斯"号速度太慢而放弃了它，这使得他丧失了对施佩的火力优势。

德舰到了智利海岸，在一个孤岛上加了燃料，得知英国轻巡洋舰"格拉斯哥"号在科罗内尔，施佩决定试图切断英舰的退路，怀着这个目的的他率领整个舰队于11月1日向南行驶，几乎与此同时，克拉多克将军开始他的大举北进，希望抓住"莱比锡"号。大约下午4时，克拉多克看见北边有几艘军舰的浓烟，4点45分，"格拉斯哥"号能辨认出"沙恩霍斯特"号、"格奈泽瑙"号和一艘德国轻巡洋舰。两军都处在对方视野之内了，两军指挥官都吃惊地发现对方不只是一艘巡洋舰，"沙恩霍斯特"号和"格奈瑟瑙"号开始准备战斗，它们比自己的主要对手"古德霍普"号和"蒙茅斯"号有着绝对的优势，英国人的这两艘军舰上只有"古德霍普"号上的两门229毫米口径火炮能与德国人的两艘装甲巡洋舰上的16门203毫米口径火炮相提并论，而德舰是以出色的射击技术著称的，另外德国人还拥有一种指挥仪系统，英国巡洋舰上却还没有。由于英舰航速并不比德舰低且距离较远，克拉多克满可以向南撤退，待与"卡诺帕斯"号会合后再与施佩一搏，但克拉多克不愿背上临阵脱逃的罪名而辱没皇家海军的声誉，更担心一旦丢失目标再难找到，他决定马上攻击，6点刚过，克拉多克向在300千米外火力强人的"卡诺帕斯"号发信号示意："我现在要攻击敌人。"英国舰队驶向敌舰，意欲迫使德舰在日落前进行战斗，两个舰队里的官兵，离家如此遥远，在这种波涛汹涌的大海上彼此面对面，他们中十有九人注定死亡，英国官兵就死在那个晚上，德国官兵死于一个月以后。

晚7时，太阳落入海面，余晖将英舰的身影清晰地映在地平线上，而德舰却隐没在渐浓的夜幕中，克拉多克带队向东南方向疾驶，以期迅速缩短双方距离并用近战与施佩一搏。双方相距1.2万千米时，施佩命令用203毫米口径的主炮向英舰开火，而克拉多克只有4门229毫米口径的火炮能够得着德舰，而夜色中的德舰的方位只能从炮口闪光来判断，英军从一开战就陷入了毫无还手之力的境地。这是一场一边倒的战斗，德舰的一次最早的齐射就打哑了"好望"号前面的主炮，它与"蒙茅斯"号很快着火，"好望"号在一声巨大爆炸后成为一个发光的斑点，不久便消失得无影无踪，"蒙茅斯"

号处于绝对的无助状态但拒绝投降,被"纽伦堡"号击毁,像"好望"号一样沉入大海,"格拉斯哥"号和"奥特朗托"号两艘轻巡洋舰逃离了战场。冯·施佩以两艘装甲巡洋舰在远距离上有条不紊地轰击英舰,在1个小时内就击沉了"好望"号和"蒙茅斯"号两艘装甲巡洋舰,而施佩的舰队只被无足轻重地命中六发,只有两个人受伤。

这一战果迫使剩下的英国轻巡洋舰逃走,同时还切断了来自秘鲁和智利的硝酸盐、铜和锡的船运。此次海战被认为是海战史上的一个经典战例,克拉多克虽然战败了,但也减少了德国人继续取胜的机会,因为施佩的分舰队把203毫米口径大炮的弹药消耗了一半,而在这一地区又根本得不到补充。在科罗内尔取得胜利后,施佩表现出一位勇敢绅士的尊严,他不以瓦尔帕莱索德国殖民地的热情欢呼为意,也不谈论建筑在战死者之上的胜利,他对自己的危险不抱幻想。他谈起人们献给他的鲜花时说:"它们可以用在我的葬礼上。"在瓦尔帕莱索住了几天后,他和他的军舰再次消失在蓝色的大洋中。

英国海军部一收到科罗内尔海战的坏消息后,马上决定不再把战列巡洋舰增援部队只用于本土附近水域了。科罗内尔海战前两天,刚刚被丘吉尔重新任命为海军部第一次官的费希尔勋爵命令海军中将多夫顿·斯特迪勋爵率快速战列巡洋舰"无敌"号和"坚强"号以最快的速度驶往福克兰群岛,英国情报部门估计施佩会在那里重新出现。

冤家路窄——福克兰群岛海战

科罗内尔海战以德国舰队的完胜而告结束,由于是在水面舰艇正面交战中失利,这使英国海军部大为震动。由于克拉多克的攻击行动导致他本人和1600多名部下丧生,很难用勇敢或是鲁莽来形容他的举动,这令英国皇家海军非常难堪,也激起了皇家海军的复仇欲望。加上同时担忧冯·施佩将率舰队绕过合恩角进入南大西洋,英国海军部费希尔海军上将迅速向英国殖民地调派增援兵力以扭转不利局面,下决心一定要跟踪并击溃冯·施佩的巡洋舰队,当施佩还陶醉在胜利的喜悦中时,一支强大的英国舰队正在南大西洋集结,开始为他掘下坟墓。

冯·施佩现在暂时控制了南美海域,他拥有多种选择的机会。他可以折回太平洋,重复执行使英国饱受挫折的神秘战术。他可以沿南美西海岸北上,去往巴拿马运河,但执行这个选择,他有与向南驶来的英日中队进行战斗的可能性,当然如果遇上了,他也能够躲开作战,因为他的军舰速度较快。最后,他还可以横渡大西洋,在途中可能袭击福克兰群岛,并出其不意地到达南非海岸。诸多的可能性,让英国海军部大为头痛。12月初,施佩的舰队奉命回国,施佩带领着他的1.2万吨的装甲巡洋舰"沙恩霍斯特"号、"格奈泽瑙"号、"莱比锡"号及轻型巡洋舰"埃姆登"号、"纽伦堡"号、"德累斯顿"号向南大西洋的福克兰群岛海域开去,当月6日上午他召集舰长们开会。由于冯·施佩的东亚分舰队急需燃料补充,舰长们建议进攻斯坦利港以便摧毁那儿的无线电电台,俘虏英国总督,缴获那儿的库存煤。施佩接受了这一建议。

克拉多克的舰队失败后，英国海军部立刻做出反应，向冯·施佩可能去的各个水域派出了强大的增援兵力，从大舰队中抽出的两艘战列巡洋舰"无敌"号和"不屈"号从达文波特秘密启航，于12月7日到达福克兰群岛，与原来驻泊在那里的5艘舰艇会合一处，组成了一个新的舰队。事情就是如此巧合，就在斯特迪舰队到达福克兰的第二天，冯·施佩的舰队也一路奔波赶到了该海域。12月8日上午，冯·施佩在福克

▲ 海军中将斯特迪（1859—1925）领导的英国舰队在福克兰群岛海战中取得了胜利。

兰群岛海域命令"格奈泽瑙"号和"纽伦堡"号向斯坦利港进军，搜索并用炮火拿下无线电台，这时英国人正在港内加煤准备南行，信号塔上看到了两艘德国巡洋舰时，斯特迪的舰艇措手不及，不能马上出击，正驶向港口入口的"格奈泽瑙"号看到了英国战列巡洋舰的三柱形桅杆，马上用信号旗发出警报。就在英军吹哨集合进入"临战状态"时，德军慌忙后退，先退出了15海里。试图袭击斯坦利港口的装煤站和无线电站的冯·施佩舰队遭遇了正在该港口加煤的英国巡洋舰队，这支舰队属于刚刚调到南大西洋的强大增援部队，其中包括两艘令人生畏的新式高速战斗巡洋舰"无敌"号和"不屈"号，其指挥官是多弗顿·斯特迪海军中将。

冯·施佩舰队正向这个群岛接近，斯特迪同冯·施佩一样感到意外，因为刚刚到达的英国人正在给军舰加煤和维修，没有做好战斗的准备。英海军将领自己也承认，抛锚停泊而没有生火的斯特迪舰队"被发现时处于不利地位，如果德国人坚持及时发动攻击，则英舰队的结局将是极不愉快的"，然而此时的冯·施佩只想逃跑，相反，斯特迪却报仇心切，他命令舰船开始了追击。

德国全部5艘军舰现在可以看清了，约在240千米以外，斯特迪考虑到时间宽裕，他调整速度，战列巡洋舰只保持约20节的速度，这个速度足以赶上德舰，因为德舰长期在太平洋上逗留，一直未进港口，行驶时不能超过18节。尽管如此，"莱比锡"号还是开始掉队，11时，匆匆逃跑的冯·施佩收到了最令他担心的报告，他的舰队已被那两艘英国战列巡洋舰追上了。冯·施佩认识到英国战列巡洋舰上占优势的305毫米口径重炮很快就会开火，如果继续保持兵力集中，就将全军覆没，于是他决定牺牲自己的3艘主要军舰，以便让两艘较小的驱逐舰逃跑。冯·施佩发信号给轻巡洋舰叫它们逃往南美海岸，然后他与"沙恩霍斯特"号和"格奈泽瑙"号回转身面对追赶者。为减少损失，斯特迪命令跟随战列巡洋舰作战的"卡那封"号装甲巡洋舰拉开距离，自己亲自率领"无敌""不屈"号战列巡洋舰，单独与施佩的主力"沙恩霍斯特"号和"格奈泽瑙"号对垒，这一调整使德军在射程、火力和航速上完全

处于劣势。

随后发生的海战优势在英国方面，德舰试图靠近距离，使它猛烈的152毫米口径火炮发挥作用，英舰则竭力保持距离，并以305毫米口径大炮向敌舰倾泻炮弹，"沙恩霍斯特"号连同它的将领和全体人员在下午4时被击沉。"格奈泽瑙"号在无望的劣势下以最大的坚毅继续战斗到下午6时，在绝对无能为力的情况下它打开海水阀，在大洋冰冷的海水下失去踪影。此次作战持续了五个小时，德国除一艘轻巡洋舰外，其余军舰全部被击沉，而英国军舰无一损失，斯特迪歼灭了冯·施佩的海军舰队，为科罗内尔的失败报了一箭之仇。1915年7月，德国在海外的最后一艘轻巡洋舰"柯尼斯堡"号，被英国"塞文"号和"默西"号击沉，除了在亚德的公海舰队和基尔的波罗的海舰队之外，协约国实际上已经排除了德国的水上力量在公海上的威胁，确保了自己的海上交通线不受干扰。从此，英德双方降下了远海战争舞台的幕布，再也没有其他战舰离开德国去破坏英国的贸易航线了。

多格尔沙洲伏击战——英军成信息战赢家

1914年8月5日，英国"长矛"号驱逐舰用舰炮击沉德国辅助布雷艇"柯尼金·路易斯"号，此时仅为宣战后十三个小时，由此打响了海战的第一炮，拉开了"一战"的海战序幕。8月28日，英国海军于黎明时分袭击赫尔戈兰湾，德巡洋舰"科隆"号、"美因茨"号和"阿里西尼"号及"V－187"号驱逐舰被击沉，其他5艘轻型舰只被击伤。海战节节失利，为了报复，德海军对苏格兰和英格兰沿海地区采取打了就跑的不定期袭击，德国人将报复的眼光盯上了多格尔沙洲。多格尔沙洲是北大西洋最著名的渔场之一，德国海军决定先拿渔场上的英国渔船开刀。1915年1月下旬，北海上浓雾弥漫，德国海军中将希佩尔率领一支舰队悄悄离开威廉港，直驶多格尔沙洲。这支舰队由3艘战列巡洋舰、1艘装甲巡洋舰、4艘轻巡洋舰和19艘驱逐舰编成。按计划，鉴于巡洋舰的航速较快，预计编队将于24日拂晓抵达多格尔沙洲东南部海域。虽然当时天色未明，仍然决定不再向沙洲靠近，以免敌舰队插入编队与赫尔戈兰湾之间而被截断归路。坐镇在旗舰"塞德利茨"号上的希佩尔，心中正算计着如何教训英国的拖网渔船并敲掉那些轻型的护渔军舰。

德国人的计划倒不错，可他们不知道自己的行踪对手早已了如指掌，在战争第一个月中，被击沉的德国轻巡洋舰"马格德堡号"使协约国发了一笔横财，在波罗的海海底清查这只船的内部时，俄国潜水员刚巧碰到了一只铅制的箱子，里面有德国电报密码和北海平面海图。一份密码被送给了英国海军，因此协约国能够破译德国海军的机密无线电通信。后来德军更换了密码，但还是瞒不了英国皇家海军，它们同时研制了定向无线电接收机，来确定敌舰的位置。这次，英国破译的德国海军密码及时发挥了作用，在得到德舰出航的消息后，英国海军部立即命令其大洋舰队指挥官贝蒂率领战列巡洋舰"雄狮"号、"猛虎"号、"皇家公主"号、"新西兰"号、"不屈"号，在戈迪纳夫的轻巡洋舰的伴随下，驶入北海，同于多格尔沙洲东北海域活动的蒂里特会合，集结完毕的贝蒂舰队已拥有战列巡洋舰5艘、轻巡洋舰7艘、驱逐舰33艘，他们要在这伏击希佩尔所带领的德国舰队。

24日，在北海的多格尔沙洲，德国"赛德利菲""德弗林格尔""毛奇"号战列巡洋舰和装甲巡洋舰"布吕歇尔"号进入了英国"雄狮""猛虎""皇家公主""新西兰""不屈"号5艘战列巡洋舰的埋伏圈。上午7时，德军先头侦察舰"科尔贝格"号轻巡洋舰与英军轻巡洋舰"阿雷苏萨"号遭遇，炮战随之开始。半小时后，希佩尔发现了远比自己强大的整个英国舰队，见偷袭无望，迅速掉头向赫尔戈兰湾回驶，企图甩掉英国舰队，贝蒂下令舰队全速追击。贝蒂的旗舰"雄狮"号一马当先，穷追不舍。德舰队向东南狂奔，"布吕歇尔"号装甲巡洋舰行驶在希佩尔纵队的最后。8时，双方相距20千米左右，"雄狮"号开始向德军舰队开火，殿后的"布吕歇尔"号首先中弹，9时，率先冲入敌阵的"雄狮"号向希佩尔的旗舰"塞得利茨"号连发重炮，致其重伤。10时左右，贝蒂所乘坐的旗舰"雄狮"号被德舰"德弗林格尔"号击伤，"雄狮"号全舰电力中断，无法使用无线电和灯光信号指挥作战，不久就落到了队伍的后面，于是贝蒂指示穆尔率领其他舰只继续追击敌舰，务求全歼。可是不久发生的指挥混乱，使得原本希望在即的歼灭战化成了泡影。

在这场混战中，德军损失战列巡洋舰"布吕歇尔"号，重伤2艘，死900多人；英受损2艘，死15人，"雄狮"号被"德弗林格尔"号305毫米主炮命中两发。德防护性能良好的"布吕歇尔"号中70多发大口径炮弹和7枚鱼雷后，仍能吸引英舰两个多小时火力方沉，而英"雄狮"号仅中弹两发就支持不住了。"布吕歇尔"号装甲巡洋舰在一场激烈的但毫无指望的战斗之后沉没了，而希佩尔的其他军舰却成功地逃走了。当时掉了队的"雄狮"号上的贝蒂发出的信号是"攻击敌后部"，他指的是还在开火的德军舰队的最后一艘战列巡洋舰，但是正在"新西兰"号上接替指挥英国舰队的穆尔少将却以为贝蒂指的是原先在德军后部的"布吕歇尔"号。穆尔带领整个舰队

▼ 在多格尔沙洲行动中，德军"布鲁切尔"号战列巡洋舰在一个致命的打击之下翻了船。

一起用暴风雨般的炮弹轰击现在不过是东北方一堆着火残骸的"布吕歇尔"号。"布吕歇尔"号是德国第一艘重火力、高航速、能与英国的战列巡洋舰作战的巡洋舰，安装六座双联210毫米炮塔，前后各一座，左右舷各两座，成六边形配置。以巡洋舰的火力来说，可谓充分。但不幸的是，它现在面对的是英国的"无敌"号战列巡洋舰——装备8门305毫米大炮，是武装到了牙齿又身手敏捷的大家伙。当希佩尔的舰只在东南地平线上消失时，贝蒂把他的司令旗移至战斗巡洋舰"皇家公主"号，中午12时，英国海军部来电报警告他，德国的整个公海舰队已经开出，要把希佩尔的舰群护送进亚德湾。在贝蒂向英国返航时，主力舰队开到现场，协助把打坏的"雄狮"号拖回罗赛斯修理。多格尔沙洲之战未能以更有决定性的英国胜利告终。英国海军高级军官们得知具体情况之后普遍感到气愤，他们认为在这种情况下穆尔应当根据常理行事，而不应该毫无疑义地盲目执行命令。费希尔勋爵吼道："只要他身上有一丁点儿纳尔逊的气质他就会追下去，而不管什么信号！像纳尔逊在哥本哈根和圣文森特角那样！战争中的第一原则是不服从命令，任何傻瓜都会服从命令！"穆尔因此丢了他的职务。

多格尔沙洲海战之后，德国人认为英国舰队在24日早晨出人意料地出现所导致的遭遇战绝不是一次偶然，说明他们的计划在某种程度上或全部为敌人所知晓，所以导致他们的巡洋舰与数量众多的敌舰遭遇，从那以后他们的水面舰艇轻易不再出动，而是更多地依赖他们的潜艇战了。

地中海海战——维持或切断海上航线

控制地中海对于协约国来说是至关重要的。苏伊士运河不仅是英国往返印度之最短航线的一部分，而且多亏有了它，才使得后来的对俄军事支援有了可行的渠道。

在第一次世界大战中，很多国家都把地中海视为一块兵家必争的战略要地。英国的商船约有75%要经过苏伊士运河与直布罗陀海峡；法国和意大利都需要经海路前往他们在北非的殖民地；亚得里亚海是连接奥匈帝国与世界海运的唯一通道；土耳其则控制了通往黑海的达达尼尔海峡。维持或切断这些海上航线就成了这些国家在海上你来我往的竞争策略。

第一次重大事件发生于1914年8月4日。两艘德国战舰——"戈本"号和"布雷斯劳"号——在副司令威廉·祖雄的指挥下炮轰了法属阿尔及利亚的波尼（即安纳巴）和菲利普维尔（即斯基克达），并继续向土耳其进发。由于当时英德两国尚未正式开战，所以在祖雄的队伍经过两艘英国战列巡洋舰时，双方并没有交火。等到午夜时分宣战的时间一到，英国就派出了一队战舰去追击它。之前双方交会的地点是希腊西南部海域，而祖雄终究还是得以逃脱，并于10日逃到了土耳其。为了拉拢土耳其，这两艘德国军

◀ 英国战列舰"猛虎"号的炮塔特写。该舰属于附加了空中侦测功能的火力加强型战舰的早期测试版。

舰被转让给了土耳其海军，而土耳其则最终于10月29日以德国盟友的身份加入了这次战争。1918年年初，"布雷斯劳"号被水雷炸沉，"戈本"号虽然侥幸逃脱，却也受损严重。

除了1915年年初英法联合海军对达达尼尔海峡采取的攻势之外，第一次世界大战里就很少出现大规模的舰队行动了。英国海军固守北海，法意海军则一直防着奥国海军的突围——不过，奥国到战争结束也没有发动过这种行动。所以，地中海上爆发的所谓海军对抗，多半是小型舰队之间的小打小闹罢了。

1916年5—9月间，英国成功地在达达尼尔海峡和马尔马拉海之间发动了潜艇战，并击沉了半数以上的土军商船及若干艘主要战舰。英国第11号潜艇成绩特别突出，在三次行动中共计击毁蒸汽机船27艘、小型航船58艘、巡洋舰3艘和"海尔登·巴伯罗斯"号战舰。

从科托尔（即卡塔罗）出发的潜艇部队是同盟国在亚得里亚海和君士坦丁堡地区最有威慑力的一支部队，他们在该地区布设的水雷阵会不时地给协约国一些"意外惊喜"：1916年12月11日，意大利战舰"里吉娜·玛格丽塔"号就是在阿尔巴尼亚附近海域被鱼雷炸沉的。而潜艇部队在破坏协约国主要海上航线方面的工作也进行得特别顺利，仅1917年一年就击沉了900艘协约国商船，并将优良战绩一直保持到了战争末期。1916年年初，在各国海军划定了专属的巡航区域之后，战况稍有改变，而始终保持流行的护航系统则在1918年的春天为最后的海上战局定了胜负。

亚得里亚海并不是一片很宽阔的海域，但在第一次世界大战期间，这里却频频发生争斗。为了封锁这片海域，协约国曾在意大利和阿尔巴尼亚之间的奥特朗托海峡布置了一片水雷区，虽然并不是特别有效，但却也限制住了土国海军的夜间行动，并在1917年5月14—15日期间炸沉了土军的14艘捕捞船。而意大利体形最小的一种战船则更为了不起。1917年12月9日，两艘意大利鱼雷艇驶入的里亚斯特附近的穆西亚湾，其中一艘击沉了"维也纳"号战舰；1918年6月10日，又有两艘鱼雷艇袭击了"无畏"舰"圣坦德·伊斯特凡"号，该舰最后被一艘小艇发射的鱼雷彻底击沉。

第九章

由速战到僵持
——"施利芬计划"的破产

"西线至上！"——法金汉接替小毛奇

自从 1914 年 8 月世界大战爆发到 9 月中旬，仅一个半月的时间，可以称为世界大战的"第一回合"已经过去，马恩河战役胜负已定，法国在猛攻中得以生存下来，莱宁坎普夫被逐出了东普鲁士，结束了俄国对德国的入侵，几乎与此同时，加利西亚之战以俄国的胜利告终，奥匈全军遭到失败，各交战国所有最训练有素的部队，全力投入了上述战役。1914 年 9 月 14 日，德军在第一次马恩河战役中受挫后，"施利芬—小毛奇计划"失败，德国的速战速决战略宣告破产，由于指挥无能，小毛奇被解除了指挥权，由比他更年轻、更有威望的法金汉接替了德军参谋总长的职务。早在 8 月 10 日，小毛奇就被认为才能不足，有关人士开始公开讨论他的继任者。9 月 12 日，他被免除总参谋长之职，由大战爆发时任陆军大臣的法金汉取代了他的职务，这项罢免是保密的，而且要加以掩饰，所以没有发布公告，从那时起，小毛奇继续参加会议，只是没有了发言权。法金汉接任德军总参谋长后，策划了"向大海进军"行动，意图夺取法国北部港口，切断英法两国的直接联系，但是在第一次康布雷战役中失

▲ 埃里希·冯·法金汉

▲ 德军士兵在西线发动进攻。

败，西线至此进入到堑壕战模式。

1915年，奥匈帝国在与俄国的争战中败北，攻占了加利西亚的俄军锋芒直指德国的西里西亚，在兴登堡和鲁登道夫的要求下，一向侧重于西线的法金汉同意了在东线发动进攻，以迫使俄国退出战争，于是将德军主力调往东线，并在5月组织发动戈尔利采战役，一举突破了俄军西南方面军防线，收复了加利西亚，随后，又在波兰及波罗的海沿岸地区指挥德奥联军向俄军发动了大规模进攻，占领大片土地。在1915年夏秋两季，俄军不得不面对德军近40个师和接近全部奥军几乎无休止的进攻，又处于武器弹药供应最糟的阶段，沙皇的军队在近1300千米的防线上遭受到德军时而在这里时而在那里的连续攻击，防线一再被突破，被迫做迅速的纵深退却。德军带着奥军，有时常常长驱直入俄国，下决心要以最大精力把"俄国巨人"打死。

随着雨季的到来，俄国人渐渐稳住了阵脚，并筑起了新的防线，德军虽然取得了很大的胜利，但它的东线作战并未达到迫使俄国退出战争的目的。当年秋天，在巴尔干半岛，德军也取得了许多胜利，法金汉指挥德、奥、保联军侵占了塞尔维亚全境，打开了德国通往土耳其的大门。1916年年初的开场戏在德国总司令部会议厅里上演了，其主角就是法金汉将军——中欧诸帝国事实上的总司令。在1914年9月时任陆军大臣的法金汉被德皇任命为德军参谋长以后，他继承了一份支离破碎的遗产，集军事大权于一身的他在几乎整整两年的时期里行使无可争议的权力，现在的形势已然有了改观。

法金汉和康拉德审视了一年来腥风血雨的累累战果，他们有充分的理由心怀感激之情，局势已经扭转，俄国被打败，东方战线几乎处处都推进到俄国领土上。俄国的防御体系、要塞、铁路及河流防线等整个战略设施都落入了德军手中。一年前曾对东普鲁士、西里西亚和匈牙利构成入侵威胁的俄国大军，在遭到可怕的伤亡与失败后已经纷纷退却。但法金汉是一个偏见很深的"西线派"，他相信，对俄国的任何大规模进攻都将消失在俄军能够后撤的广阔无垠的地区和难以探测的深山丛林中。在他的心目中不断浮现出拿破仑大军1812年入侵所遭受的失败那些警示性的画面。法金汉的全部心思都放在法国和佛兰德斯的战场上，在他看来，只有在那里才能最后一决雌雄，那里才是合适的和正式的战场。

法金汉主张德国应该将战略重点放在西线，这与冯·兴登堡和鲁登道夫的东线战略相冲突。在1916年年初，法金汉强行发动凡尔登战役，希望能够造成2∶1的伤亡比例，逼迫法国耗尽力量。但是，在付出25万人死亡的代价后，这个战略目的未能实现，法金汉因此被解职，兴登堡继任总参谋长。罗罗马尼亚地处战略要地，且有着巨大的石油资源，大战爆发后，各方撒出诱饵希望罗马尼亚参战，允诺说如果它帮助他们打赢战争，可以将其对手的领土割让给罗马尼亚，现在罗马尼亚必须做出决断的问题是：谁将赢得战争？而1916年在德国面前的真正和唯一可以达到的政治目标是：最终击破俄国并把罗马尼亚争取到中欧帝国一方来。1916年夏天，缓过气来的俄军在布鲁西洛夫的指挥下发起了出其不意的攻势，并取得了重大的胜利，奥匈的军队受到重创，布鲁西洛夫攻势大大鼓舞了罗马尼亚人，使他们确信奥匈帝国只剩下最后一口气了，于是决定从奥匈帝国手中夺回属于他们的领土，罗马尼亚最终以特兰西瓦尼亚问题为借口，加入了协约国一方。

罗马尼亚在9月初实际上已做出决定，向同盟国建议加盟。奥匈驻布加勒斯特大使切尔宁伯爵致电维也纳称，如果把苏恰瓦这片领土割让给罗马尼亚作为回报的话，罗马尼亚准备积极参加对俄作战。陷入绝境的康拉德本应抓住这个机会，但鉴于法国和加利西亚战场上的结局，罗马尼亚的建议在被接受之前压了下来。现在一切都已经晚了，掌握着50万军队和石油资源的罗马尼亚倒向了协约国，成了德奥联军的敌人。被解职后的法金汉改任第九集团军司令，与奥匈帝国和保加利亚一道发动了对罗马尼亚的进攻，在9月的战役中大败罗马尼亚军队，率部直捣布加勒斯特。11月中旬，在奥古斯特·冯·马肯森集团军群的配合和支援下，法金汉的部队于12月6日攻陷布加勒斯特，不久便占领了整个罗马尼亚。在这场胜利之后，他又被派去指挥土耳其在巴勒斯坦的防御战。

此时，深信德国将获胜的保加利亚已成为德国的盟国，通往土耳其的道路已经打开，火车能从汉堡到巴格达，横跨3500多千米的大地完全处在德国的控制之下。仅仅武器弹药将源源不断地运往达达尼尔海峡和加利波利这一前景，就足以促使英军在一切希望化为乌有和所有牺牲失去价值的情况下撤离半岛，从加利波利战斗中解脱出来的土耳其军20个师，现在可以进退自如地威胁埃及、扭转巴勒斯坦的局势了。在此期间，法金汉成功地组织了土耳其人在巴勒斯坦全部消灭犹太人的计划。但到1917年年底，战场上的局势又发生了变化，协约国的形势已然好转，英军夺占了耶路撒冷，法金汉的防御以失败告终。1918年，法金汉被派去指挥占领白俄罗斯的德军第十军，在那里他一直待到战争结束。

地狱岁月——堑壕战

当大战爆发时，交战的双方都以为这将是一场短促的19世纪式的战争，都乐观地相信本国的官兵能在当年的圣诞节前凯旋。然而，这场人类历史上的首次世界大战却打了四年多，而在这四年的绝大部分时间中，双方都是以堑壕战的形式对抗着。堑壕战，又称战壕战或壕沟战，是一种利用低于地面并能够保护士兵的战壕进行作战的战争形式。进行堑壕战时的参战双方，都具有固定的防线。当双方的火力大大提高，而移动力和通信系统却没有多大改进时，堑壕战这种消耗极大的作战方式就应运而生了。

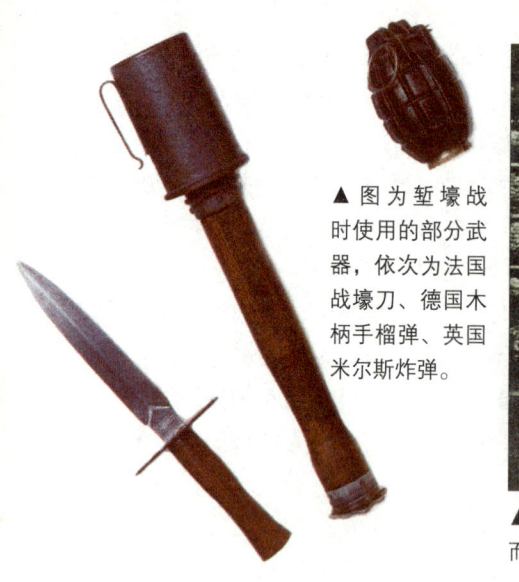

▲ 图为堑壕战时使用的部分武器，依次为法国战壕刀、德国木柄手榴弹、英国米尔斯炸弹。

▲ 不管是谁家的战壕，都无可避免地要面对田鼠这个大问题，而抓田鼠则是士兵们在战壕内每天必做的功课之一。

从1914年8月4日德国第一集团军和第二集团军进入比利时到1914年11月第一次伊普雷战役结束，连续几个月的激烈战斗让交战双方都疲惫不堪，马恩河战役结束后，西线战场就形成了胶着对峙的局面，在你来我往的攻防中，双方都尤其加强了防御。交战双方纷纷深挖堑壕，加强掩体，设置带刺的铁丝网，以构筑固定阵地。

"一战"时，后膛枪已被弹仓步枪取代，后者射速达到每分钟20发，射程增至1900米，此外无烟火药的出现使得隐蔽射击成为可能，更为可怕的杀手机枪在各国军队也都开始列装。大规模义务兵役制使军队规模迅速扩大，绵长的线形防线变为可能，在如此军事技术和军队体制的变化下，堑壕战出人意料地走到了巅峰时代。火力的改善大大改变了战争的形式，在战争开始以后，德国和协约国军很快就意识到正面进攻得到的只有本方的伤亡。在1914年9月的马恩河战役结束后，德军和协约国军沿着瑞士边境各挖掘了一条战壕，它们一直延伸到了比利时的北海海岸。从此西线战场上的作战双方几乎在任何时候都在壕沟内对峙。开战之初，各方都乐观地认为，决定性的西线战争在圣诞节前就会结束，最初，德军与英法满心希望通过大规模机动迂回取得决定性胜利，但随之而来的是，希望在战壕的面前破灭了。德军总参谋部苦心经营的"施利芬计划"很快在马恩河会战中破灭，而英法联军的反攻也在德军于埃纳河仓促构筑的堑壕防线前趋于停止，阵地上的机动作战在战壕的面前已经不能实现。

最初双方的堑壕就是草草挖出来的壕沟，但是随着战争的发展，指挥人员和后勤力量也深入到堑壕里，进行指挥和补给，因此，堑壕被不断地加深加宽，防御体系变得越来越发达。到第一次伊普雷战役结束时，从瑞士边界一直延伸到大海的600多千米长的战线上，横亘着一条布满堑壕、隧道、掩蔽所和铁丝网的坚固防线。由此，横贯西线战场960千米的巨型堑壕体系成了困扰交战各方四年的噩梦。敌对双方的战壕之间的空地称为"无人区"，它的宽度在不同的战场之间也不同。在西线战场上，无人区一般为90～270米宽，尽管在维米岭战役中只有27米。在1917年3月德军撤退到兴登堡防线以后，无人区的宽度增加到了1000米以上。在加利波利之战中的澳新军团战场上，双方的战壕相距只有15米，在这里，士兵们连续不断地向对方战壕投掷手榴弹。

在"一战"刚刚爆发的时候，真正认识到机枪重要性的只有德国，当时，德国陆军装备的是马克沁机枪，数量超过了1.3万挺。机枪的强大威力，使得每一方想发动进攻时不得不付出惨重的伤亡代价，许多士兵就这样在它的扫射下没有任何意义地死去，而那些据壕防守的士兵，伤亡率却微乎其微。为了更有效地杀伤堑壕内的守军，一些新型武器开始出现，迫击炮被越来越多地用于进攻前的打击。堑壕网的出现则使得作战越来越有利于防守方，阵地之间荒凉的无人地带，被无数黑洞洞的枪口虎视眈眈地瞄准着，攻击部队只要出现在无人区，对方战壕内的敌人就能清楚地看见，那些埋伏在防御工事后面的机枪手就像狂风扫落叶一样，将进攻士兵的生命轻易地夺走，堑壕和机枪彻底阻止了步兵的冲锋。

德国人的防御工事建造得非常出色，他们建造的掩蔽物和据点位于地下深处，防炮弹并且空气流通。他们还首先使用了"深层防御战略"，即在几百米宽的前线交战区中修建一系列孤立的阵地，而不是一道连续的壕沟。壕沟并非笔直，而是锯齿形的。这就意味着一名士兵在壕沟里无法看到10米以外的东西，这种形状的壕沟在敌人从侧方进攻时则会保护它里面的步兵。堑壕战对于德军来说也是新鲜的，他们的训练和装备本是用来打一场在六个星期内获胜的运动战，但他们很快就适应了这种新的战争样式。德军把自己的堑壕搞得比较舒适，相比之下，联军的堑壕要简陋得多。对于双方士兵而言，堑壕战是真正的噩梦。防守者则必须与泥泞和脚气斗争。堑壕内的士兵几乎都会患上脚气病，其中"堑壕足"非常普遍。

战斗中，数以千计的步兵会一批批倒下去，血流成河，伤亡惨重。腐烂的尸体比比皆是，堑壕沦为了露天厕所，虱子和老鼠无处不在，这些都使得堑壕成了一个

相关链接

★ 反坦克战略

1916年，英军的第一批坦克出现在战场上，被吓得魂飞魄散的德军士兵只要一听见坦克的动静就立马落荒而逃。被折腾得够呛的德军迅速研发出了对付这种"钢铁怪兽"的技术和武器。最先成形的技术是反坦克堑壕，这种堑壕比一般士兵们使用的那种战壕更宽。接着，德国在1918年又推出了"反坦克堡垒"——在这种堡垒中，步兵们用机关枪掩护前端的两门野战炮，在坦克靠近后发动火焰喷射，是最厉害的"坦克杀手"。后来德军还研发出了一种特制的反坦克步枪，这种枪射出的专用子弹可以直接穿透坦克的钢铁外壳。

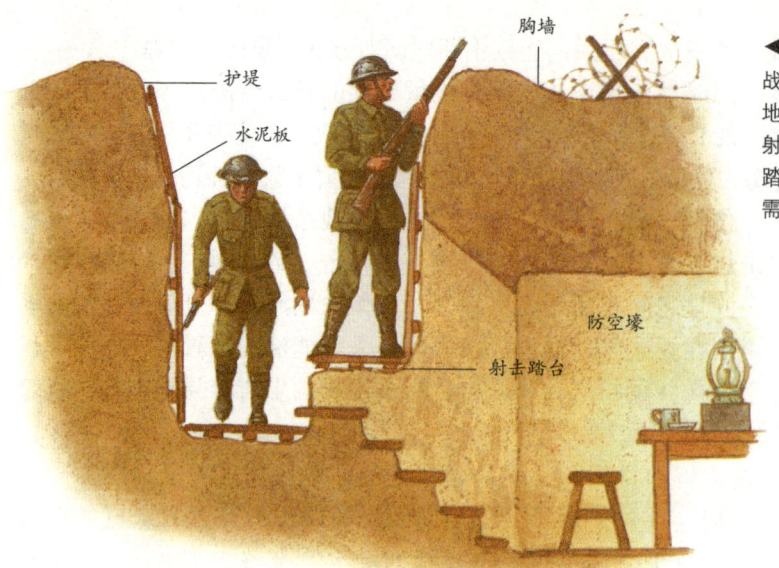

◀ 第一次世界大战中的战壕
战壕挖得很深，士兵们可以在地下平面上行走。当士兵需要射击的时候，他们就爬上射击踏台。为了防止战壕塌陷，还需要用水泥板等材料加固。

面目分外可憎的地方。为了不让士兵们精神上绝望，也为了让他们不至疾病缠身，部队每个星期都必须换防。在一些战役中，当堑壕被完全截断时，士兵就等于被遗弃在那里，群龙无首。炮火的猛烈轰炸会使堑壕被分割成彼此互不相通的一段段，没有军官指挥，彼此也没有战术上的连接，更没有食物和运送伤员的担架。随着僵持与对峙局面的继续，既然地面上的进攻没有成效，于是双方又把目光转入到了地下，一种新的战争模式出现了，可以把它称为"地道加炸药"。

不管是德军还是联军，都开始试图挖掘隧道通向对方，一旦隧道挖好了，隧道工就在里面放置大量的高强度炸药。这是一个非常紧张的活儿，隧道工们必须一直监听着外面的动静，听听是否有敌军也在挖隧道。有时挖隧道的敌对双方也可能因挖通隧道而相会，这时，双方就会展开殊死搏斗，直到一方完全倒下。有一些地方在战争期间几乎没有什么军事行动，这就使战壕内的生活变得很轻松。但是其他一些地方却总是有激烈的战斗发生。伊普雷每天都有如地狱一般，尤其是对位于暴露的战壕突出部中的英军来说。在那些没有什么军事行动的地方，狙击手、炮火、疾病和毒气仍然造成了较大伤亡。在1916年前6个月中，英军在索姆河战役发起之前没有参加过大型战斗，但是伤亡人数还是有11万人。

"奔向大海"——埃纳堑壕战

"奔向大海"是第一次世界大战初期，英法联军与德军于1914年9月在瓦兹河和加来海峡之间广阔地区实施的一系列机动作战的称谓。1914年9月马恩河战役和埃纳河战役结束后，在马恩河战役中失利的德军撤到了马恩河北面的埃纳河畔，德军企图在埃纳河畔进行防守反击，交战双方在瓦兹河至瑞士边界地段进入阵地战。与英法联军僵持对峙三个星期后，双方都意识到正面突破是不可能了，于是都开始试图包抄对方的侧翼。法军总参谋长霞飞企图对德军右翼实施迂回，以迫使德军撤离埃纳河、瓦兹河、索姆河和埃斯科河地区，同时救援比军防守的安特卫普。德军总参谋长法金汉则决定从洛林地区抽调第六集团军增援右翼，力图挫败英法联军的计划，并迂回到联军的左翼。

还在德军转而面向追击他们的协约国军队时，他们在西线已经有了一个最坚固的阵地，德军驻守在离山顶3.2千米的较高的北面，藏身在覆盖着正面和斜坡的浓密的灌木丛后面。在夜间浓雾的掩护下，英国远征军朝着通向高原的小路前进，当雾在明朗的朝阳下消散时，他们遭到交叉火力的无情扫射，那些突入山谷得不到大雾保护的人，也遭到了同样的打击。

"一战"时，由于许多新式武器的使用，特别是重机枪的使用，使得从正面攻击堑壕阵地已变得十分困难，在战斗开始以后，德国和协约国军很快就意识到，正面进攻得到的只是本方人员的伤亡。从1914年9月一直到1918年3月德国发动春季攻势这段时间内，西线战场上的作战双方几乎在任何时候都在壕沟内对峙。"一战"的堑壕战非常惨烈，与其他战争一样，"一战"中士兵的最大杀手就是疾病，战壕里的卫生条件很差，常见的感染包括痢疾、斑疹伤寒和霍乱等，双方的堑壕之间叫无人区，在战斗中有时会有短暂的停火，让双方带有红十字臂章的人员进入无人区抬回自己一方的伤兵的尸体。

▼ 沿着西部战线发生的战斗，都是在那些有着带刺铁丝网和机关枪守卫的战壕中打响的。那里的条件令人触目惊心，有的是过膝的泥泞土地、不断的机关枪扫射、狙击和突然袭击。于1916年发生在法国的索姆河战役和凡尔登战役，便造成了200多万人的死伤。

▲ 表现法德战争的一幅宣传画

当英德两军之间的延翼竞走在新港达到了终点之后，双方所想寻求的机动性战争遂突然为圆镐所停止了。基钦纳勋爵说："我不知道还应该怎么做——这根本不是战争。"可是不幸得很，这却正是战争，每个二等兵都知道这个事实。丘吉尔是当时的海军大臣，他说："面对着这个死结，一切的军事艺术都哑口无言了，指挥官和他的参谋人员，除了正面的攻击以外，就再无任何其他的计划。"

现在双方为了避开对方的正面火力减少伤亡而选择向对方的侧翼进行迂回机动，不约而同地向对方的北侧进行包抄，在包抄对手的同时也不断挖掘纵横交错的壕堑并配置大量重机枪来防止对方攻击自己的侧翼。当发现对方已经挖好战壕架好机枪之后又继续向北迂回，最后双方的军队一直把连绵不断的战壕防御工事从瑞士边境挖到了比利时和法国北部的北海之滨才停下来。局势很快变得明朗，双方都拿对手无可奈何，而且又没有一方想退却，战斗演变成了相持不下的僵局，这将对抗的双方在今后四年中都固定在了这一条狭长的地带上。这一时期被称为"奔向大海"，10月中旬"奔向大海"战役结束后，战线从利斯河延伸到伊泽尔河，德军计划攻占法国加来港，摧毁英军补给基地，迫使英国退出战争。协约国军队决心坚守伊普雷—迪克斯迈德—尼乌波特一线，相机收复比利时全境和法国北部。

在一个月的"奔向大海"作战中，德军伤亡13万人，协约国军队损失约10万人，由于兵力相当，行动不够坚决，致使双方迂回到对方侧翼的企图均未实现。大量使用骑兵、广泛利用火车和汽车输送预备队，是此次战役的主要特点。1914年10月中旬，包抄侧翼的竞赛终于因为到达了英吉利海峡而结束，但是德军仍不罢休，企图撕破联军的防线，德军选择了一个进攻点，这就是比利时西南部的小镇伊普雷。10月，德国参谋本部新任总参谋长法金汉下令在佛兰德斯发起进攻，想把协约国军队逐出安特卫普和海峡各港口。然而，德国的后备军已经如此空虚，以致投入了一支8月份才开始训练的毫无经验的大学生部队。德国占领了安特卫普，但这3.6万名大学生后备部队中，只有6000人毫发无伤地幸存下来，其中的一人就是阿道夫·希特勒。这些缺乏经验的志愿军在机枪和自动步枪交织的火线中成片倒下，死伤惨重，后来，德国人把第一次伊普雷战役称为对无辜者的大屠杀，联军虽然勉强守住了防线，但是却付出了极大的生命代价。

10月20日，德军第四集团军和第六集团军的3个军对伊普雷实施主要突击，对伊泽尔河实施辅助突击。22日，德军强渡伊泽尔河，并在西岸设防。28日，比军打开尼乌波特海水闸门，水淹德军。30日，德军被迫撤退。伊普雷地区的作战行动到11月20日结束，此役双方均未能达成战役企图，西线从此进入阵地战阶段。从

1914年8月4日德国第一集团军和第二集团军进入比利时到1914年11月第一次伊普雷战役结束,连续几个月的激烈战斗让交战双方疲惫不堪,法、英、德将近50万士兵在战争中倒下了。马恩河战役结束后,西线战场就形成了胶着对峙的局面,在你来我往的攻防中,双方都加强了防御,交战双方纷纷深挖堑壕,加强掩体,设置带刺的铁丝网,以构筑固定阵地。1914年的战局是对各交战大国的兵力和能力的战斗检验,战局的结果使双方的短期战争和毕其功于一役的计划化为泡影。仅限于利用动员的军队和动员的储备物资,只靠军事工业而不是靠国家整个经济能力的战略也遭到破产。在西线战区,从瑞士到英吉利海峡形成一个总宽达300多千米绵亘的阵地。

第二次伊普雷会战——德军首次投放毒气弹

为了摧毁比利时小镇伊普雷外一块协约国的突出阵线,同时也为了试试新型武器的威力,1915年春天,德军首次大面积地投放毒气弹。

德军的领导班子决意要在1915年彻底击垮俄国,所以他们很乐意继续在西线战场保持守势以使东线兵力得到最大的满足。而英国此时刚结束了其在新沙佩勒的进攻(3月10—13日),法国也才从瓦伏尔平原的战斗(4月6—15日)中走出来。但英法两国却似乎不以为意,交手方毕便又开始计划新一轮的进攻了。德军最高指挥部总参谋长冯·法金汉将军在得知这一消息后,在仲春时节特许其西线部队有节制地采取主动进攻。德军的目标是伊普雷,英军在1914年那场大仗之后占领了该镇东面一块本属于德军的阵地。德军想要扫清这块阵地上的敌人,占领那里极具地形优势的一片高地,然后再在这里试用一下他们新发明的氯气弹。

参与这次战斗的是来自伍腾堡的阿尔布雷希特公爵麾下的德国第四集团军。4月22日,战斗在一阵炮击声中拉开了帷幕。短暂的弹幕攻击之后,德军向协约国阵地投放了氯气弹。氯气嘶嘶地从罐子里跑出来,很快就弥漫在了法国和阿尔及利亚两国军队所在的战壕里,无数协约国士兵由于窒息而痛苦地死去。对此毫无准备的守军惶恐不已,为了保命四散奔逃,协约国防线因此很快就被扯开了一个大大的口子。次日,德军戴着最原始的防毒面具挺进了3.2千米,但由于遭遇了史密斯·多利恩领导下的英国第二集团军的反击,他们的推进速度大

▲ 被毒气熏瞎双眼的英国士兵在等待救援、准备撤退。

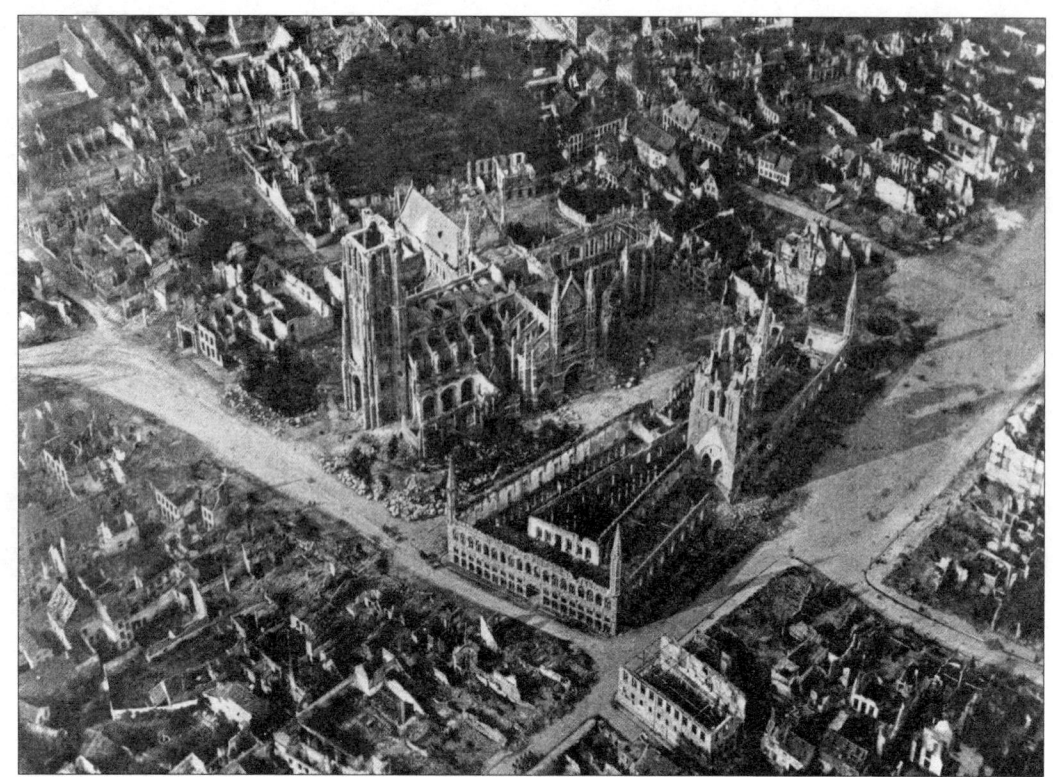

▲ 经历连续数月的轰炸之后,伊普雷的市镇中心伤痕累累(摄于1915年年初)。

大受阻。

第二军团的抗争不过给了协约国部队一个喘气的机会。24日,德军以伊普雷东北面的加拿大军队为目标再次发动进攻,使得战火迅速向该镇东面及东南面蔓延开去,一直烧到60号高地的协约国阵地之上。在史密斯·多利恩看来,妄图在这个时刻收复失地绝对是得不偿失的事情。因此,他申请率领部队向伊普雷附近防御力更强的地带撤离。但英国远征军总司令、陆军元帅弗伦奇却驳回了这一申请,并让赫伯特·普鲁莫去接替了史密斯·多利恩的工作。尽管到任后的赫伯特将军也认为撤退是最好的选择,撤军计划却直到4月29日法军抵抗失败时方被批准。5月初,协约国重整军队,而毒气战则一直持续到当月25日才宣告结束。

在此次会战的最后几周里,夺回了一些阵地的阿尔布雷希特公爵集团军渐渐不支,到5月8—14日,其耐受力终于撑到了极限。此时,伊普雷外3.2千米长的一块高地防线已被德军攻占,从这里可以俯瞰支离破碎的伊普雷城——而这种惨烈的景象一直持续到1917年的帕斯尚尔之战。

在持续了约一个月的会战中,德军占领了约2/3的突出阵线,给协约国造成了约6万人的伤亡。这场会战因为德军人力和物力均彻底透支,无法继续进攻而宣告结束。但德军在战斗结束之后仍继续炮击伊普雷,几乎将残存的城镇夷为平地,镇守残余阵地的英法部队也因此而被折磨得生不如死。

法国陆军的"医师"——一分为二看贝当

与霞飞元帅相比,法国的贝当元帅一生要坎坷得多。1940年以前的他是民族英雄,1940年以后的他是国家叛徒,这已成定论。但就其军事思想而言,僵化、落伍的评价却是不准确的,至少在"一战"中,他的防守战术还是符合战场实际情况的,基本上成了"一战"时期战场上的主要模式。

贝当记录在历史上的形象是一个叛国者,但是作为一个军人,他在"一战"中颇有建树。他不同意福煦对于"进攻精神"的强调,认为现代战争中防御更占优势,开战后他这种谨慎小心的态度使他成为"一战"中法国最成功的指挥官。

1888年,贝当进入法国军事学院深造,凭着深厚的军事造诣,毕业后的贝当很快就脱颖而出,进入了国家射击学校担任教官,但他有关火力破坏效果的思想和福煦的全面进攻想法不一致,因而未受到重视。后来贝当又在军事学院担任步兵战术学助教,在战略思想上,贝当大力提倡防守,与法国当时盛行的进攻战略思想大相径庭。由于当时法国盛行福煦所提倡的进攻战略思想,持防守战略思想的贝当自然不受重用,因此他一直晋升得很慢,少尉当了五年,中尉当了七年,上尉当了十年。1900年才升到少校军衔,指挥一个营,直到第一次世界大战前夕,年已58岁的贝当还只是驻阿拉斯的一个正待退休的步兵团的上校团长。要说贝当也是个性格耿直的人,当中尉时曾拘禁过服预备役的法国议员,还公开讽刺过当时的总统。最重要的是,当法国陆军都痴迷地倡导攻势至上时,贝当却敢于独自反抗这个潮流。他认为只有当敌方防御已经受到决定性的减弱时,才可以发动全面攻势,这种思想对头脑发热的军人们无异于一帖清凉剂。

第一次世界大战爆发,给了贝当一显身手的机会。战争开始时,贝当还只是一个几乎没有擢升希望的上校,因为他推崇近代防御思想,所以被绝大多数法国军官嘲讽为拥有"神秘艺术"的一位防御专家。但1914年8月后,贝当像闪烁的流星般升起。由于对部队的杰出领导他被提升为旅长,军衔是准将。在马恩河战役中贝当脱颖而出,由于指挥得当,被晋升为第六师少将师长。"一战"的模式不是福煦的全面进攻而是贝当大力提倡的防守,这就让贝当有了展示自己才能的机会。10月他再次被晋升为第三十三军军长。1915年5月,贝当在阿尔萨斯攻势中,率部突破了德军的坚固防御,虽然其进攻由于德军的纵深防御而失败,但其炮火准备使德军吃惊不小,7月,贝当被升为第二军团司令。

▲ 亨利·菲利浦·贝当

1916年2月21日,德军大举攻击法国重镇凡尔登，法军总司令霞飞估计错误，造成守城兵力空虚，几天后，法军失利。法国政府急命贝当为凡尔登守军司令，这时又有一座重要的炮台失守，剩下的炮台防御能力几乎无存。贝当所部于2月24日被调往凡尔登前线，接手坚守凡尔登要塞的职责。他到任之后发现形势虽然严峻但并不危急，便提出了著名的防御口号"他们不会通过"，并指挥督战队在战场上画了一道线，架上了机枪，凡后退过线者一律击毙。在所有道路均被德军炮火封锁的情况下，通过著名的"圣路"，贝当组织运输队以每14秒通过一辆卡车的速度迅速地运送部队和弹药，及时加强了前线的防御力量，终于顶住了德军的强大攻势。在贝当严厉的督战下，到他5月1日取代卡利将军担任中央集团军司令之时，凡尔登已经转危为安。贝当带领部队经过几个月的战斗，成功阻止了德军的前进。凡尔登保卫战证实了贝当的防御战略思想的作用，战役结束后，法国总统普安卡雷为了表彰他，在专用列车上设宴款待他，贝当因此战被视为"法兰西的救星"，成为名噪一时的英雄，并在此后出任了西线法军总司令。

1917年4月，盲目的攻击至上主义仍在法国延续，霞飞的继任者尼韦尔将军发动的自杀式攻击，被德国的兴登堡和鲁登道夫击溃，伤亡12万多人，丧失士气的法军潮水一样地溃退，由于指挥官的冷酷和士兵惨遭屠杀激起了兵变，陆军部队拒绝开往前线。5月15日，贝当取代尼韦尔出任法军总司令。一上来他就提出了"多用钢铁，少流鲜血"的口号以反对以前那种不计士兵死活的打法。针对士兵中日益增长的反战情绪和层出不穷的逃亡哗变事件，贝当采取镇压和怀柔的两面手法进行整顿，他着手缓和士兵的不平心理，严厉地惩罚了魁首却宽恕了大部分参与者。贝当以他的老练、坚定和公正平息了兵变并恢复了形势，接着在准备充分的情况下，贝当连续发动了几次有限的进攻，使部队恢复了信心，再次拯救了法国。

1918年福煦就任联军总司令后，贝当接替他负责指挥所有的法国军队参加了协约国军队对德军的总进攻，在西线最后一个月的艰苦战斗中发挥了重要作用。而后策划了埃纳河—马恩河和亚眠攻势，协助潘兴实施圣米耶尔和默兹—阿贡攻势，直至战争结束。11月8日，在法国东北部的贡比涅森林法国元帅福煦专用的火车车厢里，德国签署了投降书，第一次世界大战就此落下了帷幕。11月19日，贝当因为战时的卓越表现被授予法国元帅军衔。

让法国人把血流尽——"凡尔登绞肉机"

小毛奇输掉马恩河战役后，接任德国参谋总长的法金汉对1915年的作战构想是在西线采取守势，在东线一举击败俄军，再挥师西进。但实际情况是英法军队在西线的局部进攻大大牵制了德军的力量，使德军在东线没有足够的兵力给俄军以致命性的打击。因此，法金汉决定停止对俄国的进攻，把主要突击方向对准西线的英法军队，想把法国的血流光。

当1915年行将结束时，德国指望未来的一年是有希望的一年，奥德部队同他们的

▼ 凡尔登战役中，奋战在前线的法国士兵。

新盟国保加利亚一起，击溃了巴尔干的塞尔维亚军队，迫使其残部在希腊寻求庇护；沙皇尼古拉的军队败北后仍然晕头转向，容许德军把将近50万军队调往西线，现在德国可以放手驱动它的力量来对付法国在防守上的战略据点，而不至危及另外地方的阵地了。

1916年年初，第一次世界大战进入了第三个年头，随着"施利芬计划"的破产，德军指挥部改变了作战部署，计划在东线进行防御，而在西线重点对法军右翼部队所依托的"凡尔登突出部"实施突击。这是德军新任参谋总长法金汉提出的。他把这次行动计划称为"处决地"，目的是进攻一个法国不愿放弃的军事要地，让法国在那里投入全部兵力，然后加以歼灭，使法国在军事上崩溃，从而逼其投降。法金汉公开叫嚣："要让法国把血流尽！"

凡尔登是英法战线伸入德军防区的突出部，它像一颗伸出的利齿，对深入法国北部的德军侧翼形成严重威胁。它的南侧面对着圣米耶尔反突击部，穿过凡尔登城是默兹峡，东面是默兹高地的岩石陡坡，前面是肥沃的沃夫尔平原。凡尔登战线位于默兹高地之上外围堡垒前方的5千米处，德、法在这里曾有过多次交手，但德军皆未能夺

▲ 这张明信片表明了法国人民争取胜利的决心，图中一名手持刺刀的护士守护在两位年轻士兵身旁，标语是："为了祖国，休息吧，同志。"

▲ 战争的代价是非常惨重的。图中德军战死的士兵也许是死在炮火的攻击之下，而法军的遭遇也差不多同样悲惨。

取要塞，如果此次德军能一举夺取凡尔登，必将沉重打击法军士气。同时，占领了凡尔登，也就打通了德军迈向巴黎的通道，占领了巴黎，法国就不攻自灭了，剩下的英、俄两军就不足为惧了。

　　德军进攻凡尔登的企图是先发制人，争取在英法军队发起进攻之前，突破法军战线，以改变战略态势，并借以大量钳制和消耗法军兵力。担任进攻的部队为德国皇太子威廉任司令的第五集团军，下辖 7 个军共 19 个师，有火炮 1200 余门，在这些大炮中间，有 13 座震天动地的 420 毫米的攻城榴弹炮，飞机约 170 架，后来陆续增至 50 个师，约占西线德军总兵力的一半。法军凡尔登筑垒地域横跨默兹河两岸，正面宽 112 千米，全纵深 18 千米，筑垒地域由四道防御阵地组成，前三道为野战防御阵地，第四道是由凡尔登要塞永备工事和两个筑垒地带构成的坚固阵地，居高临下，易守难攻，由法军第三集团军防守，5 个师防守凡尔登以北地区，3 个师防守凡尔登以东和东南地区，另 3 个师作为预备队配置在凡尔登以南默兹河西岸地区。

　　在法金汉的设想中，19 个德军师和大量火炮将使法国部队精疲力竭，"血流成河"，凡尔登将成为一块砧铁，法国军人将被德军火炮在砧铁上锤打致死。法军以爱国激情坚守固定的阵地，可能在那里被炮火炸得血肉横飞。当然，如果法军不愿悲壮牺牲，如果他们认为不必为守住筑有空堡垒的凡尔登的这几个山头而做出巨大牺牲，那么，德国人的天才的计划也必然失败。但法国人是不会弃守凡尔登的，因为"它是骄傲地面对梅斯的伟大要塞"。1816年1月开始，法金汉就悄悄集结部队准备攻打凡尔登，同时，德国表面上是向香贝尼增兵，做出要在香贝尼发动攻势的姿态。法军总司令霞飞果然上当了，他认为德军会向香贝尼进攻，然后从那里进军巴黎。德国人正在继续往凡尔登方向悄悄集结兵力，随着集结迹象的渐渐明显，英法联军终于弄清了德军的真正意图，霞飞慌了神，火速下令向凡尔登增兵，但到2月21日，仅有两个师赶到凡尔登，而这一天，德军开始向凡尔登进攻。

德军于2月21日7时发起进攻，为隐蔽主突方向，德军炮兵在宽40千米的正面上同时实施炮击，德军炮群以每小时10万发以上的密度向法军阵地发射炮弹，从而掀开了凡尔登战役的序幕。炮击持续了12个小时，200多万发炮弹和燃烧弹密密麻麻地落在凡尔登周围23千米左右的三角形地带，航空兵首次对法军阵地实施轰炸，摧毁部分防御阵地，力图在法军前沿阵地造成一个"死亡地带"，让德国士兵踏着死尸前进。在杀伤了法军大量有生力量后，皇储的德军第五军团向构筑防御工事严密但守备兵力较少的凡尔登地区发起了攻击，德军当天就占领了第一线阵地。德军在13千米的战线上发动了全面攻击，突破东面的外围机动防御地带，退却的法军没能确保杜奥蒙堡垒这一关键的阵地，而这几乎是致命的，凡尔登的命运和整个法国的防御体系均处于千钧一发的危险境地。德军进攻开始后，法军总司令霞飞决心调集一切可以动用的陆军和空军部队，准备在凡尔登地区同德军决战，他要让凡尔登像锚一样钉在战线上，并以此显示法国坚强的决心。德军攻势如潮，凡尔登岌岌可危，2月25日，60岁的贝当临危受命，当天夜里就赶到了凡尔登。贝当首先建立了一条督战线，凡是退过督战线的人格杀勿论，并下令：宁可牺牲自己，也不丢失一寸土地。

在战役过程中，所有的公路和铁路交通线均被切断，凡尔登和法国后方的唯一联系是一条通向巴勒迪克的64千米长的二等小公路，通过它贝当建立起了有组织的供给体系。尽管不断遭德军炮兵袭扰，但是军用卡车的洪流不断地从这条"神圣之路"上通过，大约每十五秒钟就有一辆车出入于突出部。固定的修路班组不断填平被德军火炮炸出的大坑，法军沿巴勒迪克至凡尔登的公路用汽车运送了大量的人员和物资，先后投入兵力共71个师，约占法军总兵力的2/3。法金汉做梦也想不到，短短的一周时间，法军竟派出这么多援军，一方面是吃惊，另一方面心中暗暗高兴，因为这正是他所希望的，他要法国人在这里把鲜血流尽！贝当这方也在紧张部署，他命令增援部队马上开赴前线，修补战壕，安放大炮，准备迎击德军。

到2月底，德军的第一次猛攻已被遏止，双方的大部队在要塞周围相互厮杀，越来越多的增援部队和弹药源源不断从整个法国和德国涌向战场，越来越多的满载伤员的火车从这里迅速地像落潮般退去，这已经成为德、法之间一场实力与军队荣誉的考验。法、德两军均怀着满腔的怒火继续战斗，互相把对手撕得粉碎，德军大炮的威力，日复一日给人数较多的法军造成惨重的损失。战斗开始时对于法军来说是十分艰苦的，德军有27个师、1000多门大炮，而法军只有10万人、270门大炮，但好歹顶住了德

▲ 从将军升任陆军元帅的菲利普·贝当以其在战斗中的表现被尊为民族英雄。

军的进攻，待法国援军赶到之后，双方开始了拉锯战，德军未在头几天一举拿下凡尔登，已经失去了战机，双方都在向凡尔登增兵，摆开了决一死战的阵势。3月6日，德军发动第二次进攻，攻击突出部的西侧，初期取得一些成功，但是贝当下令实施反击，夺回"失去的每一寸土地"，又阻止了德军的进攻。在3月剩下的时间内，一系列的攻击和反攻交替进行，使战场被尸体堆满。法军实施快速的轮换，以接替在战斗中筋疲力尽的部队。在以后的战争期间有句话变成了法军的战斗口号，即"绝不让他们从这里通过"。

这时贝当被提升为集团军司令，尼韦尔接替在凡尔登的指挥。激战到4月，法军的兵力已与德军相当，德国人急了，首次使用了毒气弹，但法军仍将德军的攻势一次次阻止在要塞前。在双方的炮战中，一个法国炮手无意中击中了有45万多颗大口径炮弹的德国地下弹药库，引起了这次大战中最大的一次爆炸，这批为法军所不知的弹药，被隐藏在斯潘库尔森林里，但不小心地装上了引信。到4月初，整个防区的德军的每一门381毫米和419毫米的大炮，都被法国炮兵摧毁，法国军事分析家和历史学家帕拉断定，在最后击败入侵者中，这件事情起了决定性的作用。到5月，德军的损失已经达到了极限，皇太子建议法金汉休战，然而，由于关于法军伤亡重大的乐观情报的误导作用，总参谋长婉拒了皇太子的建议；相反，他下令为攻取凡尔登进行最后一次努力。6月初，德军再次发动大规模攻势，进攻沃克斯堡，但100名守军的拼死抵抗使德军伤亡3000余人。经七天激战，德军切断了沃克斯堡与法军其他阵地的联系，这时其水源已耗尽，堡垒已被炸成废墟，终于迫使沃克斯堡守军于7日投降。

6月下旬，德军首次使用光气窒息毒气弹和催泪弹猛攻苏维耶堡，在4千米宽的正面上发射11万发毒气弹，给法军造成重大伤亡，一度进抵距凡尔登不足3千米处，但终被击退。在十个月的残杀中，双方军队发射了4000多万发炮弹，加上难以数计的成百万发的子弹。在连续不断的炮击、喷火器进攻、毒气战和白刃战都不能撼动防守者时，德国工兵在法国阵地下面挖洞，爆炸了威力很大的爆破地雷，炸成了许多有十层楼深的坑。这里的士兵整天躲在战壕里，还没有与敌人照面就损失了3/4的兵力。战斗导致了恐怖的大屠杀，大炮成了屠夫，而陆军士兵则成了屠刀下的牛犊。正当全世界的目光集中于凡尔登惊心动魄的疯狂激战之时，东方的重要军事行动已到了一触即发的地步。俄国正每天、每小时地恢复力量，同时集结其取之不尽的兵源和日益增多的军火，1915年连续遭受了一系列惨重失败的俄国，经过自己的努力和协约国提供的资源，现在已经在战场上建立了60个组织有序并有武器装备的军，取代了开战之初原有的35个军，并分别部署就位。

7月，为配合凡尔登战役，英法联军在索姆河发起进攻，同时凡尔登的法军也发起反突击，这一切迫使德军指挥部不得不在凡尔登一带转入防御。德军作战六个半月，仅攻入法军防御纵深10千米,未能达成战役突破。这时,为对付俄军在东线发动的布鲁西洛夫攻势,迫切要求增兵东线,使德军从凡尔登地区抽调了15个师。8月末,法金汉被解除总参谋长的职务,由兴登堡和鲁登道夫搭档接替了他。他们决定立即停止进攻,以免遭受更大的损失,继续在西线实施防御作战,德皇批准停止进攻。到秋天,法军在芒让的指挥下由防御转为进攻,10月末,法军夺回了杜奥蒙堡。到11月时,法国用17万部队、700多门火炮和150架飞机进行大规模反击,夺回了伏奥堡,从那时起,德军不断地被一米一米打了回去,法军前进到他们原在2月25日所防守的地区。在几个星期的平静之后,芒让再次发起攻击。到12月中旬,法军战线几乎推至战役发起前的位置,并俘虏1万多名德军,缴获了100多门火炮,凡尔登战役落下了帷幕。

在极为艰苦的凡尔登战役期间,法军损失近55万人,而德军损失近44万人,德国预定在1916年战局中迫使法国退出战争的战略计划,在凡尔登战役中遭到破产,历时十个月之久的凡尔登战役结束。凡尔登战役是第一次世界大战的转折点,是德军从进攻转为防御的转折点,是协约国军从被动转为主动的转折点。整个战役中,法金汉本想"把法国的血流光",实际上德国的血也快流光了。因为凡尔登战役中双方伤亡巨大,所以凡尔登战役又称为"凡尔登绞肉机"。凡尔登战役以法军取得防御性的胜利而结束,而法军的这一胜利彻底打破了德军想一举歼灭法军主力、迫使法国投降的如意算盘。

没有赢家的阵地战——索姆河战役

自1914年以来,索姆河是比较平静的。如果这一点蒙蔽了霞飞的话,他是没有看到德国在沿河的两个方向为加强阵地所做的准备。在坚实的白垩土中,他们精心构筑了分隔开来的地下坑道网,深度有12米多。这些堡垒包括厨房、洗衣房、急救站等设施,以及庞大的弹药储备。电灯——那时在平民中是罕有的奢侈品——由柴油发电机提供电力。即使最沉重的轰击,也不会打穿这个地下综合体。

索姆河之战,是霞飞发动的,这场战役是协约国在1916年总战略进攻计划的一部分,法国第六集团军和英国第四集团军在福煦将军的统一指挥下,要共同联手突破囤驻在富科库尔和埃比泰纳地区的德国冯·贝洛将军第二集团军的防御阵地,其目的是突破德军防御,以便转入运动战,同时减轻凡尔登方向德军对法军的压力。由于索姆河地区没有什么

▲ 坦克在"一战"中首次被英军使用,大大推进了战争进程。

战略目标,英国指挥官道格拉斯·黑格爵士在最初被告知这个战役时,宁愿选择更便于进攻的像佛兰德斯这样的防区。虽然他并不属霞飞管辖,但他的方针是,如果他感觉不到什么灾祸临头时,在法国以听从法国指挥官的意愿为宜。

凡尔登战役开始前,英军就开始调集部队,大量的弹药供给被运送到索姆河,联军计划在凡尔登牵制德军,在索姆河发动大规模进攻,击溃德军,取得决定性的胜利。德军则利用几个月空闲时间不辞辛苦地把索姆河的防御工事变成了坚不可摧的堡垒。索姆河战役开始前,德军就已经使索姆河地段的防线成为世界上最坚固和最完备的防御工事之一,这条号称"最坚强"的防线,包括三道阵地和一些中间阵地,主要阵地有坑道工事,阵地前面有多层铁丝网。1916年1月,英国的志愿应募制为征兵制所取代,从加拿大、澳大利亚、新西兰、南非和印度进一步抽调援军。黑格提议推迟这个战役,直到这些后备军使协约国占巨大的优势。他还等待更多的枪炮、弹药和一种新的秘密武器——为了保密,诨名叫作"坦克"的机枪破坏器——的到达。但霞飞不听这些。黑格在他的5月26日日记中写道:"我提到的时间是8月15日,霞飞马上很激动,大声说如果到那时我们还无所作为,法国军队就要被消灭了。"

一种势在必战的感觉笼罩了索姆河战场,英军热情高昂,指挥官们信心百倍,决定性胜利的结果似乎就在眼前,以致谁也不能阻止决战的尝试。整个春季法军战斗在凡尔登,牺牲在凡尔登,无数成年男子祭献在那座铁砧祭坛上,新来的英军相信,他们将击败敌人并攻破敌人入侵法国的战线,他们信赖自己所率部队的献身精神,他们为即将到来的战役积贮了空前巨量的大炮和炮弹。霞飞的原来计划是提供两个法国集团军和一个英国集团军,在一条96千米的战线上进攻。但当法国军队在凡尔登被击溃时,参加索姆河战役的法军锐减了。最后的阵容是,法国部分在一条39千米的战线上收缩到13千米。霞飞开头答应分配的40个师被减少到16个师,但在进攻那一天,只有5个师到场。从一开始,这个战役的担子就由英国人挑起了。如今,英国远征军新任司令官道格拉斯·黑格面临着两个重大问题:一方面,德军掩蔽壕堑和铁丝网对任何进攻而言都是一种严重的障碍;另一方面,这些刚从各地调来的士兵缺乏专门战斗训练,应该通过发动一系列直接的小规模进攻,使他们获得必需的战斗经验。但黑格对此完全置之不理,他决定先向敌军发动大规模的炮轰,然后向已经遭到毁坏的德军阵地进军。

◀ I型坦克,亦即"大游民"坦克。

▲ 1916年索姆河战役时期的英国单兵装备

  霞飞筹划已久的攻势由于凡尔登的危机而推迟了好几个月，现在终于以异常惊人的持续七天的炮轰拉开了序幕。1916年6月24日，索姆河两岸雷鸣般的炮声打破了清晨的宁静，英、法联军隐蔽的炮兵群对德军阵地开始开战以来最大规模的炮击。空前猛烈的炮火使德军阵地顿时陷入一片硝烟和火海之中，地动山摇，不时有德军的掩体和障碍物飞上天空，在德军阵地上空，英、法军的校射飞机不停地盘旋，给地面炮兵指示目标，纠正弹着点；同时，战斗侦察机则不时地向德军阵地扔下炸弹，而后俯冲扫射。七天中，德军阵地共承受了150万发炮弹。这是惊人的场面，许多协约国士兵在夏夜爬出他们的堑壕，就是要亲自看看在敌人阵地上像星星那样闪亮的爆炸。

  7月1日清晨，炮击终于停止了，初升的太阳照耀着硝烟渐渐散去的战场，经历了一周炮击的德军阵地上死一般寂静，英军吹响了进攻的号角，无数士兵爬出堑壕，向无人区勇敢地冲去。英军认为，他们对德军连续七天的狂轰滥炸，一定扫平了所有的障碍，没想到德军的防御工事仍然是固若金汤，隐藏在防御工事后面的德军架起了马克沁机枪，对蜂拥而至的英军展开了大屠杀，在机枪的扫射下，英军遭到重创。对防守者来说，索姆河防区提供了最好的有利条件：进出口都隐蔽在村庄住房和附近树林中，而对面山腰上露天堑壕线的白垩土的轮廓十分分明。德军还可以在4500米的距离内，对协约国军队一览无遗。防御堡垒逐个升高，迫使协约国的进攻者要冒着火力一级一级地爬上来。德军在白垩土丘陵地带的据点，还有蜂窝状的钢筋混凝土重炮炮位、横断交通壕和防御地堡。在索姆河以北，尽管英国第四集团军的两个军占领了德军防御前沿第一阵地，但其余三个军和第三集团军的第七军的攻击却被击退，并遭到重大伤亡。在索姆河以南的方向上，法军取得了一定进展，法军异常猛烈的炮火压倒了对方，在德军士兵还没有从掩蔽部爬出来之前，法国士兵就到达了德军阵地前沿，仅经两小时战斗，法军第二军就占领了德军第一阵地及支撑点。

黑格保存着连续的记事录，进攻半小时后，他高兴地记下："所有报告都是令人满意的，我们的部队处处都越过了敌人的正面堑壕。"实际上，在德军火力下，在到达正面堑壕线之前，他的部队成千上万地倒下来了。德军根据地图上的坐标线，把枪炮火力准确地对准阵地前方的每一平方米发射，到日落时，夜幕笼罩了依然炮声隆隆的战场，无人地带遍布着6万多死伤的英军，或死或伤或成为敌人的战俘，这是英国陆军史上在一天之内遭受的最沉重的损失和最残酷的屠杀，在过去历史上的战役中，没有在一天之内有这种惊人损失的记录。此后，战斗降格为小规模军事行动，在较小的战线上继续进行。这时德军意识到英法联军在索姆河发动的进攻规模是空前的，其目的绝不只是牵制凡尔登方向的德军，德军迅速抽调兵力，把索姆河方向的部队增加到了40个师，但联军并未放弃进攻的企图，他们打算用一种新式武器来加快战役的进程。

7月9日，英法联军又恢复了进攻，但这时的德军已大大加强了兵力，使得双方的兵力对比从英、法军占2.8倍的优势下降到只占0.6倍，英法联军已几无优势可言。到7月10日，英军第四集团军伤亡近10万人，不得不暂停进攻，此后几天，虽然英、法军士兵冒死冲锋，但依然进展缓慢，双方很快进入胶着状态。7月13日，英军实施夜间进攻，并突破德军的第二道防线。英军骑兵冲入缺口，这是在西欧最后一次大规模地使用骑兵。但是其他预备队没能及时赶到，骑兵很快便被机关枪扫倒，随后被德军的反冲击消灭，此举亦封闭了突破口，联军的进攻渐渐演变为一系列战果较小而代价高昂的小战斗。8月底，在由军事上失败所带来的政治压力下，威廉二世撤销了法金汉的职务并以兴登堡和鲁登道夫代之。鲁登道夫从索姆河战役中总结出一种弹性防御的作战理论，只不过这种战术上的改变来得太晚，并没能影响到索姆河战役，但新的战争学说却转变了德军在今后两年中的进攻方式。

9月15日清晨，黑格在巴波姆西南发动又一次较大的进攻。之前，英军坦克已悄悄地用船运至西线，18辆坦克出现在了战场上。战斗中，坦克引导步兵实施进攻，德军士兵们望着这些从未见过的"钢铁怪物"惊呆了：怪物在泥泞的弹坑间如履平地，压倒了曾经阻挡过无数步兵的铁丝网，越过了堑壕，将德军的工事碾压得支离破碎；怪物还用机枪和火炮猛烈射击，打得德军尸横遍野。在最早的战斗中，一辆坦克发

▲ 英国榴弹炮

现进攻的步兵在弗莱尔前面被铁刺网和机枪挡住，它便爬过德军战壕，在战壕后横冲直撞，完好无损地立即迫使据守战壕的 300 多名敌军投降。不论何处，只要一辆坦克到达目的地，它的出现就足以使惊呆的德军非逃即降。尽管坦克的出现对德军达成了突然性打击，但这时的坦克威力还不够，亦不可靠，速度太慢，数量太少，英军虽取得了实质性进展，但并没有达成突破。9 月底，英法联军在索姆河以北 18 千米的正面上再次发动新的进攻，在这次攻击中，英军又使用了 13 辆坦克助战，德军统帅部命令前线部队及时总结对坦克作战的经验，并利用一切手段摧毁坦克。结果，英军坦克有 9 辆或陷在弹坑里，或被德军击毁，只有 4 辆坦克与步兵一起占领德军一线掩体，控制了索姆河和昂克尔河间高地的棱线。

猛烈炮轰持续了一月又一月，由英雄们组成的威武之师一月复一月在这可怕的轮战中被打得七零八落，接着冬季来临，从天而降的倾盆大雨叫人寸步难行，成千上万的车辆、几十万士兵和几百万颗炮弹将无边无际的泥土搅成血红色泥浆，代替了爆炸扬起的尘土，战斗仍在继续，大炮仍在怒吼。11 月，滂沱大雨不断，英军投入的 3 辆坦克，陷在泥里不能自拔，只能以火力支援步兵攻击，进攻行动难获战果。随着战斗的进展，进攻与防御的条件更趋平衡，战壕被夷平，铁刺网被彻底摧毁，战斗越来越成为弹坑累累的旷野战，随着几星期过去，交战双方的损失在不断增加。到 11 月中旬，气候的限制使战斗已无法进行，双方的物资也已近枯竭，交战双方都衰弱得无以为继，持续 4 个月的索姆河战役黯然收场，英法联军损失了 62 万人，德军损失了 65 万人，其中包括很大一部分军官和军士。

索姆河战役和凡尔登战役互相联系又互相牵制，德军以凡尔登战役牵制了英法联军在索姆河的力量，而英法联军则以索姆河战役牵制了德军在凡尔登的力量，但是双方都没有达到自己进攻的目的。虽然索姆河战役是在难分胜负的情况下宣告结束的，但此役对法国来说仍有不可低估的意义。首先，它大大减轻了法军在凡尔登要塞所承受的压力；其次，它使德军在人员、物资方面均受到惨重损失，以至再也无法恢复原先所拥有的那种超强的战斗力。双方都不会忘记这次战役所带来的恐怖，后来彼此都设定了更注重既定目标的战术，且用各种各样的武器和交通工具来支援步兵；同时，它也促成了突击队进攻的诞生，并首次应用渐次性掩护炮火。这场战役也证明德军并非天下无敌，很多英国士兵认为，尽管付出的代价沉重，但德国人最终是会被打败的。德国军队的自信心则相应地每况愈下，战争趋势开始逆转。

▲ 1916 年 9 月初，英德双方还在苦战不休。图为当时的一名英军士兵给在波奇尔斯附近被俘的德军俘虏分水。

萨洛尼卡的军事行动——开辟新的战场

为了能更有力地与同盟国抗衡,协约国在希腊的萨洛尼卡省倾注了大量的人力物力,试图开辟一块全新的战场。但他们的士兵却被各种疾病折磨得奄奄一息,根本无力发动任何行动。

1915年年末,同盟国摩拳擦掌,准备入侵塞尔维亚,这一举动使得塞国以南的希腊顿时有了一种"唇亡齿寒"的恐惧。在希腊的请求下,协约国答应为其提供紧急军事支援。不过没过多久,希腊似乎又觉得是自己想太多了,想要撤回求援信,但这时协约国的军事"援军"却已经"刹不住车"了。1916年1月,从塞尔维亚战场上撤下来的塞族士兵在接受了协约国的军备重配后,开始以科孚岛为登陆点,大批涌入希腊境内,到当年7月时,已有12万协约国士兵驻扎于此。这些"客人"也当真老实不客气,按照协约国的常规作战思路在希腊半岛的收缩部筑起了强化火线。

干劲十足的协约国部队在希腊半岛也没少遇到麻烦,而当地那种易于疾病滋生的环境则是他们面临的一个最严重的问题。本来,希腊多山的地形就是宜守不宜攻的,而协约国的英法军队互不通气的"多头指挥"则又让部队的机动性和杀伤力都大打折扣。

▼ 疟疾是萨洛尼卡战场上最大的杀手。图中右面的士官在给士兵们分发每天必服的奎宁。

当时，派驻希腊的法国将军莫里斯·萨莱尔和英国将军布莱恩·马洪就常常因为缺乏统一的指挥而进行"重复劳动"，糊里糊涂地搅和到对方的行动中去。而对于萨洛尼卡，英法两国的许多政府官员和军队领导都只把它看成一个军事意义不大的次级战场，所以甚少往此地派驻军队，更不要说配给物资了。

按照协约国最初的计划，驻扎在希腊的部队将于1916年夏天以瓦达河为中心，向北部塞尔维亚的乌斯库伯（即斯科普里）挺

▲ 路边是正在休息的英军士兵，他们看着刚刚抵达萨洛尼卡的法军小队奔向前线。

进。但很不凑巧，保加利亚军队却在德军的撺掇下，抢先从塞尔维亚的西南部发动进攻，闯入了希腊境内。8月17—27日，保军在弗洛里纳之战中挫败了协约国军队。萨莱尔在次月发动反攻，并于9月18日夺回了失地。尽管在此期间萨莱尔和他的同僚们有一些争执，但总算保住了协约国的胜势。

协约国部队决定乘胜追击，一路打到了塞尔维亚境内。11月19日，经过与德保联军四天的战斗之后，协约国以5：1的伤亡比例将莫纳斯提尔（即比托拉）收入囊中。1916年，巴尔干地区以独立战斗的形式爆发了一次决战，一支意大利军队在阿尔巴尼亚南部打败了与其规模相当的一支奥国部队后，与萨莱尔的部队在奥克里达湖（即奥赫里德湖）会合。

1916年间的战斗为希腊北部和塞尔维亚南部之间战场的形成奠定了基础，而这一格局直到1918年9月前都不会有太大的改变。1917年时，手握60万重兵的萨莱尔曾试图打破战场上的僵持，但却遗憾地发现他只有1/6的兵力适于行动。抱着聊胜于无的心情，他于3月11—17日和5月5—19日间分别在普雷斯帕湖和瓦达河沿岸发动了两次进攻，可惜收效甚微。此后半年，协约国部队按兵不动。当年12月10日，新成立的法国政府解除了萨莱尔的职务，任命颇有才干的阿道夫·马利·吉约马出任法军驻希腊部队的总司令。

协约国"协防"希腊的行为其实多少有些自作多情。希腊本来是个政治中立的国家，但却在此战中由于高层的政见不同而出现了分化。当时的希腊国王康斯坦丁一世是德皇威廉二世的妹夫，因此很自然地倾向于同盟国阵营；而一度担任希腊首相的伊琉瑟里欧斯·维尼泽洛斯则是协约国的支持者。不过，在协约国接连数月的派兵"协防"和政治施压之下，分歧并没有持续多久。1917年6月12日，康斯坦丁宣布退位，而新任希腊国王亚历山大则于26日再次任命维尼泽洛斯为首相。7月2日，希腊正式对同盟国宣战。

第十章

实行双重标准
——拉偏架的美国

潜艇渐露锋芒——德军倚重的海上利器

在英德海战中,赫尔戈兰湾突袭战给英国人带来的兴奋没有维持一个月,1914年8月底,当德国水面舰艇部队在赫尔戈兰湾战役中惨遭失败后,提尔皮茨毅然打出了他的王牌,亮出了撒手锏,一时间,大批的德国潜艇倾巢出动,杀向正在庆贺海上胜利的英国海军。如果说德国的公海舰队没有取得什么成功的话,那么德国的潜水艇却对敌人造成了致命的威胁。1914年11月,作为对英军封锁德国的回答,提尔皮茨针锋相对地宣告对英军实行潜艇封锁,虽然那时德国海军仅拥有29艘潜艇,但一年后这个数字升至54艘。

早在战前的美国内战时,潜艇作为一种廉价的海岸防御武器就已经被投入使用,但是直到19世纪后期的一系列技术进步之后,才发展成为一种有效的海上武器。在德国皇帝威廉二世的大力支持下,被称为"德国海军之父"的阿尔弗雷德·提尔皮茨海军上将,使德国在潜艇的制造方面占据了绝对优势,到战争爆发时,德国已秘密拥有了一支训练有素、精干强悍的潜艇部队。德国是第一个认识潜艇潜力的交战国家,海军军官们原来把这种舰艇看作侦察部队,或用于保卫港口,对付来自海上进攻的防御船只,在大战最初几个星期中,潜艇被用于以机枪扫射北海的英国拖网渔船,但在英国船也装上了机枪,或由武装巡逻艇护航时,就不再这样使用了,大战开始时,英国有36艘潜艇,全都用作海岸巡逻之用,德国有28艘,但只有10艘能巡航到3600多千米的地方。

第一次世界大战爆发之初,军事专家们对潜艇并未给予热切的关注,封锁敌国海岸和摧毁敌军舰船这两大海军任务，基本上还是交由战舰完成，各国海军给潜艇的任务是：侦察、布雷及击沉水面舰艇，潜艇通过潜望镜找到目标，发射鱼雷，然后向深水下潜逃跑。1914年9月1日，一向为人所低估的德国潜艇终于向世人展示了它可怕的实力，在福思湾附近海域巡逻的德国海军"U-21"号潜艇发射的鱼雷击中了英国皇家海军"探险者"号轻巡洋舰，后者在几分钟内宣告沉没并导致了巨大的人员损失，而"U-21"号德国潜艇在"一战"

▲ 德·拉·佩里埃指挥的第35号潜艇（近处这一艘）在和德军第42号潜艇会合。

中的战绩随即在9月22日被刷新。这一天的英吉利海峡天气虽然好，但能见度较低，3艘英国巡洋舰成一路纵队昂首西行，三舰彼此间隔2海里，航速10节，在广阔的海面上执行封锁巡逻任务，海军部指示，遇有德国舰船，一律予以击毁。几乎就在同一时刻，在奥斯坦德西北海面上，德国的"U-9"号潜艇也正在海面上四处游弋，伺机猎获送上口来的"美味"。"U-9"号潜艇在荷兰湾附近海域发现了正以横队驶来的英国皇家海军这三艘巡洋舰，7时许，"U-9"号潜艇向"胡格"号巡洋舰率先发射鱼雷，该舰的龙骨遭到攻击并向左舷倾斜，舰员纷纷落水，舰艇在二十分钟内沉没，500多人罹难。此时"克雷西"号和"霍格"号发现灾难后误以为"阿布基尔"号是碰撞到漂浮的水雷，马上赶来救援，"U-9"号潜艇随即又发射两枚鱼雷击沉正在进行救援落水者的"阿布基尔"号。8时，在距"克雷西"号巡洋舰1000米外再次发射3枚鱼雷，正撤退脱离现场的该舰于十五分钟内即告沉没。此役英国皇家海军损失高

▼ 一艘潜艇在接近已经被它干掉的英国商船，这艘船很可能是被炮火直接击沉的。

达3.6万吨的战舰，共有1460名英国船员在这次可怕的攻击中丧生，"U-9"号潜艇也因此创造了海战史上七十五分钟内击沉3艘巡洋舰的战例。"U-9"号潜艇在创下丰硕战果二十三天后，又击沉了一艘英国皇家海军排水量7700吨的"爱德加"级巡洋舰"老鹰"号。

正当德国的所有报刊都在大肆宣扬"U-9"号潜艇的战绩之际，德国海军的另一艘潜艇"U-21"号却正在创造着另一项更令世人目瞪口呆的战绩。就在"U-9"号击沉3艘巡洋舰的同时，"U-21"号在艇长赫森的指挥下，在分别击沉了3艘英国舰只后，竟大胆地闯进了被英军视为"圣地"的爱尔兰海，在英国人的眼皮底下，击沉了3艘英国舰船，甚至于一天夜里竟驶近英国海岸向附近的一个机场炮击，赫森由此有了一个绰号——"海上疯子"。这些成功的外海扫荡充分证明了潜艇的能力，德国潜艇初战告捷，使威廉皇帝的海军顾问提尔皮茨上将开始意识到，在打击协约国的商船和摧毁英国人的贸易方面，潜艇也许会是一个更好的武器，潜艇开始被用来辅助封锁敌国海岸，打击协约国商船。商船一般都单独航行，海军舰艇很难给它们提供保护，尤其在它们偏离了海上主航道时。1914年10月发生了历史上非常重要的一个事件，德国海军"U-17"号潜艇在挪威南部海域击沉了900吨的英国货轮"格里特拉"号，潜艇在击沉货轮前进行了仔细辨认，在命令船员全部离船并登上救生艇后发射鱼雷将其击沉，这是战争中德国潜艇首次击沉商船，从此以后，商船也成为潜艇攻击的重要目标。

1915年年初，"U-21"号只身穿过协约国层层封锁的直布罗陀海峡，抵达了亚得里亚海域，协约国做梦都不会想到德国的潜艇来到了他们的身旁。在两天的时间中，赫森先后击沉了英国的战列舰"凯旋"号和"尊严"号。"一战"时期，战列舰是当之无愧的海上霸主，赫森和他的"U-21"号远离基地，单枪匹马闯进英军戒备森严的锚地，两天之内将2艘战列舰击毁，一举改写了德军潜艇史上的新纪录。英国人开始

◀ 德国船员在检查潜艇轮机舱的机械情况。该图很好地展示了第一次世界大战中潜艇内复杂的工作环境。

迫切地寻求针对德国潜艇的反制措施。在当时，击沉潜艇的唯一办法是火炮射击和撞击，而击沉潜艇的关键在于引诱潜艇停留在水面而不是在海底潜航。英国人最后想出了一个很好的办法——使用"U艇诱饵"，即使用外观看起来像货轮的武装商船，船上隐蔽安装了火炮和鱼雷发射装置，诱使德国潜艇浮上水面靠近，再升起皇家海军军旗，并用甲板炮发起攻击。潜艇在第一次世界大战中日益显露出了其强大的攻击威力，整个战争期间，德国潜艇共击沉协约国和中立国船只约6000艘，其中战斗舰艇200艘，运输船5800多艘，总吨位约1800万吨。为了对付德国的潜艇，协约国动用了900多艘驱逐舰和大型护卫舰，极大地牵制了协约国的海上势力，自此，潜艇在偌大的舰艇家族中拥有了一席之地。

美国拉偏架——德国结束第一次无限制潜艇战

英国在海上的军事行动，是对北海德国舰队实施深远封锁；德国则试图以战列巡洋舰袭击英国沿海地带，诱出并歼灭英国舰队的部分兵力，但未得逞。潜艇在与水面舰艇、运输船只的斗争中开始发挥越来越显著的作用，但潜艇在第一次世界大战时还是新式武器。根据国际法规定，战舰要攻击商船，必须事先警告，并保证商船上乘客和海员的安全。但是当时的潜艇既小又脆弱，如果钻出水面提出警告，交战国商船上的枪炮就足以击沉它，德国因此认为，它使用潜艇袭击商船不必事先警告，除非英国拆除它商船上的枪炮。

潜艇的优势在于潜伏水下，秘密行动。公然的警告并拦截商船使德国潜艇很容易

▲ 海上的一艘德军潜艇。德军"U-9"号潜艇，于1914年9月22日在荷兰沿海击沉了3艘旧式英军巡洋舰。

▲ "路西塔尼亚"号的沉没和船上128名美国人的丧生使得德军的潜艇政策前途未卜。

暴露目标,也因此会受到英国战舰的攻击。1915年2月4日,为了对英国的非法封锁采取报复措施,更有效地打击协约国的商船,并保护本国潜艇,德国宣布:在英国和爱尔兰周围水域执行无限制潜艇战政策,就是将这些区域划为战争地带,任何进入该区域船只都将被击毁,不予警告。鉴于英国政府在1月31日命令冒用中立国旗帜,也因为海战容易造成不可预见之事件,大不列颠与爱尔兰周围的水域,包括英吉利海峡的全部,由此被宣布为战争区域。从2月18日以后,在此战争区域被发现的任何敌国商船都将被击毁,船员与乘客不能如以往那样免于这种危险。尽管德军承诺尽量避免击沉中立国船只,但丘吉尔怂恿己方的船只挂中立国家的旗帜并鼓励水手穿老百姓的衣服来引诱德国潜艇浮出水面。德国潜艇的舰长们得到指示,保证潜艇安全才是第一要务,因此,误袭也就在所难免,德国人希望这样的威胁可以吓阻中立国的船只

不进入英国的水域。英国对德国的无限制潜艇战大做宣传，谴责德国漠视文明国家的战争法。

美国总统威尔逊拒绝承认在德国威胁使用潜艇战与英国对德国实行饥饿封锁这二者之间存在因果关系，他的同情心总在英国那边，英国违反国际法，有人轻轻拍一下他的手背就算完事。英国宣布对德封锁，严禁一切装载战争禁运物资的中立船只驶往德国，虽然威尔逊对于英国这种侵犯中立方权利的做法表示了温和的抗议，但如英国所预料的，他并未采取任何行动。而德国在公海上的不法行为，立刻得到了华盛顿的谴责，德国潜艇战政策一宣布，威尔逊的答复是：德国政府必须严格负责美国船只或生命在公海上的损失。尽管美国奉行中立政策，希望同交战双方都做贸易，但由于英国掌握着海上优势，对德国实行严密封锁，所以实际上美国在参战前的对外贸易主要是同协约国进行，与同盟国的贸易额则相对较少，庞大的贸易额使美国与协约国连在一起，如果协约国战败，美国几十亿美元的贷款即将付诸东流，经济绳索将美国套在了协约国的战车上。

1915年5月1日，冠达海运公司的客轮"路西塔尼亚"号挂着英国国旗离开纽约开往利物浦港六天后，在西南爱尔兰外海域，该船被德国"U—20"号潜艇发射的一枚鱼雷击沉，包括128名美国人在内的1198人丧生大海。美国立即和英国站在一起，对这场惨剧做出激烈的反应。德国对美国的损失表示遗憾，但坚持"路西塔尼亚"号是英国海军的辅助驱逐舰，载有军火。1915年3月，英国轮船"法拉巴"号被德国击沉，照英国宣传的说法，德国潜艇的艇长不予警告即行开火，杀死了大约110人，其中有一个美国人。后来才发现，德国艇长曾经对"法拉巴"号警告了三次，而且是在海平线上出现了一艘英国战舰之后才开火的，而且"法拉巴"号也载着大约13吨军火。然而威尔逊给德国政府发了照会，把他的美国政策讲得清清楚楚："美国政府有义务保护乘坐飘着交战国国旗的船只的美国公民。" 无限制潜艇战一直延续到1915年年底，当年8月，德国潜艇击沉了美国"阿拉伯"号商船，美国总统威尔逊严正抗议德国人的行为，声称如果德国不停止无限制潜艇战，美国将断绝与德国的外交关系。因为担心美国参战，德国不得不在大西洋和北海停止无限制潜艇战，德国潜艇转向美国船只较少光顾的地中海地区，德国第一次无限制潜艇战告一段落。

"饿死一个国家"——英国对德国的海上封锁

大战一开始,英国的驱逐舰就在北海加强了对德国的海上封锁,舰船在英吉利海峡和苏格兰至挪威间 320 千米的海面上巡逻,拦阻任何开往德国的船只,并确保德国船只无法进入大西洋从事海外贸易。为了防止德国潜艇潜入英吉利海峡,英军在几个星期之内,成功地从挪威到英吉利海峡之间用防潜网和水雷构建了一条严密的封锁线。整个第一次世界大战期间,几乎所有的海上冲突都是围绕着对军用和民用航运的保护、封锁或破坏而展开的,大战开始后,英国马上按照其传统的海上战略对德国进行了远距离封锁,英国为了控制中立国的船运,宣布整个北海和冰岛与挪威海岸之间的水域为交战地带,中立国船队必须先停靠英国港口进行违禁品控制检查,英国人检查中立国船只时把所有发往德国的货物都强行购买了,然后放商船回出发地,这样既可防止人员伤亡,同时也给了船主一些经济补偿。

英国的封锁试图迫使德国全部人口忍饥挨饿至屈服方休。英国对德国的饥饿封锁,违背了被广泛承认的国际法准则,为了阻拦英国的海上贸易,德国也部署了一些战舰伪装商船,企图拦截英国的贸易船只,但大多数都遭到了英国战舰的追击并被摧毁。德国人没有能力封锁英国的贸易,他们不得不另想办法了。在 1916 年 12 月的一次情况分析会上,德国海军上将霍尔岑多夫坦率指出,如果在 1917 年 2 月取消对潜艇的限制,就可以在 6 月逼英国人投降。德国经济学家估计,如果潜艇战能连续五个月,每月击沉 60 万吨位的商船,就会把中立国的船队从英国赶走,这样一来,单靠英国的商船队运粮是无法应付英国的饥荒的。由于英国对德国的严密海上封锁,使德奥处境异常困难。

▲ 英军的海上行动在很大程度上要依赖图中正在进港的这种商船,而这种船也就成了德军潜艇部队的主要攻击目标。

德国人称这种封锁是对妇女和儿童的野蛮战争,并努力用所有可行的办法打破封锁。它的第一次潜艇作战就是针对封锁军舰的,为了挽救败局,德国政府宣布恢复无限制潜艇战,以应对英国的非法封锁。德国人相信,美军在欧洲战场发生积极作用之前,他们即能获得胜利。

来去无踪的潜艇,其致人死命的潜在力量显得越来越令人惊恐,英国海军因此提心吊胆,惶惶不可终日。英国人认为,德国

▲ 英军在追击一艘潜艇时引发的深海爆炸。主动进攻的策略终究要比防潜栅的被动防守有效得多。

入侵英国是"办不到的","贸易被迫中断,商船濒于毁灭"才是主要危险,英国有2/3的粮食依靠进口,它的生计依靠由英国货船所承运的对外贸易。为了对付德国的潜艇,英国海军部研究出一个解决办法。德国的无限制潜艇战是针对武装商船的,不加警告就把它们击沉了,可是对非武装商船特别是帆船,在船员登上救生艇之前是不予击沉的,于是英国海军将一些商船悄悄地武装起来,并用训练有素的海军士兵伪装成船员,等上当的德国潜艇一浮出水面后就对它发起突然的攻击,他们把这种船称为"伪装猎潜舰"。不知情的德国潜艇因此吃过不少亏,直到1917年,德国的潜艇指挥官们才再也不会上这种当了,而英国人这样做的后果,就是让非武装的商船同样也面临着被攻击的处境,潜艇指挥官摒弃了豪侠作风,没有警告就发射鱼雷,但这也正是英国人所希望的。其实事情足够清楚了,把美国拖进战争,是英国的重要目标,按照丘吉尔的说法是:"把中立国船只吸引到我们的岸边,是最重要的,这就有望让美国和德国胡搅蛮缠,如果有些船出事了,善莫大焉。"

1915年2月4日,为了更有效地打击协约国的商船,并保护本国潜艇,德国宣布在英国和爱尔兰周围水域执行无限制潜艇战政策,就是将这些区域划为战争地带,任何进入该区域的船只都将被击毁,不予警告。1916年3月,没有武装的法国汽轮"苏塞克斯"号在英吉利海峡被误认为是军舰而被击沉,沉船上有3名美国人,这使威尔逊总统威胁说要与德国断绝外交关系,德国政府做出答复,保证以后在击沉船只之前要先进行调查并采取预防措施。海军上将舍尔认为要按这种方法办事,潜艇战就不可能胜利,于是就把他的北海潜艇支队从西部水域召了回去,并宣布针对英国商船的潜艇战已经结束。

大战期间,约有200艘德国潜艇被击沉,英国人自称其中145艘要归功于他们。皇家海军动员了5000多只辅助船舶、数百千米长的钢丝网,也许还有数以百万计的深水炸弹、水雷、炸弹、大炮和炮弹,才取得这样的战绩。比较一下英国和德国颁布的战争新规则,就会发现德国的规则要比英国温和得多:英国采取布置水雷的办法是无法辨识船只身份的,相反德国只有在误认为是英国的伪装之后才进行。尽管如此,

美国面对这两个国家采取了双重标准，对英国的封锁保持了缄默，但对德国则发出严重警告，不仅要保护悬挂美国国旗船只的安全，甚至要保护乘坐交战国船只的美国公民的安全。威尔逊对待英国和德国的双重标准，在把美国卷入战争一事中扮演着重要角色，为美国加入这场战争起最决定性因素的，则是美国声言有权保护交战国船只，只要美国人觉得那船适于旅行即可，以及把武装商船看作和平船只。威尔逊总统拒绝正视英国的不规矩与德国的潜艇战这二者之间的关系，威尔逊的立场"明显站不住脚"，因为一碗水端平，不偏不倚，才是中立国的义务。

研制反潜武器——协约国的反制措施

1914年时，没有任何武器可以伤害到潜入水下的潜艇。德军无限制潜艇战给协约国带来的威胁迫使他们——尤其是英国——必须尽快发展出可以解决潜艇的办法。

由于在战前一段时间各国海军都致力于发展攻击性水面战舰，所以在第一次世界大战爆发时，反潜战还是一个相当新鲜的玩意。虽然开战后几周人们就意识到了反潜的重要性，但以英国为代表的协约国，却是在德国的无限制潜艇战中吃够了苦头之后才真正投入其中的——此时他们的海上贸易线路和大型商船都已屡次被击沉，再不用心就来不及了。

由于潜艇无论是在水下还是在水面上行动都很迟缓，所以最开始，战船和货船都把速度和Z字形走法当成躲避潜艇袭击的最有效逃生方式。而如果选择夜间行船，或是不走那些特别繁华的商道，则船只存活的概率又要大很多。后来，人们又开始往船体上涂抹炫目的几何图案，以掩盖其真实的外形，并用船沿垂下的反潜网抵御鱼雷，来保护停泊在港口的船只。不过，人们渐渐发现这些方法都很繁杂，而且不是那么有用。为了保护像英吉利海峡那种狭窄而又脆弱的海上航线，人们又用联合反潜网、水雷和巡游艇组成了规模更大的保护系

▲ 由于潜艇袭击而造成的平民伤亡被协约国用来提升征兵的效果。

▲ 这种伪装猎潜艇是英国为了将潜艇诱上海面而设计的。

> ## 相关链接
>
> ★ "蜘蛛网"
>
> 　　这是英国海军航空部队在北海上指导研发了一种精准的反潜方法的名称。从1917年5月起,他们开始用一组包括柯蒂斯H-12型和菲利克斯陶威型在内的飞艇进行八角形的巡航。按照这种巡航方法,只用4架飞机就能够在五小时内检查完1万平方千米的区域,而巡航飞机不会放过任何一艘浮在水面上的潜艇。英军宣称他们在当月20日就已利用这种巡航方法成功地执行过一次任务,并在之后也依靠此法屡创佳绩。但实际上,却没有足够的证据证明,德军的潜艇及潜艇机组人员受到过这种方法的威胁。

统,但仍然起效甚微。

　　1914年的战舰只能用舰体冲撞或炮火袭击,才能击伤击沉浮上水面的潜艇,而潜入水中的潜艇几乎是刀枪不入的。由于大多数潜艇指挥官都喜欢直接用大炮而不是鱼雷来攻击手无寸铁的目标,所以协约国决定将计就计,给商船配备武器以做还击。除此之外,英国还发明了一种伪装成商船的军舰——Q舰。这种船看上去就是一艘普通的货轮,很容易诱使敌军潜艇浮到水面,在较近距离发动攻击,但实际上这种船藏了很多武器。不过,Q舰的效果并没有预期得那么好,而且很多潜艇在吃过亏后对一切像Q舰的船只都会有戒心,不太会在很近距离内发动袭击了。

▲ 一支协约国护航舰队中的一部分抵达一个不知名的港口。注意舰身上斑斓的伪装图案。

　　后来,英军又发明了一种联动系统,将一艘可能成为德军攻击目标的水面舰船,用电缆之类的缆绳和一辆潜在水中的潜艇相连。一旦水面战舰受到敌人的攻击,该舰舰长就会通过电缆将信息传给潜艇里的战友。然后,潜艇舰长就解开两舰之间的缆绳,调整潜艇的位置,并向敌军潜艇发动进攻。

　　当然,反潜方式不止于此。拖着一条引爆线的英军驱逐舰也是新式武器之一,不过这种武器需要在敌我双方极度接近时才能发挥作用。1915年年末,可以在水下爆炸的深海炸弹面世,但直到1917年才开始批量生产。水中听音器可以在水下探测潜艇的位置,但只要潜艇潜得更深一些或是行动时控制住噪声,就可以躲过这种仪器的追查。1916年7月16日,深海炸弹和水下听音器首次成功地结合作战。通过截取潜艇无线电情报和使用飞机、飞艇等确定潜艇位置的方法也很常见。

　　1914—1918年间——尤其是1917年4月协约国护航系统启用之后——德军共损失潜艇178艘,其中38艘是毁于事故或其他不可知的原因,而剩下的140艘里有50

艘是被水雷炸沉的，29艘毁在深海炸弹上，19艘被水面舰艇的炮火击沉，19艘被撞沉，18艘被鱼雷击沉，还有1艘毁于空袭。德军在大不列颠群岛附近和北大西洋上分别损失90艘和44艘潜艇，所以他们又将这两片海域称为"死亡地带"。

"苏塞克斯号承诺"——美国人有在战场漫步的权利

1916年的战况给了包括德国在内的每一个交战国更大的压力，英国对德国的封锁也日渐严密，德军在凡尔登耗尽法国元气的计划落了空，加上在索姆河与英军的惨烈会战，大大消耗了德国的军事实力。很多人怀疑德国是否经得起又一年的消耗战，到1916年8月，德国政府和最高指挥部又开始重新审议无限制潜艇战的问题了。到1917年1月，德国的情况越来越艰难，饥饿封锁让平民付出了可怕的代价，德国军方设法游说民间领袖人物相信，实行无限制潜艇战是必要的，即使这意味着与美国开战，他们相信，德国能够击沉足够多的敌船，等到美国把远征军派到欧洲的时候，德国已经胜券在握了。德国海军参谋部认为，只要有足够的潜艇，就能够封锁英国的贸易，最终逼迫它求和。德国建造潜艇的速度大大加快了，但是德国最大的顾虑是美国可能因此对德宣战，如果美国参战，形势对德国将十分不利。但德国人选择了冒险，因为此时的德国除了潜艇这张牌已无其他牌可打了。

▲ 负责北海南部的是哈里奇部队，图为该部队中一支小舰队在列队前进。

"路西塔尼亚"号灾难之后，德国政府已经在私下里决定，放弃向客轮开火的做法。但是，1916年3月，一艘德国潜艇抗命行事，不予警告，即向法国轮船"苏塞克斯"号开火，致死大约80人。船上25个美国人中有3人受伤，这艘船没有客轮的那种常用的标志，它漆成黑色，其船桥看起来像是军舰的舰桥。德国艇长发现它在英国海军部为客轮指定的航线之外航行，疑心它是一条布雷船，接着就向目标发射了一枚鱼雷。沉船上的伤亡人员中有3名美国人，这使威尔逊总统在4月18日威胁说要与德国断绝外交关系。德国政府5月4日做出答复，以"苏塞克斯"号发誓，保证今后潜艇对商船的袭击一定严格按照"捕获法"的规定，为了旅客与船员的安全，在击沉船只之前要先进行调查、搜查并采取预防措施。

威尔逊坚持要求德国潜艇在攻击武装的商船之前发出警告，这连美国的国务卿兰辛都觉得可笑，因为潜艇发出警告，不过是给了武装商船把自己击沉的机会。德国政府指望威尔逊对英国施加压力，让他们放弃饥饿封锁，允许食品运送到德国，不过叫人吃惊的是，威尔逊接受了承诺，拒绝了条件，因为他认为美国的中立权是绝对的，是不可剥夺的，他逼迫一个交战国严格为违背国际法的行为负责，而对另一交战国的行为不闻不问。"捕获法"原本是适用于战舰对商船的，而这时英国的商船上都已安装了大炮，并已受命向德国潜艇开火，实际上无异于战舰，并且在对等作战中的力量已超过潜艇，所以当无限制潜艇战的狂热鼓吹者、舰队司令舍尔接到这一命令时，认为要按"捕获法"办事，潜艇战就不可能胜利，于是就把他的北海潜艇支队从西部水域召了回来，不允许它们执行登船搜查的任务，并宣布针对英国商船的潜艇战已经结束。

威尔逊这位中立国的总统，在得到了德国的保证后，便打破了美国此前的全部传统，号召为商船配备美国海军的大炮和海军士兵，并指示他们：凡是遇到冒头的德国潜艇，即行开火。得了这样的指示，美国商船便大摇大摆地驶往战争区域了。丘吉尔写道："德国人从来不明白，将来也永远不会理解，其敌对国和中立世界是怎样怀着恐怖和义愤看待潜艇攻击的。任意将中立国船只击沉是令人深恶痛绝的行为，而将其击沉又不为船员提供安全，任由他们在救生艇上自生自灭或溺毙海中，这在所有航海国家看来都是令人憎恶的行为，除了海盗，迄今绝没有人蓄意这样做。"这说得很是冠冕堂皇，只是不知道，在战场上如果有中立国的人为德军送军火是否英国人出于"人道"就不开火了呢？当它轰炸一个城市时是不是因为这个城市有无辜的妇孺而不开炮呢？

1917年2月1日，无限制潜艇战重新开始，德国开始潜艇战的两天之后，威尔逊总统正如他一年前警告的那样，断绝了与德国的外交关系。其实威尔逊总统对此的解释还是比较诚实的，他说道："作为一个参战国的领导人，在和平会议的台面上，美国总统会有一个座位，但是如果他仍然是一个中立国的代表，他最多只能隔着门缝喊。"在恢复无限制潜艇战后的第一个月内，德国潜艇击沉了至少500艘船只，东大西洋和北海的中立国船运量因此减少了75%，尽管潜艇里的条件非常恶劣，但德军艇员的士气还是随着每一次胜利而高涨，一些德国潜艇取得了令人瞠目结舌的战绩，等他们凯旋回到基地，就成了民族英雄。

第十一章

多事之秋
——"浑水摸鱼"的两个国家

协约国阵营最大的胜利——布鲁西洛夫突破

　　第一次世界大战进行到1915年年底，东线由运动战转入阵地战，双方进入堑壕战阶段，180万俄军与106万德奥联军如两头疲惫的公牛在寒风中对峙着，俄军这部巨型"蒸汽压路机"在泥泞的东欧大草原上已是寸步难行，损失超过100万。同年年底，俄军从加利西亚和波兰撤退，俄国危在旦夕。直到1916年年初，俄军状态才开始有所改善，各种装备和补给开始源源流向前线。至此，在高加索对土耳其的成功作战之后，俄国最高指挥部决定发动一系列有节制的进攻，以缓和德军对西线的压力。俄国决定于当年3月在那拉奇湖北面发动攻势，这次战役以其指挥者的名字被命名为"布鲁西洛夫突破"。

　　1916年3月17日，俄军西南方面军司令部里来了一位瘦削精干的将军，他就是新到任的司令布鲁西洛夫上将。布鲁西洛夫是一名贵族骑兵军官，曾指挥过第八军团，他的想象力加上对细节的关注，使他的指挥成为1916年俄军成功的最主要因素之一。还在当集团军军长的时候，其刚烈倔强的脾性就已为人所知，他过人的胆略和非凡的才能更为其部下所钦佩。这次新任方面军司令，俄军大本营给他下达的任务是向卢茨克实施辅助突击，然而布鲁西洛夫却在脑海里酝酿着一个大胆的进攻计划：全线突破德奥军防线，彻底扭转东欧战局！　布鲁西洛夫受命全面指挥西南边境的军队后，决定放弃俄国传统的"人浪"消耗战略，转而使用突袭战术，他建议沿着奥匈联军的前线发动进攻，并周详地计划了整个战略部署，其中包括发动四次全面进攻，当时，他指挥的四支军队均参与其中。然而，绵亘战线的形成给他出了一道难题：迂回两翼合围歼敌，这在战争前夕被认为是最好的机动样式，但敌人宽广的正面排除了在防御敌方侧翼解决胜负的可能性，集中兵力，在某个选定的地段实施正面突破，往往容易暴露己方意图，不能达成战役突然性。当过军校校长的布鲁西洛夫曾经教导自己的学生永远不要迷信教科书，这一次他决心用自己的行动做出表率。

布鲁西洛夫的考虑远远超出其他沙皇军官，他为进攻在细节上做好了一切计划，并对部下强调了一切必需的准备工作，使他们因此完全了解了奥军的防御情况。布鲁西洛夫认为同盟国拥有功能完备的铁路系统，可以迅速把增援部队运送到受到威胁的地区。因此，他决定扩大打击面，这样就可以牵

▲ 布鲁西洛夫上将。

制住敌军的增援部队，使其不得抽身。布鲁西洛夫选择了奥匈帝国的军队作为进攻目标，并开始了细致的备战工作。布鲁西洛夫摒弃了英法军队采用的在一个地段上突破防御的做法，准备在方面军所有集团军地带内，即在四个方向上同时实施突破，使敌军难以判断主攻方向，这样就达到了主要突击的战役伪装，使敌预备队不能向主要进攻方向实施机动。鉴于意军在特伦蒂诺受到重创和协约国请求俄国提前开始进攻以把敌军从意大利战线引开，大本营决定比预定日期提前两个星期开始西南方面军的进攻。

6月4日，布鲁西洛夫的四路俄军同时进攻，连奥匈后备军队也遭受了此次攻击，布鲁西洛夫的第八军团则在卢茨克的普里皮亚特沼泽南部进行大规模进攻，结果摧毁了奥匈第四军团，两天内便成功占领了这座城市。在南部的更远处，第十一军团突破敌军战线，击败奥匈第一和第二军团，而第九军团也占领了奥匈联军的阵地，虽然奥军猛烈反击，但奥军的防线最终还是被攻破了，奥军损失了60万人，其中40多万人被俘。到6月中旬，加利西亚的奥匈军队实际上已经土崩瓦解。东线的溃败使德奥军事首脑惊骇万状，他们急忙从西线和意大利战线调集援军，以堵住突破口。7月中旬，德国和奥匈利用更便捷的

▲ 德国炮兵部队军官在检查炮击精度。图中所示的大炮数量和西线战场上相比，明显多了不少。

交通线路，德军从西线赶来增援，奥匈帝国的援军也从意大利赶来，使被动局面开始有了转机，德军对准俄军较为薄弱的北翼进行坚决反击。在南部，俄军已远至喀尔巴阡山脉，因补给不足而被迫放慢了前行的速度；在北部，德军设法阻止了俄军的前进。

俄西南方面军的成功突破未得到其他方面军的及时支援，俄军大本营不善于组织各方面军的协同动作，形势迫切要求将主要突击从西部转到西南方向，但大本营直到7月9日当德国已在此集结重兵时才定下这一决心。7月中，俄军向坚固设防的科韦利发动了两次进攻，俄军大本营战略预备队布拉佐夫将军的特别集团军也参加了进攻，这两次进攻酿成了斯托霍德河上的持久血战。此役，布鲁西洛夫的士兵总共俘获大约20万人及超过700门大炮，并使军队向前推进了80千米，最后由于缺乏能够进一步追击敌人的援军，布鲁西洛夫只好暂停继续攻击的计划。这次战役俄军伤亡合计为5万人。到了8月份，布鲁西洛夫还在顽强地向前推进，但由于后勤补给困难，俄军伤亡极大，终于在9月20日被迫停止进攻，当树叶变成金黄色的时候，东线战场重又归于沉寂。俄军在布鲁西洛夫攻势中大败奥军，使俄军的攻势最终压倒奥军。不幸的是，辉煌的开头与黯淡的结尾并不相称，这场胜利没能扭转东部战场的最终局势。

俄军西南方面军的进攻是一次大规模方面军战役，尽管方面军的胜利并不是决定性的战略胜利，但在整个战争进程中却具有重要意义。为延缓俄军推进，德军不得不从西线和意大利战线抽调30多个步兵师和3个多骑兵师，这就减轻了法国在凡尔登的压力并迫使德军停止在特伦蒂诺的进攻，法金汉因此被迫辞去德军总参谋长的职务。对奥匈帝国而言，其影响更为糟糕，它的军力被消耗殆尽，促使奥匈君主制度迅速走向解体。布鲁西洛夫的成功使罗马尼亚人确信奥匈帝国正在崩溃。8月，他们以惊人的速度对中欧列强宣战，虽然最终的结果证实，它的参与无足轻重，因为那时德国和奥匈帝国尚拥有足够的兵力摧毁罗马尼亚并控制其宝贵的资源——小麦和石油。这样，罗马尼亚加入战争的唯一结果，就是更加延长了本来已使俄国精疲力竭的战线。

布鲁西洛夫攻势大大减轻了法军在凡尔登受到的压力，挽救了意大利，同时宣告了德奥这两大君主制帝国覆灭的开始。在号称不可被攻破的德奥阵地上，布鲁西洛夫因创造了"以一点为主，多点同时突破"的新战法而闻名于世，成为第一次世界大战中俄国唯一的"名将"，布鲁西洛夫攻势也以其辉煌的战绩，永垂史册。

严寒中的攻势——埃尔祖鲁姆战役

俄罗斯帝国与奥斯曼土耳其帝国可谓世仇，俄国对奥斯曼帝国的重要地理位置一直是虎视眈眈，一心想要抢占奥斯曼帝国的首都君士坦丁堡，好打通它从黑海进入地中海的通道，只是碍于欧洲各列强的阻挠而无法得逞。从17世纪起到"一战"结束，俄国与奥斯曼土耳其之间为争夺高加索、巴尔干、克里米亚、黑海等进行的一系列战争，陆陆续续前后共长达二百四十年，平均不到二十年就有一次较大规模的战争，而其中

▼ 这是一支俄军补给运输队。东线战场糟糕的道路系统给所有参战国都带来了不少麻烦,而春季河水解冻和秋季大雨倾盆时的路况则更是糟糕透顶。

重要的就有 11 次。俄国 4 败 7 胜，虽然所夺取的领土并不大，只有摩尔多瓦和高加索两个山地基督教小国，但是沉重打击了奥斯曼土耳其的权威，动摇了它的统治。1916 年的埃尔祖鲁姆之战只能算是 11 次俄土战争中的一次。

在 1914 年的战争进程中形成了一些新的战场，德国战舰"戈本"号的加入，使土耳其站到了同盟国一方中，从而出现了近东战区。这个战区包括了高加索、达达尼尔、叙利亚、巴勒斯坦、苏伊士、阿拉伯和美索不达米亚等战场。在高加索战场上，俄国的高加索集团军曾在 1915 年的萨雷卡梅什战役中击败了土耳其的军队。在 1916 年，又对土耳其控制下的埃尔祖鲁姆发起了进攻。埃尔祖鲁姆位于土耳其安纳托利亚高原的东部，是土耳其最大省份埃尔祖鲁姆省的省会，它是土耳其东部山区最大的城市与军事要塞，位于肥沃平坦地区，靠近卡拉苏河与阿拉斯河的分水岭，海拔约 2000 米，控制着卡拉苏－阿拉斯谷地通道，自古以来便是兵家必争之地。同时埃尔祖鲁姆又是土耳其最冷的地方，被称为土耳其的"寒极"。

1916 年年初，达达尼尔海峡战役刚刚结束，俄军高加索集团军乘土耳其的军队未及脱身，决定先发制人，在土耳其援军到达前向埃尔祖鲁姆发动进攻，企图以向心突击歼灭土军第三集团军。俄国高加索集团军为歼灭土耳其第三集团军并攻占其补给基地和重要交通枢纽埃尔祖鲁姆要塞，实施了一场突然的进攻战役。土耳其第三集团军则依托埃尔祖鲁姆要塞，在亚美尼亚高原难以通行的帕兰德肯、萨布里、卡尔加帕扎勒等山脉组织防御，企图在得到援军加强后转入进攻并粉碎俄国的高加索集团军。

1 月 10 日，俄军首先发起进攻，因为在攻击前俄军采取了精心的伪装而达成了战役的突然性。俄军真正有能力的将领之一尤登里奇率军从卡尔斯出发，在宽广的战线上向埃尔祖鲁姆进军。尽管进攻是在寒风凛冽和遍地积雪的 –30℃左右的严寒条件下进行的，但是俄军突击群的部分兵力仍然在 1 月 14 日前突破了土耳其军队的防御，前插到克普里考伊东北的土耳其军队的后方。1 月 18 日，在克普里考伊，阿卜杜拉克里姆指挥的土军第三军团遭到俄军的突袭。刚刚得以逃脱包围的克里姆仓皇退到了埃尔祖鲁姆，损失了约 2.5 万人，其中很大一部分是由于在 0℃以下的山区中冻伤的。随后，俄军调集了 16 门重型攻坚炮和 180 门野战炮，在 2 月 11 日清晨发起了强攻，仅一天便攻占了埃尔祖鲁姆要塞北面的两座堡垒，要塞在 16 日被攻克。2 月中旬，尤登里奇猛攻埃尔祖鲁姆，在三天战斗中，突破其堡垒线。土军被俘 8000 余人，俄军缴获火炮 315 门；到 25 日，土耳其军队西撤 100 多千米。与此同时，在海军舰只的支援下，俄军沿黑海海岸发动了辅助攻势。4 月 18 日，占领了特拉布松，此举使俄军的后勤供应大为便利。

俄军突击群的胜利使土耳其第三集团军在克普里考伊、哈桑卡莱地区面临着被合围的威胁，迫使土耳其军队指挥部不得不下令撤退，俄军乘胜追击退却中的土耳其军队，一气进抵埃尔祖鲁姆工事的外廊代韦博因山。俄军攻占了埃尔祖鲁姆、特拉布宗、埃尔津詹等城市。土耳其第二、第三集团军均受重创。巴拉托夫的远征军 1 月开始进攻，5 月在巴格达方向前突到土耳其－伊朗边境。这次战役，俄军以损失 1.7 万人的代价歼灭土耳其军队 6 万多人，沙俄军队在尼古拉大公的率领下占领了埃尔祖鲁姆，打通了进入安纳托利亚高原的道路。

6月，恩维尔帕夏计划实施两路反攻，维希普帕夏率第三军团沿黑海沿岸地区进攻，艾哈迈德伊兹姆帕夏率领新组建的第二军团向比特利斯推进并迂回到尤登里奇的左翼。尤登里奇于7月2日以其特有的快速性和判断力开始机动，在埃尔津詹分割了土军第三军团，并在7月底将其彻底击溃，土军损失3.5万多人。随后尤登里奇转身攻击土军第二军团。但是加利波利的英雄凯末尔为土耳其取得了胜利，8月15日，他攻取了木什和比特利斯。但在8月末，尤登里奇重新占领木什和比特利斯，随后，双方均早早地进入冬季营地。直到1918年，随着《布列斯特-立陶夫斯克和约》的签订，俄国军队才撤出了埃尔祖鲁姆，而土耳其将军凯末尔也以埃尔祖鲁姆为基地，率部驱逐列强，建立了土耳其共和国。

"背信弃义的意大利"——卡波雷托战役

1915年5月23日，观战近一年的意大利终于参战了，但它不是站在昔日的盟国一边，而是对奥匈帝国宣战。作为大战的参加者，意大利在地中海狭窄的蜂腰部处于有利的海上地理位置，陆上战场则不怎么有利，它的军队数量多，士兵具有农民的刚毅和攀登阿尔卑斯山的技能，还有一位饱经风霜的65岁的军队总参谋长——路易吉·卡多纳。此人具有战略头脑，但缺乏战术知识，正是他把意大利军队推向了毁灭。

当大战爆发时，欧洲主要的强国中只有意大利在这场冲突中置身事外。在第一次世界大战前，意大利是"三国同盟"的签字国，"三国同盟"是一个包括德国和奥匈帝国在内的共同防御公约，尽管德国人对意大利不存什么指望，但在战争爆发之前却征询了这个盟国的态度，因为奥匈帝国要对塞尔维亚进行战争，虽然意大利与德国之

▲ 这是1915年的伊松佐战线上，戴着标志性头饰的意军贝尔萨格里精英轻步兵团的战士。

间有正式的盟约，但意大利的野心集中在上亚得里亚海及巴尔干半岛沿岸，这使得意大利与奥匈帝国之间的利益日渐冲突。意大利在与德国的盟约关系中所得到的利益，根本比不上奥匈帝国战败可能带来的潜在利益，故在开战之初，意大利选择了中立。准确地说，它选择了待价而沽，以获取最大利益。但当英国人开始达达尼尔海峡战役之后，意大利人开始着急了，从正常情况来看，英国人应该很快会拿下土耳其，然后在东方开辟新的战线，那样的话，意大利就没有更多可以利用的价值了。

1914年，奥匈帝国在东线的挫败，使德国不得不去支援其盟国，以对付即将冲过喀尔巴阡山山口并扫荡匈牙利平原的俄国人。奥匈帝国对塞尔维亚的另一次轻率的进攻也同样是损失惨重。由于奥匈帝国屡战屡败，意大利显然不大想再保持中立了，而德国最高统帅部担心，意大利成了协约国一方的交战国，会改变形势，使奥匈帝国遭受摧毁。这个时候，英国人抛出了橄榄枝，许诺只要意大利参战，它对奥匈帝国的领土要求一概可以满足，意大利权衡利弊，转而投入了英、法、俄的协约国阵营，并于1915年向德、奥宣战，出兵近90万人、1700门火炮，进攻奥匈帝国。但是，意军在伊松佐河所实施的多次进攻均未成功，这让德奥将其视为"叛徒"而恨之入骨。此后，奥军统帅康拉德将军只能称这个敌人为"背信弃义的意大利"。

意大利参战后，近70万的部队已经逼向新防线上的奥军，那些防线是他们被迫沿伊松佐河及蒂洛尔建立起来的。到9月，意大利军队实际进入战线的接近100万。康拉德最希望的就是打击背信弃义的盟友、他深恶痛绝的敌人，因为这个敌人在进行了最卑劣的讹诈之后，在苦苦挣扎的邻居背后捅了一刀。意大利的叛变增强了协约国的信心，法军总司令霞飞认为1916年的作战计划应该是：由俄国和意大利首先在东线和南线发动攻势，在战略上牵制德奥军队，然后再由英法联军在西线大规模出动，一举歼灭西线的德军，从而彻底改变战局。虽然协约国首脑们一致赞同霞飞的计划，但没有就向德军发动大规模进攻的时间达成一致，于是，发动进攻的时间被推迟到1916年

▲ 1915年，意军乘坐军用渡船穿过了伊松佐河。

3月再确定。

尽管康拉德对意大利发出一连串的威胁，但没有力量付诸实施，奥军正在俄国的进攻中挣扎求存，只能抽出10万士兵来守卫它与意大利之间的边界。奥匈知道，任何意大利的突袭都将是上坡的战斗，奥匈还知道，等到其他战线上的压力一有减弱，就会有部队解脱出来，他们就能比较容易地长驱直入，穿越北部的意大利平原。意大利人在自以为讨得了最好的价钱之后，于1915年5月23日，正式对奥宣战了。它趁德、奥遭到英、法、俄两线夹击之机，出兵进攻奥匈帝国南部，奥军因主力部队陷于俄国战场，决定在意大利方向实施防御，重点防御伊松佐河地区。战前，奥军控制伊松佐河所有渡口和东岸的巴因西扎高地及卡尔索高地，并在托尔明诺和戈里齐亚筑有坚固的桥头阵地。

对意大利来说，唯一可供使用的陆地战场就是它的北部边境，从瑞士到亚得里亚海之间600多千米长的地域，这条战线单就地形而言就足以使人望而生畏。除了自然障碍之外，奥匈军还增添了人为的工事。早在战前，奥匈出于对这位假盟友的不信任，就在边境构筑了野战工事。意大利对奥匈的战争基本上都是围绕伊松佐河、阿尔卑斯山展开的，在遍布沼泽地的伊松佐河平原后面，便是高入云端的阿尔卑斯山，由奥匈帝国训练有素的阿尔卑斯军守卫着。在这条呈曲线的山脉面前，奥匈军居高临下，占尽了优势，有人把它称为"自古以来人类进攻过的最强大的设防地域"。一位战略家总结道，意大利的困境是，"不攻占山脉，伊松佐河是不能渡过的，而不渡过这条河，山脉是不能攻占的"。意大利在动员日集结了36个师，其兵力远远超过了部署在边境线的奥匈军队。但是东线戈尔利采—塔尔努夫突破战役德奥早已大获全胜，因此当意大利军队在6月23日投入第一次伊松佐河战役时，奥匈已有20个师集结在意大利战线上或其附近，均由欧根大公指挥。意大利进行的是一场艰难的战争，面对五大国中最弱的奥军，意军以数倍的优势兵力，在两年多中发动了11次战役，伤亡超过100万人，却仅取得了微不足道的推进。

1916年，奥军统帅康拉德出于对意大利的轻蔑和仇视，于5月间从特伦蒂诺发动了进攻，他这样做是违背德军参谋总长法金汉的忠告的，也没有德军的支援。奥军在特伦蒂诺一带集结兵力发起进攻，意军缺乏火炮，又未构筑纵深防御阵地，致使奥军主力突破中央防线，占领了阿尔谢罗和阿夏戈两城，打开了进入意大利北部平原的门户，对意军伊松佐河战线后方构成威胁。20日，意军总参谋长卡多纳下令全线撤退。奥军的反攻初期虽取得了一些战绩，但因实施正面进攻伤亡很大，加上补给困难，地形易守难攻，至6月初攻势锐减。随着俄军在东线发起的强大攻势以及意军的反攻，6月底，奥军放弃了一大片所占的土地，撤退到他们精心准备好的防御阵地。此役奥军没能达到既定的战略目标，反而消耗了大量的人力和物力，削弱了东线对俄军的防御力量，导致了布鲁西洛夫攻势的灾难发生，实在是得不偿失。

1917年俄国爆发革命，使德奥联军从两线作战中稍微缓和过来，经伊松佐河战役第11次交战，奥军也伤亡惨重，无力单独对意军展开进攻，只好被迫向德军求援，德军7个师火速驰援，德奥联军遂决定给意大利沉重一击，主攻部队由德奥联军15个师

▲ 战斗间隙，奥军士兵在给自己的水壶灌水。

▲ 卡波雷托之战打响不久，意军就开始向乌迪内撤退了。

组成，另有两个奥匈集团军配合作战。意大利军有50多个师，但士气低落，战术也很笨拙，对于至关重要的卡波雷托地区，意军竟然没有重兵把守。德奥联军由德国将军贝洛指挥，贝洛计划在托尔明诺、普莱佐一线实施突击，由奥第十、第五集团军分别在右翼和左翼配合行动。1917年10月24日凌晨，德奥联军炮兵对意第二集团军阵地发射毒气弹和高爆炮弹，摧毁了意军的掩体、指挥所、交通线和炮兵阵地。隐蔽集结在菲拉赫的贝洛指挥的德第十四集团军经六小时炮火准备后，以数个突击群对普莱佐、托尔米诺之间地段的意第二集团军发起冲击。虽然山地地形和兵力上的优势有利于意第二集团军进行防御，但其第一梯队只有4个师，因而对敌人的抵抗很不得力，防御正面很快被突破。德第十四集团军在卡波雷托渡过伊松佐河，向乌迪内发起进攻。

德奥联军绕过意军坚固的据点，向纵深穿插，于托尔明诺方向攻占卡波雷托，并在普莱佐方向推进了数千米。意大利第二集团军兵力分散，难以阻挡德奥联军的冲击，意军参谋总长卡多纳于10月26日下令全线撤退。意军第三、第四集团军也在左右两翼受到奥军的攻击，被迫一起撤至伊松佐河以西，准备固守塔里亚门托河防线。意军试图在塔里亚门托河畔组织防御，不但毫无成效，反使意第二和第三集团军彻底溃败，11月初，德奥联军渡过塔里亚门托河，迫使意军残部撤向皮亚韦河。整个战局似乎表明，意大利将不得不乞求和平。意军的失败和溃退引起英法联合指挥部的恐慌，遂向意大利派遣了11个师的援军，由于德奥军的战线过于拉长，进攻才慢慢地停了下来。此时德国已无力继续在战场上保持进攻态势，而奥匈单方面又不具备在战争中彻底打垮意大利的实力。由于来自英法联军的大力援助，意军终于遏制住了奥德联军在皮亚韦河畔的进攻，于11月底稳定了战线，在大战的最后几个月，这些联合兵力很轻松地打败了沮丧的奥军。

此战意军损失32万人、2500门火炮，从伊松佐河西撤100千米，德奥联军以损失2万人的代价夺回意军在伊松佐河战役前11次交战中占领的大片土地。卡波雷托战役使意大利几乎屈膝投降。如果德奥联军有足够的铁路和汽车运送兵力，如果兵败如山倒的意大利没有获得11个协约国师的支援，卡波雷托之战很可能具有决定性的意义。但不管如何，意大利还是撑过了这沉重的一击，而德奥军的胜利并未改变自己的战略被动，俄国虽然退出战争，但美国却加入了进来，一年后德奥投降，意大利遂以"战胜国"的身份捞取到了好处，从奥匈帝国那里吞并了不少领土。看来意大利在"一战"中的决策还是对的，尽管被人们所鄙视。

意大利战场的僵持——奥匈先赢后输

1916年春末，奥匈帝国在意大利战场上发动了首次总攻。虽然奥军在开局时打得还不错，但由于意军不断地在伊松佐河沿岸打一些小胜仗，战场形势很快就倒向了协约国一方。

意大利原本计划在1916年夏天时再在伊松佐河沿岸发动一轮攻势，但由于凡尔登告急，法国盟友紧急求援，并不擅长指挥大型战斗的意军总参谋长卡多纳只好出于援助盟友的考虑，把这次行动的时间提到了早春。于是，第五轮伊松佐攻势于3月11日登场了。可是由于天公不作美，战场天气一直很差，这次无足轻重的行动到3月29日就结束了。

伊松佐地区的战斗结果常常能够左右整个意大利地区的战局，但奥国部队却似乎不信这个邪，又在蒂罗尔南部的特伦蒂诺地区开辟了一块战场。特伦蒂诺可以算是一个意语地区，于1915年被意军占领。而奥军此战的目的，就是在南部小镇阿奇亚哥切

相关链接

★ 路易吉·卡多纳

路易吉·卡多纳（1850—1928）于1914年7月开始担任意大利总参谋长。他是一个非常出色的组织者，但却缺乏作为战略家应有的创意。1915年6月到1917年9月间，意军在伊松佐沿岸发动了一系列代价巨大的攻势，始作俑者就是卡多纳。虽然地形因素确实给意军的行动带来了比较明显的影响，但毫无疑问，卡多纳的战略错误才是导致意军行动损失惨重的关键原因。在1917年年末德国发动的卡波雷托攻势中，意军由于卡多纳指挥抵抗不力而全面崩溃，这位将军开始逐渐失去意大利政府和协约国最高指挥部的支持。当年12月，卡多纳被解职。

▲ 1914年7月—1917年11月间意大利的总司令路易吉·卡多纳将军

断伊松佐流域的意军和意国大部队的联络。

在凡尔登战斗正酣的德军拒绝协助这次袭击,但奥军总参谋长、陆军元帅康拉德·冯·霍兹多夫却依然坚持在春末发动进攻。此时,在罗伯托·布鲁萨提指挥下驻守伊松佐河的意大利第一集团军共有10万人。为了一击即胜,奥军特别安排了科夫斯·冯·科夫沙扎率领的奥国第三集团军和维克托·丹克尔·冯·克拉斯尼克的第十一集团军进行联合作战。这支联军不仅有人数4倍于意军的士兵,还有最新配备的2000门大炮,更由尤金大公担任总指挥——不过,实际掌权的行动指挥却是康拉德自己。

5月15日,奥军开始从73千米长的火线向前挺进。5月29日,他们在康拉德的指挥下一鼓作气地把意军逼退到了阿奇亚哥之外。但自那之后,由于地形崎岖等众多原因,奥军便气势渐微,而卡多纳则利用铁路迅速地给伊松佐的意军运来了40万援兵。在对手的顽强抵抗之下,奥军突进意大利火线的努力最终失败了。

6月4日,俄军开始进行布鲁希洛夫攻势,东线战事吃紧。为了避免奥国在东线战场全面崩溃,原本分布在各地作战的全体奥军都不得不在一周之内收缩阵线,急急赶往东线增援。面对意军的猛烈反攻,尤金获准后撤到攻势始发地以外5千米的地方。双方在这次攻势中战成了平手,各自损失了约15万士兵,但奥军却因为此战而精疲力竭,从此只能在德军的帮助下才能发动对意进攻了。

不过,这显然还不能让卡多纳满意,因为他很快又在伊松佐一带布置了新的行动。8月6日,卡多纳从特伦蒂诺调集大批部队,前去攻打戈里奇亚地区早已人困马乏的奥国军队。虽然此战并无亮点,但到意军17日攻下敌方阵地时,却已经付出了5万人的代价,而经此一役,奥军伤亡已高达40万人。双方损失之间的巨大差距让新成立的意大利政府倍受鼓舞,遂于当月28日信心百倍地正式对德宣战,而这也使一直跟意大利井水不犯河水的德国开始踏足意大利战场。

在见证了两军的6次对抗之后,伊松佐地区又于9月14—26日、10月10—12日和11月1-14日爆发了三次奥意对战。不过,这些行动除了造成6.5万名奥军折损、7.5万名意军伤亡及被俘之外,却并没有起到任何其他作用。

"拿着空头支票参战"——罗马尼亚战役

人的虚荣心和政府的贪婪,是人们熟知的罗马尼亚中途参战的原因。罗马尼亚像意大利一样,于1914年背叛了与奥匈的条约。它在谨慎和贪心之间摇摆了两年,直到1916年8月27日,在布鲁西洛夫攻势胜利的激励下,在盟国许诺分给领土的引诱下,终于对奥匈帝国宣战了。开战前一年,罗马尼亚民意开始倾向协约国,1916年夏天,布鲁西洛夫攻势更是大大鼓舞了罗马尼亚人,他们确信奥匈帝国只剩下最后一口气了,于是决定从奥匈帝国手中夺回属于他们的领土,罗马尼亚最终以特兰西瓦尼亚问题为

▲ 罗马尼亚部队在退守东南领土的途中穿过临时人行桥。

借口,参加了战争,立即侵入垂涎已久的特兰西瓦尼亚。但是罗马尼亚显然并没做好战争的准备,只是指望着协约国的每日 300 吨补给的空头支票。

罗马尼亚的粮食和石油是令人馋涎欲滴的经济战利品,但是它的地理位置是很容易受到攻击的,它实际上处于同盟国的包围之中,罗马尼亚的首都离危险的国境线只有不到 50 千米。它的 50 万陆军是否有用尚属疑问,因为领导这支军队的是一批对战争一窍不通的将军。1916 年 8 月,罗马尼亚向奥匈宣战,它动员了 23 个师,总计超过 50 万人。然而罗马尼亚军队的大炮力量弱,弹药供给严重不足,且主要军火库又在参战前数日神秘地发生爆炸。但罗马尼亚的政治家们异想天开地寄希望于保加利亚不会向它宣战,当这个希望在 9 月 1 日破灭时,罗马尼亚仍然相信英法的介入将把保加利亚兵力牵制在萨洛尼卡前线。

罗马尼亚一参战就向西、向北发动进攻,目标是夺取喀尔巴阡山和阿尔卑斯山隘口以外的特兰西瓦尼亚,罗马尼亚 4 个集团军中的 3 个,在 300 多千米宽的正面上,穿越相距遥远的山隘,沿着艰险的道路进军。到 9 月中旬,奥匈军的顽强抵抗、罗马尼亚军的谨慎与无能,加之补给的困难,使这场攻势在前进了 80 千米之后便停了下来。关于作战的线路,英国参谋本部指望罗马尼亚向南打保加利亚,而俄国却希望罗马尼亚挥师攻打匈牙利,罗马尼亚军队采纳了第二种想法,他们认为保加利亚的地势过于险峻,不适合发动进攻。罗马尼亚在发起攻势时,俄国答应派出 3 个师来支援,但是实际上俄国按照之前的协定至少应当派出 15 个师的兵力。

罗马尼亚从宣战之时起,其岌岌可危的地位日益明显。起初,在特兰西瓦尼亚仅有 5 个疲惫的奥匈师,但 9 月上半月 4 个德国师已经接近,且自 9 月 6 日起法金汉亲自担任这些部队的指挥。3 个保加利亚师和 1 个骑兵师,以及调自萨洛尼卡前线的 1 个德国师之一部分混编的多瑙河集团军集结在令人敬畏的马肯森麾下,屯兵多瑙河对岸直指多布罗加。罗马尼亚的三路部队穿过喀尔巴阡山隘口，企图先进入特兰西瓦尼亚，然后占据匈牙利平原。罗马尼亚在开始取得一定的进展，但随后同盟国军队在马肯森的领导下，保加利亚和德奥联军发起了大反攻，而且马肯森军团拥有充裕的武器装备，有些武器罗马尼亚军队闻所未闻，包括重炮、掷雷筒、毒气。

尽管罗马尼亚军队拥有数量上的巨大优势，但只要研究一下作战地图就不能不令人焦虑不安。当时的英法军队不能投入战斗，只有靠俄国的援助，而俄国以前一直视罗马尼亚为潜在的敌人，因此，俄国的铁路系统不通到罗马尼亚边界，也就是说俄国不可能很快援助它的新盟友，这就意味着，罗马尼亚将孤军奋战而得不到支援。激战数天之后，三个包围后方的罗马尼亚部队被击溃，而康斯坦察此时直接暴露在保加利亚的攻势下，因此在特兰西瓦尼亚方向上的攻势被迫停止。罗马尼亚军队此时开始退入山地防御，散落在几个山上的罗马尼亚军队已经几乎失去了彼此之间的联系，德军阿尔卑斯军在三日内高速行军80千米，直接击溃了锡比乌的罗马尼亚军队，逼迫罗马尼亚军队开始后撤。

正当英法新闻界还在为接纳一个新盟友而欢呼之时，令人吃惊的消息已经来到：9月1日，马肯森指挥的德军已攻入多布罗加。9月6日，他率领保加利亚军队和德国榴弹炮队摧毁了图尔卡伊的多瑙河要塞，俘虏2.5万名罗马尼亚士兵，并缴获100门大炮。10月中旬攻克康斯坦察，横渡多瑙河，离布加勒斯特只有65千米，对罗马尼亚的都城形成了巨大威胁，罗马尼亚已是危在旦夕。罗马尼亚随即在普列山将军的率领下发动了反攻，险些把马肯森的侧翼包围，但是德军最终挺过了危机，两军的兵力集中起来，罗马尼亚随即又在安格苏发动了一轮反攻，但是又一次被德军碾碎。

12月1日，罗马尼亚放弃首都。12月6日，德军进驻布加勒斯特。顽强自卫的罗马尼亚军向东朝着现在终于来到的大批俄军方向撤退，德军紧追不舍，在同俄军进行了一系列激战之后，将其驱逐到从塞列特到黑海的防线上，罗马尼亚基本全境沦陷，四个月前满怀信心参战的大军不复存在了，罗马尼亚会战结束。完全孤立并战败的罗马尼亚，于1917年5月签订了一项条约，这一条约实质上使它在大战剩下的时间里成为德国的辖地。

第十二章

东征西讨
——英国的两线作战

化学武器登场——毒气弥漫的伊普雷

伊普雷，是比利时东部的一个小城市，使这个小城市名扬欧洲的是第一次世界大战，在"一战"中，这个小镇共发生了三次著名的大战，交战双方此伤亡人数达 50 万之众，特别是毒气的首次投入战场，更是使这个地方从此载入史册。

1914 年 10 月中旬"奔向大海"战役结束，德军占领安特卫普后，英法军队退守伊普雷一线，德第四集团军乘胜追击，德军计划攻占英军据守的伊普雷突出部，为占领沿海港口开辟通路。10 月底，德第四集团军在韦尔菲克至德勒蒙地带展开，向伊普雷东南的英军阵地发起猛攻，突破英军第一道防线，英军伤亡惨重，固守待援。随即在法军的支援下，英军重新建立了防御阵地，双方就此展开了拉锯战，德军连续三个星期集中一切力量对英军的防线进行狂轰滥炸，由于求胜心切，德军一度派出未经严格训练的年轻志愿者投入战斗。这些缺乏经验的志愿军在机枪和自动步枪交织

▲ 图为临近伊普雷的泰恩摇篮墓地，近 1.2 万名士兵葬于此，其中 8400 人的墓碑上只刻着"大战中的一名士兵，上帝知道他的一切"。

的火线中成片倒下，死伤惨重。后来德国人把第一次伊普雷战役称为对无辜者的大屠杀。到年底，双方各自损失10余万人，从此，西线从瑞士边境至加来海峡形成一条绵亘的战线，进入了阵地战阶段。

1915年4月的一天清晨，微风习习，不胜凉爽，只见在德军的战线上升起了一道一人多高的黄绿色的烟墙，这道烟墙随着风向，缓缓地飘向英法联军阵地。烟中带着一股刺鼻的怪味，英法士兵们被呛得喘不过气来，眼睛痛得睁不开，喉咙像被火烫了似的，英法守军顿时一阵大乱，阵线迅速崩溃，跟在烟云后面的德军戴着简易防毒面具冲了过来，未遭任何抵抗，一举突破了英法联军防线。原来，德军此次战役目的是试验一种秘密武器——氯气，并掩护部队向东线调动，这是人类战争史上第一次出现的毒气战（当然，在这之前的东线战场德军曾对俄军使用过一次，只是那次由于气候的原因没产生什么效果，因而并未引起俄军的注意）。这一次，德第四集团军向伊普雷突出部的英第五军、法第二十军阵地连续施放了6000罐共18万千克的氯气，造成了英法联军1.5万人中毒，其中5000人死亡，导致英法军防守的战线正面10千米、纵深7千米的地带无人防守，德第二十六军冲向缺口，迅速占领朗厄马克和皮尔克姆，并向伊普雷—科米纳运河推进。然而，德军并没有准备利用这一突破，而且因为在东线的集结，德军亦没有可使用的预备兵力。英军第二军团就地实施反攻，经激烈而艰苦的战斗终于阻止了德军的进攻。这次战役中，德军伤亡约3.5万人，而协约国方面伤亡为7万人。4月25日清晨，德军再次施放毒气，绿色的毒雾贴着地面飘向协约国阵地，加拿大士兵经历了英法士兵同样的遭遇。

这次"毒袭"的发明者是德国化学家弗里茨·哈伯，氯气的比重大过空气，它能与人体中的水反应生成盐酸，因此造成对人体的伤害。大量的氯气可以使人致死，但是它很容易通过眼睛和鼻子察觉到，不过暴露在氯气中的士兵，即使大难不死，肺部也要受到永久性的损伤。德军的毒气袭击激怒了英国，5月26日，英军指挥部也下达了毒气袭击的命令，英军士兵打开了毒气钢瓶，氯气施放了出来，德军对化学战没有准备，不少德军士兵中毒倒下，幸存者也丧失了战斗力，成为英军俘虏，从此化学战成为"一战"中的一种战争样式。英国人反应这么迅速，可见对此种武器也是早有准备的，只不过让德国人把首先使用毒气的恶名背上，弗里茨·哈伯也因此被科学界的许多人称为"恶魔"，尽管他对人类也做出了巨大的贡献——从空气中合成了氮，等于是把空气变成了面包。

1917年3月，俄国"二月革命"爆发后，英法联军担心德国乘机向西线调兵，决定在伊普雷地区先发制人，经过长时间准备之后发起了第三次伊普雷战役。战役于7月底开始，英军集中3300百多门火炮做猛烈炮火轰击准备，并大量施放毒气。德第四集团军组织"弹性防御"，把主力部署在纵深相机反击，迫使联军每前进一步都需要付出重大代价，德军的新战术和恶劣气候再次迟滞了联军的进攻，双方再次恢复成相持状态。绵绵不断的秋雨也开始了，倾盆大雨持续了两个星期，佛兰德斯平原本是一片沼泽地，加上多年炮弹的猛烈轰炸，此时遇上大雨，已是变成了一大片可怕的烂泥坑，泥淖深得足以淹死人，疲倦的士兵们在隔泥板铺成的狭窄小道上蹒跚而行，一头扎进炮弹坑的伤员就有被淹死的危险，从小道上滑倒的骡马往往淹死在路边的炮弹坑里。面对着这片泥淖，英法联军不得不停止进攻的脚步，德军就利用这一间歇来加

▲ 英国炮兵在准备毒气弹的弹壳。

▲ 不同类型的毒剂弹

强了自己的防御。8月16日,协约国的进攻重新开始,兰格马克被攻占。由于道路泥泞不堪,黑格不得不再次中断攻势,尽管如此,他仍希望能进一步巩固胜利果实。英军工兵利用夜色掩护,用厚木板和原木在"泥海"上筑路,但到了白天便被德军发现并遭炮轰,这些道路不得不筑了一次又一次。

从1914年到1917年,双方在伊普雷进行了三次大的战役,双方都大量使用毒气,总共死伤50多万人。最初释放毒气的方法是在风向合适的时候将装着毒气的气罐打开,很显然,如果风向判断错误,这种方法就没有用了,再加上气罐一般都位于战壕前方,敌军的炮击很可能击碎它们,所以在实战中使用起来很不方便。在后来的战斗中,毒气改由火炮或迫击炮来释放,在那时的炮弹中,大部分都安装了毒气。1917年,德军使用了具有糜烂作用的芥子气炮弹,伊普雷的上空,再一次飘起了可怕的毒雾,这是一种能引起人体生脓疱的烈性化学武器,它同泥水混合后可在施放后很长时间内保持持久的杀伤力。据统计,在第一次世界大战中,交战国都使用了化学武器,其种类达45种之多,毒剂量达13万吨。毒气攻击的显赫战果引起了交战各国的极大重视,从此,一些国家竞相研制化学武器,并开始了化学武器与防化器材之间的角逐。由于交战双方使用毒剂酣战不休,使得德国未能有效地将西线军队调往东线对付俄国。双方在伊普雷共用了毒剂12万吨,中毒总人数达130多万人,死亡9万人。德国的美梦破灭了,法英等国也大伤元气。

第一次装甲集群突击——康布雷坦克战

坦克在索姆河战役的意外成功,启发了历史上第一支坦克部队的参谋长富勒,1917年8月,富勒提出以坦克为集团展开奇袭的坦克战新思路。但是,富勒的理论没有受到英国军方的重视,1917年9月,法比边境面临德军强大的压力,英国第三集团军司令朱利安·宾奉命发动一次进攻,把德军从法比边境引开,富勒的坦克战新思路一提出就遭到了上级的否决,但是宾将军采纳了富勒的建议,决定动用装甲部队,发起一次坦克战。1917年11月,对坦克的优点十分确信的富勒决定把所有坦克集中在一起,利用康布雷的坚实地面发动一场大规模进攻,这场进攻起初设想为大炮进攻,却另有人提议,坦克亮相背后的主要目的就是当作铁丝网清理器来使用,这样炮兵就无须承担这一工作重任。如果要追击敌军,它便成为追击的骑兵。不管事实如何,坦克指挥官肯定热切希望战争能真正证明它们的价值。

由于当时的坦克在泥沼中行进困难,富勒开始寻找能大量部署坦克的干燥战场,他找到了康布雷。康布雷位于法国西北部,南面的土地开阔平坦,地形非常适合坦克机动。而且德军在康布雷的兵力不到两个团。为了达到奇袭的效果,直到康布雷战役开始前两个

▲ 1917年11月20日,德军俘虏从康布雷附近的地下掩体里救出了一名英军伤员。

▲ 1917年，英军正在运送参加康布雷战役的坦克。

星期，军队才开始集结。直到攻击开始前两天，士兵还不知道要使用坦克。英军的保密工作让德军对此一无所知。英军首次大规模使用坦克，对德军发动进攻，根据战役意图，英国第三加强集团军，不经炮火准备，在步兵、航空兵和炮兵的协同下，在长达12千米的正面上以坦克突击突破德第二集团军的防御，占领康布雷，向瓦朗谢纳发展进攻。为了取得最出人意料的效果，英军没有使用通常的毁灭性掩护炮火。

11月20日上午，坦克出发了，薄雾掩护着它们前进，渐次性掩护炮火落在它们面前。担任防御的几个师在德军中属于战斗力最差的"二流"部队，又无可投入使用的后备队，大多数德国士兵因这些叮当作响的庞然大物的逼近而深感不安，随后纷纷逃离战壕，因此阵地很快丢失，仅在十个小时之内，前线军队便向前推进了8千米，德军伤亡近5000人，英国坦克及其支援的步兵所夺取的地方，超过他们在三个月的帕森达勒进攻战中的收获。

在康布雷战役中，英军采用了坦克突破堑壕的新战术。坦克以三辆为一个战斗单元，第一辆坦克突破德军的铁丝网工事后，并不急于突破堑壕，而是迅速转向，平行于堑壕机动，以侧面的机枪为后继坦克做掩护。接着，第二辆坦克沿着第一辆坦克开辟的道路进入第一道堑壕和第二道堑壕的中间地带，对两边的敌军进行射击。随后，第三辆坦克也如法炮制，对第三道堑壕里的德军进行攻击。英军坦克和步兵的突然冲击使德军军心瓦解，11时30分，英军占领了德军第一、第二阵地；16时占领了德军第三阵地。

英军在全线向纵深推进了10千米，只有居民点弗莱斯克耶尔没有占领，因为英军坦克在那里遭到了德军密集炮火的阻拦。进攻的头一天，英军实际上已突破德军防御，仅用378辆坦克和4000名坦克兵抵抗6个步兵师，并使得敌军付出约5000人伤亡的沉痛代价，同时还俘虏8000多人，缴获100门火炮和350挺机枪，但由于在组织坦克与步兵协同方面有不少缺点，英军未能扩大战果。由于英军后续部队的缺乏，进行防御的各种准备也大为不足。结果不到一周，康布雷附近的英军阵地便遭到德军的凶猛反击，德军第一次采用鲁登道夫及其参谋人员制订的新的进攻方案，很快把英国人赶回到发起进攻前的地方。

富勒的坦克战新思路虽然一提出就遭到了上级的否决，但事实证明富勒是对的，康布雷战役是一次成功的坦克战，坦克战术第一次出现在战场上，步兵与坦克协同的战术也第一次出现在战场上。康布雷战役是坦克战走向成熟的一个标志，坦克作为陆战之王的王者之风开始在康布雷显现。11月末到12月初，德军对敌方近12个步兵师、1700多门火炮和1000多架飞机构成的突出部实施反突击，反突击之前，进行短促的炮火准备，结果德军收复大部分失地，俘虏约9000人，缴获716挺机枪、148门火炮和100辆坦克。英军将73辆坦克投入战斗，才得以制止敌人的反突击和推进。

12月的第一周，暴风雪阻止了所有军事行动。两周来的战斗使英军伤亡了4.5万人，德军损失的人员大致相同。有1.1万多名德军被俘，英军被俘的约9000人。最重要的是，坦克在康布雷的战略部署表明，适当使用充分数量的机动装甲车辆能够转变战斗形势。事实上，坦克在康布雷战役中所发挥的作用受到人们的普遍看好。但协约国军队最高指挥部在1918年却没有再继续采用大型坦克进攻，也就是说，真正的坦克时代尚未来临。

英军以最小的伤亡取得令人震惊的胜利，坦克成了战争之神，虽然它在战场上的作用毕竟有限。但英国人完全能够以坦克的火力作为取胜的关键，发动一两场大规模进攻。遗憾的是，英国远征军中的高层指挥人员没有真正认识到这种武器的潜在威力，因而黑格只是小批量地使用坦克，或者通常将它作为攻坚战的接应，完全依附于炮兵和步兵的协同配合。

对德国的溃败，鲁登道夫最初的反应是慌乱，但他不久就充分恢复过来，命令援军急速开往这个防区。后来他说，新武器"是够讨厌的，但不是决定性的"。

兴登堡有一个更为清醒的评价，他写道："英国在康布雷的进攻第一次揭示了用坦克进行大规模奇袭的可能性，它们能够越过我们未遭破坏的堑壕和障碍物，这不能不对我们部队有显著的影响，在康布雷战役中，双方的有生力量和技术装备都受到巨大损失，并且未分胜负。"康布雷战役是大规模使用坦克的第一个范例，对于军事学术的发展有重大影响。步兵与坦克协同动作原则和对坦克防御原则的形成，均与这次战役有着密切的联系，这次战役被后人公认为是协同战术形成的重要实战标志！

大漠"公牛"艾伦比——"一战"中最出色的英国陆军将领

第一次世界大战过去后，喜欢搞"名将排行榜"的军史学家们开始评选"'一战'中最出色的英国陆军将领"，结果在欧洲主战场与德军拼命的英军司令弗伦奇、黑格等人纷纷落选，而在次要的中东战场与土耳其人干仗的艾伦比却光荣当选。这位绰号"公牛"的将军为什么人气那么高呢？

艾伦比1861年4月23日出生于诺丁汉郡的布莱肯霍斯特，是海因曼·凯恩·艾伦比和卡特琳之子。在英国的乡间他度过了舒适而快乐的童年，他们全家先是住在萨福克，后又搬往诺福克。他早年并没有梦想成为一个伟大的将军，而是去考公务员，结果考了两次都没考上。当他心灰意冷的时候，却接到军事学院的录取通知书，他就这样当上了兵。第一次世界大战于1914年8月爆发后，艾伦比一开始在西线的英国远征军中指挥一个骑兵师。随后不久，该骑兵师扩充为一个骑兵军，仍由艾伦比统辖。11月，他转任第五军指挥官。由于表现出色，在第一次伊普雷会战后，他于1915年10月再次晋升为第三集团军的司令官。

艾伦比魁梧健壮,脾气暴躁,动辄发怒,所以人们送给他一个"公牛"的绰号。但艾伦比是一头聪明的公牛,而是不是那种不动脑子的莽夫。在1917年4月9日到15日英军发动的阿拉斯攻势中,艾伦比指挥部队取得了很大的成功。虽然他在1917年的阿拉斯战役中表现得不错,但他的上级——英国远征军总司令黑格——并不喜欢他,这倒不是因为艾伦比的"公牛"风格,而是因为黑格是个出了名的"屠夫"将军,打起仗来顽固保守,不顾自身伤亡,艾伦比则属于那种战术灵活、随机应变、特有想象力的人,所以黑格就不喜欢艾伦比,正巧这个时候,英国军队在中东战场老是被土耳其人打败,于是黑格就把中东的重任交给了艾伦比。

在巴勒斯坦战场上,陆军上将默里率领的英国埃及远征军两年半来一直在西奈沙漠中与一支土德联军对垒,但战果甚微,英军将士士气低落、怨气满腹。而默里却只待在富丽堂皇的开罗萨伏伊饭店,从来没有去过前线,面对困局一筹莫展。1917年6月,艾伦比来到次要的中东战场,取代默里出任驻埃及的英军司令。艾伦比出征前,首相语重心长地对他说:"我希望你能拿下耶路撒冷,作为献给咱们大英帝国的圣诞节礼物。"就这样,艾伦比从西线战场调到了中东战场,正是在中东战场,艾伦比才创造了他一生中最辉煌的业绩,使自己成为"一战"中最了不起的英国陆军名将。

1917年6月28日,艾伦比步入英国远征军司令部,马上就开始改变那里的一切。他把一大批参谋、几位年纪大的上校、一位师长和他的总参谋长遣送回国,并前往加沙前线看望部队,几天后,艾伦比把司令部从萨伏伊饭店挪到距前线不远的沙漠地带。这样,上任不久,他富有活力的领导就使英军低沉的士气高涨起来。艾伦比在中东战场仔细一看,发现这与欧洲战场真是天壤之别,在欧洲打仗可以躲在堑壕里,而中东大漠压根就没有能躲的地方,不过艾伦比挺高兴,因为广阔的沙漠地带正好可以尽情发挥他弄来长的骑兵作战。既然是在沙漠打仗,光有战马还不行,还需要一种更强力的动物,所以艾伦比弄来了好多骆驼,组建了一只骆驼特遣队,又把骆驼特遣队与骑兵合体,变成了"沙漠战马骆驼军团"。

1917年7月,艾伦比会见了原来驻开罗的英军情报官劳伦斯,接受了他的建议,把亚喀巴变成一个重要基地,提供装备和黄金,以实现阿拉伯人向叙利亚的北进。艾伦比

▼ 图为在开战前不久由铁路送往比尔谢巴—加沙一线战场的英军士兵。

▲ 图为驻扎在雅法附近的英军皇家驼队中的澳大利亚士兵。

把劳伦斯提升为少校,并将费萨尔部组成其部队的右翼,从而把劳伦斯和费萨尔直接置于自己的麾下。劳伦斯对汉志地区的铁路展开打了就跑式的袭击,实质上切断了该条铁路,使驻麦地那的土耳其部队朝不保夕。一切准备好后,艾伦比于1917年10月发动了进攻,他派出一支军队佯攻加沙,自己则率领步兵和"沙漠战马骆驼军团"突袭了土耳其军队在比尔谢巴的防御工事。拿下比尔谢巴可是至关重要,因为这里是水源所在——在沙漠作战,没水就惨了。接着艾伦比乘胜追击,攻占了加沙,圣诞节之前终于拿下了圣城耶路撒冷,这让劳合·乔治首相兴奋不已。

耶路撒冷为英军占领,虽然没有像艾伦比期望的那样包围歼灭敌军,整体来说第三次加沙之战仍然取得了辉煌胜利,在这次战役后,土德联军最高指挥官福尔肯汉以地中海和犹地亚丘陵为依托,在耶路撒冷北边建立了美吉多防线。但福尔肯汉迅即因丢失耶路撒冷而被免职,取代他的是以坚守加利波利而闻名遐迩的桑德斯将军,由于美吉多防线十分坚固,加上部分部队被抽调到法国,艾伦比只能暂时按兵不动。

1918年,艾伦比在土耳其军队防御战线的西部搞了大量假帐篷假阵地,还扔在此处不少战马,却在东边对土军发动了强攻,土军一败涂地。艾伦比绝不允许土军有时间重新集结,他一路穷追猛打,连续攻占大马士革、霍姆斯和阿勒颇,土耳其实在受不了了,被迫停战,退出了第一次世界大战。在这场决战中,艾伦比灭掉8万多敌军,而己方仅战死不到900人,受伤不到5000人。艾伦比因为在美吉多平原的这场胜利,在1918年10月被封为子爵并晋升为陆军元帅,任驻埃及总督。

在任驻埃及总督期间,艾伦比释放了流放于马耳他的埃及民族主义领袖柴鲁尔,尽管承受了很大的压力,克服了几次政治动乱,他仍督促英国于1922年承认了埃及的独立。1925年艾伦比与上司发生争吵而被迫退役,成为爱丁堡大学的校长。艾伦比是一位严厉的军官,"公牛"一发怒,他的属下就吓得半死,不过他与士兵同甘共苦的风格又让他获得官兵们的尊重。他不但是"一战"期间最出色的英国陆军将领,也是史上最后一次成功的大规模骑兵战的指挥官,他以最少的伤亡赢得了最大的胜利。生活中的艾伦比是一位鸟类学和植物学的狂热爱好者,可爱的鸟儿和花草比枪炮声更能滋润他的心灵。1936年,这位"公牛"名将在伦敦病逝,终年75岁。

"献给英国的圣诞节礼物"——攻占耶路撒冷

当土耳其于1914年11月初与德国结盟时，英国在中东的兵力包括一个为保护英波石油公司的财产而驻守在波斯湾的阿巴丹岛的印度旅，几个月后，印度陆军的高级军官尼克松将军把他的部队调往苏伊士运河—巴勒斯坦地区，汤森德在那里率领一个军，土耳其军的实力和英国相等，计有阿瓦士附近的部队8000人和幼发拉底的1.8万人，可是英国人仍然低估了土耳其的战斗力，本来处于守势的土军此时得到有效的增援，正规军及新招募的阿拉伯人合计2.1万人正严阵以待。英国人对此一无所知，双方刚一交手，土军即以压倒性兵力迫使英印联军后撤至库特拉马拉，并于12月3日将该镇合围，汤森德只能坚守以待援军。两天的战斗，1.4万人的英印军队伤亡了4500人。于是，汤森德的筋疲力尽的部队带着只够两个月的存粮退到库特拉马拉，追击的土耳其军包围了库特拉马拉，粉碎了一切援救守军的尝试。

后方的英军并未有任何拖延，火速开赴库城。但沿途上土军骚扰不断，到1月末，城内的情况日益恶化，军粮已经耗尽，只得屠宰运输用的牲畜充饥。人数众多的印度军人已濒于饿毙。3月，城中已是山穷水尽，无奈之下的后方英军使用随军用于侦察的7架飞机向城中投放食物，当时飞机很简陋，物品只能悬挂在飞行员的座椅下，在目的地上空投下，为完成任务，飞机不得不冒着被土军击中的危险在低空飞行。自1915年12月初以来，位于美索不达米亚的库特拉马拉的汤森德，被土耳其和阿拉伯军队围困着，该地守军于4月29日投降。在5个月的围困中，约1万人被俘，另有1700人死亡，2500人受伤，大批死于疾病的战士曾经几个星期得不到足够的配给。

在苏伊士运河—巴勒斯坦地区，奔袭与反奔袭，加强兵力与构筑工事是1916年大部分时间的特征，阿奇博尔德·默里爵士于1916年3月接管埃及英军指挥权，该地兵力最大时达14个师，但迅速减少到4个师，过度紧张的英军在苏伊士运河附近建立了另一道筑垒地域，这是对1915年土耳

▲ 1917年12月11日，艾伦比将军穿过雅法门进入耶路撒冷，持续数周的战役至此结束。

其军队进攻运河的战略性反制措施,但这个反制措施不必要地耗费了大量资金。英国内阁为转移公众对加利波利灾难的注意力,要尼克松攻占巴格达。不熟悉地形的印度士兵,在巴格达东南32千米处与土耳其军遭遇。

1916年是以协约国在外围战区的严重挫败而开始的,加利波利半岛的撤退在1月份完成,英国在达达尼尔的失败,使土耳其部队解脱出来,做又一次进攻埃及的尝试,这一次,土耳其人在苏伊士运河被击退,已经渡过这条水道的前进部队大批被击毙。1916年8月,默里将军奉命指挥在美索不达米亚的英印军,他的任务是策划夺取巴格达的战役,受命于1917年春攻占加沙以开始对巴勒斯坦的入侵。默里于1917年3月发动了加沙战役,用5个加强师进攻约3个土耳其师,胜利已经在望,但由于缺水和参谋人员的错误决定导致了失败,英军撤退了,伤亡4000人,土耳其伤亡约2500人。4月,默里再次试图进攻,但这次土耳其的阵地已增加了1个师,一场残酷的正面强攻的结果是英国人遭到惨败。

土耳其以3.5万左右的兵力,抵挡12万人的英军,俘获的俘虏在9000人以上,但其余人的下落没有报告。这是一次代价很大的战役,英军伤亡了4万人,疾病也给部队造成重大损失,默里本人也罹霍乱而死。新派到巴勒斯坦来的是一位绰号叫"公牛"的艾伦比将军,艾伦比请求并得到了增援部队,整个夏季都在进行精心准备,到秋天,他已有7个步兵师和3个骑兵师做好准备,土耳其方面也得到增援,但为数不多,英军仍至少占有二比一的优势。对英国内阁来说,耶路撒冷是最受珍视的,英国人知道,夺取这个城市在政治上既对奥斯曼土耳其帝国是致命的,又可提高英国士气,补偿在西线的逆势。

"公牛"艾伦比上任时,英国首相劳合·乔治告诉他:"我希望你能拿下耶路撒冷,作为献给国家的圣诞节礼物。"10月底,艾伦比向加沙阵地发起进攻,与其前任者的计划相反,艾伦比以3个师的兵力在加沙正面实施佯动,同时秘密伺机攻击贝尔谢巴。此举完全达成了突然性,但成功还取决于进攻部队夺取城中水井的能力。若不能夺取水源将意味着攻击部队的失败,并很可能导致整个攻势的失利。艾伦比以步兵对贝尔谢巴实施正面攻击,同时指挥其骑兵向东实施大范围的机动,然后迂回到该城。经一整天的战斗,至黄昏时,骑兵的冲锋达到高潮。澳大利亚骑兵旅跨过土军的铁丝网和堑壕线,冲入贝尔谢巴城内,并夺取了隐藏的水源。守军慌忙撤退而暴露了第七军团左翼。11月6日,艾伦比向北实施打击,将土军两个军团分割开来。随后他派遣其骑兵部队跨过沙漠向大海挺进。土军及时撤出加沙才免于被包围。土军第八军团撤往海岸地区,第七军团则退往耶路撒冷。11月初加沙被攻占,这次进攻英军胜利了,但不彻底,土耳其人

▲ 在战争最后几周里,成千上万土耳其士兵被俘,图中只是部分俘虏。

仍牢牢控制着掩护他们退却的一些重要的交通枢纽，退却与追击都受到干旱土地上最宝贵的财富水的制约。如今，通向耶路撒冷的道路已经打开了，艾伦比给渴望胜利的英国人带来了诱惑——向耶路撒冷进军！

11月末，艾伦比集结他的兵力，向加沙发动第三次进攻，尽管后勤保障困难而且缺乏水源，艾伦比还是挥师向土耳其第八军团仓促建立的防线发起进攻，迫使土军沿铁路线向北退却。随后，艾伦比转战于耶路撒冷。随着土军增援兵力从阿勒颇赶至，以及法金汉前来实施指挥，艾伦比停了下来。法金汉在大海至耶路撒冷之间重新建立了一道防线，随后，双方在朱迪安山地开展了激烈的交战。英国的实力计7.5万步兵和7000名骑兵，敌方为4.2万步兵和1500名骑兵，艾伦比的骑兵冲过去，在防守者后面扇形展开，接着土耳其军都被跟在骑兵后面进行白刃战的步兵击溃，加沙也受到英国战舰的重炮轰击，一周后，这种联合突击把土耳其军压倒了，约有1万土耳其士兵被俘。12月8日，艾伦比用4个师对耶路撒冷发起了决定性的进攻，他们拥有制海权这一无价的优势，胜利必然是英国的，土军防线后缩而且崩溃了。

12月9日，土军从耶路撒冷退却，这座圣城终于落入英国人手中。12月15日，土军发动反击但被击退。几天以后雨季到来，作战季节结束，英军巩固了自己的占领地，土耳其军队的残部开始向北退却。艾伦比这位胜利的指挥官穿了简朴的军服，徒步走进了这座圣城。艾伦比的一击，使土耳其人的士气低落至无法补救，据记载，逃兵在人数上远远超过仍服军役的人。

大炮巨舰的巅峰对决——日德兰海战

自1805年特拉法尔加海战以来，英国一直保持着海上霸主的地位，它的庞大舰队耀武扬威地游弋于全球的各个海洋上，第一次世界大战爆发后，尽管德国加强了海军力量，但在舰只数量和排水吨位上仍然落后于英国，火炮口径和数量也不及英方。因此，

▲ 图为日德兰海战情形。

在战争开始后的两年半时间里,英国海军凭借其优势对德国实行海上封锁。

长期的封锁,给德国经济造成了严重的影响,德国人一直想打破这种局面。1915年1月,德国海军中将希佩尔率领大洋舰队主力离开威廉港海军基地,在到多格尔沙洲的途中与英国主力舰队遭遇,双方展开大战,结果德舰敌不过英国舰队猛烈的炮火,在损失了1艘军舰之后只得悻悻而归,此后,德国人想摆脱英国封锁带来的困境的愿望越来越迫切。时值大战第三个年头,尽管飞机、坦克、毒气等新武器相继亮相,但都无法突破对方的阵地,在海上,德潜艇倒还不错,但英国的海上武力毕竟是强大的,庞大舰队游弋于北海上,德国运输补给线被切断。怎么样打击英舰队呢?德国公海舰队有这样的实力吗?德皇威廉二世咽不下这口气,任命好斗的舍尔上将为公海舰队司令。

1916年,德国新上任的舰队司令冯·舍尔海军上将,带着一个艰巨的使命,开始了他的工作。第一次世界大战进行两年多了,形势还是不明朗,战争的消耗使德国越来越吃力,皇帝威廉二世命令舍尔必须打破英国的海上封锁,确保殖民地的物资运到德国。

舍尔以公海舰队为后盾,用潜艇、飞艇和水雷发动了一场来势凶猛的进攻战役。他多次出击,企图迫使英军分散其海军部队,以便各个歼灭。这一年的头几个月以海空袭击、反袭击、水雷袭击和轻型舰队之间的零星冲突为特征。以好斗著称的舍尔雄心勃勃,决心与英国海军来一次真正的会战,彻底扭转无所作为的尴尬局面。舍尔制订的计划是,派出小规模舰队到英国海岸及港口骚扰,打了就跑,英国海军如果不追击,就搅得英国海岸永无宁日,一旦英国海军追击,就将其诱至德国海军预设的战场,由德国海军主力突然出现,打对方一个措手不及。

1916年5月30日,一份军事密报送到了英国海军司令杰利科面前:"敌'吕佐夫'号等5艘战斗巡洋舰正沿日德兰海岸航行!"杰利科担心当英国的大舰队一出现,它就会溜走,于是寻思出了一个实际上与德军一样的方案:让贝蒂中将率领一支较弱的舰队向德舰迎战,经过短暂的炮击后,就退向潜伏在远处海面的主力舰队,然后一举歼灭德国舰队。5月30日,贝蒂率领由4艘战列舰、6艘战列巡洋舰、14艘轻巡洋舰、27艘驱逐舰、

1艘水上飞机母舰组成的英国诱敌舰队,从斯卡帕湾出发,由西向东驶进北海。杰利科则率英国主力舰队——包括24艘战列舰在内的98艘军舰——在西北110千米处的海域随后跟进。同一个夜晚,清一色"无畏"级和"超无畏"级战列巡洋舰组成的德国诱敌舰队,在希佩尔将军的率领下,乘风破浪地驶向波罗的海通向大西洋的狭窄通道——丹麦的日德兰半岛附近,在"诱饵舰队"之后50海里处,是舍尔亲率的公海舰队主力,这是一支包括16艘无畏舰在内的59艘舰只组成的庞大舰队。

5月31日下午2点多,两支庞大舰队的前锋,都驶到了日德兰西北部的海面上,相距仅56千米。贝蒂在西,希佩尔在东,平行地向北行驶,但谁也没有发现对方。3点左右,贝蒂舰队东侧翼的巡洋舰"加拉蒂"号发现东面有一艘丹麦货船,便驶过去查看。同时,希佩尔舰队西侧翼的巡洋舰"埃尔平"号也看见了这艘丹麦货船,转轮向它驶去,这两艘巡洋舰几乎同时认出了对方,下午15时40分左右,双方前卫舰队逐渐相向行驶,各以全部火力猛烈对轰,英德双方随即展开了遭遇战。德国海军的射击技术相当精湛,而且采用了新式的全舰统一方位指挥系统,战至一小时后,英舰"不倦"号和"玛丽王后"号先后被击沉。正在危急时刻,英海军4艘战列舰赶来支援,希佩尔立即命各舰迅速脱离战场,向身后的主力舰队靠拢。希佩尔率领的引诱舰队显然占了便宜,而且他还顺利完成了引诱英舰进伏击圈的任务,下午4时38分,离"雄狮"号3.2千米远的英国巡洋舰"南安普顿"号观察到了跟在希佩尔后面的德国大洋舰队,"南安普顿"号立即向贝蒂发出了惊人的报告:"东南方向有战列舰!"英前卫舰队见德国公海舰队的主力出现在眼前,情知不妙,一面掉头急奔,一面向杰利科发报求援。贝蒂发现了公海舰队,舍尔的舰队开始追击贝蒂。

舍尔希望能一举摧毁这支被引诱上钩的舰队,但让他没有想到的是,杰利科正率领英国本土舰队向这里驶来,贝蒂试图告知杰利科具体位置,但他发出的信号一开始被误读了,直到18点,杰利科的主力舰队才与贝蒂会合。舍尔在不明英舰队主力出海的情况下,率德舰队追击英前卫舰队。18时许,英前卫舰队摆脱德舰追击,与舰队主力会合。杰利科判明德舰准确位置后,命令舰队主力迂回驶向德舰,在队形变换尚未完成时,英舰即同德舰交火。几分钟后,双方的主力战舰均已进入射程以内,猛烈的

▼ 日德兰海战集结了英德两国海军的精华,双方共出动战舰254艘。这次海战,进一步确立了"大舰巨炮"主义理论,促使各国海军更加重视发展以战列舰为核心、以大口径舰炮为主要突击兵器的海上舰队。

▲ 日德兰大海战，是第一次世界大战中重大海战之一。虽然德国舰队遭受无法承受的损失，但是英国和德国都宣布自己获得了胜利。

总交战开始了。

德军的战斗巡洋舰遭到最猛烈的攻击，希佩尔的旗舰"吕佐夫"号失去战斗力。在英军一方，立功心切的胡德率"无敌"号冲得离德舰太近，被一阵暴风雨般的炮弹击中，他和他的舰艇一齐被炸上了天，随后"护卫"号和"勇士"号巡洋舰亦被击沉。舍尔判明英大舰队主力投入战斗后，也大吃一惊，想不到对手和他使用了同样的战术，感到继续打下去必吃大亏，便在18时45分命令德国舰队向南方边打边撤。6时30分，舍尔在烟幕和驱逐舰攻击行动的掩护下，忽然转变航向，德舰极其困难但非常漂亮地同时掉头180°，向西行驶，几分钟内他的战舰便脱离了大部分英军战舰的有效射击范围，此举使英军大为吃惊。杰利科没有追击，而是继续向南，因为他知道自己的舰队已插入德舰和其基地之间。

舍尔也清楚地意识到杰利科已分离了他的舰队，19时整，舍尔再一次转向驶向英舰，向英舰队发起了死亡冲锋，整个德舰队忽然地再次进入整个大舰队的火力射程之内，这次德舰似乎不可能逃脱在巨大的炮弹雨幕之下被摧毁的命运。与此同时，德军剩下的4艘战斗巡洋舰在"德夫林格"号舰长哈尔托赫上校的指挥下，向英军战舰编队实施了极为英勇的冲击，以掩护舍尔的撤退。火炮已损坏的"冯德尔塔恩"号仍在坚持战斗，仅能分散英舰的炮火。"德夫林格"号被打得仅剩船架，但仍继续战斗。德军的战斗巡洋舰在很近的距离上绕过英舰编队，接着德驱逐舰冲向杰利科的战列舰实施鱼雷攻击并释放烟幕，杰利科谨慎地躲过鱼雷，而使舍尔逃走了。当他重整编队时，舍尔再次掉头180°并已消失于西方，令人惊讶的是，德军的战斗巡洋舰在其"死亡冲锋"中竟没有被打沉一艘。

在旗舰"铁公爵"号上密切观察战况的杰利科意识到，在入夜前已无法全歼德国大洋舰队，便命令英舰利用航速优势，截断舍尔回港的航路。由于担心受到鱼雷的攻击，杰利科的大舰队并没有随后追赶，而是直奔德舰回港的航线而去，他要抄近道截住德舰，以待明日再狠狠打击它。此时，舍尔知道，如果他的舰队继续待在海上，到天亮就有被歼灭的危险，必须趁晚上才能冲破英舰的封锁，因此，日德兰大海战的最后一幕，便在深夜开始了。

舍尔知道英国的舰队现处于他和德国的港口之间，而且杰利科正在去控制他进入这些港口的通路，他还知道他的舰队再也经不起一次总交战。经过仔细分析和推算，舍尔决定转向东南，趁夜从英国主力舰队的后面冲杀过去，然后经合恩角水道返回基地，为此，舍尔把所有能用的驱逐舰都派出去拦截英国主力舰队，掩护德国舰队主力突围。按照舍尔的命令，德国驱逐舰拼死一搏，如狼群一般，从不同的方向袭击英国主力舰队，给英军造成混乱和判断失误，使杰利科摸不清德国主力舰队在哪个方向。23点半，在夜幕的掩护下，德国舰队猛然插入英国舰队的后防线，双方在黑暗中相互碰撞，在照明弹、探照灯和着火舰只的炫目光辉下混战。英舰"铁公爵"号忽然陷入德舰的包围之中，在五分钟之内便被击沉了，一小时后，英舰以强大火力在交战中渐占优势，德舰队见众寡悬殊，势难取胜，遂在夜幕掩护下，释放烟雾撤退。在撤退中，德战列舰"黑森"号将德轻巡洋舰"埃尔平"号撞沉，英装甲巡洋舰"黑王子"号被德战列舰击沉，德老式战列舰"波墨恩"号被英驱逐舰鱼雷击沉，次日凌晨，在密集的炮火、鱼雷袭击下，德国公海舰队终于杀开一条血路，向威廉军港狂奔，杰利科岂肯罢休，率英国舰队紧追不放。

德国海军在通向威廉军港的必经之路赫尔戈兰湾一带布下的无数颗水雷发挥了作用，舍尔在水雷阵中东转西弯，将舰队带回了军港。失望的杰利科不敢冒险进入水雷区，无奈地掉头返航，带着他的主力舰队返回基地。这场盛况空前的海上争霸战历时十二小时结束了，杰利科很清楚他没能摧毁德国的公海舰队，而且英军的损失实际上要比德军大。这场有史以来最大的战列舰决战结束了，英国参战149艘、德国116艘，在大战中，英国损失了3艘主力战列巡洋舰、3艘装甲巡洋舰和8艘驱逐舰，6艘舰艇遭受重创，共损失船只吨位11.5万吨，伤亡7000人。德国损失1艘老式战列舰、1艘战列巡洋舰、4艘轻巡洋舰和5艘驱逐舰，其他4艘舰艇受到重创，共损失船只吨位6.1万吨，伤亡3000人，双方损失近二比一，德国取得了战术上的胜利。

在这场海战中，杰利科过于谨慎，而贝蒂又过于大胆，希佩尔则最高明。德舰的火炮比较优良，舰艇也比英国的坚固得多，英国人失去了威望，但仍掌握着制海权。在1916年剩下的时间内，德国公海舰队实施了一次胆怯的出击，但以失败而告终，双方没有接触而各自掉头返回。当时舍尔是被虚假的报告所蒙骗，而杰利科则担心遭到潜艇的伏击。9月，德国公海舰队的轻巡洋舰袭击了英国海岸，几艘辅助巡洋舰则溜出了英军大舰队的封锁，肆意骚扰大西洋的商业航运。然而总的来看，德军在海上的行动主要集中于实施潜艇战，德军击沉了巨大数量的协约国船只，到年底，平均每月击沉的船只吨位达30万吨。

日德兰海战是英德争夺海上霸权的一次较量，也是历史上交战双方使用战列舰编队进行的最后一次海战，之后的海战就由航空母舰和飞机来决定胜负了。就这场海战的胜负得失而言，德国海军略占上风，但就战略意义而言，英国仍保持了对德国的海上优势，德国的舰队依然被困在近海的几个港口，德国企图打破英国海上封锁的目的未能实现，全球海洋仍然是英国海军的天下，大洋舰队困在港内毫无作用，仍然是一支"存在舰队"。正如美国《纽约时报》所评论的那样："德国舰队攻击了它的牢狱看守，但是仍然被关在牢中。" 贝蒂谈到海军力量的有效使用时断言："英国主力舰队的正确战略，不再是不惜任何代价力求使敌舰出战，而是使它留在基地，直到形势

▼皇帝陛下舰船之"汉普希尔"号被德军第75号潜艇埋下的水雷炸沉时,只有12名甲板上的船员得以生还。

变得对我们更为有利。"从此以后,这两大舰队再没有发生过冲突,两年半以后,德国输掉了这场战争。

11月,杰利科被任命为海军大臣,要对付公海舰队更大的威胁——潜艇。贝蒂接任主力舰队司令官。日德兰海战的战略意义极其重大,任何一方取得决定性胜利都会改变这场战争的进程。事实上,英国保持着远距离封锁的压倒能力,德国则越来越多地转向潜艇战。舍尔在日德兰海战后在给德皇的报告中说:"德意志帝国海军能予敌以巨创,但即使在公海上取得最有利的战果,也不能迫使英国和解,我们的地理位置与岛国相比的不利之处,不能靠我们的舰队来补偿。"他最后说,"无限制潜艇战是必不可少的,哪怕冒同美国作战的风险也罢。"

日德兰海战的另一个间接后果是英国陆军大臣基钦纳爵士之死。5月底公海舰队出港以前,一艘德国潜艇在奥克尼群岛外围布下了水雷。基钦纳乘坐巡洋舰"汉普郡"号去俄国执行任务。6月5日,"汉普郡"号触雷,很快在波涛汹涌的海洋中沉没,全舰人员几乎都葬身海底。就基钦纳的名望来说,他的死是及时的,他已在内阁中失去了威信,尽管他组建和训练的"新军"成为他留下的一块纪念碑。

第十三章

决定命运的一年
——战争的转折

加拿大远征军的荣誉之战——维米岭大捷

　　1914年9月末，3万加拿大远征军从魁北克城上船出发，经过短暂训练，被派往法国前线。整整两年，士兵们在堑壕战中拼杀，看着同伴死于冷枪、疾病、毒气，在机枪弹雨中倒下。1916年7月，在阿拉斯南边的索蒙，因为英军总部黑格将军的瞎指挥，协约国军队一天内伤亡近5.7万人。纽芬兰团一次冲锋，军官全部损失，几乎全团覆灭。索蒙之败后，协约国在西线太需要一场像样的胜利了，于是把目标投向了法国阿拉斯市以北的维米岭。

　　维米岭是法国阿拉斯市以北维米镇附近的山岭，这个地方是德国在整个西部战线守卫得最好的。因为维米岭是高地，所以双方都认为这是一个军事战略重地。英国和法国都在1915年进攻维米岭，但结果都是以惨败告终。单法军方面，就有15万士兵阵亡。1917年，协约国决定再次向维米岭进攻，此次执行进攻任务的是加拿大军。

　　1917年4月9日，复活节的清晨，法国北部阿拉斯城外的维米岭上，大雪纷纷飘落。4个师的加拿大步兵静静地等待着总攻的信号，冰冷的雪花让他们想起万里之遥的家乡和亲人，就在前一天，许多士兵写下了可能是他们最后的家信。士兵们脸上毫无表情，他们清楚面对的将是怎样的战斗，但心里的热血在燃烧，这是他们第一次为了年轻的加拿大的荣誉而战。在这之前，加拿大军在"一战"中几乎没什么表现，为了赢得此战的胜利，加军将其4个师调集来参与维米岭战役，并制订了良好的作战方案。加拿大军队在2日就开始用炮轰击德军的战线，总共用了100多万发炮弹来轰击维米岭，此次轰击持续了一个星期，是在这次战役之前从未有过的。在复活节这一天，加拿大

▲ 加拿大作战分队伪装成被押送的德军俘虏，往维米岭上输送补给。

军队开始向德军的防线发起总攻，经过三天的激战，加拿大军队以伤亡1.1万的代价控制了整个维米岭，而德军方面大约有2万多名士兵阵亡，4000余人被俘虏。

经过四天血战，西线最坚固、号称牢不可破的维米岭就此落入了协约国军队的手中，而维米岭之战缴获的武器和俘虏数量都超过了之前所有的战役。这场战役是加拿大军队开战两年多以来的头一次大捷，整个战场为之震动。也是加拿大军队第一次作为国家武装整体出现在战场，来自全国各地的士兵们并肩作战，证明了他们拥有同样出色的军官、同样英勇的战士、能攻克最坚固的堡垒。此战役以后，加拿大军已经成了西线战场最强大的部队，在索姆河战役后，更是赢得了"先锋队"的声誉。战后法国政府把维米岭周围1平方千米的领土送给加拿大，以感谢其在此战役中的贡献和牺牲。

壮观的"地下城"——阿拉斯之战

1916年，参战的任何一方都不存在真正的成功：凡尔登战役严重削弱了法国；英国在索姆河也没得到什么特别的好处；俄国国内陷入了革命的边缘。另外，奥匈帝国又承受了新的失败，德国也经历了几乎令其无法承受的巨大消耗。交战各方在精疲力竭之中就像一个个被揍晕了的拳击手，惶惑地走进了1917年，没有人看得出这场漫长的屠杀活动行将结束。从1917年2月起，鲁登道夫准备了一道正面大为压缩但组织严密的防御地带——兴登堡防线，又称齐格菲防御地带。该防线位于从阿拉斯到苏瓦松防线之后约30千米处，兴登堡对此表示赞赏，并决定撤到新的防线。缩短的防线用较少的师即可坚守，因此可以提供更多的机动预备队。在德军原来的防线和新的防御地带之间，田野荒芜，村庄和城镇被夷为平地，丛林被烧毁，水源被投毒，道路遭到破坏。实际的撤退从2月开始到4月结束，整个过程极为秘密。

为了为即将发动的尼韦尔攻势做准备，英军决定发起一场阿拉斯战役。1917年伊始，阿拉斯又成为同盟国与协约国军队争夺的焦点，同盟国一旦夺占阿拉斯就等于洞开了巴黎的门户，整个法国便岌岌可危。从1914年到1916年，阿拉斯几易其手，英法守军在一片废墟上加紧修建防御工事。与此同时，攻势凌厉的德军在小镇东部虎视眈眈，他们正在向这里集结重兵，最高统帅路德维希甚至已让人铸好了纪念碑，准备在破城之日将它安放于小镇的中心。

1917年4月9日复活节的清晨，在阿拉斯市以北维米镇附近的维米岭拉开了阿拉斯战役的序幕，参加战斗的加拿大4个师进行了为期数月的周密准备，对维米岭进行了为期一周的猛烈炮轰，霍恩指挥的英军第一军团与艾伦比指挥的英军第三军团，在猛烈的炮火准备和毒气攻击之后，一举突入法肯豪森指挥的德第六军团的防线之内，英军很快获得了空中优势。在战役开始的第一天，加拿大军队猛攻并夺取了维米岭山脊。高夫指挥英军第五军团在南面实施助攻，没能取得进展。经随后几天的战斗，英军的推进慢慢停了下来，虽然取得了战术胜利，但没能达成突破。

在经历了1916年索姆河战役的惨重伤亡后，英法联军得出了一条血的教训：跟装备精良、战术多变的德国步兵师硬碰硬，无异于大规模自杀！他们变更了作战策略，提前三个月在德国人的眼皮底下挖掘出了一条规模宏大的地下通道，复活节这一天，在猛烈的炮火打击和毒气攻击之后，随着英军第三突击师发起进攻信号，2.5万名英法联军从指定出口冲出地面，奇迹般地出现在德军的面前，向驻扎在阿拉斯的德军第二和第六步兵师发起突袭。紧接着，由霍恩指挥的英军第一军团与艾伦比指挥的英军第三军团，也一举突入德军第六军团的防线之内。

此时，经过四天血战，西线最坚固、号称牢不可破的维米岭已被加拿大军彻底攻占。此后，英法联军大获全胜，以1000多人的微小伤亡击溃了整个德军师团，成功将战线向前推进了十多千米，身后的巴黎从此安枕无忧。阿拉斯地道战也成为世界军事史上的经典战役，而维米岭之战也成了加拿大军队的荣誉之战。但是由高夫指挥英军第五军团在南面实施助攻没能取得进展，经随后几天的战斗，英军的推进慢慢停了下来。虽然协约国的军队在阿拉斯战役中取得了战术胜利，但没能达成对德军战线的突破，这次战役英军伤亡近9万人，德军伤亡近8万。

▲ 英国地下工作专用供氧设备

"屠夫"引发的兵变——"尼韦尔攻势"

1916年10月将终时，凡尔登之战看来要失败了，法军指挥官尼韦尔下令进行奇袭，德军措手不及，退出了早些时候他们攻占过的所有地方。对尼韦尔来说，这是鸿运高照的时刻，法国人渴望有一位英雄，就把他称为胜利的缔造者。尼韦尔夸口说，他掌握着胜利的关键，但他拒绝透露他的战略。1916年12月31日，霞飞退休，"凡尔登的英雄"尼韦尔接替了他。

平步青云的尼韦尔将军在被任命为法国陆军总司令时，已60岁了，凡尔登战役中那句引起所有协约国遐想的有名的口号"他们不得通过"，虽然常被人认为是贝当所创造，其实是尼韦尔创造的。尼韦尔和他的助手芒让将军筹划了一个计划，他们想发起一个攻势，收复德军在最初进攻凡尔登期间夺取的杜奥蒙炮台。1917年4月的阿拉斯之战，实际是英军为尼韦尔的攻势所做的准备。法国总理潘勒韦被尼韦尔的如簧之舌所打动，表示："将军，如果你进攻的结果，只是收复我们这片广大的领土和它所包含的一切，政府和国家将认为这是一个伟大的胜利。"尼韦尔听后，报之以微笑道："这有什么？不过是不足道的小小胜利而已。我在埃纳河聚集的120万士兵、5000门火炮和50万匹马，不是为了这样一点点战果的。"最后，他终于说服统帅部支持他发动了这次攻势。

尼韦尔担任法国陆军的最高统帅时，充满了信心。为他的"凡尔登战法"所震惊，人们对他的堂皇宣告是没有争议的，"这个经验是确定了的。我们的战法已经经过试验。我可以向你们保证，我们一定胜利。"尼韦尔的计划，包括由法军与英军对一个巨大的、

▲ 尼韦尔只在最高司令这个位子上坐了很短的一段时间。

▲ 1917年4，一名法国士兵在兰斯广场上吃午饭。

无掩护的德军突出部位进行双管齐下的强击。1917年4月16日，大大加强的米歇尔指挥的法国预备集团军，在从苏瓦松至兰斯64千米的战线上向德军发起进攻，企图夺取舍曼代达姆。这是一条与战线平行的一系列植被茂密的岩石山岭。芒让的第六军团和马泽尔的第五军团实施主攻，迪歇恩的第十军团实施近距离支援，其后是费约尔的第一军团。法军攻击军团的兵力总数达120万人，共7000门火炮。尼韦尔的计划并不是没有优点的。德国的突出部兵力配备薄弱，易受攻击，在1916年夏的索姆河之战中，防御部队牺牲惨重。但是如果德军事先知道，胜利是不可能的。不过指挥官们用乐观代替了判断，定出了不可实现的速度。芒让夸口说，他的部下能以一分钟27米以上的速度跑步前进，并且能继续保持这种步伐至少几千米，对此表示怀疑的意见则受到压制。

尼韦尔是个十分重视宣传工作的指挥官，他非常重视部队的思想动态。在尼韦尔指挥的一些战役中，法军之所以能在不利条件下取得辉煌战绩，除去其他原因外，的确与他的宣传鼓动分不开。然而，具有讽刺意味的是，战争中法军的最大哗变，却发生在他直接指挥的前线部队，这次哗变导致他被免职。在凡尔登，是靠对进攻计划进行冷静但充分的说明来鼓动战士热烈献身的。这一次，尼韦尔担心不那样做他的部队就会背叛，下令进行堪与好莱坞报刊宣传员相比的宣传运动，对战略和目标加以提纲挈领的作战计划都发给士兵，军官对士兵做宣传讲话，以引导他们对决定性的胜利抱有信心，所以不可避免，德军也得到了这个情报。

尽管德军新的阵地与纵深野战工事相结合，极其坚固；但是，刚愎自用的尼韦尔并没有灰心丧气。他发起的进攻比以前规模更大，也组织得更好。他广泛地散发进攻计划和指令，甚至在伦敦的宴会上对女士们公开谈论即将来临的交战，没多久，德国人对即将发生的事情的了解就和尼韦尔一样多了。

1917年4月9日那个可怕的复活节早晨，英军对德军的兴登堡防线西北翼，即位于该地之维米岭开始发动攻势，在交战的第一周消耗的火炮及弹药约达9万吨。当大炮仍在阿拉斯轰鸣时，由法军四个集团军组成的强大主力部队，于4月16日对德军发起突击，法军在兰斯北部发动的这场攻势被称为"尼维尔攻势"。法军所要攻击的对象是伯恩的德军第七军团和比洛的德军第一军团。由于尼韦尔自信地公开夸口将取得胜利，德军对法军的进攻早已知晓。在攻击之前，德军飞机驱逐了法军空中观察员，德军炮火不断轰击仍处于行军中的法军坦克。法军的炮火移动弹幕相对于步兵移动过快，而步兵不得不对付德军预先计划的炮兵和机关枪火力及局部的反冲击。尼韦尔的助手芒让，是法国陆军中最顽强的指挥官，他的部队给他的绰号是"吃人的人"和"屠夫"，他是藐视生命的，甚至藐视他自己的生命。

49岁的芒让是专为战争而活着的，他自称非常赞赏他的非洲部队，可是他毫无内疚地命令他们冲向猛烈的机枪火力。法国精锐的塞内加尔部队被调来针对坚强的据点充当进攻的先锋，法军以大无畏的进攻精神奋勇向前，终于抵达并夺取了德军第一道防御阵地，随后被德军阻止。法军反复实施攻击但没能取得什么进展，整个攻势是一个大失败。在五天的战斗中，法军共付出了近12万人的代价，以至有人讥讽尼韦尔指挥进行的此次战役是"尼韦尔的屠宰场"。

在尼韦尔的指挥部里，总参谋部的成员不明白已经陷入绝境，以为有些讨厌的机枪碉堡造成了延误，但这些碉堡很快就会被打哑的，芒让又发出了催促前进的命令。勇敢的塞内加尔人，第一次辜负了他们的法国伙伴，冰冷的雨雪对他们来说是致命的。他们冻伤的手不能拿步枪，他们蹒跚前进，直到他们的军官被打死。然后他们转过身来，急忙奔向后方。这次挫败压垮了法军本已濒临崩溃的士气，兵变随之爆发。首先是一个连的士兵集体拒绝执行进攻的命令，继而是几十个团的士兵纷纷效仿。不少士兵还挥动着红旗，唱着《国际歌》，进行反战示威。法国陆军发生了兵变，这也许是现代史上一支庞大军队中发生的最大兵变。徒劳无益的流血、无止境的战斗、不充分的休假、贫乏的娱乐设施、官兵间无法弥合的鸿沟、德国的宣传及俄国革命，所有这一切都起了作用，整师整师的部队拒绝执行任务，兵营贴满了布告，宣布士兵们拒绝再回到堑壕去，在巴黎，失败论者无所顾忌地宣传他们的和平主张。

应该说法国部队都是勇敢的，对战争所引起的苦难也是有思想准备的，在二十一个月的战争中，法军伤亡人数已达300万以上，但现在他们再也不肯被赶去受屠杀了，在谋求补救的一切合法手段遭到否定之后，部队爆发了反抗，在此后两个月中，法国陆军处于瘫痪状态。尼韦尔连同他的大话全完蛋了。法兰西为濒于崩溃边缘的局势不寒而栗。在极度失望之际，法国政界把权力移交给乔治·克里孟梭——一个始终以冷酷的态度看待危机的政治家。转过来，他又任命"凡尔登的救星"贝当接管了法军的指挥权，去重新组建军队。克里孟梭竭力使巴黎恢复秩序，贝当则用强制性手段整顿军纪。贝当以其老练、坚定和公正平息了兵变并恢复了形势，约55名叛乱首领受到处决，法国继续进行战争。

战争史上最大的坑道爆破——梅西纳山脊之战

梅西纳战役算是"一战"中第三次伊普雷战役的组成部分，伊普雷地区位于比利时西部，易守难攻的独特地形使其不断成为英德双方的突出部，所以竟然经历了三次你死我活的战役，双方都无所不用其极，共有80多万士兵伤亡于此。1917年，沙俄爆发革命而退出"一战"，使德军可以集中力量对付西线，英法担心德国乘机向西线调兵，决定在伊普雷地区先发制人，摧毁佛兰德斯沿海的德军潜艇基地，进而从奥斯坦德和泽布吕赫发起突击，因此协约国决定在伊普雷地区先发制人发起进攻。从担任指挥的第一天起，黑格便一直对佛兰德斯抱有浓厚的兴趣，把它视为可能发动一次进攻战的基地。但在1916年，法国面临的形势迫使英军不得不发动索姆河战役。到了1917年，黑格完全能够立足于自身进行选择了，因此他选择了佛兰德斯。这种选择以一定的战略合理性为后盾，即考虑到以被占领的比利时为基地的德国潜艇对协约国船只构成的严重威胁。

1917年5月"尼韦尔攻势"受挫后，法军士气低落。英国远征军司令黑格计划由英军在伊普雷东南部的梅西纳地区单独发起进攻，以消除德军防线突出部，改善英军态势。为了夺取具有钳制作用的梅西纳山岭，英国第二军团司令普鲁默经几个月的努力，使得英法联军的这一攻势得以提前付诸实施。当时德军在梅西纳山脊早已建立了

▲ 莫西尼斯山脊之战中19枚地雷引爆后形成的大坑。

▲ 图中拿着一根手杖的就是莫西尼斯山脊进攻的策划人——赫伯特·普鲁莫将军。

强大的防线，有无数复杂的壕堑和坚固的碉堡，加上居高临下的地形，有一夫当关万夫莫开之势。很久以来，佛兰德斯一直是一片巨大、原始的水洼泽地，当地居民在此挖掘了纵横交错的排水沟渠。每年8月这里都要降下大量雨水，黑格就是选择了这样一个地区发动大规模的进攻。1917年7月15日，英国军队开始猛烈炮击，炮击一直持续了七天，完全摧毁了当地的排水系统。7月底步兵占领了靠近伊珀尔的帕森达勒高地。8月的第一天就开始下雨，炮火和雨水很快将乡野变成一片淤泥黏滑的洼地。受领进攻任务的部队是普鲁默指挥的英国第二集团军，当面守军是阿尼姆指挥的德第四集团军，面对着这一大片的沼泽和河渠，英军的攻势只好暂停。

但被盲目乐观的部下包围着的黑格却向伦敦报告一切良好，他的情报部部长查特里斯上将和参谋长朗塞罗特·基格尔特别乐意充当这种欺骗性宣传的工具。战斗结束时，基格尔正在返回伦敦的途中，这是他第一次亲临前线巡视。他哀叹道："仁慈的上帝，我们真的有必要派部队到那里作战吗？"进攻的英国第二集团军约22万人，而防御属于德军第四集团的约13万人，照这形势，如果硬攻，无疑会让英军搭上几万条性命也未必能拿下，于是英国人决定巧取。在地质学家经过详细考察后，决定采取挖洞爆炸的战术，经过工兵们的艰苦努力，一共挖了5000多米长的隧洞，通往德军阵地下的22

个爆炸室。而德国人则一直针对英国人的作业埋设反坑道炸药包或进行对壕作业，这场黑暗中的战斗，在炮弹破坏的地面下长达几十米的距离上进行，不时导致坑道内的肉搏战，士兵们相互卡对方的咽喉，用镐和铁锹将对方打死。

当时为达到最大杀伤效果，英军先期对德军梅西纳防线进行了猛烈炮击，7日凌晨炮击突然停止，躲在后面猫耳洞里的德军便按常规纷纷涌上前线阵地准备迎战，而这正是英军期待的。英军引爆了炸药，22个爆炸室共有19个成功起爆，这是战争史上规模最大的坑道爆破作业，据说惊天动地的爆炸声居然连伦敦和都柏林都能听到！在十七天全面炮火准备之后，英军以总量达45万千克的高爆炸药，在德军位于山岭的防线上撕开了一个大口子，达成了突然性。在英军空中火力的掩护下，精心制订的攻击计划得以有条不紊地实施，普鲁默的第二军团成功地夺取了德军在梅西纳的防御阵地。

7月22日，英军集中3300多门火炮猛烈轰击阿尼姆指挥的德第四集团军，并施放毒气，随后英法联军在16千米正面上发起冲击，攻占梅西纳—维夏埃高地。8月8日，德军为恢复原态势发起反突击，被击退。战至15日，德军被迫从突出部全部撤出。此役，德军损失2.7万余人，英军损失1.7万余人。在随后的几天中连降暴雨，战场泥泞，联军坦克有的陷入泥潭，有的被德军炮火摧毁，由于长时间的进攻准备，突然性已完全丧失，德军纵深防御已很好地组织起来，在最初取得一些进展以后，英法联军的攻击陷入了困境而停顿下来。直到11月初，英军夺取了帕斯尚代尔岭和帕斯尚代尔村庄，攻势才结束，英军占领的伊普雷突出部向前推进了约8千米。在伊普雷第三次大战中，协约国军亦付出了巨大的代价。当黑格于10月末最终放弃帕森达勒的进攻时，英军伤亡已近30万人，加上法军和英属联邦军队的伤亡人数，协约国死伤超过40万人，德国为27万人。协约国没有实现摧毁德军潜艇基地的战略目标。

1917年结束了，在黑格和尼韦尔各自独立的攻势中，交战双方一共付出了伤亡50万人以上的代价，极大地消耗了两大战争机器的战争资源，但却没有取得明显的战果。然而必须指出的是，黑格在佛兰德斯和阿尔土瓦实施代价高昂的进攻，其主要目的是将德军的注意力从南边虚弱的法军身上引开。在这一点上他取得了成功，1917年法军得以脱离险境至少应部分地归功于黑格。新的一年到来之际，英法两国都将其充满渴望的目光转向至今丝毫未损的美国人力资源上。

地雷战——堑壕战的有力补充

在敌军火线之前埋藏大批高爆弹是堑壕战中一种常见的作战手法。利用这种战术，不仅可以瞬间摧毁敌人的防御工事，而且爆炸的冲击波还能震晕幸存的敌军，使之无力反抗。

第一次世界大战里出现了现代地雷的雏形，不过，当时使用的款式还比较原始。德军最早是把半埋半露的迫击炮炮弹当地雷用的，引爆这种"土雷"可以炸毁敌方的坦克车。而真正意义上的地雷战则要复杂得多，工兵们需要在敌军的堑壕之下挖出一条隧道，填上高爆弹，待撤回到相对安全的地带后再引爆。布雷是一项相当危险的工作，

▲ 1916年索姆河会战刚刚开始时,由一枚地雷爆炸而造成的宽阔弹坑。

隧道的塌方或渗水、泄漏的瓦斯和敌方暗藏的反爆破装置都有可能威胁作业工兵的生命安全,让其葬身在自己挖掘的隧道之中。由于相对固定的敌我位置更利于工兵作业,而堑壕战的阵地变化在各类战场之中相对较小,所以第一次世界大战里的地雷战基本都是以西线战场为舞台上演的。

1914年年末,在距离法比边境16千米左右的费斯图波特附近驻扎着印军的一个旅。12月20日,德军在此旅的阵地下面预埋了11枚地雷,并引爆了其中的10枚——这是德军第一次使用地下爆破装置,也是第一次世界大战中同类作战手法的首次登场。但在1914年间还并不精通爆破技术的英军,后来却成为最常采用这种作战形式的部队。当年12月,英国老牌议员约翰·诺顿·格里夫斯在议会里首次倡导发动地雷战,随后,他受命负责在北部城镇之下的黏土层中打通若干条贯穿战场的隧道。被格里夫斯雇来干活的人号称"鼹鼠",是一批所谓"背着十字架玩泥巴"的人。他们在隧道里干活的时候,都是背靠一个十字形木架坐着,腿伸向隧道待掘的一面,用脚像铁锹一样把黏土挖出来并丢到身后,其他人再把挖出来的土方运走。当然,也有一些部队用采矿机来挖隧道,不过这种办法用得很少,而且操作起来非常麻烦。

1915年2月12日,作为首批受到英国官方承认的专业隧道挖掘单位,编号为170—178的"皇家技师挖掘队"正式成立,而最早被征召加入的技师则是原先在各类矿井下工作的矿工。之后,澳大利亚、加拿大和新西兰也成立了类似的部门专司挖掘。

4月17日晚,英国的首枚地雷在圣伊洛附近的60高地引爆,此后,地雷战的规模开始扩大,形式也愈发复杂。军事史上规模最大的一次地雷战出现于1917年中期,这就是英军从1916年1月6日开始策划的莫西尼斯山

▲ 在战争早期的一次战斗中,德军军官准备引爆敌军堑壕下的一枚地雷。

脊之战。

此次地雷战的舞台正是邻近伊普雷南部的德军突出阵线。英军的工兵在长达16千米的山脊上一共布置了12个爆破点，总共安排了21次爆炸，也就是说，每个点的炸药还可以分1~2次引爆。为此番爆破服务的工事规模也很大，其中一条隧道竟长达640米。所有隧道完工后即填满当时爆破力最强的"阿芒拿"，一条隧道内填充的炸药量最多可超过43吨，而德军前沿阵地之下共埋了近430吨爆炸物。

1917年7月7日，英军布设的地雷阵正式启用，除了两次哑弹外，其余19次都成功爆破。爆炸造成的弹坑中，规模最大的"孤树坑"竟有12米深、76米宽。消息很快就传到了伦敦和更远的地方，但当时没人知道开战首日的大爆破中到底有多少德军丧生，战后的记录也只显示了当天有1万人失踪。随后，英军俘虏了7350名德军士兵，其中大多数人被俘时都几乎已经被大爆破吓傻了。

俄国的最后攻势——六月进攻

当折磨人的战事在西线连绵不休之时，俄国爆发了一系列重大事件，食物短缺、骇人听闻的伤亡人数，导致了1917年头几个月不断增长的示威游行和罢工。3月11日，杜马不服从沙皇要它解散的命令，街道上发生了大规模的游行示威活动，到处都出现了动乱，而军队拒绝参与镇压。3月15日，沙皇在普斯科夫的陆军总部退位，"愿上帝保佑俄国"是他的祈祷词和墓志铭。一天后，沙皇的兄弟尼古拉大公拒绝继承皇位，几天之内，沙皇及其家族成员即被逮捕，罗曼诺夫家族的统治永远结束了。沙皇政府的统治倒台，从时代的角度看，这标志着一切专制统治残余的消失，代之出现的是由一些不成熟的政党组合建立的临时政府。为了加重其混乱，德国允许流亡在外的革命

◀ 反对临时政府的呼声越来越大，图为在彼得格勒受到攻击的布尔什维克积极分子。

▲ 由于士气低落,加上军中布尔什维克党积极分子不停地进行革命的政治宣传,俄军在克伦斯基攻势中溃不成军。图为不满的俄军士兵自愿向德军投降。

领导人弗拉基米尔·列宁乘坐一闷罐列车通过德国领土返回俄国。

在1917年3月俄国爆发的资产阶级革命中,沙皇政府被推翻,代表地主资产阶级利益的临时政府掌权。与此同时,彼得格勒工兵代表苏维埃政权也建立了起来,两个政权并存的俄国走到了十字路口。临时政府与布尔什维克领导下的苏维埃展开了斗争。临时政府极力主张继续参战,直到协约国取得"最后的胜利"。苏维埃担心军官团队会采取支持临时政府的行动,于是在3月15日以苏维埃的名义发布了著名的"第一号命令",以此剥夺了军官们的军事管理和训练权。这一命令传遍了整个俄国的武装力量,尽管临时政府下达了相反的命令,但结果却是部队的军纪丧失了,俄国陆军和海军像春天消融的冰块一样崩溃了。兵变的士兵和水手杀死了很多军官,其他军官则直接被士兵大会罢免。到5月前,估计军官团队中有一半以上的军官被清除了,他们其中有许多是有经验的军人。

克伦斯基的临时政府为巩固其统治,配合西线英法联军作战,决定于6月对德奥联军发动大规模进攻。其企图是以西南方面军向利沃夫方向实施主要突击,以北方面军、西方面军和罗马尼亚方面军实施辅助突击。在主攻方向上,俄军步兵和炮兵人数分别是德奥联军的三倍和两倍。此次俄军动用的是最精锐和受影响最小的部队,包括许多西伯利亚人和芬兰人。被俄国内阶级斗争的激化及苏维埃在军队和国内的影响增大吓破了胆的俄国资产阶级临时政府,力图一旦获胜就解散苏维埃和士兵委员会,结束两个政权并存的局面,粉碎革命力量,首先是布尔什维克党。如果进攻失利,就把罪责推给布尔什维克党,指控它瓦解军队,并扑灭国内革命。协约国则指望依靠数百万俄国大军在1917年战胜德国。

6月29日,所谓的"克伦斯基攻势"在加利西亚开始了。布鲁西洛夫指挥着为数不多的还有战斗力的俄军部队向伦贝格实施进攻。进攻从7月1日发起,俄第十一、第七集团军从波莫尔扎内以东、别列扎内地区向利沃夫实施突击,楔入德南方集团军防线,不久受阻。在南线与奥匈军作战的拉夫尔·科尔尼洛夫将军指挥的第八集团军却推进了30多千米,在其侧翼的罗马尼亚军队和俄国军队也取得了某些成果,但这只是一个短暂的胜利。为俄军的胜利所震惊的德军统帅部将13个德国师和3个奥匈师由西线调到东线，使其兵力几乎增加一倍。随着德军抵抗的增强，以及俄军后勤供应的中止，俄军的战斗热情和纪律性急剧衰退。7月19日，温克勒尔将军指挥的德奥军队从佐洛切夫、波莫尔扎内地域转入反攻，沿利沃夫至捷尔诺波尔铁路实施主要突击。俄军第十一集团军无心恋战，几乎未做抵抗，便大批撤出阵地，向后方退走。

20日，罗马尼亚方面军所属俄、罗各集团军向福克沙尼、多布罗加发起突击，一度进展顺利并粉碎德奥联军反突击，但因其他战线失利，被迫于26日停止进攻，后在德奥联军反击下撤至国境线。25日，德军攻占捷尔诺波尔，至28日迫使俄西南方面军撤至原出发地以东布罗德、兹巴拉日、兹布鲁奇河一线。俄国战线实际上已经瓦解，整个建制的部队逃亡，在这之后很少有激烈的战斗，德军和奥匈军如入无人之境。在1918年到来之前，德奥军队已经清除了俄军在加利西亚的残余。在整个7月间，俄军仅西南方面军就损失13万多人，各方面军伤亡和失踪的总数超过15万人。6月进攻没有取得进展，失败的主要原因是士兵厌战、不愿为与其水火不相容的资产阶级打仗，俄军各方面军之间协同不紧密，各方面军内的指挥不力，而且弹药物资缺乏，后备兵力不足。前线的失败，促使俄军部分下层官兵转向革命，主张俄国立即退出战争的布尔什维克党深得人心，让渴望和平的俄国人民倒向了布尔什维克。

1917年9月1日，冯·胡蒂尔指挥德军第八军团攻击俄军战线的北端，他在德维纳河的西岸实施牵制性进攻以威胁里加。与此同时，德军3个师通过浮桥渡过该河并包围了要塞，同时，发动进攻的部队向东快速推进。长时间的预先炮火准备已被省去了，而代之以短促而猛烈的集中射击，随后步兵立即实施攻击。这是"胡蒂尔战术"的第一次运用。俄军第二十军团陷入一片惊慌，并向东逃窜。德军仅抓获了近1万名俘虏，双方的伤亡都很小。在同一时间，一支小型两栖远征部队占领了里加湾的奥塞尔岛和达戈岛，并且在俄国大陆登陆。

辛劳的和被伤害的——战争后方的人们

第一次世界大战之所以能够打下去，在很大程度上是依靠各参战国劳动人民的辛勤劳作，但劳动者本身却躲不开战火的拖累。物资越来越贫乏，人们对战争的厌恶也越来越强烈。

各参战国的后方都有自己的特色，但总体来说也有不少的相似之处。1914年8月战争刚爆发时，几乎所有主要参战国的首都都被一股狂热所笼罩，成千上万的人涌上街头表达自己的战斗热情。以法国简·若雷斯为代表的左翼人士由于不肯人云亦云还曾遭到了主流社会的排斥，并引起了大部分群众的不满。7月31日，若雷斯在巴黎的一间咖啡馆由于发表不同言论而被捕。

被战争狂热冲昏了头脑的人们竟然还心甘情愿地接受了更为严密的国家监控——至少在开战时是这样——而这意味着不仅团体活动将受到严格的限制，来自敌军盟国的侨民和反战人士也将被处处针对。1917年美国出台的《间谍法》和《镇压叛乱法》直接导致 1600 人入狱就是一个很好的例子。1914 年，英国通过了《领土防御法》，若干国家群起效仿，同年 8 月，俄国对伏特加酒的生产和消费进行了极端严格的控制，而美国也于 1918 年提出了《禁酒令》，但该条令直到两年后才付诸实施。

饥饿是战争所引起的另一个大问题。在德军潜艇对英国的海上粮道狂轰滥炸时，英国则以其人之道还治其人之身，对德国实行了全面的海上封锁，而粮食歉收和糟糕的配给系统则进一步地加剧了德国的饥荒。1917 年春，英国的粮食补给岌岌可危，但该国政府却把这个危机公之于众。1918 年 7 月，肉制品和日常用品的订购量猛增。此时协约国阵营里其他的难兄难弟也是自顾不暇：1917 年 1 月，莫斯科市场上的补给还不够基本需求的 60%；与此同时，迫于无奈的法国政府开始倡导"无肉也欢"的饮食态度，并于 1918 年年初开始对粮食和能源实行定额配给制度。但相比德国饿殍满地的状况，这些都还算好的了：1916 年年末到 1917 年年初的那个冬天被德国人称为"芜菁之冬"；1919 年时，约有 70 万德国人在这场饥荒中死于营养不良。

▲ 一本法国杂志封面用两个女性角色来颂扬母性光辉和其在兵工厂的劳作。

在那个年代，女性虽然暂时还无法摆脱社会对她们的歧视，却至少因为战争的爆发而获得了到车间工作的机会。仅以英国而言，1914 年年末就有约 17.5 万名妇女得以走入社会；到 1917 年 8 月，75 万妇女工作在以前只提供给男人们的岗位上，此外还有 35 万人由于战时经济的需要而获得了工作的机会；1918 年，又有 24 万妇女参与农业劳作。

而法、意、美三国的情形也差不多，只有德国的进度较慢一些。但直到 1916 年年末的兴登堡战役为止，女性仍然没能获得直接参与战斗的权利。

▼ 男人们都被征入伍了，留守的女人们只好把农场上原本该男人做的活也给包揽下来。

于 1918 年休战的第一次世界大战虽然残酷,但造成的平民伤亡相对于第二次世界大战来说要小得多。只不过,人们的苦难并没有因为休战而结束。1918 年春,流行性感冒在全球范围内爆发。这场病毒造成的浩劫持续了一年左右的时间,给英、法、德三国分别造成了 22.9 万人、16.6 万人和 22.5 万人的死亡,而全球的死亡数字更是高达 2000 万——其中,有 70% 以上的死者年龄还不到 35 岁。

俄国退出"一战"——"十月革命"爆发

　　1914 年第一次世界大战爆发后,俄国在军事上严重受挫,到 1917 年,士兵死伤数百万,俄国的经济也濒于崩溃。战争给人民带来深重的灾难,各种社会矛盾空前激化,随着冬天的到来,前线士兵有超过 100 万人士气十分低落。这些士兵公然住在家里,不受当局的干涉,腐败和低效率传染到社会的各个部门。1917 年 2 月,当沙皇离开皇村去位于莫吉廖夫的总参谋部时,一些大公、地方贵族、杜马中的保守派和自由派代表曾来到皇宫觐见,企图让尼古拉相信,再不进行政治改革,革命马上就会爆发。甚至军队代参谋长瓦·古尔科将军也警告沙皇:"陛下,您在有意为您自己准备绞刑架。请不要忘记那些乌合之众是不会讲礼貌的。"可是,对于他的三百年皇朝可能遭到危险的这些预兆,沙皇尼古拉二世仍然无动于衷。当杜马议长提出警告,叛乱正在席卷这个国家时,尼古拉二世写信给皇后:"这个大腹便便的罗德江科,又给我写了一篇胡话,我甚至不愿回答。"

　　1917 年年初,许多俄国人民对沙皇尼古拉二世的独裁及其政府的腐败积怨已深,他们认为沙皇不理解俄国人民的需求与意愿,而他们绝大多数

▼ 冬宫前的广场及凯旋门
十月革命前,俄国临时政府的驻地即在冬宫。

> ### 相关链接
>
> **★ 和平主义**
>
> 　　1914年，当战争的狂热席卷整个欧洲大陆时，有少数人却冒着生命危险以参战国公民的身份对此表示反对。反对者也可以分为两类：被称为"个人和平主义者"的一类中，有的是从精神的角度出发，有的则站在宗教信仰的立场；另一类则是"政治和平主义者"，他们有的信仰国际共产主义，有的则认为战争是资本主义用来打压工人阶级的阴谋，还有一些自由独立主义者认为自己的国家和战争毫不沾边。此外，还有一类人希望用和平的外交手段把即将爆发的战争化于无形。

是俄国恶劣的社会经济条件的受害者。严重的通货膨胀和粮食短缺也促进了革命的形成。在军事上，俄国在大战期间蒙受了惨重的损失，这更加深了俄国人民对尼古拉二世无能统治的观点，俄罗斯人已经对现行的体制感到厌倦，首都彼得格勒成为关注的焦点。

　　1917年3月3日，群众的反抗活动首先在彼得格勒爆发，普梯洛夫工厂的工人开始罢工，10日发展成为反对饥饿、反对帝国主义战争、反对沙皇制度的政治总罢工，罢工人数达到25万人。沙皇政府下令开枪镇压参加示威和集会的群众，从而激起了人民更强烈的反抗，11日，布尔什维克维堡区委员会决定将罢工转变为武装起义。12日，起义席卷全城，驻守彼得格勒的士兵拒绝向工人开枪，大批转到革命方面。在短短的几天时间内，此时尚在前线指挥军队作战的沙皇尼古拉二世失去了对军队和国家的控制，混乱中，杜马的成员得到孟什维克和社会革命党人的支持，取得了国家的统治权，成立了俄国临时政府。3月15日，沙皇把他的退位书送给他非常藐视的杜马议长，正式赋予了临时政府权力。从3月8日彼得格勒工人大罢工开始到3月15日尼古拉二世退位止，在八天内，沙皇制度彻底崩溃了。

　　"二月革命"进展之迅速，在历史上是罕见的。"二月革命"这样快地取得胜利不是偶然的，沙皇制度的残酷压迫和帝国主义战争，促使社会各种矛盾尖锐化，激起人民极大的反抗，是其中一个重要因素。在"二月革命"中，工人、士兵是反对沙皇的主力军，在革命成功后，工人和士兵组织了自己的领导机构——苏维埃，武装力量掌握在工兵代表苏维埃的手中。苏维埃掌握了实际的权力，其成员中，孟什维克占了大多数。布尔什维克则由于在战争中遭受镇压，大多数领导人还在监狱和流放地，列宁此时在瑞士，斯大林还在流放地。在随后的八个月里，一个由资产阶级组成的临时政府和在整个俄国发展起来的"苏维埃"共同分享政权。

　　苏维埃是一个代表工人、农民、士兵和水手的组织，在苏维埃内部，最有影响的团体是孟什维克、社会革命党和布尔什维克，而孟什维克和社会革命党都是支持临时政府的。临时政府决定不让俄国退出战争，激起群众的极端不满情绪。工人和士兵们不信任临时政府，但信任苏维埃的领导人，临时政府的权威就建立在苏维埃领导人的威信上。这种现象被列宁称之为"双重政权"。资产阶级临时政府继续进行罪恶的帝国主义战争，继续奴役广大劳动人民，并且千方百计地扑灭革命火焰。工人和士兵组织称为苏维埃的委员会，起初同新政权合作，但不久他们进一步向布尔什维克影响下的左翼靠拢，因为布尔什维克要求结束战争和废除私有财产。德国谋求同俄国单独讲和，以便在西线集中所有军队。为达到这一目的，代表德国最高统帅部的鲁登道夫采取有意的冒险行动，以使俄国退出战争。

这场革命很快就变成了杜马执行委员会中比较温和的自由主义者同社会主义者建立的工人和士兵委员会之间争夺权力的斗争。在这场斗争中，有一个叫阿列克塞·克伦斯基的人，他是一个具有杰出口才的律师，成为临时政府的首脑。"二月革命"胜利后，德国有意让列宁借道德国返回了俄国，列宁的布尔什维克党是反对对外战争的，而这正是德国所希望的。列宁回到彼得格勒之后，彻底改变了布尔什维克支持临时政府的政策，同时孟什维克和社会革命党的阵营也产生分裂。一部分孟什维克党人和左翼社会革命党人加入了布尔什维克的行列，托洛茨基领导的区联派也全体加入布尔什维克，布尔什维克在苏维埃的影响力越来越大。这时的德军除坚守他们的防线外，停止了东线的一切军事行动，鲁登道夫高兴地注视着温和派和布尔什维克之间在扩大裂痕，他知道非正式停战可以阻止这两个派别团结起来共同保卫俄国。老练的德国特务伪装成士兵，聚集在前线，双方在温暖的阳光下交起朋友来，俄国士兵干脆不理会作战的命令，纪律已经被破坏，上百万人士气低落。

资产阶级临时政府于7月1日冒险在加利西亚向德意志帝国和奥匈帝国军队发动了一场所谓"克伦斯基攻势"，妄图借战争来消灭革命，但这次冒险进攻遭到惨败，十天内俄军损失6万人。前线失利的消息传到国内，工人士兵群情激昂。彼得格勒的工人、

▲ "二月革命"开始时，列宁还在流亡，但几天后他就回到了俄国。

士兵和其他革命群众走上街头，举行示威，要求全部政权归还苏维埃。临时政府派出军队进行血腥的镇压。战场上的失败，使布尔什维克退出战争的主张更得人心。11月，布尔什维克在彼得格勒和莫斯科苏维埃中赢得了多数，整个俄国、几百个苏维埃都通过了要求把全部权力转交给苏维埃的决议。机不可失，布尔什维克在11月以彼得格勒苏维埃的名义发动了一次夺权运动。随后不久，莫斯科的政权也被苏维埃夺取，这就是俄国的"十月革命"。在"十月革命"中，资产阶级临时政府所在地彼得格勒的冬宫只有一队女兵和几名军官保卫，克伦斯基化装逃跑了，曾经支持自由主义而不支持暴君的温和社会主义者们退出政府，以列宁和托洛茨基为首的布尔什维克夺取了政权。托洛茨基大声对温和社会主义者们喊道："你们的戏演完了。从现在起，到属于你们的地方——历史的垃圾桶里去吧！"

在"十月革命"中，由列宁所领导的布尔什维克党与工人代表苏维埃联手推翻了彼得格勒的临时政府，布尔什维克取得各政府部门的领导权，并夺取了农村的统治权。在彼得格勒，来自全俄的苏维埃召开了一次全体大会，被命名为"布尔什维克领导下的新政府"，并将工人民兵部队组织为红军。为结束战事，布尔什维克马上就开始讨论俄国退出战争的问题，1918年3月，布尔什维克领导人与德国签订了《布列斯特－立陶夫斯克和约》。随后国内就爆发了内战，战火持续了数年，最终由布尔什维克获胜，从而为苏联的建立铺平了道路。

城下之盟——苏德签订《布列斯特—立陶夫斯克和约》

前线战事不利，后方的沙皇统治也开始摇摇欲坠了，1917年3月15日，尼古拉二世宣布退位，沙俄君主政体土崩瓦解。不久，以克伦斯基领导的杜马建立了资产阶级临时政府，接管了俄国大权。与此同时，彼得格勒工兵代表苏维埃政权也建立了起来。两个政权并存的俄国走到了十字路口。克伦斯基的政府决定俄国将继续参加战争，这个选择让渴望和平的俄国人民倒向了布尔什维克。

1917年11月7日，俄国发生十月社会主义革命，推翻了资产阶级临时政府，建立了世界上第一个工兵苏维埃政权——人民委员会。苏维埃政权刚刚建立时，俄国还处在同德、奥匈等国交战的状态，为了巩固新生的苏维埃政权，苏俄必须迅速退出这场帝国主义战争。全俄工兵代表苏维埃第二次代表大会通过了《和平法令》，建议各交战国立即停止战争，缔结不割地不赔款的公正和约。但是，以英法为首的协约国集团根本不理睬苏俄的和平建议，苏维埃俄国被迫单独与德国及其盟国开始和平谈判。1917年12月3日，双方在白俄罗斯的布列斯特—立陶夫斯克开始停战谈判。1918年3月3日，苏俄与德国签订《布列斯特—立陶夫斯克和约》。依约，苏俄将丧失波兰、立陶宛、拉脱维亚、爱沙尼亚、芬兰和白俄罗斯一部分共计约100万平方千米领土，并向德交付60亿马克赔款。当时出席布列斯特会谈的苏维埃代表团团长托洛茨基等人坚决反对，率代表团退出了和谈。

▲ 包括里昂·托洛茨基在内的俄国代表团抵达布列斯特－立陶夫斯克，与德国进行和谈。

在经历了三年帝国主义战争后，俄国的国民经济濒临崩溃的边缘，大部分工厂因缺乏原料而无法开工，各种生活必需品十分紧张，工人和农民的不满情绪日益增长，无产阶级专政的阶级基础受到削弱，苏维埃政权面临着严重的经济和政治危机，在这种情况下，结束战争以争取喘息的机会就显得尤为重要。列宁根据当时苏维埃国家刚刚建立，红军正在组建之中，国内反革命力量还很猖獗等情况，主张接受条件，退出战争，缔结和约。在签约谈判时，布尔什维克的党中央发生了意见分歧，以列宁为代表的主和派主张接受屈辱和约以求喘息时机；以布哈林为代表的主战派反对签订屈辱和约，主张进行革命战争；以托洛茨基为代表的"中间派"则主张"不战不和"。1918年1月2日，苏俄政府召开中央和地方负责人会议，60人出席的会议上，赞成布哈林主张的32人，赞成托洛茨基主张的16人，赞成列宁主张的仅15人，最终，列宁的主张因处于少数而未能被通过。

为了迫使布尔什维克政府屈服，并停止托洛茨基的滔滔雄辩，2月18日德军恢复了对俄国的进攻。1918年2月18日，柏林增强了压力，德军在前线大举进攻，侵入乌克兰和白俄罗斯，并从北面威胁彼得格勒。向前推进只遇到微弱抵抗的德国部队，于2月占领了波罗的海诸省，进占乌克兰和基辅，甚至深入克里米亚和高加索。随着"白军"反对"红军"，俄国爆发了内战，全国一片混乱，彼得格勒受到德军的威胁，列宁于是下令把首都搬到了莫斯科。由于俄国军队的瓦解，又面对德国和奥匈的利益要求，新成立的苏维埃政权只能选择委曲求全的道路。最初的谈判失败之后，德国人的快速推进终于使许多人认识到，革命的言辞不能遏止军事力量。在德国人推进到距离他们的首都仅有100多千米的紧迫形势下，苏俄中央委员会举行了紧急会议，经过激烈的争论，托洛茨基转而支持列宁，会议结果以7票赞成、5票反对、1票弃权的结果通过了列宁的提案。苏俄政府连夜通知德国方面，同意签约。

但是德国在得到通知后并没有停止进攻，并于2月23日提出更加苛刻的条件。尽管《布列斯特－立陶夫斯克和约》十分苛刻，在列宁的坚决主张和极力争取下，还是先后被布尔什维克党的七大和苏维埃第四次非常代表大会批准。至此，俄国退出了第一次世界大战，第一次世界大战的东线战场沉寂了下来。由于俄国退出战争，德国因此能够集中主要兵力在西线作战。《布列斯特－立陶夫斯克和约》是一个条件十分苛刻的掠夺性条约，使苏俄丧失了近100万平方千米的土地。但它的签订使苏俄摆脱了战争，巩固了政权，粉碎了协约国企图利用德国之手扼杀苏俄的阴谋。1918年11月13日，即协约国对德停战协定签字后两天，苏俄政府宣布废除此和约。

第十四章
改变战争天平的砝码
——美国的介入

"我不能,但摩根先生可以"——被绑架的美国

为了战胜同盟国,法国人将征兵条款的年限一再拖延,这让法兰西流光了它的鲜血,而大英帝国则通过歇斯底里的发债,花光了从诺曼王朝到温莎王朝之间用各种手段辛苦积攒下的全部黄金储备。协约国的命运变得岌岌可危,有能力挽救其命运的,只有坐在大洋彼岸悠闲观战的中立国美国。不过美国可不是轻易为协约国所说动的,钱可以赚,但参战则另论。在这千钧一发当口,英国人想出了一条妙计,用1000万美元的佣金,粉碎了美国历时百年的门罗主义,也就是它的中立政策,从而把美国拖到了协约国漏洞百出的战船上。

1915年,华尔街的摩根财团成为协约国在美国采购军需品的代理人。摩根财团收到一笔价值5亿美元的军火订单,这在当时可是一笔惊人的款项。这笔生意的佣金是5亿美元的2%——整整1000万美元。条件是,这批5亿美元的军火资金由摩根财团负责利用华尔街筹集,也就是说,要暂借美国人的钱来为英国人解燃眉之急,先垫付军火费用。战争初期,美国并没有希望从战争中得到更多的经济好处。战争的第一年,即1914年,时任美国国务卿的布赖恩,就明确建议美国金融家不要对协约国

▲ 图为美国招募志愿兵的广告牌之一。

贷款。1914年8月布赖恩在与总统商量后，再次通知金融家，向交战国贷款违背了"真正的中立精神"。长期在"门罗宣言"的滋养下，几乎所有美国人都希望摩根财团能够不要这份"礼物"，因为它显然破坏了中立的行为，但是摩根却不想放弃这笔百年难遇的生意，他开始行动了，在摩根的支持者们的反复宣传下，沐浴在和平阳光下的美国人渐渐修正了对于"无为即和平"的偏执理解，毕竟财富唾手可得，而鲜血却远在地球的另一面。

现在形势逐渐变化了，协约国因为战争，从美国购买农产品、工业品和军用物资，进口量逐步增加。这对美国的经济发展有着很大帮助。不仅仅是银行家和军火商，大多数美国人也从中得到了好处。财政部部长麦卡杜强烈要求改变不向交战国贷款的政策，他的理由是为了保持美国的对外贸易和经济繁荣，继任国务卿兰辛也认为有必要改变政策。摩根财团以美国国债的方式向美国定购了5亿美元的

▲ 图为1915年英国战争贷款海报，标题为"把你的银币变为子弹"

军火，在这批军火生产的带动下，美国经济也随之开始繁荣起来。激动人心的工业收益带动整个华尔街证券市场欣欣向荣，锣鼓声中，由摩根财团承销的5亿美元战争债券销售一空。美国政府为此向协约国提供了30亿美元的贷款，用来帮助协约国购买美国军火与其他补给品，英国这个垂死的老牌帝国终于从濒临崩溃的边缘缓过气来。美国担心协约国减少进口会引起美国"生产缩减，工业萧条，资本闲置，金融混乱和劳工阶级的普遍骚乱"，为了自己的经济繁荣，只得贷款给协约国，让协约国拿美国的钱来买美国的货。摩根公司实际上成为协约国在美国的金融代理人。美国公司与同盟国的生意也越做越大。

美国的国务卿兰辛对贷款的问题解释道："先生们，如果不同意贷款，贸易就无法形成，生产就会受到限制，工业就会萧条，劳动力和资本就会闲置，金融就会混乱，劳工阶级就会不安定，民主国家就会受到损害……"自此，美国投资客的钱通过摩根财团的手，变成源源不断的贷款进入美国军火商的账户，再变成一船船军火驶往战火纷飞的欧洲战场。自从第一次世界大战爆发后，由于英国对德国实行严密的海上封锁，美国同协约国的贸易从1914年的8亿美元激增到1916年的32亿美元，而与同盟国的贸易则从1914年的1.7亿美元猛跌到1916年的区区100多万美元，几近于无。战争期间，美国还供给协约国各种物资100多亿美元，贷款100亿美元。因此，美国同协约国在经济利益上已经紧密地连接在一起了。军火一船又一船地给英国人送过去了，但英国人的钱却没能及时返回来，英国人说数目庞大的黄金漂洋过海太危险了，搞不好会被德国人掳去，所以让美国人不必着急，好在英国在美国人眼中还有些信誉——而且没有也没办法，已经上道了就只能走下去。英国人此时付账的方式也就变得简单起来了，

直接由美国贷款，这就使得在财政和军需方面，美国成了协约国的支柱和主要基地，协约国终于为自己搞到了一个输血基地。

为了让手头上那些贷款数字有效，除了继续发放债券，摩根集团及所有协约国的投资者们只能拼命祈盼德国人尽快投降——彻彻底底地高举双手投降。只有这样，他们才能从德国人的口袋里掏回投资与红利，而摩根们则可收回债券发行费，而不是无穷无尽的官司。随着战争的深入，中立使美国大发横财的同时，也将美国一步步拖入战争。与协约国一边庞大的贸易额使美国与协约国连在一起，如果协约国战败，美国的贷款即将付诸东流。尤其重要的是，美国金融家与工业家的命运同协约国也紧密联系在一起。战后共和党参议员杰拉尔德·奈所成立的国会调查表明，美国1917年的参战很大一个原因是金融家和军火巨头的操纵。这些人几乎只与协约国做生意，他们不惜一切代价希望协约国取胜，这样才能大赚其利。

当1916年年底在欧洲战场上占据了上风的德国人提出了足以让摩根财团跌进地狱的要求——为了和平停战——时，美国人傻眼了：和平当然美好，可谁来为那100多亿的战争贷款埋单？是英国人还是德国人？德国人没战败，当然不可能替敌人掏钱，而英国人早已是穷得没有一个先令了。再说英国人也不愿付啊，只要打下去，这笔钱早晚得由德国人掏。务实的法国总理在法国众议院暴风骤雨般的咒骂声中，依旧嘹亮地宣称与德国进行谈判的任何念头都是"卑鄙和可耻的"。而劳合·乔治首相在英国下议院也再次重复了伟大盟友的决心——我们必须把对德国的战争进行到底。在俄国已发生"十月革命"后，新建立的苏维埃政权与德国单独议和并退出了战争，德国人从苏俄那里获得了巨额的赔款，除了粮食以外，还有大批从东线解脱出来的军队，战争胜利的天平已经开始向德国人倾斜，这时候着急的已经不只是协约国和摩根财团了，美国的金融家与工业家甚至美国政府的命运都已与协约国紧密联系在一起了。"先生们，我们不是花钱来欣赏败仗的！"1917年的春天，眼高手低的协约国终于听到了美国人的警告声，而美国总统伍德罗·威尔逊听到的良言相劝是："总统先生，我们都知道，如果这笔借到欧洲去的钱最终变成坏账，就是上帝，他也得从这儿走人。"

威尔逊总统决定参战，可是始终找不

▲ 图为美国的一幅战争漫画，一个身穿军装的恶魔掐住一位柔弱少女的脖子并将手中的刺刀插在少女的心脏位置，旁边历史女神正在默默注视着这一幕。此画表明了美国人对"一战"的看法：双方都在进行令人不齿的、泯灭人性的屠杀。

到好的借口。因为自己是个"和平总统",现在突然要食言,所以借口一定要完美。就在威尔逊绞尽脑汁的时候,德国人给了威尔逊机会。1917年4月6日,被"民意"劫持的威尔逊总统在白宫正式签署了对德宣战文件:"鉴于1915年的5月7日,德国潜艇在西南爱尔兰的外海击沉了一艘英国运输船'路西塔尼亚'号,随船死亡的近2000名旅客中有128名是美国公民,美国特此决定放弃中立立场,正式对德宣战。"护财之情与爱国之心让美国的每一条街道、每一扇窗户、每一张桌子都燃烧着反德参战的狂热情绪。由于美国同交战双方纠缠不清的利害关系,参加第一次世界大战是不可避免的了。不管美国领导人的主观意图如何,不管美国在名义上是否还保持"中立",美国必然会不同程度地卷入战争。在英法联军濒临破产,在协约国即将分崩离析的1917年,100亿美元贷款面临着一笔勾销,利害攸关,美国不得不参战。历史以宏大的叙事方式,阐述了一个古老的犹太法则——当你欠下了一百元,你是债务人;当你欠下了一百亿,情况恰恰相反。

当然,美国总统威尔逊在对德宣战演说中说到参战的目的时却是绝对大义凛然的:"我们乐于为世界的最后和平,为世界各民族的解放,为大小各国的利益作战,我们没有任何自私自利的目的可追求,我们不想征服别人,我们不为自己索取赔款,我们不为自愿的牺牲寻求物质上的补偿。" 威尔逊总统那番激情的演说,让许多议员都流下了眼泪,他们觉得总统的请求是极其严肃认真的。但议员们当真会那样天真吗?有人会相信吗?当威尔逊总统离开国会大厦返回白宫时,国会大厦外面街道两旁的人群向他欢呼。威尔逊坐在车中,悲伤地摇摇头说:"好好想一想,他们所欢呼的是什么,我今天所发表的演说,带给我们年轻人的是死亡的信息,而他们却如此地欢呼。"

美国参战的导火索——齐默尔曼电报事件

大战进行到了第三个年头,精疲力竭的德国人手中只剩下一张可用之牌了,那就是它的潜艇,1917年年初,德军经过仔细分析和计算后得出的结论是,无限制的潜艇战将在五个月内迫使英国求和。虽然也估计到了美国介入的危险,但德国认为,美国在海上和陆上的潜在影响在两年内是微不足道的。德国期望在这段时间,通过潜艇战以及陆上的作战给同盟国带来胜利。这一计划实施后不久,英国船只的损失猛增至每月90万吨,由于风险太大,英国和中立国的商船水手们开始拒绝出海,协约国估计,英国的粮食和必需的原材料贮备最多只能坚持到7月份。

德国宣布对英国进行无限制的潜艇战的同时,为了抗衡美国日渐增长的敌意,德国外交官开始为结成德国与墨西哥的同盟而进行秘密谈判。如果德国与美国爆发战争,德国将与墨西哥结成防御同盟,条件是"墨西哥将重新获得失去的领土——新墨西哥州、得克萨斯州和亚利桑那州"。英国既而出招反制,而这一招却是致命的,比起无限制潜艇战要成功很多,智慧很多。英国的这一妙计便是利用间谍战,通过谍报挑拨离间,最终诱使美国这头雄狮走上战场。如果说德国的无限制潜艇战是美国介入"一战"的火药的话，那么齐默尔曼电报可以说就是那根点燃了火药的导火索。

1838年1月8日，艾菲尔德·维尔展示了一种使用点和划的电报码，这是摩尔斯电码的前身。作为一种信息编码标准，摩尔斯电码拥有其他编码方案无法超越的长久的生命力。摩尔斯电码在海事通信中被作为国际标准一直使用到1999年。1997年当法国海军停止使用摩尔斯电码时，发送的最后一条消息是："所有人注意，这是我们在永远沉寂之前最后的一声呐喊！"

在第一次世界大战期间，长距离传送信息的技术有了大幅度发展，用摩尔斯电码发送的电报和无线电报不久便在战争中显示了其胜负攸关的作用，各个国家都马上把它应用到了战争之中。自从无线电和摩尔斯电码问世后，军事通信进入了一个崭新的时代，但是无线电通信完全是一个开放的系统，在己方接受电文的同时，对方也可"一览无遗"，因此人类历史上早就伴随战争出现的密码也

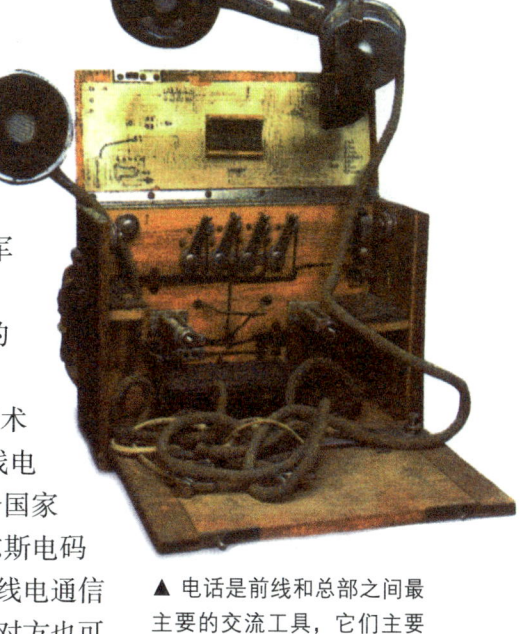

▲ 电话是前线和总部之间最主要的交流工具，它们主要用于传递声音和摩斯电码。

就立即与无线电结合，出现了无线电密码。而电报的加密和破译也就登上了舞台。1914年8月，德国无线电台发出了"儿子诞生"（即战争爆发的隐语）的消息后，德国对法国正式宣战，由此拉开了第一次世界大战的序幕。从这个时候起，各交战国的情报机构开始的一系列的情报活动首先是围绕着密码破译来进行的。

"一战"初期，人类间谍活动被公认为交战双方的主要威胁。但是后来事实证明信号情报更具有决定性意义，其重要性确实比在以往任何一场战争中都要突出。1917年1月17日，英军截获了一份以德国最高外交密码加密的电报。这是一份由德意志帝国外交秘书阿瑟·齐默尔曼于1月16日向德国驻华盛顿大使发出的加密电报。这个电报是德国人用新的密码系统发出来的，传送给德国驻华盛顿大使，然后继续传给德国驻墨西哥大使，电文将在那里解密，最后要交给墨西哥总统。

人们都知道，密码是秘密情报战中的秘密武器，离开了密码就谈不上情报的秘密。破译是通过破解侦察对象的密码，从中获取情报的手段。想方设法保住自己的密码不被破译，千方百计破译别人的密码，是各国情报机构最基本、最经常也是最重要的一项业务工作。在"一战"中，英国人早就掌握了德国人所用的电报密码，在多格尔沙洲海战中，英国人就曾靠破译德国人的电报而取得了胜利。这次英国人虽然意识到了这封电报的重要性，但因为德国人使用的是一种新的密码，英国人一时破译不出来，正在他们一筹莫展之际，却突然发现德国人犯了一个错误，原来接到密件的德国驻华盛顿大使在他的华盛顿办公室里将电报用新的密件本译出后，却又用老的密件本将电报加密后传送给了德国驻墨西哥大使冯·伯恩托夫，英国密码破译专家们在得到新老

两个版本的电报后，经过努力终于破译了这封电报。

英国海军谍报机构截获并破译了该密电后，电报的内容让英国人高兴万分，就像"二战"时收到日本偷袭珍珠港消息时的心情一样，因为这是一份足以给美国参战心情火上浇油的电报。原本就注重舆论宣传的英国人马上将这封电报的复印件交给美国驻英国的大使 W. H. 佩奇，而佩奇立即将它转交给美国国务院，不过英国人和美国人约定好了，不说这封电报是英国人送来的，而说该电报是美国自己截获并破译的，不然的话世人一定会质疑这封电报的真伪。很快美国就通过新闻机构将它公之于世。

这是一封建议与墨西哥结成对抗美国的军事联盟的电报，它的内容为："我们计划于 2 月 1 日开始实施无限制潜艇战。与此同时，我们将竭力使美国保持中立。如计划失败，我们建议在下列基础上同墨西哥结盟并协同作战，我们将会向贵国提供大量资金援助，墨西哥也会重新收复在新墨西哥州、得克萨斯州和亚利桑那州失去的国土。"虽然后来墨西哥总统卡兰萨正式拒绝了德国的这个提案，但它在发送过程中已经掀起了滔天巨浪。

尽管 1915 年英国的远洋客轮"路西塔尼亚"号被德国潜艇击沉，死了 128 个美国人，但那场风波很快就过去了，只要德国此后对其潜艇的攻击行为加以限制，美国仍将一直保持中立。至 1917 年以来，协约国和同盟国都已陷入了艰苦的阵地战中，任何一方都没可能取得决定性的进展。英国人企图实行海上封锁困死德国人，而德国人的潜艇也在努力切断英国人的供给线，双方都到了精疲力竭的地步，此时的英国希望能借这封电报促使美国早日加入到这场战争中来。

就在这个时候，这封电报出现了，这岂不是英国的福音？这封电报果然如那些政治家们所预料的那样，迅速地挑起了美国大众的愤怒情绪，原先美国人以为自己只是远离战场的看客，而现在德国人却想把战火从美国后院点着，这实在是让美国人无法容忍了。整个美国都开始担心墨西哥的举动。威尔逊总统决定，凡在交战地带航行的商船将予以武装。电文破译后六个星期，也就是在俄国因"十月革命"退出了"一战"之后，美国总统威尔逊宣布美国对德宣战，这时正是关键时刻，美国如果这时不加入战局中，协约国极有可能就招架不住德军的打击了，因为德军已经没有后顾之忧了。此时，站在美国总统身后的是一个团结起来的愤怒的国家，齐默尔曼的电文使所有美国大众都相信德国是美国的敌人，整个国家都充满了对德国的怒气。随着美国加入战场，德军立刻陷入劣势，最终走向全面失败。一封小小的电报，扭转几个国家与无数人，乃至整个世界的命运和发展，这次破译由此也被称为密码学历史上最伟大的密码破译。

其实不管怎么看，这都是美国人对自己要参战在找个正义的理由，对齐默尔曼电文的破译并不见得有那么巨大的作用，美国的参战是其利益所在，这封电报充其量不过是一个参战的借口，该参战的时候有没有它其实都是一样的，甚至有人分析，这封电报原本就是造出来以供宣传之用的。但不管怎么说，通过这个事例我们得知，谍战在战争中对局势发展起着重大的作用，在"一战"中，谍战这一场无硝烟的战争也表现出强大的战斗力。

战时通信——不可或缺的战斗因素

几乎所有的将军都曾经为如何与前线将士有效地通信而苦恼过，而长久以来，虽然人们发明了若干种通信方式，却没有一种能够满足所有的作战情况。

各国指挥官们在当时最为头痛的问题之一，就是无法在战役打响之后即时掌握战场情况，更不要说及时发布新的指令了。在第一次世界大战之前的各种军事对抗中，由于战场面积小，参与战斗的部队规模也很有限，所以司令官们大可以自己在战场上走一走、看一看，根据所见所闻随心所欲地制订作战计划。但第一次世界大战战场波及欧、亚、非三大洲，参战部队动辄以十万计，想要在闲庭信步之中就指点江山怕是不大可能了。所以，指挥官们只好把指令细化到每一个方面，制订出一个详细的时间表，让每一个作战单位都清楚地知道自己该在什么时候做什么事。但问题还是存在的，毕竟战事不会按照任何人的计划不偏不倚地进行下去。所以，通信的困难依然制约着将军们对战场动态的反应。

由于当时语音通话系统还没问世，所以大多数参战国都采用无线电发送摩斯密码的方式传递信息。但这一通信手段却有两大致命的弱点：第一，由于摩斯密码的编码方式是一定的，而无线电信号又可能被敌方截获，所以信息内容很容易会被对方破译。1914年8月，协约国就非常幸运地两次截下了德国的电报，而其中一次直到1918年才为德方发觉。第二，无线电发报设备不仅又大又沉——早期的飞机即使不做改装也载不动一台发报机——而且非常"金贵"，根本就无法在前线火力交错的情况下长时间工作。随着战争进程的推进，较为轻便小巧而又更为耐用的发报机开始进入人们的视野，并渐渐得以配置到侦察机或侦察热气球上。但其他的通信设备仍然只能供地面部队使用。

堑壕战的发展使得通过电话或蜂鸣器传送的摩斯密码愈发流行，而包括当时的移动通信设备在内，所有的电话都是依赖电缆才能运作的。有线电话虽然方便，但缺点也很明显：即使电话线埋在战场地面一米以下，也还是很容易被敌军的火力切断；移动通信设备的电缆一般都暴露在无人区的地面上，这里正是双方火力交织最密集的地方，所以断线的频率也就额外得高。对于通信员来说，维修断掉的电话线是一件困难而又危险的工作，但为了维持通信系统的正常工作，他们也没有别的选择。

发动进攻的部队还有很多其他联系方式，但也都有各自的缺陷。手写或口述的信息一般靠信使跑步传递——在死亡和负伤随时都会降临到移动者头上的第一次世界大战战场，这种传递方式恐怕是最不安全的。信息很有可能随着信使的死亡而半路消失，而这种方式相比电话来说也慢了很多，如果信使失踪，将军们更是不知道要向谁问罪去。而使用信鸽的效果就相对好一些，但这种"信使"在大炮炸弹面前也仍然过于脆弱了。1916年凡尔登战役时，镇守沃克斯要塞的法军部队就曾将信鸽作为重要的通信兵，这些信鸽死后还以其勇敢获得了法国的最高荣誉。

其他通信方式则更为少见。在紧急情况下使用的信号弹，往往是为了示意向预定

▲ 图为在使用战地电话的美国通信兵。对他们来说,修复电话线是每日必修的功课。

目标齐齐开火。1916年索姆河会战期间，英军还曾经在士兵的背包上缝了可以反光的金属三角形，以使后备部队可以随时观察部队的进程。

协约国的救星——在欧洲登陆的美军

1917年很可能是历史将永志不忘的一年。美国背弃了乔治·华盛顿关于不卷入联盟的忠告而参加了一场"结束战争的战争"。自1915年以来，美国缓慢的参战趋势已经明显，这一点从华盛顿对柏林之间的外交函件日益尖锐的措辞就可以明显看得出来。1914年大战刚爆发时美国的中立无疑受到绝大多数美国人民的支持。但是，在三年的战争中，各种因素的组合慢慢地改变了公众舆论。而英国控制着全球电报网，在宣传领域中德国人的愚蠢和英国人的老练也对改变美国公众舆论起了一定作用。德国潜艇的威胁加上持续损失惨重的地面战僵局使得英法两国在1917年年初的日子都很不好过，1917年4月2日，德国没有丝毫停止潜艇战的迹象，威尔逊总统同时向美国参众两院发表演讲，认为美国不能继续袖手旁观了，两院都以绝对多数通过了总统的倡议。大战打到这个份上，交战各方都已是筋疲力尽，美国打算出场了，只要美国正式对德宣战，美国海军就可以帮助英法消除德国潜艇的威胁了。

第一次世界大战前，美国在列强中并不突出，是个负债累累的债务国，可是到第一次世界大战后，美国一下子富起来了，如列宁所说，"它从负债累累一跃而为各国的债主"，全世界有20个国家欠美国的债，连本来最富有的英国也欠下了美国44亿美元的债款。美国地处北美，与战区远隔重洋，战争为美国提供了发财的机会。不过，战时美国与同盟国和协约国的贸易是不等的。由于英国封锁，美国与同盟国的贸易猛跌，几至于无，与协约国的贸易量却增加了三倍。1914年，第一次世界大战爆发后，美国对英国人的封锁措施比对德国人的活动更担心，美国坚持海上自由，向交战双方提供战争物资，船主因为英国对同盟国特别是对德国的封锁而感到十分愤怒，不过美国船主渐渐发现，派越来越多的船只装载着战争物资驶往英国、法国非常有利可图，这种商船因受到德国潜艇的袭击，加上英国人的巧妙宣传，导致了美国舆论转而倾向协约国。

大战爆发后，美国没有马上参战，而是静观事态变化，以坐收渔人之利。美国政府认为，这次战争的结果将是"没有胜利的和平"，双方实力都会受到很大损失，任何一方都不会得到决定性胜利，"那

▲ 美国在一战中使用的美制勃朗宁1917型重机枪

▼ 前往欧洲的美国运兵船。由于护航系统相当成功，所以搭载着美国士兵的运兵船，在前往法国的途中没有一艘被德军潜艇击中的。

时整个世界的前途就会决定于我们手中"。直到1917年，威尔逊总统还使美国置身于战争之外，并且他没有让美国军队做好为全面欧洲战争作战的准备，美国所拥有的只是钱、劳动力和武器的生产能力。在大概一周内，国会授权政府向协约国提供一笔30亿美元的贷款，一份财政部公告解释说，这笔贷款用于支持协约国作战，否则，美国军队将付出更大的代价，不仅仅是人员上的，而且是金钱上的。美国不希望它投入到协约国的金钱打水漂，已决心把自己绑到协约国的战车之上。大战开始时，美国尚未做好战争准备，陆军只有25万，此时参战力不从心；同时，美国人民反战情绪普遍，威尔逊又面临1916年的总统竞选，便以"威尔逊使国家免于战争"为口号，迷惑选民捞取选票。1916年威尔逊已在总统竞选中获胜连任，美国这才开始招募、训练军队，准备踏入欧洲战场。近一年后，美国做好了战争准备。

由于英国对德国的经济封锁，1917年时的德国已处在十分困难的境遇中，英国人的意图是困死德国人，当然其中包括德国平民。在主力舰队无法突破英国封锁的情况下，德国企图用潜水艇来打破英国的海上优势。1915年2月，德国就宣布实行无限制潜艇战，对环绕大不列颠和爱尔兰领海及英吉利海峡中的敌国商船一律击毁，事先不加警告，中立国的船只也不例外。由于美国的强烈抗议，德国于1916年5月暂时停止无限制潜艇战。但到了1917年2月，德国对在陆上赢得战争已越来越不抱希望，又恢复了无限制潜艇战，企图通过潜艇封锁迫使英国在"六个月以后投降"。德国的无限制潜艇战，不仅为美国支持协约国的舆论提供了材料，也为美国参战提供了很好的借口。1917年，掌握了德国军政大权的鲁登道夫继续推行无限制潜艇战的冒险，似乎产生了称心的战果，在1917年的头三个月中，130万吨以上的协约国和中立国船舶被击沉，4月的船只损失近90万吨，这种成就多数是出自英国海军部顽固地反对采取护航制的缘故，只剩下仅够六周食粮的英国，迫切需要美国支援，以与德国潜艇的威胁搏斗。

战争头几年，关于对德国实施水面封锁的问题曾在英美两国之间引起摩擦。美国不满英国在公海上干涉它的航运。但是，德国的潜艇战的实施却是以美国人的生命为代价，1917年德国在英伦三岛和欧陆协约国周围特定海域对各国航运开展无限制潜艇战，此时已成破釜沉舟之势。

威尔逊下令把驶往交战地带的美国船只武装起来，美国第一艘武装商船启航，威尔逊还在希望德国人不要走到击沉美国商船这一步，由于没有公开的法令，他不准备采取进一步的行动。在"路西塔尼亚"号和"苏塞克斯"号事件中，威尔逊一本正经地要求作为中立国的美国有权进入战区并且要受到保护，而德国的潜艇在攻击敌人前则必须要先露出头来打个招呼。有那么些历史学家，热衷于帮助威尔逊回忆，他们试图声称这位总统热爱和平，不遗余力地试图阻止美国卷入战争，而这就很难解释威尔逊下一步的举措了。这位总统，打破了美国此前的全部传统，号召为商船配备美国海军的大炮和海军士兵，指示他们：凡是遇到冒头的德国潜艇，即行开火！得了这样的指示，美国商船一头驶往了战争区域。

美国参战前的"中立"，只不过是为了发战争财和等待参战的最好时机。1917年，战争已近尾声，两大军事集团都已精疲力竭，美国此时参战，既可轻易获胜、捞取战利品，又有利于战后夺取世界霸权。更何况对美国来说，不参加欧洲战争，不去扭转德国在欧洲专横称霸的局面，将意味着不仅仅失去贸易，而且相对地降低美国在世界国家之林中的地位，利害攸关，不得不参战。威尔逊总统等待德国政府重新考虑它的海上威胁是徒劳的，将近2月底时，载有美国国民的英国班轮"拉科尼亚"号没有接到警告就被鱼雷击沉。3月中，美国船舶"孟菲斯城"号和"伊利诺伊"号也被击沉，又死了几个美国人。以此为由的威尔逊说潜艇战是"与全人类作对的战争"，在呼吁战争的演讲中，威尔逊争辩说："美国将为伟大的道德原则而战，这场斗争不单为反对德

▲ 1917年，一艘德国潜艇避开一艘正在下沉的蒸汽船。

国，而且为反对全部的专制政治。"为了保住美国的利益与在和平会议上弄到个席位，威尔逊就必得成为一个参战国的领袖。

在1917年年初，美国越来越接近战争的边缘，威尔逊断绝了与德国的外交关系，把商船武装起来，4月2日更在国会里发表演说："世界必须安全民主，权利比和平更可贵，我们将为自己最珍惜的东西而战斗，我们乐于为世界的最后和平，为世界各民族的解放，为大小各国的利益作战，我们没有任何自私自利的目的可追求，我们不想征服别人，我们不为自己索取赔款，我们不为自愿的牺牲寻求物质上的补偿。"1917年4月6日，以德国的无限制潜艇战使许多美国人丧生和美国与协约国的贸易受到极大影响等为借口，威尔逊召开了国会特别会议，认可美德之间的战争状态，两天后，参议院通过了参战的决议，同德国打仗现在已是正式的了，刚刚五个月之前以"他使我们处于战争之外"为纲领勉强赢得大选胜利的这位总统，如今变成"武力，最大限度的武力，没有吝啬和限制的武力"的倡导者。

美国同奥匈帝国的外交关系于4月8日断绝，但直到12月7日方才宣战。美国对德宣战后，政府立即在全国各地掀起了一股爱国主义宣传热潮。"武装起来，最大限度地武装起来，毫无限制地武装起来！"这是威尔逊总统向全国发出的战斗号召。当德国决心开展无限制潜艇战时，它就有意地接受了各种风险，但它认为美国的武装力量将为数很少——当时美国的正规陆军总共不到30万人，空军只有微不足道的150人。但在短短几个月之内，美国陆军和国民警卫队就招到了近70万名志愿者，另有300万人被征召入伍，到1918年11月，美国军队男女军人已有了480万人。1917年，持续了三年的第一次世界大战进入了关键时期，巨大的战争消耗使协约国和同盟国都精疲力竭。为了响应协约国关于在欧洲尽快出现一支即使是微不足道的美国部队也会有助于鼓舞士气的建议，美国抽调分散的正规陆军部队拼凑成第一师，该师主力加上海军陆战队的一个团于1917年6月抵达法国。此前先期到达的是陆军花名册上年轻的少将约翰·潘兴。4月，美国正式加入协约国一方与同盟国作战，这对于德国来说不啻是一个致命的打击，因为它极大地改变了作战双方的力量对比，战争的天平迅速向协约国一方倾斜。从6月开始，新锐的美国部队源源不断地开向欧洲。

美国参战后，它的海军也加入了反潜护航战斗，消除潜艇威胁的主要方案就是将商船集中起来组成编队，进行武装护航。在以前的战争中护航行动被证明非常有效，在第一次世界大战中却一度被认为过于保守，难于组织。不过这种方法的效果很快又被证明了，从5月开始，协约国和中立国的商船损失逐渐减少。到1918年年初，美英新下水的船只数超过了损失的船只数，而它们击沉的德国潜艇，不久就比德国所能建造的更多，德国的无限制潜艇战失败了。1918年，英美使用更先进、更有威力的水雷，共同布置了一个巨大的雷区，从苏格兰以北的奥克尼群岛一直延续到挪威的领海，一共布了7万多枚水雷，使得德国潜艇要进入大西洋更为困难，英美海军基本解除了德国潜艇的威胁。这不仅对英国的存亡有着重大意义，而且使得美国部队能够跨越大西洋登陆法国作战，最终挽救了协约国的命运。

"恐怖的杰克"——潘兴

1914年,第一次世界大战爆发,美国执行所谓的中立政策,实际上是"坐山观虎斗"。美国开始向交战国大卖军火,到处发战争横财,军事实力得到空前的提高。当欧洲对决的双方厮杀得两败俱伤的时候,美国开始蠢蠢欲动。美国看到欧洲战场上英、法同德国都打得差不多了,为了战后在谈判桌上争取更大的发言权,决定向欧洲派遣远征军,并任命陆军上将潘兴为美国远征军的司令。1906年时,约翰·J.潘兴还只是名上尉,并且对如此之低的军衔来说,他的年龄也偏大。当时,西奥多·罗斯福越过862名比他军阶高的军官,戏剧般地把他提升为陆军中最年轻的准将。

约翰·潘兴,第一次世界大战中在欧洲战场上统率200多万美国远征军的最高司令长官,是美国唯一在生前获得"特级上将"称号的美国将军,1860年生于密苏里州林恩县拉克利德。1886年西点军校毕业后去骑兵部队服役,是一位勇敢、严厉、极富献身精神的指挥员,素有"铁锤"之称。他曾参加过剿灭印第安人的血腥战争,担任过西点军校战术教官,在校期间获得"黑杰克"的绰号。1898年参加美西战争,后来又几度供职于驻菲美军,在棉兰老岛上屡建战功,备受前任总统西奥多·罗斯福的喜爱,以至当他看到法律不允许他将潘兴从上尉提升为少校或上校时,干脆直接将潘兴擢升为准将。美国参战后慷慨地支援协约国,到1918年夏,运往海外的食物和补给,增加到每月近100万吨,但是,望眼欲穿的部队运输船只直到1918年春才开始到达。即使在那个时候,协约国军事领导人仍低估美国的作战能力和工业潜力。当福煦预言大战将持续到1919年秋时,很少有人持不同的意见。

在强烈的反对声中,威尔逊总统说服国会对每一个21～31岁的体格健全者实行征兵制的年龄改为18～45岁。将有400多万人在陆军服役,80万人在海军服役。潘兴重建他的部队,决定每一个美国师应包含2.8万人,约两倍于相应的英法部队。他的命令证实了一个普遍的欧洲人的观念,即美国人做什么事情都是大手大脚的。1917年5月26日,陆军部长贝克签署了授权潘兴指

▲ 潘兴(右一)和协约国最高司令福煦及黑格、裴坦在一起。

▲ 潘兴率部到达法国

挥美国远征军的命令,据说这位部长私下里曾对人说,他对担任美国远征军司令的潘兴只准备下达两个命令:"一个命令是去,另一个命令是回来。"由此可见他对潘兴是多么信任。威尔逊在对待潘兴的态度上竟和贝克部长极其相似,他对军事工作不感兴趣,最希望由将军们自己去管打仗的事。

美国远征军总司令潘兴是个完美主义者,他总是以一个正规军人的姿态出现在公众面前,他认为,军人和民兵的区别就在于是否有严整的军容。"严以律己"的潘兴并不"宽以待人",他要求他的部下也得和他一个样,因为其对军容风纪的要求几乎严格到令人忍无可忍的地步,于是他的部属私下里送给他"恐怖的杰克"这个外号。潘兴得到了"美国的法律、条令、制度和习俗所能给予一位战时在战场指挥陆军的司令官的一切权力和职责,并享有相当于部局长们平时和战时的权力和职责","总而言之,他拥有根据本指示精神积极进行战争直至取得最终胜利所需的一切权力",一贯非常自信的潘兴很快就把这份被称作"格兰特之后无人比拟"的权力运用得十分娴熟,并且发挥得淋漓尽致。美国于1917年4月所做的准备很差,只有20万人,用马刀劈砍的骑兵是陆军中的精锐,陆军内外没有一个人曾受过堑壕战的训练,且主要是按照美国内战时期的作战经验进行训练。而欧洲战场上固定战线的战术,根本不同于以前的战争,它是辅之以机枪、手榴弹和白刃战的使人丧魂落魄的可怕的炮战。美国加入协约国后不久,数百名英法军官横渡大西洋,去训练新兵的攻守方法,但美国人到达法国,才是真正训练的开始。

按照陆军部的规定,步兵在美国本土训练4个月之后,就可以派到法国去。许多参加过墨西哥战役的老兵们想得更简单,在他们看来,这次战争不过是一次快速清剿行动的翻版,德国人只要一交手就会四散逃命,然后便可舒舒服服地凯旋。当潘兴到

▶ 美军士兵正在操纵一架负责防空任务的法国造霍特奇斯重型机关枪。图中可见的金属弹匣一次只能装入30枚子弹,射手必须频繁地更换弹匣以保证开火,这也是这种武器最大的弱点。

战场上走了一趟后,他不仅被双方在这场可怕的消耗战中进行的大屠杀吓了一大跳,而且对美国部队完全没有经过这种战斗训练感到震惊。身材高大的潘兴是位一丝不苟的铁腕指挥员,他不愿意让远征的士兵们仓促上阵,去充当协约国的炮灰。美国由于战争而急速扩军,派到欧洲战场上去的大都是没有作战经验的人,许多新入伍的士兵连武器都不会用,因此潘兴要求对他们进行严格的训练。他们先是在美国国内的营地和法国的后方接受军事知识的灌输和训练,然后以师、团为单位去没有战争的地方进行实战锻炼,直到具备了独立作战的能力,再开到真正的战场上去。

来到法国后的潘兴不仅要借鉴英、法、德军的经验,要求部队必须进行堑壕战的战术训练,还要求参战美军克服英法军队困守堑壕战线的消极思想,加强"火力与机动"的突破战术训练。如此长时间的训练,实在是急煞了性情急躁的法国人,为早日减轻压力,摆脱困境,法国人恨不得一脚把美国兵踢到战壕里去。伴随着时间一天天过去,不仅法国人和英国人越来越不耐烦,而且连有的美国军官也认为潘兴的训练计划搞得太过分了。在组织美军师方面,法国人建议1.7万人为适当的规模,大了则不灵活,作战时无法有效组织,并且受火力压制时难于机动,对计划的改变不能迅速做出反应。但播兴没有听这些建议,他要求组织2.8万人的师。他认为,大兵团利于持久作战,并能集中成密集队形突破德军防线。

1917年,法军总司令贝当和英军总司令黑格听说美国派来的远征军司令是潘兴时,不禁一惊:"恐怖的杰克"?怎么会是他?这可是个很难打交道的家伙!正如他们所预料的那样,潘兴坚持美军参加第一次世界大战是基于"合作"的原则,美国不属于法定的协约国,美国远征军是"协约国军中单独和独立的组成部分,这一身份必须加以保留"。在这一点上,潘兴的指令与协约国的愿望相反,协约国试图迫使潘兴将美国远征军拆成连级单位分派到英法联军中去,从而使美军变为法军和英军兵力的蓄水池。6月下旬,美国陆军抵达法国圣纳泽尔,潘兴预见到西线战场将会变得更加危急,美国只有派出大批部队参战,才能有进攻的优势。当时,美军在各国之中的实力较弱,英法等协约国完全不信任美军能有多大的作战能力，决定把美军编入英、法等军队中充任后勤。从国家尊严角度考虑，潘兴对这种布置极为不满，极力坚持保持美军的独立性和完整性，并力主美国增加兵力于欧洲战场，他的主张得到总统威尔逊的支持。

美国是在事先没有准备的情况下进入战争的，从而必须面对组织、装备、训练、运输及供给一支在欧洲的远征军的任务，少得可怜的正规军部队成为连续两批运抵欧洲军队的核心力量。潘兴选择凡尔登以东的洛林地区作为美军的作战地带，来自美国的供应线将直达法国西南部的港口，除轻武器之外，火炮等军械由美国的盟友提供。潘兴到达欧洲时，正值协约国军处境狼狈，由于俄国的退出，德军得以把军队集中到西线战场，协约国的军队处在节节败退之中。1918年上半年，德国计划并实施了几次进攻，协约国损失非常惨重。协约国伤亡和被俘总人数达到80万，同时他们几乎失去了所有在1916—1917年间漫长、血腥的进攻中所拿下的土地。不过协约国还没有溃不成军。

1918年5月28日，第三次埃纳河会战中，鲁登道夫沿"贵妇大道"实施进攻，一举突破了法军的防御。潘兴急调邦迪少将指挥的美军第二师和迪克曼少将指挥的美军第三师增援法军。与此同时，在西南约8千米的坎蒂格尼，美军实施了大战中的第一次进攻。美军第一师夺取了德军严密设防的坎蒂格尼村并多次击退德军的反冲击，尽管该战仅是一次局部的作战行动，但打败经验丰富的德第十八军团的部队，仍然鼓舞了协约国军的士气。美军在坎蒂格尼战斗中的大获全胜，使潘兴激动不已，他致电美国国防部："我坚信，我们的军队在欧洲首屈一指，我们的参谋人员不比任何军队逊色。"他甚至拍案怒斥："谁胆敢再问我美国人会不会打仗，我就对他不客气！"至1918年7月，战略主动权完全掌握在协约国手中。协约国司令官贝当、海格和潘兴在博蒙召开会议，对今后的作战做了深入的讨论和准备。协约国采纳潘兴建议，变战略防御为主动进攻，不久即发动了亚眠战役和圣米耶尔战役。

"渗透战术"的创始人——胡蒂尔

奥斯卡·冯·胡蒂尔，第一次世界大战中的德军陆军上将，在人类的战争史上，他主要是以"胡蒂尔战术"而广为人知。"胡蒂尔战术"也叫"突击群战术"，更通俗点说，又叫"渗透战术"，可以说，这种战术就是后来德军机械化作战学说的前身。胡蒂尔是一位有能力而且坚定的指挥官，也是第一位成功使用该战术的集团军司令官，他以突破堑壕战方面的成就在"一战"中成为一名非常出众的德军将领。

在作战中，突击群战术的核心是利用小股的作战部队，利用对方防御上的间隙和接合部，渗透到对方的防御体系当中，打击敌人重要目标。根据这个思想，在进攻发起前，先经过密集的炮火覆盖，接着在弹幕徐进的掩护下，派出数支精良的小分队，即所谓"突击部队"，切断交通线，割裂防御部署之间的关系，为正面的攻击创造条件。在里加战役中，胡蒂尔面对的是俄国帕尔斯基指挥的第十二集团军，编有16万人，而德军的第八集团军下属三个军，约6万人，胡蒂尔的军队在这次战役中展示了德国军队新的渗透战术。该战术是德国总参谋部基于英国人和法国人的战术发展而来的，在短时间的密集炮火准备后，以小的战斗单位绕过敌人的强点渗透到对方前线。这些部队在突破无人区的时候可以交替掩护，并绕过敌军火力支撑点，迅速通过敌军防御部队的间歇突破到敌军纵深，切断敌军通信，而后大部队才发起攻击。由于在这种战术中，强击部队要突破敌军防线并在缺乏支援的情况下作战，因此他们的装备和战术都与之前的德军步兵有很大不同。

胡蒂尔在"一战"中对这种突击群战术的成功应用，使得英国人称之为"胡蒂尔战术"——这一称呼保留至今。1917年9月3日，胡蒂尔的军队占领了里加。到三天后战役结束，第八集团军以4000多人的损失造成俄第十二集团军近3万人的损失，并一直推进到里加湾海岸，胡蒂尔也因为杰出的战绩荣获了德国的"蓝马克斯"勋章。在"一战"中，成功应用了"突击群战术"的还有年轻的隆美尔，

▲ 奥斯卡·冯·胡蒂尔

1917年10月，作为山地步兵营下属的分队指挥官，隆美尔率领着两个连的兵力，在夜间大胆地向意大利军队防线的后方穿插进去，当天拂晓，这支部队就已经占领了意大利防御后方的一个制高点，并升起了德国军旗，意大利军队见后方被德军占领了，顿时防线开始崩溃。这次战役隆美尔俘获了40名意大利军官和1500名士兵。不过，这种突击群战术登峰造极的应用要数德军在1918年在西线发动的春季攻势，西方军史学者称为"和平攻势"，在这次战役中，胡蒂尔指挥新编第十八集团军，充当由鲁登道夫发动的德国大规模春季攻势的先锋部队。在第一天的进攻中，渗透战术发挥了作用，德军突破了英军的第一道防线，英第四军团惨败，迫使英军退到索姆河一线。同时，德军另派出一个师，径取法国首都巴黎，只是由于德军缺乏足够的后备力量不得不中途而返。这次战役被誉为步兵作战技术的典范，一直作为欧美国家军事院校战术教学的典型材料。

1918年6月9日，胡蒂尔在马兹实施了成功的努瓦永—蒙迪迪埃攻势，但他很快被法国非常有效的防御和德军的资源不足所遏止。随后他的部队在这场战争的其他时间里只能保持防御态势，不过胡蒂尔的巧妙指挥成功地防御住了英法联军的多次进攻。胡蒂尔进攻的停止暴露了突击群战术的一大弱点，就是对后勤补给要求比较严格，由于强击部队实质上是小规模合成部队，它对于后勤的物资也不是单一的以步兵为主的传统部队所能比拟的。而此时的德国，已不可能继续维持攻势所必需的后勤补给。

1918年11月，德国爆发了革命，德皇被迫退位，德国也被迫在停战协定上签了字，德国的许多将领在战后不承认自己的失败，称是被人"在背后捅了一刀"。停战后，胡蒂尔带领他的军队穿过莱茵河回到德国，他在11月10日对军队发表的告别演说中提出德国军队并没有在战场上被打败，而是被后方的政客"在背后捅了一刀"，"我

们不是被敌人击败的，而是因为受制于外部环境才被迫如此，我们不得不放弃了我们经过激战才占领的土地，我们仍然高昂着头回到我们深爱的祖国"。

在整个"一战"过程中，只有德军在不断改进它的步兵进攻战术，而机动性就是这种变革的核心。因此不难想象，在"一战"后各国都有了自己的机械化战争先驱出现的时候，唯独德军在"二战"初期成功地在战争中应用了机械化战争的理论。在以坦克为主的机械化战争装备的推动下，战场上的突击行动的机动性能被大大提高，机械化的装甲部队不仅具有强大的火力，而且还能够实施快速深远的纵深机动作战，这就使得胡蒂尔的突击群战术得到了极大发展，成了第二次世界大战中德军最重要的战术指导理论。

给美军的装备——依赖英法支持的临时参战

临时参战的美国在战前并没有相应的人力储备和足以提供大批军备的军工企业。虽然他们东拼西凑地好歹用成千上万人组成了一支奔赴欧洲的战队，但在军备方面却只能完全依赖英法两国的支持。

1917年中期，英法两国的军事工业已经得到了长足的发展，但由于在战争前期人员伤亡过于惨重，他们竟面临生产出大批武器却无人来用的窘境。而美国的情况则正好相反，其预备役部队人员充足，但军工企业的生产力则无法在短期内为之提供充足的装备及弹药。在战场上，时间就是生命，如果要美国自己给每一个士兵量体裁衣、装备武器的话，西线战场上的协约国阵地早就崩溃了。英法两国根本等不及美国自给自足的时候，因此决定给这位新战友提供从制服到武器的一切军备。不过，美国海军却不需要他们的帮助——这支部队是该国最强大的军事力量，随时都做好了战斗的准备。

这种"你出人力，我出物资"的解决方法还有一个好处，那就是节省了运输船上为武器装备预留的空间，使得每一艘运兵船每次都可以多运一些士兵，船速也可以得以提高。多亏了这个一箭双雕的计划，美军才得以在1917—1918年间顺利地将200多万士兵运到了欧洲战场。

大部分美国军人在参战时穿的都是自己的制服，配备的也多半是美国本土生产的轻武器，如1903斯普林菲尔德步枪和勃朗宁自动步枪。当然，这其中也有一些例外：比如美国步兵大多佩戴的是英制钢盔，而与法国部队协同行动的作战单位——这里不包括美国黑人部队——佩戴的是法制阿德里安头盔；除了美制步枪，他们还配有由英制步枪演化而来的M1917型（即恩菲尔德型）步枪和法制乔奇轻机枪，与法军协同作战的美国黑人部队配备的是勒贝尔和贝提尔步枪；而美军使用的重机枪则全部是美制勃朗宁1917型机枪。

但从重型武器方面来说，美国远征军就得完全依赖英法的技术支持了。法制75毫米口径野战炮和155毫米口径榴弹炮都是美军的主要装备，而英国也为之提供了大量203毫米口径榴弹炮作为支援。美军装甲部队主要由法制雷诺FT-17轻型坦克组成，此外还有少量吨位更重的坦克来自英国。法国有一个兵工厂还曾经打算以英式马克Ⅷ型坦克为模板，改用美式飞行引擎，大批量地制造所谓的"协约型"或"解放型"坦克，但这些坦克却没能在第一次世界大战结束前投入使用。

美国空军在第一次世界大战中使用的飞机以美制柯蒂斯 JN 系列为主，但也有不少以法式和英式设计为蓝本，配备了美式飞行引擎、在美国境内合法制造的款式。此外，直接从英法两国购买的飞机也不在少数，其中来自英国的飞机有 4881 架，来自法国的有 259 架。美军飞行队采用的战斗机主要是法制纽波特 28 型和斯巴德 S 系列。1918 年后期，美军轰炸机组在美制 DH-4 机的基础上，开始大规模使用法式布雷盖 14 型和萨默森 2 型机。

一鸣惊人——美军的第一轮作战

虽然美军在 1917 年 5 月末就已抵达欧洲，但却直到 1918 年 1 月才开始参与作战。在经过了一段时间的小打小闹之后，美军部队在 1918 年 5 月阻止德军攻势的过程中终于一鸣惊人。

按照欧洲的标准来说，美国的"20 万大军"其实只是一支作战小队，而他们在 1917 年 4 月 6 日对德宣战时，根本就没有做好充足的战斗准备。5 月 19 日，为了在奔赴欧洲之前凑出一支百万雄师，美国议会通过了《义务兵役法案》，开始面向全国进行为期一年的征兵。6 月 10 日，约翰·珀欣被任命为美国远征军总司令；13 日，珀欣抵达法国；28 日，第一支 1.4 万人的美军部队登陆欧洲。在接下来的几个月里，美军部队一直在学习堑壕战的战术，并未参与任何实际行动。10 月，美军首次奔赴前线，但他们在 11 月 3 日就吃下了第一场败仗。

美军直到 1918 年 5 月才得到了一次全力出击的机会。当时，自 3 月底开始，德军

▶ 美国远征军的一辆雷诺 FT 17 型坦克由于没能跨过图中这条战壕而被丢弃。

部队在西线战场上若干节点对协约国防线进行打击，嚣张了好一段时间。5月28日，美军少将罗伯特·布拉德受命率领第一师主动出击，进攻被德军占领已久、防御工事无比坚固的康蒂尼观察点。在以迅雷不及掩耳之势攻下这块阵地之后，布拉德又带领士兵们在四十八小时内打退了敌军的若干次反攻。

5月27日，德军在兰斯和蒙特迪迪尔之间发动了埃纳河攻势，并于次日抵达马恩河流域，驻守此地的法军部队溃不成军。30日，为了遏制德军的推进，美军第二和第三师奉命出征。第三师在蒂耶里堡占领了一座颇有战略意义的大桥，并以之为原点，向德军发起了进攻。随后，他们又和法军一起发动全面反击，将德军逼退到马恩河彼岸。第二师则在蒂耶里堡以西的贝罗和沃克斯之间阻止了德军的进军。6月4日，德军的埃纳河攻势结束，这两个美军师级部队随即在若干节点展开反击，其中又以6月6日—25日间的贝罗树林之战最为著名。

从西线战场来说，无论是康蒂尼之战、蒂耶里堡之战还是贝罗树林内的战斗，都只能算是小打小闹而已。而在这几次行动中，美军师级部队的规模都是协约国部队的两倍左右，所以看起来就好像是他们表现得超出了人们的预期一样。从3月开始，珀欣就一直试图说服协约国作战总司令福煦发动大规模作战，终于在7月24日达成了心愿。以蚕食圣米谢尔附近的德军突出阵线为目的，从9月12日—16日开始，美国第一集团军获准在西线战场前线发动全面进攻，其中一股部队则以东南部的凡尔登为目标即时出发。

此次攻势的预备炮击声势浩大，2970门大炮持续轰炸了四个小时。随后，珀欣的部队从南北两翼包抄了目标阵地，在空中火力的支援下对之发动了猛烈的攻击，并在当天夜幕降临时合拢了霍顿查特。16日，圣米谢尔攻势胜利结束。虽然德军在珀欣发动正式行动之前就已开始撤退，但仍然伤亡惨重——这也标志着美国远征军已具备了全面参战的能力。初尝胜果的珀欣迅即移师西进，奔向凡尔登。十天之后，美军发动了其在第一次世界大战之中规模最大但也是最后一次的总攻。

"中心开花"——破产的"米夏埃尔行动"

由于德国的无限制潜艇作战，使美国找到了加入欧洲战事的借口，美国的参战，使得本已筋疲力尽的英法等协约国像被注射了一针强心剂，美国的雄厚工业实力，不久就把战争胜利的天平压向了协约国一方。此时鲁登道夫已入主德国总参谋部多时，作为一个优秀的战略家，鲁登道夫完全知道美国参战对德国意味着什么，因此，力争在美国运够充足的兵力之前，结束在欧洲的战事。

1917年11月，俄国爆发了"十月革命"，退出了战争，德国从两面作战的窘境中解脱出来。德军的实际统帅鲁登道夫上将看见了扭转战局的一线曙光。鲁登道夫决意使1918年成为决定性的一年，他打算在西线集中他所能用的全部兵力，在美国的干预能决定结果之前，粉碎协约国或赢得有利的和平。由于俄国永久退出大战，整个冬季

▲ 尽管德军整体士气低迷，尽管他们在战争中以失败告终，但其像图中机枪部队这样的作战单位还是坚持到了最后。

运兵列车滚滚向西，东线只留下几个师以保证把谷物运往德国，同时密切注意尚无足轻重的苏俄赤卫队。在1917年秋季，鲁登道夫的战术专家们提出了一种新的进攻理论——"突击群战术"，在紧跟着的整个冬季，德国一直在围绕这种新的战术，紧张地组织和训练一支由若干精锐师组成的规模不大

▲ 1918年3月德国发行的战争债券，画中的《最后一击》试图给人一种德国的最终胜利即将到来、只差最后一搏的感觉。

的集团军。大约有40个师的"强击部队"得到了新式装备，补充进最优秀的军士和军官，接受了新的理论指导下的严格训练。鲁登道夫也对局势信心百倍，他的部队现在对新式进攻形式已经很有经验，而且，最重要的是，他们还有人数优势。此时，卷入革命的俄国已宣布退出战争，东部战场的士兵也可以转移至西部，鲁登道夫认为这是一个千载难逢的进攻机会，并在1918年春天发起了攻势。

面对德国人即将发动的强大攻势，协约国首脑迫切希望美国增派大批士兵。但直到1918年年初，他们眼睁睁地看着37个师还在美国本土组建和训练，因此对眼前的状况颇感不快。协约国担心美国是否有能力装备和运送一支独立的野战军队，还怀疑美军指挥官和参谋人员是否有能力组织和指挥这样一支部队去抗击身经百战的德国人。实质上，协约国是想把美国部队分别编入法国和英国的现有军队编制之中。1918年3月西部战线看上去很平静，但是英军司令官黑格认为这是德国一场大规模进攻之前的暂时平静，恳求增加兵力，但是首相劳合·乔治和他的战时内阁却无意将更多的部队投入一条已经白白消耗了英国许多精锐部队的战线。劳合·乔治希望在巴勒斯坦捞取好处，至于欧洲的西部战线嘛，只要能守住就行了。削弱黑格的兵力会迫使他保持守势，从而可以保全许多人的生命。再说了，在西线战场上，少去几个英国人，自有别国人去顶上，英国人是会算这笔账的。

冯·霍尔岑多夫海军上将向帝国军事委员会保证德国潜艇不会让一个美国士兵在西欧登陆。但是，即使一长列一长列的火车运来俄国谷物，也不能抵消协约国封锁对德国人民所造成的影响。关键性的食物短缺烦扰着德国，许多德国人呆呆地面

对着他们战时的第四个冬天,在物资匮乏的情况下,有些人的耐心已逐渐丧失。然而德国所面临的形势也潜藏着重大的不利因素,除了精锐的强击部队,德军中的其他部队普遍缺少装备、给养和进行新式战争所必需的训练。再者,其优秀的军士和军官都集中在强击部队,势必造成其他部队战斗潜力的明显削弱。这样,鲁登道夫将不得不抢在美国人到来之前,主要依靠他少量的强击部队取胜,否则德军中的其他部队将不能支撑长期战争。美国远征军司令潘兴是一位雄心勃勃、为人严厉、政治上十分老练的军官,他无意使自己的部队接受协约国的调遣。在首批远征军到达巴黎后,他决定将部队集结在凡尔登和摩塞尔河之间的洛林地区。潘兴的参谋部推断,对这些目标发动一次进攻,就可以拦腰斩断横贯法国的德军防线,并迫使德国接受协约国的和平条约。

到了1918年2月,鲁登道夫在西线摆开了178个师,但比协约国的173个师在数量上并不占多大优势。而协约国的空军力量比德国将近强三倍,好在德国战术家在他们需要的地方集中使用他们的飞机,因而抵消了这种优势。在1917年的整个冬季,德国士兵接受了渗透战术的训练,该战术曾被设计出来用于夺取里加的战斗,鲁登道夫向威廉皇子解释说:"我们打开一个缺口,其余部队跟踪而进,我们在俄国就用这种方法。" 英国远征军司令黑格曾提出了一种纵深防御的策略,这种策略是对付鲁登道夫的"突击群战术"比较有效的方法,但是他的指挥部提供的情况证明,要将他的那种系统连贯的理论传达到整个英国远征军是不可能的。在大部分英军的防御阵地,步兵一直处于敌人炮火轰击下的前沿阵地上,炮兵与步兵之间缺乏协调配合,黑格和他的参谋人员明显缺乏实际指挥能力。而德军这些部队均由一些战斗经验丰富、年轻力壮的精干人员组成,按预定计划,在战斗开始前就利用协约国防御部队的间隙和薄弱部分,突入到协约国防御纵深之处,战斗打响后,由大部队向正面之敌发起攻击,而渗透部队则从后面割断其防御体系,再夹击已成孤立据点的前线防御阵地。

英国和法国部队驻扎在旧的索姆河战场阿拉斯和拉菲尔之间的地区,鲁登道夫将选择此地作为进攻点,决定采取突袭的进攻方式。英军接受了保卫法军边境阵线的任务。

▼ 多次进攻后,7.2万英军中有一小部分被俘虏。

3月21日，持续五小时的炮轰拉开了进攻序幕。在薄雾、毒气和烟幕弹掩护下，进攻如火如荼地展开。从3月10日开始，德军炮轰香巴尼的法国防御工事，并对凡尔登和兰斯两地发动牵制性突击。那天英国的空中观察员报告，有大批敌军乘火车或经公路向与英国第三和第五集团军对峙的防区运动。德军发起的代号"米夏埃尔行动"的进攻，旨在打击作为协约国防御柱石的英军，在接近100千米长的前线，英军和德军的65个师展开了生死较量。在这次战役中，德国再次使用了毒气。在第一天的进攻中，渗透战术发挥了作用，经过特别训练的德军突击部队运用"胡蒂尔战术"，穿过浓雾向前涌进。德军以炮火压制英军的炮兵阵地和观察哨阵地，步兵紧随移动弹幕实施渗透前进，绕过强点，这些阵地将留给后续部队予以清除。德军迅速突破了英军的第一道防线，英第四军团惨败，在战线上形成了一个缺口，迫使英军退到索姆河一线。同时，德军另派出一个师，径取法国首都巴黎，由于德军缺乏足够的后备力量中途而返。但这次代号为"米夏埃尔行动"的战役，还是被誉为步兵作战技术的典范。

鲁登道夫在1918年的第一次攻势，是作战技术的杰出范例，他的军队在八天中前行了64千米，这在长期的静态防御战争中是创纪录的。在战斗中首当其冲的英军，约有17万人伤亡，法国方面是8万。英法的被俘人员共计7万人，被夺去的野炮在1100门以上。当迅速前进的德军缴获了他们的200万瓶威士忌酒时，通常沉默寡言的英国人也震惊了！德国依然幻想着早些取得战争的胜利，决定不给协约国部队以喘息之机，随即于5月27日在佛兰德斯发动了攻势，并在另一个叫作谢曼德达姆的地方采取佯攻。佯攻开始不到一个小时，德军就突破了守军的防线，朝法军的后方挺进。没想到担任佯攻的部队进展如此顺利，鲁登道夫更改了原计划，命令德军在谢曼德达姆的进攻由虚转实，继续挺进。势如破竹的德军又推进到几年前他们败走的地方——离巴黎只有60千米的马恩河畔，但他们的攻势最终还是被赶到战场的美军给挡住了。

当最后的大型攻势纷纷搁浅时，德军离最后的战败已经不远了。突击队战术没能冲破协约国军队的反抗，其坦克让德军感觉压力沉重，士兵军心涣散——这是德军行将覆灭的征兆。

尽管黑格表示反对，高夫还是被英国政府撤职，他溃散的第五军团被罗林森的第四军团司令部接管。英国第五集团军在战场上的失败，迫使协约国做出了建立一个统一指挥部的决定，以便能够迅速地调配部队。福煦被任命为在法国的所有协约国军的总司令。而此时的德军虽然取得了几场胜利，但鲁登道夫也损失了25万受过高度训练的部队，德国的人力严重不足，而美国部队却源源而来，鲁登道夫第一次开始失望了，他发现"敌军抵抗的力量超过了我们的力量，我们绝不能被拖进一场消耗战中去"。6月，德军又向协约国军队阵线发动两次袭击，结果却被法国和美国军队所牵制。当时的协约国军队用战机和大炮猛烈轰击德军占领的桥梁，摧毁其补给线。鲁登道夫气数已尽，他的士兵已经没有再继续奋战的勇气和意愿。而在协约国军队方面，每个月却还将有30万美军持续增援。7月，潘兴以8个美军师编成了一个军，由他指挥独立作战，当7月18日协约国的埃纳—马恩河反攻开始时，美国远征军首次以主力部队的姿态出现。到了8月，美国远征军已发展成为由16个师组成的第一集团军。8月8日，在薄雾的遮蔽下，约500辆坦克和英国、加拿大、澳大利亚等国的步兵在炮火掩护下前进，等待着穿过亚眠的索姆河南面。防守薄弱的德军阵线很快便土崩瓦解，退后了13千米。由于士气低落，德军头一天便被俘虏了1.2万人，他们只是象征性地抵抗了一下，接着便扔掉武器，处于守势的德军开始全线崩溃。人力和财力均感疲乏的德国统帅部，在国内动员了青少年和年纪较大者加入战斗也无济于事，德军意识到，不要说胜利，就是争取到比较有利于德国的停战谈判也是不可能了。8月21日，英国第三军团继续强行往北推进，第四军团也重新恢复了前进。协约国军队同时进行的连续进攻看来是打垮德军的关键，英军把渗透战术运用得跟德军一样卓有成效，确保了战场上一往无前的挺进。

美军初试身手——贝莱奥森林争夺战

1918年年初，对于德国来说，战争进入了更为艰难的一年，虽然俄国的"十月革命"使俄国退出了战争，使东线的德军得以解脱，但美军的介入，对德国所构成的威胁，却要比俄军对德国造成的威胁大得多。为了赶在美军主力参与欧战前打垮法、英军队，1918年3月，德军在西线倾其全力对协约国发起了猛烈进攻，并试图在夏季胜利结束战争。

鲁登道夫认为，只有通过一次沉重的打击，才能够彻底改变战局，当他把在东线脱身的德军全部调到西线之后，就开始在英法联军的阵地上选择突破口。鲁登道夫准备在佛兰德斯发起打击。但那个地区的英法联合部队非常强大，足以击退德军在那里的任何进攻，为此鲁登道夫设计了一个方案，设法把一部分法国兵力吸引到别的地方去，从而使佛兰德斯地区的战场形势能够对德国人有利。在这场攻击的正面，是法国著名的埃纳河，埃纳河发源于马恩省圣梅内乌尔德附近的森林，先向北然后向西流去，最后在贡比涅注入瓦兹河，全长约300多千米，埃纳省因此而得名。鲁登道夫所选择的战场，就在埃纳河的北岸24千米长的山脊上那条联系法国北部埃纳河和埃莱特河之间的"贵妇之路"。鲁登道夫仔细周到地制订他的作战计划，要攻占这座高达90多米的山脊之前，他的部队首先要渡过埃莱特河，并穿越其周围到处都是积水弹坑的沼泽地带。在攻占山脊后，德军下一步的目标就是渡过60多米宽的埃纳河，并在协约国的援军到达之前夺取南岸。这次战役要想取胜，关键是要靠突袭。为了达成突袭之目的，德国人精心避开了协约国天天飞行在头顶上的侦察飞机，开向前线的部队都在夜间行进，白天都隐藏在路边的丛林中。

当然，法军参谋部对这个地方也不是没考虑的，法军总参谋长贝当也曾一度担心德国人可能会攻占那些陡峭的山脊，但德军成功的伪装，最终打消了贝当的担心，于是防守这一地区的法军大多被调往其他战场，只有几个受过重创的英国师在那里进行休整。就在这次战役爆发的前两周，潘兴手下的战地情报官哈伯德少校曾提出过警告，德军的下一目标将会是埃纳河防区。但福煦和贝当都把哈伯德看作一个未经战斗考验的新手，一个新手竟敢在复杂的情报专业方面进言，这本身就使法军统帅部很感到不快，更何况当时的法军统帅对美军心中还存在着杂念，所以哈伯德少校的告诫未能引起统帅部的重视。

1918年5月27日午夜，德军的攻击开始了，4000门德国大炮同时开火，整个埃纳河防区被炸成了一片火海，空气中弥漫的毒气使人窒息。由于法军把主要的部队都部署在了第一线上，所以在德军最初的炮火打击下损失惨重，仅一天，德军就向前挺进了近18千米。在随后在三天中，德军势如破竹，突破了"贵妇之路"上的英军防线，一举攻到了离巴黎只有约60千米的马恩河地区，巴黎又一次受到直接的威胁。在这关键时刻，法国总理克里孟梭为激励国人而发表了慷慨激昂的演说："德国人或许会攻占巴黎，但这并不能阻止我们继续进行这场战争。我们将在卢瓦尔河岸边作战，我们将在加龙河岸边作战，我们甚至将在比利牛斯山区作战。如果最后我们被赶出比利牛斯山区，我们将在海上继续这场战争。"

▲1918年5月下旬，美国军队陆续抵达战场前线。

▲图中的美军正在用法制75毫米口径野战炮进行炮击。当时美国远征军使用的大炮基本都不是本国产的。

情急下的贝当只好向正在160千米以外的美军求援，虽然在这之前他还力主将这些"缺乏战场经验"的美军分散到英法的各部队中去。美国远征军总司令潘兴接到贝当的求援电报后，马上派正在接受基本军训的3个美国师赶往马恩河地区。这些美军是刚成立的队伍，毫无战斗经验，他们所面对的是久经沙场的德军，但士气旺盛的美军愣是把德军阻止在了马恩河的对岸。

在这些前往增援的美军中，美国第二师的第四海军陆战旅被派往贝莱奥森林战区援助那里的法军。6月3日，他们遇到正从战场上溃退下来的法国部队，一位法军少校好心地告诉威廉斯上尉前方的形势，并劝他要赶紧撤退，威廉斯上尉听到法国人要他撤退的建议后，脱口说了一句："退却？他妈的！我们刚到这里！"据说这句话很快就传遍了整个美军部队。这个颇具美国西部牛仔风度的美军海军陆战队的指挥官一边骂着粗话，一边率领着他的弟兄们冲向已被德国人占领了的贝莱奥森林。树木茂密的贝莱奥森林，遍布岩块和大砾石，德军用三重堑壕把这座森林布防起来，到处都是可以互相支援的机枪掩体和一排又一排的铁丝网。一份错误的法国情报，使海军陆战旅指挥官哈伯德错误地以为贝莱奥森林除东北角外是没有德军的,从而忽视了对这个地区的搜索。6月6日拂晓,美国海军陆战队开始了进攻,他们遭到了德军机枪和狙击手的凶狠攻击,成片成片地倒下,然而美国军人拼死向前,一块一块地与德军争夺森林中的每一个角落,经过二十多天的苦战,海军陆战队以伤亡近1万人的重大代价,终于夺取了这片森林。对美军英勇顽强的作战风格,就连与他们作战的德国士兵,都不得不感到佩服,把美军称为"魔犬"。

当然,如果只是单纯从军事角度来看,贝莱奥森林之战的成果并不大,或者可以说它是一场得不偿失的战斗,但打败经验丰富的德第十八军团的部队,仍然鼓舞了协约国军队的士气。此战对德军心理上的打击是巨大的,它意味美军将作为一只强有力的对手出现在战场上。在这次战役之后,德军在协约国军队的联合打击下,一步步走向了失败。"一战"结束后,为了表彰美国海军陆战队在贝莱奥森林的英勇表现,法国政府把这座当时被炮火打成了秃山的森林命名为"海军陆战队森林",并在名义上归美国政府所有。现在这片森林又重新长起,成为纪念在"一战"中美军在欧洲大陆阵亡将士的纪念地。英法两国原本以为刚组成的美军没有战斗经验,在这之前还一直要求将美军分散到英法的军队中去,但美军的初战告捷,令英法从此对美国军人改变了看法。在这次战役以后,潘兴激动不已,他致电美国国防部:"我坚信,我们的军队在欧洲首屈一指,我们的参谋人员不比任何军队逊色。"他甚至拍案怒斥:"谁胆敢再问我美国人会不会打仗,我就对他不客气!"

潘兴开始意识到,美军的战斗力并不比英法联军差,他担心被法军"暂时借用"的几个美军师会变为永久性安排。为了加强对美国参战各师的统一指挥,潘兴成立了美国驻欧洲远征军司令部。进入7月后,抵达西线的美军已越来越多,德军在7月15日再次试图强渡马恩河,并希望通过此役决定最后胜负。但协约国的军队不仅以密集的炮火挡住了德军的攻势,而且还从7月18日起对德军发起了反击,在协约国7月18日的埃纳—马恩河反攻开始后,美国远征军终于以一支独立自主的主力部队出现在欧洲的战场上。

意大利战场的最后会战——奥匈濒临崩溃

当阿芒多·迪亚兹将军被任命为意大利参谋总长之后,他最先的意图是要对奥匈的军队发动一个攻势,但是快到1918年5月中旬的时候,当他知道奥军也正在着手准备进攻之后,决定不再先发制人,而是要等候让敌人先动手。

1918年6月,对奥匈帝国的军队而言,是个不幸的开始,因为它的靠山德军将要它自己作战了,鲁登道夫决定将在意大利战线上的德军转移到西线,并坚决主张由奥军独自打败意军,他的理由是明摆着的,因为俄国已退出了战争,现在奥匈帝国的对手只有一个,那就是意大利。此时奥匈军队在意大利方面共有两条战线,一条是特伦提诺战线,另一条是皮亚韦河战线。

前奥匈帝国的陆军参谋总长康纳德元帅，现在正在特伦提诺战线上指挥着奥军第十和第十一两个军团，他强烈主张攻击的重点应放在阿赛果高原上，而在皮亚韦河战线指挥第六军团和伊松佐军团的波罗耶维奇将军，则应向派夫河下游进行佯攻。可是波罗耶维奇却不愿意担任康纳德的助手，所以他提出了一个完全相反的要求，现在他们两个都要求增援兵力以实施自己决定性的行动。然而奥匈帝国的兵力是有限的，现任奥匈帝国的参谋总长是艾尔兹将军，与其说他是一位参谋总长，还不如说他是卡尔一世皇帝的副官。这个毫无决断力的人决心做和事佬，结果是两个计划都被采用，而不分所谓主攻和佯攻。奥匈帝国可使用的预备队被分为两部分，一人一半。卡尔一世选这样的人做参谋总长岂能不败？由于特伦提诺战线和皮亚韦河战线之间的山区地形没有横向的交通公路，康拉德和波罗耶维奇这两个人之间难以互相支援，这就造成这两支力量要各自为战的局面，最终的结果就是导致了两方面都没有充足的力量以扩大他们刚开始所取得的胜利。

▲ 阿芒多·迪亚兹将军从1917年11月开始担任意军总司令。

6月中旬，两路奥军同时发起了攻势，康纳德的攻击目标是要越过布仑塔河，迅速通过山地，包围在派夫河后面的意军。波罗耶维奇的攻击是指向特瑞维索—米斯特里，而以巴齐格里昂河为第一目标。当决定了这个攻势之后，由于奥军方面不断有流亡者逃到意军战线里去，他们给意军指挥部带去了许多情报，此外英军的电话窃听也获得了许多详细情报。迪亚兹从奥军逃兵那里事先得到奥军的计划后，早已是严阵以待。战役一开始，在皮亚韦河方面，奥军在托纳莱山口的牵制性进攻就被击退，随后康拉德的第十一军团进攻意军的第六和第四军团，在取得微小的进展后，很快即被意军的反击阻止并打退。

6月17日，波罗耶维奇沿着皮亚韦河下游再次实施进攻，他强渡该河，并突破了意军第三军团约5千米的防御阵地，但当意料不到的洪水和意军的空中轰炸摧毁了奥军的供应线时，他成功的美梦破灭了。到18日，奥军的进攻完全停顿。从6月19日起，意军开始发动反攻，一直对奥军进击到7月6日为止，此时在派夫河西岸已经不再留有一个奥军士兵了。总的来说，奥军此次战役攻击是完全失败了，一共损失了15万人——包括死伤及被俘者在内。而这时迪亚兹还保留有一个完整的意大利预备队军团——第九军团，他立即通过横向集结，阻止了两支奥军之间的联系。由于波罗耶维奇不能从康拉德那里获得增援兵力，只好在6月22日夜间退出了战场。但令福煦气恼的是，迪亚兹竟然没有实施追击。

奥军的这一次失败，可以算是"世界上决定性会战"中之一个，下面发生的维托利奥—威尼托会战就是以此为基础出现的。当时德国人在西线正希望能获得奥军的增援，这一战果使他们的希望彻底断绝了。兴登堡只要求奥匈调6个师到西线去增援，

▲ 两名意大利军官在一门指向皮亚韦河的中型炮伪装炮台前合影。

但艾尔兹首先是拒绝，接着又表示同意，最后说要向奥匈皇帝请示，末了却告诉鲁登道夫说，他要先和他的妻子商量一下。

1918年7月后，意军对奥匈的反攻一直是裹足不前，直到确信协约国军在其他战线上即将取得最后胜利以后，迪亚兹才准备发动两路进攻。意军第四军团将突破奥军防线的中部，意军第八军团在新组建的第十军团和第二十军团的支援下，准备在维托利奥—威尼托强渡皮亚韦河。做出这样的部署，是因为奥匈军队士气低落并陷入混乱，其国内政府则已分崩离析，正向协约国请求停战。

德国驻奥军总部的总代表克拉蒙对6月间发生的意奥之战评价说："6月间的这场会战对于奥国的国内局势，具有最严重的后果，不仅是这个失败本身，而且还有奥军所受到的严重损失。在匈牙利的国会中，已经引发了一片谴责声，他们要求撤回匈牙利的军队，不让他们受毫无良心的奥国将领的指挥。奥国人民也公开指责皇帝和皇后通敌卖国。"一言以蔽之，这就是奥匈帝国崩溃的开始。

1918年10月23日，蒙特格拉帕之战中，防守中部战线要点的奥军贝卢诺集团显示出了出人意料的顽强性，经殊死奋战终于打退了意军第四军团的疯狂进攻，并使之遭受了重大损失。11月初，维托利奥—威尼托之战，奥军第六军团将意军第八军团阻止在皮亚韦河防线。但由法国将军格拉齐亚尼指挥的第二十军团中的法军部队于10月末时，在皮亚韦河的左岸夺取了一个立足点。

在派夫河会战之后不久，许多人都认为奥军的士气已经到了即将崩溃的阶段，所以只要大举进攻，即可以使这个二元制帝国自动崩溃。但是迪亚兹却不肯冒这个险，他是一个十分谨慎的军人。自从7月1日起，福煦元帅已经获得了授权，可以协调整个协约国的军事行动，于是力劝迪亚兹进攻，但他还是坚决拒绝。直到9月26日，联军在法国发动了最后一个伟大攻势之后，他和意大利的首相奥兰多才开始勉强接受福煦的意见。

与此同时，由英国将军兰伯特指挥的第十军团中的英军部队在右翼夺取了一个大型桥头堡，并打退了奥军第五军团的一部，分割了奥军防线。第二天，意军的增援部队利用不断扩大的缺口发动进攻，奥军的抵抗崩溃了。从11月起，意军进至贝卢诺并进抵塔利亚门托河。随后在西线作战的第六军团中的英法部队突至特伦特，约30万名奥军士兵被俘，此时的奥匈军队，早已是到了最后崩溃的边缘了。

若不是在10月5日，德国和奥匈帝国已经向美国威尔逊总统提出了休战的要求，意大利军队可能还只是在迟疑不前呢。他们为什么会突然不再迟疑，而决定进攻呢？其原因是害怕战争马上就会结束，若是意大利没有一次值得称道的胜利记录，则它在和会中的地位将大受影响。

奥匈帝国时代的结束——维托利奥—威尼托之战

从奥地利官方编辑的战史中显示，1918年10月29日对于奥匈帝国来说是具有决定意义的一天，由于奥匈帝国内部的混乱和其陆海军的加速解体，奥匈帝国的当局者已经得出了一个一致的结论，那就是他们承认已经没有能力再把战争继续打下去了。

29日这一天，意大利军的总参谋长迪亚兹从来自空中侦察的报告中得知，奥军已在派夫河正面战场上做全面撤退，于是他调动了他4个骑兵师配合意军的第三、第八和第十这三个军团向沙西里以北的利文扎河岸推进。就在这一天黄昏来临时，奥匈帝国皇帝卡尔一世从奥地利东北部城市巴登维也纳向正在维尼提亚与协约国军队对垒的波罗耶维奇元帅发出了指令，要他撤出维尼提亚，并且指明，只对追兵做必要的抵抗即可。不过这道命令还是来晚了，因为当这个命令到波罗耶维奇元帅的指挥部时，奥匈帝国的第六军团和伊松佐军团的北翼早已经在全面败退之中了。

在协约国军队空军和陆军的猛烈攻势下，此时的奥匈帝国军队已经失去了抵抗的意志，在10月29日夜间，奥军全部撤到了维托利奥以北的地方，南面的奥军则一直退过了布鲁格尼拉。意大利军队的追击是从10月30日开始的，尽管败退中的奥军很少抵抗，可意军的追击还是缓慢的，迪亚兹似乎并不急于让他的军队赶上奥军。当意军推进到利文扎河时，发现河上的桥梁都已经被奥军炸毁了，而这条河没有桥梁是过不去的，所以意大利军队只好停下来等待后方架桥人员的到来。

对于撤退中的奥军来说，虽然意军的追击暂时摆脱了，但来自协约国空军的打击却

▲ 1918年，意大利战场上为数不多的美军部队正在朝奥军阵地投掷手榴弹。

▲ 这是行进中的塞族部队。11月1日，他们光荣地解放了祖国的首都贝尔格莱德。

如影随形，疲惫不堪的败军塞满了道路，他们成了英国飞机肆无忌惮攻击的最好目标，受到无情的轰炸和扫射。英国空军不过只有几个中队，可这时的奥军已无还手之力，只好任凭英国飞机攻击，在短短的两天中，超低空飞行的英国飞机向奥军发射了数不清的枪弹和近4吨的炸弹，使得大道的两旁到处都是死人、死马和放弃了的炮车，呈现出一派悲惨凄凉的景象。10月31日，意军在利文扎河上的桥已经架成，在迪亚兹的命令下，意军对奥军的追击开始了，此时的奥军只是忙于逃命，所以意军的追击没有遭到抵抗。

此时的奥匈帝国曾经多次做出努力，希望能够从战争中退出。自从奥匈帝国的新皇帝卡尔一世继位之后，他所接手的是一个摇摇欲坠的帝国，由于协约国的封锁，奥匈帝国的经济已处于崩溃状态之中，食物缺乏，人们已经得不到最基本的生活保障，罢工现象接连不断，前线又是败仗连连，奥匈这个二元帝国已经无法维持下去了。在整个欧洲战场，同盟国的败局已定，所以卡尔一世最大的目的，就是能够尽可能有利地退出这场战争。

还在10月初时，同盟国就曾联名向美国总统威尔逊提出了关于停战谈判的要求，但威尔逊总统的答复是除非同盟国从它们所占领的土地上全部撤出才算是有停战的诚意，否则就不能考虑谈判的问题。卡尔一世得知了威尔逊的这个观点后，马上就命令在前方的弗朗茨·康拉德元帅和波罗耶维奇元帅从意大利的北部撤出。当协约国的胜利显而易见时，接受协约国所宣扬的民族主义是必走之路了。为了讨好威尔逊，又根据威尔逊所提出的十四点原则中关于民族自决的要求，卡尔一世轻率地向其臣民们发布了一个宣言。在这个宣言中，他给了奥地利的每个民族组织自治政府的权力，他以为这样做可以在确保每个民族独立的基础上使他们共同维护奥匈的共同利益。可是他把问题看得太简单了，要知道民族独立的口子一开，紧跟着的必然是国家的分裂。威尔逊给卡尔一世的是一颗政治炸弹，它不仅不能使奥匈帝国的人民团结一致，反把这个二元帝国炸得粉碎。此时的奥匈帝国已经是四分五裂了，再也无法将众多民族联合在一起，各民族都成立了自己的自治政府，中央政权的权威已然是荡然无存了。

11月初，根据卡尔一世的命令，奥匈帝国开始与意大利进行谈判，在无条件地接受了意大利所提出的停战条件后，奥匈帝国的皇帝卡尔一世已经不再有任何权力了，11月12日，卡尔一世被迫退位。他曾表示只要保留皇位，可以放弃一切政治活动，但新建立的奥地利共和国不再需要这个皇帝，他和全家被驱逐出境，举家逃亡到了瑞士。奥匈帝国从此变成了历史上的遗迹，哈布斯堡王朝六百多年的统治到此寿终正寝了。

1919年9月，战胜国同战败国奥地利在巴黎附近的圣日耳曼宫签订《圣日耳曼条约》。主要内容是：奥地利承认匈牙利、波兰、捷克斯洛伐克、塞尔维亚—克罗地亚—斯洛文尼亚王国的独立；奥地利将克赖纳和卡林西亚两省的部分地区及古斯滕兰和南提罗尔割让给意大利；布科维纳、特兰西瓦尼亚划归罗马尼亚。到此，奥地利不仅驱逐了它的皇帝，连它的国土基本上也被瓜分完毕了。

彻底击败保加利亚——解放巴尔干

在巴尔干地区无所事事的协约国部队被戏称为"萨洛尼卡园丁"。但在战争结束前的几个月里，他们却突然发威大举进军，并最终成功地迫使保加利亚部队投降。

巴尔干地区的协约国部队自从1915年进入萨洛尼卡后，就一直在苦苦挣扎中处于一种半死不活的状态。1917年12月10日，新巴尔干战区总司令马利·吉约马到任，巴尔干的局面也随之焕然一新。在那一段时间里，由于协约国最高指挥部调了不少部队和装备到其他战场去打仗，所以吉约马一直没有机会发动大规模进攻，但这位法国将军也没因此而闲着。首先，他发现了部队士气的低迷，于是便着手鼓舞士兵的斗志；其次，他又尽力化解了英法之间曾经存在的矛盾，并制订了一次大规模攻势的计划。

1918年6月，吉约马被调回法国，取代他的是同样来自法国的路易斯·弗兰切·艾斯普雷，而吉约马那贯穿巴尔干东西两头的大计也终于在艾斯普雷手中得以实施。按照吉约马的设想，协约国部队将在东起爱琴海、西至阿尔巴尼亚边境之间的极长战线上大举进兵。同年年初，德国驻巴尔干地区的大批部队已被抽调

▲ 1918年年末，萨洛尼卡前线上，受了轻伤的士兵乘坐卡车从急救站转移到其他地方。

到西线战场，留下来的基本都是保加利亚部队。此时，得到了希腊援军支持的协约国部队不仅在人数上已经能与对方抗衡，而且在武器装备方面具有显著的优势。

9月15日，瓦达河之战的枪声一响，法塞两军就以锐不可当之势推进了24千米，而协约国在巴尔干地区的最后一波攻势也随之开始了。18日，在保加利亚部队被迅速逼退的同时，英希联军也在多兰湖附近取得了优异的战绩。被打得只剩半条命的保加利亚部队忙不迭地开始求和，但弗兰切·艾斯普雷却不肯罢休，并于25日命令部队继续压进；同一天，英军开进保加利亚国境；29日，法军部队占领了塞尔维亚南部的乌斯库伯。

由于意大利战场等地吃紧，奥匈帝国只好在巴尔干地区的阿尔巴尼亚、黑山和塞尔维亚等地收缩军队，这也使得保加利亚愈发孤立无援。9月26日，保加利亚再次请求停战；两天后，双方在萨洛尼卡进行谈判；30日中午12点，保军正式停火。

但这并不表示协约国在巴尔干地区的行动就此结束。此时，弗兰切·艾斯普雷的部队已向四面八方散开：塞族部队在进军过程中解放了自己的祖国，并顺便搭救了邻国黑山；法军开入塞尔维亚并将触手深入保加利亚西部；英军继续向东深入，在侵袭保加利亚海岸的同时，向着君士坦丁堡的方向穿过了土耳其属于欧洲的部分国境；驻扎在阿尔巴尼亚南部的意军也来凑热闹，从溃退的奥军手中夺下了奥国北部。

11月1日，塞族部队解放了从1915年年末就被占领的塞尔维亚首都贝尔格莱德，胜利之光在士兵们脸上熠熠生辉。11月4日，停火协议生效，此时协约国部队已经沿多瑙河及塞尔维亚与奥匈帝国和罗马尼亚交界处密密麻麻排了一溜。罗马尼亚从1917年开始就不断被同盟国蹂躏，他们还曾与德军于1918年5月签署了《布加勒斯特协议》，但在协约国部队的最后一战中，罗马尼亚却不顾协议内容倒戈一击，在11月10日再次对德宣战——这正好是第一次世界大战停火总协议生效的前一天。

第十五章

大局已定
——协约国军队的反攻

横空出世——航空兵的诞生

　　1903年12月17日，世界上第一架有动力的飞机诞生了。当设计、制造和试飞者莱特兄弟沉浸在巨大的喜悦之中时，他们绝对想不到一种新的战争武器将由此问世。飞机出现后最初十几年，基本上是一种娱乐的工具，主要用于竞赛和表演。但是当第一次世界大战爆发后，这个"会飞的机器"逐渐被派上了用场。到第一次世界大战爆发前夕，距第一架飞机成功飞行的历史仅仅有十一年。战争爆发之时，作战飞机多为木、布结构的三翼机，装备数量也较少。德、法、英等国共有作战飞机2000多架。大战期间，飞机由试验型发展为批量生产，其外形发展到双翼机，并逐渐向单翼机过渡，动力装置由单发动机发展为双发动机、多发动机等多种型号，机体逐渐改用半金属结构，螺旋桨由推进式转变为拉进式。

　　1914年8月，交战国的总参谋部认为飞机只有有限的作用。法国对航空的兴趣，只在少数民间运动员中持续下去。霞飞和福煦都对飞行没有一点信心，后者在几年前就不予考虑，认为飞行"对运动来说一切都很好，但对军队来说没有什么用处"。英国军事当局对飞机作为一种武器的威力，也同样抱怀疑态度。如果说空战最初未给将军们留下深刻印象，它却很快抓住了公众的想象，空中力量在那时还不能成为胜利的决定因素，但它却有军方预见不到的提升士气价值。德国最高统帅部首先认识到航空英雄能使平民很兴奋，航空功绩被突出地加以报道，报纸上的宣传运动则鼓励民间与王牌驾驶员通信。根据一切军事上的考虑，德国在空军方面是远远领先的，德国人为准备战争，已经把他们的资源编入预算了，然而，即使是德国最高统帅部，也不过把

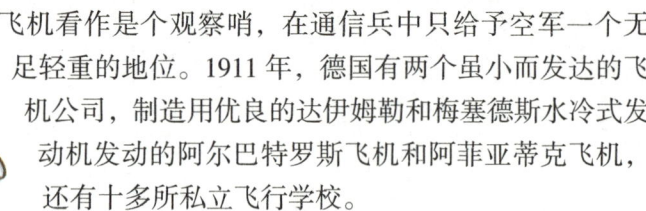

飞机看作是个观察哨,在通信兵中只给予空军一个无足轻重的地位。1911年,德国有两个虽小而发达的飞机公司,制造用优良的达伊姆勒和梅塞德斯水冷式发动机发动的阿尔巴特罗斯飞机和阿菲亚蒂克飞机,还有十多所私立飞行学校。

在"一战"中,飞机先是用于侦察,为陆军部队做耳目,继而装上机枪,专门进行空中格斗,后来又带上炸弹,去轰炸敌方的地面阵地,还有的飞机专门执行对地面部队攻击的任务,这样在大战的硝烟中,便诞生了一群"铁鸟"——侦察机、战斗机、轰炸机、强击机和教练机。

在1914年,空中士兵的生活是愉快的,飞越敌区是愉快的插曲,那时敌对的驾驶员相互会轻快地招招手,哪一方都没有能力做更多别的事情。9月的一天,一位驾驶员认识到战争是残酷的游戏,拔出他的手枪,向一架飞过去的敌机射击,而不是招招手。此后不久,双座飞机的法国观测员开始携带步枪,甚至用砖块去扔对方的螺旋桨和驾驶员。很快,飞机上的射击武器由手枪、步枪发展为机枪,由偶然的相互射击发展为空中格斗,轰炸武器由手投炮弹、手榴弹发展成由投弹架投放的专用航空炸弹,机上开始装备无线电、各种仪表,并为飞行员配备降落伞,作战飞机的飞行速度、高度、航程等性能都有很大提高,装备飞机的数量大大增加。1915年9月,德国空战能手殷麦曼驾驶"福克"战斗机首次击落一架偷袭杜埃机场的英国轰炸机,这是军用机向争夺制空权迈出的头一步!从此,飞机不只用于击落侦察气球,也用于击落敌方飞机。不久"福克"战斗机开始大量击落协约国的飞机,空战形势发生了有利于德国的呈一边倒的变化。英军于1916年惊呼:"如今,我们须用三架飞机为一架侦察机保驾护航,才能完成既定的作战任务。"

▲ 空军服装

战斗机是为了限制敌侦察机的活动而出现的,在"一战"的战场上,最早各国的飞机都是用于侦察和观察战场动态,飞往敌方阵地上空进行空中侦察是当时军方使用飞机的主要任务。随后人们就把侦察与轰炸结合到了一起,在飞机的腹部装上机枪,并安排一个副驾驶用手向下投掷小型炸弹和手榴弹。为了阻止对方飞机执行这些任务,把令人讨厌的敌方的飞机撵走,一种可将敌机驱逐出己方阵地上空的作战飞机应运而生,当时称为驱逐机,后来发展成为战斗机,飞行性能和作战能力都有很大提高,可执行近距支援、空中格斗等更加复杂的空中作战任务。当时的战斗机多为活塞式发动机的螺旋桨拉进式双翼机，代表性的有英国的"索普威思"和"布里斯托尔"系列、法国的"斯帕德"和"纽波尔"系列、德国的"容克"和"福克"系列等。安东尼·福克是位怀才不遇的年轻飞机设计师，大战中，福克飞机厂制造了许多种很成功的飞机，英国人曾向福克书面提出，如果他到英国去设计飞机，就送他1000万美元，但直到战后福克才知此事，原来德国情报机构截获并扣留了此信。

安东尼·福克研制的"福克"飞机是"一战"中德国空军使用最多的战斗机，它的最大特点是枪弹能够穿过前方螺旋桨的旋转面，因而提高了射击的精确度，它的机枪装在机头上部，易于瞄准射击，是第一次世界大战中有名的战斗机，给协约国造成了极大的损失，历史上称为"福克灾难"。为了对抗"福克"飞机，尽管没有射击同步协调器，英法还是想了许多办法。由于战争的需要，使参战各国加速了作战飞机的研制和生产，先后推出了许多性能良好的战斗机，这些飞机的陆续投入使用，使协约国的空中势力得到了加强，逐渐恢复了空中主动权，直到"一战"结束。

从无到有——"一战"中的美国空军

1903年，美国的莱特兄弟造出了一个约有12马力的四缸发动机，他们将助推器安装在机翼后方作为推力，制成了人类史上的第一架飞机。12月17日，奥维尔做了试飞，尽管他只成功地飞行了十二秒，飞行距离也只有37米，但这毕竟是飞机的首次成功飞行，人类从此向飞行迈出了意义重大的一步。

美国空军的前身是陆军航空兵，1907年8月，美国在陆军通信兵团内设立了最初只有3个人的航空科，这就是美国最早的空军机构。随着航空技术的不断发展，陆军通信兵团航空科于1914年7月18日正式扩充为航空处。第一次世界大战前夕，美国航空兵的发展水平远远落后于欧洲，在1917年4月美国对德国宣战时，只有一个成建制的作战中队和50多架飞机。出于战争的需要，美国陆军开始扩编它的航空处，并对它进行现代化改建，1916年"珍妮"号在改造后被重新命名为"JN-4"号。通信兵部队开始定制"JN-4"号，主要用于飞行培训，其中一些还安装了机关枪和炸弹架，用于高级培训。尽管有了作战意识，但美军航空部门也只有131名军官、1000多名现役人员和不到300架的飞机，这在军事航空的各个方面都落后德军至少两年，根本不适宜欧洲战场上的空战。

在当时的美国，人们对飞行的安全还普遍怀有恐惧，在最初的48名飞行员中，两年中就有12名

▲ 美国王牌飞行员爱德华·爱迪·里肯巴克是1917年受训成为飞行员的。1918年，他加入了第98精英飞行中队"Hat in the Ring"，后来还成为该队的领导人。

▲ 以"拉斐特飞行小队"的故事为原型拍摄的电影《空战英豪》的宣传海报。

死于飞行事故。1916年，美国航空队参加墨西哥边界的冲突行动，6架飞机没有一架完成任务。有一架还被一位骑着马的墨西哥人用猎枪打了下来，飞行员也被活捉入狱。这样高的风险率，使陆军感到它是一个负担，个别人甚至建议把航空队从通信兵团分出去，但飞行员们却怕失去依靠，坚持认为航空力量还没有发展到可以单独作为一个独立兵种的程度。这时的欧洲战场上，交战各国中没有人真正想到飞机是一种作战的武器，只是把它作为陆军或海军的眼睛而用于侦察，双方的飞行员每天都要在前线上空拍摄敌情。1914年8月22日，德军大举进攻法国，侦察机提供的情报使英国远征军得以组织撤退，因而挽救了无数人的性命。一周后，当德国人转攻巴黎时，法国空中侦察机提供情报，使得法国军队及时部署兵力攻击德军侧翼，遂使第一次马恩河战役告捷，将德军阻截在距离巴黎40千米之外。

"一战"爆发之初，长期主宰战场的是欧洲各国的陆军和海军，他们对那些用木头和布料制成的歪歪扭扭的空中怪物并没多大的兴趣，而当时的飞机的确也不是专为军用而设计的。那时的飞机大多数是双翼机，飞机的机身全都用木头制造，机身和机翼上覆盖着涂上胶的布料，没有任何武器装备。在法国战壕的上空，协约国的飞行员可以自由地报告敌方编队情况、军需仓库位置及增援部队的动向。有些飞行小分队利用投下大捆沉重的包裹和地面联系，还有些通过飞机队形变化自创信号系统。直到1915年，在飞机的标准设计中才包括了传递信息的无线电报装置。这些设备使飞机得以飞得更低，也就成为更容易被袭击的目标，因此开始有了负责护卫的护航战斗机，当空中格斗为战斗所需时，歼击机便应运而生了。在这之前，英国和德国的飞行员们在空中相遇时，彼此并不交战，而是专心致志于各自的侦察任务，顶多挥挥拳头以示敌对。由于飞机上没有专门的攻击性武器，所以飞行员和侦察员们在执行任务时往往带一支手枪或一支卡宾枪。但并非人人都带，也不是每次都带。

1917年，战火在欧洲大陆熊熊地燃烧，协约国与同盟国军队的交战陷入了胶着状态，大批投入战场的爱国男儿慷慨赴义，在无情的战场上牺牲了生命。此时，美国政府依旧保持着中立，迟迟未宣布加入战争，这引起许多美国热血青年的反对，他们于是决定自愿前往法国参军，贡献自己的一份力量。这些在法国的美国飞行员申请组建他们自己的中队,并命名为"美国飞行分队"。1916年5月13日,这个飞行分队首次执行任务。其中的凯芬·洛克威尔击落了一架德军侦察机,取得了飞行分队的首次胜利。后来有38位志愿者想要学会开着梦想之翼在天空翱翔,他们组成了一支颇具传奇色彩的特别空军飞行队,这就是历史上著名的"拉斐特飞行小队",最终德军抗议协约国使用这个美国人组成的飞行分队,因为美国是中立国。1917年4月6日,在威尔逊的要求下,国会通过了对德宣战的议案。国会批准了6.4亿美元的预算用于空军培训和制造飞机,这在当时是最大的单笔军事拨款。通信兵部队司令官乔治·斯奎尔少将帮助策划了这一拨款法案,在他的任期内,航空处扩大到1.2万名军官和14万名士兵。

此时的飞机已不仅仅是陆军的"眼睛"了,它还是一种有效的作战武器。飞机上安装了刘易斯式轻机枪,这种机枪是美国人艾萨克·刘易斯上校于20世纪初设计的一种轻型气冷式机枪,它轻便实用,法军飞行员约瑟夫·弗朗茨和机械员兼观察员路易·凯诺中士驾驶一架瓦赞飞机在己方阵地上空巡逻时,就第一次用这种机枪进行了空战,并成功击落了一架德国飞机。美国陆军通信兵航空处在这段迅猛发展的日子里,设立了过分乐观的目标,这些目标设立的基础是由陆军航空兵高级飞行官员福洛伊斯少校领导的一个小组所提出的建议,这个小组建议组建350支飞行中队,包括2.3万架飞机。这种轻率的作风在协约国中很快蔓延开来,英国军需部部长温斯顿·丘吉尔承诺要用武器代替人员作战,用他的话说,就是"飞机之多要遮云蔽日",而事实上这些想法不过是空中楼阁。在第一次世界大战中,飞机开始被广泛运用于空地协同作战。在1917年年底进行的康布雷战役中,英军派出了1000余架飞机参战,这些飞机以低空盘旋的噪声来掩盖坦克开进的隆隆声,以对地轰炸和机枪扫射来支援地面部队的行动,还轰炸了德军的炮兵和指挥部。

当飞机在欧洲上空大显身手时,美国的飞机制造却由于纠缠于专利纠纷而延后了许多年。需要数以千计的零件组装而成的飞机可远非组装汽车那么容易,不过美国的确生产出了拥有400马力的十二缸自由式发动机,性能强于所有同类产品,美国也采

▼德国士兵将一枚100千克的炸弹装到飞机上。

用了双人驾驶的英式"德哈维兰 -4"号飞机的设计。这种"DH-4"号飞机有一个绰号，叫"燃烧的棺材"，这是因为此种飞机的燃料箱安装在两个座舱中间，很容易被敌军火力击中。欧战爆发时，因为欧洲的空军发展得很快，美军曾派米切尔上校到欧洲考查英法等国的航空兵的发展使用情况，通过观察和学习，米切尔的观点逐步形成，向美国远征军司令潘兴上将提出了建立航空队以争取制空权的建议。米切尔的建议具有很强的说服力，并最后成了美国远征部队空军的正式计划，米切尔也因此担任了美国第一集团军的空军指挥官。

1917年9月，第一个派往欧洲的美国飞行小分队到达法国，福洛伊斯被委任为美国远征军航空兵司令。虽然更多的飞行中队陆续抵达，但他们全是生手，都需要培训。这些初出茅庐者驾驶的是法国设计制造的"布莱格特"轰炸机，也驾驶另一种法国的"纽波特28"号战斗机。"纽波特"很易操作，但是它在垂直俯冲时有裂开的趋势，即使机翼没有折断，机体表面构造也会剥离出去，所以这是一种很危险的飞机。在这一时期，德国人在飞机配合陆军作战方面处于领先地位，他们专门生产了有装甲的J级飞机和轻型CL级飞机用于攻击地面目标。德国的J级"容克"式飞机是现代强击机的雏形，它的机身全部用铝合金制造，飞机腹部装有下射机枪，座舱周围装有5毫米厚的钢板，飞机携带有集束手榴弹和手抛轻型炸弹，可有效地执行对地攻击的任务。1917年冬，约2500名美国飞行员接受了高级培训，其中有65人留在了意大利，和意大利飞行员并肩作战，担任执行美国空中部队战斗轰炸机的首批作战任务，包括侦察机和战斗机在内的所有类型的飞机都用来轰炸。但是意大利的"卡普洛尼"轰炸机的射程非常远，可以确保穿透敌军的防御，预防空中袭击，从后方输送炸弹。这种复翼飞机有3个发动机，可以负载545千克的重量飞行四小时之久。

美国第一批参战的是一支空军志愿大队，即成立于1916年的拉斐特大队。1918年8月圣米耶尔战役时，美国航空兵前线指挥官米切尔集中大约1500架飞机，用500架支援地面作战，其余用于突击德军后方交通要道，有力地配合了地面进攻战役。截至战争结束，在前线服役的美国航空兵共有45个中队，近800名飞行员和700多架飞机。1918年2月，美国吸纳前拉斐特飞行小分队的飞机、设施和飞行员，组建了第103航空中队。由于它在参战时听命于法国的指挥，从而当之无愧地成为美国第一支参与空战的飞行小分队。拉斐特飞行小分队使用的是法国设计的"斯帕德七"号战斗机，这种飞机可以高速俯冲，这是躲避攻击的一招绝技。利用这种飞机，小分队击落57架敌机及其9名飞行员。

美国对德宣战时，当时航空处只有130多名军官、1000多名士兵、55架飞机和1个成建制的作战中队。为了适应战争需要，航空处在组织结构上做了一些相应的变革，将航空处从通信兵团分离出来，成立两个独立的机构——飞机生产管理局和军用航空处。前者负责管理飞机、发动机及航空器材的生产，后者负责训练和作战，同年5月24日陆军部又将两个机构合并组成陆军航空局。在法国，未经实战检验的美国飞行中队被派往图尔北部经受战斗洗礼。德军派出16支飞行中队在法国图尔迎战刚刚到达的对手。1918年4月，温斯洛中尉和坎贝尔中尉各自击落了一架德国战斗机，成就了美国第一个属于空军的胜利。两位飞行员都安全返航。像他们两个这样的飞行员，都是在实践中才真正学会了空战中的生存技巧，从而将自己接受的大多数培训临场发挥出来。战前人们谁也不会料到飞机会在这次战争中得到突飞猛进的发展，然而事实却向人们证明，空中作战的许多样式是在这场战争中播下的种子，从此以后，空中作战思想就开始萦绕在世人的脑海中，并进而改变了整个战争的面貌。

在欧洲西线的战场上，步兵只能蜷缩在堑壕里，而飞行员却可以在空中尽情表演绝技，这种强烈的对比造就了战场上一个不朽的神话——"空战骑士"。在所有这些"骑士"中，最为著名的就是那些"王牌飞行员"了，他们都曾经击落过5架以上的敌机。美国最著名的王牌飞行员是艾迪·瑞肯贝克尔中尉，战争结束时总共击落敌机26架，成为歼敌最多的美国飞行员。在马恩河战役中，美国飞行小分队驾驶着英国设计的"索普威思—骆驼"战斗机投入战斗，这是一种由英国飞机设计师托马斯·索普威思研制的战斗机，这款战机之所以被叫作"骆驼"，是因为这种飞机的顶盖酷似骆驼的驼峰。"索普威思—骆驼"战斗机于1917年中期进入英国陆军航空队和英国皇家海军航空队服役，一举成名。非同寻常的平衡性能为其带来意想不到的机动性，因此这款战机非常适合富有经验的飞行员驾驶，不过对新兵来讲它就是自杀式武器。它的驾驶难度非常高，在训练中牺牲的飞行员要多于牺牲在战场上的人数。但如果驾驶娴熟，它的飞行高度可达3600多米，很难被击中，更别说战败了。

战场上最可怕的德国"哥达"轰炸机可以携带半吨炸弹，它的个头是"骆驼"的两倍不止，但在"骆驼"的打击下几乎无还手之力，几个月之内，这种笨拙的轰炸机就只能去有限地执行夜袭任务了。在一次战役中，美国空军遭遇了德国一号空中杀手——被称为"红男爵"的冯·里希特霍芬和他的"里希特霍芬飞行特技队"，在战斗中，里希特霍芬被击落。在随后的圣米耶尔战役中，米切尔指挥1500架飞机配合地

▶ "红男爵"福克Dr.1三翼飞机
为便于地面友军辨别自己，被漆成红色。凭借其轻巧灵活的特点，福克Dr.1三翼飞机成为"一战"中的优秀机型，最适宜进行近距离格斗。

面作战，其中就包括了在法国的全部美国飞行员。协约国航空部队轰炸了德军集结地，投弹30余吨，并空袭了德军防线后方的交通要道和军事设施等目标，有效地配合了地面部队的进攻行动。这种联合行动开了战略轰炸学说之先河，此战后荣升为准将的米切尔的麾下集结了战斗中最为优秀的空中部队，这其中以26支来自美国、61支来自法国及3支来自意大利的飞行中队作为主力，以9支来自英国的飞行中队做助攻，其飞机总数达到了1500架，这一战术确保了协约国在战场上的空中优势。

在整个"一战"中，参战的美国空军大约进行了150次轰炸突击任务，投掷140吨炸弹。据美国统计，总共击落敌机近800架、气球70多个，涌现王牌飞行员不下70名；自己损失飞机300架、气球50个，牺牲官兵237名。11月10日，第九十四飞行中队的麦克斯韦尔·科尔比少校击落了一架福克尔战斗机，这是美军在"一战"中最后一次歼敌。第二天停战和约正式开始生效，美国这场"为结束战争而进行的战争"结束了。美国空军转而接受了在和平时期的任务，并在和平年代得到了飞速发展。在二十年后发生的第二次世界大战中，美国的空军已经成为一只强大的独立军种，并在战争中起了决定性的作用。

最后一次高加索之战——土耳其的统治宣告结束

俄国的退出并没有终结高加索战场上的厮杀。自1917年后，土耳其、德国和英国的部队还一直在争夺此地的控制权，战火就这么一直烧到了大战结束时。

1917年3月爆发的"二月革命"几乎掐掉了俄国在第一次世界大战剩余时间里的所有戏份，在高加索地区与俄军鏖战良久的土耳其部队还以为终于可以喘一口气、

▲ 图为在巴库附近的一名英国邓斯特军成员和一名亚美尼亚士兵。

换一个地方打打仗了——譬如去美索不达米亚平原或者巴勒斯坦地区什么的。可惜,事与愿违,高加索战场的战火不仅没有熄灭,反而牵扯了更多的势力进行角逐,除了俄国和土耳其之外,英国、德国及当地的民族主义者也都搅进了斗争的旋涡之中。

在土耳其的血腥统治之下,亚美尼亚人过着地狱一般的生活。他们当中有60万人在第一次世界大战爆发后由于饥荒和缺水而死亡,而更多人则在1916年中期到1918年5月之间被屠杀。土耳其政府无视亚美尼亚民族主义者的救国热情,而俄国出于利用亚美尼亚地区作为对土耳其作战缓冲区的现实考虑,则表示愿意为其提供帮助。与亚美尼亚毗邻的格鲁吉亚和阿塞拜疆也同样面临着民族主义热情落空的问题。"二月革命"之后,亚美尼亚方面于1917年8月间在格鲁吉亚首府第比利斯与两省代表进行会谈,商讨成立一个统一的国家。尽管这三地在之前曾是敌对关系,但在共同的理念之下,三地代表协议在9月17日成立外高加索人民共和国。

▲ 邓斯特军的炮兵特遣队队员在美国部队的协助下向土军阵地开火。

虽然亚美尼亚已经于1917年下半年与土耳其方面进行了和解,但仍无法阻止土军利用德俄两国在1918年3月签署的《布列斯特-立陶夫斯克和约》捞取好处——该条约明文确认了土耳其对高加索地区各省的控制权。在小股德军的协助下,土耳其战争部长恩维尔·帕夏派出了一支5万人的部队再次进入高加索地区和波斯北部。不过,由于这支部队的负责人指挥不力,此次入侵的效果并不明显。4月15日,土耳其占领了格鲁吉亚在黑海海岸的巴统港;5月26日,土耳其与亚美尼亚签署了《巴统协议》。随后,亚美尼亚宣布独立,外高加索联盟宣告瓦解。土耳其的野心还在膨胀着,企图通过巴统港向东面的巴库进军——此地位于阿塞拜疆的里海海岸,石油储备非常丰富。

1918年年初,巴库曾被俄国革命军占领,后又落入格鲁吉亚民族主义者之手。在土耳其1.4万人的部队往巴库挺进的时候,这个小镇周围却只有装备非常落伍的一支万人部队把守。守军向英国求助,不久(8月24日)即迎来了他们的帮手:由亚美尼亚籍指挥官领导,人数不多但作战却非常灵活的"邓斯特军"。土军准备于9月15日夜袭击巴库,使得邓斯特军在该港沦陷后陷入孤军作战的境地。

巴库的失守标志着土军在高加索地区及波斯北部大型军事行动的结束。1918年10月31日,交战各方签署停战协议,英军在1919年8月的正式撤退之前曾短暂地回到巴库。然而,外高加索各部的独立并没维持多久。1919年11月,格鲁吉亚被重新收归俄联邦;1920年4月末,俄国占领巴库;同年9月,俄国和土耳其占领亚美尼亚。

"迈克尔行动"——功亏一篑的困兽之斗

1917年春,从东线战场上解放出来的战斗力给德国最高指挥部打了一剂强心针,让他们可以趁着协约国还没有取得决定性进展时,在西线布置一次足以决定鹿死谁手的攻势。

1917—1918年之间的那个冬天,面对着英军日益紧密的海上封锁及源源不断流入欧洲的美国部队,德军实际上的最高指挥鲁登道夫意识到自己的部队已经时日无多。如果德国想要取胜,或者至少留住一些议和的本钱,他就必须于1918年年初再次发动进攻。此时,德军正好有一大批人刚从东线战场上撤下来,而其新的训练制度也已锻造出了一支可以绕开防守据点快速作战的暴风突击队——这两拨人很自然地就成了鲁登道夫寄予厚望的对象。

▲ 德国的猛攻最终被协约国遏制

这位最高指挥认为,英法两国在西线战场上的作战策略很不一样,这会使得他们在各自面临一系列大规模进攻的时候无法互相支援。此外,根据他的分析,法国人必定会把巴黎作为防守核心,而英国人则会死守英吉利海峡的沿岸港口。最终,他选择了原来由法国布防,但新近交由英国看管的一个"防御盲点"作为进攻的对象。

此次进攻定于3月21日执行,代号为"迈克尔行动",袭击对象是在阿拉斯和拉斐里之间的一条长达96千米的防线,此防线由休伯特·高夫将军率领的英国第

相关链接

★ 布鲁克姆勒的弹幕

"迈克尔行动"的预备炮击由陆军上校乔治·布鲁克姆勒负责。布鲁克姆勒是一个杰出的炮术家,他在此次仅有五个小时的炮击中共动用了6500门大炮和3500门堑壕迫击炮,并预计发射160万枚炮弹。他将这场旋风一般的轰炸分为7个独立的阶段,持续时间从五分钟到两小时不等,并最终成功地完成了任务。这个战法的发明者也因此得了一个新绰号:"突破姆勒"。

五集团军和朱利安·宾的第三集团军镇守。进攻前，德军安排了一次长达五个小时，无论是复杂程度还是惨烈程度都前无古人的预备炮击；接着，来自三支德国部队的暴风突击队员在大雾的掩护之下迅速推进。高夫的人马当时分散在40千米长的前沿阵地上，没多久即被击溃，但北段防线上，宾的部下则依靠极深的战壕有效地遏制住了德军的进攻。在小股法军的支援下，陆军元帅海格命令所有后备力量即刻填住防线漏洞。

4月5日，鲁登道夫叫停"迈克尔行动"。此时，德军已推进了64千米，但由于协约国反应迅速，特别是其地面部队有强大的空军协防，所以德方并没有获得任何有价值的进展。此外，造成德军行动失败的原因还有三点：一是其占领的地区对英军而言都无足轻重，而进攻部队本身的粮草供应不足；二是其机动性不足，没能及时拓展既得区域；三是炮兵部队跟不上暴风突击队的作战脚步。德军和协约国部队在此次对抗中各自都折损了约24万人，但英军至少用惨重的代价换回了相对的优势，而德军真的是白忙活了。

"迈克尔行动"不仅证明了英军在西线战场的空中优势，也让英法两国实现了前所未有的团结作战。3月26日，协约国最高战争委员会任命费迪南德·福煦为英法两军的统筹人；4月3日，他又被升为联军总司令。虽然此时的美国由于政治原因还不算英法的盟友，只能算是他们的协作势力而已，但身处法国的美军司令官约翰·潘兴也承认了福煦的职权。

德军的最后一次大规模攻击——第二次马恩河战役

第二次马恩河战役或称雷姆斯战役是第一次世界大战西线发生于1918年7月15日至8月6日的战役，战役初始德军使用了胡蒂尔的"突击群战术"，取得了极大的成功，使英法联军遭到了沉重的打击，但在英、法、美军队的联手反击下，后继无力的德军遭到了决定性的失败，从此一蹶不振，再也无力发动大规模的进攻了，所以说这次战役是西线中德军最后一次发动大规模攻击的战役。

在1918年5月发动的埃纳河攻势中，德军深入协约国军前线达12千米，围歼了协约国4个师的防御部队，另外4个师仓皇溃散。第二天，德国人的攻势丝毫不减。鲁登道夫敦促后续部队继续推进，进攻的锋芒直指巴黎，企图以此夺取战争的胜利。但鲁登道夫这个想法实际上是无益的，因为即使攻占了巴黎，也并不代表战争就会结束。但不管怎么说，这场攻势还是给协约国造成了相当大的混乱。5月20日下午，德军占领了距离巴黎不到40千米的马恩河，慌乱中的法国政府再度准备撤离到波尔多，法国陷入一片恐慌之中。为了抵御德军势如潮水的攻势，法国第四、第五和第六集团军采取了纵深梯次配置以组织防御，拖延德军进军的速度，并准备在适当的时候转入反攻。7月15日，法军出其不意地对即将发起进攻的德军实施猛烈的炮火反攻，当日凌晨，德军的第一和第三集团军经三个多小时的弹幕攻击后，在兰斯以东发起进攻，突破了法军第一道阵地，但在第二道阵地前被猛烈炮火所阻。

对于德军来势汹汹的攻势，法军总参谋长贝当始终保持着镇定，战斗开始的第一天，他就调了16个师开往马恩河,他要自己的部下和政治家们明白,英法军队必须坚持数月以等待美国援军的到来。事实上,美国已经开始向其处境艰难的盟友提供大量的有效援助。6月4日,美军在法军的支援下,在沙托蒂也里打了一场漂亮的阻击战,遏止了德军的进攻。尽管美军在战术上还显得不够成熟,但他们高昂的士气和充沛的精力极大地鼓舞了法国人的斗志。德第七集团军在若尔戈纳、圣埃弗雷兹地段突破法第五、第六集团军防线,推进约8千米,并强渡马恩河。法军航空兵和炮兵轰炸马恩河各渡口和桥梁,延缓德军前进。协约国军队在防御过程中增调部队准备反攻。联军总司令福煦决心由法军第十和第六集团军从马恩河突出部西侧对当面德军实施主攻,法第九和第五集团军从突出部东侧实施助攻,以解除德军对巴黎的威胁。

为这场战争的最后一次大规模进攻,德军消耗重大,使原本士气低落的德军更加疲惫不堪。虽然在战术上取得了很大的成功,但这场战役几乎耗掉了德军所有的人力,孤注一掷的鲁登道夫仍瞄准着兰斯,打算实施他的最后打击,他始终确信,他能够依靠一场大规模的攻势打垮美军。他给这场箭在弦上的进攻一个代号——"友好风暴攻势"。由于再次预先得到警告,协约国最终完成了纵深防御的准备,德军的最后一次进攻比1917年对法国人发动的里维尔春季攻势遭到了更大的损失。7月18日清晨,法第十和第六集团军在徐进弹幕射击掩护下,未经炮火准备即在贝洛至丰特努瓦60千米正面上向德军发起反攻,当日推进8千米。19日,法军第九和第五集团军从东面发起反攻。伤亡惨重的德军被迫于21日向马恩河北岸撤退。8月2日,协约国军队收复苏瓦松,至8月4日,协约国的军队肃清了马恩河突出部的德军,双方的战线在埃纳河和韦勒河地区暂时趋于稳定。

鲁登道夫的不断进攻拖垮了整个德国军队,并把它带到濒于崩溃的边缘。与此同时,协约国的实力却由于几十万美军的到来而迅速加强。8月8日,澳大利亚、加拿大等英联邦部队在大量英国坦克的支援下,对阿米恩斯附近毫无准备的德军发起了猛烈的攻击。坦克掩护步兵穿过死亡地带,德军有6个师被歼,鲁登道夫在战后承认,8月8日对德国军队来说,是"开战以来最倒霉的日子"。第二次马恩河战役,协约国军队损失14万人,但德军损失要大于协约国,约有17万人被歼,并且战线最终被协约国军队推进了40千米,协约国达成了战役目的,并由此完全掌握了战略主动权。德军这次失败的主要原因是兵力和物资不足,后继无力,并且他们过高估计了自己的力量。协约国方面自美国参战后力量大大加强,逐渐掌握绝对优势。

最后冲刺——兰斯战役

1918年7月,德军为了迅速攻占法国首都巴黎,在统帅鲁登道夫的部署下,从两面包围巴黎的"门户"——兰斯城,想一举攻克兰斯,长驱直入巴黎。为了实现这个计划,采取了高度保密的策略,德军在皇储威廉率领下,庞大的集团军群秘密地进入阵地,在行军过程中,连车轮也用布包裹起来,以避开法国侦察兵的耳目。鲁登道夫计划在7月12日从两面包抄兰斯城,在兰斯城以西发动的进攻是想跨过马恩河,拉长战线,直逼蒂耶里堡。这将危及巴黎。鲁登道夫写道:"在这次行动之后,我们就立即集中大炮、战壕迫击炮和几个中队的飞机向佛兰德斯阵地发动进攻,而且可能在两周之后就发动这次进攻。"

▲ 法军在战争后期对德军进行了大反击。

法国第四集团军司令古罗将军根据战争的态势,认为德军即将对兰斯发动进攻,法军情报部门派出一股精干的小分队,连夜闯入敌营,活捉一名俘虏,获悉德军将于0点10分发起炮击。古罗马上做出反应,命令炮兵部队提前开火。0点10分,一声令下,2000多门各种口径的大炮同时向德军开火,铺天盖地的炮弹划出道道光亮呼啸着射入德军阵地,顿时火光一片,空前规模的兰斯之战,在隆隆炮声中拉开帷幕。德国人的总攻也开始了,整条战线都喷射着火焰。凌晨4点30分时,德军36师的第五掷弹团和其他一些部队开始把隐蔽在芦苇荡和灌木林中的铁舟驶出来,双方炮击产生的毒气和浓烟同早晨的雾结合在一起,形成了浓烟雾。在德国人凭借浓烟雾到达河中心时,美国第三师的人便发现了这些装满了步兵和机枪手的德国船只,立即朝那些船只进行猛烈射击,德军正渡至中流,猝不及防,有几十艘小艇被击沉,损失惨重,但仍奋战渡河,终于以惨重的代价到达对岸,并迅速占领了一个制高点,向美军进行反击。美军三十八步兵团越战越勇,坚守住阵地,与德军抗衡,整个战场一片硝烟弥漫。但是在别的地方,德国人涌过马恩河南岸去攻占美国的前哨,还爬上了通向巴黎—梅茨铁路后面的主要防线的小山。在这里,尽管伤亡惨重,但是美国人还是坚守了阵地。在第三十八步兵团两侧的法国人开始后撤了,但这些美国人坚决不撤。

在兰斯西面,德军聚集了6个师,以强大的优势兵力,突破了意大利第八师的防线,并迅速把他们逼到第二道防线去,进展较为顺利。上午9点30分,情况发生了变化。德军以人海战术,把从马恩河畔的多尔芒到兰斯高地的协约国防线,往后挤压成一个十分危险的楔子形。但这仅仅是暂时的,不大一会儿,有军官报告说,他们的部队在第二道防线前面受到协约国军队的猛烈阻击。兰斯以东大约80千米处,美国彩虹师参谋长道格拉斯·麦克阿瑟正站在主要防线上密切地注视着这场战斗。在德军向已被放弃了的前线战壕猛扑过来的时候,他们看见美军的炮火像雪崩一样向他们压过来,但是他们还是继续前进,因为他们在轻而易举地攻占了头几道战壕以后,胆子变得更大了。到了下午,战斗异常激烈,整条马恩河都被鲜血染红了,德军总司令鲁登道夫仍督促将士发起进攻,为占领兰斯投下最后一注。德军发疯了,似乎都不怕死,前边一批批倒下,后面又涌了上来,但靠这样的人海战术,到傍晚时分才前进了不到5千米。而协约国的炮兵则以逸待劳,整整一天都在接连不断地炮击河对面的德军后备部队,这样前击

▲ 法军在战争后期逐渐掌握了主动权，图为法国空军在对撤退中的德军阵地进行轰炸。

后炸，处处开花，眼见德军攻势渐渐削弱。

虽然德军现在已经在多尔芒的两边抢占了马恩河对岸许多桥头堡，但是皇储威廉还不满意。他看到报告说，敌人已按计划撤出防线，法军的计划是避开我们的打击，因此，我们的准备性炮击所摧毁的战壕几乎是完全没人的战壕，而且战事没有取得什么进展。部队在敌人的第二道防线前面受阻了，皇储下令准备再次炮击敌人的第二道防线。到了这种地步，鲁登道夫只得下令皇储的第六集团军补充战斗力，准备把这支后备力量投到前线。但是皇储没有接到命令，眼见大势将去，只得于当晚停止了冲过马恩河的行动，并且还停止了兰斯东面的攻击。这下鲁登道夫只得靠马恩河和兰斯之间的两个军准备第二天重新发起攻击。鲁登道夫仍然希望可以突破敌人的防线，他对手下一个军官说："如果对兰斯的进攻现在就可以获得成功，那么这场战争我们就打赢了。"他对被阻止在兰斯东面的第三集团军的进展情况感到不满，便打电话给这个集团军的参谋长，他大声问道："你们的进攻为什么毫无进展？"冯·克勒维茨中校沉着地回答说："集团军司令下令停止进攻，因为法国人已经把他们的炮兵撤走很远了，法国人正在嘲笑我们的毁灭性炮火。"就在这时，在兰斯附近的茫茫森林中，24个整编师的协约国部队正集结待命，准备次日向德军发起全面进攻，而此时的德军，不仅在数量上少于对方，在士气上更是低沉，而且这些后备力量多数是从东线调过来的，疲军西进早已力竭，更是不堪一击。协约国则让英勇善战的摩洛哥师担任主攻，右侧是美国第一师，左侧是第二师，可谓全是精兵强将，装备精良。

那天下午的战斗打得十分激烈，加上天气炎热，使战斗更加折磨人，德军毫不畏惧地跟着往上冲，疯狂地叫着喊着，但是致命的炮火使他们不得不躲在玉米地里。到傍晚时分，他们令人失望地只前进了5千米，不得不在那一块玉米地的另一边挖战壕自卫。上级对他们的要求超过了他们的能力，对他们来说，末日已经到了。第二天，天刚亮，只见在平坦的田野上，大大小小的坦克隆隆地向前推进，喊杀声震耳欲聋，双方刚一接触，德军就乱了方寸，纷纷退却，面对强大的攻势，德军大部纷纷投降，只有少数部队坚守阵地继续抵抗，但很快就被打退。德军见大势已去，只好扔下长枪，不断地喊道："结束战争！"在河的另一边的屠杀更为残忍，协约国炮兵整整一天都在炮击河那边的后备部队，使德军伤亡惨重。皇储没有接到最高统帅部的命令，所以那天晚上他不仅停止了冲过马恩河的攻击，而且还停止了在兰斯东面的攻击，只有在马恩河和兰斯之间的两个军准备于第二天发起进攻。虽然地面部队抵挡不住，但在战场上空，一批批德国飞机仍不断地向地面的协约国部队进行一次次俯冲扫射，给协约国军队造成很大伤亡。协约国空军驾机升空，迎击敌机，双方在浓烟滚滚的兰斯上空进行激烈的空战，战斗进行到上午11时，皇储威廉和鲁登道夫意识到局势严峻，因为所有的后备力量全已用上，而占领兰斯长驱直入巴黎的希望已然化作泡影。

法军芒让的部队集结在香巴尼突出部的东端，位于维莱—科特雷正西北的大森林。这个地区的德军素质很差，其中许多人是从俄国调过来的，缺乏对付坦克的经验。而芒让计划大量使用坦克，7月18日晨，炮声隆隆，协约国军队发起了总攻，皇储威廉意识到，左右侧的几个师都被击退了，作为后备军的几个师也参战了。皇储不相信他的部队能阻挡敌人的进攻，命令部队从马恩河南面的桥头堡撤出来。经过一个下午的激战，强大而英勇的协约国军队终于占领了这座险要的峡谷，德军已失去战斗的信心，一批批撤出战场，仓皇地向后退去，夕阳照射下，站在雷斯森林里18米高瞭望塔上的协约国前线总指挥芒让将军终于露出了微笑。

兰斯保卫战，虽然协约国付出惨重的代价，总计伤亡达5000人，但这是协约国从防御转入反攻的转折点，是结束第一次世界大战的关键战役。这次战役的规模与第一次马恩河战役虽然不可同日而语，但其结局却意义重大。德军因在此次战役中受挫，从此便完全丧失了主动权，无力再发动进攻，而法军不仅通过胜利反攻再次解除了德军对首都巴黎的威胁，而且还由此把战场上的主动权牢牢掌握在了自己手里。兰斯战役，德军所有后备军都已投入了战斗，这意味着，鲁登道夫想占领兰斯从而迫使黑格从佛兰德斯派出更多的增援部队的希望破灭了。在三天的时间里，他对香巴尼的所有希望都破灭了，敌人正在对他构成威胁，这是一种难以置信的转折，部下劝鲁登道夫让部队后撤，出于政治原因他拒绝了，在绝望之下，鲁登道夫说，他将不得不考虑辞职。

压垮骆驼的一根重要稻草——亚眠战役

第一次世界大战打到第五个年头，以德国为首的同盟国已相当吃力。1918年夏天，协约国准备发动总攻，作战的突破口选在德军防线的亚眠。参战的兵力，英法美澳加等总计21个师、2000多门火炮、1000多架飞机。面对的德军是其第二集团军，其防御阵地的工事十分薄弱，只有840门火炮和106架飞机。8月8日凌晨，亚眠一带起了大雾，浓雾中，2000多门火炮齐鸣，几百辆坦克率领10万步兵，排山倒海向德军防线冲去。至日落前，已向德军防御阵地纵深推进11千米，一天之内，德军伤

▲ 亚眠战役场景

亡达2.8万人，损失火炮400多门。在这次战役中，协约国还调集了近600辆坦克和装甲车辆。这种新式武器，1916年在索姆河首次使用，只有10多辆，1917年的康布雷会战则出动了近400辆，取得较大战果，如今，协约国首脑又把坦克作为撕开德军防线的利器。浓雾中出现的坦克，依然给德军带来了巨大压力。坦克装备的轻型火炮和机枪并没有杀伤多少德军，但许多坦克不惧枪弹、势不可当冲来的气势却让德军胆战心惊，在英军的强大攻势下，驻守该地的德军六七个师纷纷逃跑。

　　鲁登道夫被这突如其来的失败惊得目瞪口呆，在统帅部里，他沮丧地大嚷道："8月8日是德军在这次大战史上最黑暗的一天。"为了做最后的抵抗，鲁登道夫立即下达一道严厉的命令，要求前线德军不惜一切代价死守阵地。同时，他还从其他地段调来6个预备队师，紧急增援亚眠守军，另外7个整编师也奉命前去增援。8月8日这一战对联军而言也是马恩河会战之后的最伟大胜利。攻方所付出的代价总共为1.2万人，但却杀伤了德军1.3万人，俘虏了1.5万人和火炮400门，并且突破了敌军正面。现在联军所要做的，就是对他们的初步成功加以猛烈扩张。但因坦克损耗较大，进攻力度也渐渐减弱，进展缓慢，逐渐变为局部性战斗。黑格知道等德国的援军赶到亚眠后，进攻就要困难许多，因此，他于10日亲自赶到前线，指挥联军向德军发起顽强的攻击。黑格一面下令投入更多的后备兵力，英军、法军、加拿大军、澳洲军一律参加战斗；一面下令加宽进攻正面，将全部兵力集结在从阿尔贝尔到瓦兹河长达75千米的战线上，以增加德军防守的难度并减弱其抵抗力。

　　战斗中，协约国曾想用坦克和骑兵配合作战，事实证明这是个败笔。因为当时骑兵的速度比坦克快，但面临机枪扫射时，骑兵又不敢跟着坦克上前。在战斗中，两个不同兵种根本无法配合。相反，一辆在行动中与骑兵失去了联系的坦克，得以自由发挥，先消灭了一个德军炮兵阵地，接着协助友军杀伤60名敌军，后来又连续击毁了几个敌军运输纵队，充分说明了装甲部队单独行动所展现的强大威力。联军虽然这时已打得筋疲力尽，但因美国新增89万部队的参战和大量物资补充，联军战斗力大大加强。而德军则因连续作战且得不到多少补给，战斗力迅速衰退。联军瞅准时机，于12日清晨组织了对德军强有力的攻势。德军顽强抵抗，但终因实力悬殊而渐渐不支。至黄昏时分，德军不得不退出亚眠，撤至阿尔贝尔、佩龙纳及索姆河上游一线以东的地区。在澳大利亚军攻占了利翁后，大约正午时，德军首先发出沉重的炮声，接着就在达莫里和弗克斯库尔之间发动了一连串坚决反攻，虽然被击退了，但这却是会战即将结束的确实信号。到此时，黑格已经明白，全线的攻势都已接近尾声。为了结束进攻和在更北面的地方重新展开攻势，黑格命令停止攻击，12日，骑兵军也撤回充当预备队，这样，亚眠会战正式结束。9月，德军撤至德法边境上的"兴登堡防线"。

亚眠战役标志着德国的最后衰落，从此，德军士气急剧下降，消极抗战的情绪大量发生，士兵们经常聚集在一起高喊："我们不愿为百万富翁打仗！"几乎所有的德国军事将领都开始明白，胜利的希望已经破灭，继续战争已毫无指望，必须采取非常措施。鲁登道夫无可奈何地说道："现在，我们已无力再击垮敌人，坚持防御以求和平也不可能，眼前的出路只有一条，用和平谈判结束战争！"随后，协约国军又发动了多次攻击，联军的反击战迅速展开。在潘兴指挥下，美国第一军团在9月对默兹河—阿尔贡地区发起进攻，法国人收复了色当。9月底，协约国军开始发动总攻。"兴登堡防线"全面崩溃，德军已无力反抗。随着德军在西线的崩溃，协约国军在巴尔干战线也开始了反攻，突破了保加利亚的防线，保加利亚宣布投降。它的溃败，使同盟国的整个阵线被打开了一个缺口。

自从兴登堡防线被突破后，德军最高指挥部陷入一片恐慌。此时德国国内反战呼声越来越高，已经陷入了混乱的状态之中，鲁登道夫确信，他被人从"背后插了一刀"。德国领导人开始考虑停火，向美国总统威尔逊寻求和平谈判，但威尔逊声称自己绝不会跟一个军事独裁国家谈判。英军则在10月份继续加强进攻，突破了德军在塞尔河的防线。10月27日，鲁登道夫辞职。两天后，德国公海舰队发生叛乱，德国人的不满终于爆发，最终使德国在11月11日签约停火投降，第一次世界大战以协约国的胜利而告终，这其中，亚眠的坦克战无疑是压垮骆驼的一根重要稻草。

▲ 在第一次世界大战的最后几天，美军工兵在清理德军遗留下来的铁丝网。

最后的战役——默兹—阿尔贡攻势

当战争进行到1918年8月时，在协约国的反攻下，德军连连败北，这使得协约国方面的联军总司令福煦对胜利能够在1918年取得已是深信不疑，在这之前，他本以为战争会延续到1919年。现在，协约国的作战任务是要瓦解从伊普雷东北的海岸延伸到瑞士边界的"兴登堡防线"。这条防线是德国西线指挥官兴登堡为防御协约国军队而在1917年构建的防御工事，也叫"齐格菲防线"。

"兴登堡防线"更直、更短，筑有更多的防御工事，当尼韦尔的军队跃出壕沟发动攻击时遭受了巨大的失败。这条防线使得协约国蒙受了40万人的伤亡，而德国只有25万人。在第一次世界大战期间，战争的特点是防御性的武器优于进攻性武器，传统的进攻方式是大批步兵在炮火掩护下发起冲锋，但是这种冲锋在深壕沟、巧布的地雷和机枪掩体相结合的防御设施面前没有多大效果。现在，协约国计划在9月发动一场攻势，打算夺取或切断德军赖以调动部队和补给的铁路线，只要使德军丧失了它的运输系统，那么前线上已经削弱的德军的战斗力势必进一步被削弱。

这个计划是由英国远征军司令黑格元帅提出来的，在英国远征军胜利的鼓舞下，黑格建议对德军形成一个巨大的包围圈。包围圈的一翼为英国远征军，向东横扫比利时和法国北部；另一翼将是美第一集团军和法国军队，向北穿过默兹河和阿尔贡森林区。如果协约国的第一右翼部队能突破德军的五道防线，就能切断色当和梅济耶尔的德军主要铁路供应干线，迫使德军沿崎岖的阿登地区两侧后撤。法国的福煦元帅采纳了黑格的建议，准备在9月底发动默兹—阿尔贡攻势。

为了发起这次战役，在圣米耶尔攻势结束后一周，美国远征军司令官潘兴利用夜间的时间，通过不是很充足的公路和铁路网，将他的军队迅速布置到新的进攻地区。这是美军历史上最大规模的行动，60万名美军和5000门大炮从80千米以外的地方调往前线，在战线的后边储备了数万吨的弹药和其他补给品。9月26日清晨5时，天刚刚亮，潘兴指挥的美军第一军团的三个军一齐开始实施进攻，与此同时，古罗指挥的法军第四军团也开始了全线进攻。行动受到清晨的浓雾、数千个弹坑、有刺铁丝网、滑脚的沟壑和密林的阻碍。黄昏以前，第一道防线已被美军攻下，美军还大规模进攻蒙福孔两边远离主阵地的突出部，并在第二天中午前由第五军的第七十九师占领它。

在协约国发起这场进攻之前，鲁登道夫就已认识到，在协约国的快速猛攻下，他的部队根本不可能指望有秩序地通过列日那拥挤的隘道撤退，为了能够减缓协约国进军的速度，德军对已经戒备森严的默兹—阿尔贡地区继续加强防备，每一个树林和村庄都变成了敌军进军的障碍物，并且在前方阵地的后面又修建了好几道防线，以用于对敌人的步步阻击。这次分派给美军负责进攻的德军防区里，铁路线比较靠近前线，面对该防区，德军已经构筑了纵深十多里的堑壕防御系统。美军的作战地带必须横跨默兹河谷，包括左侧的阿尔贡森林、艾尔河谷和默兹河两侧的高地。防守该地区的德军部队，东边是加尔维茨的集团军，西边是德国皇储的部队，德军巧妙地利用崎岖不平、植被茂密的地形构筑了三道严密的防线。

对于美军来说，这次攻势并不是一帆风顺的，发起攻击的部队中仅有4个师进行了激烈战斗，还有4个师根本没有与炮兵密切合作。虽然在右翼的进攻完成了大部分任务，但中路和左翼的部队很快就被困在密林和深谷之中，或者在开阔的丘陵地带受到机枪和密集炮火的猛烈射击。经过两天的艰苦进攻，美军未能攻到德军防御的主阵地前。与此同时，鲁登道夫将8个师的德军紧急调到了防线上。德军的有利条件，在于默兹—阿尔贡地形是天然适合防御的，在默兹河的东面，是陡峭高地，这是优良的炮兵射击阵地，并且是进攻者几乎攻不破的障碍；阿尔贡的峭壁和有很深裂缝的山丘，由在防线之间来回迂回的几千米长的有刺铁丝、混凝土机枪掩体、重机枪和各式各样障碍物连成了一个极难攻破的防御阵地。

美军在最初的几天中推进得还是很快，但是当德军的增援部队赶到后，美军的进攻在阿尔贡森林和蒙福孔之前慢了下来。10月3日，美军在突破德军两道阵地之后，由于德军的顽强抵抗，遏止住了美军的大规模进攻，在德军的阿普勒蒙—布略勒防线之前美军的进攻势头被遏止。在此决定战争结局的最后时刻，潘兴既不愿丧失美军的独立性，也不能放弃美国远征军艰苦作战赢得的左右战争进程的影响力，因此，潘兴以其参加过圣米耶尔战斗而有经验的部队替换了原先的攻击部队，新的攻势于10月4日开始，美军再次发起了进攻。而德军的增援部队也同样是身经百战的劲旅，由于战场上没有机动的余地，两军短兵相接，硬打硬拼。美第一军团不得用代价高昂的正面攻击，缓慢地向前推进。由于美军拥有占压倒优势的炮兵的支援，德军的阵地一个个被攻破，德军的主要堡垒崩溃了。

在美军发动攻势的第二天，英军开始猛攻兴登堡防线，10月5日，英军在实施了一系列代价高昂而辉煌的攻击之后，终于突破兴登堡防线最后一道阵地。鲁登道夫采

相关链接

★ 费迪南德·福煦

福煦（1851—1929）是一名公认的军事理论家。他在1914年战争爆发时即采取了积极的应对措施，并于8月24日升任法国第九集团军总司令。当年10月，他成为法国最高指挥集团的一员。但自从罗伯特·尼维尔于1916年12月成为最高司令之后，他即被排除在了决策核心之外。1917年，为了应对德军在意大利发动的卡波雷托攻势，他被任命为英法联军的统筹人；1918年，他终于走上了协约国最高司令的宝座。在这个对于领导力和协调力要求极高的位置上，他一手缔造了协约国的胜利神话，并于1918年8月6日升为元帅。

▲ 1918年的协约国军队首脑——费迪南德·福煦元帅

取以空间换取时间的办法,设法指挥德军实施退却。令黑格吃惊的是,他无法达成完全的突破,在德军巧妙的防御面前,英军进攻的锐势丧失了,并慢慢停了下来。

在这场决定性的战役中,为了对付协约国的部队,德军只能集结起200个师,其中直接用于一线的只有120个师,80个师被用作后备军。现在的德军和刚开战时已是大不相同了,除兵力的严重缺额外,来自国内饥饿的传闻,已加剧了部队自身日益增长的厌战情绪。

10月12日,潘兴将美军的参战部队改编为两个军团,新组建的第二军团由布拉德指挥,准备在默兹河和摩泽尔河之间向东北方向进攻,与此同时,第一军团在利格特的指挥下继续向北面实施缓慢的攻击。克里孟梭对美军缓慢的推进极为不满,但福煦了解德军防御的实际情况,他也清楚地知道,美军的进攻威胁着德军防线上至关重要的一部分,德军不得不四处抽调可使用的预备队投入该处的防御,到10月结束之时,美军第一军已突破德军第三道也是最后一道防线的大部。

在向德军全线发起的进攻中,默兹—阿尔贡仅仅是其中一个战区,同时有比利时军和英军在佛兰德斯进攻,法军在香巴尼进击。协约国合起来的兵力有220个师,在制订行动计划时,福煦提出的战斗口号是"人人作战"。由于美军在默兹—阿尔贡地区的进展,德军的全线撤退已经成为必然。鲁登道夫希望在德国的西部边界建立一道新的防线,并在整个冬季实施坚强的防御,以此争取协约国给予较宽大的停战条款。但由于协约国军继续在全线保持强大的压力,鲁登道夫的希望破灭了。10月17日,协约国军队再次发动进攻,英军的第四军团突破德军在塞勒河的防御。3天后,英军第三军团在下游地区强行渡过塞勒河,抓获了2万名德军战俘。10月31日,阿尔贡森林被美军攻占了,美军一直向前推进了10多千米。同一天,法国部队也到达了离出发阵地20多千米的埃纳河。美军进攻所造成的压力,迫使鲁登道夫动用他

▲ 美军士兵驾驶雷诺FT-17型坦克,前去发动默兹—阿尔贡攻势。

所剩下的 30 个最精良的后备师，以增援摇摇欲坠的默兹—阿尔贡战线。美军吸引了这么多的德国部队，因此大大减轻了在其他方向上的盟军身上的负担。

战役进行到了 11 月份，潘兴以休整过的师部替换了疲惫的一线部队，随后再次发动了进攻，突破德军最后一道防御阵地，由利格特中将指挥的美国第一集团军这时已经在德军的防线中杀开了一条血路，从 11 月 1 日起直到停战前的一系列进攻中，这支部队连战连捷。进入开阔地区以后，美军攻击箭头直指默兹河上游地区，并横扫试图最后顽抗的德军部队，于 11 月 6 日，抵达色当城前的默兹河畔，并占领了色当附近俯视默兹河的高地，以火炮猛烈轰击梅济耶尔至蒙梅迪的铁路线。美军第一集团军的几个师在色当东面强渡了默兹河，这时美军的实际作战地带已扩大到包括默兹河东岸地区，阿尔贡森林已被清除，从而为左侧的法军第四军团向埃纳河挺进创造了条件。在部署于美军附近的几个法国师的配合下，美军第一师主动对色当发起攻击，但被来自高层的命令制止。因为协约国要将攻占色当的荣誉让给法军，以洗刷法军在 1870 年普法战争的惨败中所遭受的耻辱。11 月 10 日，布拉德的第二军团向蒙梅迪发动了最后一次进攻，第二天，一纸停战协议结束了所有敌对状态，第一次世界大战到此结束了。

突破兴登堡防线——德军崩溃的标志

德国的兴登堡防线是一个设计复杂、"防护到牙齿"的防御工程，从任何角度来说都是固若金汤的。但就是面对这样的防守，英军仍然只花了几天时间就取得了突破——1918 年 9 月下旬，兴登堡防线被粉碎。

在第一次世界大战的最后几周里，协约国在西线战场北部一共发动了三次进攻。9 月下旬，英法师级部队在北段的阿尔芒蒂耶尔和比利时海岸之间整装待发；南段的拉斐里和艾菲之间有英法美三军的师级部队驻守；来自英国第一和第三集团军的 27 个师级部队则集结在中段艾菲和兰斯之间的地带。

9 月 27 日，中段的英军发起总攻。陆军元帅海格知道自己的部队面前正是兴登堡防线中防守最为严密的一段，因此早就做好了打一场硬仗的准备。但他的顾虑却似乎有些多余，因为整个兴登堡防线居然在 10 月 9 日就被全面攻破了。接着，福煦元帅下令开始最后的进军，比利时军队杀入德军重要潜艇港口之一的布鲁日，而英国远征军则向着莫伯日和蒙斯挺进——自从 1914 年第一次接受战火洗礼之后，蒙斯还没有爆发过战斗。

9 月 28 日，协约国作战组团开始袭击弗兰德斯，并在从伊普雷向东挺进的过程中小有斩获。10 月 1 日，协约国部队占领高地。但由于作战情况十分艰苦，巴伐利亚王储利奥波德带领的德国守军又十分顽强，所以北线军团的攻势至此陷入停滞。10 月中旬，战况终于有了转机：17 日，英军攻陷了里尔，比利时部队则占领了奥斯坦德；两天后，比军又打下了泽布勒赫和布鲁日，为其他协约国部队解除了德军的潜艇威胁。直到荷兰边境为止的所有比利时海岸地带已尽数纳入协约国掌中，战事随即转向南段。

在突破了兴登堡防线之后，英国远征军即开始向桑布尔河和斯凯尔特河进发。10

▲ 战争到了 1918 年深秋,越来越多的德军不希望再进行无谓的战斗了。图为美军阵地上前来表示投降的德军使者,他们被蒙住眼睛,手拿白旗,表示希望结束战斗。这样的景象在战争后期越来越频繁地出现了,这预示着战争即将结束。

月 17—20 日,远征军似乎是为了预习一般,先跨过了赛尔河,11 月 1 日又推进到了法比交界地带,并于次日占领了瓦朗谢纳。德军的守势至此已被严重削弱。11 月 4 日,英国远征军发动了他们在第一次世界大战中的最后进攻——桑布尔河攻势。除了意外遭遇的顽强抵抗外,英军没花多大力气就顺利挺进了。11 月 10 日,加拿大部队再次进入蒙斯,而英军的进发则由于停火协议从次日起开始生效而中断了。

从 8 月 8 日的亚眠之胜开始,英军在第一次世界大战最后的一百天里的表现可圈可点。但从当年 1 月开始,英军共有 95.2 万人伤亡、染疾、被俘或失踪,而其盟友的境遇也好不到哪里去。法国的伤亡人数超过百万,美国远征军折损 28 万人,比利时和意大利则分别损失 3 万和 1.46 万人,1916 年才加入战场的葡萄牙伤亡最少,只有 6000 人。德军的损失也差不多,在 10 月和 11 月的决战之前就折损了 150 万人。

第十六章

尾声
——战争的后果

一百零一响礼炮——渐渐熄灭的战火

当春季攻势的收获到9月丧失时,鲁登道夫的权威消逝了,1918年9月26日,正当默兹—阿尔贡进攻发动的时候,保加利亚退出了大战,这对他是一个双重的打击。两天后,鲁登道夫在精神上垮掉了。本来开始时是例行的参谋人员检讨军事形势的会议,却变成了一场场悲叹会议,鲁登道夫在会上为德国的困境,责备除他自己以外的每一个人。9月29日,鲁登道夫要求政府赶紧在军队尚能坚持的情况下,主动倡议停战与媾和。9月30日,赫特林伯爵及其内阁辞职。10月4日,德国自由党的巴登亲王被任命为首相兼外相,取得了中央党、进步党、社会党的支持,同日,德、奥两国向美国总统威尔逊呼吁停战,接受"十四点"作为和平基础。

与此同时,德国的同盟国都垮了,协约国在西线的前进,使希腊人、意大利人、罗马尼亚人和塞尔维亚人又有了希望,他们在自己的不同战线上出击。土耳其这时也是岌岌可危,英军在巴勒斯坦击溃了土军,土军完全丧失了战斗力,士兵自动放弃阵地,拒绝作战。土耳其苏丹投降,10月,土耳其同协约国签署了停战协定,退出了与协约国之间的战争。协约国通过与土耳其签署的《色佛尔条约》,彻底瓜分奥斯曼土耳其的领土,后来的土耳其共和国只剩下伊斯坦布尔、其附近小部分领土及小亚细亚的部分。得到协约国部队增援的意军进击皮亚韦河,迫使奥军退出意大利。奥匈帝国在协约国的打击下土崩瓦解,不满情绪蔓延在整个哈布斯堡帝国,国内民族解放运动高涨,非德意志民族纷纷宣布独立,处于革命动乱中的奥地利,于11月3日同协约国签订了《圣日耳曼条约》,无条件投降,奥匈帝国被划分为多个民族国家。

10月6日，当德军在战线上开始崩溃之时，德国的新首相巴登亲王向威尔逊总统发出照会，要求在威尔逊《十四点和平纲领》的基础上达成停战协议。10月23日，美国在与德国交换的照会中表明了威尔逊总统坚定的立场，即美国不会和现存的军事独裁政府就停战协议进行谈判。10月27日，鲁登道夫辞职。10月28日，基尔的德国舰队发生兵变，打了几年了，很多将士疑惑为什么而战，战争的目的是什么，得出结果是：我们的战争毫无意义，只是杀戮人民而已。将士们拒绝执行海军上将舍尔的一系列巡洋舰袭击计划，兵变迅速蔓延到汉堡、不来梅，很快蔓延到德国西北全境。其实当将士问"为什么要打仗"时，战争实际上就已经结束。

除了承认战败，德国政府别无选择。在战争的最后几个月，德国损失了50多万人，11月9日，兴登堡在比利时斯帕的德皇总部告诫他的君主，德国军队现在已经没有力量保护他，并说："我必须劝告陛下退位，并前往荷兰。"在不到四十八小时内，震惊的威廉接受了劝告，这位利用智慧与勇气从俾斯麦手中夺回所有权力的德国皇帝突然间失去了意志，他以一纸下野诏书宣布退位后，随即逃亡到了荷兰。在兴高采烈的协约国军能够集结起来侵入德国之前，一个共和国宣告诞生。

两天后，以德国外交大臣为首的代表团揣着白旗越过前沿阵地，来到位于巴黎东北50千米处的贡比涅森林——协约国联军总司令福煦元帅的司令部所在地。法国元帅福煦在他自己的专用火车车厢里，接见了以埃尔茨贝格为首的德国停战委员会。获悉德国人的来意后，法国人立即用他的傲慢来享受着这份来之不易的胜利："可是我们没有提过任何停战建议，先生们，我们很愿意继续打下去。"协约国提出的条件是要使德国彻底垮掉，并保证接受协约国和平条款，条件苛刻，但德国只得接受。1918年11月11日，德国与协约国签订了第一次世界大战停战的条约。停战的条约是十分苛刻的，总的来说，德国失去了1/3的领土、1/10的人

▲ 在德荷边境上等候的德皇威廉二世（左三）此时不过是一个难民，他的余生都将在流亡中度过。

▲ 1918年11月，庆祝和平的伦敦群众不过是欧洲成千上万欢乐城镇的一个缩影。

口及数额巨大的战争赔款。

战火缓慢地熄灭了，上午 11 时，整个西线吹起了停战喇叭，与此同时，巴黎上空响起了一百零一响礼炮声，它表明，经过四年三个月零八天的艰苦奋战，第一次世界大战以法国所属的协约国的最终胜利而宣告结束。在高地上、斜坡上、堑壕里，德国士兵三三两两地走了出来，伸出双手，微笑着，交头接耳着，向法国人、英国人和美国人走来。协约国的士兵们，也终于认识到，战争真的结束了，他们也走出阴暗潮湿的堑壕，像朋友一样与德国士兵相见，仿佛忘了几分钟前他们还是敌人。他们握手，交换纪念品、照片和香烟，一起欢呼，不是为了胜利，而是为了他们还活着。德国的全部潜艇都已经投降、被禁锢或者被凿沉了。德国公海舰队无可奈何地处于停泊在斯卡帕湾的英国大舰队的大炮监视下，直至 1919 年 6 月被德国水兵凿沉。数以千计的火炮和机关枪已经交给协约国军队，德国人的倔强是徒劳无益的，进一步向德国本土进军的威胁足以迫使他们屈服。

战争结束了，如何分享这些胜利果实呢？战胜了的协约国开始筹划分赃了。1919 年 1 月，由英、美、法控制的和会在巴黎凡尔赛宫开幕，缔结了第一次世界大战胜利的和约，被称为《凡尔赛和约》，苏俄没有受到邀请，德国作为战败国也被拒之门外。如同一切用鲜血达成的妥协历史一样，《凡尔赛和约》鼓励在德国建立民主政府即魏玛共和国，但是把罪责、赔款和一大堆麻烦加在它的头上。和约对德国的军事工业作了诸多限制，直到 1933 年 1 月 30 日，一名穿褐色衬衣的独裁者阿道夫·希特勒，一个第一次世界大战中作战勇敢的奥地利军下士，僭取了比德皇曾经享有的权力更大的个人权力，彻底撕毁了这个和约。

代号"彩虹行动"——德国大洋舰队的归宿

1918 年 11 月 11 日，德国政府在停战书上签了字，宣告了第一次世界大战的结束，响彻欧洲大陆长达四年之久的枪炮声终于止息了。按照停战协议的第十三款规定，德国的舰队必须留滞在德国港内，置于协约国的严密监视之下，听候发落；同时德国必须将最先进的舰只拱手交由战胜国拘留处置，其中包括 10 艘战列舰、6 艘战列巡洋舰、8 艘巡洋舰、50 艘驱逐舰及整个潜水艇舰队。原本决定解除武装的水面舰只在中立国就地扣留，可没有一个中立国愿意自己的港口成为德国舰队的拘留所，日后成为是非之地。最后，战胜国选择了英国的斯卡帕湾，认为那里是拘留德国舰队最安全的地方。

斯卡帕湾，苏格兰东北海岸不远处奥克尼群岛中的一个天然海港，是英国海军舰队的基地，由于其特殊的地理位置，成为皇家海军遏制德国舰队冲击北大西洋的轴心，在大战中起到了极为重要的作用。然而，相对于其在海军史上留下的闪耀印记而言，斯卡帕湾这个名字更多的却是代表着一段极具悲剧色彩的回忆——这里见证了一支强大舰队的毁灭和一个时代的终止。在世界海战史上，因迫于种种困境，而将自己的军

▲ 这是战列巡洋舰"兴登堡"号被其船员凿沉之后的情景。

舰全部沉入海底的历史悲剧屡见不鲜，在国家面临覆亡的危机时，真正的海军军人们往往会选择这种宁为玉碎、不为瓦全的惨烈方式来进行最后的抗争。"一战"战败后，德国的大洋舰队用自沉的方式终结了自己，也终结了德国人的海洋之梦。

　　德国公海舰队创始于19世纪末，从其创建那天起，就带上了悲壮的色彩。1889年8月，刚刚登基的威廉二世接受英国邀请，以海军名誉元帅身份率领一支德国舰艇分队，出席了盛大的英国皇家阅舰式。英格兰南部怀特岛外洋面上浩大壮观的皇家海军战舰群，令威廉二世所挑选的"德国海军最好的"战舰相形见绌，盛大的典礼强烈刺激了威廉二世的自尊心，皇家海军的霸主气势使其羡慕不已，他下了决心，要建立一支能与英国皇家海军相媲美的德国舰队。对海洋的热衷让他对传统海上霸主英国发起了挑战，而德国可怕的工业实力让他几乎在瞬间就拥有了一支庞大的舰队。实际上，德国海军当时在世界上已经成为仅次于英国皇家海军的强大海军。在第一次世界大战之前的海军竞赛中，德意志第二帝国以倾国之力，在最短的时间内打造出了一支世界上规模第二的远洋海军——"大洋舰队"，凭借着强大的工业实力和严谨的作风，德国人不但拥有了一流的战舰，更训练出了素质一流的水兵！

　　"大洋舰队"拥有战列舰40艘、超级战列舰4艘、巡洋舰7艘、驱逐舰及鱼雷艇144艘、潜艇28艘，它们是德国海军的主力，尽管这支"大洋舰队"已完全被英国皇家海军围困在海港中，不过在第一次世界大战结束前，它依然还是一支具有强大打击力量的大舰队。1916年，英国本土舰队倾巢而出，和德国的大洋舰队在日德兰半岛附近海域展开了人类历史上规模空前绝后的海战，德国的大洋舰队不仅全身而退，而且取得了战术上的胜利——击沉了英国海军3艘战列巡洋舰、3艘轻巡洋舰和8艘驱逐舰，吨位达12万吨。1918年11月11日，德国政府在停战书上签了字，欧洲大陆享受到了四年零三个月以来的第一次平静。德国庞大的舰队离开威廉港踏上最后的航程。

11月21日，74艘德国战舰在由协约国海军组成的超过250艘舰船的庞大舰队的押解下，缓缓驶入斯卡帕湾。这是辉煌的公海舰队的绝唱，也许是海军史上绝无仅有的华丽集合。这些德国军舰由舰队司令冯·鲁伊特指挥。德国人被迫将那支"大洋舰队"的精华集结到英国的斯卡帕湾海军基地，等待正式签署和约之日，向英国海军移交。由于德国海军上将弗朗茨·冯·希佩尔拒绝率领舰队前去投降，这次行动就落在了德国海军少将路德维希·冯·罗伊特的肩上，据说他并不是接到命令而是接到要求来负责这一勉为其难的任务的，他当时的心情是可想而知的。是啊，率领舰队去投降，这是何等的国耻！可他是个军人，军人的天职就是服从。

英国大舰队和配属的美国"无畏"级战舰在福斯湾滩头外的海面上排成阅兵队列，德国舰队中的最好的军舰慢慢驶进、抛锚，并降旗表示投降——这是一支没有战败的海军，但却是一个战败国的海军。在这个耻辱的时刻，对于德国海军的官兵来说，不仅意味着一个事业的完结，也表明他们为之献身的一种传统的完结。按照英国皇家海军将领贝蒂的命令，德国公海舰队以一字形单列队形，鱼贯驶入预定的海域，在此待命押运的战胜国庞大的舰队如临大敌，虽然知道德国舰只武装已被解除，但协约国的舰只依然荷枪实弹严阵以待，以防有可能出现的突发事件。这是一支战时令人生畏、降时令人感叹的舰队！英国海军将领贝蒂写道："此情此景令人伤感，实际上，我应该说这是可悲的一幕。"

1919年，拟定凡尔赛和约的谈判十分不顺利，原本双方和谈的基础是美国总统提出的"十四点"和平主张，但当德国人真的解除了武装以后，协约国的态度也就变了，不再是和平谈判了，而是无条件投降。德国人认为他们并没有输掉战争，把和谈看成争取权利的最后机会，然而英国却不这样认为，英国政府向德国政府下达最后通牒——要么全盘接受，要么再次面临战争。此时的德国人也只能屈服了。虽然德国已经战败，但在这些曾于日德兰重创英军的德国海军军官的心目中，他们并不是失败者！随着谈判的进行，协约国方面对德国的盘剥让这些年轻的军官们愤懑不已，面对协约国方面"不签字，就战争"的最后通牒，为了不让协约国将这些德国军舰用于对德国的战争，德军官兵决定凿沉战舰！他们这时已没有人炮用来战斗，也没有燃料用来逃脱，为了防止舰队落入敌人手中，挽救德国海军荣誉的唯一机会，只有在敌人行动之前自行将其凿沉。

1919年6月21日，随着旗舰"埃姆登"号巡洋舰上发出的信号，每一艘战舰上都升起了被禁止悬挂的舰队旗和战旗，这表示这支舰队进入了战斗状态，所有军舰上的德国水兵同时打开水密门，随着阀门和水密舱门的开启，"腓特烈大帝"号战列舰首先沉没，其余军舰也一艘艘相继没入水中，最后沉没的是战列巡洋舰"兴登堡"号。英国舰队想尽各种办法试图补救，但是根本无法阻止如此大规模的集体自沉行动。包括10艘战列舰和5艘战列巡洋舰在内的51艘德国军舰全部沉入了苏格兰斯卡帕湾冰冷的海底，吨位为被扣押舰队总吨位的95%，曾进水5000吨而不沉的"不沉之舰""塞德利茨"号战列巡洋舰，在斯卡帕湾找到了自己的归宿！在英国人阻止德舰自沉的过程中，有9名德国水兵被打死，他们成了大战中最后牺牲的士兵，被埋葬在奥克尼郡的海军基地附近的一个海军公墓中。

这对德国人来讲是一个失败中的胜利,用德国海军将领希尔的话来说:"它洗刷了投降的耻辱,向世界表明舰队的精神永存,这场最后的战斗是德国海军光荣传统的最好体现!"而对英国人来讲,这却是一种耻辱,这一行动引起英法公众舆论的极大愤怒,因为在他们的眼中,这些宝贵的战舰早已是他们的财产了。作为应得的惩罚,德国被迫又交出它剩下的5艘轻型巡洋舰、30万吨的浮船坞和4.2万吨的挖泥船、拖船和起重船——这实际上是它寂静的港口中所有的船只。

在斯卡帕自沉行动后不久,英国皇家海军便对公海舰队的沉船进行了打捞,由于自沉及打捞时往往会导致龙骨受损、舰体扭曲,而将其校正又极费时间和金钱,所以打捞上来的德国战舰大多拆卸回炉,变成了废钢铁。从"一战"结束以来,经过多次打捞,公海舰队如今只有7艘大型军舰留在湾底,因为有着众多有名的沉船,斯卡帕湾现在成为潜水爱好者的天堂。二十年后,经过卧薪尝胆,重新崛起的德国海军在第二次世界大战失败后,又一次上演了自沉战舰的历史悲剧。当德国海军元帅邓尼茨在投降书上签字的同时,由他一手创建的德国潜艇部队的官兵没人肯听从交出战舰的命令,就在正式受降的那一天,全部德国潜艇先以上浮形式表示投降,随即一声令下,220艘潜艇一齐自沉于深海之中——这也成了德国海军的传统衣钵。

胜利者的分赃——播种战争的"巴黎和会"

1918年11月11日凌晨5时,在巴黎东北贡比涅森林的雷通车站,德国以外交大臣为首的代表团走上联军总司令、法国元帅福煦乘坐的火车,签订了第一次世界大战停战的和约。历经四年的战争终于结束了,下面各列强要考虑的是要如何分享胜利果实了。尽管饱受战争创伤,但法国毕竟处在了获得胜利的一方,更由于法国朝野上下还普遍把法国视为最主要的战胜国,在法国统治集团看来,最终清算德国这一宿敌及独霸欧陆的时刻已经来到了。在法国的极力争取下,1919年1月18日,在法国巴黎的凡尔赛宫召开了分赃的丑剧——巴黎和会。

1919年的巴黎是世界的首都,举世瞩目的巴黎和会正在这里召开,来自世界各地的调停人员齐聚一堂。战后的巴黎悲伤而美丽,刚刚结束的大战的迹象无处不在,比如来自北部废墟的难民、缴获的德国大炮、德军炸弹所到之处成堆的瓦砾和用木板遮挡的窗户。一个巨大的弹坑印在杜拉瑞宫玫瑰园。由于人们把树砍了当柴火,林荫大道两旁成排的板栗树不时出现空缺。人们情绪低沉,神情悲哀,但妇女依然显得格外优雅。"一战"结束后,胜利的协约国集团为解决战争所造成的问题及确立战后由美、英、法等主要战胜国主导的国际政治格局,在巴黎举行讨论战后问题的国际会议。参加的有英、法、美、日、意等27国,苏俄未参加。会议名义上是拟定对德和约,建立战后世界和平,实际上是帝国主义宰割战败国、重新瓜分势力范围。巴黎和会上签订了处置德国的《凡尔赛和约》,同时还分别同奥、匈、土等国签订了一系列和约,它们构成了凡尔赛体系。

本来英美都不希望和会在巴黎召开，他们认为在交战国首都的氛围中"公正的和平"很难达到，法国人易激动，由于遭受的苦难太多，对德国深恶痛绝，所以很难营造和会需要的冷静的氛围。威尔逊一直希望在日内瓦举行，而法国总理克里孟梭坚决要求和会在巴黎召开，这使得前来开会的英国首相劳合·乔治非常恼火，他说："我从来不想在他的首都举行和会，我们都认为在中立国举行会更好，但这个老家伙哭哭啼啼，反复抗议，使我们不得不让步。"

1871年，普鲁士国王威廉一世就在这个镜厅举行加冕典礼，并迫使法国缔结德法条约，让法国把阿尔萨斯和洛林割让给德国，并向德国交纳50亿法郎的战争赔款。法国一直把此条约视为耻辱，现在德国战败了，并将被迫签订屈辱的投降条约。为了发泄郁积多年的对德国的愤懑，法国特意选择凡尔赛宫和1月18日作为和会的开幕地点和时间。

1919年1月18日下午3时，巴黎和会在法国外交部大厅宣告开幕，在巴黎和会的开幕式上，身为东道国的总统，普恩加莱在主持开幕式时宣称德意志帝国"生于不义，自当死于耻辱"。借东道主之利，法国在和会上不仅扮演了主要角色之一，其总理克里孟梭还坐上了大会主席的交椅。参加巴黎和会的和谈者都是举足轻重的国际要人，实际上是由美国总统威尔逊、英国首相劳合·乔治、法国总理克里孟梭在主导和会的进行。他们天天会晤，谈判时辩论不休、争吵不断，但最终总能言归于好。他们互做交易、制定条约、创建新国家和组织，甚至一起吃饭，一起去剧院看戏。从1月到6月的半年中，巴黎一跃成为世界的政府、上诉法庭和国会，同时也是人们恐惧和希望的所在。

为了便于操纵会议，英、法、美、意、日等主要战胜国对会议的开法做了许多不平等的规定。首先，是把出席会议的国家分为几等，最高会议由美、法、英、意、日五强首脑和外长组成，一切重大问题都由其讨论决定。后来十人会议又演变成美、英、法三国首脑组成的三人会议。专门会议由有关国家代表和专家组成，只审议最高会议指定的专门问题。全体大会由所有与会国代表组成，但整个会议期间只举行了7次全体大会，而且都是只准举手通过决议，根本不想让其发挥作用。从一开始，巴黎和会就因组织、目标及运作混乱而受人诟病，英、法、意、美举行了前期会议，就和会即将提出的条约达成共识，然后召开全体会议与战败国谈判。这时问题就出现了，其他协约国何时能发表意见？最终四强妥协了，加进了一个全体会议，但这个全体会议仅是徒有虚名，会议的真正结果竟是在四强和日本私下举行的非正式会议上产生的。几个月过去了，原本是预备的前期会议却成了真正的主体。

1919年威尔逊来到巴黎参加巴黎和会。作为第一次世界大战后实力最强国家的元首，威尔逊满怀信心，希望能够建立国际新秩序，避免下一次战争。但威尔逊这位当时世界上最有影响的人在和会期间的举止自相矛盾，他所带来的"十四点和平方案"成为一纸空文，最后制订的《凡尔赛和约》一方面对德国大肆勒索，一方面没有彻底防止德国重新武装，同时在各战胜国中制造了新的矛盾。在这次巴黎和会上，以法国

▲ 各国代表在和约上签字

▲ 描绘三巨头试图操纵世界的漫画

首席代表的身份当选为大会主席的克里孟梭对德国怀有强烈的复仇情绪，他的主要目标是最大限度地削弱德国，以建立法国在欧洲大陆的霸权。为此，他提出法国不仅要收回阿尔萨斯和洛林，还要将法国的边界东移到莱茵河，并主张将莱茵河左岸的德国各省合并成一个独立国家，并向德国索取高达2000多亿金法郎的战争赔款。但法国的要求与立场却在巴黎和会上遭到昔日的同盟者英美两国的联手抵制，英美两国之所以反对过分削弱和肢解德国，主要是因为它们向来在欧洲大陆奉行"均衡"政策，英美两国既想保持德法之间的力量平衡，又想利用德国对抗苏俄，因而都反对这种过分削弱德国的建议。虽然以"老虎"总理为首的法国代表团在巴黎和会上使出了浑身解数，但面对美英两国的共同抵制，仍未能实现法国的全部意图。

在巴黎和会上签订了处置德国的《凡尔赛和约》，同时还分别同奥、匈、土等国签订了一系列和约，它们构成了凡尔赛体系，确立了"一战"后由美、英、法等主要战胜国主导的国际政治格局。和会持续了半年之久，美英法日意等战胜国都想多分到一些赃物，削弱战后与自己争霸的对手，所以彼此间矛盾重重，钩心斗角，经常闹得不可开交。法国为了称霸欧洲大陆，力图彻底削弱德国，而美英想让德国继续保持一定的实力来牵制法国称霸，就竭力加以反对，并且迫使法国在德国问题上对美英做出让步。三个主要的协约国的目的是不相同甚至存在矛盾的，虽然三国都做出了让步最终达成了一致，但结果是各方都做出了妥协，没有任何一方完全达到了自己的目的。而德国没有被彻底削弱也没有得到安抚，这个结果预示着无论是对战胜国还是战败国，以至整个欧洲甚至全世界，都是一个不安定的因素。

和谈人员在巴黎的几个月中"硕果累累"：签订了对德和约，确立对奥地利、匈牙利及保加利亚和平条约的基础，在中欧和中东重新划定国界。但不得不承认，他们的许多工作成果并不公正，也并不持久。有关1919年的和平方案非常失败并直接导致第二次世界大战的说法非常普遍。4月30日，德国代表团被叫到巴黎，先被"晾"了一个礼拜之后，才于5月7日被召到凡尔赛。克里孟梭在交付和约草案时先羞辱了德国人一番，他说："现在清算的时间终于到了。你们不是向我们请求和平吗？这就是我们同意给你们的和平。"并表明，德国对该草案不许做任何争辩，只允许在十五天内提出书面意见。德方曾试图对和约的条件做有利于德国的修改，但被协约国方断然拒绝，在协约国的胁迫下，德国统治集团经过激烈斗争，最后于6月27日决定接受这个最后通牒。6月28日，德国外长米勒和司法部长贝尔在凡尔赛宫镜厅签署和约，至此，第一次世界大战宣告正式结束。

6月28日是巴黎和会的最后一天，也是全体战胜国在和约上签字的一天。经过五个月的激烈争吵，德国代表终于被迫在440条的《凡尔赛和约》上签字。但作为战胜国的中国代表拒绝签字，原来和约里有三条是关于中国的，中国在"一战"中参加了协约国一方，曾支援协约国大量粮食，还派出18万名劳工，牺牲了2000多人。作为战胜国的中国，索回德国强占的山东半岛的主权，这是顺理成章的事。但英美法却做主把德国在中国的殖民地转送给日本，这是拿中国的利益做他们之间的交易，实在叫中国人民忍无可忍，终于爆发了轰轰烈烈的五四运动。在这之前，美国总统威尔逊发表了著名的"公理战胜强权"的演说，说什么"对殖民地之处置，须推心置腹，以绝对的公道为判断，国无大小，一律享同等之利权"，人们几乎不假思索就掉进了威尔逊"公理战胜强权"的迷雾中，并对美国产生极大的幻想。但事实让人们清醒了，什么"公理战胜强权"？有的只是分赃，外带上强盗的逻辑。

一年前，当时尚处在胜利中的德国最高统帅部在布列斯特强迫战败的俄国接受一个和约，这个和约剥夺的俄国领土几乎有奥匈帝国和土耳其加起来一般大。此外，俄国还得付给德国60亿马克的赔款。德国人高兴得太早了，第二年，即1919年，德国受报应的日子终于来到了，协约国逼它签订的条约更甚于《布列斯特－立陶夫斯克和约》。协约国未经与德国协商，就将《凡尔赛和约》的条件于5月7日在柏林发表。《凡尔赛和约》共15部分，440条。除第一部分是《国际联盟盟约》外，其余全是处置德国的条款。处置德国的条款十分苛刻，内容主要涉及疆界、赔偿、殖民地和限制军备四个方面。根据条约规定，德国要丧失掉原有领土的1/8和人口的1/10，以及16%的煤产地、半数的钢铁工业和所有的海外殖民地。在军事工业及军队组成上也对德国做了严格的限制，以防止德国东山再起。在关于德国的赔偿问题上，确定德国总共应赔款1320亿金马克，在此之前应先交付200亿金马克等，并且德国要负

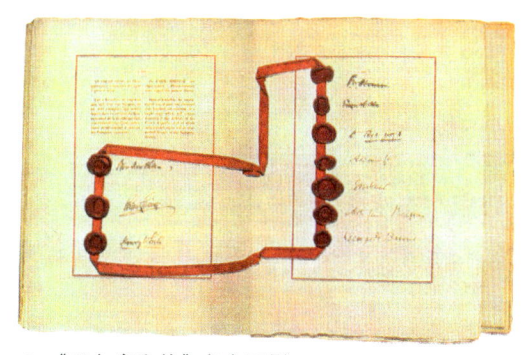

▲《凡尔赛和约》条文图影

担其境内外国占领军的维持费用。

《凡尔赛条约》对于到最后一刻钟还沉溺在幻想中的德国人民来说是个惊人的打击，愤怒的群众纷纷举行集会，对和约表示抗议，要求德国政府拒绝签字。德国临时政府也公开声称，和约条款是"不能实现和不能负担的"，谢德曼总理更是指责《凡尔赛和约》是"可怕的、谋杀性的魔锤"，并高声诅咒道：谁签这个条约，他的手就会烂掉。但现实摆明了协约国是想打下去的，而此时的德国根本无力再战，面对着协约国拥有110个后备师，德国却只有18个后备师的客观事实，在距协约国最后通牒的限期只差十九分钟时，德国终于通过了签订和约的决议，四天后，在凡尔赛宫的镜厅签了字。次日，德国右翼报纸不约而同地在第一版加上了刺目的黑框，以暗示所有的德国人要为复仇做准备。

战胜国与其他战败国亦分别签署了条件苛刻的和约。战胜国与奥匈帝国的奥地利签署《圣日耳曼条约》，奥匈帝国被划分为多个民族国家；与保加利亚签署《纳依条约》，保加利亚失去爱琴海出海口，并须赔款4.5亿美元；与匈牙利签署《特里亚农条约》，匈牙利领土大幅减少；与土耳其签署《色佛尔条约》，彻底瓜分奥斯曼土耳其的领土，后来的土耳其共和国只剩下伊斯坦布尔其附近小部分领土及小亚细亚部分。

1871年5月10日法国与德国为结束普法战争而签订了《法兰克福条约》，条约主要内容为法国割让阿尔萨斯和洛林东部给德国，赔款50亿法郎，分三年付清，赔款付清前德军留驻巴黎和法国北部诸省。由于《法兰克福条约》条件苛刻，令战败的法国与德国从此结怨，引起了法国的复仇主义，埋下了第一次世界大战最早的起因。现在的《凡尔赛条约》与当年的《法兰克福条约》何其相似，它埋下的是"二战"的种子。巴黎和会并没有解决帝国主义之间争夺殖民地的矛盾，《凡尔赛和约》是在美、英、法、意、日等国操纵下缔结的，是帝国主义列强重新瓜分殖民地和划分势力范围的掠夺性条约。历史无情地嘲笑着巴黎和会。1939年9月，希特勒再次在欧洲掀起大战，距巴黎和会正好是二十年零两个月！从此，世界人民再次陷入灾难和痛苦中。

下篇 一战风云

第一章 风云人物

德意志之剑——老毛奇

德意志帝国的统一，政治上的头号功臣自然是大名鼎鼎的"铁血宰相"俾斯麦；而军事上的头号功臣则非老毛奇元帅莫属，因为军功卓著，老毛奇被誉为"德意志之剑"。与形象强悍的俾斯麦不同，老毛奇看上去像个文弱的书生，但别看其身体瘦弱、不爱说话，一生的经历也没什么传奇色彩，但他却是一位威震欧洲的军事统帅，不但被历代德国军人奉若泰山北斗，而且也被其他欧洲各国军界看作一代宗师。

老毛奇的全名是赫尔穆特·卡尔·贝恩哈特·冯·毛奇，他是德国总参谋部最著名的参谋长和军事战略家，德军总参谋部这个效率极高的战争机器就是在他的手中完善起来的，他是普奥战争和普法战争中打败奥军和法军的实际组织指挥者，为了与他的侄儿小毛奇相区别，故把他称为老毛奇。和许多普鲁士的名门一样，毛奇也是出身于军人世家，只是在他之前，他的家族的名气不那么显著罢了。毛奇的父亲曾经在腓特烈大帝军中当中尉，爱上一位汉堡银行家的女儿，因为未来的岳父不希望自己的女婿是军队的低级军官，所以于1796年从军中退役，在德意志北部海港城市吕卑克定居下来。后来因为经商务农均失败，不得不再次从军，加入丹麦军队当了一名少校。老毛奇在10岁时就被送进哥本哈根皇家军校，16岁时获得了丹麦皇家近卫军少尉军衔，也就是说他成了丹麦的一名下级军官。1821年在参观过柏林之后，老毛奇确信小小的丹麦不是他的用武之地，而普鲁士才是他施展宏图的理想之处。1822年3月，毛奇通过考试加入了普鲁士军籍，成为驻奥得河畔法兰克福第八近卫师的少尉军官。一年以后，他又通过考试，进入了普鲁士军事学院，当时学院的院长就是著名的德国军事家克劳塞维茨少将。

1828年，从军校毕业后的老毛奇进入普鲁士总参谋部做了一名见习军官，在此期间，他发表了重要的军事著作《论军事测绘大纲》，因而受到了军界的重视，在地图

▲ 普法战争是法国与新统一的德国为了争夺北欧的主导权而进行的一场战争。这是一场一边倒的战争，俾斯麦的普鲁士军队在色当打败了拿破仑三世的军队，包围了巴黎。

测绘部待了四年之后，于1832年正式成为总参谋部军官。在总参部默默无闻地工作了近三十年后，1857年，总参谋部人事处长冯·曼陀菲尔少将向国王建议，由毛奇接任赖赫尔的总参谋长之职。这时的老毛奇已经57岁了，但在军队中还是一个无名之辈，他当了二十五年的参谋军官，唯一的指挥职务是曾经当过几个月的连长。当时绝不会有人想到，他能在这个遭人鄙薄的总参谋长职位上一变而成为驾驭全军的高官显贵。

老毛奇是个爱好写作的人，1841年，他曾发表了一篇论述西部边界问题的文章，当时的他从纯军事角度指出，普鲁士地处欧洲中心这一不利的地理位置，而且被列强所包围，随着普鲁士的不断壮大，周边列强以 种复杂的或者说是一种充满嫉恨的心情注视着它。即使在和平时期，普鲁士也必须像一支面对强敌的大军，常备不懈，严阵以待，并提出德意志各民族应联合起来。他的这种要建立一个统一的德意志国家的想法与后来的"铁血宰相"俾斯麦不谋而合。那时的德军总参谋部平时主要负责测绘制作地图，研究军史中的经验教训，总结战争的规律，战时则负责军队的军需供应和为司令官起草命令、计划行军道路等辅助工作，实际上也就是一个调研及后勤机构，作为参谋总长的老毛奇并没有军令权，他只是对普鲁士战争部部长负责，他也没有出席内阁会议、晋见国王的权力，这与德国后来主宰军事大权的总参谋部的职能和地位是根本不同的。

老毛奇开始走马上任之时，正是商业和工业高速发展的时代，工业的迅猛发展不仅使百万大军的装备得到改善，而且由于交通事业的革命，使军队的机动能力也有极大提高。线膛火器射程和杀伤力的提高，势必会引起战术和战斗样式的变革。老毛奇的伟大之处首先在于，他清晰地觉察到了这一变革在理论上的意义，并试图将其应用到制订未来动员和进军的计划中去。他敏锐地追踪后膛步枪和后膛装药的线膛炮这些新式武器的发展，更重要的是，他一直在思考电报、铁路这些新生事物在军事上的应用。毛奇明白，过去依靠统帅在战场上即兴做出性命攸关的决策的方式已经落伍了，在一个工业时代，指挥官要调动方方面面的社会因素来打一场仗，也要受这些因素的制约。所以战争不能是即兴的，必须是理性的，战争可以事先规划，而且必须事先规划。在老毛奇的默默努力下，"普鲁士总参"这个军事机构被渐渐发扬光大，他重新改组了普军，为他们配备了新式武器，建立了强大快捷的铁路系统。经过一番努力，普鲁士军队实力飙升，堪称欧洲一流，毛奇所想要的，是一部真正高效率的军事机器，而他也的确做到了这一点。在他的任期当中，普军统一了命令文书的用语和格式、战略战术原则等，使德国的军队真正成了一部高效的战争机器。

1864年年初，普鲁士与丹麦之间的战争爆发，老毛奇作为总参谋长在统帅部做些协助指挥部队的工作。按照他的作战计划，普军对丹麦军采取钳形攻势，很快就击败了丹麦。1866年年初，普鲁士与奥地利的战争迫近，普鲁士国王特地发出指令，这次战争的军事命令直接由老毛奇发给战地各军，而无须再通过军政部，这成为总参谋长直接指挥军队的开端。毛奇把所有铁路动员起来，迅速将兵运到了边境。在初期战斗中，普军步兵利用新型击针式步枪和新型战术，在绝大多数地区取得了胜利。7月3日，各路普军按老毛奇的计划从不同方向在战场上集中，当毛奇在望远镜里看到普鲁士的几路大军按计划赶到会战地点时，他对普鲁士国王只说了一句："陛下今天不仅赢得了这场战役，而且赢得了整个战争。"普奥七周战争最后的结局是奥地利退出了德意志联邦，普鲁士统一了整个德国北部和中部。当和约刚刚签订的时候，毛奇已拟订出与法国的战争计划。普奥战争之后，毛奇因功晋升中将军衔，而且进入了最高决策圈，这时毛奇已经65岁了，而总参谋长这个位子，当时地位仍然不高，要想继续晋升，正常途径是去担任陆军的军长，但按照他这个年纪和过去的指挥职务经历来看，已不太可能，因此毛奇提出退休的要求。但普鲁士国王在战争中看到了毛奇的能力和对军队建设的贡献，坚决驳回了他的退休请求。

普鲁士军队在普奥战争中的胜利，极大地震撼了整个欧洲，同时也使当时不为人们所重视的总参谋部名声远扬。这是这个世纪普鲁士取得的第二个巨大胜利，它是一个具有坚忍不拔意志和科学工作态度的总参谋部的集体的力量，这是在欧洲战史上第一次由处于第二位的、负责计划和参谋的参谋长所取得的伟大胜利，而不是由一位传统意义上的统帅和总司令取得的。1870年普法战争爆发，这一次老毛奇被赋予了对普鲁士军的指挥全权。毛奇采用铁路进军、协同配合、分割包围等战术，一举击败了混乱一团的法军。当色当会战开始时，毛奇对普鲁士国王威廉说："近卫师进攻了，我祝贺陛下取得本世纪最伟大的胜利。"9月2日，拿破仑三世率10万法军投降，老毛奇驱兵直逼巴黎城下，1871年1月18日，普鲁士国王威廉在凡尔赛宫镜厅加冕为德意志帝国皇帝，德意志最终统一了，一个强大的德国从此出现在欧洲的大陆上。

老毛奇的胜利使他获得了丰厚的物质奖励，作为在两次对外战争中立下大功的他，德意志帝国的国会奖励其一笔丰厚的赏金，老毛奇用这笔赏金购置了在西里西亚的克莱骚庄园，埋藏在他心中很久的一个梦终于实现了，那就是回到乡村，重新获得曾被他的父亲挥霍掉的田园。在他的眼里，贵族没有地产是不可想象的，也不可能持久。老毛奇一生著有《毛奇军事论文集》和《军事教训》等军事著作，对世界军事史影响很大，很值得后人研究。可以说，西方军队中流行的"委托式指挥法""闪击战"等理论，都是从老毛奇那里首开先河的。晚年时的毛奇依然充满了普鲁士的军国主义精神，宣扬所谓的"没有战争，世界就将沉沦于唯物主义"的理论。1891年4月24日，老毛奇病逝于德国柏林，但以一名杰出的军事家受到了后人的永远敬仰。

"统帅是天生而不是任命的"——小毛奇

赫尔穆斯·冯·毛奇，德国大将，老毛奇之侄，又称小毛奇。他出生于一个典型的普鲁士容克贵族家庭，从小受到狂热的军国主义思想的熏染，1880年任老毛奇副官，1891年起先后任德皇威廉二世侍从武官、王牌师师长、德军军需总监等职，1906年任德军总参谋长。他声称自己一生的工作都是为了准备发动世界性的战争。

因为他有伟大的叔叔老毛奇，加上其德皇威廉二世的侍从武官出身，性格软弱的他超越许多比他更能干的人出任了德军总参谋长。小毛奇除了蒙其叔父老毛奇的福荫外，他长年在德皇身边，倍受重视，深体德皇之意。他与皇亲国戚们的关系非常融洽，获得了德皇的信任与王公大臣们的喜爱，他自知难以担此重任，但德皇威廉二世却当面应允"战时我会代而行之"的话语，在不太熟悉军事的情况下，小毛奇开始主持"一战"初期的"施利芬计划"的修改与实施。像小毛奇这样一个没进过军事学院，没进入过基层部队，没参加过任何军事行动的人开始了领导一国军队的历程，拿威廉二世的话来说，光是老毛奇留在他身上的遗风就足以吓退任何对手！这位爱慕虚荣的德国皇帝致力于建设一支看起来威武雄壮的军队，赏心悦目是他的第一目标，因此一大群贵族子弟充当了军事高官，就像福勒所说的那样，德国的失败是从威廉二世登基时就开始的。

58岁的小毛奇一当上德军总参谋长，便加紧了对战争的准备，在制订德军新的作战计划时，他基本上继承了自己的前任施利芬将军的方案，

▲ 接任施利芬职位的是陆军元帅赫尔穆斯·冯·毛奇，但他也是让"施利芬计划"惨淡收场的人。

▲ 1914年，最后一个野战阶段中的德国军队。

那就是集中主力于西线，先用六至八周的时间击溃法军，然后再挥师向东打败俄军，在几个月内结束战争。尽管小毛奇并非一个懦夫和无能者，但是让过于谨慎的他来接手胆大包天的"施利芬计划"真可谓一个错误。生性多疑、性情忧悒的小毛奇既担心西线左翼的力量过于薄弱，不能抵挡法军，又害怕东线的防守兵力太单薄，抵挡不了俄军，因此在他任总参谋长后，对"施利芬计划"做了深入研究后得出结论：这个计划是无法实现的。但是他最终也没有提出新的思路，而是仅仅对原计划做了修改，首先缩小了右翼"转门"的半径，然后他改变了右翼的行军路线，绕开中立的荷兰。他希望通过这一改动能在分秒必争的阶段减少一个可能带来麻烦的对手，从而制订出了"施利芬—小毛奇计划"。

　　小毛奇与信心十足的施利芬伯爵完全不同，他显得优柔寡断，经常担心自己是不是过于轻率，其实这完全是没有必要的。由于条件已经发生了变化，"施利芬计划"有一部分内容已经过时，参与制订"施利芬—小毛奇计划"的是德军参谋部中具有杰出战略头脑的鲁登道夫，他认为"施利芬—小毛奇计划"是好的，取决于在关键时刻实施"指挥的艺术"，至于小毛奇能否胜任这一重任，则无人能对此给予回答。经过八年的苦心经营，到1914年5月，小毛奇认为战争的全部准备工作已经完成，6月1日，他按捺不住自己的急切心情，公开发出了战争的叫嚣："我们已经准备就绪，战争对我们是越快越好！"战争爆发后，出于担心，在指挥作战时，他削弱了德军的右翼而加强了左翼，同时在大战最为关键的时刻把西线的兵力调往东线，这一切都违背了"施利芬—小毛奇计划"的精髓。他现场改动的后果，很快就在随后的战斗显现出来了，其擅自调兵和对正确部署的擅自更改使得德国军队阵脚大乱，这就已经注定了德国在"一战"的败局。

"施利芬—小毛奇计划"最终放弃了通过荷兰南部林堡省的想法,以便把荷兰排除于战争之外。为在亚琛与林堡附近的荷兰边界之间的狭窄地域迅速腾出大量部队用以进攻,小毛奇计划将实施一个大胆的行动。计划规定,战争一旦打响,立即以奇袭方式夺取比利时现代化的列日要塞,这对于这个处处谨小慎微的人来说实属一个惊人的决断,此举一旦失利,人们肯定要质问是谁命令实施的,对此小毛奇心中十分清楚。抛开作战计划,有一点小毛奇肯定是做对了的,那就是他非常重视铁路运输,为打好这场计划中的速决战,小毛奇在提高德军进攻能力上颇费了一番心血,他尤其重视铁路网的建设并将其全部纳入军事轨道,每条线路由一名参谋负责。他甚至命令,不经总参谋部的批准,不得铺设或改变任何线路,在小毛奇的大力促动下,德国铁路网的建设获得高速发展,在大战中,德军的高速调动,也得益于德国发达的铁路网络。小毛奇始终没有放弃速战速决的思想,短期战争的魔力使他着迷。他曾多次说过,无论如何必须争取实施机动战,必须进行会战,而绝不能发展成为阵地战。小毛奇努力与海军司令部协调陆海作战计划,并督促海军舰队立即投入作战,但并未见效。同时,他还加强了与奥匈帝国总参谋部的联系,维也纳现在已大体上知道,德国在两线战争中将首先在西线迅速夺取胜利,而后再以全力对付东线。

小毛奇的现场指挥艺术存在着争议,在战争中,身为总参谋长的他实际上是德军的总司令,但他有个缺点,那就是对部队的指挥只持续到军队布阵,军队一旦进入预定地域,他就毫无征兆地把军队扔给了具体指挥官,经常搞得别人措手不及,所以背地里那些军队的主管们都会称小毛奇为"铁匠",寓意是:打完铁,就扔给别人。这一大特点也是德军在马恩河战役中失败的原因。初战告捷后,小毛奇并没被已经取得的胜利冲昏头脑,有些迹象令小毛奇疑惑不解,例如被俘虏的法军人数很少,一支百万大军被击败了怎么会没有俘虏呢?法军也没有出现通常所见的那种无组织溃退的现象。他开始为德军的长驱直入和各集团军之间出现的缺口感到担忧,然而他没有采取有力的措施,果然法英联军不久就在马恩河发动了反击,德军陷入不利的地位,无奈之下的小毛奇只好下令全线撤退,"施利芬—小毛奇计划"化为泡影,也宣告了德军速决战的破产。

马恩河会战失败后,小毛奇被解除了参谋总长的职务,两年后便抑郁而死。小毛奇是"一战"的极力发起者,但是他空有一腔热血却没有叔父那么高明的指挥艺术和协调能力,虽然他的一生并非毫无建树,但他的失败使得他那少得可怜的成绩显得毫无光彩了。小毛奇的洞察力是很值得推崇的,但是空有洞察力的他一旦抓住了军队实权就足以给自己带来一场灾难,这个没有经历过战争的名将,终于只是成了关于战争教训的教材。当年小毛奇被德皇威廉二世指派为德军总参谋长时,施利芬对于这项任命曾发出如下的感叹:"一位统帅已经被放在陆军的头上,皇帝若相信他所指派的是一位战略家,他将完全失望。因为战略家不是可以指派的,他是天生和命定的。"如果对照战史,究竟是施利芬伯爵有识人之明,还是德皇真的是错爱了小毛奇呢?

"闪电战"理论的创始人——施利芬

在说到德军的闪击战的时候，人们往往和坦克联系在一起，似乎是机械化战争理论的出现和发展导致了"闪电战"理论的形成。可实际上，闪电战理论的出现要早于任何机械化战争理论，现代意义上的闪击战，是在20世纪初，由德国军事家冯·施利芬提出的。在德文中，"闪击战"由"闪电"和"战争"这两个词组合而成，是形容行动犹如闪电一样迅速，给敌人以措手不及的迅猛打击。

施利芬伯爵是德国陆军总参谋部军官的典型代表，他从不允许自己偏离追求残酷战争的"美德"，他甚至还会在圣诞夜向他的属僚们提出一个战术上的问题并要求在圣诞节后的第一个周日就听到回答。但是与他在战争方面深谋远虑相比，政治方面他却特别盲目。就像同时代的绝大多数德国军人一样，他驳斥了克劳塞维茨的著作《战争论》，认为它是一本"只有教授们才去看的书"。在第一次世界大战中，施利芬是一个奇怪的角色，他在战争开始时就已经去世了，但却对整个第一次世界大战的进程都造成了巨大的影响，甚至在20世纪上半叶德国所有的军事行动中，都能看到他的"阴影"。施利芬在任期间没有经历过大的战争，但是他兢兢业业，殚精竭虑地做了一件事情，就是制订了一个系统的对欧洲的作战方案，即历史上著名的"施利芬计划"。

头发稀疏的施利芬伯爵，嘴唇上方长着浓稠的髭须，目光暗淡隐晦，一副高傲超然的神态，显露着既有修养又高深莫测。其实他的目光暗淡是由于高度近视所致，为此他父亲起初曾怀疑他是否能够从军。施利芬于1833年生于柏林，其父是一名少校，

▲ 德国高效运转的铁道系统是先挫法国再攻俄国之大计的基础。图为一支德军铜管乐队在为一列即将开动的军用列车演奏小夜曲，这情景仿佛是恋人依依惜别一样。

因健康原因提前退役，惨淡经营克劳舍伯爵的西里西亚骑士地产，不断为金钱发愁并欠了许多的债。但他终于看到了三个儿子的成就——后来他们都成了将军。施利芬早期曾学习法律，后来改行从军。1853 年，作为一名服役期限一年的志愿者，他加入第一禁卫枪骑团，1854 年 12 月调入正规军，并被任命为少尉。1858 年起在军事学院学习，1865 年进入德国总参谋部，一直工作到退休。施利芬始终认为，为了夺取胜利，就必须准备战争，战争的秘密在于，去探索如何以劣势兵力去战胜优势之敌。自 19 世纪到"二战"结束前，世界陆军之强，莫过于德国，而作为德国陆军的最高指挥机构的德国参谋本部，特别是"一战"前的德国参谋本部，更是藏龙卧虎、人才辈出。在德国参谋本部的历届参谋总长之中，成就最高的当数辅佐俾斯麦先后打赢丹麦战争、普奥战争和普法战争最后统一德意志的老毛奇。

作为老毛奇的智囊，施利芬的仕途算得上是一帆风顺。自战争学院毕业之后，他的才华便为参谋本部的高层所重视。当时的参谋本部中地位最为重要的当数军事历史局，军事历史局从来被视为参谋总长的智囊，其局长也被视为未来参谋总长的候选人。1884 年，在老毛奇的支持下，施利芬出任参谋本部军事历史局局长，先后担任了老毛奇与瓦德西的智囊角色，并于 1891 年出任参谋总长。作为德军的头号指挥官，施利芬一生中从未实际指挥过战争，而是致力于战争的研究与战略的推演，令其大名流传于每一所军事院校的，是那份鼎鼎有名的、制订于 1905 年前后、以迅速消灭法国为目的的"施利芬计划"。

德军的强大力量来自于它的组织，所有成员都训练有素、作战机敏。作战准备是其最为关键的一点，多年来德国人在这方面费尽心机、刻苦钻研，所有最新研发出来的技术都将得到应用，包括用火车快速地把士兵或粮草运送到各个前线，兵工厂里不断地制造令军队威力更强大的新式武器等。

德国是后兴的欧洲强国，它的地理位置决定了它在军事上的不幸：它的西边是老牌的强国英、法，东边有"庞然大物"俄国，而它的出海口又极容易被英国人封锁。这一切都决定了一旦开战，德国将处在两线作战的十分不利的位置。相对于总体上拥有巨大人力物力资源的协约国，德国更难以忍受可怕的长期消耗，两线作战就是坟墓。因此，德国要想取胜，必须在战争初期即集中全力，先行结束一侧的战事，消灭法国或俄国，然后才能从容地调兵遣将，应付海洋的霸主和另一侧的强敌，如此，德国方有最终胜利的可能。施利芬自其妻 1872 年死后，变得冷漠和孤寂，经常讥讽同事，但一直致力于尽可能完满地解决德国面临的战略困境。他是一位卓越的天才战略家，研究问题的方法十分符合科学规律，在其任参谋总长期间，研究了与法国和俄国两线作战中的战略问题，提出了著名的"施利芬计划"。

对德国威胁最大的莫过于东面的俄罗斯、西面的法国与海上的老牌强国英国。对于陆军而言，欧洲战争意味着同时与法国和俄国作战。因此，参谋本部研究的课题便是如何同时打赢两场战争。施利芬在辅佐老毛奇与瓦德西时，便对法国与俄国进行了深入的研究，从而产生了一个大胆的构想——利用德国兵力动员迅速的优势，先行击败法国，而后回头集中力量对抗俄国。长时间以来，法国一直在进行大规模的阵地扩建准备，其中包括贝尔福、埃皮纳尔、图尔、凡尔登等大型要塞，它们构成了防御阵地的主要支撑点，这一阵地由数量众多的法军以各种方式驻守，给德军进攻带来很大困难。为了应对德国的军事威胁，法国的军事工程师还以沿着240千米法德边界的4个城市为中心，构筑了一系列堡垒。东南从瑞士的坚不可摧的屏障阿尔卑斯山开始，坚固的混凝土堡垒从贝尔福、埃皮纳尔、图尔和凡尔登伸展开来，法国人在那条防线上做好了迎战的全部准备，进攻不要指向这些大型要塞，向这些坚固阵地发起进攻是不大可能的，攻克这些要塞需要大量的攻城装备、时间和精力。在这条防线上唯一没有设防的是凡尔登以北约32千米的地方，那里是中立国卢森堡和比利时及崎岖的阿登森林。

"施利芬计划"在进攻法国时，以距离巴黎285千米的德国边境城市梅斯为枢轴，由重兵组成的右翼，将以闪电般的速度经过比利时进入法国，后面马上由战时后备军之类的第二后备军跟上来。由8个师组成的较小的左翼，将留在法德边界。在这个计划中，比利时的中立地位在施利芬的眼中是可以忽略不计的。这个通过比利时平原入侵法国的战略使德军可以绕开那些难以克服的堡垒，工业化的比利时提供了由铁路、公路、河流组成的方便的行军路线，而且它和法国的边境不设防。施利芬对于比利时在列日和那慕尔针对德国设的据点感到愤怒，他指责它的存在旨在"阻止德国侵入其领土，但它对比法边境却不设防"，至于比利时为什么担心德国而不担心法国的原因，施利芬佯作不知。

在"施利芬计划"中，施利芬假想法军会首先夺回阿尔萨斯和洛林，因为这两个地方在普法战争中被割让给了德国，法国人对此一直耿耿于怀，必会倾其全力将其夺回。基于这一点，德军用一定的左翼牵制法军，用强大的右翼借道比利时、荷兰或卢森堡，包抄巴黎的西部，可一举拿下巴黎。久经沙场的鲁登道夫对这个计划有极高的评价，认为这是类似旋转门一样的动作，法军在德军左翼越深入，越用力向前推旋转中的另一扇门，德军右翼的回旋军力打击在法军背部的力量就越大。但是鲁登道夫在钦佩之余也有些担心法国人会不会按照施利芬的脚步去跳舞，把战斗的结果寄托给不确定的敌人当真是可行的吗？

"施利芬计划"要求右翼部队主力自动员下达后第十二天前打开列日通道，第十九日拿下布鲁塞尔，第二十二日进入法国，第三十一日达到提翁维尔—圣康坦一线，第三十九日攻克巴黎，取得决定性的胜利。由于判断俄国军事力量的充分动员需要六至八周，因此，"施利芬计划"中要求德国在这一时间内彻底击败法国。对这一计划，甚至施利芬本人也有力不从心之感，他知道自己的伟大计划并非一种必胜的公式，那实在是一种极端冒险的赌博。他常说，对于这样的伟业我们还是太弱了。在第一次世界大战中，他的继任人——谨小慎微的毛奇将军——改变了这个计划，以应对他认为是不同的情况。他不去加强右翼，反而减少右翼实力的1/3，几个星期后，当德国人企图用正面突击攻占巴黎时，他们在马恩河之战中被击退了。

施利芬是一个天才的战略家，更是一个有争议的人物，这主要是由于著名的"施利芬计划"——这一计划被小毛奇修改之后在"一战"中遭到失败。对于该计划的争论延续至今，有人认为计划本身就出了错误，另外一些人则认为是执行者犯了错误。"当你们进入法国的时候，要让右翼末端轻拂海峡。""施利芬计划"的核心就是其右翼的攻势，1913年，80岁的施利芬临终时仍一再叮嘱："必有一战时，切莫削弱我的右翼！"最终这一临终嘱咐随着德国悲剧的落幕而成为军事史上的名言。

大器晚成——乔治·马歇尔

乔治·卡特利特·马歇尔，美国陆军上将，战略家。1901年毕业于弗吉尼亚军事学院。"一战"中任作战处处长、军参谋长，战后曾任潘兴将军的副官、本宁堡步兵学校副校长。"二战"期间任陆军参谋长，主持制订和组织实施了一系列美军和美英联军的重大战役计划。1944年12月晋升为五星上将，战后曾任国务卿和国防部长，曾被杜鲁门誉为"美国所造就的最伟大的军人"。1897年9月，不满17岁的马歇尔跨入了弗吉尼亚军事学院。美国陆军军事学院有所谓的南北两强：北是位于纽约州的西点军校，南即是弗吉尼亚军校。与著名的西点军校的最大不同是，弗吉尼亚军校的毕业生并不能保证都可以成为美国陆军的军官。1901年，在马歇尔以名列第六的优异成绩毕业时，院长希普将军认为："如果乔治·马歇尔被任命为陆军军官，将会青云直上，远远超过西点军校的一般毕业生。"

毕业后的马歇尔进入了美国陆军，第二年受领陆军少尉军衔并被派往菲律宾，这时在菲律宾驻有美军3000多人，维持着那块殖民地的平安，而且战事已经结束。年轻的马歇尔服役了两年，并没有参加战斗，但经历了丛林环境和疫病的考验。在这个时期，老成持重和公正无私的他很受上级赞赏，被晋升为中尉。然而马歇尔的晋升到此也就止步不前了，当时美国军队晋升的机会极少，1915年，在菲律宾美军司令部中，心情沮丧的马歇尔曾向母校弗吉尼亚军事学院院长写信诉说："在步兵团，没有任何晋升机会。所以，我打算辞职。"院长爱德华·尼科尔斯读完信很震惊，他在回信中写了几句安慰的话，最后断言："你将成为陆军中最高级的军官之一。"马歇尔这才留了下来，带着这个中尉的军衔一直干到1916年，这时的马歇尔已经36岁。

当了十四年军官，换过多处驻地，两赴菲律宾，两进国民警卫队。无论在哪里，马歇尔都能得到上级的赞赏。他肯吃苦，精通兵法，足智多谋，忠诚可靠，可尽管如此，他仍是一名中尉，他的上司哈古德将军1916年在有关军官能力的报告中写道："马歇尔理应在常规军中任准将职，推迟一天任命，军队和国家就遭受一天损失。"但

▶ 这是乔治·马歇尔在战争末期身穿美国陆军制服的照片。

▲ 纽约市内庆祝胜利的游行队伍充满了欢乐的气氛。归国的美国士兵受到了热情的款待。

是，提升军官委员会只是给了马歇尔上尉军衔。1917年是美国历史永远不会忘记的一年，美国背弃了乔治·华盛顿关于不卷入联盟的忠告，参加了一场"结束战争的战争"，美国的军队作为"保证世界民主制度安全的十字军"，被派往欧洲战场，马歇尔成了其中的一员。在美国组成远征军开赴欧洲战场时，乔治·马歇尔只是美国步兵第一师参谋部的一名临时中校，他当时的任务是使第一师师部随时了解前沿阵地的情况，检查部署和物资给养，密切注意部队的士气。马歇尔执行任务认真，因而他更经常的是待在前沿战壕，而不是在指挥所。

1918年年初，工作出色的马歇尔被提升为第一师作战处中校处长，这是他一生中最大的转折点。1918年8月，马歇尔等人负责制订的圣米希尔进攻计划获得采用，稍后他又独自制订了获胜的默兹—阿尔贡进攻计划。在整个大战期间，马歇尔一直在积极谋求前线部队的指挥职务，但师长布拉德将军则明确表示："我不能批准他的要求，因为我知道马歇尔中校特别胜任参谋工作。"马歇尔的出色表现引起了总司令潘兴的格外注意，随后将他从第一师调到驻在法国肖蒙的美国远征军总参谋部工作，被提升为上校的马歇尔开始负责协助潘兴制订作战计划。对于马歇尔来说，这是一个陌生的环境，每天都在为一支数百万人的大军做着计划和组织工作，诸如新兵训练、武器设备及处理同法军和英军的复杂关系等，在那些日子中，培养了马歇尔同各种人打交道的能力。在"一战"中，潘兴并不缺少可以倚重的良将之材，这些初露锋芒的军人在未来的"二战"中都将成为一代名将，负责协助潘兴制订作战计划的马歇尔上校便是其中的一个。

制订作战计划是个要求非常严格而辛苦的工作，需要极大的耐心和细心，马歇尔对此评价道："战争就像冷酷无情的工头，无论情况如何混乱，时间如何紧迫，工具如何缺乏，都苛求成功与胜利。喧嚣的冲突不允许指挥官放弃细微的差别；为了胜利，指挥官必须要求结果，推动部属超越人类能力的极限。战争的胜利者是那些能做到不可能的事情的人。"

在美国远征军总参谋部工作的日子里，马歇尔学会了如何处理好来自四面八方的人际关系，也学会了如何忍受来自作战部队的军官对总参谋部人员惯有的种种奚落、批评、反感和蔑视。更重要的是，他的人品、才干得到了潘兴将军的高度赞赏和终生信赖。在大战结束前，潘兴将军提拔马歇尔担任第一集团军的作战处处长，并报请他晋升为准将。遗憾的是，没等晋升报告批准，第一次世界大战就已落下了帷幕。为此，马歇尔不得不又苦苦等了十八年之久，直到1936年才被晋升为准将。

1919年9月，马歇尔随潘兴将军凯旋归国，得胜回朝的将士们受到一片热烈的欢迎之后，一切归于平静。马歇尔战时临时上校的军衔被取消，仍当回他的上尉，并留在了潘兴手下任职，不久后晋升为正式少校。这次晋升并未使他高兴，只是使他感慨：他当了整整十八年的军官，还只是少校而已。1927年，马歇尔被调往本宁堡步兵学校任职，这是马歇尔一生中最重要的时期之一，他在这里倾心培养造就了一批杰出的青年军官和教官，当时受到马歇尔赏识的共有160多人，他们后来在第二次世界大战中都因功成为将军，其中著名的人物有奥马尔·布莱德雷、约瑟夫·史迪威等。1936年8月，马歇尔被晋升为陆军准将，任第三步兵师第五旅旅长，终于步入了将官的行列。但此时的他已经56岁了，已经开始打算过退休后的生活了。

就在马歇尔有心要退出军界时，第二次世界大战爆发了，战争的爆发给他提供了施展才能的舞台，1939年9月，美国总统任命马歇尔担任陆军参谋长。马歇尔认为，无论愿意与否，美国必然要卷入战争，他大幅度改组了美国军队，提拔了许多有才能的人物充实到第一线，到美军介入大战时，已经做好了充分的准备。1945年，"二战"结束后，马歇尔给美国新任总统杜鲁门写信要求卸任，杜鲁门接受了马歇尔的辞呈，1945年11月，总统在白宫为马歇尔举行了告别仪式，在他佩戴的军功章旁边添上一簇橡树叶章。1959年10月16日，马歇尔病逝，全美国举哀一日。葬礼按其遗言进行，肃穆、简朴而有序。这位为打败法西斯建立了丰功伟绩的一代英才静静地长眠于阿灵顿公墓。

塞尔维亚的杰出统帅——拉多米尔·普特尼克

拉多米尔·普特尼克，塞尔维亚元帅，在巴尔干战争和第一次世界大战中任塞尔维亚军总参谋长。普特尼克足智多谋，意志坚定，在他的领导下，给予了奥匈帝国军队以沉重打击。普特尼克特别擅长的打法是调动敌人在最有利于自己的地形作战，这一点无论是在进攻还是防御中都很奏效。在"一战"初期，塞尔维亚军队所取得的战果应该归功于普特尼克的英明领导。

普特尼克出生于塞尔维亚列别里察河畔的克拉古耶瓦茨，他的父亲是一名中学教师，年轻时的普特尼克曾在塞尔维亚炮兵学院学习，毕业后以少尉军衔从军，在1876年塞尔维亚与土耳其的战争中，虽然塞尔维亚军连连失利，但普特尼克却以他突出的表现而在塞尔维亚军中初露头角。1885年，塞尔维亚与保加利亚开战，塞尔维亚战败，作为师参谋长的普特尼克在战争结束后被指派到塞尔维亚的陆军参谋学院深造，毕业后不久出任塞尔维亚军总参谋长，被授予将军军衔，并几次担任塞尔维亚的陆军大臣。

▲ 塞尔维亚的部队虽然缺少先进的装备，但却比奥军要坚韧得多。

在担任陆军大臣期间，普特尼克致力于塞尔维亚军队的建设，在他领导期间，大力改善了塞尔维亚军队的武器装备，也加强了军队的职业技能训练，使塞尔维亚军队在很短的时间内成了一支极具战斗力的部队。

在第一次巴尔干战争中，普特尼克出任塞尔维亚军总司令，在马其顿战役中，普特尼克以出色的指挥，大败土耳其军队，迫使土耳其军不得不连连后退，对整个战争的胜利，起了重要的作用。在第二次巴尔干战争中，普特尼克又以他的杰出指挥才能指挥塞尔维亚军打败了保加利亚第三和第四集团军。可以说，普特尼克在当时的巴尔干地区，是一名很杰出的军事统帅。第一次世界大战爆发时，身体健康状况不佳的普特尼克正在奥地利的巴特格莱贝格接受治疗，在奥匈帝国的战争动员期间，他被布达佩斯官方抓住。但是，奥匈帝国的皇帝弗朗茨·约瑟夫下命令不仅让老将军走人，而且还安排一列专门列车送他回贝尔格莱德。大战爆发后，由于健康原因，普特尼克只能坐在火车上用地图指挥塞尔维亚军队作战。8月12日，近20万的奥匈军队进入塞尔维亚境内，按照普特尼克的指挥，塞尔维亚军有计划地徐徐后撤，一直撤到适合普特尼克战术需要的地方为止。然后塞尔维亚军在近50千米宽的战线上对奥军展开了反攻，迅速击溃了奥军的中路，崩溃的奥军逃回了德里纳河的对岸，取胜的塞军又转向了奥军的左翼，一举击溃了左翼奥军，仅半个月，普特尼克利用诱敌深入、各个击破的战术，打败了奥军的第一次进攻，把装备精良的奥军赶回到他们的出发地。9月初，普特尼克指挥塞尔维亚军打进了奥匈所控制的波斯尼亚，对奥军第六集团军的补给线构成了严重的威胁，奥匈波斯尼亚总督波蒂奥雷克为此大受斥责，用了几个月才把入侵的塞尔维亚军打了回去。

康拉德从其多瑙河防区调一个军去增援波蒂奥雷克，恼怒万分的奥军在1914年年底对塞尔维亚再次发动进攻，要一举消灭塞军主力，在敌强我弱的情况下，普特尼克放弃了首都贝尔格莱德，把部队撤进了山区，使奥军的意图落空。普特尼克利用奥军的补给线拉长、后方河水泛滥的有利时机，对奥军展开了猛烈的反攻，迫使奥军不得不放弃所占领的地方，从塞尔维亚退出。这次战役，使奥匈脸面大失，波蒂奥雷克因此丢了波斯尼亚总督的职务。

在保加利亚加入同盟国一方后，塞尔维亚军队面临着德国、奥匈帝国和保加利亚军队的三面围攻，正好又赶上疾病流行，塞尔维亚军队严重减员，在人员和补给日渐匮乏的情况下，损失惨重的塞尔维亚军队不得不翻越高山，撤往阿尔巴尼亚地区，塞尔维亚全境失陷。病重的普特尼克被解除了职务赴尼斯休养，第二年在尼斯病故。

"水手国王"——英王乔治五世

英国的王位最早建立于9世纪，在后来的一千多年里共出现过12个王朝。其中丹麦王朝和诺曼底王朝是由于异族入主英格兰而造成的。王位在同族男性成员中相传时，朝代的名称沿袭不变；王位如果传至女王的儿子，朝代的名称就会改变。新的朝代通常是根据执政王的家族姓氏或封地来命名的，第一次世界大战时，英国王室在位的是温莎王朝的乔治五世。乔治五世，全名乔治·弗雷德里克·恩斯特·阿尔伯特·温莎，在英国人的眼中，乔治五世是一位"水手国王"，因为早年的乔治五世是作为职业海军军人接受教育和训练的，他的许多性格都是在那个时期形成的。

1865年6月3日，乔治五世出生于英国伦敦，是威尔士亲王的次子。他的童年大部分时间是东英格兰的诺福克度过的，诺福克历史上是古代英格兰东安格利亚王国的重要组成部分，作为英国"十大鬼宅"之首的布利克林庄园就坐落于诺福克郡艾尔沙姆附近，据说，它是17世纪詹姆士一世时期全英最漂亮的楼房之一，以精美挂毯装饰和珍贵藏书

▲ 英王乔治五世（左）与沙皇尼古拉二世（右）为表兄弟，两人的外貌有几分相似。

▲ 图为英国远征军在开战第一周开赴法国时的情景。

闻名于世。此外，这个庄园如此著名还因为它是可怜的无头皇后安妮·博林的亡魂之家。少年时的乔治王子也常去伦敦他父亲威尔士亲王的庄园，和他的哥哥维克托王子一起学习，他们的老师是道尔顿牧师。1877年，作为海军学员的乔治五世和他的哥哥维克托王子被派到皇家海军最豪华的"不列颠"号战舰上，接受航海训练。当时的乔治王子才仅仅12岁，在英国所有的海军学员中他是最年轻的。乔治王子对在大海中的航行生活非常喜爱，不久，兄弟俩又被分派到训练舰"巴坎蒂尔"号，并随着它进行了两次远航，最远的时候去到英属的澳大利亚和远东的日本。

18岁那年，乔治和他的哥哥维克托王子分别开始接受不同的训练了，作为王位的继承人，维克托王子被派到陆军学习，而乔治王子的一生则选择在英国皇家海军中做一名职业军官。18岁的乔治王子长得还是很帅气的，金黄色的头发，白皙的皮肤，一双明亮的蓝眼睛透着单纯，而且他的嗓音特别高，在同伴中是个十分显眼的人物。表面上看去他给人的印象是有些脾气暴躁，但实际上他的内心是很善良的。24岁时，乔治王子就成为一艘鱼雷艇的艇长，两年后又升为海军中队长。在这之后不久，因为一场大病，乔治王子离开海军去接受治疗，在治疗过程中，刚刚与玛丽公主订婚的维克托王子却死于肺炎。对于哥哥的早逝，乔治王子非常难过，曾对他的奶奶维多利亚女王说，在这个世上没有谁能够比他对维克托的感情更深的了。

维克托王子的早逝，彻底改变了乔治的生涯，作为仅存的王位继承人，他被封为"约克公爵"，进入上院，并在27岁那年开始接受新的教育。这时他学习的内容和以前完全不同了，开始学习英国的宪法和德语。他的奶奶维多利亚女王非常关心他的婚姻问题，28岁时乔治结婚了，他的新娘就是未过门的嫂嫂玛丽公主。在随后的时间中，他们有了4个儿子和1个女儿，使皇家的王位继承有了保证。36岁时，乔治被封为威尔士亲王，作为英国王储，乔治出访了英国的属国加拿大、新西兰、爱尔兰、澳大利亚和印度等国家，成为一位挺不错的公众演说家。

乔治不仅仅关心英国的人民，也关心英国所有领地的居民。在他44岁那年，他的父亲爱德华七世去世，乔治继承了王位，被称为乔治五世。刚继位时，完全没有经验的乔治有些不知所措，多亏了作为王后的玛丽公主给了他很大的帮助，王后劝他说，作为君主立宪国的一位君主，要超然于党派政治之外，国家事务放手让首相和内阁大臣们去办。乔治五世登位时，正是第一次世界大战爆发前夕，国际和国内的局势错综复杂，这时的英国虽然政权稳固，但也不是完全没有问题，爱尔兰的独立要求就是英国所面临的非常棘手的问题，搞不好就会导致内战的爆发。在乔治五世的倡导下，英国政府和爱尔兰的代表举行了会谈，这次会谈虽然没有达成协议，但创造了一个良好的开端。

"一战"爆发前，乔治五世曾多次表明了英国的立场，那就是要站在俄、法一边，大战爆发后，乔治五世全力支持英国参加战争。他视察全国各地，并把两个王子送到军中服役。战争进行到1917年时，英国人民饱尝了战争的痛苦，反德国情绪高涨，因为当时的德国皇帝威廉二世与乔治五世是表兄弟，加上乔治五世的姓名中有"萨克斯·科堡"这个德国姓氏，从而引起了英国人民的强烈愤怒和不满，乔治五世听取了他的私人秘书斯坦福特汉姆的建议，用"温莎"作为"一家之姓"，从此改姓温莎。战争结束后，作为英王的乔治五世的危机并没有过去，1916年复活节发生的爱尔兰起义虽然被镇压下去了，但那里的民族问题还没有从根本上解决。加上俄国"十月革命"的影响，在当时欧洲许多王室都被抛弃的情况下，英国王室的命运也是不保险的。为了维护王室的存在，乔治五世小心翼翼地插手处理爱尔兰问题，建议国会采取温和的和解政策，从而结束了爱尔兰地区多年来的动乱，以此来证明英国王室的存在是有必要的。

在当时的英国，乔治五世是唯一具有政治经验而又超脱于党派之争的政治家。人们称他为"水手国王"，他喜欢水上运动，有病时还在参加英国的快艇比赛，比赛的那天，他特意穿上了自己的海军制服，容光焕发，仿佛又回到了青年时代。除了赛艇和体育活动之外，乔治五世还爱好集邮，早在英国海军军校学习时，他就对集邮产生了兴趣，在1891年的吉尼斯目录中就已经记载了许多他收集的珍品。

乔治五世虽然受到英国民众的拥戴，但也难免受到一些诽谤。有人曾编出了一个谣言，说他当年随海军在马耳他驻防时曾秘密结婚，为此乔治五世把诽谤者告上了法庭。在乔治五世当年的海军战友和马耳他当地居民的做证下，证明所谓的国王曾秘密结婚，纯属造谣，造谣者被判向国王公开道歉并罚以重款。1936年1月20日，乔治五世与世长辞，英国民众真心哀悼这位年轻时曾张着船帆去远航的"水手国王"。

法国的"老虎"总理——乔治·克里孟梭

乔治·克里孟梭，法国政治家、第一次世界大战时法国大名鼎鼎的"老虎总理"。他是法国顽固的资产阶级政治家，曾两度出任总理。他的政治手腕狠毒，发言咄咄逼人，富有煽动性，以残酷镇压工人运动和策划推翻过18个内阁而被称为"老虎"和"倒阁圣手"。在担任法国总理期间，他对协约国战胜同盟国起了至关重要的作用，在《凡尔赛和约》的签订上，作为三巨头之一，也有巨大的影响，被法国人称为"胜利之父"。

1841年9月，克里孟梭出生于法国旺代省一个偏僻乡村的一个小绅士家庭，家境不错，自家有座祖传的庄园。青年时期的克里孟梭基本上是在农民中间度过的，他的父亲贝雅曼是当地的一名医生。位于法国西部的卢瓦尔河下游的旺代省是法国各省中受传统影响和宗教影响较深的省份之一，也是一个比较保守落后的地方。该地区环境优美，却有暴力历史。总的来说，这里的人总是站错立场：在天主教胜出的宗教战争中，他们是新教；法国革命中，他们是天主教徒和保皇派。克里孟梭一家是少数中的少数，他们是共和党，激进而且坚决反对教士。但作为医生的邦雅曼由于社会接触面广，思想比较开明，他不相信宗教，而且拥护共和，曾因反对路易·波拿巴复辟帝制而被发配到土伦监狱服刑。

克里孟梭从小受父亲影响，在思想上也是主张共和、民主和新闻自由。和父亲一样，他学医出身，也和父亲一样，他从不看病。对他来说，学习始终是位于写作、政治活动和恋爱之后的。还在学生时代起，他便在报上发表评论文章，并积极参加反对拿破仑三世的活动，结果像他的父亲一样，也被关进了监狱，好在时间不算长，只关了他七十多天。1866年年初，克里孟梭以《时报》通讯记者的身份到美国，在共和党人向往的自由之地美国待了很长时间。旅行练就了他流利的英语，在一所女子学校教授法语时，他结识了一位来自新西兰的女孩玛丽·普拉莫。她可爱单纯，非常传统保守，并最终成为他的妻子。他带她回到法国，但他们的婚姻并不持久。玛丽·普拉莫一直住在巴黎，靠带美国游客参观博物馆及领取微薄的养老金过活。分手后，她几乎没有再见过克里孟梭，1917年她去世后，克里孟梭不无遗憾地说："她嫁给我真是个悲剧！"

和其他年轻人一样，克里孟梭也被吸引到激进的知识分子、记者和艺术家云集的巴黎。这时他的思想早已是全盘美国化了，极力主张在法国也实行像美国那样的共和制。1870年普法战争爆发，法军惨败，拿破仑三世在色当被俘，消息传到巴黎，人心浮动。当年9月，巴黎爆发革命，拿破仑三世的政权瓦解了，新成立的临时政府宣布恢复共和制，并决定继续对普作战。随着拿破仑第三帝国垮台和第三共和国的兴起，参政的大门向克里孟梭和其他一些激进的政治家敞开着。克里孟梭自称是个头脑敏锐、充满智慧的演说家。他被任命为巴黎一个区的区长，第二年又当选为激进派议员。1971年3月，巴黎的工人和市民在蒙马特尔举起义旗，成立了著名的巴黎公社，巴黎公社要建立社会主义制度，资产阶级临时政府开始对那里的工人和市民进行武力镇压，作为一区之长的克里孟梭保持中立，既对起义民众抱有同情，也反对群众使用暴力。他奔走于公社与凡尔赛这两个政权之间，希望能够进行调停，以避免"内战"的发生。

临时政府为了平定巴黎公社，便与普鲁士签订了卖国的条约，割地赔款。作为一名新当选的代表，他反对同普鲁士签订的和平条约，并因此辞去了议员的职务，以表抗议。临时政府与普鲁士签订条约后，普鲁士放回了被俘的10万法军，临时政府利用这支军队，镇压了巴黎公社。巴黎公社被镇压后，克里孟梭辞去了区长的职务，在巴黎重操旧业，继续当他的医生。四年后，克里孟梭担任了市议会的议长，并被选为众议员，不久便成了激进派的领袖。在法国的那些资产阶级政治家中，克里孟梭有着较高的政治威望，作为激进派的代表人物，他不断抨击温和派的政府。他在议会质询时，发言咄咄逼人，富有煽动性，曾导致了好几届内阁总理垮台，从而获得了"倒阁能手"和"老虎"的绰号。

抨击权威时，克里孟梭毫不留情，并准备为胜利而不择手段。一个了解他的人说："他来自狼窝。"他的对手觉得他像大仲马小说中的人物。克里孟梭对世俗常规的蔑

▲ "老虎"总理——乔治·克里孟梭　　▲ 位于香榭丽舍大道上的乔治·克里孟梭雕像

视及强烈的愤世嫉俗对他并不利,劳合·乔治就曾这样评价他:"他热爱法国,却痛恨所有法国人。"由于克里孟梭的过于激进的态度,使他四面树敌。1893年的选举中,由于受到四面八方的攻击,克里孟梭终于落选。在近十年的时间里,克里孟梭在政治上难有作为,只好埋头从事报界活动,他创办了《集团》周刊,并主持《震旦报》的主要工作,报纸成了他从事政治活动的基地和武器。由于克里孟梭的报纸敢于坚持正义,且语言犀利,他的声望再次提高,这使得他再度当选为参议员,并成了参议院中左翼派别的领袖。1906年,他先是担任了内政部长,接着又出任了总理,终于如愿以偿地坐上了法国总理的交椅。

在克里孟梭担任总理期间,进行了许多社会改革,比如八小时工作制、征收累进所得税等。在一次工人的大罢工中,克里孟梭动用了军队进行镇压,而他的所谓社会改革措施多数只是停留在纸上,并没有真正兑现。只有退休法令这一项得以通过,在这个法令中,规定只有65岁以上老年工人才能享受,工人们把它称之为"死尸的退休金",因为当时工人备受剥削、摧残,很少有人能活到这个年龄。克里孟梭上台前一贯反对新闻检查,他想说什么就说什么,可在他上台后却下令压制新闻自由。没上台时他是左翼的代表,上台后却成了右翼全力支持的对象,成为对付无产阶级和人民群众的"铁腕人物"。上台前他强烈反对对外殖民扩张政策,上台后却继续推行前届内阁的帝国主义政策。这时已是第一次世界大战的前夕,为了争取胜利,克里孟梭始终认为法国需要联盟。1914年之前,德国是个不可战胜的对手,其工业、出口额及财富都在增长,而法国则停滞不前,且出生率下降。克里孟梭坚决奉行联合英、俄以对付德国的政策,竭力促成法、英、俄"三国协约"最后形成。

克里孟梭异常勇敢也很固执,1914年,德军开始攻占巴黎,法国国会讨论要撤离。克里孟梭说:"对,我们离前线太远了。"当1917年到来时,法国进入了其在第一次世界大战中的最困难的时期,无论是在前线还是后方,各种各样的危机此起彼伏。由于战争的结束遥遥无期，使广大民众逐渐滋生厌战情绪，而物价飞涨、食品限制、交通困难等使得民众的生活状况日趋恶化，这一系列现象导致社会危机在城市纷纷爆发，在法国到处都出现了罢工浪潮。在法国政府内部也出现了主和派，主张与德国议和。在这种局势下，让一位铁腕人物上台执政已是刻不容缓，法国总统普恩加莱不得不请绰号"老虎"的克里孟梭组阁。此时的克里孟梭已有76岁高龄，他在重新组阁时发表的演讲中说："我的对内政策是我要作战，我的对外政策是我要作战，任何时候，任何地方，我都要作战，而且我将不断作战直至生命的最后一刻。"他对一名美国记者说："由于德国对法国的罪恶行径，我一生所有的恨全部给了德国。"在那些黑暗的日子里，作为总理，他团结法国上下并最终取得了胜利。

针对失败主义情绪及反战运动在国内的进一步发展，尤其是为反战而掀起的罢工浪潮一浪高过一浪，克里孟梭上台后，不仅对举行反战罢工的工人毫不留情地进行镇压，而且也不肯轻易放过前几届政府中的一些所谓的"失败分子"。为此，他把前内政部部长马尔维驱逐出了法国，并把前总理卡约关入了牢房。在他的高压政策下，全国上下一时间很少有人再敢提和平两字。在漫长的一生中，克里孟梭坚持自我不可战胜，他的敌人声称他歪斜的眼睛和残忍的性格是匈奴人遗传的。克里孟梭的特点是独断专行，实际上是实行个人独裁，对国内的反战力量坚决镇压，当听说德军同意停战协定时，他有生以来第一次激动得说不出话来，双手抱头而泣。77岁的他高喊："我总算等到了这个复仇的日子！"战后的和会原本是要在一个中立国举行的，以免因仇恨而失去公正，但在克里孟梭的再三要求下，最后才定下来在巴黎举行。在和会上克里孟梭被推举为大会主席，为确立法国在欧洲大陆的霸主地位，他竭力主张肢解德国，要求德国偿付巨额赔款。当其他国家提出异议时，他不是拍案反对，就是以退出会场相威胁，使会议多次陷入停顿和僵局。但是法国的实力有限，"老虎"也不得不向自己的盟国做出一些让步。

在和会期间，这位78岁的老人每天要接待50个人，日理万机，但跟他打交道的人感觉在战争中都没有像现在和谈时这么难受。在签订和平协议时，克里孟梭主张让

▲ 1923年1月，在德国拒绝支付战争赔款后，法国部队进入鲁尔。

德国永远不能翻身，甚至主张把国界线划到莱茵河，结果遭到了英美的一致反对而没能实现。在巴黎和会期间，法国的盟国对法国的顽固、贪婪和强烈的报复心非常恼火，但事实上，英国得到了想要的——德国舰队和主要殖民地，而美国与德国也被大西洋远远隔开。只有法国，还得面对着德国，法国渴望报仇和赔偿，但更需要安全，没有人比克里孟梭更明白这一点。战争结束后，法国政府确认了克里孟梭在战争中的功绩，指出他为法国立下了伟大的功勋，从此被法国人称为"胜利之父"。但紧随其后，克里孟梭在法国开始受到攻击，法国总统普恩加莱则称他为"被国家敬之为神的疯子"。

战后的法国社会满布创伤。虽然胜利的旗帜在路灯杆和窗户上高高飘扬，但到处可见四肢不全的人及退伍军人身穿破旧的军装在街角乞讨，几乎每两个妇女就有一人服丧，左翼媒体要求革命，右翼要求镇压，罢工和抗议接踵而来。1918年冬天和次年春天，满街都是身穿法国蓝色工装的游行示威的男女及反游行的中产阶级。在1919年5月1日，当法国工人游行时，克里孟梭下令向游行队伍开枪，完全使自己显现出一副粗暴残忍的独裁者形象。当年年底他满怀信心地参加了总统竞选，他认为自己有十分的把握可以取胜，不想却遭到了惨败，在战争时他的强制手段或许是需要的，但在和平年代，没有人欢迎他，更何况他这时已年近80岁了。

老克里孟梭从此退出了政界，回到了他的老家，他拥有一处乡村别墅，每天过着种花、看报、写回忆录的生活，自从他离开政界后，也没有人再提起他。只有他的密友能看到他的另一面——他对朋友忠心耿耿，朋友们对他也很忠实，他善良友好而且也舍得花时间和金钱。他喜欢他的花园，虽然据一位参观过的人说"整个花园就是各种种子乱撒一通"。

1929年11月24日，88岁的克里孟梭死于旺代省故居。他的遗嘱是这样写的："我死后，请将我的遗体葬在我父亲贝雅曼·克里孟梭的墓地旁边。我的遗体应当直接从太平间送到墓地，不进任何教堂，不搞任何有仪式的葬礼。我的坟墓应与我父亲的一样，不立墓碑，只安一圈铁栅栏即可。"

狡猾的狐狸——英国首相劳合·乔治

有一天，劳合·乔治和朋友在院子里散步，他们每经过一扇门，乔治总是随手把门关上。"你有必要把这些门关上吗？"朋友很是纳闷。"哦，当然有这个必要。"乔治微笑着对朋友说，"我这一生都在关我身后的门。你知道，这是必须做的事。当你关门时，也将过去的一切留在后面，不管是美好的成就，还是让人懊恼的失误，然后，你才可以重新开始。"

劳合·乔治是英国自由党领袖，第一流的资产阶级政客，曾任首相。因其老谋深算、精明干练、语言犀利而荣膺"狐狸"之外号，列宁则称他是"愚民部专家"。巴黎和会召开时他已有三十年从政经验，在巴黎和会上任副主席。这位机灵、矮小的威尔士人实在令人难以捉摸，他为维护欧洲大陆的均势，让法德两国相互牵制，玩弄各种手

▲ 劳合·乔治

段,使英国的企图基本得逞。1863年1月17日,劳合·乔治出生于曼彻斯特。父亲威廉·乔治是威尔士一所小学的校长,在他不足两岁时就去世了。母亲带着他在威尔士依靠兄弟为生。劳合·乔治的舅父是鞋匠兼浸礼派牧师,他的许多信念正是从舅父那里吸收形成的。劳合·乔治14岁时,舅父培养他走上当律师的道路。他在法庭上进行成功的辩论,使不信奉国教者赢得在其教区的教堂墓地埋葬的权利,从而崭露头角。

他有那样一个舅父真是幸运,总给他无微不至的关怀和大力支持。当年少的劳合·乔治发现他失去对上帝的信仰时,作为非神职布道者的舅父原谅了他;当他决定学习法律时,他的舅父又提前一步学完法语语法以帮助他达到语言要求;当没钱没势的他下了巨大赌注决心从政时,他的舅父一如既往表示支持。可惜这位老人只活到外甥刚刚当上首相就去世了。1890年劳合·乔治在卡那封自治市补缺选举中获胜,进入议会,这一席位他保持了五十五年。他很快以大胆、具有魅力、机智和掌握辩论的技巧而蜚声下院。1895年选举后,自由党处于在野地位已长达十年,在这期间他成为自由党激进派领袖。劳合·乔治天生适合从政。无论是委员会的辛苦工作还是重大的政治运动,他全都非常热衷。虽然喜欢唇枪舌剑,但他本质上却十分善良。与威尔逊和克里孟梭不同,他不憎恨对手,在政界也不是知识分子。虽然博览群书,依然喜欢咨询专家。

1916年12月6日,劳合·乔治就任首相,首先建立了由5人组成的"战时内阁",目的是要摆脱各部的领导以便全力指导作战,并把过去各部对内阁负责制改为对首相负责制,以加强首相的职权。1917年4月,美国正式对德宣战,这对英法是极大的支援。1918年英法军队开始反攻,11月初德国接受停战条件,第一次世界大战以协约国的胜利而告终。1918年12月劳合·乔治再次当选,1919年1月10日组成新政府,次日,率领英国代表团出席巴黎和会。和会三巨头都带着各自国家的特色前去谈判:威尔逊带着美国的"仁慈",确信美国的方式是最好的,并且对欧洲可能意识不到这一点而有一丝不安和怀疑。克里孟梭带着法国深沉的爱国精神、胜利的安慰及对德国复兴永远的忧惧。劳合·乔治则关心英国的殖民地及其强大的海军。每个人都代表国家的利益,同时也代表个人,他们的成败、劳累、疾病和喜好都会影响和平方案。

巴黎和会是"一战"结束后胜利的协约国集团为解决战争所造成的问题及奠定战后的和平而召开的会议。这个和会是胜利国举行的和会,又是个大国操纵的和会,美国总统威尔逊、英国首相劳合·乔治、法国总理克里孟梭主导了和会的进行。和会上签订了处置德国的《凡尔赛和约》，同时还分别同奥、匈、土等国签订了一系列和约，它们构成了凡尔赛体系，确立了"一战"后由美、英、法等主要战胜国主导的国际政治格局。在这三巨头中，劳合·乔治和克里孟梭自1908年就熟识了。克里孟梭觉得劳合·乔治对欧洲和美国无知到了令人震惊的地步，而他留给劳合·乔治的印象则是"令人讨厌、脾气暴躁的野蛮老头"。劳合·乔治说，他发现在克里孟梭的大脑中"没有仁慈、尊重和友好"。

战争期间，当劳合·乔治不得不和克里孟梭打交道时，不得不表示非常欣赏克里孟梭的智慧、坚强和爱国热情。克里孟梭也勉强应付劳合·乔治，虽然他经常抱怨劳合·乔治没有教养，这个法国老头曾严厉地说他不是个"英国绅士"。在会议过程中，三巨头各怀鬼胎，英国希望得到海上霸权、殖民霸权，而且希望欧洲大陆各国实力均等，即大陆均势。法国希望得到欧陆霸权。美国则想得到世界霸权。于是，很有意思的一幕出现了，每一个国家都会与另两个国家互为对手，而又都能与另两个国家的任意一个联手。所以，这场会议足足开了五个多月，为了索取战败国的赔款，英国首相劳合·乔治和法国总理克里孟梭吵得不可开交。

三人中，劳合·乔治最年轻，他性格欢快，面色红润，有一双漂亮的蓝眼睛和一头蓬乱的白发，他不但年轻，而且身体好，适应能力强。威尔逊为遵守自己提出的原则焦虑成疾，克里孟梭为法国的需求彻夜不眠，劳合·乔治却接受挑战和危机而不断进步。就连一个从未认可过他的保守党人也不无敬佩地说："无论会上发生什么，工

▲ 巴黎和会上的美、英、法、意四国首脑，坐者左起为：意大利总理维托里奥·奥兰多、英国首相劳合·乔治、法国总理乔治·克里孟梭、美国总统伍德罗·威尔逊。

作多么艰难,责任多么重大,劳合·乔治先生总是处于最佳状态——经常发表高明而毫无恶意的评论以戏弄同僚。"已经78岁的克里孟梭,虽已满头白发,但仍像只野兽般凶猛,真不愧他的"老虎总理"的外号。而劳合·乔治也百般纠缠,一点儿都不牺牲本方的利益。美国总统威尔逊只好在英法之间周旋,忙着打圆场,经过无数次的争执和讨价还价后,终于有了结果:英国得到了国际联盟所规定的委任统治制度下拥有1000万人口的领土,法国得到阿尔萨斯、洛林、萨尔等地。日本得到了德国在太平洋上的属地,而美国的"门户开放"原则也得以通过。人们通常认为劳合·乔治只不过是个机会主义者。克里孟梭曾把他看作英国律师,他说:"他为了打赢官司什么手段都用。必要的话,他还会用自己前一天驳斥过的论据。"善于发现他人缺点的威尔逊认为劳合·乔治缺乏原则,他希望能和不像劳合·乔治那么狡猾的人打交道,因为他老是"拖沓敷衍,妥协让步"。实际上,劳合·乔治很讲原则,但又同样讲求实用,他不愿在堂吉诃德式的荒唐行动上浪费精力。巴黎和会自始至终在帝国主义战胜国的操纵下进行,劳合·乔治与法国总理克里孟梭及美国总统威尔逊勾结在一起,操纵和会,力图按帝国主义意图重新瓜分世界。英国不愿意听任法国称霸欧洲大陆而与自己抗衡,不赞成过于削弱德国,给了德国军国主义的复活以可乘之机。

年轻时的劳合·乔治容貌俊秀,浪漫放荡,许多风流韵事使宽容的妻子也难以忍受。克里孟梭与女人的绯闻使他名气大增,而劳合·乔治却没有那么幸运。其情妇的丈夫们多次威胁在离婚法庭上指名道姓起诉他。他的妻子非常坚强,对他忠贞不渝,但最终还是与其分居。她喜欢住在威尔士北部照料她心爱的花园。1919年,劳合·乔治最终与小女儿的家庭教师——年轻的弗朗西丝·史蒂文森——确定关系,她有教养,办事高效而且很有头脑,是他的情人、精神伴侣和工作上的得力助手。

美军装甲部队创始人——"一战"中的乔治·巴顿

在美军的历史上,乔治·巴顿是一位有着极其特殊地位的人物,对于他,军界和学术界历来有不同的历史评价。许多人认为巴顿将军是一位统率大军的天才和最具进攻精神的先锋官,是美国的首席坦克专家,甚至说他是20世纪的拿破仑。但同时也有人指出巴顿勇猛有余而智谋不足,骄傲自大,华而不实。但不管人们怎么评价,在"一战"和"二战"中,这位"猛张飞"式的人物都最具传奇色彩。

巴顿是一位性情中人,爱憎分明,优点和缺点一样突出。这是一位一生都追求完美的人,是无论何时都有着浓烈的职业道德意识和荣誉感的典型军人,勇敢与机智深深地浸入他的血液之中。巴顿于1885年11月11日出生在美国加利福尼亚州一个军官家庭,他的父亲老巴顿曾参加过美国的南北战争。巴顿18岁时进入了私立弗吉尼亚军事学院学习,一年后获得了入西点军校的保送资格。1909年6月,巴顿在西点军校毕业后,随即以少尉军衔被分配到美国第一集团军骑兵部队服役。第一次世界大战爆发后,巴顿曾希望能到欧洲投入法军参战，但未获批准。一年后他被调往布利斯堡，被分到了潘兴将军的麾下。1916年，潘兴将军率领一支部队深入墨西哥追剿土匪，把巴顿带在身边做临时副官。这时的巴顿身兼数职——助理情报官和司令部发令官，并且还要亲自担负传令和联络的工作。每次战斗他都身先士卒，赢得了英勇的美名。

1917年4月，此时已升为上尉的巴顿随潘兴到了法国，仍然做他的副官。他把在这位将军的参谋部里任职视为一种荣誉。但不久他就发现，自己不受拘束的性格和喜欢冒险的精神，使他很难安心于美国远征军那庞大而复杂的司令部中的生活，于是向潘兴提出要去前线作战。刚好这时潘兴正思考在美军中建立一支坦克部队的问题，他听完巴顿的请求后，给出两个职务供巴顿选择，一是去指挥一个步兵营；二是去组建一支坦克部队！巴顿选择了去坦克部队，可这时美军的"坦克部队"还连一点影子也没有呢，坦克作为一种刚刚出现在战场上的新式武器，它的实际用途还没有被实践所证明。1917年年底，巴顿正式接到命令去坦克部队任职，他第一次接触到坦克时，并不喜欢它，把它称为"带轱辘的棺材"。

为了更好地完成自己的使命，巴顿首先去参观英法的坦克训练中心，熟悉了这种武器的性能和用法。然后他就写了一份详细的报告，这也就成为关于美国坦克的基本文件了。他在报告中论述了坦克的构造、修理、维护及

▲ 巴顿将军像

▲ 图为1918年9月26日清晨，协约国军对默兹-阿贡山区发动第一阶段攻击，图为美军操纵142辆坦克实施冲锋。这是美军首次参与了坦克战。美国在这里赢得了决定性的胜利，这也是美国参战后进行的最大一场战斗。双方投入兵力为120万人，飞机840架，坦克324辆。此战之后，德国已无力再发动大规模进攻。

兵员的训练和战术等问题，当时主要的思想就是使用坦克支援步兵来突破对方的防线。巴顿在驻法美军中参与了美国第一支装甲部队的创建工作，建立了装甲兵的训练学校，用法式轻型坦克组编成一支坦克旅，他本人也由少校被升为中校。巴顿当时的任务是训练和指挥两个坦克营，这两个营将组成美军坦克兵的第一旅。这时的巴顿已经喜欢上了坦克这种威力巨大的战争武器，他越来越相信，没有坦克便无法打开敌方阵地的缺口。杀人的武器很多，但他相信，坦克最能致敌于死命。

到1918年7月，巴顿已经组建了6个连的装甲部队，并由此成为美军装甲部队的创始人。在当时，一般人都公认这是美国远征军中最厉害的部队，而巴顿则以远征军中"最残酷的军纪森严的教官"而声名远扬。经过短暂而切实有效的训练之后，巴顿随同该旅参加了第一次世界大战的圣米耶尔和默兹—阿拉贡等战役。他率领两个营的装甲部队参战，在一次战斗中，巴顿竟一个人开着坦克，冲入德军防线内，差点送了命。战役结束后，巴顿因为作战英勇和训练有功而受到了嘉奖，不久升为上校。潘兴对他的评价是"巴顿这小子是一个真正的斗士"。

战争是来不得任何虚假的领域，巴顿是一个对部下要求极为严格的军人，荣誉法则是巴顿带兵理念的最为素朴的本质。巴顿在美军中有一个外号，叫作"赤胆铁心"。他的部下说："这个外号最能反映巴顿的尚武个性，他用这四个字，把他的部队锻造成美军最有战斗力的部队！"在战术上，巴顿要求他的部属必须树立进攻意识，"记住，要用火力牵着敌人的鼻子走，要在运动中把敌人打得屁滚尿流。"这句话成为巴顿一辈子坚持的基本作战理念。

▲ 西西里岛上的巴顿将军
1943年，巴顿指挥他的军队在极度恶劣的条件下登陆西西里岛，进而解放了意大利。

1919年战争结束后,巴顿被派往米德堡,在那里的训练中心与他的同学艾森豪威尔相遇并建立了友谊,后者此时正在负责美国国内的坦克兵训练。这两位曾讨论如何将装甲兵发展成为一个强大的机动兵种,从此不再受行动迟缓的步兵的牵制。

1920年,美国新出台的国防法案改组了美国陆军,并且还降低了正规军官的军衔,巴顿降为少校,因为不愿加入步兵,就又回到了他原来的兵种——骑兵。1939年9月,第二次世界大战全面爆发,美国面临着战争的威胁,巴顿的军事才能得到了陆军参谋长马歇尔的赏识,马歇尔认为他是一个优秀的装甲兵将才。1940年7月,马歇尔批准组建美国的装甲师,巴顿受命组建一个装甲旅,并被晋升为准将,不久之后,巴顿被任命为第二装甲师师长,并被晋升为少将。

马歇尔对巴顿的赏识起于"一战"中的圣米耶尔战役,巴顿因那次鲁莽的行动受到上司罗肯巴克将军的申斥,但马歇尔则非常欣赏巴顿的行为。从性格上来看,马歇尔与巴顿绝不是同一类型的:马歇尔文静、安详、含蓄,始终如一,是一个固守原则的人;而巴顿则急躁、喧嚣、行动敏捷,是一个机动灵活的人。然而马歇尔却从巴顿那种古怪的性格和极强的表现欲之下,发现了这些外表背后的东西,认为巴顿是一个极富有指挥能力的军事天才。1941年12月珍珠港事件之后,美国对轴心国宣战,升任第一装甲军军长的巴顿率领美国先遣队4万多名官兵横渡大西洋,再次踏上了欧洲战场。在"二战"的过程中,巴顿始终是美军中一颗最耀眼的将星,在战争后期他被擢升为四星上将。战争结束后不久,性格粗鲁而直率的巴顿因在正式场合出言不慎,被媒体加以利用,使他在军中的地位受到了很大的影响,不久因车祸而去世。按照巴顿的遗嘱,他被安葬在美军第三集团军在卢森堡哈姆的大型公墓里,和他的6000名部下葬在了一起。

"苏俄红军之父"——托洛茨基

1940年8月20日,在墨西哥城郊外的一栋别墅里发生了一起命案,一个61岁的老人被人用冰镐给砸死了,这位死者就是在20世纪苏俄极具悲剧色彩的传奇人物——"苏俄红军之父"托洛茨基。列夫·达维多维奇·托洛茨基,原名列大·达维多维奇·布隆施泰因,是俄国历史上最重要的无产阶级革命家之一,同时也是苏联红军的主要缔造者之一。

20世纪初,犹太裔知识分子出身的托洛茨基本是个思想家、政治活动家和职业革命家,他并非行伍出身,在俄国的"十月革命"之前也没有过军事生涯的经历。在1905年的俄国革命时期,年仅26岁的托洛茨基被工人群众推举为圣彼得堡苏维埃主席。在1917年的俄国革命中,托洛茨基率领的"区联派"与列宁派联合,他本人再次被工人推举为彼得格勒苏维埃主席。对于俄国"十月革命"这场20世纪所发生的最重大的社会革命,托洛茨基做出了重大的贡献。在"十月革命"前夕,他作为彼得格勒苏维埃负责人被推为布尔什维克党的军事革命委员会主席,成为攻打临时政府所在地冬宫的起义行动总指挥,因此可以说他是"十月革命"军事意义上的领袖,这也是他指挥军事生涯的开始。

后来与托洛茨基成为政坛上的死敌、当时也是作为革命组织领导者之一的斯大林曾

▲ 列夫·托洛茨基是布尔什维克运动的领导人，也是"十月革命"的主要组织者。

说过："起义的一切实际组织工作是在彼得格勒苏维埃主席托洛茨基同志直接指挥之下完成的，我们可以确切地说，卫戍部队能够迅速地站到苏维埃方面来，革命军事委员会的工作之所以搞得这样好，党认为这首先要归功于托洛茨基同志。"

"十月革命"取得胜利后，新成立的政权首先面临着的艰巨任务就是要退出世界大战。在德军兵临城下，而俄国经济崩溃、军队瓦解的情况下，托洛茨基被委以重任，去和德国人进行关于停战的和平谈判。由于德国人所提出来的停战条约实在是过于苛刻，最初的托洛茨基并没有接受列宁关于马上签字的主张，而是附议当时多数的意见，采取了不战不和的态度，并拒绝在苏德和约上签字。但在德国人随后发起的进攻中，在俄国处于危亡之际，洛茨基最终还是站到了列宁的一边，与德国签订了《布列斯特—立陶夫斯克和约》。尽管《布列斯特—立陶夫斯克和约》是一个条件十分苛刻的屈辱性条约，它使苏俄丧失了近100万平方千米的土地，但它的签订使苏维埃俄国摆脱了战争，巩固了政权，并粉碎了协约国企图利用德国之手扼杀苏俄的阴谋。1918年11月13日，即协约国对德停战协定签字后两天，苏俄政府宣布废除了这个屈辱性的条约。

在当了三个月的外交人民委员后，托洛茨基又被任命为军事委员会主席兼陆海军人民委员，负责创建红军的工作。在退出世界大战后，苏俄所面临的最严峻的问题就是内战，"十月革命"后的俄国，新建立的政权的势力只限于首都附近地区，在俄国广大的土地上，各种反对势力都在与新生的中央政权做对，苏俄和德国签订极其屈辱的《布列斯特—立陶夫斯克和约》，被反对派指为卖国，协约国列强也乘机以支持对德作战的俄国"爱国者"为由进行干预，在协约国的支持下，多股白军正在组织起来，他们中著名的有彼得留拉、邓尼金、高尔察克、弗兰格尔等白军，还有一支大约有5万多人的捷克军团，此外还有向苏俄进军的波兰军团。此时的苏俄已是陷入了内战之中。在这个时期，托洛茨基被委以苏俄革命军事委员会主席的重任，负责组建苏联红军并全权指挥作战。从苏俄新政权建立后对托洛茨基的这两项任命来看，他的确是苏俄布尔什维克党中一个最被倚重的人物。

虽然托洛茨基并非职业军人，但他的统帅才华和军事影响力丝毫不亚于他在革命与政治上的业绩,也不亚于同时期任何一位名将。托洛茨基不但是世界历史上第一个社会主义国家的缔造者之一,也是世界历史上第一支共产党军队的创建者和统帅,他亲自指挥这支初建的红色军队赢得了一场决定俄国命运甚至欧洲命运的战争的胜利。

俄国内战爆发后,布尔什维克党陷入严重危机之中,新政权刚刚建立时期,彼得格勒只有不到5000人的赤卫队,而莫斯科还要少,只有近4000人,而且这些由工人组成的赤卫队并非正规军,基本上是没有多大战斗力的。1918年1月中旬,苏维埃人民委员会通过了关于建立工农红军的法令,列宁把这个在当时最为重要的任务交给了托洛茨基。3月间,托洛茨基就任苏维埃军事人民委员和最高军事委员会主席,他的第一项任务就是要赶快组建出一支部队来,列宁给他的任务是要组建一支300万人的苏俄红军。

托洛茨基很快就显示出了他那非凡的组织能力,虽说他从未加入过行伍,但搞起军事来,他还是很了不起的,仅仅在三个月内,就迅速从无到有打造出了一支红色队伍,到了当年初夏,已建成了一支30多万人的苏联红军,到了秋后,红军的队伍猛增到80多万,而到了年底的时候,已经超过了100万!列宁曾对他的朋友、著名作家高尔基欣慰地说道,除了托洛茨基,谁还能给我迅速地打造出一支上百万人的强大军队?

为了完成列宁所提出来的组建300万军队的任务,托洛茨基采用强迫动员的方式;为了加强军队的纪律性,托洛茨基颁发了一系列的条令,并恢复了军事法庭的死刑;为了提高部队的指挥能力,托洛茨基雇用了有军事专业知识的旧沙俄军官。此外,托洛茨基还在苏俄红军中创建了政委制度,从连一级到总司令的各级政治委员主要由布尔什维克的党员骨干担任。政委制度的出现,使这支新组建成的军队完全掌握在了布尔什维克党的手中。

▲ 托洛茨基(第二排左四)视察莫斯科苏联军事研究院时与研究员们合影留念。

在内战期间,作为红军之魂的托洛茨基不仅仅只是建立红军,同时还在指挥红军,他在装甲列车上设立了自己的指挥部,奔驰在各条战线上。这位从没打过仗的红军统帅亲临前线指挥作战,在敌人的炮火和飞机的轰炸下,仍然能够镇定自若。当时在托洛

▲ 《伟大的无产阶级领袖们》(宣传画)

茨基的手下已经聚集了一大批年轻有为的将领，像伏龙芝、布琼尼、叶戈罗夫和图哈切夫斯基等，这些以后的著名将领在当时都不过30岁左右。在那些身经百战的白军老将们的眼中，这些人只不过是些毫无军事经验的娃娃，但是托洛茨基就是依靠这些"娃娃"将领，先后平定了各路白军，打出了苏维埃红色政权的一统天下。

当然，苏俄内战的胜利并非只是托洛茨基一人之功，它是国内外各种因素综合的结果，革命理想的动员力、列宁的政治领导和政治谋略，各反对派势力的互不合作乃至彼此的敌对，都是重要的因素，但是托洛茨基个人的作用也是不可忽视的。1919年，苏维埃政权颁布法令，把伏尔加河中游的一座城市伊瓦申科沃改名"托洛茨克"，以表彰托洛茨基在革命与内战中的贡献，这是俄国革命后第一座以一个领导人的名字命名的城市。

托洛茨基不仅是一个杰出的外交家、军事家，同时也是一个理论家，他是20世纪国际共产主义运动的左翼领袖，也是第三国际和第四国际的主要缔造者，主要是以对马克思主义"不断革命"和"世界革命"的独创性发展而闻名于世，《托洛茨基全集》共有150卷之多，内容涵盖了政治、经济、外交、军事、艺术、教育等几乎一切领域。托洛茨基还是苏俄新经济政策及社会主义计划经济的首先提议者和实践者。

列宁对托洛茨基的评价是："能力最强，但过于自信。"在政治上，托洛茨基实在不是斯大林的对手，从1922年起，在俄共十一大后担任了总书记的斯大林自列宁病情加重不能参加政治局工作开始，就对托洛茨基进行了排挤，列宁去世后，托洛茨基被安上了"反列宁主义"的罪名，被指责为"篡改历史，歪曲列宁形象，诋毁列宁主义，抬高自己的身价，妄图以托洛茨基主义来顶替列宁主义，改变党的路线"等。1925年年初，托洛茨基被解除了革命军事委员会主席的职务。1929年，托洛茨基被逐出国门，又过上了他在俄国"十月革命"前早已过惯了的颠沛流离的日子。不过这对于他来说，毕竟是幸运的，因为那些留在国内的"革命元老"们的命运就比他要惨得多了。

托洛茨基被苏联驱逐出境后，并没放弃自己的思想，反而与斯大林唱起了对台戏，他创办了《反对派公报》，并建立国际托派组织，号召各国的支持者留在共产党内作为一个左翼反对派以"纠正"党的路线。1933年以后，托洛茨基认为受斯大林主义支配的第三共产国际已经不可救药了，于是宣布他们的活动方针不是对共产国际进行改革，而是同它决裂，于是开始筹建第四国际。在此期间，托洛茨基还一直进行着反斯大林主义的活动，并写了大量著作反对斯大林，坚持和宣传他的"不断革命论"。

1937年，苏联最高人民法庭开庭审讯所谓的"托洛茨基反苏案"，托洛茨基作为"人民公敌"缺席被判处死刑。苏联情报部门针对托洛茨基策划了多起暗杀行动，苏联内务部还成立了一个专门负责暗杀托洛茨基的小组。虽说托洛茨基躲过了多次暗杀，但最终还是没能逃脱厄运，1940年，这位"苏俄红军之父"在家中被他当作朋友的苏联情报部门特工拉蒙·麦卡德杀害。托洛茨基在临死前留下的遗嘱是"我坚信，第四国际必胜"，但他所说的"第四国际"与其说是一个政治组织，还不如说是一种在无产阶级先锋党领导下的革命必胜的历史前景，在没有人去实践的情况下，到现在只能是烟消云散了。

第一章

谍光秘影

德国间谍管理之王——瓦尔特·尼古拉少校

在第一次世界大战中，德国主要的情报机构是陆军总参谋部军事情报局，由瓦尔特·尼古拉少校领导，在军事情报局之下，是它的下属机构——设立在各大军区中的秘密情报站。到1917年时，由瓦尔特·尼古拉上校指挥的情报军官已经有150多名。这些人中许多是在总司令部直接受他的领导，剩余的那些人分布在柏林和各军区情报站，或者是在前线战区司令部里工作。大部分特务由各个军区军事情报站直接领导。当时德国军事情报局的活动经费除俄国外，在欧洲首屈一指。瓦尔特·尼古拉担任德国军事情报局的领导工作直到第一次世界大战停战之后六天。

瓦尔特·尼古拉是一个作风严谨、对自己和部下要求严格的人，从他的性格特点来看，他更像是一位严格执行命令、严格进行机构管理的普鲁士军官，比起在他之前和之后的两位赫赫有名的同行，他似乎显得过于谨慎或外行。但是在他的手下荟萃了一批纵横谍海的天才间谍，比如被后人一直称为"谍海女王"的玛塔·哈丽、最杰出的特工巴龙·施卢加和施拉格米勒等。玛塔·哈丽成了间谍的代名词，而巴龙·施卢加被称为第一次世界大战时期最成功的德国特务，施拉格米勒则被历代间谍学校当成了教材。当然，瓦尔特·尼古拉所领导下的情报机构也存在着许多缺点，尤其是在对于美国情报的搜集上，更是出现了大的失误。由于瓦尔特·尼古拉是传统的普鲁士军官，而非职业情报人员出身，所以在他的身上有着普鲁士军官忠于职守但视野闭塞的特点，他的情报对象始终关注和集中在德国的传统对手英、法等欧洲的国家上，却忽略了新生的美国，在当时的德国，还没有哪位军队的将领能预料到美国会卷入到这场战争中来，并且成了德国最致命的对手。

对于这个已经成为世界强国并有着扭转战局能力的美国，任何一种对它的忽视都将是致命错误。德国的军事情报局恰恰忽视了美国的存在。据资料记载，在美国已经参战了几个月之后，德国军事情报局甚至才开始准备对这个新的敌人展开间谍活动。但一直到最后，负责搜集美国情报工作的只有7个间谍，这个数目是那样微不足道，显然是难以和美国的重要性相匹配的，由此可见，相对于几年之后那种遍布全球的谍报网，在第一次世界大战中，德国的情报工作还只是停留在它的创建阶段。可以说，第一次世界大战时的德国情报工作还是比较肤浅的，即便是对于德国的主要敌手，德国军事情报局的工作成果也是漏洞百出的，它居然没有事先察觉和报告在战场上出现的一种划时代的可怕的新式武器——坦克，当这个庞然大物在索姆河战役中突然出现，轰隆作响地压向德军战线时，导致了德军的目瞪口呆和惊慌逃窜，给德军造成了巨大的损失，这件事对瓦尔特·尼古拉来说，真是个莫大的讽刺。

在第一次世界大战结束以后，德国的军队被改编成为魏玛共和国的国防军，尽管战胜国为了防止德国的东山再起，对德国的军事复兴做了各种限制，然而对于德国的这个不算太起眼的情报部门却没放在眼中，德国的情报部门并没有受凡尔赛条约的限制和束缚，为了对付当时德国内部的纷乱局面，特别是为了对付倾向于苏联的人民革命，德国陆军参谋总部被保留了下来，因为它对于稳定德国的军队是能发挥巨大作用的，毕竟它还是德军传统上的最高指挥部，虽然赋予它权力的德皇已被推翻了，但无论哪一派势力，也还仍然承认它的权力并乐于和它打交道。这个改了称呼的德国参谋总部按照第一次世界大战期间的设计逐步恢复了德国的军事情报机构——军事情报局。

瓦尔特·尼古拉所领导的德国军事情报局虽然没有被《凡尔赛和约》所终结，然而却被他的竞争对手所吞并。军事情报局在被转交给柏林的陆军参谋总部以后，已无力再维持昔日的规模，它被缩小为情报组，并被归属于参谋总部下属的外国军队处，它的职能和职权显然已大大降低了，处于一个不显眼的位置。取代瓦尔特·尼古拉位置担任情报组组长的是昔日情报局中老资格的弗里德里希·格姆普少校，为了避开《凡尔赛和约》的限制，处心积虑的德国为自己的军事机构披上了许多伪装，参谋总部被改称为军部，外国军队处则变成了军部三处，情报组也随之变成了军部三处的谍报组，这样做的目的是不从名字上引起战胜国的怀疑和注意。大战结束后，瓦尔特·尼古拉仍然留在了德国的情报部门，1935年，他被晋升上校军衔，担任希特勒的情报顾问。

这期间发生的雅各布间谍案，真是让瓦尔特·尼古拉眼界大开，当时有一个名叫伯尔托德·雅各布的新闻记者出版了一本小册子，在这本书中详细透露了当时正在重新武装的德军情况，其中包括德军的各级组织结构、人员分布情况及各个军区的内情，并列举出了168名德军指挥官的姓名和他们的简历等，内容之详细，足以让德国的情报部门目瞪口呆，这对于正在暗中扩军备战的德国来说，无疑是天机外泄。这本册子引起了希特勒的震怒，瓦尔特·尼古拉被勒令彻底清查此事。接受任务的瓦尔特·尼古拉寝食难安，他精心设计了一个计划，派遣一名特工人员冒充德国的出版商，以商谈出版事宜为名，把雅各布从英国骗到了德国，并把他绑架到了德国的秘密警察总部。

瓦尔特·尼古拉上校亲自主审，希望能从雅各布的口中掏出惊天秘密，看看到底是哪些人向雅各布泄露了国家机密，但审讯的结果却让瓦尔特·尼古拉大为震惊，雅各布告诉他，他所有的信息都是从德国的报纸中获取的，他的武器只是卡片、剪刀和糨糊瓶。出于对雅各布间谍天分的钦佩，瓦尔特·尼古拉没有难为他，很礼遇地送他离开了德国。但这件事给了瓦尔特·尼古拉一个启发，原来间谍工作还可以这样做，从此在他所负责的部门中出现了一个专门小组——从一个国家正常的刊物中去收集情报。这种方法要看是谁来用，"二战"时英国有个著名间谍就是选用这个方法，得到了希特勒和英国同时授予的两个最高勋章。

神秘莫测的天生特工——西德尼·赖利

西德尼·赖利是历史上最有名的间谍之一，他本是俄属波兰公民，后来去了英国伦敦。在那里，他以"精通数种语言、自信而无畏"的特长而成为英国军情六处的特殊间谍。后来，有人为他写了本传记，作者对他的评价相当高，"没有第二个间谍能拥有赖利那样的影响力"。书中还说，赖利是个擅长搞暗杀的行家，通晓下毒、刺杀、枪杀等各种手段，并且此人天性多情，拥有很多的妻子。在间谍史中，有着各种各样的传奇人物，西德尼·赖利就是其中的一个。在名分上，西德尼·赖利是属于英国的军情六处，可实际上他到底是在为谁服务，这个问题就像他本人一样，谁也搞不清楚。

西德尼·赖利一来到这个世界上就显得神秘莫测：首先是他的身世，按照他自己的说法，他出生在爱尔兰的蒂珀雷里，他的父亲是一个爱尔兰的船长。但事实却完全是另一回事，事实上他的父亲是维也纳的一个犹太医生，他的母亲是一位普通的俄国妇人，他是这个犹太医生和俄国妇人的私生子，他的出生地也不是在爱尔兰的蒂珀雷里，而是在俄国敖德萨附近的一个小镇，可以说他算得上是半个俄国人。这样的身世是西德尼·赖利绝对不愿意对人提及的。也许是因为具有犹太人血统的原因，西德尼·赖利很早就离开了家乡外出经商。思想开放的他游遍了俄国后又随着移民船到了南美洲的巴西，贫穷的巴西不是他施展抱负的地方，于是没多久他又从巴西前往世界上比较发达的英国。刚到伦敦的他人生地不熟，处境十分艰难，无奈中，他在报上看到有一政府部门要招募员工，落魄潦倒的他前去碰碰运气，还好他那周游世界的经历帮上了忙，见多识广、口才流利的西德尼·赖利被录用了。这时他才知道，自己将要为之服务的是英国的情报部门，虽然与他经商的夙愿不搭边，但那种冒险刺激

▲ 西德尼·赖利

▲ 西德尼·赖利与《007》中的主人公邦德比起来也毫不逊色。

的生涯倒也适合于他。多年的漂泊，早已使当时的西德尼·赖利练就了心狠手辣、说谎正常的一副"好心态"。

在伦敦站住脚的西德尼·赖利很快就结识了一位年轻而富有的英国寡妇，1899年，他与这位有钱的寡妇结了婚。因为西德尼·赖利对俄国很熟，所以英国情报局把他派往俄国卧底，于是他带着在英国娶的妻子一同回到了俄国。这时的他早和以前不同了，他以一个有身价的商人的身份住进了俄国的首都圣彼得堡，以此为掩护，为英国收集有关俄国的情报。每天出入社会名流圈子的西德尼·赖利很快就结识了一个被称为明石大佐的日本人，这个明石大佐的公开身份是日本派驻俄国的大使馆武官，实际上是一个日本间谍。与西德尼·赖利一样，他们都是为收集情报而来的。在交往中，生性狡诈、具有超人的说谎本领和高超的应变能力的西德尼·赖利一眼就被明石大佐相中了，他发现西德尼·赖利对俄国并没有什么感情，正是一块当间谍的好材料，决定利用他为自己搞情报，于是建议赖利到中国的旅顺口做生意，并表示为其提供必要的帮助。按理来说，受雇于英国情报部门的西德尼·赖利任务在身，是不可以随便乱跑的，可他本来就是无赖出身，凡事只从自身利益考虑，眼下见有利可图，也就把他的英国主子抛到九霄云外了，立马带着自己的妻子，乘上开往西伯利亚的火车，然后经中国的满洲里，一口气跑到了中国的旅顺口，停住脚后，和妻子一起在那里开了个木材公司。对于英国人来说，他是突然失踪了。

按照明石大佐的安排，西德尼·赖利在做生意的同时，充分发挥上天赋予他的聪明才智，利用自己俄国商人的身份与当地的俄国军政官员往来，然后把套来的情报卖给日本人。当时日本与俄国为争夺在中国的利益，关系异常紧张，大战一触即发，在西德尼·赖利的心中，可从来也不曾有过俄国是自己半个祖国的概念，尽管他生在俄国，长在俄国。与他往来的那些俄国军官都有一个共同的特点，那就是嗜酒如命，酒杯一端就什么也不管了，西德尼·赖利很容易就把一份俄国海军的"旅顺港防务计划"搞到了手，然后用它在日本人那里换成了钱。在日俄战争中，知道了"旅顺港防务计划"的日本海军以迂回的方式绕过了俄国海军为保护海港而布置的水雷区，对俄国海军舰队发起了突然袭击，把在旅顺港内的俄国舰队打得措手不及，跟跄大败。吃了亏的俄国人开始找原因了，活跃在俄国军官中的西德尼·赖利自然引起了俄国人的注意，他自己没察觉到危险，但一直在他身后观察的明石大佐却是旁观者清，他找了个机会暗示西德尼·赖利赶紧离开,并引荐他为日本服务。形势危急,赖利让他的妻子返回伦敦,自己则去了日本。去到日本的西德尼·赖利成了一名为日本服务的情报员,对于英国、俄国和日本,赖利并没有把自己算在哪一方,应该说他只是一名情报贩子,他搞情报,然后卖给愿意出钱买的人。他在日本的这段时间,又搜集了许多有关日本和俄国的情报,不久后都卖给了英国。看来他的确具有商人的头脑。

到日本没多久,西德尼·赖利突然又从日本蒸发了,这次他跑得很远,一直跑到了中国陕西的西安,栖身在当地的一座很少有人光顾的寺庙里。谁也不知道他要在那里干什么,但有一点是可以肯定的,那就是他绝不是去念佛的,他是商人,所作所为只能从利益上判断。果不其然,这时的他又和俄国人牵上手了,接了俄国人的单,为俄国情报机构搜集中国西部的情报。还别说,凡是西德尼·赖利出手的情报,都是有些水准的,俄国情报机构的专家巴德米耶夫对他所提供的东西就大加赏识。1905年秋,西德尼·赖利在中国待够了,想去英国的妻子那里,在从中国去英国的路上,要借道俄国,听说他要到了,俄国情报机构的专家巴德米耶夫还亲自约见了他一次。见面时,巴德米耶夫对他的谍报天才大加称赞,并建议他回到英国后,再重点搞些有关德国的情报,这样他就可以一箭双雕,一份情报可以卖给两家,既为俄国服务又为英国服务。巴德米耶夫的这个建议,倒是很符合西德尼·赖利的心意,他自然是一口应允。在圣彼得堡花天酒地几天后,西德尼·赖利回到了英国伦敦。

西德尼·赖利是卖情报的,回到伦敦后的他又找到了英国情报机关这个从前的主顾。英国情报机关可是正规的国家机构,是有严格规定的,像他这样不受约束的市井无赖按理是要受到拒绝的,但世界是现实的,在利益面前一切都是可以商量的,西德尼·赖利能搞到别人搞不来的情报,就凭这一点,英国情报局就会对他宽容有加。对于他来说,一切都是交易,英国情报部门怎么想的他是不会介意的,他又没指望在那里捞个一官半职的。这个时候,第一次世界大战即将爆发,根据有关情报,英国人得知德国人的一家工厂正在生产一种新式武器,英国当局想要知道德国人这种武器的生产情况,于是把西德尼·赖利派了出去,要他打入这家工厂。赖利按计划去了德国,经过改名换姓后,以电焊工的身份混进了这家工厂。经过西德尼·赖利的努力,查明原来德国人在这里所生产的新式武器是一种毒气弹,在后来的伊普雷战场上德国人所使用的毒气弹就是在这里生产出来的。赖利的情报使英国人大为紧张,英国情报局要求赖利赶快搞一份这家工厂的生产计划。对于赖利来说,这可不是一个可以轻松完成的任务,因为工厂的生产计划是放在保密室的保险柜中的,而且在那个保密室的门前还有两个警卫,赖利只是一个搞情报的,而不是战斗人员。但赖利居然在一个深夜,孤身一人干掉了那两个警卫,并打开了保险柜偷出了那份生产计划。看来他还真是个天生的特工人才。拿到生产计划后的赖利连夜逃出了德国。

大战爆发后,英国也不太平了,德国人的大飞艇时不时地要在伦敦上空投下点什么,而且战时的英国物资供应十分紧张,赖利可不想留下吃那份苦,于是坐船去了美国,在纽约又找了一个妻子,过上了享受的生活。对于英国的情报部门来说,这是赖利的再次不告而别,但也没关系,英国人早已习惯了他的失踪。在美国的赖利也并没闲着,他利用自己在俄国的旧关系，摇身一变成为了俄国政府购买军火的代表，在北美为俄国购置了大量军火，从中牟取暴利。1917年年底，俄国发生了"十月革命"，但这也没影响赖利的生意，在俄国随后发生的内战中，他又为白军的高尔察克联系了大批的军火。那时的赖利，偶尔也去苏俄走上一趟，也许他是想实地了解苏俄的真实状况吧，当时的苏俄真的是很混乱，各地的组织经常集会，回到此地的赖利凭他的本事，居然混进了当地的苏维埃组织，博得了人们的信任。赖利的表演能力是十分出色的，在一次群众集会中，有人递上一张条子，指控赖利是间谍，可赖利表现得泰然自若，反而义正词严地大声指责递字条的人是外国的特务，目的是搞垮忠心支持布尔什维克的人。赖利的表演博得了众人的信任，而那个递字条的人却被愤怒的人们抓了起来，由此可见赖利的心理素质真是不一般。1918年春天，赖利接到英国情报局给他的一笔大生意，这笔买卖可是实在大得惊人，那就是要他前往俄国去刺杀列宁！这简直就是一个不可能完成的任务，可这个西德尼·赖利就是个疯子，他居然欣然而往。

这一年的5月7日，回到苏俄的西德尼·赖利大摇大摆地走到克里姆林宫门口，自称是英国首相劳合·乔治的特使，要求同列宁本人见面，他的这种胆量恐怕连保卫列宁的契卡都望尘莫及。尽管那时的列宁可以接见一个到访的工人或农民，但对这个来自西方的政客却没那么客气，只是安排了一个助手去接待他。大感失望的西德尼·赖利只聊了几句就起身告辞了。西德尼·赖利走后不久，契卡即向英国驻俄国大使洛克哈特打电话，询问英国首相是否派来了一个特使，洛克哈特回答说根本就不知道有这样一个人。这一次赖利是走运的，倘若这个电话早一点打的话，只怕他的"使命"也就要就此终结了。接到契卡电话后的洛克哈特勃然大怒，他把赖利叫到他的大使馆中狠狠训斥了一通，并对他说如果他再这样乱来，将不得不打发他马上回去。挨了训斥的赖利只好保证以后绝不再这样鲁莽行事。

从那以后，他就开始认真地准备起行刺列宁的阴谋来了，在他的精心策划和安排下，在一次群众性的集会上，当演讲完的列宁走向汽车时，女刺客芬尼·卡普兰近距离向列宁射了三枪，致使列宁伤势严重。行刺后的卡普兰被当场逮捕，三天后即遭处决。她的尸体被塞进一个铁桶里，然后浇上汽油烧掉。契卡全体出动，仅在彼得格勒就抓了1000个反动分子。在制造了这场轰动世界的列宁刺杀案后，西德尼·赖利立即逃回了英国。此行刺杀列宁的目的虽然没有完全达到，但是他在苏联造成的影响甚大，回到英国后被授予了英国的军功勋章。在这之后，西德尼·赖利又参与了几次在苏联的间谍活动。1925年，当他由芬兰越境再次进入苏联之后就下落不明了，这回他可是彻底失踪了，从此再没出现。有情报说他被苏联的契卡枪决了，也有情报说他已投靠了苏联，总之，关于他的传闻五花八门，苏联政府对此事听之任之，就像从来就没有过这个人似的。如同他的身世一样，他神秘地出现在这个世界上，最后又神秘地从这个世界上消失了。实际的情况是，西德尼·赖利中了契卡的计，契卡设了一个圈套，把西德尼·赖利诱骗到了苏联。当他一越过苏联边境，便立即被捕了。他供出了所有要他提供的证词后，契卡并未对他进行开庭审判，就在国家政治保安局设在卢比扬卡的内部监狱的院子里处死了他，并将其就地埋在了院中的地下。

"谍海女王"——玛塔·哈丽

1917年，第一次世界大战进入了最后阶段，德军疯狂进攻，法国军队节节败退。而就在这个法军溃败的夏天，一场秘密而特别的审讯正在法国的杜莱斯宫悄悄进行。被告是巴黎红极一时的舞星玛塔·哈丽。两天后，玛塔·哈丽因叛国罪被执行枪决。一场决定生死的审判，只进行了不到两天，结果是玛塔·哈丽结束了她年仅41岁的生命，玛塔·哈丽这个名字也从此写入世界超级间谍的史册，甚至被后人称作"谍海女王"。

玛塔·哈丽原名德·玛格丽特·泽勒，间谍代号H21。她出生于荷兰，为荷兰和印度尼西亚血统的混血儿。1904年只身前往巴黎，开始职业舞女的生涯，并以出位的裸舞表演迅速走红，1914年被招募为德国间谍，1916年又被招募为法国间谍。玛塔·哈丽是一个双料间谍，她同时服务于德法两国的情报部门，法国也从哈丽的情报中获益。据有关记载，在那次审判中，玛塔·哈丽曾极力为自己进行辩护，但没人相信她的话，也没人替她辩护，1917年10月，在法国被以"间谍罪"和"卖国罪"判处死刑。

1904年，孤身一人的德·玛格丽特·泽勒不名一文地来到了巴黎，为了生计，她不惜在一位巴黎剧院经理面前表演起了脱衣艳舞。在那个年头，很少有人的表演如此大胆出位，剧院经理立即被她这种"带有神秘东方气息的婆罗门艺术"给震住了，当即拍板将她录用，并且还给她起了个艺名——"玛塔·哈丽"，意即"马来人的太阳"。1905年4月的一天傍晚，玛塔·哈丽在巴黎登台亮相，性感的肚皮，撩人的舞姿，神秘莫测、奥妙无穷的"印度婆罗门艺术"舞蹈，令人眼花缭乱的手部动作，最后幻化成一个充满东方色彩的魅力旋涡，把见多识广的巴黎人迅速地卷了进去。大厅内外挤满了观众，如醉如痴，如癫如狂，整个巴黎都拜倒在她迷人的舞裙和风姿下。人们纷纷四处打听这个艳丽无比的尤物的名字。

尽管玛塔·哈丽在有关自己的身世上编造了不少的谎言，但她在舞蹈艺术上的确取得了不小的成功，

▶ "一战"女间谍玛塔·哈丽

当时，由于通信手段的局限性，很多身份都难以被查证，许多人都会给自己添加一个高贵的身份，以便于自己成名。成了职业舞娘的哈丽从此越跳越红，成了当时巴黎红得发紫的舞星。1905年的《巴黎人报》如此评价道："只要她一出场，台下的观众便如痴如狂。"玛塔·哈丽一举成名，几乎所有的报纸都毫不吝啬地给了她最抢眼的版面并配以巨幅艳照，她成了轰动一时的人物，开始频频出现在最时髦的游乐场、贵族沙龙和大企业主的私人聚会等场合。除却美艳之外，玛塔·哈丽还显露出天生的非凡智慧。她的影响渐渐向整个欧洲扩展，上流社会竞相吹嘘自己和玛塔·哈丽有私交，名门望族之后、政治家、百万富豪纷纷拜倒在她的石榴裙下。在战争爆发前夕，玛塔·哈丽正在德国巡回表演。德军统帅部的军官米尔巴赫在看到哈丽为几个工业巨头做即兴表演时，感到这是一块难觅的间谍好料，于是私下出价2万法郎诱她下水。在与权贵的交际中，她常常会听到一些"大新闻"，但多数时候，她只是用它们来炫耀自己，用消息来赚钱未尝不是个好买卖，于是她答应了德国人的要求。

事实证明，德国情报机构果然眼光独到。1915年，英军一种新型坦克正在秘密研制中，德国方面得知，一份这种坦克的设计图纸就放在法军统帅部高级机要官莫尔根将军家的保险柜中。玛塔·哈丽奉命窃取这份图纸，在一次家庭舞会上，她借机与莫尔根相识，并很快在莫尔根家中找到了藏在油画后面的保险柜。但密码是什么？情急之下，玛塔·哈丽发现墙上的挂钟早已停止走动，指针停在21点35分15秒，于是玛塔·哈丽就用这个数字为密码打开了保险柜，后人则把她的急中生智称为"哈丽机智"。

当时正是欧洲上空阴云密布的日子，玛塔·哈丽接受了一项任务——利用她超凡脱俗的魅力，为德意志帝国服务。1916年，她被派到离瑞士边境不远的勒拉赫一所特别侦察学校接受了几个月的培训，从此，她的人生步入了一个全新的领域，这也给她充满传奇的人生注入了更多令人唏嘘的神秘光环。玛塔·哈丽的生活态度也如她的舞蹈一般随意放纵，她也借此逐渐接近了许多富人阶层。她充满诱惑的气质、性感妩媚的形象，使她得以以交际花的身份周旋于法国、德国和俄国等国家军政显要之间。在"一战"前，玛塔·哈丽还经常被世人认为是放荡不羁的舞蹈艺术家，常以惊世骇俗的表现闻名于世，但随着时间的推移，她的名声越来越差，很多时候已成了名副其实的妓女。

被誉为"谍海女王"的玛塔·哈丽绝对是世界间谍史上最神秘也最辉煌的人物，她的名字在间谍小说和传奇故事里，已经成为以美貌勾引男子、刺探军事情报的成功女间谍的代名词。有关她的传闻充满了阴谋、淫欲。在特别侦察学校培训后，玛塔·哈丽更多地出入法国、比利时、荷兰等地的声色场，每到一处，总能引起轰动。当然，玛塔·哈丽在巴黎独宅的欢宴也常常通宵达旦。黎明时分，就在来宾们醉意朦胧的时候，玛塔·哈丽便在似乎无意间聊开了政治。这些谈话的内容会被呈送到德国总参谋部。基于对谈话内容的分析，德国人对法国同行的意图有了一个相当完整的概念，这就是"一九一七战略方案"，即法国在战争条件下将会进行防御，而不是进攻。有了德国谍报机关的金钱支持，玛塔·哈丽打扮得更为艳丽。她俘获了法国政府的高官和军事将领，从他们口中源源不断地套取情报。这些要员做梦也没想到，自己在酒桌上、枕头边说的话，会让身边这个艳星泄露出去。马恩河战役前夕，玛塔·哈丽从一名即将奔赴战场的法国将军那里套取了情报，德国就利用玛塔·哈丽提供的情报，取得了战场上的主动。

但德国人不知道的是，哈丽已经被英国情报部门跟踪，玛塔·哈丽的行为也已引起了法国反间谍机关的注意，紧接着，她被监视起来。法国人发现，玛塔·哈丽每个月定期到巴黎去一到两次，每次到巴黎，她必定要去拜访荷兰、瑞典和西班牙驻法国的大使。法国著名的反间谍第二局秘密拦截并搜查了三国大使的邮件，结果让他们大吃一惊：每位外交信使的公文包里都有几封玛塔·哈丽发往国外的信件。法国反间谍机构决定将计就计，招募哈丽为双料间谍。1916年，玛塔·哈丽与法国间谍头目拉杜见了面，她接到的第一个任务就是前往中立国西班牙，引诱德国特使卡伦上校。哈丽果然没有让人失望，在不久之后她便引诱了一名德军上校上钩，并从其口中偷到了重要情报，此后，德国方面的情报通过玛塔·哈丽源源不断地从西班牙传回法国。玛塔·哈丽以德国间谍的身份为掩护秘密为法国服务，德军在蒙受重大损失后，在处置了那名泄密上校后，又顺藤摸瓜地怀疑到与其有染的哈丽身上。

德国人发出了两封电报，那两封电报均被法国二局的反间谍部门破译了。这不是因为他们高明，而是德国情报机构的有意安排，他们故意使用了已经被协约国破译了的密电码发报，是想让法国处置她，德国情报部门决定将玛塔·哈丽送上绝路。德国的许多政要包括情报部部长本人都曾经是玛塔·哈丽的风流情人，然而在国家利益面前，这些德意志的高官显贵不得不忍痛割爱。对于德国和法国两国的情报机关来说，身份已然暴露的玛塔·哈丽已失去了利用价值，现在双方都要抛弃她了，她的最后一点贡献就是作为替罪羊和牺牲品再被利用一次。1917年2月13日清晨，玛塔·哈丽醒得比较早，她有一种不祥的预感，那就是自己多重的诡秘身份迟早会带来灾祸。为了平静自己的心绪，她在牛奶浴池中浸泡了差不多一个小时。突然传来一阵急促的敲门声，她以为是最近的新情人克鲁内律师带来了什么新消息，但来的是一位警长和他的五名下属。

当时法国在战场上连连失利，为了给数万名士兵的丧生一个说法，为了挽救法国情报机构的名誉，法国二局决心牺牲哈丽。在哈丽受审期间，负责反间谍工作的拉杜上尉刻意夸大这位红舞星为德国充当间谍刺探法国情报的罪行，却只字不提自1916年以来，哈丽充当双料间谍，反过来向法国提供德军情报的真相。她被多方利用，又被多方抛弃，就这样，最终玛塔·哈丽成了法国军方的替罪羊。

1917年10月15日早晨是玛塔·哈丽与这个曾带给她花天酒地的生活、恣意纵情的狂欢的世界诀别的时候了。她仔细梳理了头发，化了淡妆，乘上一辆带篷卡车，从监狱被带到文森射击场——她的刑场。刽子手们开始瞄准射击，她面对11个行刑队员的枪口，笑着对行刑的军官说："这是第一次有人肯付12法郎占有我。"（在法语中，"法郎"和"子弹"是同一词汇）。玛塔·哈丽被处决了，她被多方所利用，又最终被多方所抛弃，从某一角度来讲，玛塔·哈丽也是战争的牺牲品。

英国情报机关的"开山祖师"——军情六处

1907年,退休的海军情报局局长查尔斯·奥特利被任命为英国的防务委员会秘书,他的助手莫里斯·汉基在调查全国谍报机构时,惊奇地发现,整个欧洲连一个英国特工人员也没有。这种令人吃惊的事态一直保密,以至大多数国家还以为英国在世界上拥有最广泛、最复杂的情报机构。1909年8月,在防务委员会的支持下,奥特利建议成立一个秘密情报局,负责情报搜集的一切事宜,这个建议得到了内阁的批准。它把秘密情报局分为两个部分,分别负责国外和国内两个相同领域的工作。国外部分决定由皇家海军上校曼斯菲尔德·卡明领导,后扩展为英国陆军情报六局。尽管卡明的背景看起来不是特别适合从事秘密情报工作,但他无疑步入了这一工作领域,而且肯定一开始就被它的前景吸引住了。卡明得到的承诺是,对支付给该单位的活动经费不做任何限制。这项工作太诱人了,卡明"非常乐意承担"这项工作。而这个任命,使卡明后来成为赫赫有名的英国"情报之父"。英国陆军情报六局又称军情六处,卡明给自己取的代号是"C",他喜欢使用绿色的墨水,所以军情六处的许多文件上都有一个用绿墨水签的"C"字,从此以后军情六处一直被外界称为神秘的"C"。

西方情报界把军情六处看成是英国情报机关的"开山祖师",从开创初期至今,它和它的前身都是严格保密的。在很长一段时间里,它一直是在处于极度机密的情况下进行工作,不受政府领导,政府部门的名单上没有它的名字。军情六处的总部设在伦敦威斯敏斯特桥南边一幢20层楼内,对外称"政府电信局",该处由外交部控制。

▲ 英国军情六处总部大楼

英国军情六处的主要任务是负责在国内外搜集政治、经济和军事情报，从事间谍情报和国外反间谍活动。它招收间谍有着传统标准——理想的间谍是一个出身于上层社会、有经济收入、性格开朗的年轻人，他必须受过高等教育、英俊、勇敢，比较冷静和客观，因此，英国的间谍机构历来都重视从牛津和剑桥这两所世界名牌大学中招收间谍。第一次世界大战期间，军情六处一直在陆军部、海军部、外交部之间调来调去，虽然不利的因素很多，但它还是在荷兰、德国、埃及建立了情报站，

▲ 曾担任过军情六处局长的约翰·索沃斯

安插了许多特工人员，与其他的情报机构进行有效的联系，积极指挥反间活动、审讯俘虏，从敌占区搜集情报，协助组织和安排流亡者和战俘的逃亡路线，直到1915年以后，才逐渐成为英国最主要的情报机构。卡明一切工作的重中之重是针对德国，他认为，在德国的主要军港他都应该有能够得到充分信任并向其报告异常活动的特工，所选特工的素质和身份必须可靠，而且将依据所做贡献获得报酬。

极其重视保密的卡明爵士不赞成属下们将自己的秘密工作内容写成书告诉大众，在一次交通堵塞中，卡明对自己的管家说："我也要出版一本回忆录，四开的，封面用大红字写着标题'秘密情报局局长的轻率言行'，有400页厚，页页都是空白！"作为一个独腿的海军军官，卡明有着许多怪癖，对于间谍活动也许这种怪癖是必要的，那就是神秘兮兮的。因而他所缔造的军情六处也就笼罩在那种昏暗、神秘的气氛中。他喜欢摆弄一个金框单片眼镜，爱使用绿墨水写字。为使自己的身份像其他组织工作一样保密，卡明用他名字的首个字母C给自己起了一个代号。早年间在军情六处做过事的人，可能会被一个场景吓得噩梦连连——军情六处的首位掌门人卡明爵士，可能会在会议中突然攥住钢笔或开信刀猛扎自己的腿——当然，那是假肢。关于他的腿，曾有一段传奇。1914年，他在法国遭遇了严重的车祸，为了从撞毁变形的车中脱身，他竟然用军情六处特制的秘密武器"钢笔刀"割断了自己的左腿。当然，这也是杜撰的，其实他的左腿是在车祸一天之后才被截肢的。1917年俄国"十月革命"后，军情六处的重点活动是搜集苏联的有关情报，支持白俄。利用流亡的白俄团体，秘密情报局获取了大量的苏联情报，但其中有些是过时的和错误的。而此时德国日益强盛，开始不遵守凡尔赛和平条约，军情六处得自德国的情报却越来越少。

卡明爵士执掌军情六处的20世纪初，很少有人知道军情六处这个秘密情报机构的存在，更少有人知道卡明是这个机构的首脑。直到20世纪30年代一个英国作家的回

忆录中提到英国情报机构的重要人物会在看文件时用绿色墨水签下一个字母C，而C恰恰是卡明的姓氏首个字母，于是首任掌门在身死将近十年后才被验明正身。军情六处气急败坏地认为这本回忆录泄了军情六处的机密，看来作家真的是情报机构的天敌。

"一战"后，英国外交部接收了秘密情报局，此后，又接收了电码密码学校，校长由军情六处的局长担任。这个校长的到来为尔后军情六处的发展带来无限生机，军情六处以后能在密码的破译上成为世界的顶尖高手正是得益于此，这期间军情六处的组织机构也逐渐健全。因为卡明与"首领"在英文中都是C开头，或许是出于对卡明的尊敬，此后军情六处的历任掌门都被称为"代号C"，军情六处内部对这个机构的初创者充满怀念，看来冷血的特工们有时也是蛮有人情味的。

第一次世界大战的硝烟还未散尽，英国就把情报工作的重点从德国转向了布尔什维克，因为那段时间它一直视苏俄为头号威胁。军情六处很快就加强了对苏俄及其周边地区的情报收集，谁也无法知道英国军情六处在沙俄及苏联时代，在俄国境内安插了多少情报人员。军情六处同苏联的情报战非常残酷，并且接连遭受了几次挫折，这使得卡明的军情六处陷入了令人沮丧的窘境。丘吉尔担任首相后，情报机构得到了前所未有的重视，而大量才华出众和有献身精神的年轻人，从大学、商业界、知识界纷纷应召加入秘密情报组织。在"二战"中孟席斯任局长期间，由于他的出色工作和他与丘吉尔的良好关系及军情六处的共同努力，迎来了军情六处最辉煌的时期。

传奇谍王——卡纳里斯

"政治和外交活动是他的强项。他善于与外国人打交道，而且能立即赢得他们的信任。如果分配他做此类工作，他是不会有什么困难的。没有哪个区域对他来说是禁区，他可以出入任何地方，接触所需接触的人，然后以惊人的速度展开工作，而且还能以一副天真无邪的面孔出现。"威廉·弗朗茨·卡纳里斯的上司曾这样评价他。

1887年的第一天，卡纳里斯出生于德国北部多特蒙德市郊的一个十分富有、有权有势的资产阶级家庭，1905年，年仅18岁的他考进了德国海军的摇篮——基尔海军学院，在那里，卡纳里斯显示出他那出众的智力，除了学业出色外，超凡的语言天赋是他的强项。他流利地掌握了英语、法语、意大利语，还有俄语。在一次远航

◀ 卡纳里斯

南美的时候，在短短的时间内，他又学会了西班牙语。他的这些语言能力，为他后来从事间谍活动奠定了良好的基础。基尔海军学院的毕业证，把卡纳里斯送进了德意志帝国的海军，他被分配到"德累斯顿"号轻巡洋舰上服役，在第一次世界大战爆发前，卡纳里斯先是被任命为舰上的情报官，不久又被升任副舰长。第一次世界大战爆发后，卡纳里斯所服役的"德累斯顿"号轻巡洋舰随同由德国海军中将冯·施佩率领的德国海军东亚分舰队在太平洋海域作战，虽然他们一度取得过可喜可贺的胜利，但这些胜利也终于给他们带来了灭顶之灾。为了消除心头之患，英国海军派来了几艘战列舰对付他们，在1914年年底的福克兰群岛之战中，英国海军击沉了除"德累斯顿"号之外德国东亚分舰队的所有战舰。但卡纳里斯的好运并未维持多久，第二年3月，幸免于难的"德累斯顿"号在智利领海被英国巡洋舰"格拉斯哥"号和"肯特"号撞见，短暂交火后重创自沉，最终也没能免于被击沉的命运。卡纳里斯和所有的船员被俘后被关押在智利的一个人迹罕至的海岛上。

卡纳里斯的间谍天赋这时发挥作用了，他居然设法从岛上逃上了智利本土，身无分文的他搞到了一匹马，骑着它狂奔了数百千米，接着又拿出了登山运动员的本事翻越了高不可攀的安第斯山脉，从而逃进了亲德国的阿根廷境内。在阿根廷的首都，卡纳里斯混上了中立国荷兰的海轮，自打他从那个荒岛上逃出来算起，经过两个月的辗转奔波，他终于传奇般地又返回到了自己的国家德国。当他最终回到柏林的时候，他这一段万里逃脱的经历引起了他所隶属的德国海军情报部门的极大注意。当年5月，卡纳里斯被晋升为海军上尉，出任德国海军部的联络官，年底受命前往西班牙首都马德里。当时西班牙是欧洲的一个中立国家，协约国和同盟国在西班牙的谍报战异常激烈，为了加强在那里的力量，德国海军部派卡纳里斯去西班牙进行谍报工作。

卡纳里斯由一名德国海军的军官变成了一名隶属于德国海军的军事间谍，他的第一个间谍任务是在当地德国军官的指导下负责监视直布罗陀海峡中协约国军舰的活动情况，并从中搜集敌国海军的相关情报。当时的西班牙和葡萄牙等国表面上是中立国，但它们暗中是倾向德国的，德国的潜艇常常在它们的港口补充供给。德国情报机构要卡纳里斯完成的这个任务，其实是对他的一次实习考核。没过多久，卡纳里斯就接到通知，他在西班牙的使命结束了，马上返回德国海军部接受新的任务，卡纳里斯于是踏上了去往德国的火车。很不幸，在途经瑞士和意大利交界处时，他被意大利人给扣留了。意大利人认定他是一名德国特工，准备把他转交给法国当局。意大利人虽然认定他是德国特工，但也没当他是一个什么重要人物，所以对他的看管并不是很紧，卡纳里斯不愧有间谍的天赋，意大利人一不留神，泥鳅一样的卡纳里斯就从他们的指缝间溜走了。

1916年3月，卡纳里斯又被派往西班牙，这一次，他和日后的死对头、英国王牌间谍斯图尔特·孟席斯开始了第一次针锋相对的较量，这时他们两人还只不过是德国和英国在西班牙的普通间谍——十多年后，他们两人则分别成为德国和英国各自的情报部门首领，在"二战"中，这一对冤家对头明争暗斗，打过无数次交道。而这次在西班牙，初露头角的他俩展开的是一场兵与兵的交锋。这件事的起因是一封被英国人所截获的德国电报，这封电报是德国海军驻马德里谍报站发给德国海军部的，原来卡纳里斯刚到西班牙不久就身患重病，马德里的德国谍报站要求派一艘潜艇来把卡纳里斯接回国治疗。截获了这份电报的英国海军部大喜过望，命令两艘正在这一海域活动的英国潜艇做好出击准备，只等前来接卡纳里斯的德国潜艇一到，便把它就地击沉。

为此，英国海军部命令孟席斯领导的驻马德里间谍小组严密监视卡纳里斯的动向，以便及时掌握他登艇的时间和地点，只有这样才能对前来接他的潜艇进行拦截。接到英国海军部命令的孟席斯立即安排手下的特工紧密监控卡纳里斯的行踪，但英国人这一次的劳师动众又徒劳了一场，卡纳里斯虽然不知道英国人正在对他撒下一张网，要像捞鱼一样把他和接他的德国潜艇一网捞住，但间谍的天性使他的行踪披上了神出鬼没的色彩，化了装的卡纳里斯乘一艘小渔船溜出了港口，在外海踏上了接他的德国潜艇扬长而去了。孟席斯在与卡纳里斯的首次交手中，卡纳里斯先得一分。

在随后的战争日子中，卡纳里斯所服役的德国海军再没有什么大的作为，直到"一战"结束。但在巴黎和会上所签订的和平条约却激怒了每一名德国人，屈辱万分的和约深深地刺激了德国人的民族自尊心，像每一个想要改变德国现状以使德国从耻辱中解脱出来的人一样，卡纳里斯全身心地投入到了战后德国复兴的活动之中。战争结束时，为了防止德国再次强大，《凡尔赛和约》对德国的军队做出了种种限制，首先在人数上就做了严格的规定，战后德国新成立的魏玛共和军手上一共只有约4000名，为了使德国能有一批未来重振军备的"种子"，战后德国国防军所要留用的，都必须是在战时表现出卓越才干的军官。由于卡纳里斯在"一战"期间的良好表现，他成为其中之一，在新组建的国防部中担任德国陆军部长的副官一职。

战后的德国，党派众多，主张纷纭，卡纳里斯认为只有希特勒的纳粹党执政才能重振德国，因此积极参加德国国内的纳粹党活动，并结识了纳粹党的二号人物戈林，通过戈林的举荐，希特勒认识了他。从此，卡纳里斯利用自己手中关于德国军队情况的情报资源，全力支持希特勒上台。野心万丈的希特勒执政后，一心要把德国的情报机构办成世界最优秀的，1935年，希特勒任命卡纳里斯为德国军事谍报局局长，并授予他海军上将的军衔。同时在经济上给予卡纳里斯全力的支持，而卡纳里斯果然不负重托，在他的领导下，德国军事谍报局神速地发展壮大，迅速成了一个神通广大的情报机构。富有传奇色彩的人生经历、天赋的间谍能力和战火纷飞的历史环境，使卡纳里斯终于成了纳粹德国的一代谍王。

展翅云雀——马尔塔·里舍

间谍，这个斗智斗勇的领域，也是适合女性大展身手的场所，女性的特长在这个领域中真可谓如鱼得水，能在征服男人的同时，顺手捞走她们想要的情报。在第一次世界大战的谍战战场中，就涌现出了许多影响了战局的女间谍，德国方面出现了一位名传后世的"间谍女王"玛塔·哈丽，而法国则有一个与玛塔·哈丽相匹敌的，代号为"云雀"的女间谍马尔塔·里舍。她为协约国所做的贡献，丝毫不亚于玛塔·哈丽为德国工作的成绩。

马尔塔·里舍出于生法国，是一名法国骑兵上尉的女儿。她与别的女孩很不一样，从小就喜爱舞刀弄剑、骑马射击，显示出了特殊的体育才能，就是男孩子都不如她。长大以后的马尔塔·里舍更是一鸣惊人，又迷恋上了飞行，要知道那时候的飞机和现在的可不一样，10个飞行员中就得有不少于4个是掉下来摔死的，在"一战"中上天飞行的人中，还真没有一个女性，而她居然成为法国第二个上天的飞行员，可见她的性格确实与众不同。1914年，马尔塔·里舍嫁给了苦苦追求她多年的亨利·里舍，两个人的感情很好，可新婚不久，第一次世界大战爆发了，她的丈夫亨利·里舍应征入伍，并随军开上了战场。要知道"一战"时的战场是无比残酷的，伤亡率高得惊人，马尔塔·里舍的丈夫未能幸免，两年后，从前方传来了她丈夫在战斗中阵亡的消息。丈夫的死讯使马尔塔

▲ 马尔塔·里舍

悲痛欲绝，她决心要为丈夫报仇，于是主动去找一个她所认识的拉杜上尉，要求立即为她分配任务。这位拉杜上尉可不是一般的军人，他所从事的是间谍工作，属于法国军事情报处的，看着美丽而又勇气非凡的马尔塔·里舍，权衡再三，这位拉杜上尉决定把她派往中立国西班牙，并给她起了一个动听的代号——"云雀"，不过这只"云雀"谁都不知道，政府中也没她的档案，她只与拉杜上尉保持单线联系。

西班牙濒临比斯开湾的圣塞瓦斯蒂安，有着"欧洲最漂亮的沙滩"，海边的山顶上有着16世纪的古堡。圣塞瓦斯蒂安一直是西班牙的疗养胜地，而圣塞瓦斯蒂安的跑马场，是德国驻西班牙使馆的海军武官冯·科尔贝格男爵时常光顾的地方，这个冯·科尔贝格男爵出手阔气，挥金如土，在跑马场是个大有名气的人物。骑术精湛的冯·科尔贝格男爵自视甚高，常以"欧洲第一骑士"自封。为了迎合这位阔气的主顾，跑马场的老板特地为他准备了一匹称作"雷帝"的烈马。这是一匹纯种的土耳其马，周身火红，性如烈火，除了科尔贝格男爵，跑马场中很少有人敢一试身手，如果科尔贝格男爵不光顾跑马场的话，"雷帝"平时都被闲置在马厩里。拉杜上尉早已得到情报，

知道这位跑马场上的常客冯·科尔贝格男爵名义上是德国驻西班牙使馆的海军武官,实际上却是德国在西班牙情报活动的总负责人,拉杜上尉决定,派化名贝蒂·费尔特的马尔塔·里舍前去勾引他,好利用他打入德国情报网的内部。1916年8月,马尔塔·里舍按照拉杜上尉的精心安排,孤身一人来到了西班牙的圣塞瓦斯蒂安。

西班牙是一个位于欧洲西南部的国家,它西邻葡萄牙,北濒比斯开湾,南隔直布罗陀海峡与非洲的摩洛哥相望,东北部与法国接壤。在第一次世界大战中,王朝统治下的西班牙政府宣布中立,虽然它在暗地里执行的是亲德的政策,但在表面上是不介入欧洲两大军事集团之间的争斗。于是各交战国的名流显贵,都把西班牙当成了"安全岛",纷纷云集而来。因为这里聚集了各国各界有头有脸的人物,在政治上又是宽松的,所以两大军事集团都把西班牙当成进行间谍活动的理想场所。他们充分利用西班牙的中立地位,彼此都在这里布下了庞大的谍报网,表面上风平浪静,暗地里却是刀光剑影,争斗不休。长期以来,在这场暗中较劲的谍报战中,一直是同盟国方面占据上风,而协约国的谍报机构则屡遭败北,情急之下的拉杜上尉把马尔塔·里舍派到西班牙,就是希望她能够打入德国在西班牙的间谍网,一举扭转协约国谍报机构的不利局面——有时候,靠一个女人之力,也是能改天换地的,至少这个拉杜上尉就是抱了这样的希望的,他希望这个既勇敢又美丽的女人能在那里建功立业。

这天黄昏,在海滨浴场畅游了一下午的冯·科尔贝格男爵又兴致勃勃地来到了跑马场,准备骑着他的"雷帝"好好地尽兴,可让他感到意外的是,今天的"雷帝"没闲在马厩里,原来它被一位叫"贝蒂·费尔特"的小姐骑走了。老马夫对这位小姐的骑术称赞有加,认为她是他所见过的骑士中最棒的。"贝蒂·费尔特"是一个德国姑娘的名字,科尔贝格男爵一时半响也想不起来在西班牙他所认识的德国侨民中哪位姑娘叫这个名字。不过老马夫的这一番话还是叫冯·科尔贝格男爵好奇之心顿生,他倒是要好好地见识一下这位"贝蒂·费尔特"小姐的骑术。科尔贝格男爵来到跑马场的观看席上,把目光投到了跑马场中。眼前的一幕把科尔贝格男爵深深地吸引住了,只见"雷帝"在夕阳的照耀下,宛如一团奔驰的烈火,一位周身棕色打扮、身姿优美的姑娘正扬鞭策马,整个人同坐骑浑然一体,简直就是希腊神话中的女神。科尔贝格男爵的魂一下子就被这位美女骑士勾住了,这个容貌出众、气质超凡的女子是他从来不曾见到过的类型。

当那个女骑士从马上下来时,科尔贝格男爵彬彬有礼地向他心中的女神做了自我介绍,当那位美丽超俗的女子听说眼前是德国驻西班牙大使馆的海军武官时,也显得特别激动,如同见到了亲人一般,她告诉科尔贝格男爵自己是比利时的德国侨民,她的父亲是一位马术教练,在战争爆发后不久就被法国人抓走了,孤身一人的她为了躲避战火来到了西班牙,可至今也没有找到一个固定的工作和居所,她希望德国使馆对她伸出帮助之手。

"贝蒂·费尔特"小姐的希望正合科尔贝格男爵之意,他告诉这位美丽动人的小姐,只要她愿意的话,可以到德国使馆去担任女秘书的工作。其实科尔贝格男爵真正的用

◀ 图为德国围困英国的潜艇正在集结,它们在英国的哈维奇向协约国投降。大战期间,正是这些潜艇像死亡杆菌一样围困英国,阻碍英国的海上贸易,使得英国及其盟友、贸易伙伴的商船损失惨重。

意是要把这位美丽不俗的小姐拉进自己的谍报网,并能让她成为自己的情人。对于科尔贝格男爵这种雪中送炭般的援助,"贝蒂·费尔特"小姐真是感激万分,第二天她就到了德国驻西班牙的大使馆,顺利地成为德使馆中的一名女秘书,不久她又被科尔贝格男爵介绍加入了德国在西班牙的间谍机构。自然而然,"贝蒂·费尔特"小姐成为科尔贝格男爵的情人。科尔贝格男爵如愿以偿了,他得到了"贝蒂·费尔特"小姐,而马尔塔·里舍也如愿以偿,她钻进了德国在西班牙的谍报网中。科尔贝格男爵给他的"贝蒂·费尔特"小姐买下一座楼房,男爵此举并不仅仅是为了自己与情人相会方便,他希望能把这里建成德国在西班牙的一个间谍联络站。科尔贝格男爵在那座楼房中办起了一家美容院,而美容院的女老板就是"贝蒂·费尔特"。从那时起,在西班牙的德国间谍们就开始频繁地上门光顾了,而女老板"贝蒂·费尔特"迎来送往,对自己的这份德国间谍的工作干得十分努力,当然,有关德国的各种情报,从那时起,也就开始源源不断地流到了拉杜上尉的手中。

在这个时期,马尔塔·里舍注意到德国潜艇在西班牙海岸的活动情况,经过她的判断,对协约国发出了有关德国潜艇活动的情报。1916年结束时,德国在陆上的进攻已难以取胜,鉴于战争的需要,德国正准备对协约国发起无限制潜艇战,用以加大对英国的打击力度,由于马尔塔·里舍发出的警告,使协约国加大了对这件事的注意,协约国及时采取了预防措施,大大降低了德国潜艇战的收效。当时德国情报机构所发明制造的密写剂的技术是很难破解的,协约国为此大伤脑筋,法国反间谍机构经常截获德国间谍的密写情报,但苦于不了解密写剂的成分而无法破译,于是拉杜上尉就把这活交给了马尔塔·里舍,要她利用身份之便,把这种密写剂偷些出来。马尔塔·里舍不辱使命,很快就完成了拉杜上尉的任务,得到密写剂的法国情报机构通过分析密写剂的化学成分,不久就找到了它的破解秘方,从而使德国所写的密信在法国人眼中已是无秘密可言了。

身居德国在西班牙间谍网中枢的马尔塔·里舍,很轻松地就掌握了一些德国间谍的活动情况,她及时地把这些情况都传送给了拉杜上尉。当时有一名德国间谍在法国十分活跃,对法国危害很大,马尔塔·里舍查出了这个人是西班牙人霍尔第斯,他受雇于德国情报机构,常以贩鱼为掩护,观察法国港口舰队的调动情况,当这个情报传给拉杜上尉后,那个霍尔第斯不久就莫名其妙地消失了。霍尔第斯的音信皆无,使科尔贝格男爵气急败坏,他想不出到底是什么地方出现了问题。

有一次科尔贝格男爵到摩洛哥进行秘密活动时,把马尔塔·里舍也带去了,这使得马尔塔·里舍有机会了解到德国人正意图挑起当地的摩洛哥部落与法国殖民当局的矛盾,从而发动武装暴动,以达到牵制法国军队的目的。马尔塔·里舍马上将这一情报通知了拉杜上尉,并把德国人为摩洛哥部落运送武器的船只航线也一并报了上去。不用说,运武器的船只被法国人给截了,没按时得到德国说好的武器的摩洛哥部落的起事被法国当局给镇压了。正当马尔塔·里舍工作顺利之时,没想到后院起火,她与法国政府间的单线联系人、也是她的顶头上司拉杜上尉遭人陷害,被指控为德国间谍而被关入了监狱。马尔塔·里舍一时间成了断线的风筝,不知如何是好,即便有了情报,也不知该传送给谁。也许她的好运走到头了,偏偏在这个时候她又在一场车祸中断了一条腿，心灰意冷的马尔塔·里舍感到自己的间谍工作已然走到头了，她想结束自己的间谍生涯了，但是她想在临走之前再给德国来一次打击。拄着双拐的马尔塔·里舍来到德国驻西班牙大使馆，在见到德国驻西班牙大使拉第波尔亲王时，马尔塔·里舍对拉第波尔亲王说，作为科尔贝格男爵的情妇，她已掌握了德国在西班牙进行间谍活动的全部材料，并把德国在西班牙的间谍名单通知了西班牙政府。当马尔塔·里舍看到拉第波尔亲王半信半疑的表情时，就向德国大使列举了一些证据，这些证据使德国大使无法不相信她所说的话，此刻的拉第波尔亲王已经没工夫去处理科尔贝格男爵了，他现在急于做的，是怎样采取补救措施。

此时的西班牙政府对外宣布的是中立，为此西班牙政府曾对外声明，无论是哪个国家，不管它属于交战中的哪一方，只要是在西班牙从事间谍活动，都将被视为是对西班牙中立国地位的严重侵犯。正是由于这个原因，正在交战中的两大军事集团不想使自己失去西班牙这个重要而又特殊的国家，所以他们在西班牙的间谍活动都是在暗中进行的。其实对于这种情况大家都是心照不宣，只要没证据，大伙也就睁只眼闭只眼过去了，但现在不同了，眼前这个女人要把这么多的证据捅到明面上去，到时西班牙政府不好办，协约国也定然会因此而大做文章，将会使德国处于十分不利的局面。德国大使不能让这种对德国不利的局面出现，他必须要赶快行动，在那些证据公开之前，要尽快让德国的间谍网络消失。从拉第波尔亲王的表情中，马尔塔·里舍已经明白德国大使在想什么了，她知道自己又一次成功了，于是转身从大使馆从容地离去。西班牙与法国是接壤的，机警的马尔塔·里舍平安地回到了法国，她已完成了自己的使命。正如马尔塔·里舍所预料的那样，在西班牙的德国间谍们被紧急撤离了，而她的情人科尔贝格男爵在回国的途中自杀。科尔贝格男爵被色所迷，害了自己，也害了国家。

这时的法国仍处于战争之中，没有人理会马尔塔·里舍的出现，况且唯一知道她情况的拉杜上尉此时还在牢中，但马尔塔·里舍的心很平静，她做了自己应该做的，至于人们怎么看待她，那都无所谓。当大战结束后，拉杜上尉被无罪释放，并被提升为上校。后来在拉杜的回忆录中提到了这位"云雀"，人们这才开始知道了她的传奇及她在大战中为法国所做的杰出贡献。1933年，也就是第一次世界大战结束的十五年后，法国政府才承认了马尔塔·里舍的贡献，她因在情报工作中的杰出成绩而荣获了政府勋章。

近乎白纸——"一战"前的美国军事情报机构

在19世纪的日俄战争中，反旅顺口之战日军就战死了5万多人，在随后的奉天之战中，仅仅十余天，日军又战死了7万余人，战况之惨烈，可谓罕见。但比起在其后不久爆发的第一次世界大战，惨烈的日俄之战，充其量只算是它的彩排。1914年，欧洲的两大军事集团之间的明争暗斗因萨拉热窝事件而演变成了一场世界规模的战争，欧洲事件给身处大洋彼岸的美国决策者们提出了一个新的课题，美军中的许多人开始

▲ 二战时，美国情报机构已获得极大发展。图为美军谍报员招募海报。

考虑美国参战的可能性。直到大战进行到了第三个年头，一直保持中立的美国才姗姗加入了战争，可直到这时，它的军队还处在动员和演习阶段，许多战争准备仍未完成。

还在美国陆军第一师开始抵达法国之前三个星期，从墨西哥边境调回来的潘兴将军征尘未洗，便远渡重洋，来到法国筹建驻欧美军总部，搜集有关情报，以便估算派到法国的陆军需要多少兵力。潘兴在同法英两方进行协商并观察了他们部队的现状之后，于1917年7月提出了一个总编制设计方案，他建议派往法国的美军人数，远远超过了威尔逊发表关于运用美国全部力量的战争咨文时的设想，要求在1918年年底以前向法国派出110万人。开赴欧洲战场的美军，这时候才感觉到现在急缺一个情报机构，美国赴欧洲远征军司令潘兴认为，在参战前必须要有对敌人完整可靠的情报，这是减少不必要损失的基础，也是成功的必要的保障。但此时，他的情报机构还处于一片空白的状态下。对于潘兴来说，当务之急是要尽快建立起一个能满足战争需要的军事情报结构。潘兴把这个任务交给了一个叫丹尼斯·诺兰的小伙子，在随后的战争过程中，证明了潘兴的用人是正确的，丹尼斯·诺兰的确是这项工作最合适的人选。

在军校时，丹尼斯·诺兰是个体育爱好者，军校毕业后，丹尼斯·诺兰以一名志愿兵的身份参加了哥伦比亚的战斗，并且获得了军功奖章，1899年，他被派到菲律宾担任一支骑兵部队的少校中队长，在此期间丹尼斯·诺兰表现出了他对军事情报卓越的运用才能。1893年，丹尼斯·诺兰开始负责军事情报工作，不断的进取心和出色的判断能力，使他成了一名优秀的情报军官。第一次世界大战爆发后，丹尼斯·诺兰被调到美国陆军总参谋部担任情报部门的主管。虽然美军那时还没有介入战争之中，但他已全面研究了英法等国的情报部门的组成及其活动。随着科技的发展，在第一次世界大战的战场上，许多的新式武器被投入战斗中，这就要求战地指挥官们必须要能接收到更多的战地信息。在大战爆发后，为了搜集有关敌人方方面面的情报，英国军事情报部门从刚开始时的十多人迅速扩大到数万人。正因为如此，美国参战后，丹尼斯·诺兰成为最早抵达欧洲的成员之一。

丹尼斯·诺兰到达欧洲的首次任务是观察战地军事情报部门的组建及应用，这次观察使他认识到，美国这时还缺少经过技术训练的情报人员。他要求新招收的情报人员在实际工作前先到法国去参加相关的课程训练，以使他们可以快速实现对战场的了解。为了训练这些情报人员，美国远征军在法国建立了它的陆军情报学校，情报人员可以在这所学校中得到全面系统的学习。1917年7月，美国远征军的军事情报部门正式成立了，潘兴拜访了诺兰少校指挥下的这个情报机构，发现它组织非常完备。在诺兰的努力下，美国远征军的情报组织从营部开始，各团、各旅、各师、各军，一直建到集团军。营的情报机构由30人组成，他们分别是情报人员、侦察人员、观察人员和狙击手。他们进行战场侦察，将所得的情报逐层向上反映，这样就构成了一个庞大的情报组织机构。

诺兰还强调了团级情报部门的积极作用，它们是收集情报的基层单位，每一个团都设立了专门的情报部门，并配置了专业的情报人员，它不仅仅要整合各营送上来的情报，还要主动到第一线去收集情报。每个层次上的情报搜集都可以有他们自己的结论，然后上传到上一层的情报网络中，通过联络官，所有的情报都能得到及时的传递，从而形成了一个庞大的情报网络。在整个巨大的情报网络中，丹尼斯·诺兰认为联络系统是非常重要的，就单个的情报来说，它们的价值可能是有限的，但如果把所有的情报彼此联合在一起，就可以对决策人员形成极为有用的情报，因此各情报部门之间的合作是至关重要的。为了能够及时地把那些分散的情报组合在一起，诺兰建立了联络官制度，把下至各营的情报，上至盟军各国的情报，及时地整合在一起，以供指挥员用于战场上的决策。

在1918年5月的马恩河战役中，诺兰的情报部门及时向法国方面发出了德军将要在马恩河方面进攻法国的警告，当然诺兰也知道，法国对他所提出来的警告是不会加以重视的，因为这时的法国人对美国人的用意从根本上来说还是不完全信任的，简单地说就是各怀鬼胎，总以为对方有什么别的企图。事情果然如此，在德军迅速的攻击之下，法军付出了巨大的伤亡。从这点上看来，当时要想做到协约国各国之间情报的共享，也不是一件容易的事。

战后诺兰在对这些在战争中得到的教训加以总结，指出要想减少不必要的损失，使军事行动得以成功展开，关于敌人完整可靠的情报是必要的前提，为达此目的，就必须建立一个行之有效的情报系统，从而使这些情报能够用于军事决策的制订。对于这个系统来说，拥有一大批受到过良好训练的情报专业人员就显得尤为重要。

在由美军主攻的圣米耶尔战役中，诺兰精心组建的情报机构发挥了巨大的作用，决策者们所发出的每一项攻击命令的背后，都有着明确而可靠的情报支持，这些情报被运用到作战计划的制订中，当进攻发动后，美军的行动都在明确情况后行动，从而使整个战役得在预计范围内顺利进行。对情报细节的关注尤为重要，这可以说已经成为美军情报工作的特点。在圣米耶尔的战斗中，美国指挥官对德军了解精确，甚至可以确定德军每部电台的位置及德军每个炮兵阵地的情况。在战役中，不仅使美军及时避开了德军炮火的打击，而且还能够及时防御德国的反击。可以说，丹尼斯·诺兰是美国陆军的情报机构的始祖，他不仅仅是设计和建立了这个机构，并且使它不断发展壮大。他把这些成就的取得归功于这个部门中的每一个工作人员的勤奋努力，是大家协作的结果，当然，最终他自己的努力，也得到了所有人的认同。

默兹—阿拉贡是德军精心准备好的一个防御阵地，也是德军最后的一道防线，这个战役可说是美军投入大战中所经历的一场最为激烈的战斗。在幽暗的森林中，美军的进攻受到了德军猛烈的打击，如同陷入了地狱之中。在美军受到德军炮火猛烈打击之时，诺兰亲自率领自己的部队冲进入了炮火纷飞的战场，并亲自带头冲锋，极大地鼓舞了士气。由于丹尼斯·诺兰在美国远征军情报部门的杰出贡献，他获得了美国突出贡献奖章，潘兴认为诺兰所领导的军事情报部门对美国远征军来说其价值难以估量。大战结束后，诺兰曾被派去协助处理与德国签订条约的工作，返回美国后，在美国的战争学院任教，成为一名培养陆军研究生的导师。

"翻云覆雨的灵掌"——恩尼格玛密码机

在密码学史中，恩尼格玛密码机又称为哑谜机，它是一种用于加密与解密文件的机械，准确地说，恩尼格玛机是一系列相似的转子机械的统称。在"一战"期间，德国军事情报机构除了将之前的间谍活动方式发扬光大外，更是不断翻新，恩尼格玛密码机就是其中的一个。

自从无线电和摩尔斯电码问世之后，人类通信进入了一个全新的时代，无线电通信被应用于每一个地方，尤其是应用在军事领域。但是使用无线电通信有一个不可回避的问题，那就是它完全是一个开放的系统，任何一方都能接收到传播的电文，因此在使用无线电的过程中，密码也就同时应运而生。

在刚开始使用无线电密码时，它们完全是用人工编制出来的，对于这个异常烦琐的工作来说，手工编码效率极其低下，而过于简单的加密是很容易被别人破译的，许多保密强度高的密码因为它的编制难度太高而在实际中无法应用。在"一战"中，由于德国人破译了俄军的密码，使得在东线作战的俄军屡遭败绩，德军完全掌握了战场上的主动权，而在西线则正好相反，英国人破译了德军的密码，致使德国海军的

▲ 1940年，在古德里安的指挥车上，一台德军的恩尼格玛机器（下方左边）正在使用之中。

几次行动都遭到了失败。因此人们需要找到一种既安全可靠而又简便实用的编码设备。

1918年,德国发明家谢尔比乌斯设想利用现代化的电气技术来取代以往的手工编码方法,他发明了一种能够自动编码的机器,就是一种用于加密与解密文件的自动编码机,谢尔比乌斯给自己所发明的电气编码机械取名"恩尼格玛机"。这种恩尼格玛机由三部分组成:键盘、转子和显示器。由于恩尼格玛机的出现,使密码的编制和解码变得很简单而实用。

然而这种简单而实用的编码机一开始并没被人们所看重,谢尔比乌斯在1918年为恩尼格玛密码机申请了专利,并投入生产,但由于成本太高而没人过问,而且这时还有另外两个人也在研发这个项目,不过这三个人的处境都不是太好。其中荷兰人亚历山大·科赫最终因为无法使这种设备商业化而迫不得已转让了这个专利,而瑞典人阿维德·达姆则更是可叹,他筹集了近40万美元投入生产,可是只卖出去10多台,收入仅1000多元,结果因被指控而坐牢。就在恩尼格玛机濒于困境之时,完全是出于一个偶然的原因引起了德国人对它的注意,1923

▲ 恩尼格玛密码机

年,英国人在它所公布的报告中提到了在战争期间通过破译德国无线电密码所取得的许多胜利时,引起了德国人的思考,于是恩尼格玛密码机一下子就备受欢迎,从此成了德国最重要的编码机械。

在"二战"中,德军所有的部队都使用了恩尼格玛密码机,这种编码机械被视为万无一失的编码设备,可结果却由于盟军的密码专家们最终大量破译了由这种机器加密的信息,其名声变得每况愈下,渐渐不被重用了。

第三章

战争逸闻

"一个人的战争"——德属东非战场上的沃尔贝克

战争爆发以来，德国有10艘主力战舰以遥远的殖民地港口为基地，逍遥于整个大洋。6支小型的英国海外远征军从1914年8月开始铲除德国海军的海外基地。丧失了基地的10艘分散的德军巡洋舰，积极进行"打了就跑"的勇敢机动的作战，直到被消灭。从1914年年底起，德属多哥、喀麦隆、西南非洲、西萨摩亚群岛及一些德属的太平洋岛屿先后被协约国所夺取。然而，在德属东非，保罗·冯·雷托文—沃尔贝克击退了英军在坦葛尼喀的登陆行动，并继续以令人震惊的游击战争与英军交战达四年之久。虽然沃尔贝克的行动对整个战争没有实际意义，但他毕竟牵制了部分英军的力量，并树立了一个坚强不屈的榜样。

沃尔贝克是一位非常成功的，或者可能在任何时期都极具天赋的游击战指导者之一，他是一位纯粹的职业军官，极为灵活机智，经常使正规而保守的英军对手惊慌失措。他长期对抗20倍左右的敌军，从未在战场上被征服过，却仅仅因为战争正式结束而投降。他还是这样的一个人：他和压倒性的优势敌人作战，获得了他的战士——无论黑人还是白人——的一致热爱，而且还赢得了他的敌人的尊敬和钦佩。

沃尔贝克出生在一个军人家庭，父亲是德国陆军的一名军官，因此他从小就被培养成一名职业军人。第一次世界大战爆发前，沃尔贝克担任德属东非（坦桑尼亚一带）部队军事长官，在东非殖民地与协约国军队作战，他凭借劣势兵力和装备，以灵活多变的游击战术拖住了协约国大股力量，英国人在东非的作战因此被称为同"一个人的作战"。1914年6月28日发生了著名的"萨拉热窝刺杀"事件，这件事引发了第一次世界大战。两个月后，早已在欧洲摩拳擦掌的两大军事集团兵戎相见，其战况之激烈、伤亡之惨重前所未见，整个欧洲笼罩在战火中。在欧洲之外的世界各地，两大军事集团的斗争也丝毫没有因远离主战场而降温,其中就包括殖民地林立的非洲。由于英国人握有制海权,所以在那些远离欧洲大陆的战场上,英国人是完全掌控了主动权的,而德军则是完全失去后方支持的孤军作战。

作为后起之秀的德意志帝国,在非洲地区的殖民地并不多,它们包括现今的卢旺达、布隆迪、坦噶尼喀及莫桑比克北部等地区,总面积大约100多万平方千米,差不多是现在德国面积的3倍。首府定在达累斯萨拉姆,使用德属东非卢比作为流通货币。德国在非洲的殖民开始得比较晚,但是对殖民地的治理却秉持着德国人一丝不苟的传统精神,狠下了

▲ 这就是德国在非洲的"传奇人物"沃尔贝克。

一番功夫。因此在开战时,德国殖民地已经有不输于英法等国殖民地的发展了。对英国人来说,这些德国殖民地虽然无力实际参战,但它们却可以提供德国舰艇的补给及和德国本土通信的无线电台,因此英法两国就要联合起来进攻这些德国殖民地。

德国殖民当局对德属非洲殖民地采取了不同的统治形式,在沿海城镇及其邻近地区,各级政府由德国官员直接掌握和控制,在某些内陆地区,以德国人出任的地区专员为首,中下层由当地的部落酋长负责管理,这些部落酋长们则直接从属于殖民当局。在世界大战爆发的时候,德国人在这些殖民地的驻军微乎其微,既分散又弱小,也只有土著族的警备部队,担任相当于警察的任务,可以说是根本没有军事力量。欧战爆发后,德国殖民地政府认为自己并没什么军事力量,所以一直努力要保持置身事外,但英、法等国可不是这么想的,他们认为这是将德国人赶出非洲的大好时机,所以计划要一举扫平德国在非洲的殖民管理体系。为此英法两国开始联合起来进攻这些德国殖民地,很快,喀麦隆和德属西南非等一些原本是德国的殖民地都落入了英国和法国手中。德国的那些由白人警长领导的土著警察部队,其装备和英法殖民者的装备相比形同虚设,在人数上更居于劣势,完全无法抵抗。德国殖民者们也抱着"欧洲战场会决定一切"的希望,没有给英法两国带来什么麻烦。但是当英国想要侵占德属东非的坦噶尼喀时却遇到了意想不到的严重挫败。其原因就是驻防在德属东非坦噶尼喀有一支著名的德国殖民军事力量——德属喀麦隆警备部队,这支警备部队的军事长官名叫沃尔贝克。

1914年2月,沃尔贝克作为中校被任命为德属东非殖民地的驻军司令官。在他指挥下的部队共有12个营,约4000多人,部队大部分装备都是陈旧的枪支。这支部队中

▲ 图为英属尼日利亚军团中的号手们，摄于一艘驶往东非的运兵船上。

包括几百个德国军官及少数欧洲志愿者。他的部队大多数是由在德军中服役的非洲土著组成的"阿斯卡里"（即土著民兵），此外还有大约100多名从中国招来的百姓所组成的警察。就是这个沃尔贝克指挥的这支对英军来说可算是微不足道的军队，让英军吃尽了苦头，直到战争结束，也没能把这块地方彻底征服。德属坦噶尼喀的面积约有61平方千米，人口约800万，其中白人约6万名左右，另有1.5万名印度人和阿拉伯人。他们四周都被敌人所包围，其周围大部分都是英国的殖民地和盟友，只有南面的葡属莫桑比克是中立的。因此，德属东非坦噶尼喀在作战形势上几乎面临四面楚歌的境地。双方的兵力也是十分悬殊的，英国方面最多时一次就派出4.5万大军攻击坦噶尼喀，但最后依然是铩羽而归。双方在丛林中的战斗激烈而令人头晕目眩，炮火甚至蔓延到英属南非和葡属莫桑比克，连坦噶尼喀湖上都爆发了袖珍式的"海战"，当时德国的一艘战舰"柯尼斯堡"号被追堵到了坦噶尼喀湖中，在沃尔贝克的协助下与英军的3艘战舰展开了一场水上游击战，令英国人对其头痛万分，可见沃尔贝克所发挥的能量之大。

大战刚爆发时，沃尔贝克的想法同其他的德国指挥官是一样的，即欧洲战场的形势才是决定成败的最主要因素。但根据这一点他却得出了同其他指挥官完全不同的结论：要尽量使用各种可能的手段在非洲拖住敌人尽可能多的兵力，而且拖住他们的时间越久越好。他决定尽可能地帮助欧洲战场上的祖国，减轻他们的压力。沃尔贝克没有因为兵力弱小就采取消极态度，而是在8月主动攻击了英国在肯尼亚的铁路，从而开始了他自己的战争。9月他发动进攻试图夺取蒙巴萨，尽管有"柯尼斯堡"号巡洋舰的火力支援，他还是没有成功。在整个战争期间，英国、比利时、葡萄牙均派遣军队进攻此地，但直到1918年年底德国投降时，协约国阵营都始终无法占领坦噶尼喀全境。1914年11月，一支英印混合部队在坦噶登陆，这支部队在人数上是沃尔贝克部队的8倍，但也就是从这时起，沃尔贝克向世人展示了其杰出的指挥才能。他将自己的部队后撤了一段距离，将敌军引入内陆预设的伏击圈中，对其给予了灾难性的打击，迫使这支部队撤回到了登陆船上。英军死伤4000多人，而德军的损失仅仅只有15名德国人和45名民兵，此外，沃尔贝克还从这场胜利中缴获大量的武器和弹药。

1916年，被围困的沃尔贝克受到多方向——海上、英属东非、乌干达、比属刚果和北罗德西亚——的钳形进逼，但是他的兵力还是达到了约1.5万人的最高峰，其中包括3500名德国人，同时他从一艘偷越过封锁线的德国船上获得弹药补充。英军当地的指挥官斯马茨亲自指挥北面的2万多人的主力部队，企图把德军钉在一地不动，沃尔贝克总是被迫后退，但他本人从未被钉在一地。沃尔贝克对待自己属下的黑人和白人从来都是一视同仁，没有任何的区别对待。和对待德国士兵一样，沃尔贝克对这些土著民兵依照同样的普鲁士标准进行训练，也在战争中赢得了他们的爱戴，他很高兴地看到，这些土著民兵在战斗中证明了自己和他们的欧洲同伴一样拥有战斗力。而且，这些民兵的自信随着每次对英军的成功作战而不断增长。

在这场实力悬殊的争斗中，沃尔贝克采取了神出鬼没的游击战术，一个英国军官说，当你以为得手的时候，其实不是，前进的英军会突然遭到了密集的火力射击！更可怕的是，我们完全不知道是从哪射来的！南路的英军听到枪声，立即向北方靠拢，企图增援城区内的北路军，没想到大批德军突然从他们的身后杀了出来，几路英军在极度震惊中伤亡惨重。在随后的一年半中，英军采取了守势，但沃尔贝克并不想让英国人平安度日，他对临近的英国殖民地肯尼亚和罗得西亚发动突袭，摧毁了当地的沿着铁路及运输线而建的要塞。他的军队还摧毁了20辆火车和一长段英国的铁路。当英国海军在鲁菲吉河迫使"柯尼斯堡"号自沉之后，沃尔贝克将船上的人员编入了自己的部队。他还设法打捞起舰上的部分火炮，组成了他的炮兵部队。

这场战役是与时间和疾病做斗争的缓慢前进，东非不是白人待的地方。到年底，英军已控制了德属东非的北部和中部的主要交通线，占领了达累斯萨拉姆的海港及沿海大部地区。沃尔贝克和他的大部分追随者被逼到了南面的菲吉河地区。除与疾病做斗争外，没有大的交战。每当英军摆好架势实施决定性打击时，德军就化整为零，分散隐蔽到丛林之中，以便次日集合起来重新战斗。1917年，协约国军加大了对沃尔贝克的攻击力度，他开始面对压倒性的敌军。弹药、步枪和炮火的匮乏依然给沃尔贝克的作战带来了极大困难，到当年年底他几乎要被英军逐出德属东非，这时他了解到葡萄牙人在莫桑比克边界处的要塞群拥有充足的给养，于是他发动了一系列令人惊讶的攻击，没有损失一个人就占领了这些要塞，成功夺取了他的4000人部队所需要的所有军需品。

1918年11月23日，沃尔贝克在证实了祖国战败消息的真实性后宣布向英军投降。沃尔贝克走出丛林投降的时候，英国人沮丧地发现，这位已经被晋升为少将的司令官手下依然有3000多名官兵，只是装备大多由德国1871年式毛瑟步枪换成了英国人的恩菲尔德式步枪。这场持续了四年又三个多月的战斗终于结束了。在离开非洲之前，他恳求英国方面给他的黑人士兵们以善待,并希望殖民地政府为他们安排稳定的职业,英国人给予了肯定的答复。在他临走的那一天,他的黑人士兵们含着泪水夹道为他送行,毕竟,这其中的很多人已经跟随他五年以上了。"一战"结束后,国际联盟于1919年依据《凡尔赛和约》分别将卢旺达及布隆迪交付比利时,洛伏马河以南地区交付葡萄牙,坦噶尼喀交付英国托管,结束了德国在这些地区三十四年的统治。

普鲁士战术和纪律的结合,加上土著民兵对于非洲灌木丛的熟悉,这些让沃尔贝克的部队成为军事史上最出色的游击队之一。虽然他有时冷淡而不易接近,但是他手下的部队对他绝对忠诚,战后多年他访问非洲,他的数百名"阿斯卡里"老战士集合列队欢迎他。1998年,英国《焦点》杂志评选"世界十大军事统帅",雷托文·沃尔贝克赫然在榜,与威灵顿公爵、纳尔逊、拿破仑齐名。根据英国人的统计,在大战期间,他率领的部队总数从未超过1.4万人,却拖住了英国至少16万的兵力,他用自己的行动在千里之外捍卫了国家的尊严,在整个第一次世界大战中都保持着全胜纪录,仅凭这一点,就足以奠定他在军事史上的地位。返回德国后,沃尔贝克成为坚定的保守派,他的战争回忆录《我的东非回忆录》很快以英文版的形式出版。1929年他曾担任国会议员,在任期内他试图组织保守派反对纳粹,未能成功。这次打击使得他对政治不满和丧失信心,不久后决定退出政治生活。1964年3月9日,沃尔贝克以94岁高龄在汉堡去世。

德军空战之王——"红男爵"冯·里希特霍芬

第一次世界大战爆发后,欧洲飞行员们把中世纪骑士的豪侠风度带上蓝天,创造了空中格斗的战术,也创造了一个光辉夺目的词汇——"王牌",从此"王牌"成为世界各国空战英雄的称号。"王牌"的标准就是击落5架飞机。"王牌"的诞生拉开了蓝天英雄交响乐的序幕,空战明星一颗接一颗从大地上升起。而德国飞行员曼弗雷德·冯·里希特霍芬是"一战"中最耀眼的王牌飞行员,共击落80架敌机之多,由于他的座机涂着与众不同的红色,对手敬畏地称他为"红男爵"。

1892年5月2日,曼弗雷德·冯·里奇特霍芬出生于一个普鲁士的贵族家庭,他的父亲阿尔贝里希·冯·里奇特霍芬是一名枪骑兵少校,母亲叫库宁古德。儿时,他经常和他的伙伴在自己的庄园里猎杀野猪、麋鹿、鸟和鹿,并经常将他们的战利品相互展示,长大后,他也同样爱着另一种狩猎——空战。第一次世界大战全面爆发之后,里奇特霍芬于1915年如愿进入了航空战斗群,那时的飞行员如同天之骄子,步兵们都窝在堑壕中动弹不得,而他们却在蓝天中自由地翱翔,真是风光无限。王牌驾驶员科利肖把空中敌手描绘为"跳华尔兹舞的舞伴",他们要闪避相互发射的子弹,驾驶员在跃升中看来好像要翻筋斗,但在顶点时却来一个半滚,然后改平飞,向与预料相反的方向疾驰。当双方的驾驶员表演给从下面堑壕里向他们欢呼的步兵观众看时,舞台就在云端。

1916年8月,里奇特霍芬见到了当时德国伟大的王牌飞行员——击落了40架敌机的奥斯华·布尔克，布尔克正在为第二狩猎中队招募新的飞行员。经过简短的谈话后，里奇特霍芬便加入了这个中队，并前往索姆河地区。和当时很多飞行新手一样，里奇特霍芬将布尔克视为英雄和偶像，在布尔克的影响下他终于成为一名真正的飞行员，在进行了二十四个小时的飞行训练后，他就第一次单飞了！不过这点飞行时间显然不够，在降落时他把飞机摔得一塌糊涂。1916 年，他已开始驾驶配备了两个座位的信天翁 BII 侦察机飞行了，这种飞机的机翼上安装上了机枪。凡尔登大战时，他在一次战斗中发现了离自己 50 多米远的一架纽波特飞机，并击落了它。这是里希特霍芬首次驾驶飞机击落敌机，尽管没有得到官方的承认，但是他仍旧满怀希望地继续寻找下一个猎物。

▲ 以冯·里希特霍芬的生平改编而成的电影《红男爵》的宣传海报。

从 1916 年 6 月 24 日开始至 11 月中旬结束的索姆河战役，是第一次世界大战中典型的、双方伤亡皆极为惨重的阵地战。不论是双方所投入的兵力、武器，都是本次大战中最大的战役。在索姆河战役中，英、法联军出动了约 300 架飞机，而德国方面为 114 架。空战不利，布尔克带领着他的第二狩猎飞行中队赶赴战场，一举扭转了空战局势。第二狩猎飞行中队在索姆河战场的上空建立了一个天堂般的"空中猎场"，不过具有讽刺意味的是，布尔克并没有率领他的飞行中队续写辉煌，11 月初，他在一次近距离缠斗中与友机相撞身亡。在他的葬礼上，他与勋章盒里装的王牌飞行员勋章一起被安葬。而另外一边，里希特霍芬已经在 11 月 9 日，将 11 架敌机纳入自己的猎物名单中。

1917 年 1 月，里奇特霍芬的战绩上升至 16 架，获得皇帝亲自颁授的"功勋勋章"，这是当时德国各邦中的最高勋章。在成为第十一狩猎中队的指挥官后，里奇特霍芬将自己战机的一部分涂成了血红色，他认为这样可使地面上的友军便于识别，以防止误击。在战争后期，许多英军飞机则涂上了红鼻子以表示"我们一定要打下红男爵"的决心。到了当年的 3 月，"红男爵"已经击落 31 架协约国飞机。他俨然已经成了一个冷酷无情的猎人，甚至是杀手，会将设法逃离机舱的飞行员一一射杀。一位他所钦佩的德军军官曾经给了他一张可怕的照片，照片上是一个被打得四分五裂面目全非的

▲ 里希特霍芬的名气越来越大，德军也越来越喜欢用他来作为形象大使。不过，这也让他的一点点失误都会被暴露到公众的眼前。

英国飞行员。1917年4月，西线的领空完全成了德国空军的天下，在这段时间，德军一次出击就派出3~4个飞行中队，当时有人把这种出兵方式比作"马戏团"。虽然如此，为了配合法军总司令尼韦尔的地面进攻计划，英国皇家飞行队仍然与德国飞机在法国北部上空进行了争夺空中优势的殊死搏杀。

德国空军在所谓的"血的4月"中曾一度夺得战场上空的全部制空权，在这场战役中，英国皇家空军竟一下子丧失了近400架飞机和500余名飞行员，而取得这一战绩的是"信天翁"D战斗机。从外形上看，德国的"信天翁"D战斗机的最大特征是有一个流线型木制机身，这种硬壳构造的机身中弹后生存性好，且不难制造。"信天翁"D成为世界上最早成批生产的采用硬壳构造的飞机。在那一群"信天翁"中，一架红色战机率领的飞行编队成了协约国空军的噩梦。一个月间，这个中队击落协约国战机89架，其中21架由那架红色战机击落，驾驶这架飞机的就是冯·里奇特霍芬男爵。6月24日，里奇特霍芬任新成立的第一联队指挥官，这支部队在他阵亡后被命名为"里奇特霍芬联队"。德军上层考虑到"红男爵"的宣传价值而有意地对他进行保护，起初劝说他退出前线不再飞行，可是这根本行不通。于是上层硬性规定除非情况危急外，否则他不准升空作战。但是很快他们发现里奇特霍芬总是寻找种种理由溜进机场驾机作战。

1918年4月21日，里奇特霍芬率领9架福克飞机巡逻时同加拿大飞行员布朗率领的15架飞机遭遇，一场血战展开。混战中德军飞机一架一架被击落，杀红了眼的里奇特霍芬和加拿大的空军王牌布朗缠斗在一起，布朗且战且退，将空战引入己方上空，里奇特霍芬紧追不舍，在100米的高度上，协约国地面士兵用步枪和机枪对他猛烈射击，这突如其来的攻击命中了里奇特霍芬，他头部中弹，飞机坠毁在战壕里。英国人为"红男爵"举行了隆重葬礼，他的棺材由六名上尉（冯·里奇特霍芬的军阶）和一队驾驶员护送，一个荣誉鸣枪队向他致告别敬礼。然后，一位协约国飞行员驾机升空，将拍摄有布满鲜花的墓地的照片和讣告一起空投到德军后方。作为曾击落协约国80架飞机的王牌飞行员，26岁的里奇特霍芬男爵战死蓝天。

在第一次世界大战中，共涌现出1800多名王牌飞行员，其中有将近1000名是协约国方面的，德国方面占了800余名。在协约国方面涌现的王牌飞行员中，虽然单人击落飞机的数量要低于德国方面，但飞行员击落飞机的数量相对比较平均，所以这也是最后协约国方面能够取得空中作战胜利的很重要的一个原因。

大洋游侠——卢克纳尔伯爵的风帆战舰"海鹰"号

"陛下,给我一条纵帆船出海一战吧,让我把英国佬打得灵魂出窍。"假如这是在中世纪,这样敢于挑战大不列颠的军官固然有些鲁莽,至少会获得勇敢刚毅的美名,然而,当德国皇家海军菲力克斯·冯·卢克纳尔少校当面向威廉二世皇帝提出这个建议的时候,时光已经到了1916年,且不说德国海军在日德兰海战刚被英国人打得缩回基尔港口不敢出门,这位少校提出要用来和英国人交战的居然是一艘帆船!冯·卢克纳尔伯爵,德国贵族,1881年出生在德国德累斯顿,是一位以绰号"海上幽灵"而闻名的海军军官,他的全体船员被称作"皇帝的海盗"。1916年,他指挥"海鹰"号帆船袭击了大量的敌方商船。在率领"海鹰"号航行的八个月内,共击沉14艘敌船,俘获462名敌人,只有一人在作战中死亡,他的部下则无一伤亡,这使得他成了一个英雄,同时被战争双方誉为一个神话。

卢克纳尔向威廉二世解释:"我们海军的头认为我在发疯,既然我们自己人都认为这样的计划是天方夜谭,那么,英国人一定想不到我们会这样干吧,我认为我可以用古老的帆船给他们一个教训。"威廉二世听了这位少校的"疯话"后,竟同意了他的计划,用一条帆船去袭击英国人的海上航线——他赌对了,卢克纳尔没有疯,倒是几乎让大英帝国的海军部差点儿疯掉。一艘俘获来的三桅帆船在卢克纳尔的设计下做了精心的改造,在难以发现的暗室中隐藏了两门88毫米的大炮和两台辅助蒸汽引擎,还建成特别巨大的能存储燃料和饮水的舱室,船员住舱之外还准备了多达400张床铺的特殊住舱,最后将这艘三桅帆船改名为"海鹰"号,卢克纳尔被任命为船长。1916年12月,"海鹰"号伪装为挪威商船"伊尔马"号,成功突破了英国的海上封锁,圣诞节时出现在希腊的西南方向,在那里与一艘英国巡洋舰遭遇,英国人登船对"伊尔马"号进行了一番例行检查,一切正常。

1917年1月9日,英国大型运输船"皇家加蒂斯"号正从英国开往阿根廷,船上装载着5000吨煤炭。

▶ "海鹰"号是德军的袭击舰之一,专门负责袭击商船。从1916年12月开始,"海鹰"号在大西洋和太平洋中航行了二百二十五天,其间俘虏协约国商船共计15艘。

在阿德雷斯群岛水面遇到了一艘老式帆船，桅杆上飘扬着中立国挪威的旗帜，不疑有他的"皇家加蒂斯"号在靠近对方时，挪威旗帜突然变成了德国海军旗，两门大炮正对着它的驾驶室，"皇家加蒂斯"号成了它的第一个猎物，卢克纳尔很有绅士风度地请英国人的所有船员转到"海鹰"号来，然后把"皇家加蒂斯"号送进了海底。3月5日晚，"海鹰"号在月色下发现了一艘四桅帆船，并发出了信号："立即停止！我们是德国巡洋舰！"奇怪的是，这艘2200吨位的法国船"杜普勒"号的船长把船开过了"海鹰"号，原来他竟以为另一位法国船长在同他开玩笑，直到"杜普勒"号被凿沉后他才省悟过来。

2月4日，"海鹰"号遇上了法国"安特南"号，有趣的是"安特南"号也是一条优美的三桅帆船，它的船长运动员出身，非常浪漫，当他发现一条同样古老的三桅帆船张上了满帆紧追过来时还以为是要来和他赛船呢，就升帆和卢克纳尔玩起帆船大赛来，结果一追就是几十海里。后来有人和卢克纳尔说，伯爵你真是浪漫，人家用帆你也用帆，真绅士啊！伯爵苦笑道："哪儿啊，那是我的轮机出故障了。"3月10日，卢克纳尔在船上制造了一场"火灾"，英国运输舰"霍华茨"号赶来营救"着火"的"海鹰"号，"霍华茨"号是一个强劲的对手，它的主炮口径127毫米，比"海鹰"号的还要大，"海鹰"号在对它发警告时一炮打中"霍华茨"号的无线电室，这导致了"海鹰"号航程中仅有的一次有人员死亡的事件——英国船员佩奇因靠近破裂的蒸汽管道而致死。

一连串的船只神秘失踪，引起了英国海军的极大注意，把失踪船只的位置连起来，很快就出现了一条清晰的纵贯大西洋的航迹，据此判断，在大西洋上，显然出现了一艘新的德国袭击舰，可这条航线常有英法军舰活动，从来没有和这艘袭击舰相遇过，而且这艘船续航能力超强，所有遇难船只的船员全部失踪。百思不得其解的英国人把这艘德国袭击舰命名为"海上幽灵"。这时候，卢克纳尔也遇到了个麻烦，将近300名俘虏带给他很大的食物和安全问题，没办法，他只好让这些俘虏乘上一艘掳来的帆船自己开往里约热内卢的岸边，这些俘虏和卢克纳尔相处得十分融洽，一旦要上岸就不能不对当局讲明一切，所以他们都不想走，但没办法，卢克纳尔的船再热情也实在没他们的位置了，"海鹰"号毕竟不是游艇，它还有自己的使命。这些乘帆船离去的人遵守了自己的诺言，一路上不搭理任何遇到的人，只是在十多天后上岸后才不得不按规定向协约国通报遭遇袭击舰的情况，而这时，"海鹰"号已及时逃离了这片海域。如梦方醒的英国人这才明白了在这之前怎么也想不通的问题就是这么简单，只是他们压根没往这上面想。

佩服归佩服，英国皇家海军的战舰立即扑向了南大西洋，这次，该轮到所有的帆船船长倒霉了，然而，这一切都是白忙活，气势汹汹的英国舰队折腾得晕头转向却一无所获，"海鹰"号又失踪了。这时的"海鹰"号已经驶到了远离运输线的太平洋去了，要在浩瀚的太平洋中找到它的确不是件容易的事。7月，在得到美国已参战的消息后，"海鹰"号又掳获了好几艘毫无戒备的美国船。8月24日，"海鹰"号遇上海啸，被巨浪抛到了珊瑚礁上。根据船上一些美国俘虏的说法，"海鹰"号是在大多数俘虏和船员在岛上野餐的时候搁浅的，所幸没有造成任何伤亡，卢克纳尔和他的小队后来向当地的警察投降了，被关押到摩图伊赫岛的战俘营。在任务开始一年后，战争终于结束了，1919年，他被遣送回德国，同年7月获得了德国蓝马克斯勋章。

"突击战车"——"雷诺"出世

1915年,一种新式的战争武器在英国的福斯特工厂被制造出来,这是一部钢铁战车,它最初的代号是"小游民"。出于保密,英国海军部针对它的外形把它称为"水柜",在英文中,"水柜"一语的音译就是"坦克",世界上第一辆坦克就这样诞生了,根据这种武器的战斗能力,英国海军部又把它称为"陆地巡洋舰"。1916年9月,32辆"坦克"被秘密运到了索姆河的战场上,9月15日清晨,坦克——这个当之无愧的"陆战之王"——第一次登上了人类战争史的舞台,在激烈的索姆河战役中投入了战斗。德军在这个陌生的"钢铁怪物"面前束手无策,坦克的使用,首次作战就造成了震撼性的效果,一举打破了长久以来西线双方陷于堑壕战的僵持局面。这种首次将防护能力、攻击能力、机动能力三个要素成功结合在一起的新式武器的出现,意味着机械化战争时代从此到来。这种活动的装甲堡垒,不怕机枪的扫射,并能越堑过沟,冲破敌人障碍,它在掩护步兵冲锋的同时,还能向敌人猛烈开火,因而也有人把这种武器称为"机枪破坏器"。

在坦克的生产制造史上,尽管屡屡走上弯路,但法国确实是世界上第二个大规模使用国产坦克的国家。法国最初制造的是以"雷诺"命名的坦克,尽管"雷诺"比英

▲ 1917年出产的法式FT-17型是第一辆带有旋转炮台的坦克。这种坦克具有一定的越野性能,在1918年间曾分别于法军和美军队伍中服役。

国的坦克进入战场晚了一年，但它也可以算是世界上最古老的近代坦克之一。"雷诺"这种坦克设计的初衷是用来作为火炮牵引车的。它的设计者之一欧仁·埃蒂安纳是一个炮兵上校，他的梦想是如何让笨重的火炮跟上推进部队。而将"雷诺"从重炮牵引车经过装甲后变成了一辆坦克的另一位关键人物是欧仁·布里耶，他早些时候与美国同行交流为西班牙设计装甲车的时候，就已萌生了"装甲+履带重炮车"的设想。随着坦克在战场上大量被使用，它巨大的威力已越来越为各交战国所重视，为了不在激烈的战争中落后，各交战国纷纷开始投入大量的人力物力去开发研制这种新式武器。作为战火正在自己领土上熊熊燃烧的法国，对坦克的研制心情更是迫切，在"一战"结束前短短的几年中，法国人就已经研制出了好几种型号的坦克，并把它们投入到实战之中。与英国人用"水柜"这个不伦不类的诨名命名这种在战场上威风凛凛的装甲巨兽不同，法国人对坦克的称呼就显得十分正规，见识过德军凶猛炮火的法国步兵需要的是具有坚固的防御能力且威力巨大的一种装甲战车，也就是说他们需要一个能够移动的重炮堡垒，根据他们对坦克最初的功能要求，法国人把它称为"突击战车"。

法国坦克初登战场是在第二次埃纳河战役中，也就是法军著名的尼韦尔的悲剧行动。作为法国坦克第一次在战场上露面，当时参战的法国坦克除了"雷诺"以外，还有另一种名为"圣夏蒙"的坦克，这种坦克装备了威力巨大的75毫米火炮，并采用了电力推动，性能在当时十分先进。这两种坦克组成了法国第一支坦克部队，一共制造了200多辆。法军参谋部在这次战役中投入坦克部队是有特殊原因的，战前，法国人利用他们的飞机侦查发现德国人在主防线的后方依地势修建了大量的反斜面阵地，法军的远程直射炮火无法摧毁这些隐藏在高地后面的阵地，法军必须要用一种拥有较高突破能力同时具有较强防御能力的火炮，协同步兵一同进攻，并为步兵提供近距离炮火支持。这样的作战任务，实际上就已经决定了法国最初的装甲部队与英军不同，它们更类似于拥有装甲和机动能力的新式炮兵部队。

在战争之初，坦克是一种庞然大物，在德军炮火的猛烈轰击下，极容易被摧毁，为了适应战场上的实际情况，法国的坦克开始向体积小型化而规模大型化发展。于是法国生产出了"雷诺"系列的轻型坦克——"雷诺"FT。"雷诺"FT的最初命名是"机枪坦克"，它可以说是世界上第一种严格意义上的坦克，因为它具备了现代坦克的四大特征：驾驶员在车体前部；发动机后置；主要武器在车体中部的炮塔内，炮塔可以360°旋转；车长有最高的全周视野。此外，"雷诺"FT还有另外一个特征与现代坦克巧合——主动轮后置、诱导轮前置。"雷诺"FT，或者称为"突击战车"，基本采用75毫米短管火炮，而法国陆军对坦克的定位是"有装甲的机动自行火炮"。实际上，当时的法国坦克确实是归于炮兵编制，它的名称是"突击炮兵"，而欧仁·埃蒂安纳则被任命为突击炮兵部队的司令。

"雷诺"FT采用四缸水冷汽油机，它的旋转炮塔和枪炮俯仰完全依靠人力操控，射速高、精度好。"雷诺"FT坦克及其变型车在大战快要结束的两年中一共生产了4000多辆，是坦克发展史上的一个重要里程碑。"雷诺"坦克的出现，代表了坦克当时的发展方向，拓展了美国和意大利坦克的设计思路，苏联也是在"雷诺"坦克的基础上生产出了本国第一辆坦克。由于"雷诺"FT 拥有很强的灵活性，可以在弹坑密布的战场上高速突击，具有出色的机动性和通过能力，使得坦克可以全程陪伴冲锋的步兵，从此开始，步兵支援坦克的理论开始形成。早已被数年的堑壕战折磨得苦不堪言的法国将领们终于找到了一种能突破堑壕战模式的有力武器，于是，法国陆军开始大量装备"雷诺"FT，到战争结束前，已有近 4 辆"雷诺"FT 被编入陆军之中。

也可能是"雷诺"FT 感到在"一战"中风头没出够吧，就在第一次世界大战的战火刚刚在欧洲大陆上熄灭之际，它就跑到外国去逞威风了，1918 年 12 月，"雷诺"FT 出现在了俄国内战的战场之上。20 多辆"雷诺"FT 被编入白卫军中与苏联红军作战，这些战车的指挥官加维特上尉就是"法国坦克之父"埃斯丁尼将军的侄子。但"雷诺"FT 并没给白卫军带去胜利，而且其中的一辆因起火而被放弃，这辆"雷诺"FT 成了苏联红军的第一辆坦克，在清洗一新后被运到莫斯科，成为献给列宁的礼物。后来苏联仿照它，生产出了自己的坦克。

1920 年，在埃斯丁尼的提议之下，法国的坦克设计人员提出了一种新的设想，他们要生产一种多用途的坦克，以之取代法军中所有的坦克和自行火炮，包括安装了机枪的轻型坦克、安装加农炮的重型坦克及安装榴弹炮的自行火炮。可以说，法国陆军这种让它的坦克部队彻底改头换面的想法是明智的，因为从第一次世界大战末期的作战情况来看，坦克在战场上已经不仅仅是担任"机动炮兵"那么简单了，这些集防御、攻击任务于一体的武器，正在逐渐变为攻坚战的主角，在今后的战争中，它必将成为陆军的主要利器而发挥更加重要的作用，而不仅仅是移动的机枪和移动的火炮。

空中巡洋舰——齐柏林飞艇

1900 年 7 月 20 日，由德国的斐迪南·冯·齐柏林伯爵设计制造的第一架飞艇首次飞行。这架飞艇是在康斯坦斯湖上漂浮的一个飞机棚里制造的，这种飞艇使用结构完整的龙骨保持气囊的外形，两台 16 马力的发动机使飞艇速度达到每小时 23 千米。大战爆发后，各国军事将领们注意到飞行性能好、装载量大的飞艇高高在上的特点，因此将它投入到战场上，担任空中轰炸或侦察的任务。"一战"开战之初，德国拥有一支世界上规模最大的航空部队，这支空中力量由帝国陆军航空勤务队和帝国海军航空勤务队两部分组成，分别从属于陆、海军，进行陆上侦察、情报收集及海上搜索、救援任务。不过，德国扩大航空部队的重点并没有放在飞机上，而是放在了齐柏林飞艇上，他们指望用这些庞大的飞艇来进行战术、战略侦察。

齐柏林飞艇的能力较同时期的飞机优秀，它飞行稳定，容载量大，德皇和德国总参谋部对这些飞艇寄予了厚望。它们不是老式齐柏林飞艇的简单改进，而是全新的设计。这些新飞艇尺寸庞大，容积达 45 万立方米，可以装载更多的炸弹。虽然飞艇在速度和爬升高度上性能比飞机差，不过以当时的防空力量水平来看，它们倒也不需要很好的飞行性能。

▲ 一架即将前往英国领空执行任务的德国飞艇正被移出机库。

▲ 齐柏林飞艇的一次轰炸给伦敦西区的街道造成了破坏。

无论海军还是空军的飞艇，在开战后都开始执行轰炸英国的任务，以图从空中摧毁英国的工业基地，打击英国的士气。1914年8月5日夜，"Z—6"号齐柏林飞艇成功地轰炸了比利时的列日要塞，这是飞艇首次在战争中应用，它的轰炸效果并不大，只投下几颗小炸弹，炸死10多个人，主要是用来威慑敌方，用以瓦解对方的斗志。

8月26日，德国飞艇对安特卫普实施了一周的轰炸，8月30日空袭了巴黎。德国军方认为，齐柏林飞艇是他们手中的一门终极武器，飞艇一出，无往不胜。1915年5月30日夜，这种会飞行的庞然巨兽光临了英国上空，伦敦遭到飞艇的第一次轰炸。探照灯无法照到飞得很高的飞艇。炸弹使10多人丧生，40多人受伤，还破坏了一些住宅区和商业区的建筑物。德国人的目的是飞临英国大城市投弹，企图迫使英国政府把部队撤离法国，袭击者还丢下了一些纸片警告说："我们已经来过，而且还要再来，不投降就是死。德国人。"

这些飞艇通常在傍晚从德国本土起飞，华灯初上时到达英国上空。英国城市的路灯和房屋里面透出来的灯火是它们最好的路标——当时英国人还不懂得"灯火管制"。飞艇扔下搭载的"危险货物"之后便掉头东飞，于第二天黎明之前返回德国。此时"一战"刚刚爆发不久，飞机的性能还很脆弱，没有力量去阻止飞艇的光临，这个时期被称为"齐柏林大恐慌"。

齐柏林飞艇是德国的战争宠儿，人们狂热地崇拜这些巨大的机器，每次对英国的空袭总能赢得举国一片欢呼鼓噪之声，英国人则对这些打不到、够不着的东西恨之入骨，以至当一架德国飞艇因机械故障坠毁在海中的时候，附近的一艘英国拖船无视海员们"救助遇难者"的通则，坐视德国艇员们被海水淹死。当然英国方面不会仅仅采取保守的防御措施，英国空军开始结合早期的防空武器在齐柏林飞艇的航线上进行拦截。就在齐柏林飞艇首次空袭伦敦之后不久，一架英国皇家海军的战机在比利时上空拦截住德军的一架飞艇，攀升到飞艇之上，用炸弹将其击落，这也造就了齐柏林飞艇的首败记录。驾驶这架战机的飞行员是亚历山大·沃内福特上尉，在击落飞艇三十六小时后，他获得了维多利亚十字勋章。

飞艇虽然皮糙肉厚，子弹打上去也不过钻上几个眼，但它也不是没弱点的，它的出动有赖于气候，当时唯一能够阻止这些德国空中巨兽去英国"串门"的，就是北海上空变化无常的天气。巨大的飞艇不能在大风中维持稳定，恶劣的气流会把它吹得不知所踪。10月20日夜间，11架齐柏林飞艇飞往伦敦，有3架一去不返，强风把它们毁灭了。而且这些"超级武器"是完全没有防御能力的，在它飞到安全的高度之前，追击它的飞机能够轻易地把它打得满是窟窿，只要有一点火星碰到了非常易燃的氢气，就会使飞艇"报销"。

英国人很快研制出了高爆子弹和填充白磷的燃烧子弹，将这些子弹混合起来之后，就变成了对付飞艇的致命武器。那些高爆子弹打穿飞艇的氢气气囊，让逃逸出来的高纯度氢气与空气充分混合，然后再由燃烧弹将这一大团混合气体引爆，飞艇一旦被这种混合子弹击中，通常不能幸免。许多飞抵伦敦的齐柏林飞艇就此一去不返，一架架飞艇像燃烧着的烟花那样落下去了。德国飞艇像火炬一样在夜空中坠毁的场面对打击英国民众的士气一点作用也没有，已经失去了当初决定轰炸英国的意义所在。于是海军的飞艇部队逐渐移交给海军舰队作为侦察手段，以及用来做宣传武器使用。德国飞艇部队的指挥官彼得·施特拉塞，于1918年8月5日亲自率领齐柏林飞艇最后一次空袭伦敦，在空袭中被击中坠毁而亡。

自1915年至1918年，德国出动飞艇200多架次对英国实施空袭，投弹约300吨，造成约1300多人死亡，3000多人负伤。但也约有80艘飞艇毁于协约国的炮火和恶劣天气。德国最高统帅部认识到，飞艇战是无效的，在人力和物力严重不足时期，付出这样巨大的代价简直是得不偿失的。随着轰炸机技术的飞速发展，柏林战略家已在制订计划，制造和使用轰炸机来取代飞艇了。

第一次世界大战后，飞艇和飞机一样被用于民用航空，但是，1937年德国"兴登堡"号空难之后，人们普遍对这种交通方式失去了信心。最后几架出厂的大型硬式飞艇，曾经在20世纪30年代活跃于跨大西洋航线上，但在1940年时被德国的空军元帅赫尔曼·戈林命令拆毁，并将构成其艇身骨架的铝材转用在军备生产上，飞艇在军事和民用两方面的应用就此退出了历史舞台。

第四章 武器大观

"陆地巡洋舰"——坦克

1916年9月15日,英国和德国军队在索姆河上进行着大规模的战斗,双方都坚守着自己的阵地,谁也没有突破对方阵地。突然,从英军阵地上传来隆隆的巨大响声,一群钢铁碉堡似的怪物,冲出阵地,向德军阵地压去。德军士兵见到这些怪物,拼命朝它射击,用炮轰击,可是那怪物刀枪不入,还用机枪大炮发射,一边还照样隆隆朝前压来。这些钢铁怪物轻而易举地进入德国阵地的纵深处,给德军带来极大的威胁。

第一次世界大战期间,欧洲各国都投入了厮杀,武器专家们纷纷在研究如何改进现有武器的性能。交战双方为突破由堑壕、铁丝网、机枪火力点组成的防御阵地,打破阵地战的僵局,迫切需要研制一种火力、机动、防护三者有机结合的新式武器。这其中,有一位英军驻法国司令部的上校也在苦思冥想,画了一张又一张草图,一心要设计出一种通过履带前进,安装有火炮和机关枪的全新战车,以便在战场上彻底打败德国人。他就是斯温顿上校。他在一起意外中发现,如果在拖拉机上装上火炮或机枪,它不就无敌了吗? 1915年,英国政府采纳了斯温顿的建议,利用汽车、拖拉机、枪炮制造和冶金技术,试制了坦克的样车。

这巨大的活动钢铁堡垒,就是英国首次发明并投入战场的"陆地巡洋舰"——坦克。它有28吨重,乘员8人,在两侧炮塔上共装有两门口径为76毫米的大炮和几挺机枪,采用过顶的重金属履带,刚性悬挂,最大速度为每小时不到7千米,没有什么通信设备,带有几只信鸽,必要时就靠信鸽去联络。

坦克是一个能活动的装甲堡垒,它不怕机枪的扫射,并能越堑过沟,冲破敌人障碍,在掩护步兵冲锋的同时,还能向敌人发射火力,因而人们把这种武器称为"机枪破坏器"。样车于1915年9月制成,进行了首次试验并获得成功,被称为"小游民"。但是,这种武器刚刚问世的时候,并不受权威人士的重视,很多将军对它的能力和作用估计过低,陆军大臣干脆把它叫作"一个美妙的机械化玩具"。斯温顿把他的设计方案先后送交英国好几个军事部门,可惜都被当作不切实际的空想而打入冷宫。有的军事要员甚至认为这个上校好出风头,冷嘲热讽地建议他改行去写幻想小说。当时的英国陆军对此毫无兴趣,时任海军大臣的丘吉尔却如获至宝,下令将他从英吉利海峡对岸调回来,组建"陆地战舰委员会",亲自领导"陆地战舰"的研制工作。据报道,斯温顿的灵感源自一位朋友的来信,在信中,他的这位朋友把美国的"霍特"农用拖拉机描述为"能够像魔鬼一样爬行的美国机器",斯温顿由此建议制造一种装有大炮和机枪的重型履带式拖拉机,他的这一建议于10月20日被提交到英国战争办公室。实际上,斯温顿当时只是想把现有的机器零部件拼在一起,从而组装成一辆类似拖拉机的新式装甲车。

▲ 第一次世界大战中的坦克
M1型坦克可以越过3米宽的战壕,射程达24米。

▲ 第一次世界大战期间,英军发明的坦克首先投入战场,大大震慑了敌人。

1916年生产了"马克"Ⅰ型坦克,外廓呈菱形,刚性悬挂,车体两侧履带架上有突出的炮座,两条履带从顶上绕过车体,车后伸出一对转向轮。该坦克乘员8人,有"雄性"和"雌性"两种。"雄性"装有两门57毫米火炮和4挺机枪,"雌性"仅装5挺机枪。1916年9月15日,有48辆"马克"Ⅰ型坦克首次投入索姆河战役,但因为各种原因只有18辆投入了战斗。坦克可以用于摧毁敌人的铁刺网,控制敌人的火力,能逾越任何普通的路障、沟渠、防护墙或战壕。每辆履带车携带两三挺马克沁式重机枪,并且装备火焰喷射器。除非被野战炮迎面击中,否则它们将势不可当。在战斗中,由于履带车十分接近敌人的战线,所以对方大炮对它们也无能为力。坦克是具有强大直射火力、高度越野机动性和坚固防护力的履带式装甲战斗车辆,是地面作战的主要突击兵器和装甲兵的基本装备,当时主要用于摧毁敌方的野战工事,歼灭其有生力量。它靠履带行走,能驰骋疆场、越障跨壕,不怕枪弹,无所阻挡,从此开辟了陆军机械化的新时代。

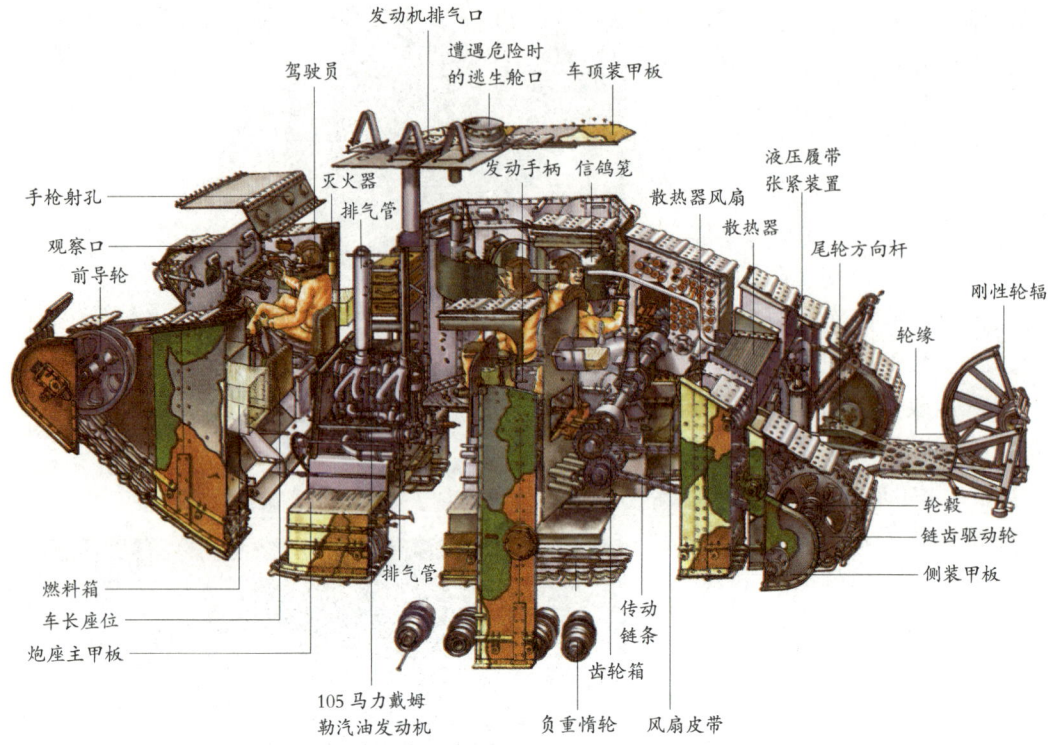

▲I型坦克内部剖析图：坦克首次应用于战场是第一次世界大战期间，由英国工程师秘密研制而成，起初起名为"水柜"，英语意为"TANK"，发音"坦克"，坦克称呼由此而来。图为著名的I型坦克内部剖析图。

首次参战用的59辆坦克是在极其秘密的情况下运到前线的。有32辆进入战斗出发地，其中14辆按时出发，9辆晚了一些时间，有5辆陷入泥潭内难以自拔，只有9辆冲进德军阵地，向纵深突进13千米。虽然成功率只有15%，可是那壮观威风的场面给人留下了非常深的印象。使过去攻不动的德军阵地一片混乱，被英军轻而易举地突破了一部分。当时，一辆坦克爬进了一个村庄，面对这庞大的钢铁怪物，德军惊恐不已，纷纷逃离据点，就这样，一个村庄就被这辆坦克占领了。还有一辆无意之中闯进一条堑壕，吓得德军无处可逃，300多名德军乖乖地做了俘虏。这次胜利，使那些对坦克不以为意的将军们大吃一惊，更使英国士兵受到莫大的鼓舞，从此，人们对这种能攻善守的兵器产生了浓厚的兴趣。

当时英国战车的设计工作在"登陆舰委员会"的指导下进行着，英国人发明的坦克为什么要称为"陆地巡洋舰"呢？当时英国在世界称雄是靠海军，海军最漂亮最有威力的是巡洋舰。坦克一问世，就好比威力强大的巡洋舰，因此就叫"陆地巡洋舰"，丘吉尔为了不让德国人察觉这种新式武器，在将这批坦克运往前线时，所有包装箱上都写着"水桶"（tank）的名称，英文字"桶"音译成中文就是"坦克"，后来人们都把"陆地巡洋舰"称为坦克。根据生产年代和技术水平，坦克也被分为三代。从"一战"出现坦克到"二战"中期，主流的坦克类型被称为第一代坦克；"二战"中期到20世纪60年代的主流坦克，被称为第二代坦克；20世纪60年代到90年代研制的坦克被称为第三代坦克。

坦克虽然初次参战就立下战功，但也暴露出不少问题：一是它的越野性能还比较差，遇到稍宽一点的壕沟、弹坑就会掉进去出不来，碰到泥泞地带更是一筹莫展；二是自身故障太多，不是履带掉了，就是发动机熄了火，停在战场上正好成了挨打的靶子；三是防护装甲还显薄弱，有时敌军的一发炮弹就能叫坦克车里的乘员全部报销。"一战"后期，美国参加了战争，美国陆军急需坦克，他们想要的是具备当时最成功的两种坦克综合性能的坦克。他们希望的坦克要尽可能地减少重量，但又不降低坦克的越野性能和翻越壕沟的性能，其结果就是"斯克尔顿"坦克的出现。正当陆军决定该由谁来负责使用这种他们一直追求的新式武器装备时，"一战"停战协议签署了，陆军随之取消了这个计划。

康布雷战役是英军第一次将坦克大规模用于集群突击作战的战例，战役一开始，300多辆坦克同时轰鸣，向敌军阵地冲去。首先出现在这些坦克前面的，是有刺铁丝的障碍物，这些坦克毫不迟疑，隆隆地碾了过去。这次大规模的坦克冲击所取得的效果，是使英军用很小的代价，夺取了德军阵地，赢得康布雷战役的胜利。康布雷战役之后，坦克确立了自己的名声，于是，在整个1918年它们成了敌我双方的法宝，成了英军、法军和美军进攻时的决定性武器与特色。从此，坦克成了历次常规战争的重要进攻武器，成为第二次世界大战中的攻坚力量。而随着坦克的出现，从前的战争模式改变了，大规模的运动战成为现实，德国在"二战"中将坦克这种大规模的集中使用的战术推到了顶峰，一种面貌全新的战争出现了。

马克沁——机关枪打出传奇一生

马克沁，全名为海勒姆·史蒂文斯·马克沁，是马克沁机枪的发明者。他出生于美国缅因州，后来移居英国。1901年被维多利亚女王封为爵士。他是一名优秀的武器设计师，他设计发明的马克沁机枪开创了世界自动武器发展的新纪元。他在无烟火药的研制中也做出了很大贡献，这种火药使他的机枪更能发挥效力。

马克沁于1840年2月5日生于美国缅因州桑格斯维尔。小时候他家境贫寒，读不起书，14岁时成为一个马车制造商的学徒，并研制了许多新的电器。由于受到排挤，马克沁离开美国到伦敦去开辟新电器市场，并在那里定居。当时正值欧洲大陆战火纷飞，

▲ 马克沁与他发明的机枪

▲ 图为俄军的一挺 M1910 "索科洛夫" 马克沁机枪及其操作人员。这挺机枪上用来保护机枪手的防护装置是它的一大特色。

敏感的马克沁很快意识到制造武器是一个极好的赚钱机会，于是他转变了自己的钻研方向，投向速射武器领域。马克沁本人是一个狩猎爱好者，在使用步枪打猎时深为两个问题苦恼：一是频繁装弹的麻烦；二是强大后坐力对肩膀的伤害。这说明枪的后坐具有相当的能量，这种能量来自于枪弹发射时产生的火药气体。马克沁从人们习以为常的后坐现象中，为武器的自动连续射击找到了理想的动力。在从事自动武器研究的初期，马克沁设计了多种自动步枪和自动手枪，但都没有进行过商业性生产，也没有产生过任何经济效益。1882 年，马克沁在一支老式的温切斯特步枪上进行改装试验，利用射击时子弹喷发的火药气体使枪完成开锁、退壳、送弹、重新闭锁等一系列动作，实现了单管枪的自动连续射击，并减轻了枪的后坐力。这次实验首创性地采用火药燃气能量进行自动循环，使武器实现全自动射击，在步枪使用上取得了成功。

马克沁在 1884 年又制造出世界上第一支以火药燃气为能源的自动连续射击重机枪，射速达每分钟 600 发。马克沁重机枪发明后，在战争中得到了应用。1891 年，英国殖民军在罗得西亚与祖鲁人发生战斗。一支 50 人英军小分队，用 4 挺马克沁重机枪击退 5000 名祖鲁人进攻，使 3000 名祖鲁人丧命，充分显示了重机枪的威力。死亡使人们真正认识到了这种自动发射的重型机枪的巨大威力，马克沁因此获得专利。马克沁机枪是世界上第一种真正成功的以火药燃气为能源的自动武器，其机枪的原型口径为 12 毫米，枪重 23 千克，采用水冷枪管，容弹量为 333 发，理论射速每分钟 600 发，可以单、连发射击，也可以通过射速调节器调整为慢射速每分钟 100 发。马克沁机枪结构复杂，采用水冷枪管较为笨重，帆布弹带受潮后可靠性变差，士兵携带极为不便，但在近代战争中曾被普遍使用。

在马克沁机枪出现以前，人们使用的枪都是非自动枪，子弹需要装一颗发一颗。而马克沁的机枪，可以一直射击下去，直到子弹带上的子弹打完为止，能够省下很多装弹时间。但是另外，连续射击会造成子弹不受控制地发射，浪费也就在所难免。当时中国的李鸿章在询问了价格之后，这位洋务派领军人物自叹道："太贵！太贵！"开始的时候，马克沁机枪总是没有订单，也就是因为这个原因。马克沁重机枪获得成功后，许多国家纷纷进行仿制，一些发明家和设计师针对马克沁重机枪的原理和结构进行改进。美国枪械设计师霍奇基斯设计出了最早的气冷式机枪，这种机枪取消了水冷式机枪上笨重的注水套筒，使机枪较为轻便。后来马克沁本人对此机枪也做出多次改进，增加了气冷型，对点射功能进行了改进等。加之世界各国对此机枪的研究改进，使马克沁机枪形成一个系列，有重型、中型、轻型等许多品种，成为近现代战争中采用最多的轻武器之一。

中国是第一批购买和仿制马克沁机枪的国家，1888年，在马克沁机枪发明四年之后，金陵制造局就在国内率先仿制成功这种新式武器，当时国内称之为"赛电枪"，意思是说它发射速度快若闪电，到1893年共生产30余挺，由于该枪发射的是黑火药枪弹，故障率高，因此不久后即与连珠炮、神机炮等老式武器一并停造。受马克沁重机枪射击原理的启示，当时有一个叫麦克兰的美国人设计了一种能单人携带、用弹盘供弹、使用两脚支架的轻机枪，但事后出于种种原因，他将这个设计方案转让给军官兼发明家路易斯。1911年，路易斯机枪在美国诞生。这种机枪重13千克，枪托抵肩，可以较方便地供单人携带和使用，弹盘里有97发子弹，最初是为骑兵设计的，后来也被用于装甲车。由于机枪在射击时声音特别大，噪声让人觉得心烦意乱，马克沁喜欢安静，所以发明机枪之后他就开始琢磨怎么才能让枪发射时的声音小一点。他发现，通过某种装置使枪弹击发时排出的气体做旋转运动，就可充分消除噪声。1908年3月25日，马克沁获得了一项有关消音器的专利，后来这种消音器被装到了步枪和手枪上，发挥了极大的作用。

在"一战"爆发时，真正认识到机枪重要性的只有德国，当时，德国陆军装备的马克沁机枪超过1.3万挺。1916年7月在索姆河战役中，德国人以平均每百米一挺马克沁机枪的火力密度，向40千米进攻正面上的14个英国师疯狂扫射，一天之内就使6万名英军士兵伤亡，机枪的杀伤力和血腥气在这一天达到了顶点。马克沁机枪是世界上第一挺以火药燃气为能源完成自动循环的自动

▲ 以马克沁机枪为原型改进的英国重机枪

武器，也是世界上最早的水冷式机枪。它的问世，是世界武器发展史上一个重要的里程碑。马克沁在枪械方面的其他发明还有短后坐自动步枪、导气式自动步枪和枪机后坐式自动手枪等。

马克沁晚年致力于无烟火药生产工艺和航空问题研究，1916年11月，当索姆河战役刚刚结束之际，自动武器的始作俑者马克沁以76岁的高龄在英国斯特雷瑟姆去世。去世时，他既有英国国籍，又被赐封了英国皇室的爵位，由此可见当时的人们对马克沁机枪的敬畏之情。到"一战"结束时，各参战国都普遍装备了水冷式重机枪，大多数外形与马克沁机枪差别不大，有的在某些结构的设计上超越了马克沁的水平，只不过使用最普遍和最广泛的还是马克沁机枪。马克沁机枪还率先登上了刚刚出现在战场上的两种重要武器——飞机和坦克——上，因此马克沁也是航空机枪和车载机枪的鼻祖。

"空中骑士"——从砖头、刀子互搏到歼击机

第一次世界大战爆发之初，长期主宰战场的欧洲各国的陆军和海军对那些用木头和布料制成的歪歪扭扭的空中怪物并不感兴趣，而当时的飞机的确也不是专为军用而设计的。飞机的机身全都用木头制造，机身和机翼上覆盖着涂上胶的布料，没有任何武器装备。双方的飞行员们在空中相遇时，彼此只是挥挥手，但是不久，这种互不相扰的局面就结束了。最初的空战是十分有趣的，为了阻止敌机执行侦察任务，飞行员开始携带手枪，与敌机相遇时，机上人员互相射击，有时飞行人员也偶尔带上几块砖头去砸敌机的螺旋桨，或去砸敌机上的飞行员。俄国飞行员涅斯捷罗夫为了能在空中将敌飞艇毁掉，竟然在自己的飞机尾部装了一把刀子，他在与一架飞艇相斗时，成功地用这把刀子将飞艇的蒙皮剖开，使敌飞艇坠毁于地面。

由于空中武装遭遇越来越频繁，空战问题已引起了人们相当大的注意。人们发现真正的战斗机应该具有沿飞机纵轴发射的固定式机枪，因为，能够前射的机枪可以使飞行员较方便地修正射

◀ 德国单翼战斗机

击偏差，提高射击命中率。而要想解决机载机枪前射问题，必须解决机枪可以通过旋转的螺旋桨所形成的圆盘来进行射击这个问题。首先解决了这个问题的是法国人，法国飞行员加罗斯驾驶着最早安装了能沿飞机纵轴发射的固定式机枪并一举击落了4架德国飞机。这是被史学界公认的、世界上第一架专用于空战的飞机，它是由法国人在侦察机的基础上研制出来的。德国飞行员们再也不敢掉以轻心了，一见到法国飞机朝他们飞来，便赶紧掉转机头逃之夭夭。在1915年上半年的大部分时间内，协约国控制了空中战场的主动权，但协约国的这一优势却未能永远保持下去，加罗斯的一次失误为德国人获取这一技术提供了天赐良机。1915年4月18日，当加罗斯驾机在德国阵地上空飞行时，他的发动机突然停转了，飞机失去了动力，被风吹向德军后方，迫降后他还没来得及把飞机烧毁，就被德军俘获了。由于加罗斯的名字在法国报纸上被大肆宣传过，所以德国人十分清楚这名俘虏和他的飞机的价值。他的飞机机身的前部被送到了飞机设计师福克那里。

福克是德国天才的飞机设计师，他与一帮工程师们夜以继日地工作，很快便研制成功了一种用于机枪射击与螺旋桨旋转的协调装置，不久一种被称为EI型的"福克"式单翼歼击机诞生了，这是世界上第一架真正意义上的歼击机。随后，德国人又进一步加强了飞机的动力和火力，使其在阿拉斯战役中击落英国飞机150架，击落法国和比利时飞机共200余架。E系列"福克"式飞机的出现大大加强了德国的空中力量。德国飞行员驾驶这种飞机既能很快瞄准目标，又能对目标进行俯冲攻击。在这种飞机出现后的半年内，协约国飞行员的伤亡率非常惊人。在此期间，伯尔克和殷麦曼成了有名的"王牌飞行员"。伯尔克创造了小角度俯冲近距离攻击的战术，殷麦曼则创造了至今仍闻名于世的"殷麦曼翻转"，即半筋斗翻转。1915年夏初，"福克"式EI型单翼歼击机出现在西部战线上空，其优势很快在空战中显示出来，英、法等协约国飞机遭到了越来越严重的损失，史称的"福克灾难"开始了。为了摆脱"福克灾难"，重新夺回空中战场的主动权，协约国先后推出了法制"纽波特"型和英制DH.2型歼击机，并一度改变了空中作战形势。

1917年4月，英国皇家飞行队为配合联军实现法军总司令尼韦尔的进攻计划，与德国飞机在法国北部阿拉斯上空进行了争夺空中优势的殊死搏杀。皇家飞行队于地面战役发起前五天率先进行了空中进攻，企图把德机逐出这一地区。战役开始后不久，就遇到了坏天气，英国飞机发生了56起飞行事故，在战斗中被击落75架，飞行员伤亡105人。残酷的事实告诉协约国方军事领导人，要想控制天空，除了采取行之有效的空战战术之外，没有性能优良的技术装备是不行的。英国空军部队用"布里斯托尔"型飞机取代了F.E.2型飞机。法国空军原来的歼击机"纽波特"被新型的"斯巴德"型歼击机所取代。随着空战的日趋激烈，歼击机作为飞机家族中的一个新成员，从此走上了"机动、信息、火力三者并重"的发展轨迹。就这样，你追我赶，使歼击机作为飞机家族中的一个新成员，在激烈的蓝天角逐中迅速更新换代，机动性能越来越好，火力越来越强。

诞生于第一次世界大战中的士兵保护神——钢盔

▲ 各种不同的头盔

持续四年之久的第一次世界大战是人类历史上一次空前的浩劫，先后有30多个国家地区和15亿人口卷入，860万军人和650万平民死亡，欧洲的大部分文明成果和整整一代人类精英损失殆尽。在此次战争中，交战双方都使用了大量新式武器和装备，其中很多被实践证明是极有价值的，军用头盔正是其中之一，它曾从死神手中拯救出无数生命，并自此成为现代单兵装具不可或缺的一个重要组成部分。

头盔是用于使头部免受伤害的一种单兵防护装具，历来为各国军队所重视。据有关资料报道，战场上的伤亡大多数由弹片所致，而防弹头盔可以有效地减少战场上的伤亡，英国有关部门研究表明，戴防弹头盔可减少5%的受伤率和19%的阵亡率。美军在"二战"的统计数字也表明，钢盔至少保护了美国7万名士兵的生命。现代头盔诞生于第一次世界大战，1914年的一天，法军一名炊事兵在遭到德军炮击时把铁锅顶在头上，因此只受了轻伤，而其他很多人都死于猛烈的炮火，法国军队的亚德里安将军得知此事后，深受启发，他要求部队研制金属制成的头盔，后来，人们将法军的制式头盔称作"亚德里安钢盔"，"一战"后，许多国家的军队纷纷效仿，先后生产制造制式钢盔。

为什么军用钢盔会在"一战"中诞生？因为"一战"是完全不同于以往的一次全新形式的战争。首先是火炮的广泛运用，使得战场上随时都充斥着啸叫着四处飞溅的炮弹碎片，再就是持久的工事对垒，对于防守方来说，虽然士兵的身体有工事掩蔽，但人体最重要的头部却暴露在外，很容易受到敌方火力的伤害，这些原因都促成了钢盔这种防护装备的迅速出现。大战开始后的第二年，每一个法国士兵的头上，都戴上了这种钢盔。在第二次世界大战中，钢盔大显身手，此后，钢盔便作为战争中的必要装备，被全世界各国军队所采用。它主要用于防御弹片，对于子弹，如果不是击中钢盔正中，由于钢盔是一个弧面，便大多会滑飞。这就是钢盔的防护作用。

这种新装备的应用，果然使法军因头部受伤而导致伤亡的比率大幅度下降，到"一战"中期各主要参战国基本上都已装备了钢盔。20世纪80年代以前，各国步兵装备的头盔主要是用高锰钢或其他特种钢冲压而成，这种头盔较重，防弹和隔热性能差，佩戴不舒适，还有二次破片伤人的危险。现代军用头盔经历了从钢盔到纤维增强复合材料的发展过程。在纤维增强复合非金属头盔种类中，主要有玻璃纤维头盔、锦纶头盔、芳纶头盔、超高分子量聚乙烯头盔等。在"一战"战火中先后涌现出了若干种典型钢盔，这些经典设计一直沿用到"二战"期间，其中最著名的便是前文所提到的亚德里安头盔。德国也是较早装备钢盔的国家之一，在"一战"中装备使用了三种钢盔。英军在"一战"中使用的钢盔特别扁平，外形类似反扣的浅碟子，故称为"碟形盔"，又因为它与英国古代农夫所戴的帽子外形相似，又常称为"农夫盔"。

随着科技的进步，多种新型材料的引入，已经促进钢盔质量的飞速提升，钢盔的作用也慢慢在发生变化。现代钢盔主要有步兵钢盔、炮兵钢盔、飞行钢盔三种。时至今日，虽然材料工艺发生了根本性变化，但头盔等单兵个人装具的设计思路仍需要遵循之前所确定的基本原则。美军于1978年开始应用凯夫拉纤维研制防弹头盔，凯夫拉头盔防弹能力强、重量轻，但价格较高。

昙花一现的"霸主"——"巴黎大炮"

"巴黎大炮"是由克虏伯380毫米舰炮发展来的，"巴黎大炮"的真实性能现在已经没人清楚，在协约国军队反攻时，"巴黎大炮"被撤退的德军炸毁，所有资料也被销毁，除了一个座圈部件被美军缴获外，没有任何部分残存下来。事实上，关于"巴黎大炮"的很多数据都是猜测，包括其性能和总共发射的次数。随着战争艰难地进入1918年，白天空袭巴黎成为自取灭亡，因为这里和敌军战线之间的防御地带，遍布着经过改进的高射炮群和高速战斗机。用戈塔式轰炸机进行夜袭逐渐增多，但除月明之夜外，准确性几等于零。城市不但灯光熄灭，而且遍布高射炮，进袭者只能高飞，而对于目标也就瞄不准确了，而且在飞机来到前，有效的警报系统使每个人早已有了充分的准备。

1914年秋天，德军统帅部制订了一个异想天开的作战计划，即沿法比两国边界地区建立基地，从那儿用远程火炮炮击英国，要求火炮的射程至少在37千米以上，后来又提出将射程延长到120千米。许多人认为这是根本不可能的，罗森伯格力排众议，

▶ "巴黎炮"的试射。由于每次发射时炮弹都会对炮管造成轻微的磨损，所以后来发射的炮弹尺寸都是一个比一个大的，每个炮管在发射过60发炮弹后就得换掉了。

▲ 一群好奇的旁观者在检视由"巴黎炮"发射的巨型炮弹造成的部分损坏。

极力主张并积极组织研制。1917年夏,第一批远程火炮终于制成,德军将三门大炮的阵地选择在克雷彼。那里树木茂密,利于隐蔽,即使敌机飞临上空也不易发现。1918年3月23日,一声巨响突然在法国巴黎塞纳河畔响起,伴随着滚滚浓烟,从睡梦中惊醒的巴黎市民四处奔逃。之后,每隔二十分钟就有爆炸声在巴黎城内响起。当天黄昏,法国的电台广播了这样一则消息:"敌人飞行员成功地从高空飞越法德边界,并攻击了巴黎。有多枚炸弹落地,造成多起伤亡。"可是,对于电台的说法,巴黎市民并不相信,因为他们既没有看到飞机,也没有听到飞机的轰鸣声。原来,这是德国的三门巨型火炮从巴黎120千米以外的圣戈班森林地区发射来的炮弹。为了取悦当时的德皇威廉二世,该炮起初命名为"威廉火炮"。因为这种火炮首次轰击了巴黎,后来人们就叫它"巴黎大炮"。"巴黎大炮"射程之远、威力之大一下子轰动了整个欧洲和世界。

"巴黎大炮"是由德国克虏伯兵工厂制造的。该炮的口径只有210毫米左右,可是它却显得又高又大,堪称火炮中的"巨人",其炮管长近37米,倘若把它竖起来,足足有十几层楼高。3月29日,德军的一发炮弹击中了巴黎市中心的圣热尔瓦大教堂,造成91人死亡、100多人受伤的惨剧。巴黎市民人心惶惶,纷纷议论是否德国人已经攻入了巴黎。就在人们惊慌失措的时候,法国的特工在靠近法德边界的克雷彼发现了德国的一种远程大炮,并认定轰炸是从这里发起的。但当时普通大炮的射程最远不过一二十千米,而克雷彼距离巴黎120千米之遥,不要说法国人,就是不明就里的德国人也认为这是无稽之谈。从3月23日至8月9日,三门"巴黎大炮"从三个不同的位置向巴黎共发射了300多发炮弹,其中有180发落在市区,其余的落在了郊外,造成了200多人死亡,600多人受伤。尽管炮轰巴黎是德国春季进攻战略的一个组成部分，但它并未产生重大的战略影响，更挽救不了行将土崩瓦解的同盟国。

随着战场形势急转直下，德军匆忙将剩下的两门大炮运回克虏伯兵工厂，重新投入熔炉。"巴黎大炮"刷新了火炮发展史上的多项纪录：最大、最重、射程最远，但同时也是最短命的。因为这种炮的炮管寿命只有 50 发左右，使用到一定程度后，炮身要送到工厂去扩充内膛，于是口径越来越大。此外虽然其射程远得令人吃惊，但其命中精度也差得令人伤心。在第一次世界大战中此炮发射了 180 发炮弹，竟没有一发炮弹击中战略目标，如此尴尬的事实使得昙花一现的"巴黎大炮"在一百四十天之后便"寿终正寝"了。

"巴黎大炮"口径大，杀伤力弱，而且 120 千米以外的弹着点散布，令瞄准已经毫无意义，指望它去打中一个钢筋混凝土的重炮炮台，要么是打不中，要么是打中了也啃不动，所以"巴黎大炮"只是一种威慑性武器，而不是实际有战术价值的火炮。实际上，在你死我活的战争中，伦敦曾被德国空军夷平了，英国人民都没有丧失斗志，更别说区区几百发炮弹了。无疑"巴黎大炮"的命运是可悲的，因为它的设计指标远远脱离了当时的工艺水平和打仗的需求，盲目追求射程，使得这个被人们寄予厚望的"明日霸主"，在亮相不久即变成了"昔日英雄"。"一战"结束后，因为看到了"巴黎大炮"的杰出表现，固执的德国人一直没有放弃研制新的超级巨炮。1942 年，克虏伯兵工厂造出了一种 800 毫米口径的超级巨炮，把它命名为古斯塔夫·格拉特火炮，但德国炮兵都叫它"大多拉"炮。德国的"大多拉"炮从性能上比"巴黎大炮"更加威猛，但也陷入了和"巴黎大炮"同样的命运，德国人也为他们的"执着"而付出了代价。

开启"潘多拉魔盒"——随风飘荡的毒气

1915 年年初，德国的学者哈伯向德国参谋总部建议用有毒的氯气来杀伤敌人，德国参谋总部采纳了哈伯的建议，德军在战争中首次使用了化学毒气。4 月 22 日，伊普雷上空升起的这种黄绿色气体宣告了人类又一种残酷战争方式——化学毒气战——的诞生。

1915 年春，在德国的一个戒备森严的军事试验场中，德皇和一些高级官员坐在观察台上，在两千米外的山丘上，散布着一群正在悠闲吃草的羊。士兵们拉出一门野战炮，向羊群所在地放了一炮，炮弹落在离羊群很近的地方爆炸了，爆炸的声音很轻，并不像实战中的炮声。炮弹炸过以后，只见一团黄绿色的烟气徐徐升起，随风向羊群飘去，很快便覆盖了整个羊群。烟消雾散之后，手拿望远镜的德皇看到，羊全倒下了，在山坡上抽搐——这是一次将氯气用于实战的演习，演习的效果使德皇感到非常满意。氯气是一种剧烈窒息性气体，在常温常压下为黄绿色，吸入呼吸道后，与水作用形成盐酸，能对人体上呼吸道黏膜造成有害的影响，氯气中毒的明显症状是发生剧烈的咳嗽，呼吸困难，症状重时，会发生肺水肿，使循环作用困难而致死亡。

▲ 第一次世界大战中的化学战成为欧洲各参战国的梦魇。

德军将氯气首次用于实战是在比利时佛兰德斯省的伊普雷镇，在协约国的佛兰德斯防线上，有一个27千米纵深的突出部，伊普雷镇就位于这个突出部上，对于这条战线来说，它具有决定性的战略价值。自1914年晚秋以来，德军和协约国的联军在此展开了激烈的堑壕战，彼此都伤亡惨重，企图突破佛兰德斯防线的德军在这里不断被英法联军击退，战局毫无进展。1915年4月22日下午4时，德军再次对防守在那里的联军阵地发起了猛烈的炮击，炮击停止后，只见一片绿黄色的烟雾从德军的阵地升起，随着轻微的北风向联军的堑壕飘去。在这片烟雾飘到联军面前时，联军的士兵们顿时窒息得喘不过气来，他们的眼睛、鼻子和喉咙好像被烧灼似的感到烫痛，窒息使许多人倒了下去。这是德军首次将氯气用于实战，它的战果是使对方守军近2万人失去了战斗力，使德军轻而易举地突破了联军的防御阵地。

当时德军使用的氯气被装在毒气罐里，由士兵带到前线战壕里施放，共施放了160多吨的氯气。这种毒气差不多比空气重3倍，乘风飘向敌人的阵地，坠入堑壕。这是世界上第一次毒气战。当时，哈伯正乘着飞机在伊普雷的上空观察氯气的杀伤效果。不久，德军又研制出了一种新的毒气——光气，光气的杀伤力比氯气大10倍。1917年7月，德军在伊普雷使用了被誉为"毒气之王"的芥子气。德军使用毒气的意图，实际上早有预警，从俘虏的口中，多多少少透露过不少关于这方面的有关信息，但协约国的高层将领们固执地漠视这些警告。一个从敌人战线后方回来的比利时间谍宣称，德军将用毒气进攻，但他既不知道毒气的名称，也不知道使用的日期，联军指挥人员对这个警告并没有加以重视。

最初施放毒气的方法是在风向合适的时候将装着毒气的气罐打开，很显然，如果风向判断错误，这种方法就没有用了。还有，气罐一般都位于战壕前方，所以敌军的炮击很可能击碎它们，在后来的实战中，毒气改由火炮或迫击炮来施放。在德军将毒气用于战争后不久，为了报复，英军也开始在战场上使用了毒气，从此毒气战出现在人类的战争史之中，国际红十字总会成立后，曾呼吁停止使用这种惨无人道的大规模杀伤性武器。"一战"结束后，国际法中也对将毒气使用在战争中做了禁止的相关规定，在1925年的《日内瓦议定书》中，毒气被列为在战争中禁止使用的武器，该议定书目前依然有效。但在第二次世界大战中，有些国家还是使用了毒气，特别是侵略中国的日本军队，就在中国战场上多次使用了毒气，但毒气也没挽救它最终失败的命运。

空中"铁翼"——在战争中催生的飞机

美国的莱特兄弟成功地研制出了世界上第一架有人驾驶飞机的时候,距离第一次世界大战爆发仅有十多年。在莱特兄弟的首次飞行中,只飞行了不到300米的距离,当时他们的实验成果,也并没有引起美国政府及公众的重视。两年后,莱特兄弟俩又制造出了一架能够在空中停留半个多小时的飞机,这在当时,已经是绝无仅有的了,兄弟俩打算把这架飞机赠送给美国政府,但美国政府对这个礼物没放在眼中,对他们仍是不加理睬,这使得莱特兄弟俩大受打击,不免有些灰心丧气起来。

飞机,这种人类科技发展的重要成果,在它诞生后的数年间,一直受到人们的冷遇,完全没有像其他发明那样被很快地应用于军事领域。除了少数有远见的人仍在坚持不懈为它继续努力外,对于这个将要改变人类历史的重大发明,各国的军界和政界,都表现出一种令人不可理解的麻木,在他们的眼中,不要说用飞机去战斗,就连开飞机本身,都是一种冒险的运动。尽管飞机在美国没有引起重视,但是在欧洲,它却引起了一场不小的反响。1907年,法国的亨利·法尔芒驾驶自行研制的飞机在巴黎成功地飞行了1千米的距离。这次飞行在法国引起了轰动,作为一个不可否认的事实,飞行终于得到了世人的公认。但是,人们这时只认为飞行是一项体育运动,并且是一种象征着冒险精神的运动,至于在军事上则认为它根本不会有什么价值,比起德国那巨大而平稳的飞艇,既渺小又不安全的飞机根本就是不值一提。

直到世界大战爆发的前五年,飞行活动在欧洲才渐渐有了新的突破。1909年年底,法国飞行员路易·布莱里奥创造了一项飞行纪录,他驾驶的飞机从法国飞越了英吉利海峡,成功地降落到了英国的国土上。这件事使英国人猛吃一惊,当时的英国号称"海上霸主",拥有着世界上最强大的海军,它

▲ 奥威尔·莱特像

由于莱特兄弟制造飞机和试飞,花了毕生精力,他们无暇成家,二人皆终生未婚。

▲ 威尔伯·莱特像

认为它的海军足可以阻挡住任何跨越英吉利海峡的行为，现在，他们预感到似乎仅靠海上的力量已经不能再确保英国的安全了。直到这时，欧洲的部分国家，才开始认识到飞机将要在军事领域中发挥它特有的作用。不过当时的飞机的功能还是十分弱小的，不仅飞行的距离有限，而且极容易出事故，人们对飞行的安全还普遍怀有恐惧，在美国最初的48名飞行员中，两年中就有12名死于飞行事故。在当时的军事上，飞机最多也就是用于近距离的空中侦察，并且当时对飞机的研制还都只是私人行为，国家并没有介入，所以它发展的速度还是非常缓慢的。

人类的许多新发明，往往都是受到战争推动的，飞机的发展也是一样，在当时的欧洲，尽管这时飞机本身还存在着许多问题，但富于冒险精神的军人们已经开始在战争中使用这件新式武器了。第一次世界大战爆发的前三年，意大利为了从虚弱的奥斯曼帝国手中抢夺它在北非的的黎波里塔尼亚和昔兰尼加，向奥斯曼帝国发动了战争。在这场战争中，意大利第一次把飞机用在了军事上，意大利一共动用了9架飞机，有11名飞行员驾机参加了这场战争。当时奥斯曼帝国并没有防空力量，只要飞机自己不出事，安全就不会有问题。意大利的飞行员们不仅使用飞机侦察，而且还用飞机对敌军进行了轰炸，飞行员加沃蒂创造性地从飞机上向下方扔了4颗手榴弹，这也算是人类历史上首次出现的来自空中的轰炸。

不过意大利飞行员的这些空中经历，并没有彻底改变人们对飞机的成见，传统思维依然影响着人们，例如法国高级军事学院的院长、第一次世界大战时协约国联军的总司令福煦元帅，就曾说过一句名言："飞机是一种有趣的玩具，但它毫无军事价值。"——在他说这句话的时候，正处在飞机即将大规模投入军事应用的前夜。在这之后，意大利人又利用飞机向敌方空投传单和用照相机照相，不过当时一次只能拍摄一张，但这毕竟开创了空中照相侦察的先河。在意土战争中，意大利的飞机在的黎波里初步显示了它的威力，从而引起世界各国军方的瞩目和效仿，极大地促进了军事航空业的发展。至大战爆发的前一年，欧洲的几个大国已初步组建了它们的航空部队，并且开始了对飞机的大规模研制。大战爆发时，交战的各国中还没有人真正想到飞机是一种作战的武器，只是把它作为陆军或海军的眼睛而用于侦察，双方的飞行员每天都要在

▼ 莱特兄弟第一次试飞
当莱特兄弟初次飞翔上天时，没有引起人们的关注，能把他们的业绩公之于世的只有寥寥的几家新闻媒体。

▲ 许多国家的政府很快意识到新发明的飞机可以作为武器使用。第一次世界大战极大地加快了飞机的发展。

前线上空拍摄敌情。1914年8月22日,德军大举进攻法国,侦察机提供的情报使英国远征军得以组织撤退,因而挽救了无数人的性命。

  自第一架飞机上天到第一次世界大战爆发,总共只经历了十一年的时间,在这十一年中,虽然飞机的性能有了很大的提高,但仍然存在许多缺陷。飞机的载重量、飞行速度和飞行距离都还很小,飞机的安全性能也很差。对于飞机这种新式武器,大多数的战场指挥员们都持怀疑态度。他们对这种用木头和布料制成的歪歪扭扭的空中怪物并没多大的兴趣,而当时的飞机的确也不是专为军用而设计的。那时的飞机大多数是双翼机,飞机的机身全都用木头制造,机身和机翼上覆盖着涂上胶的布料,没有任何武器装备。最开始的空战是飞行员们用手枪和手榴弹进行的,将领们对于这种使用手枪和几颗手榴弹进行作战的新兵种基本上没什么兴趣。尽管如此,飞机还是在缓慢地向实战方向发展着,英、法、德等几个主要国家都已经开始试着把陆战用的机枪安装在飞机上,以解决飞行员既要驾机又要同时往枪中装子弹的问题。

  战争确实在事实上对武器和军工技术的发展起了巨大的推动作用,当然它对航空工业的刺激作用也不例外。战争开始后,飞机的发展日新月异,当飞机作为一种战斗武器在欧洲上空出现的时候,人们还未曾料想这种东西会彻底改变战争的形态。由于人们的偏见,在战争刚刚爆发时,各国都只有数量很少的飞机可供使用,而且那时的飞机都只是一些仅具有辅助价值的非作战飞机,它们所能执行的任务也极为有限,多数是用于近距离侦察。有时在空中偶尔相遇,双方的飞行员们最多也就是彼此挥挥拳头,次数多了,有那些不满足于只是挥拳的飞行员,便开始把一些攻击性的武器搬上了飞机,最初是手枪、步枪,然后是机枪,自然而然,军用飞机一个全新的机种战斗机已经呼

▲ 法国贝利坚式XIVB-2轻型轰炸机从1917年夏天开始参战。

之欲出了。

"一战"刚开始时，德国的飞机多数是单翼机，这种飞机的特点是灵活性较强，但没有双翼机平稳。法国陆军的航空兵在规模上要次于德国的航空兵，受法国总参谋部指挥的法国航空兵，其飞机先是用于侦察、装上机枪进行空中格斗，后来又带上炸弹，去轰炸敌方的地面阵地，还有的飞机专门执行对地面部队攻击的任务，这样在大战的硝烟中，侦察机、战斗机、轰炸机、强击机和教练机相继诞生了。随着时间的推移，机枪已取代飞机上那些形形色色的武器，但对于机枪射击来说，飞机前那个旋转的螺旋桨却成了重大的障碍，如果为了避开螺旋桨而将机枪装在飞机的其他地方，势必不利于射击的准确性，如法国的"纽波特"双翼战斗机就在它的上翼安装了一挺固定的机枪，由于这种安装方式对射击的准确性极为不利，所以尽管这些飞机安装了机枪，并且用于空中作战，但还不能算是真正的战斗机。

战斗机是为了限制敌侦察机的活动而出现的，为了把令人讨厌的敌方飞机撵走，一种可将敌机驱逐出己方阵地上空的作战飞机出现了，并逐渐发展成为后来的战斗机，它可用于执行近距支援、空中格斗等复杂的空中作战任务。当时的战斗机多为活塞式发动机的螺旋桨拉进式双翼机，代表性的有英国的"索普威思"和"布里斯托尔"系列、法国的"斯帕德"和"纽波特"系列、德国的"容克"和"福克"系列等。直到这个时候，战斗机才开始被视为一种决定性的武器，对于夺取空中优势发挥了它至关重要的作用。一种优秀的战斗机成为各国航空兵部队梦寐以求的装备。军事上的需求促进了技术的飞速进步。各种新型战斗机如雨后春笋般纷纷涌现，到大战结束的时候，典型的战斗机已经和开战之初的辅助军用飞机完全不同了。

大战爆发后，尽管航空兵还处于相当幼稚的时期，但是，飞机已经在实战中显示出了它的非凡作用与广阔的发展前景。飞机上的武器装备也逐渐由手枪、手榴弹发展成为机枪、炸弹。其后的战争实践证明，飞机的参战使战争的整个作战样式、战场面貌发生了根本性改变。

公认的第一种真正的战斗机是法国的"索尔尼埃"L型飞机。这种飞机并不是第一种装备机枪的飞机，但由于法国飞行员罗兰·加洛斯发明的"偏转片系统"使得在机身上安装固定同轴机枪成为可能，大大简化了飞行员的瞄准和操纵，从而使这种飞机够成为真正的战斗机。利用这种装置，罗兰·加洛斯在1915年4月1日击落了一架德国武装侦察机，并在当月中又取得了击落3架敌机的战绩。

罗兰·加洛斯在空战中的成功，使德国人大为震惊，也正是加洛斯在射击武器方面的改进，给予了福克扬名世界的机会。1915年4月18日，德国人俘获了一架完整的"索尔尼埃"L型飞机，缴获来的飞机被送到了柏林，德国参谋部的官员把一挺步兵用机枪交给了福克，要他在两天之内设计出一种超过法国的机载武器。福克在研究了法国飞机上的"偏转片系统"后，发明了"机枪射击协调器"，从而大大改善了飞机的战斗力。"机枪射击协调器"被装上了福克E3战斗机，著名的"福克灾难"从此降临到协约国空军的头上，军用航空史上新的一页开始了。从1915年下半年起，德国的福克E型战斗机开始大量击落协约国的飞机，空战形势发生了"一边倒"的戏剧性变化。由于大批英机被很容易地击落，引发了空战史上所谓的"福克灾难"，英国下议院甚至发表了谴责德国福克飞机"正残酷虐杀皇家飞机"的决议，而福克E型战斗机却因此而名声大噪。

夺取了制空权不等于能发扬制空权，而后一个任务，则是由军用飞机中的攻击性机种来完成的。随着军用飞机性能的提高，另一个全新的机种轰炸机应运而生。1915年，在俄国制造出了一架大型双翼飞机，这就是后来所有轰炸机的鼻祖——"伊利亚·穆罗梅茨"V。1918年6月，英国战略空军成立，在第一次世界大战结束前的几个月内，英国战略空军先后空袭了德国的一些军品仓库、交通枢纽和重要城市，共投弹500余吨。战争的实践使英国人进一步认识到轰炸机的重要作用，它不仅使德国遭受巨大物质损失，更重要的是打击了其嚣张气焰，加快了第二帝国失败的进程。相对于当时的战斗机而言，新出现的轰炸机具有载弹量大、续航时间长的优势，不久之后，各个航空大国也都生产出了自己的轰炸机。比如意大利的"卡普罗尼"、英国的"汉德利·佩奇"、德国的"哥达""弗里德里希沙芬"等大型轰炸机相继出现，并很快用于对敌对国后方目标的攻击。到"一战"结束的时候，已经开始有了轻型和重型之分的轰炸机逐渐发展成为一个庞大而成熟的机种。

美国空军的草创者都是跑到法国战场上开着买来的英法飞机拿德国人练手的，轰炸机也是买的"汉德利·佩奇"，不过美国人骨子里的创新精神使他们也没闲着，在欧洲还安于拿着二三百千克的炸弹丢着玩的时候，美国人就琢磨着上大家伙，在"一战"刚结束时，美国已进行了近4000千克炸弹的空投实验。

"一战"时最不受欢迎的武器——法制绍沙轻机枪

1917年6月，当"恐怖的杰克"潘兴将军率领的美国远征军抵达法国时，他们除了身上的制服、背上的步枪及弹药外，几乎什么都没带。在首批12个美军师到达法国时，他们的霍奇基斯重机枪和绍沙轻机枪都是法国政府提供的。1918年春，又有11个美军师启程前往法国，他们装备的重机枪是美国制造的维克斯，但轻机枪仍

▲ 手持绍沙机枪、佩戴防毒面具的法军

然是法制绍沙。

绍沙机枪是由法国绍沙、苏特雷、里贝罗尔和格拉迪亚托尔等人组成的武器开发组在1910式步枪基础上研制而成的,它是"一战"时最不受欢迎的武器之一:首先,这种枪很长,十分笨重,而且装弹量很小,容弹量仅仅25发;其次,它是匆忙投入生产的,这些枪的质量非常差,非常容易损坏。第一次世界大战中,美国一共从法国购买了3.7万挺绍沙机枪装备美军。美军战史中曾有这样的记载,说新加入法军防区的美国海军陆战队士兵如同缴械一般被法军逼迫着扔掉手里的刘易斯机枪,换上了法国制造的绍沙机枪。但美国大兵们都不愿使用绍沙机枪,因为和他们在国内接触过的刘易斯机枪相比,绍沙机枪看起来要粗糙得多。不久美军士兵们又发现这种机枪无论是可靠性还是射击精度都不够好,枪体重心靠前而且重量偏大。在实战中,美军士兵宁愿使用手动步枪也不用这种冠以"自动武器"之名的破烂轻机枪,因为它的故障率实在是太高了,几乎每一挺交付美军的绍沙轻机枪都发生过故障,它的零部件尤其是弹簧磨损非常严重,甚至在作战中,有些美国兵在战壕里还在大骂绍沙,绍沙机枪从此臭名远扬。

随着数量充足的美制弹药陆续从美国本土运抵欧洲战场,法国决定开发一种能够发射美国子弹的改进型绍沙机枪,这样在给美军阵地补给物资时,就不必为步枪和机枪准备两种不同的弹药了。在研制改进型绍沙机枪时,法国人的态度极不认真,他们认为只需要更换一根具有正确的弹膛和枪管尺寸的新枪管即万事大吉,结果改进型绍沙机枪存在着大量的致命问题。但它被配发到对此一无所知的美军手中,由此绍沙机枪在美军中名声极恶,当后来首批性能更优的勃朗宁自动步枪装备部队时,美军官兵一片欢腾。"一战"结束后,法国以近乎废铁的价钱向波兰倾销旧武器,由于法国造绍沙轻机枪便宜,波军装备了许多绍沙轻机枪。可是战争是不能图便宜的,后来发生在维斯特普拉特半岛的保卫战让波兰人付出了血的代价。当时负责保护"雷电"要塞侧翼的沙姆列夫斯基小组遇到了大麻烦,他们使用的绍沙机枪只发射了十几秒就卡壳了,结果德军趁这个空当冲了上来。

军事史学界有人认为,绍沙机枪应该算是世界上最早的实用型突击步枪,这么说当然有他们的依据:绍沙机枪使用金属冲压件制造,具有火力选择能力,采用大容量可拆卸弹夹。绍沙机枪和今天严格意义上的突击步枪之间最大的区别在于,绍沙机枪使用的是口径较大的枪弹,从根本上说,由于绍沙机枪在制造中使用的新式工艺并不够成熟,在许多方面都存在着缺陷,故此在使用中绍沙机枪常常对使用者表现出"不够友好",并给使用这种机枪的射手带来了一定的危险性。

不列颠的杰作——李-恩菲尔德步枪

英国的李-恩菲尔德步枪基于一种由美国发明家詹姆士·巴里·李设计的枪栓和弹匣系统,从1888年诞生的第一支7.7毫米口径的李-梅特福弹仓步枪开始。七年后,5条较深的凹槽式"恩菲尔德"膛线取代了稍带圆角的较浅的"梅特福"膛线,从此这种步枪被称为李-恩菲尔德步枪。在1903年2月,这种短枪管的弹仓式李-恩菲尔德步枪获得批准投产并开始在骑兵和步兵中使用,在第一次世界大战、第二次世界大战及朝鲜战争中是所有英联邦国家的制式装备。

李-恩菲尔德短步枪,是由恩菲尔德皇家兵工厂生产的枪管和"李"式枪机机构结合而成的,正式命名为"李-恩菲尔德弹匣式短步枪",它在1895年开始装备英军。由于当时使用的是柯达无烟药,腐蚀性较大。李-恩菲尔德步枪共生产了1700万支,是世界上产量最多的手动步枪。这种步枪是传统单发手动式步枪与多弹夹步枪的传奇结合,1898年的布尔战争中,李-恩菲尔德式步枪在英军中崭露头角。李-恩菲尔德步枪首创了"短步枪"的概念,全枪长度由李氏步枪全长1217毫米缩短为1103毫米。它的特点在于,采用由詹姆斯·帕里斯·李发明的后端闭锁的旋转拉式枪机,与前端闭锁枪相比,后端闭锁可以缩短枪机行程,装填子弹速度比较快;它采用双排弹夹装弹,这样它的弹仓中就有10发子弹,比同时代的5发步枪容量提高了持续火力,是实战中射速最快的旋转后拉式步枪,而且它还具有可靠性强、操作方便等优点。

但是,真正使李-恩菲尔德步枪傲视其他手动战斗步枪的,是它的射击速度。毫无疑问的,李-恩菲尔德拥有半自动步枪问世以前最快的步枪射击速度——步枪

▲ 法国勒贝尔步枪及子弹(上)
▲ 李-恩菲尔德步枪及子弹(中)
▲ 德国毛瑟步枪及子弹(下)

射击速度可以分成三个方面：爆发射速、持续射速和齐射射速。李－恩菲尔德步枪在这三个项目上都是冠军。在爆发射速方面，如果不考虑命中目标的话，李－恩菲尔德步枪可以在八秒钟内将弹匣中的 10 发子弹全部发射出去。李－恩菲尔德步枪所使用的分离式枪机头，其枪机开锁时只要旋转机柄 60°，并且行程很短。它曾经是发射速度最快的栓动式步枪，即使在激烈的战斗环境中也依然可靠。李－恩菲尔德步枪采用双排交错供弹的 10 发盒式弹匣供弹，用 5 发桥夹装填。在"一战"时期，英军的步枪手通过强化训练，能够以极快的速度进行射击，以至让德军士兵以为他们在与机枪作战。在第一次世界大战的堑壕战中，它凶猛的火力给敌人留下了深刻的印象。

在第一次世界大战中手动步枪的最经典的对决中，作为其主要竞争对手的毛瑟步枪被李－恩菲尔德步枪彻底压倒：在 1914 年的蒙斯战役中，1.2 万名英国步兵用他们的李－恩菲尔德步枪在半个小时内就彻底打垮了将近 4 万名配备了毛瑟步枪的德国步兵的进攻，没有火炮，没有机枪，这是一场纯粹的步枪之间的对决，李－恩菲尔德步枪以它明显的优势胜过了德国的毛瑟步枪。李－恩菲尔德步枪所采用的旋转后拉式枪机，使得步枪的装填速度很快，再加上它的 10 发装可卸式弹匣比同时代步枪多了一倍的弹容量，令它成为 20 世纪实际射速最快的手动步枪。"二战"期间，德军士兵往往在射击完毕后重复装填 5 发弹夹时被英军用李－恩菲尔德步枪击毙，而一些德国军官的回忆录中则提到英军步枪队的齐射火力之猛烈就如同机枪一般。

李－恩菲尔德步枪的基本型号有很多种，还有基于基本型号的众多改进型号，为此它采用了烦琐而复杂的命名方法。其中 No.1 型在第一次世界大战中为英国军队所广泛使用。这种型号步枪的前枪托与枪口齐平，这是它外形上最显著的特征，1907 年定型的 MK.III 是它主要的改进型号。第一次世界大战期间，为了满足提高步枪产量的需要，MK.III 简化型于 1916 年投产，一直到第二次世界大战期间仍在大量生产和使用，是第二次世界大战前期英军装备的主要步枪。

1931 年，制造厂商改进出一种使用觇孔式瞄准具的新型李－恩菲尔德步枪，使得瞄准即使对于新手，也变得十分简单，只要稍加练习，就可以稳稳击中 300 米外的目标。但这不如 1939 年所采用的四型步枪，后者改变的地方有机匣、枪机、木托、照门、枪管、枪口帽和刺刀。性能可靠的李－恩菲尔德四型步枪也被用作战场上的狙击武器，当装有 3 倍倍率瞄准镜时，千米之内都不再是安全区域了。同时，在枪口加装榴弹发射装置后，李－恩菲尔德步枪还可以发射高爆枪榴弹，可以有效对付敌方中轻型坦克。在吸取了德国毛瑟步枪的诸多优点之后，改进版的李－恩菲尔德步枪得以推出，并在"一战"中广泛装备英国和美国的军队。在设计进一步简化的基础上，于 1928 年诞生的李·恩菲尔德四型步枪直到 1941 年才开始大量生产，并成为"二战"时英军的制式装备。要说李－恩菲尔德步枪的缺点，那就在它所使用的弹药上，它所使用的是一种老旧的弹药，历经了由圆头弹改为尖头弹等一系列改进后，虽然它的弹道表现还不算糟糕，但在性能方面始终不能令人满意。在使用了新式的子弹后，李－恩菲尔德步枪的射击性能还是有了很大的提高，只不过，这时已经是自动步枪的天下了。

堑壕战的克星——迫击炮

迫击炮是步兵一种常用的武器，它是一种炮身短、射角大、弹道弧线高，以座钣承受后坐力，采用炮口装填、发射带尾翼弹的曲射滑膛火炮。自从问世以来，迫击炮就一直是用于支援和伴随步兵作战的一种有效的压制兵器，是步兵极为重要的常规兵器。

迫击炮一般由炮身、炮架、座钣及瞄准具四大部分组成。炮身可根据射程的远近做不同的选择，炮身长度一般在 1.5 米左右，炮架多为两脚架，可根据目标位置调节高低和方向，携行时可折叠。迫击炮弹的弹体除少数呈圆柱形外，一般呈水滴形状，弹头部圆钝，尾部圆锥较长。这样设计的目的是使炮弹重心靠前，以利于飞行稳定。炮弹弹体外表面设有几道环槽，称为弹带，其作用是炮弹发射时火药燃气在环槽处膨胀形成涡流，以减少火药燃气的泄出量，提高其利用率。

由于迫击炮是一种曲射火炮，一般是用于针对遮蔽目标的，它的最大长处是可以用来杀伤近距离障碍物后面的敌人，当然，它也可用于施放烟幕弹和照明弹。从迫击炮的发展历史来看，远在 1342 年阿拉伯人就曾在战斗中使用过它，那时阿拉伯人在立起的铁筒中装入火药，然后再放入一个铁球，点燃火药后铁球就会被射出，这可以说是迫击炮最早的雏形。

近代迫击炮最早在日俄战争中出现，在日军攻占旅顺口的战斗中，俄军守兵无意间将一种小口径炮用作了曲射。当时是一名士兵没有按照操作规程去做，把射角调大了，

▲ 英国装甲部队为早期的 51 毫米口径迫击炮准备了大量绰号为"苹果太妃糖"的炮弹。

相关链接

★ 250毫米口径迫击炮

为了适应不断变化的战争，英军配置了各种各样的迫击炮——下图所示即为绰号"飞猪"的250毫米口径型。尽管重型迫击炮的制敌效果不错，但在战场上移动起来却很不方便。

类型：重型滑膛迫击炮

口径：250毫米

重量：866千克

射程：1600米

炮班：9人

结果这一炮却打中了堑壕内的一群日军士兵，后来推广开之后给日军造成了很大的杀伤。

第一次世界大战前，西方各国实际上已经研制出了这种武器，但当时认为其威力太小而没有对它相应地开发。在第一次世界大战中，由于堑壕战的展开，弹道弯曲的迫击炮正好派上用场，各国这才开始重视迫击炮的作用，在以后的战争中，迫击炮以它的质量轻、体积小、机动性强，以及操作方便、造价低，而被各国军队普遍装配。

在战场上，由于炮手的高度紧张，并且噪声很大，炮手往往意识不到自己的迫击炮是否已经顺利发射，这时就有可能出现迫击炮重复装填的现象，即当一发炮弹因为种种原因没有发射成功，而炮手又再次放入了另一发炮弹，这就形成了重复装填。重复装填的后果往往会是非常可怕的，两发炮弹可能会在炮膛中同时爆炸，摧毁迫击炮及它身边的炮手。为了防止重复装填的事情出现，各国在制作迫击炮时，都采取了某

▼ 1918年7月，一个澳大利亚炮兵组正在一个占领的战壕里架设其76.2毫米口径的斯托克斯迫击炮。

些措施，使前一发炮弹未发射时，后一发炮弹无法装入。

第二次世界大战后，迫击炮的种类不断增加，功能也不断增加，特别是在城市战中，为了避免对居民的伤害，迫击炮的作用就更加显示出来，虽说它的杀伤力有限，但现在的它已经是各国武器中必不可少的一种步兵武器了。

"一战"中的重要角色——热气球

热气球在第一次世界大战中扮演过许多重要角色，譬如保护脆弱的据点免遭敌方飞机的攻击等。但在侦察机出现之前，其最重要的作用却是侦察敌情。

第一次世界大战里广泛使用的热气球是一种作战装备，这种装备向没有任何金属或木制骨架的气囊里充入空气或煤气，使之比重较空气轻，从而得以升空。当时的热气球有两种用途：其一是用来监测敌军地面或海上部队的行动；其二是将之固定在防空阵地上，用来对抗敌军的飞行器。

在离火线较远的阵地里，炮兵部队使用的热气球都是用绳子系在专用绞盘上的，气球下方吊着的柳条篮子就是侦察兵的藏身之处。由于有绳索与地面相连，升空之后一般不太颠簸，所以观察效果比普通飞机更好，而侦察兵利用这种便宜的热气球就可以很清楚地确定打击目标的位置，或是在必要时校正己方炮弹的落点。在无线电诞生以前，篮子里的侦察兵就靠旗语和地面部队联系，或者也可以把写有信息的字条绑在重物上丢下来。到1917年为止，这种空中侦察方式一直都很流行，但随着侦察机的出现和航拍技术的发展，热气球渐渐退出了舞台中心。

由于地面火力和空中的战斗机都会对热气球造成实际的威胁，所以长时间悬空作业的气球侦察兵其实是在从事一项非常危险的工作。而他们应对危险的工具却只有降落伞而已。但鉴于热气球的设置点比较特别，所以一般飞行员们也不乐意去执行这种"打气球"的任务。谁愿意为了几个气球而这样深入敌后，去面对敌军阵地上重重设防的防空排炮和空中无处不在的歼击机呢？

不过要打热气球也不是这么容易的。在燃烧弹和爆破弹出现之前，战斗机的机关枪打出的常

▲ 英国皇家海军的航空母舰"狂怒"号，在其后侧飞行甲板上停着的是海军Z型反潜热气球。"狂怒"号本来是一艘战列巡洋舰，后来才成功地升级为航空母舰。

◀ 英国大舰队的母港中停泊的一艘战舰。图中上方的系留气球一直在观察敌方的潜艇行动。

规子弹往往贴着气球的气囊就滑开了，根本就没什么杀伤力。可是如果战斗机等贴得够近了再开火，也不是没有打中的机会；只不过，飞得太近的结果往往会冲入热气球下挂着的"钢索阵"，一旦机翼被这些钢索给绞住，飞行员还来不及歼敌自己就得殉国。由此观之，"打气球"实在是个技术活，因此也难怪各国军队会不约而同地把打中气球和击落敌机作为同等战功进行奖励了。

如果用绳索制成的"帘子"把在空中遥遥相隔的热气球连起来，就可以形成一道诱捕敌机的空中屏障。像城市或工业区之类易攻难守的地区，其上空的防御力量一般也很薄弱，这种设计就比较适用了。伦敦是一个长期面临飞艇和重型炮弹威胁的典型例子，所以英军在其城市以东和以北的地区布置了大量的"绳索栅栏"，以之与战斗机的巡逻、防空排炮和探照灯一起构成城外的防线。

热气球除了在陆军作战中得以应用之外，在反潜作战中也颇有建树。英国皇家海军航空部队曾在英吉利海峡和爱尔兰海地区长期布置了大量的热气球，作为给舰队护航的哨卡。虽然热气球有很多类型，但最常见的还是1915年5月登场的"海童军Z型"（SSZ）。这种热气球下方吊的不是柳条篮，而是BE-2C型双翼飞机。海岸级飞艇是海童军系列的最后一款，这是一款用特制平底船取代了BE-2C双翼飞机的飞艇，其悬停时间可长达二十四小时。

水陆两栖的"新鲜玩意"——水上飞机和飞船

海空两栖飞机在战初还是个新鲜玩意。但由于可选起飞地较多，既可以是海岸基地也可以是海上战舰，可执行的任务范围也很广，既可以侦察敌情也可以轰炸敌军，这种飞行器很快就成了海军作战的无价之宝。

如果给普通飞机的起落架装上滑板，使之可以在水面上起飞或降落，那么就该改称其为"水上飞机";如果是给整个机身裹上一层防水外壳,那就该称之为"飞船"了。这两种改良版的飞机是第一次世界大战中绝大多数参战国的"宠儿",大多负责海上侦察任务,但只要有需要,它们也可以与其他飞机进行空中对抗,可以对舰艇实施攻击,还可以袭击沿海军用设备。与一般飞机不同,这类飞机一般选择海边的飞机场起飞,而以英国为代表的部分国家还可以用水上飞机母舰作为其起飞的跳板。

当时的海上航空技术还处于起步阶段,所以不管飞机进行过多少改良,也不管指挥官如何排兵布阵,既有的飞机都只能在相对和缓的环境里执行任务。虽然要对付舰艇一般都是用炸弹,但经过英德两国各自的验证,当时的飞机引擎实在是没有负担这种重型武器的能力。

英国皇家海军航空部队(RNAS)成立于1914年1月1日,拥有约50支同级作战分队,负责英军所有水上飞机的调配工作,是第一次世界大战中规模最大的海军航空部队。该部队购置的水上飞机多种多样,在各个作战分队中,一般负责在反潜任务中投掷闪光弹的双引擎诺曼·汤普森NT-4型和NT-4A型最为普遍。在较新的款式中,于1917年开始服役的费力克斯托F型水上飞机最为成功。这种飞机的时速不过150千米,却可以在空中悬停十个小时;而且由于可乘坐4个士兵,所以操作效果特别好。有一艘这个款式的飞机曾于1918年5月击落过一架德国L.62型飞艇,并在少见的水上飞机对抗中,在克蒂斯H-12型飞机的协助之下击落了5架F-2A型飞机。1918年6月4日,F-型水上飞机和克蒂斯H-12的组合在一番缠斗之后击落了14架德国飞机,其中6架全毁;最后陪葬的只有H-12型,F-型水上飞机则全身而退。

1914年7月,英军飞机投放了世界上第一枚成功爆破的空投鱼雷。1915年,双座的肖特184型飞机以世界上第一架鱼雷轰炸机的身份加入了英国皇家海军航空部队。1915年8月,一架184

▲德国奥巴特罗公司在战前制造的一架水上飞机。他们在战时对海军航空领域的最大贡献当属W-4型单座战斗机。

▲腓特烈沙芬公司在第一次世界大战期间开始制造水上飞机,图中即为该公司的一个产品。

型水上飞机从水上飞机母舰"彭米克利"上起飞，成为世界上第一架击沉军舰的鱼雷轰炸机。虽然看上去战果累累，但实际上用飞机投放鱼雷始终是非常危险的，所以无论是肖特184型还是后来的320型，都不会一直承担轰炸任务。除了这两种型号之外，英军的水上飞机还有1915年使用的索普维斯·施奈德型和1916年使用的贝比型。

德军发展独有海上航空系统的基础是其国内大批的军工厂，其中，又以从1914年年末开始大量制造FF-33系列飞机的腓特烈沙芬公司最为出名。在该系列中，FF-33E型飞机是德军主要的侦察机型，该机型配备了双向无线电系统，并可携带大量手投式炸弹；FF-33l型则是一款水上战斗机。但这两款机型在1917年5月都被更能适应北海区域激烈战斗的FF-49型取代了。而奥巴特罗W-4轰炸型飞船和汉萨－布兰登堡系列的CC、KDW、W-12和W-29型飞机也在德国海上航空部队中服役。

奥匈帝国和意大利也购置了海上航空装备。奥国的基本装备与德国一致，但除了汉萨－布兰登堡CC型之类的舶来品外，他们也自己研发出了双座的隆那L型飞船——该型号曾在1916年9月15日击沉了法国潜艇"弗科勒特"号。而意大利则制造了包括马奇M-5型双翼战斗机在内的多种飞机。

大型战舰的保镖——驱逐舰

很多证据都可以证明，轻便小巧的驱逐舰是第一次世界大战中各大舰队里最不可或缺的一种战舰，虽然它们在作战舰队中只是一些小小的马前卒，但也正是在它们的保护下，整支舰队和各种商船才能躲过潜艇和水面舰队的袭击。

在1914年开战以前，几支主要的海军部队都配备有驱逐舰。海军较为强大的国家手里自然多一些，例如英国有300艘，德国有144艘，连奥匈帝国那样的海军弱旅也有25艘，可见这种战舰的普及程度实在很广。但由于战争爆发后不久，这种战舰就频频出现短缺，各国海军为了满足战场的需要，纷纷开始进行大型的驱逐舰赶制工程，加班加点地往战场上送货。德国费了九牛二虎之力才造出的107艘，对比英国的329艘还是短了一大截。由于身份复杂的驱逐舰主要还是给大型战舰当"保镖"，抵御鱼雷艇的攻击，所以早期又被称为"鱼雷艇驱逐舰"。虽然鱼雷艇在1914－1918年间一直都是驱逐舰的防御对象，但随着潜艇的出现，反潜任务在驱逐舰的日程表里慢慢占据了更多的位置。

战初的驱逐舰速度都为25～30节，主要有两种类型。英军和德军常用的一种速度较慢，但耐力强、航程远，大多用来协助主力舰队在深海海域进行远洋作战，英国的"牛虻"号就是其中之一，该舰的巡洋范围有4075千米。而以奥匈帝国和意大利为代表的很多国家，由于面对的是水面相对较窄、风浪也较小的地中海，大多都选用了一种航程和体型都相对较小的型号，例如1907年驶入战场的意大利"阿斯托尔"号巡洋范围只有3335千米。

▲ 图中的皇帝陛下舰船之"温莎"号和其他 V 级或 W 级的驱逐舰一样，都装备了 4 门 101 毫米口径的大炮。这些驱逐舰一直到第二次世界大战都还在服役。

驱逐舰不仅小巧灵活，而且造价便宜，所以不单可以由一流海军大批量地生产，连二流海军都可以很容易地购置或建造。虽然战场上的驱逐舰无论种类还是等级都很丰富，但基本排水量都为 500~1200 吨，船员数为 80~150 人，而且大多都配备了大炮和鱼雷发射管。

驱逐舰大多都成队出动，但队伍规模可大可小，较常见的是 4~10 艘一队，不过也有 20 艘一队的。在配合主力舰队行动的时候，驱逐舰既要担任小前锋，以防止敌方的水上战舰或潜艇对己方大型战舰造成伤害，又要抓住时机发射鱼雷、袭击敌军。不过由于是辅助性的战斗小队，所以此时的驱逐舰队没有自主权，必须听候轻型巡洋舰之类大型战舰的调遣。但是，驱逐舰队的护航作用实在太重要，没有任何一支舰队敢于撇开它们自行出击。日德兰海战中，德军共布置了 61 艘驱逐舰，而英军也出动了 73 艘。

当然，驱逐舰队并不是只能依赖主力舰队的"寄生虫"。对任何国家而言，当己方港口和海上商路遭到敌军驱逐舰袭击时，己方的驱逐舰队就是一道极为有效的海岸防御屏障。除此之外，对协约国来说，驱逐舰队还是反潜战的中流砥柱。不过，因为反潜战对于驱逐舰的航程和耐力的要求都比较高，所以后期协约国的驱逐舰体形都有所增大，有的甚至达到最初版本的 2 倍以上。1917—1918 年英国出产了 W 级驱逐舰，其排水量为 1529 吨，一次可以航行 6430 千米。

各国驱逐舰的总数实在太过庞大，人们无法一一记录每一艘驱逐舰的日常活动，所以可能它们还有很多功勋未获嘉奖。但是，也正是因为它们分布过广，所以损失也比其他战舰要大得多。协约国折损的 112 艘驱逐舰里，有超过 50% 是在英国皇家海军疲于反潜后损失的；而同盟国也损失了 62 艘，其中德国占 53 艘。

军阶的象征——手枪

虽然第一次世界大战中的士兵们有很多都配备了手枪,但这却是军官们最常用的武器,从一定意义上来说,这也是军阶的象征。当对阵双方身处的空间十分有限时——譬如在战壕或是各种车辆里——这种武器往往是最有用的。

从最年轻的陆军中尉到最资深的陆军元帅,任何一个级别的军官都会配备左轮手枪或自动手枪,这些可以近距离置人死地的武器几乎已经成了权力的象征。在有限的空间里,步枪之类的长武器施展不开,手枪就变得特别有用。也正因为如此,一些不是军官的军人,像飞行员、隧道挖掘兵、坦克兵和装甲车机组人员之类也非常青睐这种武器。而配备手枪的军警则可以腾出手来核对文件,制伏讨厌的囚犯。

1914年时,手枪种类还比较少,只有一款可以往转轮里填装6发子弹的左轮手枪和两款配备匣式弹夹、利用后坐力发射子弹的自动手枪。各个参战国都有自己的手枪制造企业,虽然为数不多,但却占据了相当大的市场。从1915年开始,韦伯利公司共为英国部队制造了30万把马克VI型左轮手枪。但即便数目如此庞大,却依然无法满足部队作战的需要,这也使得一些名不见经传的款式开始为人们所用。英国皇家海军、皇家海军航空部队和皇家飞行队就都曾配备过美式柯尔特自动手枪。

▲ 德军装备的鲁格尔手枪,其设计图纸源于1900年的瑞士,德军于1904年获得了制造许可之后即开始大批量生产。

▲ 格里森蒂是一种可填入7发子弹、口径为9毫米的意大利手枪,枪体总长为216毫米,子弹出膛速度为275米/秒。

其他各国也有各自青睐的手枪生产厂。鲁格尔就是德国手枪的同义词,但实际上德军也小规模地使用过像毛瑟枪和比霍拉自动手枪这样的款式。上述不同型号的手枪也被贩往保加利亚和土耳其,其中仅保加利亚就曾购置过2.2万把。同盟国的另一成员奥匈帝国则在使用德式版本,同时他们也开发了自己的1911斯泰尔自动手枪及其他武器。在协约国方面,法国的勒贝尔公司,意大利的格里森迪和贝列塔公司,以及美国的柯尔特和史密斯韦森公司则是制造随身武器的巨头。比利时、俄国和塞尔维亚在购入手枪的同时也有自己的生产牌照,而且俄国还有自己设计的款式。

虽然手枪的射程较短,但用处却很大。当两军士兵在堑壕内狭路相逢或是在其他狭小空间内短兵相接的时候,一把小小的手枪有时就是克敌制胜的关键。但是，由于这种武器已经成为军阶的象征，敌军可以通过手枪的配备与否来判断一个军人是士兵还是军官，进而选择合适的方法来克制持枪者的行动，所以较有经验的机警军官往往会在此时选择丢掉手枪来保证自己的安全——他们甚至还会端起一把步枪来掩饰自己的军阶。

但也有很多的人则不肯为了降低风险而丢弃这种可以明显表露自己地位的武器，所以在战场上还是能看到不少带着左轮手枪或自动手枪的军官。

比利时制造的7.65毫米口径勃朗宁式1900型7弹手枪在第一次世界大战中有着特殊的意义。1914年6月28日，19岁的波西尼亚塞族主义者G.普林西普就是用这种手枪，在萨拉热窝暗杀了弗兰茨·斐迪南大公夫妇的。

海军必备品——巡洋舰

巡洋舰是第一次世界大战中所有海军的必备品。这种战舰既能在远离母港的海域单独作战，又能组成舰队执行大规模对抗任务。

19世纪下半叶，英国皇家海军是世界上最早发展巡洋舰的部队。当时的巡洋舰舰体比现存的要小，而速度也要相对快一些，最了不起的是它们当时就已经能执行远洋航行任务了。各国的巡洋舰基本上都可以分为两类。作为侦察战舰的装甲巡洋舰一般都配有大口径的攻击武器和坚固的舷边装甲，可随主力舰队一同作战；掩蔽巡洋舰除了厚厚的舷边装甲之外，连甲板也覆盖了保护层，多半用来保护海上贸易通道和海外军事港口。所有第一次世界大战的参战国在1914年时都有巡洋舰，虽然具体款式不同，但总不会超出这两类的范围，其中法国有37艘，俄国有15艘，德国有52艘，奥匈帝国有9艘。

英国在巡洋舰方面的储备比所有国家都要大。他们在战前曾有100艘掩蔽巡洋舰，

▼"武士"号在一支由4艘武装巡洋舰组成的舰队中担任旗舰，但最后却在日德兰海战中沉没。

但后来都让位给了更轻更快的型号。由于"无畏"舰从1908年开始得到发展，其战时总数为40艘的巡洋舰中有不少都是装甲巡洋舰。德国的重型巡洋舰在开战以后即被归入第二梯队，其大洋舰队采用的基本全是轻型巡洋舰。轻型巡洋舰和装甲型、掩蔽型巡洋舰之间的区别非常明显，其排水量只有另外两者的一半左右，速度更快，而携载武器的口径也要小很多。

德国海军对轻型巡洋舰青睐有加，曾在开战之初的几个月间用其骚扰协约国的海路，袭击协约国商船，甚至在大批轻型巡洋舰被击沉之后还是不肯将其从主要舰队里撤出。但第一次世界大战也并非轻型巡洋舰独霸的天下：英军曾用装甲型和掩蔽型巡洋舰对德国水面袭击舰穷追猛打，直至击沉；作为地方舰队的主力，这两类巡洋舰还常配合老式前"无畏"舰一起作战；从1917年开始，它们又成了护卫舰队的一员。

在第一次世界大战期间的很多海战里，人们都能看到巡洋舰的身影。1914年年末的福克兰群岛海战里，英德双方共有13艘巡洋舰参战，其中英军的10艘不是装甲型就是轻型。而作为第一次世界大战中声势最为浩大的海战，1916年的日德兰海战自然也少不了巡洋舰的参与。英军大舰队各部共出动了8艘装甲型巡洋舰和26艘轻型巡洋舰，德国大洋舰队则派出了11艘轻型巡洋舰。

在有大型战船参加的海战中，巡洋舰其实是非常脆弱的，这一点在日德兰海战中表现得特别明显。在此战中，德军共损失了4艘轻型巡洋舰，其中包括被英军驱逐舰鱼雷击中随后逃逸的"罗斯托克"号，被若干枚炮弹击沉的"威斯巴登"号，以及被鱼雷击沉的"艾尔宾"号和"弗劳恩罗布"号。此外，"黑王子"号、"防守"号和"武士"号三艘装甲巡洋舰也在协约国大型战船的炮击之下沉没。

在整个第一次世界大战过程中，有许多巡洋舰由于各种原因沉没，其中协约国有39艘，同盟国有28艘。

第一艘现代化战舰——"无畏"舰

皇帝陛下舰船之"无畏"号是第一艘现代化战舰。这艘划时代战舰的出现，除了让其他既有战船都顿时黯然失色之外，更引发了英德两国之间激烈的海军军备竞赛。

在第一次世界大战爆发时，几乎所有国家的海军指挥官们都抱持着同一种观点，即认为海上战争的胜负最终将由最大型战列舰之间的对抗来决定。1905年，日本帝国海军在对马海海战中击垮了俄国波罗的海舰队。此战不仅是海战史上重要的一页，更让深信"战列舰决定论"的英德两国开始期待将双方卓越的海军力量在北海上一较高下。

在以往的海战中，战果往往都取决于双方战列舰之间的差距。而在当时来说，战列舰就是最大型的战舰了，所以人们在第一次世界大战开始后也没觉得情况会有什么不同。在20世纪的第一个十年里，各国的战列舰看上去都大同小异。不过，皇帝陛下舰船之"无畏"号的出现改变了一切。当时，英国的第一海务大臣是海军上将约翰·费舍尔，他也是同辈的海军官员中最有远见的一个行动派人物。正是在他的大力促进之下，无与伦比的新型战舰"无畏"号在经过十四个月紧锣密鼓的建造之后，于1906年12月闪亮登场了。这艘战舰的出现无疑是舰船设计行业的一次飞跃，而其他各式各样的战舰则在它出现的同时顿失颜色。

"无畏"号是第一艘"全大炮战舰"，配备的10门炮全部是威力十足的305毫米口径大炮，而与其同一时期的英国最新型的前"无畏"舰只有4门这种炮。德军战舰的装备就更差，只有4门280毫米口径的炮。"无畏"号不仅可以发射更重的炮弹，而且攻击的准确性也比前"无畏"舰上那些小型炮要好。

战舰本身的重量加上大炮和配套弹药的重量，使得"无畏"号比它的前辈战舰们重了很多，但这却并没有拖累它的表现。和大多数的前"无畏"舰比起来，"无畏"号22节的速度还是要快2节；而首次使用蒸汽涡轮的动力设备则让其航行范围比普通战舰要广大约30%。

"无畏"号的出现很自然地在英德两国之间引发了一场海军装备的竞赛。1909—1914年间，英、德分别制造了23艘和17艘"无畏"舰，在第一次大战期间，双方的"无畏"舰总数又各自上涨了11艘和2艘。其他各国也不甘示弱：法国于1912—1914年有7艘"无畏"舰下水，意大利在1912—1915年间有6艘投入使用，而美国也在1909—1915年里造出了12艘。由于后期"无畏"舰比起"无畏"号来说更加强大，所以又被称为"超级无畏舰"。

虽然大家都铆足了劲去造"无畏"舰，但在第一次世界大战中以"无畏"级战舰为主的海战却鲜有出现，确切来说，1916年的日德兰海战是这场战争中唯一的一次"无畏"舰对抗战，也正因为如此，第一次世界大战时很少传出"无畏"舰沉没的消息。德国就从来没有因为敌方的袭击而折损过任何一艘"无畏"舰，不过英国倒是折过两艘：一艘是1914年10月被德军水雷炸沉的"大胆"号，一艘是1917年在斯卡帕湾因为内部发生爆炸而沉没的"先锋"号。

▼ 皇帝陛下舰船之"无畏"号在1915年击沉了德国的U-29潜艇。

第五章

揭秘档案

初露锋芒——隆美尔在"一战"

提起隆美尔,人们就会想到"二战"时那个德国"战神——沙漠之狐"。在第二次世界大战的璀璨将星中,能做到生前显赫、死后殊荣,特别是被敌对双方都认可的,唯有隆美尔一人而已。其高超的军事素质和出色战术才能受到了许多军事爱好者,甚至是著名军事家的尊敬和崇拜。他在"二战"中的"业绩"早已为人们所熟知,但他在"一战"时的经历,却不大被人们所注意。

艾尔温·隆美尔,1891年11月15日出生于德国一普通的中学校长之家,1910年从军,两年后获中尉军衔。在第一次世界大战爆发时隆美尔只有22岁,职位是第一百二十四步兵团第七连的少尉排长,战争爆发后隆美尔随部队开赴法国。他初上战场是在比利时的布莱德,他带领着自己的排冲入由法国步兵据守的小镇,俘虏了50多人。在法国,因受伤隆美尔住了三个月的医院,回到部队后被升为连长。在1915年年初的亚登战役中,隆美尔匍匐前进通过铁丝网,奇袭正面的法军部队,并占领了四个重要的掩体。但是因为援军上不来,在击退法军的数次反击后,只好撤退。他因这次行动荣获一级铁十字勋章。在"一战"的前两年中,隆美尔参加了多次战斗和战役,在一次次战火中,他研习了攻击坚固驻垒工事的步兵队形、位置,集中火力毁歼、

▲ 隆美尔

压制、权衡进退、用计欺骗、侦察接触等步兵分队的基本战术，并学会了将详细战斗组织归纳为详细计划。后来被人们奉为经典的《步兵进攻》，实际上就是隆美尔在"一战"中经验的总结，也是这些战术在不同情况下成功运用的充分例证。

1916年年底，隆美尔的部队被派到罗马尼亚前线，1917年1月，他带领部队在暗夜中渗透入罗马尼亚的阵线，在罗马尼亚军睡梦之中对其展开奇袭，俘获400多人。然后，他的部队又被调到意大利前线，布置在阵线的最中央。这时，德军在意大利前线全面运用了精兵渗透、深入穿插的胡蒂尔战术。这种前线指挥官得以充分发挥的打法最适合隆美尔，他演出了一次令人叹为观止的"好戏"。1917年10月，德军进攻意大利北部的伊松佐河

▲ 1941年，隆美尔（最近的一位）与意大利在北非战场的指挥官伊塔洛·加里波第元帅（中）在一起。

防线，作为山地步兵营下属的分队指挥官，隆美尔统领着实际上相当于三个步兵连和一个机枪连的兵力。当时隆美尔的任务是确保巴伐利亚近卫师的侧翼安全，但他率领两个连的突击队在夜间大胆地向意大利军防线的后方穿插进去，当天拂晓，他这支部队就已经占领了意大利防御后方的一个制高点，并升起了德国军旗。意大利军队见后方被德军占领了，顿时防线开始崩溃。这次战役隆美尔俘获了40名意大利军官和1500名士兵，由于这次胜利，他被授予德意志帝国最高等级的勋章，并升为上尉。这次行动后，他被调回德国担任幕僚职位，直到第一次世界大战结束。

这里是他真正感悟为将之道并大放异彩的地方。在这里的体会将对他在"二战"北非战场上的表现起到深远影响。用隆美尔自己的话说，这里远离了西线那阴暗潮湿的沟壕和无休无止的无谓流血。他在这条战线上的经历加强了他对部队机动能力、侦察能力和指挥官对战斗的准备和组织能力的认识，同时也养成了他那带有强烈个人色彩的随部队一同行动并对部队进行直接指挥的风格。在长达四年之久的厮杀中，作为下级军官的隆美尔，获德皇威廉二世授予的功勋奖章。"一战"结束后，他担任过步兵营长和陆军学院教官。在当战术教官时他自己写了一个教材叫《步兵进攻》，在书中记述了他的战斗经历。书中贯穿了德国军事理论的进攻精神，提出"进攻,进攻,

进攻",强调了发扬火力的重要性。因著有《步兵进攻》一书,年轻的隆美尔引起了希特勒的重视,1938年他被调任希特勒元首警卫营的上校卫队长。

在第二次世界大战中,德国的盟友意大利在非洲战场一败涂地,希特勒派出了隆美尔出任非洲军团的司令官,他在"一战"意大利战线上和"二战"初期法国战役中得到检验的战术可以在这片辽阔的土地上充分发挥了。他亲临一线,最大限度地利用突然袭击和机动作战,在非洲的大沙漠上刮起了一股隆美尔旋风。由于他常常出其不意,以少胜多,而被对手誉为"沙漠之狐",成为德军的一代"战神"。

"一战"中的传令兵 ——下士希特勒

第一次世界大战中一个英国二等兵手下留情放走了已经被毒气熏伤的德军下士希特勒,这个一瘸一拐走出阵地的德军士兵也看到了不远处的枪口正死死地指着他,然而,他显然已经精疲力竭,他既没有举枪也没有惊慌失措,只是毫无表情地盯着那个英国兵,似乎在等待已无可避免的最后时刻。那位士兵在日后回忆起当时的一刻说:"我让他走掉了,因为我不杀伤兵。"

"一战"爆发后,德国上下充满战争狂热情绪,在这种氛围下,希特勒——一个奥地利业余画家,参加了德国军队,被分配到由朱利叶斯·利斯特上校指挥的巴伐利亚预备步兵第十六团,纳粹宣传家后来称这个团是志愿兵团。1914年10月底,缺乏训练和装备的"利斯特团"在比利时佛兰德斯首次经历了"战火洗礼",希特勒后来称,他是排里唯一一名幸存者。在此前的纳粹宣传中,希特勒获得晋升,希特勒所在连队——利斯特突击团也被描述成一个"兄弟连"式的部队。不过在巴伐利亚战争档案馆中,发现了希特勒"一战"时期一些战友的信件、日记及老照片,这些记录显示,希特勒当时只是一名普通士兵,主要在后方送信,他送信的地点实际上距离前线还有3~5千米的距离。一名和希特勒同在第十六巴伐利亚步兵团服役的军医在文章中记述了自己第一次见到希特勒时的情景:"一天晚上,敌人第一波夜间轰炸刚开始,有个脸色苍白的男人跌跌撞撞地来到地下室,他的眼神里充满恐惧和愤怒。他很瘦,所以看起来显得挺高,他坐在那里气喘吁吁,好一会脸色才好好了些。之后就开

▲ 希特勒出生地前石碑标记。数百万人的死警醒着我们:为了和平、自由、民主,法西斯永不再现。

始不停地咆哮，痛斥英国人。那样子和他多年以后当上元首时一模一样。"

不为人知的是，希特勒当时竟然不会用刺刀挑开罐头食品，一些老兵经常取笑他。他对上级特别顺从，对写信、喝酒不感兴趣，手中经常捧着政治著作或者画板。弗雷在文章中写道："当希特勒还是个士兵的时候，就喜欢到处发表演说似的点评时事，就像他二十多年后作为国家元首时那样，甚至连用词都差不多。"后来希特勒被调任传令兵，此后四年，他一直在大炮和机枪射程外的后方服役，这一相对舒适的区域通常被当成前线士兵的休假地，在前线战士眼中，希特勒所处的环境就是"天堂"。

希特勒曾获得过一级和二级铁十字勋章。首次被授予二级铁十字勋章是在比利时，授勋的主要原因是他单枪匹马把受伤的连长从法军阵地上拖回了本方营地，在这期间，他至少十五分钟处于枪火的打击之下。获得一级铁十字勋章是因为他在一次战斗中保证了团部的通信通畅。于是有人"考证说"一级和二级铁十字勋章都是军队中比较普通的奖励。其实，在1300多万人的参加者中，只有21万多人获得一级铁十字勋章，而二级铁十字勋章被授予约550万，所以说，作为一名士兵，希特勒还是比较出色的，没必要因为后来他的作为就否定他的一切。在德国，要想得到一枚一级铁十字勋章那可不是一件容易的事，它象征着一个军人最高的荣誉，曾经有一位铁十字勋章获得者走进一家高级酒店，服务生看了看他的肩章说："先生，这是贵族会所，你不能进去。"但一眼又看到了他胸前的铁十字勋章，马上改口说："但您除外，您是受欢迎的。"所以希特勒还是很珍重这枚一级铁十字勋章的，总把它戴在身上。

纳粹得势后，希特勒的"英雄故事"及战争传奇自然从一开始就被纳粹利用，为了宣传需要，说他在"一战"中俘虏了12名英军士兵而获得一级铁十字勋章，以支持他

▲ 希特勒走上权力的巅峰

们的政治目的。当然,希特勒上过前线,受过两次伤,并且不是逃兵,说他是一名勇敢的战士,其实也并不过分。大战结束后,眼睛被毒气伤害、什么也看不见的希特勒被送到了福斯特医生的诊所,福斯特在跟希特勒进行交流后发现他有心理障碍,决定用催眠术治疗他的心病。福斯特在希特勒处于催眠状态的情况下告诉他说,他的眼睛还真是瞎了,可上帝要让他成为一个与众不同的"超人",他能凭着自己的意志恢复视力。还别说,希特勒的眼睛不但好了,而且从此相信自己就是"与众不同的超人"。

在"一战"结束德国签下投降协议后希特勒这样写道:"在那个可怕的夜晚,我把头埋进了枕头里,我知道一切都完了,只有傻子、骗子、罪人才希望敌人能发慈悲,在那个夜里,我的心里滋长了仇恨,对那些干出这些事情的人的仇恨!我越是想在那个时间弄清楚这件荒谬的事情,我就越感到愤慨和羞辱,同这种悲惨相比,我的眼伤又算得了什么?我终于看清了自己的前途,我决定投身政治!"

协约国对土耳其的瓜分——《色佛尔条约》

在"一战"期间,庞大的奥斯曼土耳其帝国是一块"大肥肉",特别是它在中东地区摇摇欲坠的统治,更是使英法等国图谋已久,因为在中东,有着巨大的石油资源。早在第一次世界大战刚开始时,协约国之间就已签订了多个秘密协议,计划着要瓜分奥斯曼帝国,俄国也与协约国各方签订了有关瓜分奥斯曼帝国的战时协议。

1917年,俄国"十月革命"爆发后,新成立的苏维埃政府公开谴责前沙俄政府战时与英、法等国签订的秘密协定,并陆续将这些协定公之于众。此举在全世界面前揭露了大国间的秘密政治交易,对协约国特别对英国是一个沉重的打击。但在英国看来,这也在某程度上为其提供了与土耳其单独签约的条件和机遇,因为在这之前,沙俄在瓜分奥斯曼帝国的问题上与英国还有些相互间的牵制,现在英国无须再考虑俄国的

▼ 战争结束前几周,被英军俘获的土耳其士兵人数又涨。

问题了。英国首相劳合·乔治如释重负地说道，俄国退出战争，使我们自由解决君士坦丁堡问题成为可能。

奥斯曼帝国在第一次世界大战中属同盟国阵营，1918年战败后，被迫与协约国签订了《穆德洛斯停战协定》，协约国在签订该协定后便开始侵占奥斯曼帝国领土，英、法等国出兵进占了奥斯曼帝国的首都伊斯坦布尔，而希腊则自西面登陆伊兹密尔并向

▲ 1922年10月，土耳其人在麦士拿城外围着一面巨幅国旗庆祝胜利。

内陆挺进，而法国和亚美尼亚亦分别自南、东两面进入小亚细亚。在协约国阵营中占主导地位的英国、法国及意大利在战后进行了多次磋商，逐步确定了它们从奥斯曼帝国获取的利益。

还在战时，英国首相劳合·乔治在议会讲话中就曾表示："我们进行战争的目的，并非为剥夺土耳其首都或土耳其人居多数的小亚细亚和色雷斯的富饶土地。"他的这番讲话是想告诉奥斯曼帝国，英国允许土耳其依然保留伊斯坦布尔和在亚洲的主要地区，但他的条件是土耳其必须停止与协约国的对抗。但劳合·乔治同时还说，对于非土耳其民族居多的地区，如阿拉伯、亚美尼亚、叙利亚、巴勒斯坦等地应该从土耳其分离出来。大战结束后，英国及法国军队占领伊斯坦布尔，奥斯曼帝国已处于崩溃状态之中，巴黎和会后，在英法等列强的坚持下，炮制了对土耳其极为苛刻的《色佛尔条约》。

1920年4月，协约国邀请奥斯曼帝国政府派出代表参加巴黎和会，帝国政府派出前首相艾哈迈德·铁菲克参加了巴黎和会。当铁菲克获知了协约国的要求后，认为《色佛尔条约》中的有关条款过于苛刻，因而拒绝继续讨论。奥斯曼帝国政府因此撤换了铁菲克，改派现任首相菲利特率团赴巴黎继续和谈，菲利特把与协约国达成的协议带回，苏丹穆罕默德六世随即召开内阁会议，一致通过了那些有关的协定。

巴黎和会后，又签订了许多相关的协定，在一系列的和平条约中，《色佛尔条约》是最后出笼的。《色佛尔条约》的拖延，固然因为巴黎和会的最初阶段各国都把主要精力放在与德国签订和平条约上，但深层原因，还是由于解决土耳其问题面临许多复杂的争端，以至一些学者认为："在巴黎和会上，没有比土耳其问题更重要的了。"

《色佛尔条约》是协约国与奥斯曼帝国在1920年8月10日签订的一项条约，它属于1919年巴黎和会系列条约的一部分。在《色佛尔条约》中，恰塔尔加线以西割给了希腊，黑海海岸基雷松之东、艾尔新江、木施以西、比特利斯及凡湖以南归了亚美尼亚，原属于奥斯曼的埃及、约旦、巴勒斯坦、伊拉克、科威特地区领土割给了英国，原属于土耳其的叙利亚、黎巴嫩、突尼斯、阿尔及利亚等地归属了法国，原属土耳其的利比亚归属了意大利。

不仅如此，在《色佛尔条约》中还特别强调从地中海至黑海的航道应该"国际化""中立化"和"非军事化"，要以某种国际联合控制的方式取代土耳其控制，这清楚地反映了英国在海峡地区的利益需求。通过《色佛尔条约》，被奥斯曼帝国统治的大片领土及人口被列强瓜分及分裂为多个新的国家，使土耳其丧失约4/5的领土，土耳其的财政经济和关税，接受英法意建立的财政委员会监督，还规定对土耳其的军事限制，使土耳其完全丧失了独立国家的地位。

《色佛尔条约》是协约国与土耳其之间的和平条约，但是它从来也没被后来的土耳其政府所接受。从1919年秋天开始的土耳其民族主义的起义和抵抗斗争，有效地控制了土耳其安纳托利亚中部，政权逐渐从君士坦丁堡苏丹政府转入到凯末尔手中。后来被称为"土耳其之父"的凯末尔在安卡拉创建了大国民议会政府，新政府不仅拒绝承认极为苛刻的《色佛尔条约》，而且义正词严地发出警告："200万土耳其人民决心保卫自己的独立。"协约国集团早就意识到安纳托利亚高原上的大国民议会政府将是实现《色佛尔条约》的最大障碍，于是准备以军事入侵相威胁，企图迫使安卡拉政府接受《色佛尔条约》的各项条款，这次军事行动被对土耳其的领土最有野心的希腊承担了。希腊首相维尼泽洛斯也深知，只有扑灭安纳托利亚民族解放的烈火，才能确保希腊对于小亚细亚领土的永久并吞，于是，他借机向协约国提出继续向土耳其内地进攻的要求，并且很快得到了协约国的批准。

由于土耳其民族主义者在小亚细亚进行激烈反抗，协约国于1921年2月在伦敦召开和会，同时邀请了奥斯曼帝国及土耳其大国民议会参加，大国民议会在会上要求废除《色佛尔条约》，但未获接受，同年9月，土耳其军队于沙卡利亚河击败了希腊军队，法国和意大利从自身的利益出发，随即宣布不承认《色佛尔条约》，并与土耳其大国民议会议和。这时英国政府面临的真正难题是，若想对土耳其民族主义者实施《色佛尔条约》，似乎必须进行另一次战争，但他们却缺少完成这一任务的军事力量。法国近东事务专家菲力普·米利特谈到《色佛尔条约》时说："这样一个条约不可能被接受和承认，它只能被强制实施。"

随着土耳其独立战争的步步胜利，迫使协约国重新返回到谈判桌上。在1918—1923年间，由凯末尔领导的土耳其民族抵抗运动迫使希腊人及亚美尼亚人离开了安纳托利亚。土耳其人亦成功平定19世纪20年代库尔德人的独立运动，土耳其得到了安纳托利亚的控制权，自此《色佛尔条约》已无力履行。协约国无奈之下，只好与土耳其大国民议会于1923年签订了《洛桑条约》，以替代《色佛尔条约》解决领土纷争。

《色佛尔条约》的艰难出台及它的流产，原因是多方面的，不仅在于凯末尔领导的民族解放运动的反对和抵制，还有战后战胜国之间的复杂关系。法国和意大利十分忌妒英国在近东的地位，它们不仅不与英国共同维护《色佛尔条约》，反而很庆幸地看着条约的夭折，并在关键时刻釜底抽薪，率先宣布不承认《色佛尔条约》，这就使英国孤立地面对凯末尔的军队。

土耳其共和国成立后，曾主持批准通过《色佛尔条约》的苏丹穆罕默德六世、首相菲利特及参与签订条约的铁菲克等人都被列为不受欢迎人士，他们大部分人终其一生都在海外流亡，只有铁菲克在1943年获特赦返回土耳其。土耳其共和国把《色佛尔条约》签订之日定为国耻日。奥斯曼帝国的分裂形成了现今的阿拉伯世界及土耳其共和国，国际联盟允许法国托管叙利亚及黎巴嫩，又允许英国托管美索不达米亚及巴勒斯坦，奥斯曼帝国的部分阿拉伯半岛领地成为现今沙特阿拉伯及也门的一部分。

25万童子军开赴战场——掩盖八十多年的真相

在考察了"一战"资料后，英国的报纸披露了一条惊人的消息：在"一战"期间，英国军方招募了25万名不到参军年龄的童子军，其中近一半人最后惨遭伤亡。而且，多年来，英国政府对这个"丑闻"一直刻意隐瞒，所以很少有人知道真相！

"一战"爆发后，英国开始了战争动员和宣传，在短短的两个月内，就有75万名英国男子响应宣传应征入伍，他们入伍的动机当然各有不同，有的是出于爱国热情；有的是因为家境不好，到部队找口饭吃。在那些入伍的人中，有许多人都是稚气未脱的未成年男孩，最小的甚至只有14岁。尽管当时的英国首相阿斯奎斯和他的内阁明知道许多征召入伍的男孩都未达到法定服役年龄——18岁，但为了招募到足够的兵力，全都睁一眼闭一眼。据历史学家披露，当时大约有25万名英国男孩被政府征召入伍，赶赴血雨腥风的欧洲战场，成了不折不扣的英国"童子军"。当年参战的一名幸存者威瑟斯曾透露说，当时他只有17岁，但在政府的鼓动下一心想参战，于是他没有告诉父母，自己独自在征兵处虚报了姓名、年龄及家庭住址，负责招募的人什么都没有多问，也没有核实，就让他加入了军队。威瑟斯说："当时很多只有15岁左右的男孩都谎称自己19岁或者20岁。"

在残酷和旷日持久的战争中，这些本来只是孩子的童子军和成年士兵一样承受着枪林弹雨，最终，其中有一半以上的人死的死、伤的伤，还有的因为消极怠战被英国自己的行刑队处死。参军时只有17岁但虚报为21岁的士兵贝维斯泰因，就是被英国武装部队的行刑队秘密处决的300多名士兵之一。旷日持久的战争几乎每天都使数百甚至数千名英国士兵阵亡，这令不少英国士兵心生胆怯、畏惧，特别是有许多像"屠夫黑格"那样的将领，让士兵排着队面向机枪走去，让其死得毫无意义，展示的是赤裸裸的残酷，因此许多士兵不再愿意白白充当炮灰。为了稳定军心，迫使军队死守战壕，与德国兵血战到底，英

▲ 第一次世界大战期间，英国的征兵海报。

国军队最高统帅部强化了行刑队的执法,凡被军事法院判处死刑的消极怠战的士兵,一律由行刑队快速处决。其中有的审判不到十分钟,就被拉出去就地正法。贝维斯泰因就是其中不幸的一个。当他于1914年9月应召入伍时只有17岁,他在吉旺希的一场战役中不幸中弹受伤,被送往一家医院接受治疗。在即将返回前线时,一枚手榴弹在他身边不远处爆炸,饱受惊吓的贝维斯泰因不愿再回到战场上去,一名军事医疗官员命令他马上回到前线战壕去,贝维斯泰因拒绝服从命令,因此他于1916年3月20日遭到了处决。

来自设菲尔德市的伊莱斯是当时最年轻的英国"童子军"之一,他应召入伍时只有14岁。两年后,在法国索姆河战役的第一天,他就被敌方炮弹击中丧生。在伊莱斯阵亡前,他的姐姐弗洛丽曾写信恳求他,要他向军方说出自己的真实年龄。弗洛丽在信中写道:"亲爱的弟弟,告诉他们你的真实年龄吧,我相信他们会安全送你回来的。"然而弗洛丽的信却被退了回来,上面还附了一行字:已经阵亡。英议员亚瑟·马克汉姆在当时就意识到了英国军方招募大量童子军的问题,为了让军方下令撤回这些只有十来岁的孩子,马克汉姆一直以各种方式奔走、呼吁、请愿。但是,他的力量还是太小,在当时的情况下,他的声音也显得微不足道,所以他的这些努力最终全是徒劳。由于毕竟不是什么光彩的事情,英国方面多年来对招募25万童子军的事实一直严加保密。

尽管事件已过去八十多年,但是被枪决士兵的家属和后代的心灵创伤和痛楚却与日俱增,他们要求政府为他们的前辈正名。英国在野党和工党也积极配合,英国政府终于公开承认了"一战"期间发生了行刑队枪杀士兵的事件。英国国防大臣约翰·里德称:"这些士兵不应该被人们当作'懦夫'或'开小差者',而应视为残酷战争中成千上万受难者中的一员。"

但那些士兵的家属认为,政府没有诚意,应该向他们公开道歉。一位叫诺拉·海伊的英国人称政府的决定"令人厌恶",海伊的叔叔威廉·纳尔逊19岁时因离开军队驻扎地外出找食物而被枪决。被枪杀的士兵戈金斯的女儿气愤地说,政府的决定太令人绝望了,当年父亲被枪决后,母亲终日羞愧流泪,无脸见人,一直将这消息对家人保密,在没有军人津贴的情况下,靠帮人擦地板,才将女儿拉扯大。在战争年代,只有一句口号,那就是"一切为了战争!"脉脉温情那是和平时期的事,战争是残酷的,在那里没有老人、妇女和儿童。

"一战"退伍老兵的遭遇——美国政府的血腥镇压

在"一战"结束时,威尔逊总统没有对战后美国老兵复员的问题给予足够重视,导致复员过程进行得异常混乱,400万士兵在身无分文、没有任何安顿计划和救济的情况下就被送回了美国,最终埋下了1932年镇压"一战"老兵悲剧事件的种子。

在美国历史上,曾经多次发生过退伍军人向首府进军的事件,其中以1932年的"退役金大进军"最为严重。根据1924年通过的国会法案,凡是参加过第一次世界大战的美国退伍军人每人可以领取1000美元的退役金,不过这笔钱要到1945年才能发给他们。

但是1932年严重的经济危机使这些穷困不堪的老兵实在难以为生，许多人穷困潦倒，家庭破落，生活毫无保障。为了改变这一状况，他们开始游说鼓动，要求能提前领取退役金，并为此发起了一场向华盛顿进军的请愿运动。这些由各地会集到一起的请愿者在华盛顿组成了一个临时居住点，居民中的大部分人都是"一战"时的退伍军人及他们的妻儿。他们聚集在华盛顿南部安那柯斯提河对面的安那柯斯提低地，住在用捡来的厚纸板和木条做成的棚屋中，或是蜗居在简陋的帐篷里，风餐露宿，衣不蔽体，食不果腹。当然，在这些请愿者当中，也有极少数人是真正的激进分子，他们混在那些请愿者中间，是想借此闹事。

到6月份的时候，陆陆续续已有2万多名退伍军人及其老婆孩子聚集在国会大厦附近，华盛顿很快出现了一座退伍军人城，并美其名曰"胡佛村"。这些退伍老兵们时而上上军操，时而唱

▲ 1932年夏，美国参加一战的退伍老兵携家人共约20000人聚集在白宫前，他们恳求政府能兑现付给他们退役费的承诺。图为这些老兵及其家属夜晚在白宫门前的草坪上扎营，他们在这里打算长期驻扎，以引起政府的重视。这时候，美国参议院开始讨论这些军人的退役费要求。

唱军歌，但绝大部分时间中，他们是在等待和发愁。当时的一名记者这样描绘道："这些老兵衣衫褴褛，筋疲力尽，神情木然，满面愁容。"老兵们希望政府能同意他们的要求，但一个多月后，这些前往华盛顿请愿的老兵们怎么也想不到，他们的鲜血会洒在自己首府的土地上，想不到却倒在了自己军警的枪口下。6月15日，众议院投票通过了赖特·帕特曼议员提出的支付退役金的议案，但是过了两天，参议院又否决了该议案，大部分退伍老兵都怀着失望的心情踏上归途，但仍有数千人继续留在那里，企盼着政府能改变态度。但是在胡佛政府看来，这些请愿者构成了"在国会所在地向政府发起进攻的布尔什维克主义的威胁"，胡佛总统感到必须立即遣散请愿队伍，让他们迅速离开华盛顿。于是，他把这项任务交给了美国陆军。在与政府和军队高层的一次会议中，请愿军领导人希望政府承诺，在部队进入请愿者的宿营地时，必须要列队而行，给予这些退伍军人最后的尊严。当时在场的麦克阿瑟

立即答道:"没问题,当然可以,我的朋友们。"

但是在7月28日军警与请愿者发生了几起暴力冲突后,情况就开始变得复杂起来。麦克阿瑟如临大敌,认为"这次运动的意义和危险性,实际上远远超过了想从濒于枯竭的国库索取金钱的行为,赤色分子渗入了退伍军人组织,并很快从那些不了解情况的领导人手中接过了指挥权"。在麦克阿瑟看来,退伍军人的这次进军,是共产党人想要煽动的一场革命,胡佛总统也宣布这些请愿者不是退伍军人,而是共产党人和作恶多端的犯罪分子。胡佛总统开始责令美军迅速处理"退役金大军"的对抗行为,艾森豪威尔当时清楚地意识到,如果放任不管,请愿者和美军之间必定会爆发更大规模的暴力事件,后果将不堪设想,因此他任命了一名颇有能力的准将佩里·迈尔斯来指挥军队,年轻的装甲兵少校乔治·巴顿指挥坦克部队。坦克的出动清楚地表明,请愿者试图抵抗的后果将会是什么。

无论如何,政府决心用武力撵走这些衣衫褴褛的不速之客的决心已定,决定在7月22日清除仍"驻扎"在市中心的退伍军人。可是退伍老兵们似乎并未感到事态的严重性,因为麦克阿瑟将军曾对他们的一位领袖说过,即使到了不得不赶走他们的时候,他还是打算让他们体面地撤出。1932年7月28日下午4时,白宫和国会山之间的宾夕法尼亚大道上,在美国陆军参谋长、少将道格拉斯·麦克阿瑟的指挥下,一队队头戴钢盔、排列整齐的军队,挺着明晃晃的刺刀开始缓缓地向前推进,骑着战马的巴顿少校也在这个队伍中,在他身后,是一排排的骑兵,还有5辆雷诺坦克。在这件事上艾森豪威尔还是比较理智的,他并不想让自己直接卷入这场后果难以预料的冲突之中,因此他劝麦克阿瑟也别介入其中。后来艾森豪威尔回忆说:"我告诉那个他没有必要和这件事扯上关系,我告诉他那根本不是一名陆军参谋长应该去的地方。"但麦克阿瑟不同意,坚持要亲自出马,并且还坚持要穿上军装正正规规地出现在现场。无奈的艾森豪威尔只好同麦克阿瑟一起穿着整齐的军装出现在衣不蔽体的请愿者面前。麦克阿瑟说:"我不想听什么指示,把他们给我打发走。"于是他命令军队跨过安那柯斯蒂亚河,一举捣毁闹事者的营地。

当麦克阿瑟的部队到达安纳科斯蒂亚桥时,天色迅速暗下来,营地里来了一名使者,他请求麦克阿瑟给他们充分的时间撤出妇女和儿童,麦克阿瑟立刻表示同意,并让部队停下来吃晚餐,他们有将近两个小时在原地没有前进,随后又开始了进军。胡佛总统已是决心镇压这场老兵们的不满运动,军队的行动开始了,骑兵成为镇压的主力。老兵们的抵抗很快就停止了,他们拖家带口地退却了,但后面的军队仍在步步紧逼,到晚上9点多钟,逃难的老兵已撤到设在阿纳科斯蒂亚河对岸的大本营,麦克阿瑟不顾总统不让军队过河的指示,仍然穷追不舍,他让部队打过河去,捣毁老兵们的大本营,并将收容退伍军人的难民营点上了一把火,十几米高的火焰照得华盛顿的夜空通红,陆军部长那道"关照和体贴每一名妇孺,采取一切人道措施"的命令早已被抛到九霄云外了,至于在这场事件中有多少老兵及其家属伤亡就不得而知了。

为了平息舆论的指责,胡佛在第二天发表了一份声明说,希望能够快速对煽动者绳之以法。为了保护自己,麦克阿瑟和胡佛都宣称共产党控制了这个组织,而沃尔特只不过是他们手中的一枚棋子。胡佛认为骚乱分子中老兵还占不到一半,而麦克阿瑟所认为的甚至更低,他认为只有1/10。但是有证据表明,共产党所起的作用是微乎其微的,一份退伍军人管理局的事后调查表明,94%的示威者有着海军或陆军的服役记录。在这次小题大做、虚张声势、近乎残暴的血洗老兵事件结束后,艾森豪威尔曾劝麦克阿瑟避开新闻记者,而让政界人物去发表谈话,但麦克阿瑟没有听取艾森豪威尔的劝告,反而主动随陆军部部长一起去会晤新闻界人士。在记者招待会上,麦克阿瑟危言耸听地说道:"要不是总统在二十四小时之内就动手的话,局面一定会变得非常严重,可能真的会发生一场战争。要是再拖延几天,我国的政治制度可能就会受到严重威胁了。"胡佛和麦克阿瑟不恰当的做法终于使得他们在后来的日子里饱尝苦果。亚拉巴马州参议员雨果·布莱克严正指出:"作为一个公民,我公开抗议这种以军国主义的方式来对待那些失业和饥饿民众的行径。"麦克阿瑟也开始改变了对那些老兵的称呼,而巴顿在谈及此事时称它为"最讨厌的差事"。令巴顿感到最为沮丧的是,请愿老兵当中包括曾经在"一战"中救过他性命的约瑟夫·安格鲁。

为石油而进行的战争——法英瓜分中东

石油,这种最实用的能源,在第一次世界大战期间,越来越显示出它在军事上的重要意义。它不仅是当时在海上那些威武而庞大的海军舰队的必需品(尽管当时的战舰仍然是以煤为主要燃料,但随着内燃机的应用,英国早已尝试建造使用燃油的战舰,只是当时顾虑到石油的来源而未敢实施),在欧洲硝烟弥漫的战场上,处处都离不开石油。以燃油为动力的汽车已渐渐取代了马匹,用来运送战争物资和军队,相对于马匹来说,汽车不但具有速度快、运载量大的优越性,而且使用成本较低,而马匹对军队来说则是一种比较沉重的负担——在战争中,原本运送物质就已是极为紧张的任务,而马匹所需要的食物则会占用许多资源和空间。而这种以燃油为动力的汽车需要储存的燃料就要少许多。

▼ 图为英军在巴勒斯坦作战时使用的一支运送粮草的驼队。

在第一次世界大战中，战场上出现了新式的武器，比如大量的坦克和飞机投入使用，而这一切，都离不开燃油。随着战争的旷日持久，也随着战争中双方对运输线的封锁，石油的供求也就变得越来越紧迫，石油的重要性已经越来越为人们所认识。在第一次世界大战中，由德、奥组成的同盟国所依赖的石油都是从国外进口，由于英国的海上封锁，使它的石油供应变得万分紧张，而对以英法俄为主的协约国来说，由于德国所实施的潜艇战，商船也成了德国海军所攻击的目标，世界各国的石油公司又有谁愿意拿他们的油轮去冒险呢？因此协约国的燃油也陷入了一片危急之中，战争已耗尽了双方的石油。德国本土是不产石油的，在整个战争期间，德国所使用的石油绝大部分都依靠罗马尼亚的供应，当时的罗马尼亚不仅是巨大的粮仓，更为重要的是，它还拥有丰富的石油，它的石油产量仅次于欧洲当时最大的石油生产国俄国。可是对于德国来说，这个罗马尼亚也是个不稳定的因素，在经过了一阵摇摆之后，罗马尼亚终于投入了协约国的阵营，1916年8月，罗马尼亚对同盟国宣战，这对德国和奥匈帝国来说，不啻是个巨大的打击，如果断了罗马尼亚的石油供应，同盟国的战争机器显然就将停止转动。当罗马尼亚的军队刚一投入战争之际，德国就迅速派出了马肯森和法金汉这两位能征惯战的将领，仅用了短短的四个月时间，就一举荡平了罗马尼亚的军队，使整个罗马尼亚落入了德国的手中，德国自此得到了罗马尼亚宝贵的石油资源。

英国人当然清楚罗马尼亚的普洛耶什蒂油田的重要性，也明白它落到德国手中意味着什么，就在罗马尼亚即将沦陷之际，英国指使罗马尼亚对自己的油田实施了大规模的破坏，罗马尼亚的军队被迫点燃了自己的油井和存油，还破坏了他们的工厂和粮仓，以免落入德军手中为德国所用。占领了罗马尼亚的德军，对罗马尼亚的普洛耶什蒂油田进行了全力的开采，但由于那些油田损坏严重，直到第一次世界大战结束，德国人也没能使这些油田恢复其最大产量。尽管这样，这些油井对极度需要它们的德国来说，还是多少解了些燃眉之急。

1917年，大战进入到了第三个年头，石油对于精疲力竭的协约国已是万分紧缺，向美国求援的协约国表示，如果美国不能在石油上大量支持，协约国将无法继续进行战争。在协约国的压力下，美国决定立即向协约国大量提供石油，但是要有一个附加条件，那就是所有被德国海军潜艇击沉的油轮的损失，要由协约国来负担。协约国对这个条件一口答应，反正在战争中的花费早就是靠美国的货款，一旦战争胜利了，自有战败国去偿还。由于石油的缘故，第一次世界大战又出现了另一个战场——中东战场。中东，这个不为世人所注意的、到处是沙漠的荒凉之地，开始响起了隆隆的枪炮声，中东从此失去了安宁。

当世界刚刚进入20世纪的时候，奥斯曼帝国虽然已是风雨飘摇，但它仍然统治着中东绝大部分地区，在它的统治之下，贫穷落后的中东在当时还是一个很少引起外界注意的地方。但自从在中东发现了石油之后，它的地位马上就不同了，闻到了油味的英国，立即把它贪婪的目光投向了那里，这个老牌的殖民主义国家，立即就制订了它的掠夺计划。在两次世界大战期间，英国一直在大义凛然地指责德国是侵略者，可英国这个号称"日不落"的帝国，它那广大的殖民地，又有哪一寸不是靠侵略得来的？为了打败本已

▲ 在美厉多之战前夕,英军的一支补给队穿过巴勒斯坦地区中部的河流。

摇摇欲坠的奥斯曼帝国,在中东地区实施军事行动的同时,英国又策划了进攻达达尼尔海峡的计划,这个计划是当时英国的海军大臣丘吉尔先生所极力主张的,想法是用很多小舰队猛攻达达尼尔海峡。达达尼尔海峡地处战略要地,一旦为英军所占,整个协约国的形势都将为之一变,而中东也自然会随着奥斯曼帝国的垮台不战而得。

狭窄的达达尼尔海峡,是扼守黑海和地中海的门户。它是欧洲和亚洲的分界线,同时也是从高加索地区向欧洲运输石油的必经之路。自从土耳其加入了同盟国一方以后,就死死地扼住了协约国这道咽喉。在英国人眼中,垂死的奥斯曼帝国绝对是不堪一击的,但这一次它失算了,在德国的帮助下,达达尼尔海峡的防御已变得十分强大。在这次战役中,英国的海陆军无不丢盔弃甲,损失惨重,狼狈而归,丘吉尔也因此丢了他的职位。数万名协约国士兵为此付出了生命,尽管他们当中绝大部分都是来自英国的殖民地。英国人之所以不惜付出这么大的代价,其最根本的原因之一,就是要控制这一地区的石油。

达达尼尔海峡战役失败后,英国把目光转向了中东,英国人在派出军队的同时,鼓动当地的阿拉伯居民起来反抗奥斯曼帝国的统治。奥斯曼帝国对这个地区的统治已六百多年了,到现在,当地的阿拉伯民族已经开始不买奥斯曼帝国的账了,他们正在酝酿着独立运动,英国人正好就势插一杠子,他们同当地的阿拉伯独立势力进行了多次的秘密谈判,并一口保证支持他们建立独立的国家,以此鼓动他们起来向当地的土耳其军队进攻,从而起到牵制土耳其军队的作用。其实英国人是不会真的要让中东地区独立的,不久之后,英、法两国就签署了《赛克斯—皮科协定》。

正当协约国在中东为争夺油田费尽心机的时候,同盟国在东线战场也开始了另一场石油争夺战。1917年,俄国爆发了"十月革命",建立了人类史上的第一个社会主义国家。刚夺得俄国政权的苏维埃政府为了退出这场不义的战争,被迫与德国签订了《布列斯特—立陶夫斯克和约》,作为这个条约的一部分,苏俄把高加索地区的巴库油田移交给了德国。巴库油田是俄国最大的油田,德国人对得到这个油田真可谓欣喜若狂,可不曾想,土耳其也早对这个油田觊觎已久,就在德俄协商移交油田之时,土耳其军队却抢先占据了这个油田。此时的德国在西线已招架不住协约国的攻势,因此无暇与土耳其争夺。说实话,土耳其没有德国的帮助,它对巴库油田所控制的时间也没多久,1918年8月,巴库油田就落入了英国人的手中。

俄国革命刚刚胜利,国内就爆发了内战。新生的苏维埃政权与受到列强支持的白军展开了殊死的战争,由于英国人控制了高加索的油田,红军失去了石油来源,而乌克兰的顿涅茨克煤矿又为白卫军所占据。在得不到石油和煤炭的情况下,红色政权度过了一个可怕的冬天,火车因没有足够的燃料而无法开动,居民因寒冷而冻死在自己的家中。1919年8月,苏俄打败了白军,巩固了自己的政权,英国人不得已从高加索地区撤离,苏俄恢复了它对高加索地区的政权。英、法于是将其精力全部投向了世界上石油最丰富的地区——中东。战争结束后,中东的石油资源已被英法两国牢牢地控制在自己手中。从那时起,中东人民又开始了反对殖民者的斗争。

苏俄内战——协约国的武装干涉

协约国武装干涉俄国内战是指在1918—1920年间,由英国、法国、加拿大、美国、日本和其他一些第一次世界大战中的协约国军队联合对俄国内战进行的武装干涉,他们以武力支持俄国那些反对列宁的各派势力,企图借以推翻新生的社会主义苏维埃政权。协约国武装干涉这一现实被布尔什维克党有效地用于爱国宣传,影响了俄国人民,在俄国人民的全力支持下,布尔什维克党粉碎了协约国的武装干涉,并消灭了各种敌对势力,最终赢得了内战的胜利。

还在"十月革命"之前,列宁就指出了第一次世界大战是一场帝国主义之间互相争夺的战争,因而他所领导的布尔什维克党提出了"不割地不赔款"的和平建议,希望退出这场不义之战。作为同是协约国一方的英法是绝对不愿意看到这样的局面出现的。而在苏维埃掌权前执政的俄国资产阶级临时政府主张继续作为协约国一员参加战争,就更加加深了协约国对新生的苏维埃政权的敌对情绪。为避免俄国和德国单方面议和,协约国在"一战"过程中便以物资支援俄国的反布尔什维克势力。布尔什维克夺取俄国政权后,列宁政府为了让俄国能退出"一战"的困局,在提出的和平建议被协约国盟友拒绝后,单方面与交战国德国进行了和平谈判。1918年3月3日,俄、德两国签订了《布列斯特—立陶夫斯克和约》,苏俄就此退出了战争。依照《布列斯特—立陶夫斯克和约》,俄国割让出300多万平方千米土地,赔款60亿马克。这绝对是个割地赔款丧权辱国的条约,但在当时内忧外患的情况下,也实在是个不得已的行为。

▲ 列宁像

▲ 反共产主义的白俄罗斯骑兵在1919—1921年的俄国内战中,正在执行军事任务。

《布列斯特—立陶夫斯克和约》的签订,使俄国几乎所有的反对派都亮出了自己的旗帜,俄国的各种反对势力和一些旧俄将领似乎也看到了击溃苏维埃政权的最佳契机,在俄国的许多地方爆发了由协约国支持的反对势力的叛乱,俄国内战由此爆发。1918年,苏维埃的势力范围仅限于莫斯科及周边一带,而反对力量则遍布全国,新生的俄国苏维埃政权岌岌可危。

俄国"十月革命"后,原沙皇俄国舰队司令亚历山大·高尔察克纠集沙俄军队的残部,组织反革命武装,在英国的援助下,在鄂木次克成立了独立政府。1918年6月20日,在中国哈尔滨的沙俄残余势力代表、资产阶级临时政府官员秘密召开会议,通过了七条所谓"决议",吁请协约国出兵干涉苏维埃政权,哈尔滨成为帝俄白匪各派势力为在苏俄国外阴谋推翻苏维埃政权而进行反革命复辟活动的重要据点。

俄国的内战主要发生在1919年,这一时期,与苏维埃政权为敌的主要有三股军事势力。在当年的春天,前沙皇海军上将高尔察克带领一支军队在西伯利亚向苏维埃政权所控制的地区发动进攻。夏天,则是由白俄罗斯军的邓尼金和尤登尼奇在南部和北部发动进攻。尤登尼奇曾一度打到彼得格勒城下,几乎切断了它与莫斯科的所有铁路联系。作为人类历史上第一个社会主义政权,苏维埃俄国在成立之初,遭到了来自国内外敌人的仇视和打击。苏维埃政权建立不到三个月,美国驻俄大使弗朗西斯即建议本国进行武装干涉,英国外交大臣寇松也在国会呼吁对俄国采取行动。在协约国的领导人看来,俄国建立起一个实际上反对西方一切信仰的"无产阶级专政",是后患无穷的,因而列宁的布尔什维克党被他们视为洪水猛兽,这样的仇视情绪和俄国国内的反对势力从表面看得到了共鸣。

孟什维克、社会革命党和前王朝余党都在不同程度上希望国外势力武力干涉苏维埃政权,国外势力也倾向于建立一个体制与自己相同的俄国。这就促使协约国支持各地白俄政府,出兵干涉俄国内战。"一战"结束后,协约国腾出手来,决定集结兵力联合打击新建立的苏维埃政权——美国甚至建议先扶植建立一个军事独裁政府。苏俄以原协约国的身份与同盟国德国签订和约,给协约国提供了干涉的理由,协约国正好利用《布列斯特—立陶夫斯克和约》作为苏德勾结的证据公然干涉俄国。"一战"结束后,俄国各种反对派集合组成"统领府",以此作为反对布尔什维克的统一组织。不久,日本和英国也在俄国东方的海参崴登陆,联合干涉全面展开,某种程度来说,布列斯特所造成的危机促使了国内外反对势力的合作。

英、法、美等国最初希望通过扶植俄境内的捷克军团和高尔察克、邓尼金等部来打败苏俄红军，协约国的军事顾问们不停地出谋划策，他们的船队源源不断地驶向白军控制的港口。占领俄国北方地区，是消灭苏维埃政权和瓜分俄国总计划的一部分，美国和其他协约国都非常了解俄国北方地区的战略意义，从这里经过很短的路程就可以进入苏俄腹地。英法等国家的大使们从彼得格勒移到沃罗格达以后，就开始组织外国军队侵入苏维埃领土，美国大使弗朗西斯和英国外交代表卡尔特是策划这一阴谋的首脑。英国支持的帝俄海军上将高尔察克，日本扶植的帝俄护路军总司令霍尔瓦特，还有受双方争夺的哥萨克匪首谢米诺夫等反动势力，与流窜于西伯利亚和远东的5万多名武装精锐的捷克兵团相互勾结，内外策应，形成了一支严重威胁苏维埃新生政权的反革命力量。

▲ 苏维埃标志

当时的布尔什维克给人并不能建立一个长期稳定的政权的印象，同反对派及协约国实力对比而言，布尔什维克的力量也显得弱小而不堪一击。反对派军队不仅得到了协约国的物资支援，还拥有高尔察克和邓尼金等善战的白俄将军。尤其是高尔察克，他的儒将风范和作战风格使红军吃尽了苦头。此外，捷克军团兵变也让国内外反对势力信心大增。1918年3月2日，外国武装干涉者的第一批军队在摩尔曼斯克登陆，过了九天，英国"光荣"号巡洋舰和法国"海军上将奥布"号巡洋舰又在摩尔曼斯克抛锚，随后英国军舰和美国"奥林匹亚"号巡洋舰也开来了，武装干涉者的军队在整个夏季不断登陆。协约国入侵军在英国军官的指挥下，于当年8月占领阿尔汉格尔斯克。名义上协约国的目的是要撤出协约国曾经给予沙皇政府的补给和弹药，但实际上，令人可笑的私下里的想法，则是以这支小部队侵入苏俄，向南和向东打通与在乌拉尔山的捷克军团的联系。协约国太小看布尔什维克在俄国民众中的号召力了。

严峻的形势表明，仅靠十月武装起义时布尔什维克党领导的20万赤卫队及由革命士兵和水兵组成的部队，保卫新生的国家政权是极其困难的。列宁指出，为了保卫"十月革命"的伟大成果，无产阶级专政的国家必须拥有一支严格按照无产阶级原则建立起来的人数众多的正规军。根据列宁的建议，苏维埃人民委员会通过了关于建立苏维埃红军的法令。红军以赤卫队为骨干，按照自愿的原则，动员劳动阶级中最有觉悟最有组织性的先进分子所组成，后来转变为义务征兵制。在协约国武装干涉初期，占领军在北方已经有2.5万名士兵，配备有坦克、大炮和飞机。此外，美国和英国还武装了数万名白军分子，准备把他们组织成进攻彼得格勒和莫斯科的军队，武装干涉者向俄国南方挺进，占领了克米城和索罗基城。

美、英侵略者废除了苏维埃政权的一切法令，并建立了由白军分子和社会革命党人组成的"北俄政府",占领者侵占北方以后,企图把北方和东方的反革命势力联合起来。武装干涉者们计划,无论如何要冲到科特拉斯,与高尔察克的军队会合,彻底包围苏维埃俄国,然后向莫斯科进攻。8月末赤塔沦陷,重由谢米诺夫匪徒盘踞,9月初伯力失守,为匪首加尔门科夫所统治。布拉果继钦斯克也由匪首加莫夫再次占领。这样,就从海参崴到中国东北构成一条马蹄形的防线。在皮尔姆战场上,红军也节节败退,损失惨重。至此,协约国的军事计划决定,通过结束皮尔姆战役,把原来分散在苏俄东方、南方、北方各条战线的白匪、捷克兵团和协约国的军队集结起来,一举推向莫斯科。当时苏维埃政府所处的国内外形势是极端困难和危急的,列宁指出:"苏维埃共和国被敌人包围了。"

白军依靠协约国雄厚的补给,一度占领了苏维埃俄国 3/4 的土地,并控制了俄国南部主要产粮区,对红军形成了东、南、北和高加索数条战线,不断发起凌厉攻势。但年轻的苏俄红军没有被击垮,在近两年几乎不间断的作战中越战越强,1918年9月,苏维埃政府建立了北方战线,在战斗中建立起来的红军第六军团在这些日子里取得了最初的胜利。尽管天气寒冷,武装干涉者又占有数量上的优势,但红军部队仍然转入了坚决的进攻。当年11月,高尔察克被宣布为俄国最高执政官,白卫军的将军邓尼金和尤登尼奇都承认了他的政权。高尔察克组建起一支15万人的军队,并在1919年春天展开了由东向西的全面进攻。白卫军已进抵接近伏尔加河一线的地域。但在别拉亚河上,高尔察克精锐之师被图哈切夫斯基指挥的红军歼灭了,从此,白军一蹶不振,节节败退,库尔斯克和基辅都落入了红军的手中。此时乌克兰革命起义风起云涌,乌克兰起义队伍从北方进至通往敖德萨的地方。3月初,起义队伍转入进攻,协约国入侵军不得不退出敖德萨。4月红军进入敖德萨,在乌克兰南部各城市建立了革命秩序。至此,只有法国舰队没有撤离,4月20日,在法国共产党地下组织的领导下,法国舰队发生了革命起义,法国舰队也不得不远远离开,外国武装力量对苏维埃政权的干涉以失败而告终。

整个内战时期,红军在以列宁为首的布尔什维克党领导下,经过艰苦奋战,至

▶ 手握镰刀斧头的苏联男女雕像,标志着苏联是一个工农社会主义国家。

1919年秋，已组建了7个方面军，每个方面军辖2～5个集团军。同年年底，红军总兵力已增至300万人。红军越战越强，而白军则走向了穷途末路。这年11月，鄂木次克被红军攻占，为了保存实力，高尔察克决定率部横穿6000多千米的西伯利亚，逃往太平洋沿岸，以求东山再起。而此时的捷克军团，在伊尔库茨克扣押高尔察克的列车，出卖了高尔察克，以换取他们安全离开俄国的保证。1919年年底，武装干涉者的军队在红军的打击下，不得不登上军舰逃走。第二年年初，红军部队进入阿尔汉格尔斯克，入侵苏俄北方的外国武装干涉者和白军被全部肃清。

在协约国和国内反对势力的军事实力相结合之初，他们的兵力远在布尔什维克之上，但令协约国没有料到的是布尔什维克强大的组织能力和战斗的意志。由于协约国内部的钩心斗角及各路白军的各自为政，最终使苏俄红军各个击破了白军，并将外国干涉军队赶出了俄国国境。1920年年初，在红军基本上已肃清白俄在西伯利亚和远东的势力之后，捷克军团也随着协约国军队离开了西伯利亚。总的来说，协约国干涉俄国国内战争，是各方利益和俄国国内各势力斗争交错造成的结果，协约国联合干涉俄国内战失败，使苏维埃政权更加得到了巩固，在俄国稳固了布尔什维克的政治地位，不久布尔什维克改名俄国共产党，苏联成立。

魂断法兰西——在"一战"中牺牲的华工

20世纪末，在"华进会"的不懈努力下，法国政府在巴黎华人城的博德古尔公园内竖立石碑，以纪念在第一次世界大战中为法国捐躯的中国劳工和战士。中法两国文字写就的碑文简明扼要地叙述了华工的贡献。1916—1918年，14万华工曾在法国参加协约国军队抗战工作，有数千人献出了生命。"一战"胜利后，3000多名华工定居法国，并在巴黎的里昂火车站附近形成了第一个华人社区。在跨越了近一个世纪后，中国劳工在"一战"中的贡献，才终于得到了它应有的肯定。

1914年7月至1918年11月，以德国和奥匈帝国为首的同盟国和以英法俄为中心的协约国集团，为争夺霸权瓜分世界，爆发了第一次世界大战。在长达四年多的战争中，交战双方死伤在1600万人以上，因而导致劳力供应空前紧张。为了寻找人力补充，1916年年初，法英俄来华招募劳工，总数达数十万之多。

战争开始以后，英法等国前方战争形势不断恶化，劳工短缺，急需外援。其实法国早在战前就面临劳工严重短缺问题，而战争更使该问题雪上加霜。1915年3月，法国军方开始考虑寻求外援。他们认为中国人力资源巨大而廉价，更重要的是，在他们眼里，中国人"干活不知道累"。英法两国开始来华招募劳工，招募范围遍及华北及沿海各地，但以山东、江苏、直隶为主。为解决语言不通的问题，英方还在国内外中国学生中广为招募翻译人员。各地征招的华工到达威海卫后，便被送进华工待发所，进行报名登记和体格初检。应征者主要是农民和城市失业者中的男性，他们与英法政府签署了为期五年的劳工合同，每天报酬仅仅5法郎。华工工资分两地支付，一半在欧洲交付本人，另一

▲ 被派往欧洲的无数中国人里，有一部分在西线战场上辛勤地为协约国修建轻便铁道。

半在国内按月交付家属，经过短期集训之后，华工便登上英法商船，驶向欧洲战场。

　　"一战"爆发时，由于日本的阻挠，中国政府无法参加到协约国一方，只好宣布保持中立，为了促成中国尽快参战，时任中华民国总统府秘书长的梁士诒，在1915年别出心裁地最早提出派遣华工支援协约国的构想，他称此为以工代兵之策。后来华工出洋，不仅对协约国战胜同盟国起到关键作用，更使中国融入国际体系之中，成为国际新秩序中的一员。可见，华工参与"一战"，既是欧战中英法等国解决劳工短缺问题的需要，也是中国谋求提高国际地位的筹码。出发前，华工们与英国当局签订的合同讲明不参与战斗，而事实上华工们所从事的工作则在战斗的最前线。按劳工条约规定，他们只是在后方从事劳务工作，但从离开祖国那一刻起，死亡的威胁便与每一个华工如影随形。送劳工的船只首先要越过德军潜艇封锁的海区，如果船被击沉，那劳工就只能葬身大海。抵达欧洲后，华工们立即在前线或后方承担起挖掘战壕，装卸弹药给养，修筑铁路、公路、桥梁，制造枪弹，救护伤员，掩埋尸体甚至扫雷等最艰苦、最繁重的工作。他们的报酬很低，但工作量很大。每天工作长达十小时，"不在前线做工"的约定最终成为一纸空文。

　　法国陆军部在致中国外交部函中称"华工予吾人极大之助力"，给予充分的肯定。1917年，美国远征军还向法国借走1万名华工，以解装卸粮食和军用品之急。在俄的华工，有的发配到港口、矿井去当苦力，也有的被送往前线修筑工事、运输弹药、抬送担架。无休止的劳作、恶劣的战时生活供应及疫病和工伤，时刻威胁和剥夺着这些中国劳工的生命，非人的虐待、艰苦的条件、危险的环境和残酷的战争，使许多怀着出国挣钱发财梦的华工惨死在异国他乡。大量华工被英、法、俄等协约国招募并奔赴战场从事战争勤务工作，使得这些国家的青年能从军入伍、直接参战，因此，协约国招募的华工实际上是为之间接提供了珍贵的兵员补充。法国社会党活动家马略·穆特当时就指出,"第一次世界大战中最让人难以忘怀的是中国政府怀着真诚的善意积极地参加这场与法国生死攸关的战争,中国所提供的援助弥足珍贵"。

法国北部的加来港与英国隔海相望,是重要的交通枢纽,因而时常遭到德军的狂轰滥炸。为了保住这条重要的补给线,英国曾派5000多名华工日夜战斗在加来码头,承担修复、加固码头和装卸军用物资的工作。欧战华工的伤亡率很高,大战期间葬身异国或失踪的华工将近5万人。目前,在法国和比利时葬有华工的公墓共有69处,只安葬了不到2000名华工。"一战"结束后,除少数留居当地外,大部分华工陆续乘船回国。1918年11月,德国投降。法国政府宣布凡参加这次战争的华工,每人发给奖金,并由法国政府安全护送返国。如果愿意留在法国,政府将无条件辅助就学就业。中国人怀乡恋旧之情较浓,战后绝大部分都回国了,但也有不少人留住在里昂火车站附近,靠摆地摊、提篮叫卖等留在了当地谋生。"一战"后交战国男子奇缺,这些留住在欧洲的华工多娶了当地女子成了家。

中国的段祺瑞政府是1917年8月14日对德奥宣战的,在"一战"中,中国成了不出兵的"参战国"。中国参战后,段祺瑞政府并没有派军队赴欧作战,只是派出10余万劳工,输出劳务,到法国、俄国等协约国打工,客观上增强了协约国集团的力量,加快了"一战"的结束,也使中国成为"一战"的战胜国之一。可以说华工为中国参战和最终跻身战胜国行列提供了机会,更为中国战后参加巴黎和会及其他国际事务提供了难得的机遇。大战结束后,中国在巴黎和会的地位,不是外交家的辞令换来的,而是那些"被中国人轻视、被外国人践踏的苦力争来的",所以,当协约国胜利消息传来时,蔡元培曾按捺不住激动的心情,振臂高呼"劳工神圣!""劳工万岁!"

持续了四年的第一次世界大战终于结束了,许多中国人认为,大量华工为此次战争的胜利做出了突出的贡献,中国由此可以名正言顺地获得战胜国的地位,一改从前那种受屈辱的情况了,但时局的发展很快就将国人的梦想击得粉碎。在巴黎和会上,日本借美、法、俄等国的支持,以强盗逻辑强占了德国在中国山东省的一切利益,战胜之日竟成国耻之日。消息传回国内,中国人对西方彻底失望,中国历史上具有划时代意义的"五四"运动终于爆发了。

"一战"时期的国际红十字会——世界人道组织机构

19世纪中叶,在意大利统一战争期间,法国军队与奥地利军队在意大利北部小镇索尔费里诺交火。那一天,瑞士日内瓦公民亨利·杜南正在去往该地区的路上。在战役发生当晚,杜南抵达了有9000多名伤者避难的卡斯蒂廖内村。上千人躺在基耶萨-马焦雷主教堂里,无人照料,杜南和当地妇女奋斗了几天几夜,为他们提供水并负责清洗和包扎伤口,还分发烟草、茶和水果。

从卡斯蒂廖内村离开后的亨利·杜南无法忘记他所见到的一切,他在一本描述了基耶萨-马焦雷教堂的伤者的书中提出能否成立一个国际性的组织,以用于对战争中

▲ 第一次世界大战爆发前,英国红十字会把很多为他们工作的人培训成为护士。

伤员的救护。亨利·杜南的呼吁得到了广泛的响应和支持。1863 年 10 月,有 18 位政府代表参加的国际红十字会开幕式在日内瓦召开,大会通过了《改善战地武装部队伤者境遇的公约》,也就是《日内瓦公约》,此公约得到了欧洲各国的赞同。公约包含 10 项条款,成为具有国际法律效力的条约规则。随后欧洲各国分别成立了它的分支机构,到"一战"前,世界主要国家都有了它的分支机构,成为一个为全世界所公认的组织机构。1901 年,当第一届诺贝尔和平奖颁发时,挪威诺贝尔奖委员会选择将这一奖项授予了亨利·杜南。

▲ 国际红十字会标志

第一次世界大战使国际红十字委员会在相当大程度上扩展了其活动范围。国际红十字委员会从一开始就意识到了这一点,并于 1914 年 8 月 15 日在通函中号召各国红十字会支持其援助上百万冲突受害者的新任务。随着第一次世界大战的进展,国际红十字委员会发现它面临着巨大的挑战,而只有与各国红十字会密切合作才能应对这些挑战,因此来自世界各地包括美国和日本的红十字护士加入到参战的欧洲各国武装部队的医疗服务工作中。国际红十字委员会不仅为战场伤员服务,还成立了国际战俘中心,得益于该组织的调解,约有 20 万名被关押者得以在交战各方间交换,获释并返回祖国。

在"一战"中,毒气在战场上的使用越来越多,并造成了可怕伤害,为了不让这种大规模杀伤性武器被广泛使用,国际红十字委员会公开呼吁禁止毒气的使用。尽管在"一战"的战场上这个呼吁没有实现,但在战后,该组织的呼吁帮助促成了 1925 年的《日内瓦议定书》,毒气被列为在战争中禁止使用的武器,该议定书目前依然有效。国际红十字委员会从不将其结论强加给交战国,它只是将其希望或建议告知交战国,然而,国际红十字委员会有让他人聆听自己意见的方式。如果情况紧迫，国际红十字委员会以通函的形式就有关战俘待遇或违法行为向交战国提出呼吁。从战争爆发开始，国际红十字委员会还努力保证受伤或生病的战俘能够根据《日内瓦公约》的规定而获得释放。

在整个战争期间，国际红十字委员会监督了交战各方对《日内瓦公约》的遵守情况，并向相关国家转达对违约行为的控诉。虽然日内瓦公约并没有规定国际红十字委员会具有保护平民的职责，但该组织仍尽力减轻平民百姓的苦难，为了保护战争受难者，国际红十字委员会决定开展这项工作，并对其工作进行广泛宣传。1918年2月8日，该组织将其呼吁的正文发给交战国和中立国的君主和国家元首、各国红会、各宗教领袖以及媒体。在正式定为"被占领土"的区域，国际红十字委员会可以对平民百姓进行援助。第一次世界大战对国际红十字委员会提出了巨大的要求。国际红十字委员会于1914—1918年间所开展的一些主要任务后来得到了发展，或者说，它在战时及战后均具有重大意义，对国际战俘中心及国际红十字委员会禁止化学战的努力而言，更是如此。可以说，第一次世界大战不仅是对国际红十字会的一次严峻考验，而且也使它在实际工作中得到了进一步完善和发展。

"十月革命"的标志——"阿芙乐尔"号的炮声

第一次世界大战爆发后，俄国爆发了第二次资产阶级民主革命，即1917年的二月革命。二月革命推翻了沙皇的统治，但却出现了资产阶级临时政府和士兵代表苏维埃两个政权并立的局面。资产阶级临时政府成立后，指派了一名上尉军官任"阿芙乐尔"号巡洋舰的舰长。为了防止水兵起义，临时政府加紧了对"阿芙乐尔"号的监察。但是，"阿芙乐尔"号巡洋舰上的领导权还是落到了布尔什维克手里，因为军舰委员会主席别雷舍夫正是布尔什维克党人。

◀ "十月革命"的领导者列宁。

1917年4月，列宁回到俄国，向俄国人民发表了《四月提纲》，提出了从资产阶级民主革命过渡到社会主义革命的任务。经过布尔什维克党人的宣传，革命形势在九十月份趋于成熟，革命运动空前高涨起来。

临时政府发觉了布尔什维克人的"阴谋"，便企图先发制人。同年11月2日（俄历10月20日），临时政府派士官生占领了彼得格勒最重要的据点，到处搜捕布尔什维克党的领导人，密

▲ 1917年11月6日，武装起来的工人和在布尔什维克领导下的士兵和船员们，向位于彼得格勒的冬宫发起了进攻。虽然冬宫是沙皇政府的总部大楼，但是并没有坚固的防御工事，很快便被攻下。

令彼得格勒军分区司令派兵进攻革命军事委员会所在地斯莫尔尼宫。

11月5日，别雷舍夫来到斯莫尔尼宫。

"别雷舍夫，革命军事委员会有非常艰巨的任务交给你。"布尔什维克领导人之一的斯维尔德洛夫对别雷舍夫说道。

"能为俄国的革命出一份力，我感到很高兴，我保证出色地完成党交给我的任务，哪怕是付出生命。"别雷舍夫坚决地回答。

"好样的，按照列宁的指示，'阿芙乐尔'号在这次革命中的任务非同寻常……"斯维尔德洛夫向别雷舍夫仔细地讲解了"阿芙乐尔"号在这次革命中的任务。

11月6日，临时政府封闭了布尔什维克党中央的机关报，形势越来越严峻。根据列宁的指示，武装起义被提前到这一天举行。别雷舍夫赶紧把"阿芙乐尔"号的全舰人员集合起来，阻止喧嚷着要进城参加起义的水兵，号召大家服从革命纪律，静候革命军事委员会的命令，做好充分的战前准备。

午夜时分，别雷舍夫收到了从布尔什维克党人从斯莫尔尼宫传来的命令，要求"阿芙乐尔"号驶往尼古拉桥方向，使那里被敌人扰乱的交通得到恢复。

但是，"阿芙乐尔"号舰长却对布尔什维克党人的命令百般推托，他所听命的是临时政府，怎么能听布尔什维克的命令呢？迫不得已，别雷舍夫决定单独指挥这艘军舰。

当"阿芙乐尔"号抵达尼古拉桥时，守卫大桥的士官生早已经被倒戈的巨大巡洋舰吓得逃跑了。别雷舍夫马上命令舰上的舵手们把断开的桥梁修复好。桥刚一被修好，几千赤卫队员和士兵欢呼着跨上桥面，向冬宫冲去。

到7日上午9时许，工人赤卫队和革命士兵在布尔什维克党的领导下迅速占领了彼得格勒的主要桥梁、火车站、邮电局、国家银行和政府机关等战略要地，还占领了通往冬宫的要道。临时政府总理克伦斯基乘坐美国大使馆的汽车灰溜溜地逃跑了。

"别雷舍夫同志,列宁同志要求'阿芙乐尔'号发表这份《告俄国公民书》。"快11时的时候,别雷舍夫接到了通信兵拿来的一份文件。别雷舍夫一刻不敢耽搁,立即用"阿芙乐尔"号上的无线电向全世界进行了广播。《告俄国公民书》的大致内容是这样的:临时政府已经被推翻,国家政权已转到彼得格勒苏维埃革命军事委员会手中。听到广播的俄国人民热血沸腾,纷纷奔向街头,欢呼雀跃,有些甚至加入到起义的队伍中去。

下午5时左右,起义的工人和士兵包围了冬宫。但资产阶级临时政府不肯善罢甘休,进行着垂死挣扎,他们发出了一个又一个的求助命令,指望着能从前线调回军队,但这个希望很快就落空了,援军没有到来,起义军却捷足先登。革命军事委员会命令"阿芙乐尔"号在9点45分时发射空弹信号,那是革命军事委员会对临时政府发出通牒的最后期限。

9时45分,传来了临时政府拒绝投降的消息,别雷舍夫命令"阿芙乐尔"号巡洋舰以空炮射击,发出了开始向冬宫总攻的信号。

第二天凌晨,冬宫被赤卫队革命士兵攻占,临时政府的16名部长全部被抓获,"十月革命"获得了成功。

"一战"结束的催化剂——基尔水兵起义

"一战"后期,德国面临着严重的经济、政治危机,国内的社会矛盾进一步加深了。垄断资产阶级在战争中大发横财,而劳动人民却遭到了空前未有的灾难。由于战时大批的工人被征召开赴前线,加上原材料和燃料奇缺,导致工厂、企业纷纷倒闭,德国国内的不满和反战情绪不断增长。在1917年一年时间里,德国就发生了561次罢工,参加人数达146万多人,以柏林30万工人和莱比锡5万工人举行的四月大罢工影响最为深远。罢工者提出了立即结束战争、迅速改善劳动人民生活等要求,但统治者只顾与协约国的交战,根本不管百姓的死活。

与此同时,德军军队也展开了反战运动,不满情绪以海军最为强烈。1917年8月,威廉港12艘军舰上的水兵爆发起义,起义遭到了反动政府的残酷镇压,许多水兵被捕,起义领导人马克斯·来希斯比奇和阿尔宾·科比斯被判处死刑。

▲ 斯巴达克派士兵正与艾伯特反动政府激烈交战。

德国人民愤怒了,此时俄国

社会主义革命的胜利成了推动德国革命运动向纵深发展的催化剂。

1918年，德国统治者已经到了山穷水尽的地步，但他们却不甘心就这样退出历史舞台，而是做着垂死挣扎。3月，德军在西线集结了205个师向联军发动了4次攻势，结果却是损失惨重。9月，联军全线出击，德军不得不节节败退。军事上的失败，促使国内反战运动进一步发展，德国处在了风雨飘摇之中。

9月30日，德皇威廉二世下达诏书，改组政府，实行国会制，并授命巴登亲王组阁。但是，这些都已无法阻止德国革命的爆发，更挽救不了反动统治的失败。

在代表德国工人阶级和德意志民族利益的斯巴达克派的号召下，德国境内的革命运动汹涌澎湃。

10月，德国统治者决定孤注一掷，做最后一搏：把一切鱼雷艇、小型巡洋舰、战斗舰，甚至连出了毛病的军舰都集中起来，出海同英军作战。统治者自有统治者的想法：如果这一战打胜了，可以名正言顺地来消除德国工人群众日益增长的不满情绪，而如果战争打败了，水兵们也算实现了"光荣的沉没"，水兵骚动带来的威胁也算是清除了。

当月25日，德国海军司令部下令基尔港的德国远洋舰队出海。基尔港的8万水兵本来就对政府极其不满，这一命令刚一下达，水兵们便识破了这个冒险计谋的用意：这是让他们去白白送死啊。

10月29日晚，基尔港水兵熄灭炉火、拒绝起锚。任由海军司令部许下什么诺言，水兵们就是不出海。被迫无奈，海军司令部只能放弃了这个计划，但为了杀一儆百，司令部逮捕了几百名水兵，还在军事法庭上对被捕的水兵进行了审判。海军司令部的这一做法只能激起水兵们更强烈的反抗，11月1日和2日，基尔港的水兵继续集会，要求当局释放被捕水兵，但遭到了拒绝。

11月3日，基尔港的水兵在军舰的桅杆上系上了一面面红旗，在自己的军装上佩戴上红绸带，在帽子上别上红色的徽章，然后走下战舰，拥上基尔城街头，举行大规模的示威游行。

水兵们高喊着革命口号，强烈要求当局释放被捕者。游行示威很快发展成为武装起义。在水兵们的带领下，基尔城的工人也行动起来。起义队伍解除了军官的武装，迅速占领了战略要地。不久，工人代表苏维埃和士兵代表苏维埃在基尔成立了。5日，基尔工人实行全城总罢工，以此来支持水兵起义。

德国反动政府刚一得到基尔水兵起义的消息，便被吓得惊魂落魄，忙从外地调来了4个步兵连对其进行镇压。他们万万没有想到，步兵连中的3个倒戈相向，另一个也迅速被起义军解除了武装。几天后，整个基尔城已为工兵代表苏维埃所掌握。

基尔水兵起义胜利的消息像一声春雷，冲破了反动政府的封锁，迅速传遍全国，革命火焰蔓延到各个城市。从11月3日到8日，短短的一个星期内，各个邦的君主先后被赶下台，几乎所有的城市都建立了工人士兵苏维埃。

基尔水兵起义是德国11月革命的起点，同时也导致了德国被迫停战，第一次世界大战结束。